ÖSTLICHE GOLFKÜSTE
Chanthaburi
Trat
KAMBODSCHA
Khlong Yai

von Thailand

ngkhla

SÜDEN

SIA

0 km 50

**Östliche Golfküste**
*Seiten 96-129*

**Untere westliche Golfküste**
*Seiten 156-195*

**Obere westliche Golfküste**
*Seiten 130-155*

**Süden**
*Seiten 276-285*

# Vis-à-Vis
# THAILAND
## STRÄNDE & INSELN

## Vis-à-Vis

# THAILAND
## STRÄNDE & INSELN

www.dk.com

### Ein Dorling Kindersley Buch
www.traveldk.com

**Produktion** Dorling Kindersley India, Delhi
**Managing Editor** Aruna Ghose

**Texte** Andrew Forbes, David Henley, Peter Holmshaw

**Fotografien** David Henley

**Illustrationen** Surat Kumar Mantoo, Arun Pottirayil

**Kartografie** Suresh Kumar, Jasneet Arora

**Redaktion und Gestaltung** Savitha Kumar, Priyanka Thakur, Amisha Gupta, Smita Khanna Bajaj, Diya Kohli, Shruti Bahl, Azeem Siddique, Rakesh Pal, Taiyaba Khatoon, Sumita Khatwani

© 2010, 2012 Dorling Kindersley Ltd., London
Titel der englischen Originalausgabe:
Eyewitness Travel Guide *Thailand Beaches & Islands*
Zuerst erschienen 2010 in Großbritannien
bei Dorling Kindersley Ltd.
A Penguin Company

Für die deutsche Ausgabe:
© 2010, 2012 Dorling Kindersley Verlag GmbH, München

**Aktualisierte Neuauflage 2012/2013**

Alle Rechte vorbehalten, Reproduktionen, Speicherung in Datenverarbeitungsanlagen, Wiedergabe auf elektronischen, fotomechanischen oder ähnlichen Wegen, Funk und Vortrag – auch auszugsweise – nur mit schriftlicher Genehmigung des Copyright-Inhabers.

**Programmleitung** Dr. Jörg Theilacker, Dorling Kindersley Verlag
**Projektleitung** Stefanie Franz, Dorling Kindersley Verlag
**Übersetzung** Barbara Rusch, München
**Redaktion** Dr. Elfi Ledig, München
**Schlussredaktion** Philip Anton, Köln
**Satz und Produktion** Dorling Kindersley Verlag, München
**Lithografie** Colourscan, Singapur
**Druck** L. Rex Printing Co. Ltd., China

ISBN 978-3-8310-1996-0
1 2 3 4 5 6   14 13 12 11

Dieser Reiseführer wird regelmäßig aktualisiert. Angaben wie Telefonnummern, Öffnungszeiten, Adressen, Preise und Fahrpläne können sich jedoch ändern. Der Verlag kann für fehlerhafte oder veraltete Angaben nicht haftbar gemacht werden. Für Hinweise, Verbesserungsvorschläge und Korrekturen ist der Verlag dankbar.
Bitte richten Sie Ihr Schreiben an:
Dorling Kindersley Verlag GmbH
Redaktion Reiseführer
Arnulfstraße 124 • 80636 München
travel@dk-germany.de

◁ Kalksteinfelsen im türkisfarbenen Wasser der Andamanensee, Ko Phi Phi *(siehe S. 252–255)*
◁◁ Umschlag: Blick auf die Felseninseln in der Lagune der Ao Maya, Ko Phi Phi Leh *(siehe S. 253)*

Langboote am idyllischen Hat Tham

# Inhalt

Benutzerhinweise **6**

## Thailands Küsten stellen sich vor

Thailands Strände und Inseln entdecken **10**

Thailands Strände und Inseln auf der Karte **12**

Ein Porträt von Thailands Küsten **14**

Das Jahr an Thailands Küsten **34**

Die Geschichte Thailands **38**

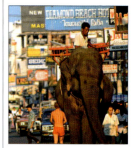

Ein Elefant auf einer belebten Straße in Süd-Pattaya *(siehe S. 107)*

Phra Nang, Krabi *(siehe S. 249)*

## Thailands Küstenregionen

Thailands Strände und Inseln im Überblick **48**

Bangkok **50**

Östliche Golfküste **96**

Bunte Unterwasserwelt der Korallenriffe, Ko Chang *(siehe S. 126)*

Obere westliche Golfküste **130**

Untere westliche Golfküste **156**

Obere Andamanen-Küste **196**

Untere Andamanen-Küste **240**

Süden **276**

*Nang-ta-lung*-Puppe

## Zu Gast in Thailand

Hotels **288**

Restaurants **312**

Shopping **334**

Unterhaltung **338**

Sport und Aktivurlaub **342**

Grandiose Höhlenwelt, Than-Bok-Koranee-Nationalpark *(siehe S. 245)*

## Grundinformationen

Praktische Hinweise **352**

Reiseinformationen **362**

Textregister **370**

Danksagung und Bildnachweis **380**

Sprachführer **382**

Straßenkarte
*Hintere Umschlaginnenseiten*

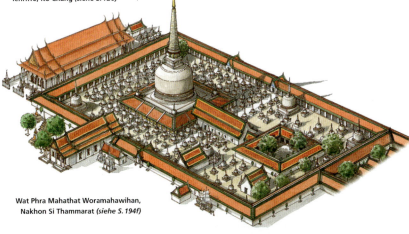

Wat Phra Mahathat Woramahawihan, Nakhon Si Thammarat *(siehe S. 194f)*

# Benutzerhinweise

Dieser Reiseführer soll Ihren Besuch von Thailands Stränden und Inseln zum Erlebnis machen. *Thailands Küsten stellen sich vor* beschreibt die einzelnen Küstenregionen, ihre Geschichte und Kultur. Die Sehenswürdigkeiten werden in den sechs regionalen und im Kapitel *Bangkok* mit Karten, Bildern und Illustrationen vorgestellt. Hotel- und Restaurantempfehlungen sowie Informationen über Wassersport und andere Aktivitäten finden Sie in *Zu Gast in Thailand*. Die *Praktischen Hinweise* bieten Tipps für Anreise, Verkehrsmittel und Aufenthalt.

**Thailands Strände und Inseln auf der Karte**
Die Übersichtskarte zeigt die Lage von Thailands Küstenregionen und die daran angrenzenden Nachbarstaaten. Dieser Reiseführer konzentriert sich auf die Strände und Inseln Thailands. Die Küstengebiete sind in sechs Regionen unterteilt, Bangkok wird in einem eigenen Kapitel behandelt.

**Die Orientierungskarte** zeigt, wo Thailand in Südostasien gelegen ist.

**Thailands Küstenregionen**
Jede der sieben Regionen wird in einem eigenen Kapitel beschrieben. Die interessantesten Sehenswürdigkeiten sind auf der jeweiligen *Regionalkarte* eingetragen. Die Erklärung der Zeichen finden Sie auf der hinteren Umschlagklappe.

**Routenempfehlungen** für Spaziergänge sind in Detailkarten rot eingezeichnet.

**1 Einführung**
*In der Einführung zu jeder Region erfahren Sie Wissenswertes zu Landschaft, Charakter, Geschichte und Hauptattraktionen.*

**Jede Region** ist anhand der Farbcodierung *(siehe vordere Umschlaginnenseiten)* leicht zu identifizieren.

**Kästen** behandeln bestimmte Themen genauer.

**Sterne** markieren herausragende Sehenswürdigkeiten.

**2 Detailkarte**
*Sie zeigt wichtige Gebiete oder Orte aus der Vogelperspektive.*

# BENUTZERHINWEISE

**3 Regionalkarte**
*Sie zeigt die wichtigen Straßen und gibt einen Überblick über die Region. Die Sehenswürdigkeiten sind nummeriert. Zudem gibt sie Tipps für das Reisen mit Auto und anderen Transportmitteln.*

**Sehenswürdigkeiten auf einen Blick** listet die Hauptattraktionen des Kapitels nach Kategorien auf.

**4 Informationen mit Karte**
*Zu einigen Stränden und Inseln liefern Karten weitere Informationen. Sie zeigen die Hauptorte, Strände und das Straßennetz.*

**5 Detaillierte Informationen**
*Alle Attraktionen sind in der Reihenfolge ihrer Nummerierung auf der Regionalkarte beschrieben.*

**Der Infoblock** enthält Adresse, Öffnungszeiten, Telefonnummer etc. Die Kartenverweise beziehen sich auf die *Straßenkarte* der hinteren Umschlaginnenseiten.

**Sonderseiten** behandeln bestimmte Themen der Region.

**Für alle Hauptsehenswürdigkeiten** bietet die Infobox praktische Informationen, die für einen Besuch hilfreich sind.

**6 Hauptsehenswürdigkeiten**
*Den Highlights sind zwei oder mehr Seiten gewidmet. Illustrierte Karten zeigen Lage und Landschaft der Sehenswürdigkeiten. Dort sind u. a. gute Tauch- und Wassersportgebiete eingetragen.*

# Thailands Küsten stellen sich vor

Thailands Strände und Inseln entdecken **10–11**

Thailands Strände und Inseln auf der Karte **12–13**

Ein Porträt von Thailands Küsten **14–33**

Das Jahr an Thailands Küsten **34–37**

Die Geschichte Thailands **38–45**

# Thailands Strände und Inseln entdecken

Vor den langen Küsten Thailands liegen herrliche tropische Inseln. Ihre Größe reicht von Phuket, dessen Fläche fast die von Singapur erreicht, bis zu winzigen palmengesäumten Felsen – Reisende haben hier die Qual der Wahl. Thailands Küsten sind in diesem Reiseführer in sechs Großareale unterteilt: östliche Golfküste, obere und untere westliche Golfküste, untere und obere Andamanen-Küste sowie den Süden. Die Hauptstadt Bangkok ist das Tor zu den Küsten und zugleich die größte und aufregendste Stadt Südostasiens. Im Folgenden finden Sie einen Überblick über die Highlights Bangkoks sowie der Strände und Inseln.

Frangipani-Blüten

Majestätischer Wat Phra Kaeo, Bangkok *(siehe S. 56–59)*

## Bangkok

- **Glänzende Tempel**
- **Kanäle und bunte »schwimmende Märkte«**
- **Fantastisch shoppen**
- **Einzigartiges Nachtleben**

Bangkok ist eine Stadt der Gegensätze. Ultramoderne Wolkenkratzer überragen hier klassizistische Gebäude aus dem 19. Jahrhundert. Dem quirligen **Chinatown** *(siehe S. 72)* steht das historische Rattanakosin mit seiner prächtigen traditionellen Thai-Architektur gegenüber. Dieses Areal öffnet sich zum Geschäftsviertel an der Silom Road und den Einkaufszentren und Souvenirständen der Phloen Chit und **Sukhumvit Road** *(siehe S. 78f)*. Nicht versäumen sollte man den **Großen Palast und Wat Phra Kaeo** *(siehe S. 56–61)* mit wunderbarer Kunst. Einen guten Eindruck von der Stadt erhält man auf einer Bootsfahrt durch die Kanäle. Von »schwimmenden Märkten« bis zu schicken Einkaufszentren locken fantastische Shopping-Möglichkeiten. Abends bieten etwa traditionelle Theater, Gourmetrestaurants und schicke Nachtclubs vielfältige Unterhaltung.

## Östliche Golfküste

- **Pattayas zwei Gesichter**
- **Chanthaburis Edelsteine**
- **Ko Samets Sandstrände**
- **Tauchen vor Ko Chang**

**Pattaya** *(siehe S. 104–108)* ist für sein aufregendes Nachtleben, vor allem im Südteil, berühmt. Im Nordteil machen auch Familien Urlaub, genießen Wassersport, Unterhaltung und ein breites Angebot an Restaurants.
In der alten Edelsteinstadt **Chanthaburi** *(siehe S. 114f)* finden an den Wochenenden Edelsteinmärkte statt. Nicht weit entfernt liegen wenig besuchte Schutzgebiete. Im landschaftlich schönen **Khao-Kitchakut-Nationalpark** *(siehe S. 116)* kann man auf Waldwegen Tiere beobachten. Die bekanntesten Inseln der Region sind **Ko Samet** *(siehe S. 110–113)* und **Ko Chang** *(siehe S. 118–126)*. Das besser erschlossene Ko Samet eignet sich gut für einen Wochenendausflug von Bangkok aus. Ko Changs ruhige Strände liegen zwischen Hügeln und großartigen Tauchrevieren.

## Obere westliche Golfküste

- **Königliches Phetchaburi**
- **Historisches Hua Hin**
- **Cha-ams Strände**
- **Unberührte Nationalparks**

Das historische **Phetchaburi** *(siehe S. 134–138)* lockt mit schönen Tempeln und köstlichen traditionellen Süßigkeiten *(siehe S. 138)*. Weiter südlich liegt Thailands ältester Badeort **Hua Hin** *(siehe S. 140f)*, der bei der königlichen Familie beliebt ist. Nördlich von Hua Hin ist **Cha-am** *(siehe S. 139)* ideal für einen Wochenendausflug

Straße mit Neonschildern in Süd-Pattaya *(siehe S. 107)*

◁ Künstlerische Darstellung eines farbenfrohen »schwimmenden Markts« in Bangkok von Bangkok aus. In der Region liegen auch der weitläufige **Kaeng-Krachan-Nationalpark** *(siehe S. 139)* und der schöne, mit Kalksteinfelsen übersäte **Khao-Sam-Roi-Yot-Nationalpark** *(siehe S. 144f)*.

## Untere westliche Golfküste

- Strände auf Ko Samui und Ko Phangan
- Tauchen vor Ko Tao
- Blaue Gewässer im Meeres-Nationalpark Ang Thong
- Nakhon Si Thammarats Wat Phra Mahathat

Die Inseln **Ko Samui** *(siehe S. 162–171)* und **Ko Phangan** *(siehe S. 172–177)* sind für ihre herrlichen Palmenstrände berühmt, Ko Phangan auch für seine Vollmondpartys. Die Nachbarinsel **Ko Tao** *(siehe S. 182–185)* bietet exzellente Tauchgründe.

Der **Meeres-Nationalpark Ang Thong** *(siehe S. 180f)* schützt einen Archipel südwestlich von Ko Samui. Weiter südlich liegt das alte Kulturzentrum **Nakhon Si Thammarat** *(siehe S. 192–195)* mit dem **Wat Phra Mahathat** *(siehe S. 194f)*, einem der heiligsten Tempel des Landes.

## Obere Andamanen-Küste

- Phukets Luxusresorts
- Tauchen vor Ko Surin und Ko Similan
- Nationalpark-Trekking
- Herrliche Phang-Nga-Bucht

Die Insel **Phuket** *(siehe S. 220–239)* ist mit ihren gehobenen Restaurants, Einkaufszentren und feinen weißen Sandstränden ein perfektes Urlaubsziel. Die nahe **Phang-Nga-Bucht** *(siehe S. 212–217)* fasziniert mit bizarren Kalksteinfelsen.

Phuket ist auch ein guter Ausgangsort für Ausflüge in die **Meeres-Nationalparks Surin-Inseln** *(siehe S. 204f)* und **Similan-Inseln** *(siehe S. 210f)* – dort liegen Thailands beste

Ko Khao Phing Kan (»James-Bond-Insel«), Phang-Nga-Bucht *(siehe S. 212f)*

Tauchreviere. Landeinwärts locken die Wälder des **Khao-Sok-Nationalparks** *(siehe S. 206f)* und der weniger bekannte **Ao-Phang-Nga-Nationalpark** *(siehe S. 217)*.

## Untere Andamanen-Küste

- Sonnenbaden auf Ko Phi Phi
- Felsenklettern in Krabi
- Trangs Andamanen-Inseln
- Ko Tarutaos idyllische, einsame Strände

**Ko Phi Phi** *(siehe S. 252–255)* ist bekannt für seine hohen Klippen, u-förmigen Buchten und schönen Strände. An die ruhigere **Krabi-Küste** *(siehe S. 248–251)* kommen vor allem junge Leute, um an den Klippen und in den Höhlen um **Hat Rai Leh**

Sonnenbaden am Strand von Ao Lo Dalum, Ko Phi Phi *(siehe S. 254)*

*(siehe S. 248)* zu klettern. Das schnell wachsende **Trang** *(siehe S. 264)* ist ein guter Ausgangsort für Ausflüge zu den einsamen Stränden auf **Ko Muk** und **Ko Kradan** *(siehe S. 266f)*. Weiter draußen im Meer bietet der **Meeres-Nationalpark Ko Tarutao** *(siehe S. 270–275)* traumhafte Tauchgründe.

## Süden

- Historisches Songkhla
- Vögel beobachten an den Songkhla-Seen
- Lässiges Narathiwat

Im äußersten Süden treffen das buddhistische Thailand und die malaiisch-muslimische Welt aufeinander. Der alte Fischereihafen **Songkhla** *(siehe S. 280f)* hat sich trotz der Änderungen durch Ölfunde seinen Charme bewahrt. Geografisch prägen die Region die **Songkhla-Seen** *(siehe S. 282)*, die einer Fülle von Vogelarten eine Heimat bieten.

Der Islam überwiegt südlich von Songkhla in einer Region mit kleinen Fischerdörfern, von Kasuarinen gesäumten Stränden und Städten. In **Pattani** *(siehe S. 284)* leben malaiischsprachige Muslime, **Narathiwats** *(siehe S. 285)* Muslime kommen aus verschiedenen Kulturen.

# Thailands Strände und Inseln auf der Karte

Thailand liegt im Herzen Südostasiens zwischen dem Indischen Ozean und dem Südchinesischen Meer. Das Land umfasst rund 513 000 Quadratkilometer und hat etwa 65 Millionen Einwohner. Die Hauptstadt Bangkok ist die größte Metropole Südostasiens. Sie liegt nahe der geografischen Mitte des Landes an der Scheidegrenze zwischen den Ebenen des Nordens und den herrlichen Stränden und Inseln des Südens. Die faszinierende Westküste an der tiefblauen Andamanensee grenzt an Myanmar im Norden und Malaysia im Süden. Die Ostküste verläuft zwischen Malaysia und Kambodscha und wird vom warmen Wasser des flachen Golfs von Thailand umspült.

Satellitenbild der thailändischen Küste

# THAILANDS STRÄNDE UND INSELN AUF DER KARTE

Geschützte Buchten auf Phuket

## LEGENDE

- ✈ Internationaler Flughafen
- ⌧ Inlandsflughafen
- ⛴ Fährhafen
- ━ Autobahn/Expressway
- ━ Hauptstraße
- — Eisenbahn
- -- Staatsgrenze

*Golf von Thailand*

### Südostasien

BHUTAN, CHINA, BANGLA-DESCH, INDIEN, MYANMAR, LAOS, THAILAND, VIETNAM, Bangkok, KAMBODSCHA, PHILIPPINEN, *Andamanensee*, *Golf von Thailand*, MALAYSIA, BRUNEI, SINGAPUR, INDONESIEN, INDISCHER OZEAN

# Ein Porträt von Thailands Küsten

T hailands Küsten und Inseln locken mit kilometerlangen weißen Sandstränden, tiefblauen Gewässern, grünen Nationalparks und faszinierenden Korallenriffen jährlich Millionen Besucher an. Geschichte und Kultur der Regionen spiegeln sich in prächtigen Tempeln, Palästen und lebensprühenden Festen.

Thailands Küste, eine fruchtbare Monsunzone, erstreckt sich über 3200 Kilometer am Indischen und Pazifischen Ozean. Die Region liegt im Einflussbereich der prägenden Großmächte Indien und China, hat aber dennoch einen eigenständigen Charakter. Dieser ist mehreren Faktoren geschuldet: Thailand blieb unabhängig, als seine Nachbarn unter koloniale Herrschaft fielen. Es ist tief im Buddhismus verwurzelt und besitzt eine starke Monarchie. Thailands Küstenregionen sind zwar politisch mit dem Rest des Landes verbunden, kulturell jedoch andersartig. Die Bevölkerung ist bunt gemischt. Obwohl auch hier die Thai-Kultur vorherrscht, sind doch starke chinesische, burmesische, malaiische, vietnamesische und muslimische Einflüsse vorhanden. Das Tor zur Küste ist die Hauptstadt Bangkok, eine pulsierende Megacity mit über zwölf Millionen Einwohnern. Sie prunkt mit Tempeln, Palästen, bunten Straßenmärkten, glitzernden Einkaufszentren und einzigartigem Nachtleben. Hauptsäule der Wirtschaft ist der Tourismus – Phuket, Ko Samui und kleine Inseln wie der Surin-Archipel sind bekannte Urlaubsziele. Außer Bangkok liegen an den Küsten der ausgesprochen ländlichen Region keine großen Städte.

**Wächterfigur, Wat Phra Kaeo**

Straßenszene im Zentrum des bunten Pattaya

◁ Mönche beim entspannten Plausch unter einem Baum an einem unberührten Strand, Surin-Inseln *(siehe S.204f)*

Bürotürme und Einkaufszentren am See im Lumphini-Park in Bangkok

## Ökonomische Entwicklung

Reis- und Kokosanbau, Fischerei, Kautschukgewinnung und Zinnabbau bildeten lange Zeit die Säulen der Wirtschaft in den Küstenregionen. In den letzten 25 Jahren wurde dieser traditionelle Sektor vor allem an der Ostküste von Leicht- und modernen Fertigungsindustrien überflügelt. Im Golf von Thailand wird zudem offshore nach Öl und Erdgas gebohrt. Thailand galt Mitte der 1980er Jahre als »Tigerstaat«, geriet jedoch Ende der 1990er Jahre aufgrund finanzieller Spekulationen in die Krise. Seither hat sich das Land wieder erholt. Auch die Finanzkrise von 2008 war nur mit einem zeitweisen ökonomischen Rückgang verbunden. Der größte Devisenbringer der Region ist seit jeher der Tourismus, vor allem in international bekannten Urlaubszielen wie Phuket, Krabi, Ko Samui, Hua Hin und Pattaya.

Der Tsunami von 2004 hatte schreckliche Verwüstungen an Thailands Andamanen-Küste zur Folge. Viele Menschen verloren ihr Leben oder ihren Besitz. Auch die Tourismusindustrie war stark betroffen. Wirtschaftlich wirkte sich die Naturkatastrophe allerdings nur minimal aus. Der Wiederaufbau ging schnell vonstatten. Heute ist ein Tsunami-Warnsystem installiert. Der Reisesektor hat sich erholt.

## Umwelt und Umweltschutz

Die Umwelt in der Region hat in den letzten 50 Jahren unter der ungestümen Entwicklung schwer gelitten. Der Wald etwa wurde weitflächig gerodet. Doch mittlerweile wächst das ökologische Bewusstsein. Vonseiten der Regierung wurden Schutzmaßnahmen eingeleitet. Das Abholzen von Wäldern ist nun in ganz Thailand verboten. Zudem versucht man verstärkt, artenreiche, fragile Ökosysteme wie Mangrovenwälder und Korallenriffe zu bewahren. Bedrohte Meeres- und Landtiere wie Schildkrö-

Der Reisanbau spielt eine wichtige Rolle

ten, Delfine und Dugongs (Seekühe) sowie Tiger, Gibbons und Tapire sind per Gesetz geschützt.

### Gesellschaft und Politik

Trotz des rasanten Wandels bricht Thailands Gesellschaft erstaunlicherweise nicht auseinander. In Bangkok wächst die einflussreiche Mittelschicht, die Armut auf dem Land ist in den Küstengebieten gering. Dank der vielen natürlichen Ressourcen zählen sie zu den reichsten Regionen des Landes. Der Lebensstandard ist hoch. Landesweit kontrollieren Frauen geschätzte 62 Prozent der kleinen und mittleren Gewerbe. Die traditionellen Familienstrukturen lösen sich jedoch aufgrund der Modernisierung und Urbanisierung zunehmend auf.

Die buddhistische Geistlichkeit und der König werden in Thailand hochverehrt. Politiker genießen ein weitaus geringeres Ansehen und werden in der liberalen Presse auch kritisiert. 2006 wurde Premierminister Thaksin Shinawatra in einem unblutigen Staatsstreich abgesetzt. Heute wird das Land von einer demokratischen Koalition unter Führung von Premierminister Abhisit Vejjajiva regiert. Politische Rivalitäten führen jedoch immer wieder zu Ausschreitungen gegen die bestehende Regierung. Im Mai 2010 kam es zu massiven Ausschreitungen.

### Kultur und Kunst

Südthailands traditionelle Kultur und Kunst sind im Theravada-Buddhismus *(siehe S. 24f)* verwurzelt. Die besten »Kunstmuseen« sind deshalb die *wat* (Tempel) mit ihren geschwungenen Staffeldächern, ihren Buddha-Figuren, Wandbildern und

**Vorbereitung zum Thai-Boxen**

**Zeremonielle Drachentreppe zur Großen Buddha-Statue, Ko Samui**

verschiedensten Schmuckelementen. Die Literatur beschränkt sich vor allem auf Klassiker, allen voran das Versepos Ramakien *(siehe S. 59)*. Es bildet die Vorlage für viele darstellende Künste, darunter die Tanzdramen *khon* und *lakhon (siehe S. 26f)*. Hinzu kommen im Süden muslimisch und malaiisch geprägte Tanz- und Musikformen sowie das Schattentheater *(siehe S. 191)*. Thailands berühmteste literarische Figur ist der Dichter Sunthorn Phu. Zu seiner Poesie inspirierte ihn im 19. Jahrhundert die Schönheit Südthailands.

Der beliebteste Zuschauersport ist *muay thai* (Thai-Boxen). Traditionelle Freizeitaktivitäten reichen von *takraw* (Kick-Volleyball) bis zum Steigenlassen von Drachen. Mit großer Begeisterung werden zudem buddhistische und jahreszeitliche Feste gefeiert – den Thailändern zufolge sollte das Leben nämlich *sanuk* (Spaß) und *sabai* (Wohlbefinden) umfassen. Als Besucher sollte man sich dies zu Herzen nehmen!

# Landschaft, Flora und Fauna

Thailand beginnt südlich vom Wendekreis des Krebses und endet ungefähr 1000 Kilometer nördlich des Äquators. Die vielfältige Topografie und das vom Monsun beeinflusste Tropenklima haben eine artenreiche Flora und Fauna geschaffen. Tropenwald bedeckt die nördlichen Kalksteinberge, lichter Wald wächst im Nordosten und in den zentralen Ebenen. Im Süden und am Golf liegen herrliche Küsten und Regenwaldinseln. Viele Habitate sind durch Industrie und Tourismus gefährdet, einige Tierarten vom Aussterben bedroht. Die Entwaldung ist fortgeschritten. Zum Schutz der Natur wurden Nationalparks eingerichtet, der größte ist Kaeng Krachan *(siehe S. 139)*.

**Ganges-Brillenvögel**

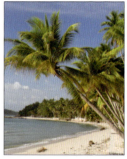

Kokospalmen auf der Insel Ko Samui im Golf von Thailand

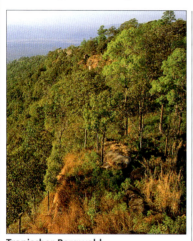

**Tropischer Bergwald**
Er besteht meist aus immergrünen und laubwerfenden Bäumen wie Lorbeer, Eiche und Kastanie. Typisch sind auch Moose, Farne und epiphytische Orchideen, die auf anderen Pflanzen wachsen.

**Atlasspinner** *sind die größte Art der Nachtpfauenaugen.*

**Der Malaienbär** *ist der kleinste und flinkste Vertreter der Bären.*

**Palmenroller**, *nachtaktive Schleichkatzen, leben im tropischen Wald und gelegentlich in der Nähe von Siedlungen.*

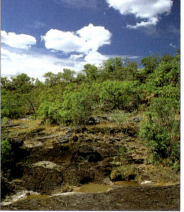

**Lichter Wald**
Hier trifft man häufig auf in Südostasien heimische Bäume aus der Familie der Flügelfruchtgewächse (Dipterocarpacea). Eine robuste Strauchschicht bildet meist das untere Stockwerk des Walds.

**Der Sambar** *(Pferdehirsch)* – hier ein Weibchen – lebt im Menam-Becken und Nordosten.

**Südliche Schweinsaffen** *fressen gern Obst, das sie in ihren Backentaschen aufbewahren.*

**Wildschweine** *wurden früher stark bejagt und dezimiert.*

## Thailands Blumen

Thailands Blumenvielfalt spiegelt die Bandbreite seiner Ökosysteme wider. Berühmt sind vor allem die rund 1300 Orchideenarten. Sie wurden leider durch illegales Sammeln dezimiert. Viele Blumen finden als Gewürze oder Heilpflanzen Verwendung.

**Malvengewächse**, zu denen der Hibiskus zählt, sind in ganz Südostasien verbreitet.

**Der Lotos** liefert essbare Samen und Wurzeln. Andere Seerosen dienen der Zierde.

**Kannenpflanzen** sind Fleischfresser. Sie ertränken und zersetzen ihre Beute in ihrer mit Flüssigkeit gefüllten »Kanne«.

**Orchideen** wachsen vor allem in Nordthailand und werden wegen ihrer Schönheit geliebt.

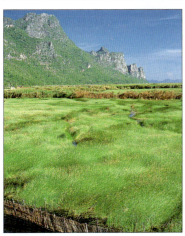

### Feuchtgebiete
Süßwasser-Sumpfwälder wurden durch die Landwirtschaft stark reduziert. Man findet sie noch im Süden. Flussbecken, künstliche Seen und Teiche gibt es im ganzen Land.

### Küstenwald
Weil die Samen von Kiefern, Mandel- und anderen Bäumen von der Meeresströmung an die Küsten getragen werden, wachsen in ganz Südostasien Küstenwälder. Tourismus und Landwirtschaft bedrohen die Bestände.

**Südliche Brillenlanguren** kommen auf der Halbinsel Malakka vor. In Thailand gibt es drei weitere Langurenarten.

**Suppenschildkröten** sind nachtaktiv und die einzigen pflanzenfressenden Meeresschildkröten.

**Buntstörche** ziehen nach Thailand, um in Sümpfen zu brüten. In dieser Zeit färbt sich ihre Gesichtszeichnung rosa.

**Eidechsen** sieht man in den Inselwäldern zuhauf. Sie fressen meist Insekten, manche auch Mäuse und kleine Vögel.

**Purpurhühner** trifft man oft an. Dank ihrer langen Zehen können sie auf Wasserpflanzen laufen.

**Straußwachteln** leben im küstennahen Tieflandwald.

# Korallenriffe

Thailands viele Korallenriffe sind komplexe Ökosysteme, in denen über 1000 Fischarten, 30 Seeschlangenarten, Krusten- und wirbellose Tiere, Millionen mikroskopisch kleiner Organismen und Vögel leben. Im Zusammenspiel von warmem Wasser und Sonnenlicht gedeihen gut 300 Korallenarten. Leider sind die Riffe durch Industrie und Menschen, Dynamitfischen und rücksichtslose Touristenangebote bedroht. Mehrere staatliche und private Institutionen versuchen nun, diese empfindlichen Habitate zu schützen und zu erhalten.

**Viele Seevogelarten** *kommen wegen der zahllosen Fische auf Inseln mit Korallenriffen. Dieser Silberreiher, ein Watvogel, spießt mit seinem scharfen Schnabel kleine Fische auf.*

**Von den bunten Clownfischen** *gibt es über 20 Arten. Sie leben in kleinen Gruppen geschützt zwischen giftigen Seeanemonen – in Symbiose mit ihren räuberischen Wirten.*

## Typisches Riff

Thailands Korallenriffe weisen vielfältige Formen auf. Saumriffe entstehen vor der Küste. Sie erstrecken sich als Riffebene vom Strand meereinwärts, bilden dann eine Riffkuppe und fallen zum tieferen Meer hin steil ab.

**Farbenprächtige Fische** *schwimmen in Schwärmen im und um das Korallenriff. Die Schwarmbildung schützt vor allem kleinere Fische vor Raubfischen. So können sie sich auch leichter fortpflanzen. Darüber hinaus ist die Futtersuche im Schwarm effizienter.*

**Leopardenhaie** *leben in der Regel bei sandigen Buchten. Dank ihres zylindrischen Körpers und ihrer langen Schwanzflosse sind sie schnelle Schwimmer. Die sanften, nachtaktiven Fische bleiben meist am Riffboden. Sie ernähren sich von Mollusken und Krustentieren.*

# KORALLENRIFFE

**Fünf Arten von Meeresschildkröten** leben in Thailands Gewässern: Suppen-, Oliv-Bastard-, Leder-, Echte und Unechte Karettschildkröte. Sie alle sind vom Aussterben bedroht und deshalb selbst in der Zeit der Eiablage zwischen November und Februar immer seltener zu sehen.

**Kraken** sind intelligente, geschickte Jäger. Vor Angreifern schützen sie sich, indem sie ihre Farbe wechseln und Tinte versprühen. Dank ihres weichen Körpers, der kein Skelett besitzt, können sie sich in engste Spalten im Riff zwängen.

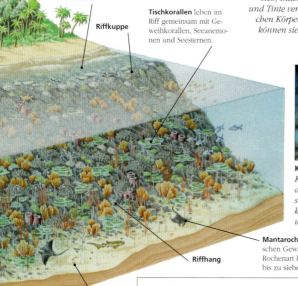

- Riffebene
- Riffkuppe
- **Tischkorallen** leben im Riff gemeinsam mit Geweihkorallen, Seeanemonen und Seesternen.
- Riffhang
- Seestern

**Kalmare** sind wendige Kopffüßer, die zwischen den Korallen jagen und sich verstecken. Wie Kraken können sie ihre Farbe wechseln.

**Mantarochen** leben in tropischen Gewässern. Diese größte Rochenart kann eine Spannweite bis zu sieben Metern erreichen.

**Der Große Einsiedlerkrebs** schützt seinen weichen Hinterleib, indem er ihn in eine leere Molluskenschale steckt, etwa in das Haus einer Wellhornschnecke

## Korallen: Bausteine des Riffs

Korallen bestehen aus den Skeletten von Polypen. Diese kleinen Tiere sind mit Seeanemonen und Quallen verwandt und insofern ungewöhnlich, als sie ein Außenskelett besitzen. Wenn sie sich vermehren, bildet sich allmählich eine Kolonie. Ein Riff kann sich aus über 200 verschiedenen Korallenarten zusammensetzen, darunter Steinkorallen wie die Hirnkoralle und bunte Weichkorallen ohne Kalkskelett.

**Hirnkoralle, eine Steinkoralle**

**Baumförmige Weichkoralle**

# Tauchen und Schnorcheln

Schwimmflossen

Mit seinen klaren Gewässern und seiner reichen Unterwasserwelt ist Thailand ein Dorado für Tauchsportler aus aller Welt. Die drei großen Küstenregionen – Andamanen-Küste, westliche Golfküste und die Region um Ko Chang *(siebe S. 118–126)* an der östlichen Golfküste – sind beliebte Ziele zum Tauchen und Schnorcheln. Am aufregendsten und besten taucht man an der Andamanen-Küste, die jedoch in der Regel während des Südwest-Monsuns von Juni bis September unzugänglich ist. An der Ostküste kann man ganzjährig tauchen. Über 50 Tauchschulen bieten in Thailand Kurse für alle Leistungsstufen an und nehmen meist auch PADI (Professional Association of Diving Instructors)-Prüfungen ab.

**Wasserfeste Ausrüstung zum Verkauf, Ko Chang**

**Mit Booten** *werden die Tauchsportler zu den Tauchgründen gebracht. An den meisten Stränden, die auf Tauchsportler eingestellt sind, kann man sie vor Ort mieten – man sollte jedoch nur bei PADI-zertifizierten Unternehmen buchen. Die Boote sollten so beschaffen sein, dass sie Platz für Tauchausrüstungen haben.*

**Tauchanzüge** schützen gegen die Kälte und gegen andere Gefahren unter Wasser.

**In Korallenriffen** wimmelt es von verschiedensten Arten bunter Tropenfische.

**Taucher** *müssen ihre Ausrüstung sorgfältig prüfen – Fehler können gefährlich oder gar tödlich sein. Die Sauerstoffflaschen müssen voll und die Flossen in gutem Zustand sein. Auch sollte man die grundlegenden Gesten der Zeichensprache beherrschen, um unter Wasser kommunizieren zu können.*

**Tauchlehrer** *planen die Tauchgänge und stellen Gruppen je nach Schwierigkeitsgrad zusammen. In der Regel präsentieren sie vorab den Tauchgrund, seine Tiefe, Strömungen, den Zeitplan und die möglichen Gefahren.*

Das seichte Wasser *über Korallenriffen ist in der Regel klar und voller kleiner Fische und Krustentiere. Die Abschnitte in Küstennähe sind ideal zum Schnorcheln. Wer nicht gern mit technischer Ausrüstung und in großen Tiefen taucht, kann die Unterwasserwelt auch mit der Schnorchelbrille erkunden.*

## Top Ten-Tauchreviere

① Chumphon Pinnacle (S. 182)
② Hin Bai (S. 174)
③ Ko Chang (S. 118–126)
④ Richelieu Rock (S. 205)
⑤ Surin-Inseln (S. 204f)
⑥ Similan-Inseln (S. 210f)
⑦ Ko Phi Phi (S. 252–255)
⑧ Ko Rok (S. 263)
⑨ Hin Daeng (S. 263)
⑩ Hin Muang (S. 263)

### Tauchen an Korallenriffen

Thailands Korallenriffe bieten unvergleichliche Möglichkeiten zum Schnorcheln und Tauchen. Mieten Sie auf jeden Fall die beste erhältliche Ausrüstung, da das Tauchen dort Gefahren bergen kann. Achten Sie unbedingt darauf, die Korallen keinesfalls zu beschädigen.

**Zwischen den Korallen** existieren winzige Lebewesen, die beim Aufbau des Riffs wichtig sind.

## Tauchtipps

**Tauchen Sie nie,** wenn Sie sich angeschlagen oder krank fühlen.
**Eine Markierboje** ist im seichten Wasser unerlässlich. Sie ist auch eine gute Markierung im offenen Wasser.
**Mieten/kaufen Sie Ausrüstung** nur bei zertifizierten Unternehmen.
**Tauchen Sie nie allein** und nur mit Begleitung und Erster Hilfe auf dem Boot.
**Wählen Sie PADI-zertifizierte** Trainer und Kurse.
**Anfänger sollten** im sichereren Golf von Thailand beginnen und die tiefere Andamanensee erfahrenen Tauchern überlassen.

**Seeanemonen** sind bunte Tiere, die sich an den Korallen festklammern. Sie fressen Fische und Krustentiere.

**Schnorcheln ist für Anfänger** *sicherer und lustiger in einer Gruppe mit Führer, der die Meereslebewesen erklärt. Geboten werden auch PADI-Schnorchelkurse. Absolute Anfänger sollten nur mit einem erfahrenen, ausgebildeten Begleiter tauchen, der sich im entsprechenden Tauchgrund gut auskennt.*

**Der Tauchlehrer überprüft vorab die Ausrüstung, Ko Phi Phi**

# Buddhismus

Mindestens 90 Prozent der Thailänder sind Anhänger des Theravada-Buddhismus. Er gelangte um das 3. Jahrhundert v. Chr. von Indien in die Region und basiert auf dem alten Pali-Kanon, den »Tripikata« genannten Lehrreden Buddhas. In seiner thailändischen Ausformung zeigt er viele Einflüsse aus dem Hinduismus sowie dem Tantrischen und Mahayana-Buddhismus. Aus diesem entspringt etwa die Verehrung von Buddha-Bildern. Für Thailänder basiert die Stärke ihres Landes auf drei Säulen: Buddhismus, Monarchie und nationale Einheit. Religiöse Rituale gehören zum Alltag, vor allem zum Zweck des Erwerbs religiöser Verdienste, also etwa der Ausübung guter Taten entsprechend der buddhistischen Lehre.

**Mönch in tiefer Meditation**

**Rama IX.** (Bhumibol, geb. 1927) *lebte wie seine Vorgänger eine Zeit lang als Mönch. Er unterstrich damit die Verbundenheit von Buddhismus und Monarchie.*

**Siddhartha** auf der Suche nach Erleuchtung.

**Die meisten männlichen Thailänder** *werden als Jugendliche zu Mönchen geweiht – ein wichtiger Übergangsritus. In der Regel leben sie mindestens einige Monate als Mönche und sammeln so Verdienste für sich und ihre Familie. Nonnen hingegen gibt es nur wenige.*

**Das Anbringen von Blattgold** *auf Buddha-Darstellungen ist eine beliebte Form des Verdiensterwerbs. Bei Tempeln kann man Heftchen mit Blattgold erstehen. Es wird auf Statuen, Wat-Dekor und Wandbildern angebracht.*

## Historischer Buddha

Buddha kam im 6. Jahrhundert v. Chr. als Prinz Siddhartha Gautama in Indien zur Welt. Auf der Suche nach Erleuchtung gab er seinen Besitz auf, später lehrte er den Weg zum *nirvana*, zum perfekten Frieden. Statuen und Wandbilder erzählen aus seinem Leben, basierend auf den Dschataka-Epen.

**Der Buddhismus spielt auch im Familienleben** *eine wichtige Rolle. Familien bitten ältere Mönche um deren Segen bei Taufen, Hochzeiten, Einweihungen, Haus- und Autokäufen oder einfach nach einer Spende an den wat. Kinder lernen von klein auf die ethischen Grundsätze des Buddhismus.*

# BUDDHISMUS

**Meditatives Gehen** gehört zum Mönchsritual. Hier umrunden Mönche im »Gänsemarsch« und Uhrzeigersinn den Tempel. Meditation mit dem Ziel der Einsicht in die Urgründe des Daseins zählt zu den Wegen, die zur Erleuchtung oder Buddhaschaft – Buddha bedeutet »der Erleuchtete« – führen.

**Vishnu** mit den vier Armen zählt zu den drei Hauptgottheiten des Hinduismus

**Thailändische Buchillustration (um 1900)**

**Jasmingirlanden** symbolisieren die Schönheit von Buddhas Lehren – und welkend die Vergänglichkeit des Lebens. Sie werden von Händlern verkauft und in Autos und Schreinen aufgehängt.

**Devas** (himmlische Wesen) tragen Siddhartha durch die Luft.

**Rituelles Tätowieren** ist in Hinduismus und Buddhismus verbreitet. Die Tätowierungen sollen wie Amulette negative Kräfte abwehren.

**Psalmen in der alten Pali-Schrift**

**Buddhistische Mönche** sammeln jeden Morgen Almosen von Laien. Diese erwerben sich so Verdienste und verbessern ihr karma in diesem und im nächsten Leben

## Islam

Thailands zweitgrößte Religion ist der Islam. Die Vorfahren der thaisprachigen Muslime stammen u. a. aus Arabien, Persien, Südasien und China. Sie sind gut in die thailändische Gesellschaft integriert und Anhänger des moderaten sunnitischen Hanafismus. Im Süden, in den Provinzen Satun *(siehe S. 268)*, Yala, Pattani *(siehe S. 284)* und Narathiwat *(siehe S. 285),* sprechen die meisten Muslime malaiisch und agieren eher zurückhaltend. Als Landbewohner leben sie häufig als Bauern oder Fischer, lernen ihren Glauben in *pondok* (Religionsschulen) und unternehmen die Pilgerreise *(hadsch)* nach Mekka. Sie sind weder besonders strenggläubig noch fundamentalistisch, auch wenn die Frauen Kopftücher tragen.

**Muslimische Frauen mit Kopftuch**

# Theater und Musik

Die Hauptformen des klassischen Thai-Tanzdramas heißen *khon* und *lakhon*. Das *khon*, erstmals im 15. Jahrhundert am Königshof aufgeführt, präsentiert Szenen aus dem Ramakien *(siehe S. 59)*. Das elegantere *lakhon* zeigt auch Episoden aus den Dschataka-Epen und besteht aus dem *lakhon nai* (inneres *lakhon*) und *lakhon nok* (äußeres *lakhon*). *Khon* und *lakhon* beinhalten langsame, hoch stilisierte Tanzbewegungen zur Musik eines *Piphat-mon*-Ensembles.

**Klassischer Thai-Tanz**

**Lange »Fingerhüte«** *betonen das grazile Spiel der Hände. Die Tänzer setzen sie beim lakhon und bei »Nägeltänzen« auf.*

**Natürlich wirkendes Make-up** – früher war es weiße Schminke – betont die Eigenheiten der Charaktere.

**Die Eleven** *lernen durch Nachahmen. Die Ausbildung beginnt im Kindesalter, wenn die Glieder gelenkig sind. Zu den Bewegungsabläufen zählt das* mae bot *(Beherrschung des Tanzes).*

### Khon-Vorführung
Beim *khon* tragen die Darsteller von Dämonen und Affen Masken, diejenigen von Helden und göttlichen Wesen Kronen. Da die Handlung vorwiegend durch Gesten »erzählt« wird, ist das *khon* auch für Nicht-Thailänder ein Hochgenuss. Besucher erleben es meist in Touristenrestaurants.

***Khon-* und *Lakhon*-Aufführungen** *finden oft vor Schreinen statt. Gläubige engagieren die Tänzer, um so der Tempelgottheit für die Erfüllung von Wünschen zu danken.*

## Klassische Thai-Instrumente

Thailands klassische Musik entstand in der Sukhothai-Ära *(siehe S. 40)*. Ihre Melodien sind zwar festgelegt, werden aber, da keine Notenschrift existiert, von den Musikern je nach Instrument variiert. *Piphat*-Ensembles begleiten Theateraufführungen und Boxkämpfe *(siehe S. 283)* vornehmlich mit Schlaginstrumenten. *Mahori*-Ensembles haben mehrere Saiteninstrumente.

**Mahori-Ensemble auf einem Wandbild**

**Ranat** (Xylofon)

**Die Klanghölzer** des flachen Xylofons erzeugen einen anderen Klang als jene des gebogenen.

# THEATER UND MUSIK

Das *likay*, eine satirische Variante des *khon* und *lakhon*, ist die beliebteste Form des Tanztheaters. In grellen Kostümen führen die Darsteller alte Sagen auf, die sie mit Witzen und Wortspielen garnieren.

**Khon-** und **Lakhon**-*Truppen wurden bis Anfang des 20. Jahrhunderts vom Königshof engagiert. Heute ist das Fine Arts Department* (siehe S. 353) *zuständig.*

**Khon**-Masken, mit Gold und Edelsteinen verziert, gelten als heilige Objekte mit übernatürlichen Kräften.

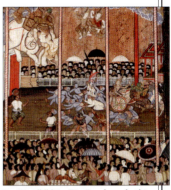

**Das Wandbild** *im Wat Benchamabophit* (siehe S. 68) *zeigt eine Khon-Szene, in der Erawan, der Reitelefant des Gottes Indra, vom Himmel herabsteigt.*

**Prächtige Kostüme** aus schwerem, juwelenbesetztem Brokat haben traditionelle Hofgewänder zum Vorbild.

**Hun-krabok**-*Puppen werden an Stäben getragen und mit Fäden bewegt, die unter den Kostümen versteckt sind. Die Marionetten sind heute sehr selten.*

---

**Khong wong lek** (kleiner Gongkreis)

**Chake** (thailändische Zither)

**Den hohlen** Hartholz-Klangkörper zieren Elfenbeinintarsien.

**Kleine Gongs** geben die Grundmelodie vor.

**Die Saiten** des *chake* werden gezupft. Das Instrument findet sich in Streichensembles.

**Piphat-mon**-Ensembles *mit vertikalem Gongkreis spielen ihre langsame Musik bei Bestattungen.*

# Traditioneller Hausbau

Die Architektur an Thailands Küsten ist sehr unterschiedlich. Traditionell werden ländliche Thai-, kambodschanische und malaiische Häuser auf Pfählen errichtet. Ihre Ausstattung und Größe zeugen vom Wohlstand und Status ihrer Bewohner. Durch Thailands Lage an wichtigen Handelsrouten kamen chinesische und portugiesische Kaufleute in die Region. Ihre Häuser unterschieden sich von den einheimischen Thai- und malaiischen Bauten. Mit der Zeit entwickelten sich sino-portugiesische Ladenhäuser und Villen *(siehe S. 226f)*. Die schönsten stehen in Phuket-Stadt.

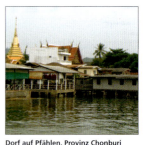

**Dorf auf Pfählen, Provinz Chonburi**

## Traditionelle Thai-Häuser

In den feuchten Küstenregionen ist die große zentrale Veranda das Hauptmerkmal vieler traditioneller Häuser. Sie dient auch als luftiger Wohnbereich. Einige Häuser besitzen an den Seiten des Hauptgebäudes überdachte Veranden. Bei großen Familienverbänden gruppieren sich mehrere Häuser um eine Gemeinschaftsveranda. Traditionell hielt man Haustiere unter den Häusern, in einigen Dörfern wird dies auch heute noch so gehandhabt.

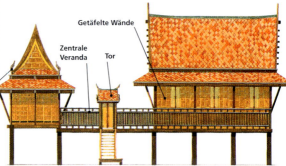

**Holzgetäfelter Giebel**

*Ngao*

**Die Giebeldächer** *von südthailändischen Häusern sind oft mit geschwungenen* ngao *(Haken) verziert.*

## Sino-portugiesische Ladenhäuser

Die auf Kantonesisch *tiem chu* (Reihenhäuser) genannten Häuser zeigen einen typischen Baustil. Im Erdgeschoss an der Straßenseite liegen die Geschäftsräume, die Wohnräume und der Hof weisen zur anderen Seite. Teils überdachte Veranden und Gehsteige verbinden die Häuser und schützen Fußgänger vor Regen und Sonne.

**Ladenhäuser** *haben in dicht besiedelten Gebieten bis zu drei Geschosse. Die reizenden Häuser sind in der Regel mit Ziegeln gedeckt und bunt gestrichen.*

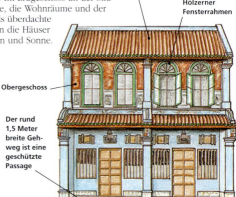

**Typisches Satteldach**

**Hölzerner Fensterrahmen**

**Obergeschoss**

**Der rund 1,5 Meter breite Gehweg ist eine geschützte Passage**

## Sino-portugiesische Villen

Die prächtigen Villen aus dem frühen 20. Jahrhundert werden auch *ang mor lau* (Rothaarhäuser) genannt. Sie dienten den neureichen Kaufleuten und Händlern als Statussymbol. Griechisch-römische Pilaster und Säulen wurden nachträglich zur Verzierung angebracht. Zu ihrer Zeit waren die Villen sicher überaus beeindruckend, heute verströmen sie einen wunderbar altmodischen Charme.

Goldbemalter Stuck

Ziegeldach

**Außenansicht einer Villa**

**Aufwendige Pfeiler** *und Giebel zieren Phukets Villen. Sie verbinden westliche Bautraditionen mit Elementen der antiken und asiatischen Architektur.*

## Traditionelle malaiische Häuser

Diese Häuser findet man vor allem im Süden. Sie sind rund um einen zentralen Wohnraum gebaut oder mit einem Satteldach mit Giebeln gedeckt, das vor starken Winden schützt. Fensterläden, eine offene Veranda vorn und eine geschlossene an der Rückseite ermöglichen eine kühlende Ventilation. Die Küche steht in der Regel separat an der Rückseite.

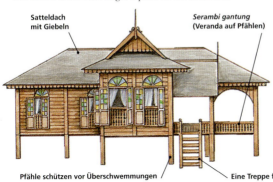

**Satteldach mit Giebeln**

*Serambi gantung* (Veranda auf Pfählen)

**Pfähle schützen vor Überschwemmungen**

**Eine Treppe führt zum Haus**

**Das Innere** *ist sorgfältig gestaltet, um die Privatsphäre der Bewohner zu schützen. Viele geschnitzte Öffnungen, Lattenpaneele und Fenster halten es kühl.*

## Geisterhäuschen

**Geisterhäuschen im Garten des Jim-Thompson-Hauses, Bangkok**

Traditionell werden Geisterhäuschen auf dem Grundstück vieler Thai-Häuser gebaut. Sie beherbergen den Schutzgeist des Anwesens. In der Regel stehen sie auf einem Pfosten, die Bandbreite ihrer Stile reicht von einfachen Kopien des Hauses, zu dem sie gehören, bis zu aufwendigen Nachbauten sakraler Gebäude. Sie werden üblicherweise vor dem Hausbau aufgestellt, um die Erdgeister günstig zu stimmen. Diese werden täglich mit Räucherwerk, Blumen und Nahrung verehrt. Die Miniaturtempel werden nach dem Rat eines Priesters auf dem Grundstück platziert. Ihr Stil hängt von dem Geist ab, der darin wohnen wird. Die Größe der aus Holz oder Beton erbauten Geisterhäuser reicht von Puppenstubengröße bis zu begehbaren Gebilden.

# Kunsthandwerk

Holzfigurine

Das Zentrum des thailändischen Kunsthandwerks liegt im Norden in und um Chiang Mai, doch auch die Küstenregionen warten mit typischen Traditionen auf. Zu den charakteristischen Erzeugnissen zählen Korbflechtereien aus Pattani, Bencharong-Porzellan aus Samut Songkhram, Steinwaren aus Ang Sila sowie Holzschnitzereien. Heiß begehrt sind die Edelsteine aus Chanthaburi *(siehe S. 114f)* sowie die Zinnarbeiten und Zuchtperlen aus Phuket *(siehe S. 239)*. Eine beliebte, authentische Kunstform des Südens sind die *nang talung (siehe S. 191)* aus Nakhon. Aus der Stadt kommen zudem die schönsten Niello-Arbeiten des Landes.

**Rattan wird zu Körben geflochten und zu Möbeln verarbeitet**

### Schattenspiel

Schattentheater ist in Südasien eine uralte Kunst- und Theaterform. Seine Wurzeln reichen zurück bis 400 v. Chr. In der Provinz Nakhon ist das Schattenspiel bis heute beliebt. In seiner opulentesten Form, *nang yai*, werden mit lebensgroßen Marionetten Geschichten aus dem Ramakien erzählt. Dazu spielt ein Musikensemble.

*Nang-talung-Puppe*

**Niello**, *eine schwarze Metalllegierung, wird für Einlegearbeiten auf geprägtem Metall verwendet. Niello-Arbeiten aus der Ayutthaya-Periode (siehe S. 40f) weisen typische komplexe Muster auf und zieren Objekte wie Ringe, Schalen, Messergriffe und Tabletts.*

**Nang-talung-Truppen** bestehen meist aus fünf bis zehn Puppenspielern und Musikern.

**Fünffarbiges Bencharong-Porzellan** *ist am Königshof seit Langem beliebt und wird im ganzen Königreich hoch geschätzt. Es wird in mehreren Orten im Süden produziert, am bekanntesten ist Ban Bencharong (Bencharong-Dorf) in der Provinz Samut Songkhram.*

**Aus lokalem Granit** *werden sehr schöne Küchenutensilien wie Stößel und Mörser gefertigt sowie kleine Tierfiguren skulptiert. Die bekannteste Produktionsstätte für Steinarbeiten ist das Fischerdorf Ang Sila in der Provinz Chonburi.*

# KUNSTHANDWERK

**Batik** *ist eine Methode, Textilien in mehreren Arbeitsgängen bunt zu färben. Wo die Farbe nicht angenommen werden soll, wird Wachs aufgetragen. Batikstoffe werden zu Tischdecken, Matten und Vorhängen verarbeitet, Batik-Sarongs sind im tiefen Süden beliebt.*

**Die Perlenzucht** *ist ein profitables Geschäft, Zuchtperlen sind ein wichtiges Exportgut. Handgefertigter Silber- und Goldschmuck mit einheimischen Perlen wird in Phuket in vielen Basaren und Läden verkauft.*

**Nang-talung-Puppen** sind aus Büffelhaut gefertigt.

**Schmuck in Orchideenform**

**Ring mit gelbem und blauem Saphir**

**Saphire**

**Edelsteine** *werden in der Regel ungeschliffen gehandelt und später zu exquisiten goldenen Ringen und Anhängern gefasst. Zwar kommen heute die meisten Steine über Pailin aus Kambodscha, dennoch ist die Si Chan Road in Chanthaburi noch immer der größte Edelsteinmarkt in Südthailand.*

**Nai nag (Puppenspieler)**

**Hartzinn** *ist eine leicht zu bearbeitende Zinnlegierung, der ein geringer Kupfer- und Antimonanteil die notwendige Härte verleiht. Vor allem in Phuket wird es zu dekorativen Objekten wie Figuren, Kelchen, Tassen, Tellern und Anhängern verarbeitet.*

**Korb- und Rattanarbeiten** *werden vor allem in Pattani hergestellt, wo die Bevölkerung vorwiegend malaiisch-muslimisch ist. Die Materialien werden, wie im Islam üblich, nicht bildhaft, sondern zu geometrischen Mustern geflochten.*

# Die schönsten Stände

Weißer, sauberer Sand, klares, blaues Wasser – in Thailand findet man fantastische Strände, die weltweit ihresgleichen suchen. Sie locken auch viele Urlauber an, die aufregenden Wassersport lieben oder sich gern aktiv betätigen. Enttäuscht wird auch nicht, wer den Luxus hochwertiger Resorts und Spas schätzt. Thailand bietet Möglichkeiten für Urlauber mit den verschiedensten Ansprüchen. Hier locken die einsamen Buchten von Ko Phangan und Ko Chang, das bunte Nachtleben an den quirligen, aber vollen Stränden von Phuket und Ko Samui, Tauchen und Schnorcheln vor Ko Tao oder ein Familienurlaub in Hat Hua Hin, dem Lieblingsort der Königsfamilie.

**Windsurfen bei Phuket**

Spaß bei einem Match Beachvolleyball auf Ko Lipe

**Ao Yai (Große Bucht)** auf Ko Chang *(siehe S. 200)* besitzt einen drei Kilometer langen Strand mit Bungalows und Restaurants.

**Hat Kata Yai** (siehe S. 228) *auf Phuket ist ruhig, aber nahe Hat Patongs aufregendem Nachtleben gelegen. Der Strand ist bei jungen und abenteuerlustigen Urlaubern beliebt und zudem ein exzellentes Windsurfrevier.*

**Der Hat Tham Phra Nang** (siehe S. 249), *Krabi, ist ein besonders hübscher Strand. Hier findet man schöne Korallenriffe, Kokoshaine und zerklüftete Kalksteinfelsen. Einen Besuch wert sind zudem die beliebten Sehenswürdigkeiten Tham Phra Nang und Sa Phra Nang.*

**Ao Kantiang** (siehe S. 262), *Ko Lanta, liegt an der Südwestspitze der Insel am Fuß von mit dichtem Dschungel bewachsenen Hügeln. Hier locken das exklusive Pimalai Resort & Spa (siehe S. 309) sowie herrliche Korallenriffe am Nordende des Strandes. Dort kann man hervorragend schnorcheln und schwimmen.*

# DIE SCHÖNSTEN STRÄNDE

**Der »Diamantenstrand« Hat Sai Kaew** (siehe S. 112f), *auf Ko Samet zählt zu den geschäftigsten Stränden der Insel. Hier locken Schnorcheln, Jetskifahren und andere Wassersportarten sowie ein pulsierendes Nachtleben.*

**Hat Khlong Phrao** *(siehe S. 122),* Ko Chang, *ist durch das Felskap Laem Chaichet isoliert. Der Blick über die Bucht ist atemberaubend.*

**Hat Hua Hin** *(siehe S. 140),* Hua Hin, *wurde im frühen 20. Jahrhundert durch die thailändische Königsfamilie bekannt. Der schönste Strandabschnitt liegt gegenüber dem berühmten Sofitel Centara Grand Resort and Villas (siehe S. 299). Geboten werden Ponyreiten, Golf und die üblichen Wassersportarten.*

**Hat Sai Ri** *(siehe S. 182),* Ko Tao, *ist der längste Strand auf der Insel. Der lange, weiße Sandbogen ist ideal zum Tauchen und Schnorcheln und das ganze Jahr über gut besucht. Am Strand stehen einige gute Restaurants. Diverse Läden verkaufen Tauchzubehör.*

**Nach Ao Thong Nai Pan** *(siehe S. 175),* Ko Phangan, *führt eine 13 Kilometer lange Piste. Die Bucht mit den schönen Stränden ist touristisch nicht erschlossen und wird deshalb weiter einsam bleiben.*

# Das Jahr an Thailands Küsten

Traditionell bestimmen in Thailand der Südwest- und der Nordost-Monsun den bäuerlichen Arbeitsrhythmus und den religiösen Kalender. Die meist buddhistischen Feste fallen oft auf wichtige Tage im Mondjahr, häufig auf Vollmondtage. Andere Feste feiern dagegen den Lauf der Jahreszeiten, etwa das Ende der Regenzeit und damit verbundene bäuerliche Arbeiten wie den Beginn des Reispflanzens. Thailand hat drei Jahreszeiten: Regenzeit, kühle und heiße Jahreszeit. Der Reis wird zu Beginn der Regenzeit gepflanzt. Er reift während der kühlen, trockenen Jahreszeit und wird vor der großen Hitze geerntet. Fast immer wird irgendwo im Land ein Fest gefeiert

Bei der Reisernte

## Heiße Jahreszeit

Im Landesinneren belasten hohe Temperaturen und hohe Luftfeuchtigkeit den Körper. An der Küste wehen angenehme kühle Seebrisen. Die Felder sind nun abgeerntet, die Flüsse führen Niedrigwasser. Als Folge wirkt die Landschaft etwas eintönig. Angesichts der Hitze verwundert es nicht, dass die Thailänder das Neujahrsfest Songkran sehr nass feiern.

### März

**ASEAN-Turteltauben-Wettbewerb** *(1. Woche)*, Yala. Zum Gurr-Wettbewerb kommen Vogelfreunde sogar aus Kambodscha, Malaysia, Singapur und Indonesien angereist.
**Thao-Thep-Kasatri- und Thao-Si-Sunthorn-Fest** *(13. März)*, Phuket. Das alljährliche Fest gedenkt Phukets mutigen Heldinnen Khun Chan und Khun Muk, die 1785 die Bewohner der Insel zusammenscharten, um die burmesischen Eroberer zu vertreiben *(siehe S. 234)*.
**Trang-Kulinaria-Messe** *(30. März–3. Apr)*, Trang. Im Somdet-Phra-Srinakharin-Park wird die lokale Küche mit köstlichen Speisen zelebriert. Hier schmecken Meeresfrüchte sowie Spezialitäten aus Südthailand, China und der Region Trang.

### April

**Chakri-Tag** *(6. Apr)*, Bangkok, landesweit. Der Feiertag erinnert an die Gründung der herrschenden Chakri-Dynastie durch Rama I. (1782–1809). Nur an diesem Tag steht das Königliche Pantheon mit den Statuen verstorbener Könige in Bangkoks Wat Phra Kaeo offen.
**Songkran** *(13.–15. Apr)*, landesweit. Zum Thai-Neujahrsfest werden verehrte Buddha-Bildnisse mit duftendem Wasser begossen. Bei den ausgelassenen Feiern wird Wasser über alles und jeden geschüttet.
**Wan-Lai-Fest** *(Mitte Apr)*, Pattaya. Pattayas Wan Lai (Wasserfest) wird in der Regel eine Woche nach Songkran mit Blumenkorso, bunten Prozessionen und »Wasserduschen« gefeiert.
**Pak-Lat-Fest** *(Mitte Apr)*, Phra Pradaeng. Die Mon, eine ethnische Minderheit, feiern ihr Neujahrsfest eine Woche nach Songkran mit viel Unterhaltung, einer Miss-Songkran-Parade und traditionellen Spielen der Mon.

**Religiöse Prozession beim Neujahrsfest Songkran** *(Apr)*

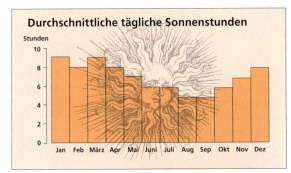

## Sonnenschein

*Selbst in der Regenzeit scheint an den meisten Tagen die Sonne. Da sie in den Tropen stark brennt, sollte man Sonnenbrand und Hitzschlag unbedingt mit Sonnencreme, Sonnenhut und Sonnenbrille vorbeugen. Reichliches Trinken schützt vor Dehydrierung.*

## Mai

**Krönungstag** *(5. Mai)*, Bangkok, landesweit. Thronjubiläum von König Bhumibol, Rama IX. (geb. 1927).
**Visakha Bucha** *(Vollmondtag im Mai)*, landesweit. Der höchste buddhistische Feiertag wird zu Ehren der Geburt, der Erleuchtung und des Todes von Buddha mit Predigten und Prozessionen in Tempeln abgehalten.
**World Durian Festival** *(2 Wochen Mitte Mai)*, Chanthaburi. Höhepunkte sind Miss-Wahlen und Umzüge mit Durian-Wagen.

## Regenzeit

Mit Beginn des Regens erwacht das ländliche Thailand zum Leben. Die ausgedörrte Erde kann nun gepflügt werden. Sobald der Reis gepflanzt ist, kehrt eine Ruhepause ein, die mit der dreimonatigen buddhistischen Fastenzeit («Regenrückzug») zusammenfällt. In dieser Zeit werden die jungen Männer traditionell für eine Zeit lang Mönche. In ganz Thailand finden sehenswerte Mönchsweihen statt, die die Freude am Feiern mit tiefer Religiosität verbinden.

## Juni

**Hua Hin Jazz Festival** *(variabel)*, Hua Hin. Bei diesem Jazzfestival treten zahlreiche thailändische und internationale Musiker auf. Es findet an der Küste von Hua Hin statt.

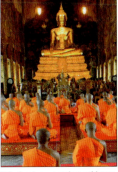

**Mönche singen vor dem goldenen Buddha am Asanha Bucha *(Juli)***

**Sunthorn-Phu-Tag** *(26. Juni)*, Rayong. Festival zu Ehren von Thailands größtem Dichter Sunthorn Phu *(siehe S. 111)* am Sunthorn-Phu-Denkmal, Distrikt Klaeng.

## Juli

**Asanha Bucha** *(Vollmondtag im Juli)*, landesweit. Der zweithöchste der drei wichtigsten buddhistischen Feiertage erinnert an Buddhas erste Predigt.
**Khao Pansa** *(Vollmondtag im Juli)*, landesweit. Beginn der buddhistischen Fastenzeit, des sogenannten Regenrückzugs. Die Mönche bleiben zum Studieren und Meditieren in den Tempeln.

## August

**Rambutan- und Thai-Obst-Fest** *(Anfang Aug)*, Surat Thani. Alljährliches Rambutan-Fest zur Feier der lokalen Obstproduktion.
**Geburtstag der Königin** *(12. Aug)*, landesweit. Zu Ehren von Königin Sirikit sind Straßen und Gebäude üppig geschmückt. In Bangkok erstrahlen vor allem die Ratchadamnoen Avenue und der Große Palast.
**King's Cup und Princess' Cup** *(variabel)*, Chumphon. Schön dekorierte Boote aus dem ganzen Süden nehmen in Nong Yai, Tambon Na Cha-ang und andernorts an den Rennen teil.

**Live-Auftritt einer Jazzgruppe beim Hua Hin Jazz Festival *(Juni)***

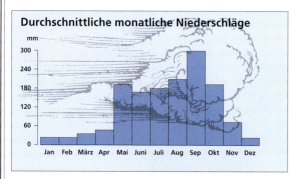

### Niederschläge

*Thailands südliche Halbinsel verzeichnet mit 2400 Millimeter pro Jahr den meisten Regen, der Norden und die Zentralebene bringen es auf 1300 Millimeter. Vielerorts kommt es in der Regenzeit zwischen Juni und Oktober fast täglich zu heftigen Wolkenbrüchen.*

## September

**Fest des 10. Mondmonats** *(1.–15. Tag des abnehmenden Monds)*, Nakhon Si Thammarat. Verstorbene Sünder dürfen auferstehen und ihre Verwandten besuchen, müssen aber vor dem 15. Tag in die Unterwelt zurückkehren. Am 15. Tag finden an den Tempeln Veranstaltungen statt sowie eine prächtige Prozession in der Ratchadamnoen Road.

**Trang-Schweinefest** *(variabel)*, Trang. Gefeiert wird Trangs spezielles Rezept mit Schweinefleisch, das mit Kräutern mariniert und über einen besonderen Grill am Spieß gebraten wird.

**Trang-Mondfest** *(Vollmond Ende Sep/Anfang Okt)*, Trang. Die Chinesen von Thung Yao im Distrikt Palian feiern den Sieg von Chinas Ming-Dynastie über die Mongolen von 1368.

**Narathiwat-Fest** *(letzte Woche im Sep)*, Narathiwat. Eine gute Gelegenheit, die thailändisch-malaiische Kultur des Südens zu erleben.

**Vegetarisches Fest** *(Ende Sep/Anfang Okt)*, Phuket, Trang. Rituelle Selbstkasteiungen und ein strenger Verzicht auf Fleisch kennzeichnen dieses bedeutende, spektakuläre und ungewöhnliche Fest *(siehe S. 225)*.

Tänzerinnen in Isaan-Kostümen beim Ok Phansa *(Okt)*

## Oktober

**Traditionelle Bootsprozession mit Rennen** *(variabel)*, Chumphon. Geschmückte Boote fahren mit Buddha-Figuren aus den heimischen Tempeln auf dem Lang Suan. Die Zeremonie stammt aus der Zeit Ramas III., Phra Nang Klao (reg. 1824–51).

**Ok Phansa** *(Vollmondtag im Okt)*, landesweit. Der Festtag feiert Buddhas Wiedererscheinen auf der Erde nach einer Zeit des Predigens im Himmel und markiert das Ende der Regenruhezeit.

**Chak-Phra-Fest** *(Vollmondtag im Okt)*, Surat Thani. Das lokale Fest markiert das Ende der Regenruhezeit. Überall werden beleuchtete Buddha-Figuren aufgestellt, es gibt üppig dekorierte Handwagen und Buddha-Figuren auf einem schön geschmückten Kahn auf dem Fluss. Dazu finden Bootsrennen und traditionelle Spiele statt.

## Kühle Jahreszeit

Nach der Regenzeit klart der Himmel auf, die Temperaturen sinken auf ein angenehmes Niveau. Das Land zeigt sich von seiner schönsten Seite: sattgrün und mit vollen Flussbetten. Dies ist die beste Reisezeit (insbesondere die kühlsten Monate Dezember und Januar). Zahlreiche Feste feiern im Dezember und Januar das Ende der Reisernte, die von November bis Anfang Dezember dauert. Nun genießt man eine Ruheperiode.

Spektakuläre Prozession beim Vegetarischen Fest, Phuket *(Sep/Okt)*

## Durchschnittliche monatliche Temperaturen

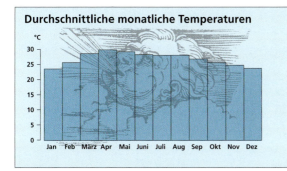

### Temperaturen

Die meisten Besucher empfinden Thailand, vor allem den Süden, ganzjährig als heiß und feucht. Dies trifft im April und Mai auf unangenehme, im November und Dezember auf wohltuende Weise zu. In den kühlsten Monaten kann es nachts verhältnismäßig kalt werden.

## November

**Tempelfest am Goldenen Hügel** *(1. Woche im Nov)*, Bangkok. Thailands größtes Tempelfest wird am Goldenen Hügel in Bangkok gefeiert.
**Loy Krathong** *(Vollmondtag im Nov)*, landesweit. Das besonders stimmungsvolle Fest findet zu Ehren der Flussgöttin Mae Khongkha statt. Abends werden auf Flüssen, Seen und Teichen mit Blumen, Kerzen und Räucherwerk bestückte *krathongs* (Lichterboote) aufs Wasser gesetzt.
**Thot Pah Pa Klang Nam** *(Vollmondtag im Nov)*, Rayong. Anlässlich von Loy Krathong werden mitten in Rayong am Pier des Flusses Prasae den Mönchen gelbe Roben übergeben.

## Dezember

**Fahnenparade** *(3. Dez)*, Bangkok. Die vom Königspaar abgenommene Fahnenparade vermittelt einen Eindruck vom höfischen Pomp.

**Geburtstag des Königs** *(5. Dez)*, Bangkok und landesweit. Im ganzen Land werden Regierungsgebäude und Privathäuser aufwendig geschmückt, die Umgebung des Großen Palasts erstrahlt im Lichterglanz. Abends feiern die Massen am Sanam Luang. Das Fest zeigt die tiefe Verehrung der Thailänder für ihren König.
**King's Cup Regatta** *(variabel)*, Phuket. In Phukets Kata Beach Resort treffen sich Segler aus aller Welt, um in der Andamanensee gegeneinander anzutreten.

*Fotografie des Königspaars*

**Edelsteinmesse in Chanthaburi** *(8.–12. Dez)*, Chanthaburi. Thailands größter Edelsteinmarkt findet jährlich im Chanthaburi Gems Center, Tri Rat/Ecke Chanthanimit Road, statt.

## Januar

**Gedenktag für König Taksin den Großen** *(28. Dez– 4. Jan)*, Chanthaburi. Mit einem Volksfest und Schönheitswettbewerben wird der Sieg König Taksins des Großen über die burmesischen Invasoren 1767 gefeiert.
**Chinesisches Neujahr** *(Vollmondtag im Jan oder Feb)*, landesweit. Chinesischstämmige Thai feiern Neujahr mit lauten Knatterschnüren.

## Februar

**Phra-Nakhon-Khiri-Fest** *(Ende Feb)*, Phetchaburi. Fünf Tage lang feiert Phetchaburi sein Kulturerbe und die königlichen Herrscher aus der Dvaravati- und der Srivijaya-Ära.

### Feiertage

**Neujahr** *(1. Jan)*

**Makha Bucha** *(Feb oder März, Vollmondtag)*

**Chakri-Tag** *(6. Apr)*

**Songkran/Thai-Neujahr** *(13.–15. Apr)*

**Tag der Arbeit** *(1. Mai)*

**Krönungstag** *(5. Mai)*

**Königliche Pflügzeremonie** *(Anfang Mai)*

**Visakha Bucha** *(Mai, Vollmondtag)*

**Asanha Bucha und Khao Pansa** *(Juli, Vollmondtag)*

**Geburtstag der Königin** *(12. Aug)*

**Chulalongkorn-Tag** *(23. Okt)*

**Geburtstag des Königs** *(5. Dez)*

**Verfassungstag** *(10. Dez)*

**Silvester** *(31. Dez)*

**Feuerwerk am Wat Mahathat anlässlich des Loy-Krathong-Fests** *(Nov)*

# Die Geschichte Thailands

*Thailands Geschichte ist eher die Historie einer südostasiatischen Region als die eines Volkes. Seine turbulente Entwicklung von kleinen regionalen Königreichen bis zur vereinten Nation ist eine Abfolge von Eroberungen, Rebellionen und Staatsstreichen, zeugt aber auch von einer standhaften Monarchie, die bis heute Gefahren und Anarchie entgegensteuert.*

Thailands älteste Kulturzeugnisse lassen sich auf etwa 2100 v. Chr. datieren. Aus jener Zeit stammen Bronzewerkzeuge und Keramik, die bei Ban Chiang im Nordosten gefunden wurde. Reis wurde schon früher angebaut. Um 2000 v. Chr. siedelten Malaien auf der Halbinsel zwischen der Andamanensee und dem Golf von Thailand. Im Landesinneren lebten kleine Gruppen von Jägern und Sammlern, Vorfahren der heutigen Mani. Später kamen Malaien, Mon und Khmer, die chinesisch und indisch beeinflusst waren.

*Ban-Chiang-Keramik, um 300 v. Chr.*

### Indische Königreiche

Um 250 v. Chr. übten in der malaiischen Region und auf der Halbinsel von Thailand indische Kaufleute einen starken Einfluss aus. Sie nannten die Region Suvarnabhumi, »Goldenes Land«. In der Folge entstanden drei mächtige Königreiche: Dvaravati (6.–11. Jh.) in Thailands Mitte, Srivijaya auf Sumatra und der thailändischen Halbinsel (7.–13. Jh.) und das Khmer-Reich (9.–13. Jh.) mit dem Zentrum Angkor. Alle drei Reiche waren stark von indischer Kultur und Religion durchdrungen.

Ab dem 11. Jahrhundert wanderten Tai von Südchina aus in die Region.

Srivijaya wurde von Hindu-Maharadschas regiert und lebte gut vom florierenden Handel mit Indien und China. Seine Macht schwand ab dem 10. Jahrhundert aufgrund von Kriegen mit Java sowie der Ankunft muslimischer Händler und Lehrer, die den Islam auf Sumatra und an der malaiischen Küste verbreiteten. Zur gleichen Zeit spielte das Dvaravati-Königreich der Mon (Talaing) eine bedeutende Rolle bei der Ausbreitung des Buddhismus in Thailand.

Das Königreich der Khmer wurde von Jayavarman I. gegründet. Seine Hauptstadt wurde zwischen 889 und 915 von Yasovarman I. (reg. 889–910) nach Angkor verlegt. Den Zenit der Macht erreichte es unter Suryavarman II. (reg. 1113–50). Der größte Khmer-Herrscher, Jayavarman VII. (reg. 1181–1219), vereinte das Reich und ließ Angkor Thom errichten – zu jener Zeit wohl die größte Stadt der Welt. Alle drei Königreiche unterlagen jedoch einer aufstrebenden Macht, die unter dem Namen Siam bekannt wurde.

## ZEITSKALA

| 4000 v. Chr. | 1 n. Chr. | 300 n. Chr. | 600 n. Chr. | 900 n. Chr. |
|---|---|---|---|---|
| **250 v. Chr.** Der Seehandel zwischen Indien und Südostasien beginnt | *Buddha im Srivijaya-Stil* | **500** Srivijaya-Reich auf Sumatra und der thailändischen Halbinsel; hinduistisch-buddhistische Kultur dominiert | **790** Khmer-Königreich in Kambodscha von Jayavarman I. gegründet | **1113** Suryavarman II. befiehlt den Bau von Angkor Wat |
| **3600 v. Chr.** Reisanbau in Ban Chiang | **200** Chen-La-Kultur entsteht in der unteren Mekong-Region, starker Einfluss indochinesischer Kulturen | **550** Mon-Königreich Dvaravati erblüht und verbreitet Buddhismus *Dvaravati-Münze*  | **889** Yasovarman I. gründet die neue Hauptstadt Angkor | **1289** Angkor Thom wird vollendet |

◁ Eines der ältesten Wandbilder in der Buddhaisawan-Kapelle, Nationalmuseum, Bangkok *(siehe S. 62f)*

Reliefdarstellung des berühmten Königs Ramkhamhaeng

## Königreich Sukhothai

Im Jahr 1238 sagten sich zwei Tai-Gouverneure vom Khmer-Reich los und gründeten das erste bedeutende Tai-Königreich: Sukhothai. Die Bezeichnung Siam (so nannten die Khmer die Tai) wurde zum Namen dieses und der folgenden Tai-Königreiche. Sukhothai expandierte, indem es Allianzen mit anderen Tai-Königreichen bildete, und machte den Theravada-Buddhismus zur Staatsreligion. Unter Ramkhamhaeng (reg. 1279–98) erblühte es in einer Ära des Wohlstands. Unter seiner Herrschaft wurde das Thai-Alphabet entwickelt. Die politisch-kulturellen Fundamente Thailands festigten sich. Tatsächlich stammen die meisten heutigen Thai von den Tai ab. Ramkhamhaeng eroberte Mon- und Khmer-Gebiete im Süden bis zur Andamanensee und Nakhon Si Thammarat sowie im Chao-Phraya-Tal und entlang der Südostküste bis zum heutigen Kambodscha. 1378 wurde die Hauptstadt von Sukhothai nach Phitsanulok verlegt. Das reiche, friedliche und stabile Sukhothai-Reich wurde in 200 Jahren von nur neun Königen regiert.

Schreitender Buddha, Sukhothai-Stil

## Königreich Ayutthaya

Als im frühen 14. Jahrhundert Sukhothais Macht schwand, läutete dies den Aufstieg eines anderen Tai-Königreichs im unteren Chao-Phraya-Tal ein. Sein Zentrum war die alte Khmer-Stadt Lopburi, unweit des heutigen Bangkok. 1350 verlegte der ehrgeizige Herrscher U Thong seine Hauptstadt von Lopburi nach Ayutthaya, ernannte sich selbst zum König Ramathibodi (reg. 1351–69) und machte den Theravada-Buddhismus zur Staatsreligion. Auf seine Einladung hin kamen Mönche aus dem nahen Sri Lanka, um die buddhistischen Lehren zu verkünden. Ramathibodi stellte einen Gesetzeskodex auf der Grundlage des heiligen indischen *Dharmasastra* zusammen.

In seinem letzten Regierungsjahr 1369 eroberte Ramathibodi Angkor beim ersten von mehreren erfolgreichen Angriffen auf das geschwächte Khmer-Reich. Es musste sich der Übermacht Ayutthayas ebenso beugen wie das 1438 eroberte Sukhothai. Im 15. Jahrhundert war Ayutthaya die stärkste Macht in Südostasien.

Ayutthayas Machtanspruch richtete sich auch auf die malaiische Halbinsel im Süden, wo sich der große Handelshafen Melaka der Übernahme widersetzte. Wie andere malaiische Staaten südlich von Nakhon Si Thammarat war Melaka im frühen 15. Jahrhundert zum Islam konvertiert, auf dem die malaiische Solidarität gegen die Tai basierte. Ayutthaya konnte zwar Melaka nicht erobern, kontrollierte aber einen großen Teil der Halbinsel. Der Einfluss der Tai

## ZEITSKALA

**1238** Erstes unabhängiges Tai-Königreich Sukhothai gegründet

**1351** Gründung des Königreichs Ayutthaya; Theravada-Buddhismus wird Staatsreligion

König Ramkhamhaeng

Ayutthaya-Münze

**1369** Ayutthaya erobert Angkor

Ayutthaya-Soldat

| 1200 n. Chr. | 1280 | 1360 | 1440 |

**1279** Beginn der Regierung von König Ramkhamhaeng

**1300** Politische Macht der Tai reicht im Süden bis Nakhon Si Thammarat

**1438** Sukhothai wird besiegt; Ayutthaya ist mächtigstes Reich der Region

reiche bis Pattani, Kedah und Kelantan. Im 16. Jahrhundert läutete der Aufstieg Birmas Ayutthayas Untergang ein. Birmas erster Angriff erfolgte 1569. Der Vasallenherrscher Maha Thammaracha (reg. 1569–90) wurde zum König ernannt. Sein Nachfolger, König Naresuan der Große (reg. 1590–1605), konnte Ayutthayas Stellung mit dem Sieg gegen Birma in der Schlacht von Nong Sarai (1593) teilweise wiederherstellen.

Holländische Karte von Ayutthaya, 17. Jahrhundert

Mittlerweile hatten Europäer ihren Weg ins Königreich gefunden, um dort Handel zu treiben. Nach den Holländern 1604 kamen Franzosen und Engländer. 1767 drangen erneut birmesische Armeen ein, zerschlugen die Tai-Armeen, zerstörten Ayutthaya und legten die Hauptstadt in Ruinen.

Unter dem chinesischstämmigen Adligen Taksin erholte sich Siam schnell. Von Chanthaburi im Südosten aus besiegte er die Birmanen und gründete einen neuen Staat mit der Hauptstadt Thonburi am Westufer des Chao Phraya, gegenüber dem späteren Bangkok. Der 1768 zum König gekrönte Taksin vereinte die zentralen Tai-Gebiete unter seiner Herrschaft, eroberte 1769 Kambodscha und installierte danach Siams Herrschaft im Süden und über die malaiischen Staaten.

1779 überwarf sich Taksin mit dem buddhistischen Klerus wegen der Behauptung, übernatürliche Kräfte zu besitzen. Zudem attackierte er die mächtigen chinesischen Händler. Als seine Armee 1782 in Kambodscha einmarschierte, brach in Thonburi ein Aufstand aus. Die Rebellen boten den Thron erfolgreich General Chakri an. König Taksin wurde exekutiert, doch noch immer hält sich das Gerücht, dass er als Mönch weitergelebt habe.

König Naresuan kämpft gegen die Birmanen, Darstellung der Schlacht von Nong Sarai aus dem 19. Jahrhundert

**1590** König Maha Thammaracha stirbt; König Naresuan besteigt den Thron

*Birmanischer Hafen*

**1767** Birmas Heer erobert Ayutthaya; General Taksin organisiert Widerstand in Chanthaburi

**1782** Taksin wird exekutiert, General Chakri wird König

| 1520 | 1600 | 1680 | 1760 |

**1569** Birmas Armee erobert Ayutthaya und inhaftiert die königliche Familie.

**1604** Handelskontakte mit Holländern, Franzosen, Engländern

**1656–88** Größter französischer Einfluss

*König Taksin*

**1768** Taksin besteigt den Thron; Thonburi wird Hauptstadt

# Chakri-Dynastie

General Chakri bestieg 1782 den Thron des besiegten Taksin und übernahm den Titel Rama I. Er begründete die bis heute in Thailand regierende Chakri-Dynastie. Seine Nachfolger, die als Könige ebenfalls den Titel »Rama« trugen, formten das heutige Thailand. Die Chakri-Könige festigten ihre Macht durch Verträge mit Europäern, liberalisierten den Handel, ließen *wat* bauen und Kanäle anlegen. Sie eröffneten Universitäten, förderten Kunst und Architektur und modernisierten das Land. Mit ihrer Politik und Diplomatie konnten sie die Kolonialmächte fernhalten. Politische Unruhen und mehrere Putsche führten jedoch dazu, dass ihre Herrschaft zu einer konstitutionellen Monarchie umgeformt wurde.

**Großer Palast und Wat Phra Kaeo, 1782 unter Rama I. erbaut**

## Frühe Chakri-Dynastie

Die ersten Chakri-Könige, Rama I., II. und III., bauten den Staat wieder auf und förderten eine Thai-Kultur nach dem Vorbild des alten Königreichs Ayutthaya. Sie waren Mäzene der bildenden Kunst und Literatur und leiteten eine Epoche der Stabilität ein.

### Rama I. (reg. 1782–1809)

*Rama I. verlegte die Hauptstadt von Thonburi nach Bang Makok. Er besiegte die Birmanen und erweiterte und stärkte das Königreich.*

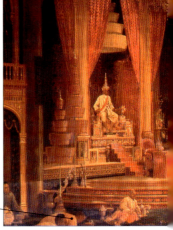

**Das Hofzeremoniell** war bis zur Regierung Ramas V. sehr streng: Höflinge mussten sich vor dem König niederwerfen.

### Frühes Bangkok

*In Bang Makok (»Dorf der Wildpflaume«), dem späteren Bangkok, gab es viele Wasserwege, aber kaum Straßen.*

### Buddhismus

*Die frühen Chakri-Könige waren tiefgläubige Theravada-Buddhisten. Sie erbauten herrliche wat für prächtige Buddha-Figuren.*

### Sunthorn Phu (1786–1855)

*Der Hofdichter von Rama II., III. und IV. ist Thailands berühmtester Poet.*

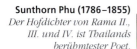

## ZEITSKALA

**1782** Rama I. verlegt die Hauptstadt nach Bangkok und startet ein umfassendes Bauprogramm in Rattanakosin

**1809–24** Regierung Ramas II.; Bau des Wat Arun in Bangkok; Beziehungen zu Europäern, vor allem zu Großbritannien

**1851** Rama IV., der erste große Reformer, besteigt den Chakri-Thron

| 1790 | 1805 | 1820 | 1835 | 1850 | 18 |

**1785** Sieg Ramas I. über die Birmanen bei Kanchanaburi; Restaurierung der Thai-Vorherrschaft

**1824–51** Regierung Ramas III.; Rivalität mit Vietnam um die Kontrolle über Kambodscha

*Wat Arun*

**1868** Beginn der Regierung von Rama V., dem Vater des modernen Thailand

# CHAKRI-DYNASTIE

### Rama IV. (reg. 1851–68)
*Rama IV., auch bekannt als König Mongkut, war der erste große Reformer der Chakri-Dynastie. Er war Linguist und auch an Naturwissenschaften interessiert.*

### Modernisierung
*Bangkoks erste befestigte Straße, die Charoen Krung oder New Road, wurde 1861 unter Rama IV. eröffnet.*

**Europäische Diplomaten** durften vor dem König stehen, mussten sich aber tief verbeugen.

### Rama IV. und Rama V.
Rama IV. und Rama V. waren weitblickende, weise Herrscher. Sie lernten vom Westen, modernisierten Siam und vermieden so die Kolonialisierung.

### Frankreichkonflikt (1893–1907)
*Um seine Herrschaft in Indochina durchzusetzen, übernahm Frankreich während der Regierung von Rama V. den von Siam kontrollierten Teil von Laos.*

### Rama V. (1868–1910)
*König Chulalongkorn bewahrte beharrlich die Unabhängigkeit des Königreichs von den Kolonialmächten.*

### Rama IX. (geb. 1927)
*Der regierende König Bhumibol Adulyadej und Königin Sirikit sind in Thailand sehr beliebt.*

### Neue Monarchie
Ein Militärputsch machte Thailand 1932 zur konstitutionellen Monarchie. Heute besitzt der König keine politische Macht mehr.

### Chulalongkorn-Universität
*Die nach Rama V. benannte Universität wurde 1917 gegründet. Sie ist die prestigeträchtigste Hochschule in Thailand.*

---

**1893** Französische Kanonenboote bedrohen Bangkok; dies führt zu einer Konfrontation in Pak Nam

*Flagge Thailands*

**1917** Thailands Flagge offiziell angenommen

**1939** Siam heißt nun offiziell Thailand

**1942** Japanische Invasion treibt Thailand als Japans Verbündeten in den Zweiten Weltkrieg

| 1880 | 1895 | 1910 | 1925 | 1940 |

*Chakri-Münze*

**1897** Rama V. besucht erstmals Europa

**1932** Der Putsch von Phibun Songkram führt zur konstitutionellen Monarchie

**1945** Thailand ist auf der Verliererseite im Zweiten Weltkrieg

**1946** Der heutige König Rama IX. besteigt den Thron

Slogan der Studentenproteste von 1973: »Gib mir mein Volk zurück«

## Ära der Unsicherheit

Nach dem Zweiten Weltkrieg restaurierte der linksgerichtete Premierminister Seni Pramoj Thailands junge Demokratie. 1946 folgte ihm der demokratisch gewählte Pridi Phanomyong. 1947 kam Phibun Songkram, Premierminister während des Zweiten Weltkriegs, durch einen Putsch an die Macht. Danach war Thailand für den Rest des 20. Jahrhunderts von Militärdiktaturen geprägt. Phibuns Rückkehr fiel mit dem Beginn des Kalten Kriegs zusammen. Damals agierte Thailand als loyaler antikommunistischer Verbündeter der USA und nahm an deren Seite am Vietnamkrieg teil. In Thailand selbst wurde ein kommunistischer Aufstand niedergeschlagen.

1973 erzwang eine Studentenrevolte in Bangkok den Rücktritt des militärischen Machthabers Thanom Kittikachorn. Nach kurzer Zeit der Demokratie übernahm 1976 erneut das Militär mit dem rechtsgerichteten General Thanin Kraivixien (1976/77) und dessen Nachfolgern Kriangsak Chomanand (1977–80) und Prem Tinsulanond (1980–88) die Regierung. Letzterer war ein überzeugter Royalist und galt als unbestechlich. 1988 ebnete er mit seinem freiwilligen Rücktritt den Weg für die Demokratie. Als das Militär 1991 erneut putschte, kam Suchinda Kraprayoon im 17. Staatsstreich seit 1932 an die Macht. Dieses Mal setzte sich jedoch der derzeitige König Rama IX. als unangefochtete moralische Instanz für ein schnelles Ende der Militärherrschaft ein. Danach folgten einige mehr oder minder korrupte oder inkompetente Regierungen bis zur Wahl von Thaksin Shinawatra im Jahr 2001.

## Verschärfung der Krise

Ein katastrophaler Tsunami richtete 2004 Zerstörungen in Phuket und an der Andamanen-Küste an. 2005 wurde Thaksin als Premierminister wiedergewählt. Mit Zuckerbrot und Peitsche versuchte er Anfang des 21. Jahrhunderts im Süden einen Aufstand zu unterbinden, der auf die Gründung einer unabhängigen Republik Pattani abzielte. Thaksins Regierung zeichnete sich durch Korruption, Vetternwirtschaft und Brutalität aus: Mehr als 2500 mutmaßliche Drogenhändler wurden außergerichtlich von Polizisten exekutiert. Hunderte Muslime erstickten, als sie verhaftet und in Lastwagen gezwängt wurden. Thaksin festigte zwar seine Machtbasis im ländlichen Norden und Nordosten durch Stimmenkauf und Populismus, machte jedoch Fehler: Er überwarf sich mit führenden Militärs und – noch schlimmer – mit dem königlichen Hof.

Militärdiktator Phibun Songkram

## ZEITSKALA

| 1950 | 1960 | 1970 | 1980 |
|---|---|---|---|
| **1947** Phibun Songkram putscht gegen Pridi Phanomyong | **1954** Gründung der South East Asia Treaty Organization (SEATO) *SEATO-Militäreinheiten in Bangkok* | **1973** Studentenrevolte gegen Militärdiktator Thanom Kittikachorn — **1975** Ende des Vietnamkriegs, US-Truppen verlassen Thailand | **1976** Militärische Machtübernahme; auf Thanin Kraivixien folgt Chomanand — **1979** Wahlen und parlamentarische Demokratie wiedereingeführt |

VOM ZWEITEN WELTKRIEG BIS HEUTE 45

Tausende Demonstranten fordern 2006 den Rücktritt des Premierministers Thaksin Shinawatra

## Unruhige Zeiten

Während eines Auslandsaufenthalts 2006 wurde Thaksin durch einen Militärputsch abgesetzt. Die Armee ernannte General Surayud Chulanont, einen Kronrat, zum Interim-Premierminister. Thaksin wurde in Abwesenheit wegen Korruption angeklagt und zu zwei Jahren Haft verurteilt. Er blieb im Ausland, gründete aber die Stellvertreterpartei People's Power Party (PPP), um an den Wahlen im Dezember 2007 teilnehmen zu können. Die PPP gewann die Mehrheit und übernahm die Regierung – Thaksin regierte das Land praktisch indirekt von außen.

Seine ungebrochene Rolle als Strippenzieher erboste nicht nur den Süden, sondern auch Bangkoks Elite und die Mittelschicht. Deren Vertretung ist die People's Alliance for Democracy (PAD), besser bekannt als »Gelbhemden«. Die PAD und ihre Anhänger protestierten mit gewaltlosen Aktionen gegen die PPP, die u.a. in der Besetzung von Bangkoks Internationalem Flughafen Suvarnabhumi im November 2008 gipfelten.

Die PPP wurde wegen Wahlbetrugs aufgelöst und der Führer der Democratic Party, Abhisit Vejjajiva, als Premierminister vereidigt. Als Gegenspieler der PAD gingen nun die »Rothemden« der neu gegründeten United Front for Democracy against Dictatorship (UDD) auf die Straße. Sie organisierten die Demonstrationen im Frühjahr 2010 in Bangkok, bei denen etwa 90 Menschen starben. Die Lage hat sich seither wieder beruhigt, doch die Gegensätze bleiben.

Abhisit Vejjajiva (links) mit seinem Kabinett vor der Vereidigung im Dezember 2008

**1992** Nach General Suchindas gescheitertem Putsch erstarkt die Demokratie; der Wohlstand wächst

**1997** Thailands Wirtschaft erleidet einen schweren Rückschlag durch Asiens Finanzkrise

**2001** Thaksin Shinawatra wird zum Premierminister gewählt

**2004** Tsunami im Indischen Ozean zerstört Phuket und Thailands Andamanen-Küste

**2005** Wiederwahl Thaksins, Gewalt im Süden

**2006** Thaksin Shinawatra wird durch einen Putsch abgesetzt

**2008** PAD-Proteste

**2010** UDD-Anhänger (»Rothemden«) demonstrieren in Bangkok und anderen Städten; Eskalation mit Toten; Militär räumt gewaltsam Bangkok

**2011** Yingluck Shinawatra (Pheu-Thai-Partei) gewinnt die Wahlen

*Ex-Premier Thaksin*

| 1990 | 2000 | 2010 | 2020 |

# Thailands Küstenregionen

Thailands Strände und Inseln
im Überblick **48–49**

Bangkok **50–95**

Östliche Golfküste **96–129**

Obere westliche Golfküste **130–155**

Untere westliche Golfküste **156–195**

Obere Andamanen-Küste **196–239**

Untere Andamanen-Küste **240–275**

Süden **276–285**

# Thailands Strände und Inseln im Überblick

Die Halbinsel, die Thailands Südteil bildet, ist geprägt von der Andamanensee im Westen und dem Golf von Thailand im Osten. Ein zentrales, mit Dschungel bedecktes Gebirge bildet im Norden die Grenze zu Myanmar. Die Hauptstadt Bangkok beeinflusst das ganze Land, die alte buddhistische Stadt Nakhon Si Thammarat ist dagegen das politische und kulturelle Zentrum des Südens und das jüngere, pulsierende Hat Yai seine wirtschaftliche Hochburg. Die wichtigsten Urlaubsregionen sind Phuket, Krabi und Ko Samui. Der Badeort Pattaya bietet eine bunte Mischung aus Familienunterhaltung und Go-go-Bars. Die Region ist auch für ihre traumhaft schönen Nationalparks und Naturschutzgebiete bekannt.

Die weißen *prang* des Wat Mahathat Worawihan in Phetchaburi

**Im Meeres-Nationalpark Ang Thong** (siehe S. 180f) *bieten sich in einer fantastisch unberührten Landschaft zahlreiche Aktivitäten vom Schnorcheln und Wandern bis zur Erkundung von Höhlen an.*

OBERE WESTLICHE GOLFKÜSTE
Seiten 130–155

**Die Similan-Inseln** (siehe S. 210f) *sind ein einsamer Archipel aus winzigen Granitinseln in der Andamanensee. Hier liegen einige der besten Tauch- und Schnorchelreviere Südthailands.*

OBERE ANDAMANEN-KÜSTE
Seiten 196–239

UNTERE ANDAMANEN-KÜSTE
Seiten 240–275

**Hat Rai Leh** (siehe S. 248) *ist mit seinen großartigen Schwimm- und Klettermöglichkeiten einer der beliebtesten Strände Südthailands. Hier findet man zahlreiche Hotels und Restaurants für jeden Geschmack und jedes Budget.*

◁ **Am langen Sandstrand Hat Karon** (siehe S. 229) auf Phuket reihen sich bunte Sonnenschirme

# THAILANDS STRÄNDE UND INSELN IM ÜBERBLICK

**Der Pak-Khlong-Markt** (siehe S. 72) *im Herzen von Bangkok ist Thailands größter Markt für Blumen. Verkauft werden einheimische Orchideen, duftende importierte Rosen, Hyazinthen und Tulpen aus Europa sowie viele schöne Tropenblumenarten.*

BANGKOK
*Seiten 50–95*

ÖSTLICHE GOLFKÜSTE
*Seiten 96–129*

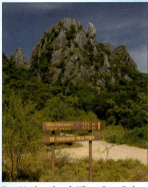

**Der Nationalpark Khao Sam Roi Yot** (siehe S. 144f) *war Thailands erster Nationalpark an der Küste. Seine vielfältige Landschaft zieht Hunderte Zugvogelarten an.*

**Pattaya** (siehe S. 104–108) *ist eines der beliebtesten Urlaubsziele in Thailand. Hier lockt ein aufregendes Nachtleben mit Discos und Go-go-Bars.*

ERE WESTLICHE
GOLFKÜSTE
*eiten 156–195*

SÜDEN
*Seiten 276–285*

**Die Songkhla-Seen** (siehe S. 282) *sind Thailands größtes natürliches Seensystem, das in drei charakteristische Bereiche unterteilt ist. Der Thale-Noi-Wasservogelpark bietet Zuflucht für heimische sowie Zugvögel aus Sibirien und China.*

# Bangkok

Thailands junge Hauptstadt hat sich seit ihrer Gründung Ende des 18. Jahrhunderts in nur zwei Jahrhunderten zu einer Megacity mit über sieben Millionen Einwohnern (zwölf Mio. im Großraum) entwickelt. In der Metropole am Chao Phraya verbinden sich alte Kultur und moderne Urbanität. Zum Stadtbild gehören opulente buddhistische Tempel und prächtige Paläste ebenso wie schicke Restaurants, Nachtclubs und quirlige Straßenmärkte.

Bangkok wurde im Jahr 1782 von Rama I. (reg. 1782–1809) als neue Hauptstadt in leicht zu verteidigender Lage an einer Biegung des Chao Phraya gegründet. Die kleine Siedlung Bang Makok – das »Dorf der Wildpflaume« hieß nach den Obstbäumen, die hier wuchsen – wurde offiziell gesegnet und erhielt einen neuen, königlichen Titel aus 150 Buchstaben. Er wurde bald zu Krung Thep (»Stadt der Engel«) abgekürzt.

Ein eigentliches Stadtzentrum sucht man in Bangkok vergebens. Die alte Königsstadt liegt in einem Areal von drei konzentrischen Kanälen in Rattanakosin. Hier, im historischen und kulturellen Herzen der Stadt, stehen der Große Palast und der heilige Wat Phra Kaeo. In Downtown erstreckt sich rund um die Silom Road das Finanzviertel mit allen Großbanken und Handelsinstitutionen. In der neonerhellten Patpong Road im Osten findet man die berühmten Go-go-Bars. Am äußeren Innenstadtrand befindet sich die Sukhumvit Road, ein Einkaufsparadies und Ziel für viele Besucher mit knappem Budget. Von den Chinesen bis zu den Portugiesen haben diverse ethnische Gruppen verschiedene Stadtviertel charakteristisch geprägt.

Zwischend den glänzenden, futuristisch anmutenden Wolkenkratzern, die die Skyline dominieren, und den »schwimmenden Märkten« auf dem Fluss liegen in Bangkok viele Welten. Die Stadt wird durch ein Netz von Kanälen erschlossen, die vom Chao Phraya abzweigen. In Bangkok pulsiert das Leben rund um die Uhr – wie es sich für eine Weltstadt gehört.

Bangkoks strahlende nächtliche Skyline wird von Wolkenkratzern geprägt

◁ Auf dem »schwimmenden Markt« von Damnoen Saduak *(siehe S. 79)* wird die Ware auf Booten verkauft

# Überblick: Bangkok

Thailands Hauptstadt ist eine aufregende Metropole und das führende Kultur- und Geschäftszentrum des Landes. Die Paläste und *wat* (Tempel) der Stadt gehören zu den schönsten in ganz Asien. Im königlichen Herzen Bangkoks bieten am mächtigen Chao Phraya der Große Palast und Wat Phra Kaeo einen grandiosen Anblick, südöstlich des Zentrums liegt das quirlige Geschäftsviertel Chinatown. Im Verwaltungsviertel Dusit dominieren Regierungsgebäude und breite Straßen. Dort bewahrt der Wat Benchamabophit die Asche Ramas V. (1868–1910). An der Silom Road liegt das Finanzviertel, rund um die Sukhumvit Road das größte Einkaufsviertel.

Der stark befahrene Chao Phraya

## Sehenswürdigkeiten auf einen Blick

**Wat und Schreine**
Erawan-Schrein ㉖
*Großer Palast und Wat Phra Kaeo S. 56–61* ❶
Wat Arun ❽
Wat Benchamabophit ⓭
Wat Bowonniwet ⓬
Wat Kalayanimit ❾
Wat Mahathat ❹
*Wat Pho S. 64f* ❷
Wat Rakhang ❼
Wat Ratchabophit ❿
Wat Ratchapradit ❸
Wat Saket und der Goldene Hügel ⑯
Wat Suthat und die Große Schaukel ⓫
Wat Traimit ㉑

**Museen und Paläste**
*Jim-Thompson-Haus S. 76f* ㉗
Königliches Barkenmuseum ❻
Nationalmuseum ❺
Suan-Pakkad-Palast ㉘

**Stadtviertel und Märkte**
Bahnhof Hua Lampong ㉒
Chinatown ⑳
Monk's Bowl Village ⑰
Pak-Khlong-Markt ⑲
Patpong ㉔
Phahurat-Markt ⑱

**Parks und Gärten**
*Dusit-Park S. 70f* ⑭
Dusit-Zoo ⑮
Lumphini-Park ㉕

**Hotel**
Mandarin Oriental Hotel ㉓

Weitere Zeichenerklärungen *siehe hintere Umschlagklappe*

# BANGKOK

## In Bankgok unterwegs

Bangkok ist riesig, das Wetter fast ganzjährig heiß und feucht – für Besucher, die gern zu Fuß gehen, sind dies keine guten Voraussetzungen. Glücklicherweise besitzt die Stadt ein hervorragendes öffentliches Verkehrsnetz mit Taxis, Bussen, Fähren, U-Bahn und Skytrain. Taxis sind bequem und relativ preiswert. Busse sind noch billiger, doch erfordern sie eine gewisse Grundorientierung in der Stadt. Mit dem neuen Skytrain und der U-Bahn kommt man leicht, schnell und zuverlässig in die meisten Innenstadtgebiete. Besonders malerisch stellt sich Bangkok dar, wenn man die Stadt mit den preisgünstigen Fähren und Booten auf dem Chao Phraya und den vielen großen *khlong* (Kanäle) erkundet.

**Thailands heiligster Ort, der Wat Phra Kaeo**

### SIEHE AUCH

- ***Stadtplan*** S. 84–95
- ***Hotels*** S. 290–294
- ***Restaurants*** S. 318–322

### LEGENDE

| | |
|---|---|
| ▇ | Detailkarte *S. 54f* |
| ▇ | Hauptsehenswürdigkeit |
| ✈ | Internationaler Flughafen |
| 🚉 | Bahnhof |
| 🚌 | Busbahnhof |
| 🚇 | Skytrain-Station |
| ⛴ | Bootsanlegestelle |
| 🚢 | Chao-Phraya-Express-Pier |
| Ⓜ | U-Bahn-Station |
| ℹ | Information |
| ━ | Skytrain |
| ━ | Eisenbahn |
| ━ | Autobahn |

# Im Detail: Sanam Luang

สนามหลวง

Der Sanam Luang, die »Königswiese«, ist einer der wenigen großen freien Räume in Bangkok und Schauplatz der königlichen Feuerbestattungen. Hier finden Drachenwettbewerbe statt. Zudem wird mit der traditionellen königlichen Pflügzeremonie die Pflanzsaison für den Reis eingeläutet. Das vom Großen Palast, Lak-Muang-Schrein und dem Amulettmarkt umgebene Gelände gehört zu den heiligsten Orten Bangkoks. Rundum verkaufen Händler Glücksbringer, Liebestränke und Amulette gegen böse Geister. Wahrsager lesen aus der Hand. Zu den Hauptattraktionen gehören der Wat Mahathat, Thailands renommierteste buddhistische Bildungsstätte, und das Nationalmuseum.

**Denkmal, Sanam Luang**

Farbenfroher Schmuck am Lak Muang, der Stadtsäule

Phra-Chan-Pier

Maharaj-Chao-Praya-Express-Pier

Amulettmarkt

### Wat Mahathat
*Der wat aus dem 18. Jahrhundert fasziniert eher wegen seiner Atmosphäre als wegen seiner Architektur. In der buddhistischen Hochschule auf dem Tempelgelände finden Meditationskurse statt.* ❹

0 Meter  500

Chang-Chao-Phraya-Express-Pier

MAHATHAT

TROK SILLAPAKORN

NA PHRA LAN

Zum Großen Palast und Wat Phra Kaeo *(siehe S. 56–61)*

Westende des Sanam Luang

Lak Muang (Stadtsäule)

### Sillapakorn-Kunstakademie
*Thailands angesehenste Kunsthochschule richtet regelmäßig exzellente Kunstausstellungen in ihren Räumen aus. Aushänge am Eingang informieren über die Themen und Öffnungszeiten.*

**LEGENDE**

– – – Routenempfehlung

**Hotels und Restaurants in Bangkok** *siehe Seiten 290–294 und 318–322*

# SANAM LUANG

### Amulette

Fast alle Thailänder tragen einen Glück bringenden Talisman oder ein Amulett, das vor Bösem schützen soll. Amulette und Talismane werden in unzähligen Varianten auf speziellen Märkten verkauft, die häufig bei Glück verheißenden Stätten ihre Stände aufschlagen. Viele Amulette zeigen religiöse Motive, z. B. winzige Buddha-Bildnisse und Kopien heiliger Statuen. Andere drücken die eher profanen Wünsche ihrer Träger aus: So sollen etwa Phalli die sexuelle Potenz erhalten. Amulette sind ein so großes Geschäft, dass sich ihnen sogar Fachzeitschriften widmen.

**Amulette an einem Verkaufsstand beim Sanam Luang**

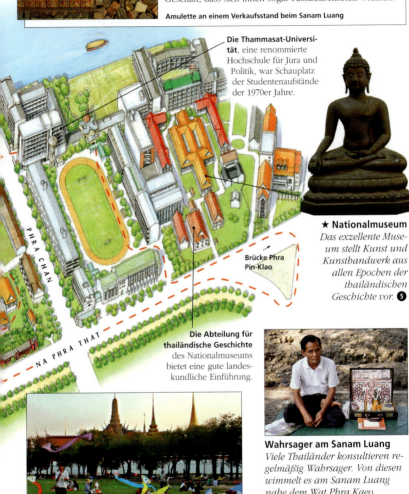

**Die Thammasat-Universität**, eine renommierte Hochschule für Jura und Politik, war Schauplatz der Studentenaufstände der 1970er Jahre.

**Brücke Phra Pin-Klao**

★ **Nationalmuseum**
*Das exzellente Museum stellt Kunst und Kunsthandwerk aus allen Epochen der thailändischen Geschichte vor.* ❺

**Die Abteilung für thailändische Geschichte** des Nationalmuseums bietet eine gute landeskundliche Einführung.

**Wahrsager am Sanam Luang**
*Viele Thailänder konsultieren regelmäßig Wahrsager. Von diesen wimmelt es am Sanam Luang nahe dem Wat Phra Kaeo.*

★ **Drachen-Wettbewerbe auf dem Sanam Luang**
*Rama V. genehmigte auf dem Sanam Luang das Drachensteigen, das er selbst begeistert betrieb. Noch heute finden zwischen Februar und April regelmäßig ambitionierte Wettkämpfe statt.*

### NICHT VERSÄUMEN

- ★ Drachen-Wettbewerbe, Sanam Luang
- ★ Nationalmuseum

Stadtplan Bangkok *siehe Seiten 84–95*

# Großer Palast und Wat Phra Kaeo ❶

พระบรมมหาราชวังและวัดพระแก้ว

Der Bau des Komplexes in Rattanakosin begann 1782, im Gründungsjahr der neuen Hauptstadt. Er sollte als Sitz des Smaragd-Buddha (Phra Kaeo) sowie als Residenz des Königs dienen. Der von einer 1900 Meter langen Mauer umgebene Bezirk war einst eine autonome Stadt in der Stadt. Die Königsfamilie wohnt nun in Dusit, doch der Wat Phra Kaeo ist Thailands heiligster Tempel geblieben. Besucher müssen bis zu den Knöcheln bekleidet sein.

**Detail, Phra-Mondop-Bibliothek**

Blick vom Sanam Luang auf den Wat Phra Kaeo

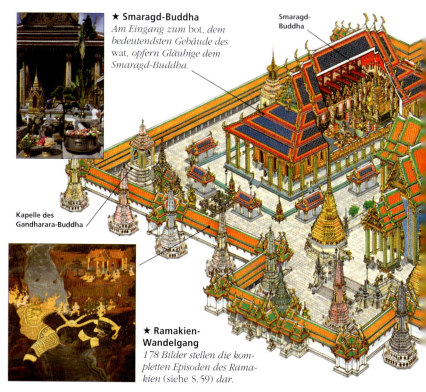

★ **Smaragd-Buddha**
*Am Eingang zum* bot, *dem bedeutendsten Gebäude des* wat, *opfern Gläubige dem Smaragd-Buddha.*

Smaragd-Buddha

Kapelle des Gandharara-Buddha

★ **Ramakien-Wandelgang**
*178 Bilder stellen die kompletten Episoden des Ramakien (siehe S. 59) dar.*

| ZEITSKALA | | | | |
|---|---|---|---|---|
| | **1783** Baubeginn von Wat Phra Kaeo, Dusit-Thronhalle und Phra Maha Monthien | **1855** Neubauten vereinen asiatische und europäische Architekturstile | | **1925** Rama VII. (reg. 1925–35) zieht in den Chitrlada-Palast in Dusit um. Der Große Palast dient fortan nur noch für besondere Anlässe |
| **1750** | **1800** | **1850** | **1900** | **1950** |
| **1782** Offizielle Gründung der neuen Hauptstadt | **1809** Rama II. (reg. 1809–24) führt die »Chinoiserie« ein | **ab 1840** Der Wohnbezirk der Frauen, eine Stadt in der Stadt, entsteht | **1880** Rama V. (reg. 1868–1910), der letzte große Bauherr, beauftragt 26 seiner Halbbrüder mit der Renovierung des *wat* | **1932** 150. Jubiläumsfeier der Chakri-Dynastie im Palast<br><br>**1982** Renovierung der Anlage |

# GROSSER PALAST UND WAT PHRA KAEO

### Phra Mondop (Bibliothek)
*Grün-blaue Glasmosaiken zieren die Außenwand der Bibliothek. Der Originalbau wurde durch das Feuerwerk zur Feier seiner Fertigstellung zerstört.*

> **INFOBOX**
>
> Na Phra Lan Rd. **Stadtplan** 1 C5.  1, 3, 25, 33, 39, 53.  Tien, Chang.  tägl. 8.30 – 15.30 Uhr.  bei Zeremonien.  inkl. Vimanmek-Palast.  im bot.  www.palaces.thai.net

### Vergoldete Zierfiguren
*Die Fassade des* bot *zieren 112* garuda *(mythische Wesen, halb Vogel, halb Mensch) mit* naga *(Schlangenwesen) in den Händen. Sie sind ein typisches Dekorelement des* wat.

**Der Phra Si Rattana Chedi** birgt ein Fragment von Buddhas Brustbein.

**Auf der oberen Terrasse** stehen bedeutende Gebäude. Sie sind am Chakri-Tag und zu anderen besonderen Gelegenheiten geöffnet.

**Ho Phra Nak (Königliches Mausoleum)**

**Wihan Yot**

### Wat Phra Kaeo
Der Wat Phra Kaeo ist ein eigener Bezirk im Komplex des Großen Palasts. Er ist Thailands heiligster Tempel. Im Gegensatz zu anderen *wat* leben hier allerdings keine Mönche.

**Der Ho Phra Monthien Tham** beherbergt die Zweitbibliothek.

**Königliches Pantheon**

### NICHT VERSÄUMEN

★ Ramakien-Wandelgang

★ Smaragd-Buddha

### Großer Palast und Wat Phra Kaeo

1 Eingang
2 Wat Phra Kaeo
3 Dusit-Thronhalle
4 Aphonphimok-Pavillon
5 Chakri-Thronhalle
6 Innerer Palast
7 Phra-Maha-Monthien-Komplex
8 Siwalai-Garten
9 Kapelle Ramas IV.
10 Boromphiman-Villa
11 Audienzsaal

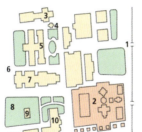

### LEGENDE

| | Wat Phra Kaeo |
|---|---|
| | Gebäude |
| | Grünfläche |

Stadtplan Bangkok *siehe Seiten 84–95*

# Wat Phra Kaeo: Bot und Terrassen

Als Rama I. 1782 die neue Hauptstadt gründete, verfolgte er ehrgeizige Pläne. Ein königlicher Tempel schwebte ihm vor, ein sakrales Ehrenmal der neu gegründeten Chakri-Dynastie, das in Formgebung und Ausschmückung die großen *wat* in den früheren Hauptstädten Sukhothai und Ayutthaya übertreffen sollte. Dieser Vision entsprang der – offiziell Wat Phra Si Rattana Sasadaram genannte – Wat Phra Kaeo oder Tempel des Smaragd-Buddha. Die heilige Buddha-Figur wurde 1785 vom Wat Arun *(siehe S. 66)* in den hiesigen *bot* gebracht.

**Mythische Figur**

Die Fassade der Kapelle des Gandharara-Buddha ist aufwendig verziert

(1824–51). Sie zeigen Motive aus der buddhistischen Kosmologie (Traiphum), Buddhas Sieg über den Todesdämon Mara und Szenen aus den Dschataka, den Episoden über die früheren Existenzen des Buddha. Rund um den *bot* stehen zwölf offene *sala* (kleine Pavillons), die zur kontemplativen Ruhe dienen.

Südöstlich des *bot* birgt die **Kapelle des Gandharara-Buddha** aus dem 19. Jahrhundert einen Bronze-Buddha. Die Figur zeigt die Geste, mit der Buddha den Regen herbeiruft, sie kommt bei der königlichen Pflügzeremonie *(siehe S. 54)* zum Einsatz. Die Glocke im nahen Turm ertönt nur zu hohen Anlässen, etwa am Neujahrstag.

## Obere Terrasse

Auf der erhöhten Plattform stehen vier Bauwerke. Der besonders auffällige **Phra Si Rattana Chedi** an der Westseite wurde von Rama IV. (reg. 1851–68) als Schrein für ein Fragment von Buddhas Brustbein errichtet. Rama V. ließ ihn später mit goldenen Ziegeln verkleiden.

Daneben beeindruckt die Bibliothek **Phra Mondop**, die Rama I. als Saal für buddhistische Schriften erbauen ließ. Die Bibliothek ist für die Öffentlichkeit geschlossen, doch allein das prächtige Äußere ist sehenswert. Die javanischen Buddha-Figuren an den vier Ecken sind Kopien von Originalen aus dem 9. Jahrhundert, die im Museum am Eingang

### Bot und Nachbargebäude

Das heiligste Gebäude der Palastanlage ist der *bot* oder *ubosot* des Wat Phra Kaeo. Er wurde als Schrein für den in Thailand unvergleichlich verehrten Smaragd-Buddha errichtet.

Außen zieren den *bot* Perlmutteinlagen an Türen und Fenstern sowie eine umlaufende Reihe vergoldeter *garuda* am Marmorsockel. Die Treppe zum Haupteingang bewachen *singha* (Löwen) im kambodschanischen Stil. Im Inneren thront hoch über dem vergoldeten Altar der Smaragd-Buddha in einer Glasvitrine. Die Figur, ein Werk der späten Lanna-Schule aus dem 15. Jahrhundert, ist aus einem einzigen Jadestein (nicht aus Smaragd) skulptiert und erstaunlich klein: Sie ist 66 Zentimeter hoch und von Knie zu Knie 48 Zentimeter breit. Dreimal im Jahr wechselt der König oder ein prinzlicher Stellvertreter in einer symbolträchtigen Zeremonie die Kleidung der Statue: Die Figur trägt im Sommer Krone und Schmuck, im Winter einen goldenen Umhang und in der Regenzeit eine goldverzierte Mönchsrobe und Kopfschmuck. Das Innere des *bot* schmücken Wandbilder aus der Regierungszeit Ramas III.

Den Eingang zum Phra Mondop bewachen zwei goldene *yaksha*

Wandbild einer Szene aus dem Ramakien im Ramakien-Wandelgang

## Ramakien-Wandelgang, Prang und Yaksha

Um den Tempelkomplex verläuft der einem Kreuzgang ähnliche Ramakien-Wandelgang, der mit üppigen, akribisch restaurierten Wandbildern geschmückt ist – Thailands größte bildliche Darstellung des Ramakien, der Thai-Version des indischen Ramayana. Hauptfigur in dem Epos über den Triumph des Guten über das Böse ist der tugendhafte Held Rama. Die 178 Bilder aus dem späten 18. Jahrhundert müssen wegen der Feuchtigkeit häufig erneuert werden. Auf den Marmorpfeilern zwischen den Bildern erläutern Versinschriften die Geschichte. Sie beginnt gegenüber dem Wihan Yot und setzt sich im Uhrzeigersinn fort.

Jedes Tor zum Wandelgang wird von zwei *yaksha* (Naturgeister, Dämonen) bewacht. Sie wurden unter Rama II. aufgestellt und sollen den Smaragd-Buddha von bösen Geistern schützen. Jeder *yaksha* verkörpert eine andere Figur aus dem Ramakien.

Die acht verschiedenfarbigen *prang* (Tempeltürme) am Rand des Komplexes sind mit Mosaiken aus chinesischem Porzellan verziert und verkörpern die acht Grundpfeiler des Buddhismus.

zur Palastanlage ausgestellt sind. Vor dem Bau erinnern Denkmäler an die Könige der Chakri-Dynastie sowie Bronzebildnisse an die königlichen weißen Elefanten *(siehe S. 69)* der ersten fünf Herrscher der Dynastie.

Nördlich des *mondop* ließ Rama IV. ein Modell des kambodschanischen Angkor Wat errichten, um seinem Volk Größe und Pracht der Khmer-Architektur des 12. Jahrhunderts zu zeigen.

Das **Königliche Pantheon** mit den Statuen der Chakri-Könige wurde zum Gedenken an die Gründung der Chakri-Dynastie errichtet. Rama IV. hatte die Halle für den Smaragd-Buddha geplant, befand sie jedoch später als zu klein. Das Pantheon ist nur am Chakri-Tag *(siehe S. 34)* öffentlich zugänglich.

### Nördliche Terrasse

Der **Ho Phra Nak** wurde im späten 18. Jahrhundert von Rama I. ursprünglich als Schrein für einen aus Ayutthaya geretteten Nak-Buddha (*nak* sind Legierungen aus Gold, Silber und Kupfer) erbaut. Rama III. ließ den Schrein abreißen und errichtete das heutige Bauwerk aus Backstein für die Urnen rangniederer Mitglieder der Königsfamilie. Der Nak-Buddha zog in den benachbarten **Wihan Yot**, einen mit chinesischen Porzellanscherben dekorierten Bau auf dem Grundriss eines griechischen Kreuzes.

Die Zweitbibliothek **Ho Phra Monthien Tham** ließ der Bruder Ramas I. erbauen. Die Türfüllungen mit Perlmutteinlagen wurden vom Wat Borom Buddharam in Ayutthaya gerettet. Kostbare Schränke bewahren buddhistische Schriften.

*Ramakien-Figur vor dem chedi*

### Geschichte des Smaragd-Buddha

Thailands heiligstes Bildnis wird vom Volk und von den Königen zutiefst verehrt. 1434 legte ein Blitzeinschlag im *chedi* des Wat Phra Kaeo in Chiang Rai in Nordthailand eine Stuckfigur frei. Der Abt bewahrte sie in seiner Zelle auf, bis unter der abbröckelnden Gipshülle eine Jadestatue hervorkam. Als dies der König von Chiang Mai erfuhr, schickte er ein Heer mit Elefanten los, das ihm die Figur bringen sollte. Der Elefant, der den Smaragd-Buddha trug, weigerte sich jedoch, die Straße zurück nach Chiang Mai einzuschlagen. Die Eskorte sah darin ein Omen und folgte ihm nach Lampang. Die Figur zog später mehrmals um und wurde 1552 nach Laos verbracht. Als Rama I. 1778 Vientiane erobert hatte, kehrte der Smaragd-Buddha nach Thailand zurück. Dort blieb er 15 Jahre lang im Wat Arun. Am 5. März 1785 wurde er in einer großen Flussprozession an seinen heutigen Platz gebracht.

*Der kleine, im bot thronende Smaragd-Buddha*

# Großer Palast: Hallen und Gärten

Der Große Palast entstand mit dem Wat Phra Kaeo. Er diente von 1782 bis 1946 als offizielle Residenz des Königs. Rama V. war der letzte Monarch, der hier wohnte. Heute lebt die königliche Familie im Chitrlada-Palast in Dusit. Im Lauf seiner Geschichte erfuhr der Palast zahlreiche bauliche Veränderungen. Die meisten Gebäude werden nicht genutzt, einige beherbergen Regierungsinstitutionen, etwa das Finanzministerium. In der Dusit-Thronhalle und Amarin-Winichai-Halle finden immer noch bedeutende Zeremonien statt.

**Dekorative Yaksha-Statue**

## Dusit-Thronhalle

Die Thronhalle mit dem kreuzförmigen Grundriss wurde 1784 nach dem Vorbild von Ayutthayas großem Sanphet Maha Prasat erbaut. Fünf Jahre später wurde sie vom Blitz getroffen und kleiner wiederaufgebaut. Mit dem verzierten Spitzturm gilt sie als Juwel der frühen Rattanakosin-Architektur. Im Inneren prangt ein Meisterwerk der Thai-Kunst: der Originalthron Ramas I. aus Teak mit herrlichen Perlmutteinlagen. Im Südflügel ist ein Fenster in Thronform zu sehen. Die Halle wird für die jährliche Feier am Krönungstag (siehe S. 35) genutzt.

## Aphonphimok-Pavillon

Der kleine Holzbau wurde unter Rama IV. errichtet. Er nutzte ihn als Ankleideraum, wenn er in der Dusit-Thronhalle Audienzen gab. Der König entstieg an der schulterhohen ersten Stufe des Pavillons seiner Sänfte und legte dann im Inneren des Baus das für die Angelegenheit angemessene Gewand an. Die klare, perfekt proportionierte Gliederung und das feine Dekor machen das Gebäude zu einem besonderen Glanzstück der Thai-Architektur. Rama V. war von dem Pavillon so angetan, dass er ihn im nordthailändischen Bang Pa-in nachbauen ließ.

## Chakri-Thronhalle

Der britische Architekt John Chinitz entwarf die neoklassizistische Große-Palast- oder Chakri-Thronhalle im Auftrag Ramas V. Der imposante, reich verzierte Bau spiegelt den hohen Anlass wider: das 100. Jubiläum der Chakri-Dynastie 1882. Der königliche Hof entschied sich allerdings aus Gründen der Ästhetik gegen die ursprünglich geplante Kuppel über der Thronhalle. Stattdessen wurde der Bau im Thai-Stil gedeckt – passend zu den umliegenden Gebäuden.

In der obersten Etage der Zentralen Halle werden die Urnen der Könige aufbewahrt. Im großen Audienzsaal im ersten Stock empfängt der König Botschafter und ausländische Staatsoberhäupter.

Im Chakri-Thronsaal prangen hinter dem Niello-Thron die Wappenzeichen der Dynastie: Diskus und Dreizack. An den Wänden erinnern prunkvolle Gemälde an wichtige diplomatische Ereignisse, etwa an den Empfang des Botschafters Ramas V. durch Queen Victoria in London. Porträts der Chakri-Könige säumen den langen Saal zwischen der Zentralhalle und dem Ostflügel, im dem königliche Gäste empfangen werden. Die Königin begrüßt Besucher im Westflügel. Diesen verbindet ein mit den Porträts ihrer bedeutendsten Vorgängerinnen versehener Saal mit der Zentralen Halle.

**Elefantenstatue bei der Chakri-Thronhalle**

## Phra-Maha-Monthien-Komplex

Der miteinander verbundene Gebäudekomplex der »Großen Residenz« der Palastanlage liegt östlich der Chakri-Thronhalle.

Prunkstück des nördlichsten Gebäudes der Gruppe, der **Amarin-Winichai-Halle**, ist der unter Rama I. angefertigte bootsförmige Busabok Mala. Der König bestieg diesen Thron bei Audienzen hinter zwei geschlossenen Vorhängen. Kunstvolle Fanfarenklänge ertönten, wenn sich die Vorhänge öffneten und den Blick auf den Monarchen freigaben, der in seiner weiten, goldenen Robe auf dem »Bug« des Throns zu schweben schien. Auf diese Weise wurden im 19. Jahrhundert auch

**Die Dächer der Dusit-Thronhalle laufen in eleganten Spitzen aus**

# GROSSER PALAST

Besucher bei der Besichtigung der prächtigen Phaisan-Thaksin-Halle

zwei britische Gesandte empfangen: John Crawfurd von Rama II. und Sir John Bowring von Rama IV. Heute wird die Halle für wichtige Staatszeremonien genutzt.

Nur das Königspaar und seine Kinder dürfen das Tor zur benachbarten **Phaisan-Thaksin-Halle** passieren. Dort pflegte Rama I. im privaten Kreis mit der Familie, Freunden und Mitgliedern des Hofs zu speisen. 1809 fand in der Halle die Krönungszeremonie Borom Rachaphisek für Rama II. statt.

Rama IV. ließ auf dem Altar die hochverehrte Wächterfigur Phra Siam Thewathirat aufstellen.

Das dritte Gebäude ist die **Chakraphat-Phiman-Halle**. Sie diente den ersten drei Chakri-Königen als Privatresidenz. Noch heute gehört es zur Krönungszeremonie, dass der König die erste Nacht nach seiner Krönung hier verbringt.

## Innerer Palast

Zur Linken der Chakri-Thronhalle führt ein Tor zum Eingang des – nicht zu besichtigenden – Inneren Palasts. Dort lebten bis zur Zeit von Rama VII. ausschließlich die Frauen und Töchter der königlichen Familie. Außer den Söhnen, die mit der Pubertät ausziehen mussten, lebte der König als einziger Mann im Inneren Palast. Dieser funktionierte wie ein separater kleiner Stadtstaat mit eigener Regierung, Gesetzgebung und Gefängnis. Für Ordnung sorgten die gefürchtete »Direktorin des Innern« und eine kleine, uniformierte Polizeieinheit.

Rama III. ließ die überfüllten, baufälligen Holzhäuser renovieren, Rama V. für seine Gespielinnen im späten 19. Jahrhundert kleine Paläste im viktorianischen Stil erbauen. Mit Rama VI., der monogam lebte, leerte sich der Palast allmählich, um schließlich ganz zu verfallen.

Zu den noch genutzten Einrichtungen gehört das Pensionat, das Töchtern der Thai-Oberschicht die richtigen Umgangsformen und eine Vielzahl von Fertigkeiten lehrt, etwa das Arrangieren von Blumen und die königliche Thai-Kochkunst.

## Siwalai-Garten

Der reizende Garten östlich des Inneren Palasts ist häufig Schauplatz von offiziellen Veranstaltungen – und dann abgesperrt. Die dortige Privatkapelle **Phra Buddha Ratana Sathan** entstand unter Rama IV. Den Pavillon aus grauem Marmor zieren weißblaue Glasmosaiken. Die marmornen *bai sema* (Grenzsteine) tragen die Insignien von Rama V., der sie hier platzieren ließ, von Rama II., unter dem der Garten angelegt wurde, und von Rama IV.

Die neoklassizistische **Boromphiman-Villa** ließ Rama V. 1903 als Kronprinzenresidenz für den späteren Rama VI. erbauen. Auch Rama VII., Rama VIII. und Rama IX. (König Bhumibol) lebten vor ihrer Thronbesteigung in der Villa, die nun als Gästehaus für Staatsbesuche dient.

## Audienzsaal

Das zwischen Thewaphithak- und Sakchaisit-Tor gelegene Gebäude namens Phra Thinang Sutthaisawan Prasat ist nur außerhalb der Palastmauer einzusehen. Es wurde von Rama I. für die »Zaungäste« königlicher Zeremonien und des Elefantentrainings als Holzbau errichtet, von Rama III. mit Backstein verstärkt und später mit dem krönenden Turm, gusseisernem und anderen Zierelementen verschönert.

Die Boromphiman-Villa, ein Entwurf von Hercules Manfredi

## Wat Pho ❷
วัดโพธิ์

Siehe S. 64f.

## Wat Ratchapradit ❸
วัดราชประดิษฐ์

Saran Rom Rd. **Stadtplan** 2 D5.
0-2223-8215. AC: 501, 502, 512. Tien. tägl. 5 – 22 Uhr.

Nur wenige Besucher kommen zu dem hübschen Tempel im nordöstlichen Gartenteil des ehemaligen Saranrom-Palasts und heutigen Außenministeriums. Rama IV. ließ den kleinen Wat Ratchapradit Mitte des 19. Jahrhunderts aus Materialien erbauen, die das Streben nach architektonischer Synthese von Ost und West untermauern. Der große *wihan* (Versammlungshalle) des reich verzierten Tempels ist in kühlem grauem Marmor gehalten. Seine Wandbilder aus dem späten 19. Jahrhundert illustrieren Feste aus dem Thai-Mondkalender. Sie zeigen etwa die aufwendigen Vorbereitungen zur Zeremonie an der Großen Schaukel, die Feiernden beim Loy Krathong *(siehe S. 37)* und das berühmte Bildnis Ramas IV., der eine Sonnenfinsternis beobachtet.

Zum *wat* gehören weitere schöne Gebäude, so elegante Pavillons, *prang* im Khmer-Stil und ein *chedi* aus grauem Marmor. Beim nahe gelegenen Khlong Lot erinnert ein goldener Schrein in Form eines Schweins an Königin Saowapha Phongsi. Die Gattin Ramas V. wurde im Jahr des Schweins geboren.

**Eingang zur buddhistischen Hochschule des Wat Mahathat**

## Wat Mahathat ❹
วัดมหาธาตุ

Na Phra That Rd. **Stadtplan** 1 C5.
0-2972-9473. AC: 203, 506. Chang, Maharaj. tägl.

Der große, lebhafte Tempel lockt eher mit seiner Atmosphäre als seiner Architektur. *Wihan* und *bot* (18. Jh.) wurden 1844 und 1851 neu gebaut. Der Name des »Tempels der großen Reliquie« stammt von dem *mondop*, der (selten in Bangkok) ein kreuzförmiges Dach hat.

Der *wat* ist das Zentrum des Mahanikai-Mönchsordens sowie Sitz einer der beiden buddhistischen Hochschulen Bangkoks. Man kann an Meditationskursen teilnehmen (um 7, 13 und 18 Uhr nahe den Mönchsquartieren). Auf dem Tempelmarkt werden traditionelle Heilkräuter sowie am Wochenende viele andere Waren verkauft.

**Sukhothai-Buddha aus Bronze, Nationalmuseum**

## Nationalmuseum ❺
พิพิธภัณฑสถานแห่งชาติ

1 Na Phra That Rd. **Stadtplan** 1 C4.
0-2224-1333. 15, 19, 32, 39, 53, 59, 70; AC: 506, 507, 508.
Phra Athit. tägl. 9 – 16 Uhr.
www.nationalmuseums.finearts.go.th

Das Nationalmuseum besitzt eine der größten Sammlungen Südostasiens und vermittelt einen hervorragenden Einblick in Thailands Geschichte und Kunst. Das Gebäude war ursprünglich die Residenz des Vizekönigs. Es wurde 1887 von Rama V. in ein Museum umgestaltet, das die große Vergangenheit und das reiche Kulturerbe Thailands präsentieren sollte.

Zwei der Museumsgebäude – der Wang-Na-Palast aus dem 18. Jahrhundert und die Buddhaisawan-Kapelle – sind selbst Kunstwerke. Die 1787 erbaute Kapelle ist mit Wandbildern aus der Rattanakosin-Periode ausgeschmückt. Sie hütet zudem den Phra Buddha Sihing, eine der heiligsten Buddha-Darstellungen nach dem Smaragd-Buddha. Die Figur im Sukhothai-Stil soll das Vorbild für drei weitere existierende Bildnisse sein. Der Wang-Na-Palast bewahrt eine große Sammlung, deren Objekte von antiken Waffen bis zu Schattenpuppen reichen.

Zwei Flügel des Museums, die sich um den Wang-Na-Palast gruppieren, sind der bildenden Kunst mit Malereien und Skulpturen gewidmet. Hier kann man bedeutende Werke bewundern, etwa das Rad der Lehre im Dvaravati-Stil. Das Steinrad aus dem 8. Jahrhundert steht auf einer Hirschfigur und symbolisiert Buddhas erste Predigt in Sarnath. Ein großartiger Sukhothai-Buddha aus dem 14. Jahrhundert ist aus Bronze gefertigt und mit rotem Lack und Gold überzogen. Die historisch bedeutenden Kunstwerke des Museums sind exemplarisch für die verschiedenen Stile der Rattanakosin-, Sukhothai-, Lanna- und Ayut-

**Darstellung eines Fests im Haupt-*wihan* des Wat Ratchapradit**

Hotels und Restaurants in Bangkok *siehe Seiten 290 – 294 und 318 – 322*

# BANGKOK

**In der Buddhaisawan-Kapelle im Nationalmuseum**

thaya-Epochen. Interessant ist auch die Abteilung für thailändische Geschichte, die einen Überblick von der Frühgeschichte bis heute bietet.

In der sehenswerten Abteilung der königlichen Bestattungswagen ist eine kostenlose Führung empfehlenswert, da die Prunkwagen unzureichend beschriftet sind.

## Königliches Barkenmuseum ❻

พิพิธภัณฑ์เรือพระที่นั่ง

Khlong Bangkok Noi. **Stadtplan** 1 B3. 0-2424-0004. 7, 9, 19. Langboot vom Chang-Pier. tägl. 9–17 Uhr. www.nationalmuseums.finearts.go.th

Das Museum hütet seit 1967 in einer riesigen Lagerhalle die königlichen Barken. Zu sehen sind auch Bilder von Ayutthaya-Barken in Schlachten und Paraden sowie Fotografien von königlichen Barkenzeremonien aus den letzten 150 Jahren. Sie wurden oft auf Postkarten und Broschüren als Sinnbild für Thailands Pracht abgedruckt. Die Boote sind Rekonstruktionen jener Barken, die Rama I. (reg. 1782–1809) vor über 200 Jahren im Ayutthaya-Stil erbauen ließ.

Die meisten der königlichen Barken wurden 1981 sorgfältig überholt. Die Prachtexemplare werden nur bei außergewöhnlichen Anlässen eingesetzt, etwa 1982 zur 200-Jahr-Feier von Bangkok oder zum 60. Geburtstag des amtierenden Königs, Rama IX. Zu solchen Gelegenheiten fahren über 50 Barken mit rund 2000 Seekadetten in traditionellen Uniformen auf dem Chao Phraya.

Mitten im Museum prangt Supphanahongsa (»Goldener Schwan«), die bedeutendste Barke. Sie ist aus einem einzigen Teakstamm gebaut, 50 Meter lang und 15 Tonnen schwer. 64 geschulte Matrosen sind erforderlich, um sie zu bewegen. Aus ihrem Bug ragt der Kopf des mythischen Vogels Hongsa. Den Bug der Barke Anantanagaraj zieren eine vielköpfige *naga* (Schlangenwesen) und eine Buddha-Figur. Sie wird zum Transport von Mönchsroben genutzt. Die Narai Song Suban Rama IX. ist die erste Barke, die unter Rama IX. (Bhumibol) gebaut wurde.

## Wat Rakhang ❼

วัดระฆัง

Soi Wat Rakhang. **Stadtplan** 1 B5. 57, 83. Chang–Wat Rakhang. tägl.

Der Wat Rakhang ist einer der letzten großen Tempel, die Anfang des 19. Jahrhunderts unter Rama I. erbaut wurden. Die schönen Wandbilder im großen *wiban* malte 1922/23 der Mönch Phra Wanawatwichit. Sie zeigen noch heute identifizierbare Stadtansichten von Bangkok. Obwohl sich die Stadt gründlich verändert hat, ist etwa der Große Palast auf der anderen Flussseite leicht zu erkennen. Ein Wandbild zeigt den Großen Palast inmitten einer fiktiven Schlacht, ein anderes eine prächtige Parade der königlichen Barken.

Rama I. lebte vor seiner Inthronisation in der hölzernen Bibliothek *(ho trai)* des Wat Rakhang im Westen der Anlage. Meisterhaft sind die fein geschnitzten Dachstützen sowie die gold-schwarzen Türen. Im Inneren der Bibliothek zeigen Wandgemälde Szenen aus dem Ramakien *(siehe S. 59)* sowie Porträts von Rama I.

**Hölzerne Fassade der erhöht gebauten Bibliothek des Wat Rakhang**

Stadtplan Bangkok *siehe Seiten 84–95*

# Wat Pho ❷
วัดโพธิ์

Der Wat Pho, offiziell Wat Phra Chetuphon, ist Bangkoks ältester und größter Tempel und Sitz von Thailands bedeutendster Bildungsinstitution. Im Vergleich zum Großen Palast *(siehe S. 56–61)* wirkt die grandiose, bewohnte Anlage lebhaft und weniger erhaben. Sie wurde im 16. Jahrhundert gegründet, ab 1780 unter Rama I. restauriert und erweitert. 1832 ließ Rama III. die Kapelle des Liegenden Buddha erbauen und wandelte den Tempel in eine Bildungsstätte um. Heute ist der Wat Pho ein Zentrum für traditionelle Medizin, angeschlossen ist das renommierte Massage-Institut. Im Kloster an der Chetuphon Road leben rund 300 Mönche.

**Farang-Wächter**

**Wihan**
*Vier wihan – hier der westliche – gruppieren sich um den bot.*

**★ Pavillon der Medizin**
*Die Steinreliefs der Innenwände des – zum Souvenirladen umgewandelten – Pavillons zeigen Massagepunkte.*

**Die Intarsien auf den Füßen des Liegenden Buddha** stellen die 108 *lakshanas* dar, die Symbole des wahren Buddha.

**★ Liegender Buddha**
*Die 46 Meter lange vergoldete Backstein-Gips-Figur füllt den ganzen wihan.*

**Die kleinen Bauten** in dieser Ecke des *wat* sind Kindern vorbehalten.

**Der Chedi Phra Si Sanphet** hütet die Reste einer verehrten Buddha-Statue.

**Bodhi-Baum**
*Er soll ein Ableger jenes wilden Feigenbaums sein, unter dem Buddha in Indien meditierte.*

### Keramikdekor
*Dieses Porzellanmosaik ziert den Chedi Phra Si Sanphet.*

### INFOBOX

Sanam Chai Rd. **Stadtplan** 5 C1. 0-2226-0335. AC: 25, 32, 44, 60, 508. Tien, Chang, Rachinee. tägl. 9–17 Uhr. **Massage-Institut** 0-2622-3550-1. tägl. 8.30–18 Uhr.
www.watpomassage.com

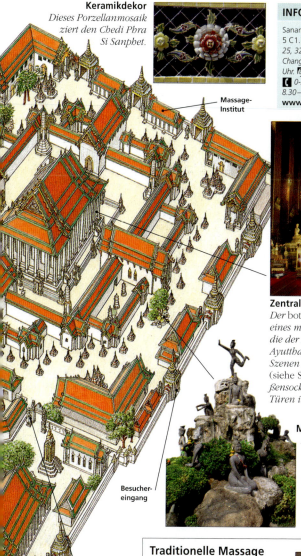

Massage-Institut

Besuchereingang

*Farang*-Wächter stehen an den inneren Toren. Die riesigen Steinstatuen mit großen Nasen, Bärten und Hüten sind Karikaturen von Europäern.

### Zentraler Bot
*Der bot hütet die Bronzefigur eines meditierenden Buddha, die der Bruder Ramas I. aus Ayutthaya rettete. Reliefs mit Szenen aus dem Ramakien (siehe S. 59) zieren den Außensockel des Baus und die Türen im Inneren.*

### Miniaturberge
*Kleine Steinberge stehen auf dem ganzen Areal. Auf diesem Felsen am südlichen wihan zeigen die Statuen nackter Eremiten Positionen der Heilmassage.*

### Traditionelle Massage

Seit den 1960er Jahren residiert im Wat Pho Bangkoks angesehenste Massageschule. Die traditionelle Thai-Massage *(nuat paen boran)* entstand zu Lebzeiten Buddhas und ist mit der chinesischen Akupunktur und dem indischen Yoga verwandt. Die exzellenten Masseure des *wat* lindern etwa durch das Dehnen von Gliedern und Rumpf Beschwerden – von Verspannungen bis Viruserkrankungen. Besucher können sich massieren lassen oder an Kursen (Unterricht auf Thai und Englisch) teilnehmen.

**Traditionelle Thai-Massage im Massage-Institut**

### NICHT VERSÄUMEN

★ Liegender Buddha

★ Pavillon der Medizin

**Stadtplan Bangkok** *siehe Seiten 84–95*

Treppe zum zentralen *prang* des Wat Arun, Bangkok

## Wat Arun ❽

วัดอรุณราชวราราม

Arun Amarin Rd. **Stadtplan** 5 B1.
19, 57, 83. Tien–Wat Arun.
tägl. 7–17 Uhr.
www.watarun.org

Namensgeberin des Wat Arun (bzw. Arun Ratchawararam) ist Aruna, der Gott der Morgenröte. Der Tempel ist eine auffällige Landmarke in Bangkok und besonders schön, wenn man ihn bei Sonnenuntergang von der anderen Flussseite aus betrachtet. Der Sage nach traf König Taksin (reg. 1779–82) im Oktober 1767 an dieser Stelle bei Sonnenaufgang aus der zerstörten Hauptstadt Ayutthaya ein. Er ließ den schon existierenden winzigen Tempel zur königlichen Kapelle ausbauen, in der zeitweilig der Smaragd-Buddha unterkam.

Das auch Oliven-Tempel der Morgenröte genannte Bauwerk wurde unter Rama I. (reg. 1782–1809) und Rama II. (reg. 1809–24) ausgebaut und verziert. In seiner Regierungszeit wuchs der Tempel zu seiner aktuellen Größe. Der zentrale *prang* ist 79 Meter hoch (Basisumfang 234 m). Die bunten Porzellanscherben, die den *prang* detailreich mit Darstellungen von Göttern und Dämonen zieren, dienten einst den Handelsschiffen von China als Ballast. Als die Scherben nicht mehr ausreichten, bat der König sein Volk um Porzellanspenden, um das Bauwerk vollenden zu können. Eingeführt wurde die Dekorform von Rama III. (reg. 1824–51). Der vor allem von der Khmer-Architektur beeinflusste Baustil ist einmalig in Thailand.

Auf den zentralen *prang* führt eine steile Treppe. Er symbolisiert den Berg Meru, den mythischen Sitz der Hindu-Götter. Gekrönt wird der *prang* von einem Donnerkeil, der Waffe des Sturm- und Regengottes Indra. Die vier kleineren *prang* an den Ecken des *wat* bewahren Statuen des Windgottes Phra Phai (oder Nayu). Die detailreichen *mondop* (Altäre) zwischen den kleineren *prang* hüten Buddha-Statuen. Die Figuren zeigen jeweils eine bedeutende Station seines Lebens: Geburt, Meditation, die erste Predigt und das Nirwana. Die imposante Buddha-Statue im *bot* neben den *prang* soll Rama II. selbst gefertigt haben. Zwei Wächterfiguren, Charaktere aus dem Ramakien, beschützen den *wat* an der Vorderseite. Die Anlage wird von acht *yaksha* (Naturgeister) bewacht.

## Wat Kalayanimit ❾

วัดกัลยาณิมิตร

Soi Wat Kanlaya. **Stadtplan** 5 B2.
2, 8; AC: 2 nach Pak Khlong Talad, dann vom Pier aus mit der Fähre über den Fluss. tägl. 8.30–16.30 Uhr.

Die Anlage zählt zu den fünf Tempeln, die unter Rama III. in Bangkok entstanden. Vom Faible des Monarchen für chinesisches Dekor zeugen der vieleckige *chedi* und die aufwendigen Statuen im Hof. Diese dienten als Ballast in den entladenen Reisdschunken, die von China nach Thailand zurücksegelten.

Der riesige *wihan* bewahrt einen mächtigen Sitzenden Buddha. Der Tempel besitzt zudem Thailands größte Bronzeglocke.

Die nahe Festung **Wichai Prasit** am anderen Ufer des Khlong Bangkok Yai entstand in der Ayutthaya-Zeit *(siehe S. 40f)*. Von ihrem Standort ließ sich der Flussweg nach Thonburi gut bewachen.

Thailands größte Bronzeglocke im Turm des Wat Kalyanimit

## Wat Ratchabophit ❿

วัดราชบพิธ

Fuang Nakhon Rd. **Stadtplan** 2 D5.
0-2222-3930. 2, 60; AC: 501, 502, 512. Tien. tägl. 5–20 Uhr.

Die runde Struktur des Wat Ratchabophit ist eine gelungene Mischung aus asiati-

**Detail der Porzellanfliesen im Tempelkomplex des Wat Ratchabophit**

## Wat Suthat und die Große Schaukel ⓫

วัดสุทัศน์และเสาชิงช้า

Bamrung Muang Rd. **Stadtplan** 2 E5. ⓒ 0-2224-9845. 🚌 10, 12, 19, 35, 42, 56, 96. ◯ tägl. 8.30–16 Uhr (wihan nur Sa, So).

Der berühmte Wat Suthat wurde 1807 unter Rama I. begonnen und unter Rama III. fertiggestellt. Es ist ein Tempel der Superlative. Sein *wihan* ist der größte in Bangkok und ist ein Paradebeispiel des Rattanakosin-Stils. Sein acht Meter hoher Haupt-Buddha ist eine der größten erhaltenen Bronzestatuen aus Sukhothai. Die in den 1980er Jahren restaurierten Wandbilder im riesigen *wihan* gehören zu den berühmtesten des Landes. Erstaunlich komplex zeigen sie das Traiphum, die buddhistische Kosmologie. Die herrlichen Teaktüren des *wihan* besitzen je fünf kunstvoll geschnitzte Türfüllungen und sind sechs Meter hoch. (Die von Rama II. geschnitzten befinden sich im Nationalmuseum.) Den Wandelgang rund um den *wihan* säumen 156 goldene Buddha-Figuren.

Die Große Schaukel für brahmanische Zeremonien stand 224 Jahre auf dem Platz vor dem *wat*, bis sie schließlich 2007 in den Devasathan-Brahmin-Tempel verbracht wurde. Die neue Schaukel wurde aus sechs 100 Jahre alten Teakbäumen gefertigt.

**Goldene Buddha-Statue, Wat Suthat**

*chedi* des *wat* flankieren zwei symmetrische Kapellen. Die Wandbilder im *wat* werden dem berühmten Malermönch Khrua In Khong zugeschrieben. Der mit westlichen Techniken vertraute Hofmaler Ramas IV. (reg. 1851–68) führte die Perspektive in die Thai-Malerei ein. Seine Wandgemälde wirken auf den ersten Blick europäisch, auf den zweiten Blick erkennt man jedoch die buddhistischen Allegorien traditioneller Thai-Malerei. Auf die läuternde Kraft des Buddhismus verweist beispielsweise die Darstellung eines Arztes, der einen Blinden heilt. Die Gemälde sind umso bemerkenswerter, als Khrua In Khong niemals den Westen bereist hatte. Beachtung verdient auch der bronzene Phra Buddha Chinasara. Der Haupt-Buddha des *wat* ist ein Meisterwerk aus der Sukhothai-Zeit (siehe S. 40).

Der *wat* beherbergt Thailands zweitgrößte buddhistische Hochschule (die buddhistische Buchhandlung gegenüber führt auch englischsprachige Literatur) und ist Zentrum der strengen buddhistischen Tammayut-Schule. Diese wurde von Rama IV. gegründet, der hier während seiner 27-jährigen Mönchsphase als Abt wirkte. Einige seiner Nachfolger, darunter Bhumibol (Rama IX.), lebten ebenfalls eine Weile als Mönche im Tempel.

## Wat Bowonniwet ⓬

วัดบวรนิเวศน์

248 Phra Sumen Rd. **Stadtplan** 2 D4. ⓒ 0-2281-5052. 🚌 12, 15, 56; AC: 511 (Express). ◯ tägl. 8–17 Uhr.

Auf einem ruhigen, baumbestandenen Grundstück versteckt steht dieser chinesisch angehauchte Tempel. Er wurde Mitte des 19. Jahrhunderts unter Rama III. erbaut. Den zentralen vergoldeten

---

schen und westlichen Baustilen. Der Bau des Tempels begann 1869 unter Rama V. (reg. 1868–1910) und dauerte über 20 Jahre. Die Anlage ist üppig mit Porzellanfliesen verziert, die auf Bestellung in China angefertigt wurden. Das Zentrum des *wat* ist der vergoldete ceylonesische *chedi*. Er ist von der Terrasse aus gemessen 43 Meter hoch.

Im Inneren des *wat* befinden sich vier Buddha-Bildnisse, die jeweils in eine andere Himmelsrichtung blicken. Vom kreisförmigen Wandelgang erreicht man den *bot* im Norden, den *wihan* im Süden und je einen kleineren *wihan* im Osten und Westen – eine ungewöhnliche Anordnung für einen Thai-*wat*.

Asiatisch-westliche Elemente prägen die ganze Anlage. Die zehn Türen und 28 Fenster des *bot* sind mit Thai-Intarsien aus Perlmutt verziert. Sie zeigen die Insignien der fünf königlichen Orden. Über der Tür ist das Siegel von Rama V. zu sehen. Die bunt bemalten hölzernen Wächterfiguren an den Türen sind ausgesprochen *farang* (europäisch). Das Innere ist verblüffenderweise im Stil der italienischen Renaissance gehalten.

Vom Tempel aus erreicht man parallel zum Khlong Lot den faszinierenden, wenig besuchten königlichen Friedhof. Die Monumente der Familie Ramas V. sind ein exzentrischer Mix aus Khmer-, Thai- und europäischen Stilen.

**Der Komplex des Wat Bowonniwet liegt relativ abgeschieden**

*Stadtplan Bangkok siehe Seiten 84–95*

*Singha* bewachen den Eingang zum Wat Benchamabophit

## Wat Benchamabophit ⓭

วัดเบญจมบพิตร

69 Rama V Rd. **Stadtplan** 3 A3.
0-2282-7413. 3, 16, 23, 505. tägl. 8.30–17.30 Uhr.

Der jüngste große Tempel im Zentrum Bangkoks spiegelt den europäischen Einfluss auf die Thai-Architektur wider. 1899 beauftragte Rama V. seinen Bruder, Prinz Naris, und den italienischen Architekten Hercules Manfredi, einen *bot* und Wandelgang als Ersatz für den einstigen Ayutthaya-Tempel zu entwerfen. Der neue *wat* wurde mit grauem Carrara-Marmor verkleidet und deshalb auch »Marmortempel« genannt.

Der *bot* ist ein elegant proportionierter Bau mit kreuzförmigem Grundriss und gestaffelter Dachlandschaft. Hier bestechen exquisite Stilsynthesen, etwa die viktorianischen Bleiglasfenster mit Szenen aus der Thai-Mythologie. Der *bot* hütet die Asche Ramas V. und eine Kopie des verehrten Phra Buddha Chinnarat von Phitsanulok, eine meisterhafte bronzene Buddha-Figur aus der späten Sukhothai-Zeit (14. Jh.). Die 53 Buddha-Bildnisse im Wandelgang erwarb Rama V. in Thailand und anderen buddhistischen Ländern.

Den *wat* schmückt eine von drei mit Perlmutt eingelegten Türen, die aus dem Wat Borom Buddharam in Ayutthaya geborgen wurden. Sehenswert sind auch die Fresken im einstigen Mönchsquartier von Rama V., die verschiedene Ereignisse seiner Regentschaft darstellen.

Am Wat Benchamabophit lassen sich gut klösterliche Zeremonien beobachten, etwa buddhistische Prozessionen an Feiertagen. Während andernorts die Mönche frühmorgens auf Almosenrunde gehen, bleiben sie vor diesem *wat* in der Nakhon Pathom Road in einer Reihe stehen und bekommen dort von Spendern ihr Essen gereicht.

## Dusit-Park ⓮

สวนดุสิต

Siehe S. 70f

## Dusit-Zoo ⓯

สวนสัตว์ดุสิต (เขาดิน)

Rama V u. Ratchawithi Road.
**Stadtplan** 3 A2. 0-2281-2000.
AC: 510, 515. tägl. 8–18 Uhr.
www.zoothailand.org

Der Dusit-Zoo bildet einen grünen Keil zwischen Dusit-Park und Chitrlada-Palast und gehört zu den besseren Tiergärten in Asien. Manche Gehege sind zwar sehr beengt, doch Vögel und größere Säugetiere wie Tiger, Bären, Elefanten und Flusspferde haben genügend Bewegungsfreiheit. Das Gelände, einst der botanische Privatgarten Ramas V., lädt mit tropischen Pflanzen, Rasenflächen, Seen und Hainen zu geruhsamen Spaziergängen ein. Spaß und Unterhaltung bieten zudem Reitelefanten und Tierfütterungen – hier vergnügen sich Einheimische und Besucher.

**Besucher auf Entdeckungsfahrt im Dusit-Zoo**

**Hotels und Restaurants in Bangkok** *siehe Seiten 290–294 und 318–322*

# BANGKOK

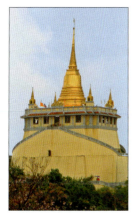

Der Goldene Hügel, ein markantes Wahrzeichen von Bangkok

## Wat Saket und der Goldene Hügel ⓰

วัดสระเกศและภูเขาทอง

Chakkaphatdi Phong Rd. **Stadtplan** 2 F5. 8, 15, 37, 47, 49; AC: 38, 543. tägl. 7.30–17.30 Uhr. Tempelfest am Goldenen Hügel (Nov).

Der unter Rama I. Ende des 18. Jahrhunderts erbaute Wat Saket gehört zu Bangkoks ältesten Tempeln. Im 19. Jahrhundert diente er – makabrerweise – als Krematorium, in dem die Leichen der Armen oft den Geiern und Hunden überlassen wurden.

Der erste Goldene Hügel wurde unter Rama III. konstruiert, sank jedoch in dem weichen Boden ein. Erst unter Rama V. besaß man die notwendige Technik für die 76 Meter hohe symbolische Darstellung des mythischen Bergs Meru: ein künstlicher Hügel mit einem goldenen Turm auf der Kuppe. Angeblich birgt er die Buddha-Reliquien, die der Vizekönig von Indien Rama V. überreichte. Eine von Monumenten und Grabmälern gesäumte Treppe führt zum Schrein auf dem Gipfel. Oben reicht der Blick zum Großen Palast (siehe S. 56–61), Wat Pho (siehe S. 64f), Wat Arun (siehe S. 66) und zum achteckigen Fort Mahakan, einem der 14 alten Wachtürme der Stadtmauer.

Bis in die 1960er Jahre war der Goldene Hügel eine der höchsten Erhebungen Bangkoks. Heute wird er zwar von Wolkenkratzern überragt, die goldene Spitze ist jedoch ein Wahrzeichen der Stadt geblieben.

Das Tempelfest mit einer Lichterprozession im November ist sehr beliebt.

## Monk's Bowl Village (Ban Bat) ⓱

บ้านบาตร

Bamrung Muang Rd, Soi Ban Bat. **Stadtplan** 2 F5. AC: 508.

Mit den vor 2500 Jahren eingeführten Almosenschalen gehen in vielen buddhistischen Ländern die Mönche frühmorgens zum Sammeln. In Bangkok werden die Schalen seit Ende des 18. Jahrhunderts nach alter Tradition im Monk's Bowl Village gefertigt.

Das »Mönchsschalendorf« zog sich einst bis zum Wat Saket, ist aber heute auf vier Häuser und wenige Werkstätten geschrumpft und im Labyrinth der *soi* schwer zu finden. Die Schalen werden aber auch am Wat Suthat (siehe S. 67) verkauft. Für die zeitaufwendige Herstellung einer Schale braucht man acht Metallstücke – die acht Speichen des Dharma-Rads. Zuerst wird ein Teil kreisförmig zum Rand gehämmert, dann drei Teile zu einem kreuzförmigen Rahmen. Vier dreieckige Stücke bilden die Seiten. Nach dem Schweißen im Schmiedeofen wird die Schale geformt, poliert und abermals erhitzt, was ihr einen Schimmer wie Email verleiht. Nur rund 20 Schalen werden täglich im Ban Bat produziert.

In Zentrum des umgebenden Gassenlabyrinths fasziniert ein Schrein, der aus alten chinesischen Blasebälgen gebaut wurde.

Ein Handwerker bei der Arbeit im Monk's Bowl Village

### Königliche weiße Elefanten

Weißer Elefant, Illustration, Handschrift

Die Bedeutung des *chang samkhan*, des weißen Elefanten, in Thailand basiert auf einer 2500 Jahre alten Legende. Sie besagt, dass die bis dahin unfruchtbare Königin Maya mit dem zukünftigen Buddha schwanger wurde, nachdem ihr im Traum ein weißer Elefant in den Leib eingegangen war. Seit der Zeit von König Ramkhamhaeng (reg. 1279–98) wird die Bedeutung eines Monarchen auch daran gemessen, wie viele der prestigeträchtigen weißen Elefanten er besitzt. Bis 1917 zierte der weiße Elefant als Nationalsymbol sogar die siamesische Flagge. In der Umgangssprache bedeutet ein »weißer Elefant« jedoch eine große und unnütze Ausgabe – schließlich müssen weiße Elefanten als exklusiver Besitz des Königs nicht arbeiten, werden aber aufwendig versorgt. Die meisten weißen Elefanten sind keine Albinos. Der Tradition zufolge müssen insgesamt sieben Körperpartien – Augen, Gaumen, Nägel, Haut, Hoden, Körper- und Schwanzhaar – weißlich gefärbt sein, damit Elefanten als weiß gelten.

**Stadtplan Bangkok** *siehe Seiten 84–95*

# Dusit-Park ⓮

สวนดุสิต

Topiari, Vimanmek

Der herrliche Park ist die Hauptattraktion in Dusit. Nachdem Rama V. als erster Thai-Monarch Europa besucht hatte, machte er sich mit Elan daran, Bangkok im westlichen Stil zu gestalten. Diesen Bemühungen entsprang der Dusit-Park mit gepflegten Gärten, eleganten Bauten und Teakholzvillen. Glanzlichter sind das Vimanmek Mansion – der größte Teakholzbau der Welt – und die anmutige Thronhalle Abhisek Dusit mit dem SUPPORT-Museum für traditionelles Kunsthandwerk. Ein Besuch des Parks und des benachbarten Zoos *(siehe S. 68)* beansprucht einen ganzen Tag.

Königlich-höfisches Fotomuseum, erbaut unter Rama V.

### Königliches Elefantenmuseum
*Das Museum in den ehemaligen Ställen der königlichen Elefanten präsentiert verschiedenste Objekte, etwa Amulette der Mahouts, Stoßzähne, Fotos und eine Figur des Lieblingselefanten des derzeitigen Königs.*

### König Bhumibols Fotomuseum
*Die meisten der hier ausgestellten Fotografien sind Aufnahmen der königlichen Familie. Sehr viele sind Werke des derzeitigen Königs und leidenschaftlichen Fotografen, Rama IX.*

Rang- und Porträtmuseum

### Altes Kleider- und Seidenmuseum
*Die Sammlung umfasst Luxusgewänder der Könige Rama IV. und Rama V. Präsentiert werden zudem verschiedene Arten von Thai-Seide aus allen Landesteilen.*

Grenzmauer

| NICHT VERSÄUMEN |
|---|
| ★ Thronhalle Abhisek Dusit |
| ★ Vimanmek Mansion |

Eingang und Kasse

# DUSIT-PARK

### ★ Thronhalle Abhisek Dusit
*In dem weißen, fantasievoll verzierten Gebäude präsentiert das sehenswerte SUPPORT-Museum eine große Sammlung traditionellen Kunsthandwerks, darunter Preziosen aus den bunt schillernden Flügeln von Schmuckkäfern.*

### INFOBOX
**Stadtplan** 2 F2. 0-2628-6300-9. 56, 70; AC: 70, 510, 515. tägl. 9–16 Uhr. während höfischer Zeremonien. Royal Mansion Ticket, 30 Tage lang gültig für Park und alle Gebäude. **Vimanmek Mansion** tägl. 9.30–16 Uhr (Tickets bis 15.15 Uhr). **SUPPORT-Museum** tägl. 9.30–15.30 Uhr. www.vimanmek.com

**Kanal**

**Brücke**

### Seepavillon
*Der elegante Pavillon hinter dem Vimanmek Mansion gibt den Blick über den See frei. Am anderen, nicht zugänglichen Ufer stehen wunderhübsche traditionelle Thai-Häuser*

**Altes Uhrenmuseum**

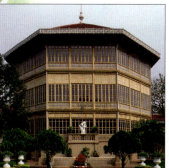

### ★ Vimanmek Mansion
*Der dreigeschossige Teakholzbau erinnert mehr an eine Kolonialvilla als an einen Thai-Palast. Sämtliche Teile sind mit Holzzapfen statt Nägeln verbunden, die Räume mit erlesenem Inventar ausgestattet.*

**Königlich-höfisches Fotomuseum**

0 Meter 50

### Königliches Kutschenmuseum
*In zwei langen Remisen reihen sich die ungewöhnlichen und interessanten Fahrzeuge – Staatskutschen und Oldtimer – der königlichen Familie.*

**Stadtplan Bangkok** *siehe Seiten 84–95*

## Phahurat-Markt ⑱
ตลาดพาหุรัด

Phahurat/Chak Phet Rd. **Stadtplan** 6 D1. 🚌 *6, 37, 82, 88; AC: 3, 82.*

Der vorwiegend indische Markt lockt mit Genüssen und Aromen des Subkontinents. Auf dem auf Textilien spezialisierten Hauptbasar um Phahurat und Chak Phet Road verkaufen Händler alles von der Tischdecke bis zum Hochzeitssari. Der Markt ist ideal, um indische Accessoires wie Sandalen und Schmuck zu kaufen. Es gibt auch vielfältige Gewürze und Räucherwaren. In der Umgebung locken indische Schnellrestaurants und Samosa-Stände. Abseits der Chak Phet Road steht der Sikh-Tempel Shri Guru Singh Sabha.

## Pak-Khlong-Markt ⑲
ปากคลองตลาด

Maharaj Rd. **Stadtplan** 5 C2. 🚌 *AC: 501, 512.* 🚢 *Rachinee, Pak Khlong.* ⏰ *tägl.*

Der Pak-Khlong-Markt versorgt die Stadt rund um die Uhr mit frischem Gemüse und Blumen. Nirgendwo in Thailand findet man ein breiteres Blumensortiment. Ab 1 Uhr morgens werden vor allem Rosen, Orchideen, Lotosblumen, Jasmin und sogar holländische Tulpen angeliefert. Am üppigsten ist die Blütenpracht gegen 9 Uhr. Ohne Strauß oder Gesteck geht hier kaum jemand wieder weg.

## Chinatown ⑳
ตลาดเยาวราช

Yaowarat Rd. **Stadtplan** 6 E1. 🚌 *AC: 501, 512.* 🚢 *Rachinee, Pak Khlong.* ⏰ *tägl.*

Das alte Viertel um Yaowarat und Ratchawong Road sowie Sampeng Lane heißt bei den Thai »Yaowarat«. Es erinnert an Bangkoks Vergangenheit und die wirtschaftliche Rolle von Bangkoks chinesischer Gemeinde in den letzten 200 Jahren. Mit seinen unzähligen Goldläden, traditionellen chinesischen Apotheken und emsigen Straßenmärkten ist das Areal besonders spannend. Die schönen Tempel sind einer oder allen *san jiao* (drei Religionen) geweiht: Mahayana-Buddhismus, Taoismus und Konfuzianismus.

Chinesische Schilder in der quirligen Yaowarat Road in Chinatown

## Wat Traimit ㉑
วัดไตรมิตร

Tri Mit Rd. **Stadtplan** 6 F2. 🚌 *1, 4, 11, 25, 53, 73; AC: 501, 507.* ⏰ *tägl. 9–17 Uhr.*

Der auch Tempel des Goldenen Buddha genannte *wat* hütet das weltweit größte Buddha-Bildnis aus massivem (18-karätigem) Gold. Die vier Meter hohe Sukhothai-Figur aus dem 13. Jahrhundert wiegt fünf Tonnen. Sie wurde 1955 beim Hafenausbau zufällig von Arbeitern der East Asiatic Company entdeckt.

Die chinesischen Anwohner huldigen dem Goldenen Buddha und sammeln Verdienste, indem sie Blattgold auf die kleineren Figuren heften.

## Bahnhof Hua Lampong ㉒
สถานีหัวลำโพง

Rama IV Rd. **Stadtplan** 7 A2. 📞 *0-2223-3786.* 🚌 *4, 21, 25, 29, 34, 40, 48, 109; AC: 501, 507, 529.* Ⓜ *Hua Lampong.*

Der reformfreudige König Rama V. läutete in Thailand das Eisenbahnzeitalter ein. Die erste (private) Zuglinie ging 1891 in Betrieb und pendelte zwischen Pak Nam und Hua Lampong. Heute ist die historische Station Bangkoks Hauptbahnhof. Von dort fahren Züge in den Norden, Nordosten, ins Menam-Becken und in den Süden. Ein weiterer Bahnhof, Bangkok Noi, wurde 2003 umgebaut.

**Bunte Auswahl an Chilischoten auf dem Pak-Khlong-Markt**

# Chinesen in Bangkok

Die ersten Chinesen wanderten im 12. Jahrhundert als Händler nach Thailand ein. Um die nach langen Kriegen *(siehe S. 41)* marode Wirtschaft wiederaufzubauen, förderte Thailand im späten 18. und frühen 19. Jahrhundert den Zuzug von Chinesen. Diese integrierten sich erstaunlich rasch in die Thai-Gesellschaft. Mitte des 19. Jahrhunderts war bereits die Hälfte von Bangkoks Bevölkerung ganz oder teilweise chinesischer Abstammung. Trotz phasenweiser antichinesischer Ressentiments und restriktiver Einwanderungsbestimmungen ziehen Chinesen bis heute die geschäftlichen Fäden in Thailand. Ihr kulturell-religiöses Brauchtum lebt in ihren Gemeinden fort.

**Zweisprachiges Schild, Chinatown**

### Chinesische Ladenhäuser

Ladenhäuser sind typisch für Chinatown. Die Familie wohnt im ersten Stock. Im Erdgeschoss betreibt sie ihr Geschäft, etwa eine kleine Werkstatt oder einen kleinen Laden für Lebensmittel, Haushaltswaren etc.

**Die vorderen Veranden** bilden einen geschützten Gehweg, den »Fünf-Fuß-Weg«.

**Dim Sum** *(»die das Herz berühren«)* sind Miniportionen kalter und warmer Speisen, etwa Teigtaschen mit Schweinefleisch- oder Seafood-Füllung.

**Die Schildermalerei** *dient nicht allein der Werbung. Die in Gold geschriebenen Glücksbotschaften sollen Unbill und Krankheit fernhalten. Zum chinesischen Neujahr hängen sie überall aus.*

**Der Tempel Leng Noi Yee** *in Bangkok ist ein bedeutender Schrein des Mahayana-Buddhismus, zeigt aber auch Elemente des Taoismus und Konfuzianismus. Der Tempel mit den Giebeldächern aus glasierten Ziegeln, auf denen chinesische Drachen wachen, rückt während des Vegetarischen Fests (siehe S. 225) in den Brennpunkt.*

**Chinesische Opern** *sind Gesamtkunstwerke aus Gesang, Tanz, Akrobatik und Kampfkunst.*

**»Höllengeld«** *ist eine Form von kong tek – Papierkopien von Gütern, die man verbrennt und so den Toten für das nächste Leben mitgibt.*

Klassizistische Fassade des Authors' Wing des Mandarin Oriental

## Mandarin Oriental Hotel ㉓

โรงแรมโอเรียนเต็ล

48 Oriental Ave, nahe Charoen Krung Rd. **Stadtplan** 6 F4.
0-2659-9000. 35, 75. Oriental. www.mandarinoriental.com

Thailands ältestes Grandhotel wurde wegen seines Service und seiner Liebe zum Detail wiederholt zum besten Hotel der Welt gekürt. Das 1867 gegründete Haus wurde nach seinem Neubau 1887 um mehrere Flügel erweitert. Das Hotel verdankt seinen Luxus und Charme vor allem den armenischen Brüdern Sarkies, die auch das Raffles Hotel in Singapur gestalteten. Der Status, das üppige Dekor und die fantastische Lage des Mandarin Oriental am Ufer des Chao Phraya schlagen sich in hohen Preisen nieder.

Im Originalflügel mit den weißen Fensterläden liegen die Authors' Suites. Hier erholte sich der Schriftsteller W. Somerset Maugham in den 1920er Jahren von einer Malariaattacke und beschrieb Bangkok als »Staub, Hitze, Lärm, Weiße und noch mehr Staub«. Dieser Eindruck änderte sich, als er die *wat* und *khlong* der Stadt erkundete. Der »high tea« wird in der Authors' Lounge zwischen Topfpflanzen, Korbstühlen und Ventilatoren serviert. Eine Teakholzbarke pendelt zum anderen Flussufer. Dort lockt das Sala Rim Naam *(siehe S. 321)*, eines der exzellenten Restaurants des Hotels, Gäste mit Speisen und *Khon*-Aufführungen *(siehe S. 26f)*. Zum Haus gehört eine renommierte Thai-Kochschule.

## Patpong ㉔

พัฒน์พงษ์

Silom Rd, Patpong 1 u. 2. **Stadtplan** 7 C3. AC: 76, 177, 504, 514. Sala Daeng (Skytrain). Silom.

Die Straßen Patpong 1 und 2 heißen nach dem chinesischen Millionär und Immobilienbesitzer Khun Patpongpanit und sind der Nabel des wohl berüchtigtsten Rotlichtviertels der Welt. In den 1960er Jahren schossen hier Go-go-Bars aus dem Boden, in denen sich Flugzeug-Crews vergnügten und die amerikanischen GIs den Vietnamkrieg vergessen wollten. Seit den 1970er Jahren ziehen die Sexshows vor allem Urlauber an. Die unauffälligere Gay-Szene floriert in der nahen Silom Soi 4. Die Hostessenbars in der Soi Taniya sind vornehmlich das Ziel japanischer Gäste.

Patpong wird von der Touristenpolizei überwacht und ist erstaunlich sicher. Ein Nachtmarkt, auf dem Souvenirs, Kleidung und gefälschte Markenmode verkauft wird, verleiht dem Viertel einen seriösen Anstrich. Im Zentrum von Patpong liegt auch eine der größten Buchhandlungen Südostasiens. Viele besuchen die Ecke aus Neugier und nicht, um sich selbst in die Sexszene zu stürzen.

Poster in einer Go-go-Bar

## Lumphini-Park ㉕

สวนลุมพินี

**Stadtplan** 8 D3. 14; AC: 50, 507. Sala Daeng (Skytrain). Silom, Lumphini. tägl. 5.30–21 Uhr.

Bangkoks grüne Lunge ist nach dem Geburtsort von Buddha in Nepal benannt. Im Park laden zwei Seen zu Bootsfahrten ein. Frühmorgens sieht man Thailänder beim Joggen und Chinesen beim Tai Chi Chuan. Offenbar hält sich der Glaube an die stärkende Wirkung von Schlangenblut und -galle: Beides kann man frisch an Ständen im Norden des Parks erstehen.

Alte Chinesen spielen hier Schach, andere ein spontanes *Takraw*-Match – eine Art Volleyball, bei dem der Ball mit allen Körperteilen außer den Händen gespielt wird.

An der Ecke zur Silom Road steht die imposante Statue Ramas VI. (reg. 1910–25), der die Anlage des Parks in Auftrag gab.

Entspannung an einem See im frühmorgendlichen Lumphini-Park

Tänzerinnen in traditionellen Thai-Kostümen am Erawan-Schrein

## Erawan-Schrein ㉖

ศาลพระพรหมเอราวัณ

Ratchadamri Rd. **Stadtplan** 8 D1. AC: 501, 504, 505. Ratchadamri oder Siam (Skytrain).

Autofahrer nehmen die Hände vom Lenkrad und falten sie zum respektvollen *wai*, wenn sie am Erawan-Schrein vorbeifahren. Dem Volksglauben nach hat dieser seine heilende Kraft unter Beweis gestellt: Die bösen Geister, die in den 1950er Jahren beim Bau des Erawan Hotel, dem heutigen Grand Hyatt Erawan Hotel, Unfälle verursachten, sind beschwichtigt, seit vor dem Gebäude dieser Haustempel für den Sturm- und Regengott Indra und dessen Reitelefanten Erawan steht. Kein Wunder, dass der eher kitschige Schrein unter Girlanden, Holzelefanten und anderen Gaben versinkt, die ihm mit der Bitte um Glück oder zum Dank gebracht werden. Tänzerinnen in schönen traditionellen Kostümen führen gegen Entgelt vor Gläubigen Tänze für die Gottheit auf. Auf diese Weise drückt man seine Dankbarkeit für einen kürzlichen Glücksfall oder gar einen erfüllten Wunsch aus.

In der Nähe des Schreins sowie in der Phloen Chit und Rama I Road liegen Richtung Norden und Osten einige bekannte und mondäne Einkaufszentren *(siehe S. 80f)*: Siam Central, CentralWorld, Erawan, Gaysorn Plaza, Amarin Plaza, Emporium und – das luxuriöseste von allen – Siam Paragon.

## Jim-Thompson-Haus ㉗

บ้านจิมทอมป์สัน

Siehe S. 76f.

## Suan-Pakkad-Palast ㉘

วังสวนผักกาด

352 Si Ayutthaya Rd. **Stadtplan** 4 D4. 0-2245-4934. Phaya Thai (Skytrain). AC: 201, 513. tägl. 9–16 Uhr. www.suanpakkad.com

Der Palast, einst das Heim von Prinz und Prinzessin Chumbhot, umfasst fünf traditionelle Teakhäuser, die in den 1950er Jahren in den üppigen Palastgarten verbracht wurden. Dieser war auf dem namensgebenden Kohlfeld *(suan pakkad)* angelegt worden. Die Gebäude wurden in ein Museum umgewandelt, in dem Kunst und Kunsthandwerk aus dem Besitz des Prinzenpaars zu sehen ist.

Die Exponate reichen von Khmer-Skulpturen über Beteldosen und antike Lackmöbel bis zu Thai-Musikinstrumenten, seltenen Muscheln und kostbaren Kristallen. Am bedeutendsten sind jedoch die rot-weißen, mit Spiralen ornamentierten bronzezeitlichen Keramiken. Sie stammen aus Grabstätten in Ban Chiang in Nordost-Thailand. Das Glanzlicht ist der Lackpavillon, den Prinz Chumbhot aus zwei exquisiten Tempelbauten aus der Provinz Ayutthaya zusammensetzen ließ.

Die grandiosen, schwarz und gold lackierten Wandbilder in den Gebäuden stellen Szenen aus dem Leben des Buddha und dem Ramakien *(siehe S. 59)* dar und zeigen – als einzige erhaltene Wandbilder aus dieser Epoche – das Alltagsleben der Thai kurz vor dem Fall von Ayutthaya 1767. Zu sehen sind etwa ausländische Händler, Kriegsszenen und grausam detaillierte Höllendarstellungen.

Der exquisite Lackpavillon des Suan-Pakkad-Palasts

# Jim-Thompson-Haus ❷

บ้านจิมทอมป์สัน

Geisterhaus im Garten

Das ehemalige Heim von Jim Thompson ist ein großartig erhaltenes Thai-Anwesen und wunderschönes Museum. Der US-Unternehmer verhalf der vor dem Zweiten Weltkrieg in Thailand nahezu ausgestorbenen Seidenweberei zu neuem Glanz. Sein Haus steht in einem Garten gegenüber dem alten Seidenweberviertel Ban Khrua. 1959 ließ Thompson sechs Teakhäuser in Ban Khrua und Ayutthaya ab- und hier in einer unkonventionellen Anordnung wiederaufbauen. Der begeisterte Sammler von Antiquitäten und Kunst aus Südostasien staffierte sein Heim mit Kostbarkeiten aus 14 Jahrhunderten aus. Seit dem mysteriösen Verschwinden Thompsons 1967 wurde kaum etwas verändert – das Haus wirkt immer noch bewohnt.

**Großes Schlafzimmer**
*Meisterhafte Dschataka-Bilder (19. Jh.) zieren die Wände.*

Erster Stock

Gästeschlafzimmer

Erdgeschoss

**★ Dschataka-Gemälde**
*Im Haus zeigen acht Tafelmalereien – diese Tafel schmückt die Eingangshalle – aus dem frühen 19. Jahrhundert Szenen aus dem Vessantara-Dschataka (siehe S. 24), der Legende von Buddha als Prinz Vessantara.*

**★ Birmanische Schnitzereien**
*Zur umfangreichen Sammlung birmanischer Skulpturen gehören Figuren von Nat-Geistern. In Birma integrierte der Buddhismus den alten animistischen Kult der Nat-Geister.*

Eines der sechs traditionellen Teakhäuser

### LEGENDE

- ☐ Schlafzimmer
- ☐ Arbeitszimmer
- ☐ Eingangshalle
- ☐ Wohnzimmer
- ☐ Esszimmer
- ☐ Zimmer für Personal
- ☐ Bencharong-Raum
- ☐ Seidenpavillon
- ☐ Weitere Ausstellungsfläche

### NICHT VERSÄUMEN

- ★ Birmanische Schnitzereien
- ★ Dschataka-Gemälde
- ★ Dvaravati-Torso eines Buddhas

**Blick von der Terrasse**
*Von der Terrasse fällt der schöne Blick auf den Garten und den Khlong San Sap.*

## JIM-THOMPSON-HAUS

### Wohnzimmer
*Holzgeschnitzte Figuren birmanischer Geister aus dem 18. Jahrhundert zieren die Nischen im Wohnzimmer. Weiche Seidenkissen verleihen dem Raum Farbe.*

### INFOBOX
6 Soi Kasemsan 2, Rama I Rd.
**Stadtplan** 3 C5. 0-2216-7368.
*National Stadium* (Skytrain).
15, 48, 204; AC: 508. tägl. 9–17 Uhr.
www.jimthompsonhouse.com

**Am khlong** (Kanal) trockneten die Weber früher das Seidengarn auf Holzgerüsten an beiden Ufern.

### Esszimmer
*Kostbares blau-weißes Porzellan steht in den Vitrinen im Esszimmer.*

### ★ Dvaravati-Torso eines Buddhas
*Der Torso aus Kalkstein im Garten stammt aus der frühen Dvaravati-Periode (6. Jh.). Er gilt als eine der ältesten erhaltenen Buddha-Statuen in ganz Südostasien.*

**Geisterhäuschen mit Opfergaben**

**Eingang**

**Die steilen Dächer** der traditionellen Teakhäuser sind ideal für die Belüftung. Die nach innen geneigten Wände wirken höher.

### Wer war Jim Thompson?
Thailands berühmtester Amerikaner, von Haus aus Architekt, kam 1945 als Leiter des Bangkok-Büros des Office of Strategic Services (OSS), einer Vorläuferin der CIA, nach Thailand. 1948 gründete er die Thai Silk Company Ltd., dank der Thailands Seidenindustrie wie Phönix aus der Asche stieg. Thompson wurde in Bangkok zu einer Berühmtheit – und zu einer Legende, als er am Ostersonntag 1967 von einer Wanderung in den Cameron Highlands Malaysias nicht mehr zurückkehrte. Über die Ursache seines spurlosen Verschwindens – Absturz, Herzinfarkt oder gar Intrige der CIA – wird noch heute wild spekuliert.

**Jim Thompson prüft Thai-Seide, 1964**

Stadtplan Bangkok *siehe Seiten 84–95*

# Abstecher

Viele Sehenswürdigkeiten liegen etwas außerhalb der Stadt. Richtung Osten wird die Sukhumvit Road von unzähligen Läden, Restaurants, kleinen Galerien und Museen gesäumt. Der quirlige Chatuchak-Markt ist für Shopaholics ein Muss. Auf dem vielleicht größten Freiluftmarkt der Welt wird von Kunsthandwerk bis zu Tieren einfach alles verkauft. Auf dem »schwimmenden Markt« von Damnoen Saduak südwestlich des Zentrums bieten Frauen Frischprodukte auf kleinen flachen Booten an. Auf der beliebten Krokodilfarm sieht man verschiedene Krokodilarten und »Kroko-Ringkämpfe«.

### LEGENDE

- Bangkok Zentrum
- Großraum Bangkok
- Flughafen
- Autobahn
- Hauptstraße
- Nebenstraße

### Sehenswürdigkeiten auf einen Blick

Chatuchak-Markt ❶
Krokodilfarm ❸
»Schwimmender Markt« von Damnoen Saduak ❹
Sukhumvit Road ❷

## Chatuchak-Markt ❶

ตลาดจตุจักร

**Straßenkarte** C1. Distrikt Chatuchak. ▢ Mo Chit (Skytrain). ▢ AC: 38, 502, 503, 509, 510, 512, 517, 518, 521, 523. Ⓜ Kampangphet.
▮ TAT, Bangkok (1672).
◯ Sa, So 7–18 Uhr.

Thailands größter Markt findet jedes Wochenende in einer nördlichen Vorstadt von Bangkok zwischen dem Nördlichen Busbahnhof und dem Bahnhof Bang Sue statt. Er wurde 1982 hierher umgesiedelt, da der alte Umschlagplatz am Sanam Luang *(siehe S. 54f)* aus allen Nähten platzte. Die gut 6000 Stände füllen eine Fläche von über fünf Fußballfeldern. Durch das Chaos wühlen sich Massen von Schau- und Kauflustigen. Das Sortiment reicht von Seafood bis zu Antiquitäten, von siamesischen Kampffischen bis zu Secondhand-Jeans. Der Sektor für Pflanzen bietet einen guten Überblick über Thailands Flora, an den Lebensmittelständen sieht man jede erdenkliche Zutat der Thai-Küche. In anderen Abschnitten findet man Antiquitäten und Kunsthandwerk aus ganz Thailand und den Nachbarländern – diese Objekte sind aber teilweise genauso »echt« wie einige der »Markenklamotten« an den Textilständen.

Der Markt ist auch als »Wildtier-Supermarkt der Welt« verrufen, weil hier u. a. vom Aussterben bedrohte Tierarten, etwa Languren, illegal verkauft werden. Glücklicherweise geht dieser Handel etwas zurück.

**Buddha-Bildnisse zum Verkauf auf dem Chatuchak-Markt, Bangkok**

## Sukhumvit Road ❷

ถนนสุขุมวิท

**Straßenkarte** C1. Distrikt Phra Khanong. ▢ ▢ AC: 38, 501, 508, 511, 513.

Die Straße beginnt am Ostrand von Bangkoks Innenstadt und endet in der Provinz Trat *(siehe S. 117)* an der Grenze zu Kambodscha. In Bangkok bildet sie die Hauptverkehrsader in einem wachsenden, bei Ausländern beliebten Geschäftsviertel. Dieses ist zwar weit von Bangkoks berühmtesten Sehenswürdigkeiten entfernt, bietet aber viele gute, nicht zu teure Hotels und Restaurants sowie einige eigene Attraktionen.

Die größte Sehenswürdigkeit ist die **Siam Society**. Sie wurde Anfang des 20. Jahrhunderts von Thai und Ausländern unter der Schirmherrschaft von Ramas VI. zur Erforschung, Wiederentdeckung und Pflege der Thai-Kultur gegründet. Auf ihrem Gelände beherbergen zwei traditionelle Teakhäuser aus Nordthailand das einzige ethnologische Museum des Landes. Das Kamthieng-Haus, ein Bauernhaus, wurde in den 1960er Jahren Stück für Stück vom Ufer des Ping bei Chiang Mai in Nordthailand nach Bangkok verfrachtet. Das Sangaroon-Haus kam später durch eine Spende des Architekten Sangaroon Ratagasikorn hinzu, der – inspiriert durch die funktionelle Schön-

*Hotels und Restaurants bei den Abstechern siehe Seiten 294 und 321f* heit bäuerlicher Geräte – eine große Sammlung anhäufte. Für Besucher zugänglich ist auch die Bibliothek zur Thai-Kultur. Das dort erhältliche *Journal of the Siam Society* ist eine der angesehensten Zeitschriften für Kunstgeschichte, Kultur und Soziologie Asiens.

Neben dem Östlichen Busbahnhof zeigt das **Bangkok Planetarium** die Geschichte der Raumfahrt. Zur Anlage gehören auch ein Aquarium und eine Computerwelt.

Der große **King's Royal Park** wurde zum 60. Geburtstag König Bhumibols (Rama IX.) eingeweiht. Er liegt weiter außerhalb Richtung Provinz Samut Prakan. Der schöne Park bietet einen botanischen Garten, einen Bereich für Wassersport und eine Ausstellung über das Leben des Königs.

Rekonstruierter Wohnraum, Kamthieng-Haus, Siam Society, Sukhumvit Road

**Siam Society**
131 Asoke Montri Rd, Sukhumvit Rd, Soi 21. 0-2661-6470-7. Di–Sa. www.siam-society.org

**Bangkok Planetarium**
928 Sukhumvit Rd. 0-2392-5951. Di–So. Feiertage.

**King's Royal Park**
Soi Udomsuk, Sukhumvit Rd, Soi 103. 0-2328-1385. tägl.

## Krokodilfarm ❸

ฟาร์มจระเข้

**Straßenkarte** C1. Old Sukhumvit Highway, Provinz Samut Prakan.
0-2703-4891. AC: 511 nach Samut Prakan, dann songthaew (oder von Bangkok aus mit Reiseveranstalter). tägl. 8–17 Uhr.

Auf der größten Krokodilfarm Thailands (und vermutlich der Welt) tummeln sich rund 60 000 Süß- und Salzwasserreptilien aus aller Welt, u. a. südamerikanische Kaimane, gefährliche Nilkrokodile – und das größte Krokodil, das je in Gefangenschaft lebte. Es ist sechs Meter lang und über eine Tonne schwer.

Das größte Spektakel sind die stündlichen Schaukämpfe. Dort sieht man die Tierpfleger mit den Krokodilen ringen und sogar ihren Kopf in die Rachen der Reptilien stecken. Nebenan verkauft ein Souvenirladen Produkte aus Krokodilleder, etwa Taschen und Schlüsselringe. Es gibt auch einen Zoo.

## »Schwimmender Markt« von Damnoen Saduak ❹

ตลาดน้ำดำเนินสะดวก

**Straßenkarte** C1. 2 km westl. von Damnoen Saduak, Provinz Ratchaburi. oder von Bangkok aus mit Reiseveranstalter. tägl. 4–11 Uhr. TAT, Phetchaburi (0-3247-1005).

Wie Bangkoks »schwimmende Märkte« ist auch dieser Markt hauptsächlich auf Touristen ausgerichtet.

Er erstreckt sich 100 Kilometer südwestlich von Bangkok in einem Labyrinth aus engen *khlong* (Kanäle) und besteht eigentlich aus drei separaten Märkten. Der größte, **Ton Khem**, ist auf dem Khlong Damnoen Saduak. Etwas südlicher werden am parallelen *khlong* **Hia Kui** in den Lagerhäusern am Ufer Souvenirs an Reisegruppen verkauft. Noch weiter südlich belegt **Khun Phitak**, der ruhigste Markt, einen kleineren Kanal.

Vorwiegend sind es Frauen, die in den *sampan* (kleine Paddelboote aus Holz) erntefrisches Obst und Gemüse, Gewürze und andere Waren wie Strohhüte oder Erfrischungen anbieten. Sie tragen einen blauen *mo hom* (traditioneller Bauernkittel) und den traditionellen *ngop* (Strohhut).

Ideal ist ein Bootstrip zu allen drei Märkten. Fahrtangebote gibt es auch zu den *khlong* und den nahen Kokosplantagen. Am besten kommt man zwischen 7 und 9 Uhr, wenn der Handel in vollem Gang ist.

Schaukampf auf der Krokodilfarm

**Straßenkarte** *siehe hintere Umschlaginnenseiten*

# Shopping

Mahboonkrong-Schild

Bangkok ist ein Shopping-Paradies. Hier gibt es unzählige Läden mit hochwertigen Angeboten und erstaunlich niedrigen Preisen. Das Personal in den Kaufhäusern ist sehr aufmerksam. Ob Sie nach Designerkleidung, traditionellem Kunsthandwerk oder Elektronikartikeln suchen: Hier werden Sie fündig. Besucher lieben das Handeln auf den Märkten, wo die Händler ihre Preise oft um über 50 Prozent senken. Bitte bedenken Sie, dass es nachmittags oft schwül-heiß ist – dann kann eine Shopping-Tour anstrengend werden.

Vergnüglich: ein Bummel im riesigen Einkaufszentrum Siam Paragon

## Information

Lebensmittelmärkte haben in der Regel von frühmorgens bis nachmittags geöffnet, Shopping Malls von 10 bis 22 Uhr und Lebensmittelläden rund um die Uhr. Kreditkarten werden in Einkaufszentren und modernen Boutiquen akzeptiert, auf dem Markt zahlt man jedoch bar. Für die Mehrwertsteuer-Rückerstattung muss der Laden ein Zollformular ausfüllen, was zeitaufwendig ist und sich nur bei großen Beträgen lohnt. An Straßenständen und auf Märkten kann man handeln, in Kaufhäusern und Boutiquen sind die Preise festgesetzt. Weitere Informationen finden Sie auf den Seiten 334–337.

## Shopping-Meilen

Boutiquen und Märkte findet man in der ganzen Stadt, sehr viele Läden säumen jedoch den Siam Square sowie die Silom, Phloen Chit und Sukhumvit Road.

## Shopping Malls

Die Liste von Bangkoks besten und größten Shopping-Komplexen führt die wiederaufgebaute **Central-World Plaza** an. Sie ist die größte Shopping Mall in Südostasien. Sehr beliebt ist auch das **Siam Paragon**, wo vom Sportwagen bis zur Schale mit Nudeln alles erhältlich ist. Das **Mahboonkrong** (oder MBK) erstreckt sich über acht Etagen und hat das Flair eines Straßenmarkts. Zentral gelegen sind **Siam Central/Siam Discovery**, **Emporium**, **Silom Complex**, **Amarin Plaza**, **Gaysorn Plaza** und **Erawan**.

## Märkte

Kein echter Shopping-Fan kommt in Bangkok am riesigen **Chatuchak-Markt** vorbei – angeblich ist er der größte Open-Air-Markt der Welt. Den Chatuchak-Markt kann man unmöglich an einem Tag erkunden. Am besten entscheidet man sich vorab, was man sehen will.

Auf Bangkoks Nachtmärkten, die an der Khao San, Patpong und Sukhumvit Soi 3–15 jeden Abend ihre Stände auf dem Gehweg aufstellen, können Reisende mit wenig Zeit die Souvenirsuche mit einem Abendessen und einem Barbesuch kombinieren.

Hell erleuchtete Verkaufsstände auf dem Nachtmarkt von Patpong

Farbenfrohe, echte Seidenprodukte bei Jim Thompson

## Seide und Baumwolle

Thai-Seide ist für hohe Qualität, einzigartiges Design und vernünftige Preise bekannt. Auf den Nachtmärkten bekommt man leider zuweilen gefälschte Ware aus synthetischen Stoffen. Garantiert echte Seide erhält man in renommierten Läden, etwa bei **Jim Thompson**, der auch viele Filialen in Spitzenhotels betreibt. Wer sich auskennt, erhält echte Seide auch preiswerter auf dem überfüllten **Phahurat-Markt**.

Thailändische Baumwolle ist ebenfalls günstig. Schön gemusterte Decken und Kissenüberzüge sind wunderbare Reiseandenken.

# SHOPPING

## Kleidung

Angesichts der bei Weitem niedrigeren Preise als im Westen lohnt es, sich in Thailand neu einzukleiden, ob von der Stange oder maßgeschneidert. Schneider findet man in allen Touristengebieten, doch ihre Handwerkskunst variiert. Einen guten Ruf haben etwa **Ah Song** und **Marzotto**. Die Fertigung mit Anproben dauert ein paar Tage.

## Antiquitäten

Nachgebildete Antiquitäten werden in vielen Läden angeboten. Für die Ausfuhr der seltenen echten Stücke braucht man eine Genehmigung des Fine Arts Department. Zuverlässige Läden sind **River City Complex** (antike Möbel, Schnitzereien und alte Karten) und **Oriental Plaza** (Sammlerstücke wie schöne Skulpturen und Drucke).

Lackwaren und Holzschnitzereien auf dem Chatuchak-Markt

## Kunsthandwerk

Thailands reiches Kunsthandwerk reicht von Silber-, Seladon-, Lack- und Korbwaren bis zu Schnitzereien und handgewebten Textilien. Gut zum Stöbern geeignet sind **Chatuchak-Markt**, **Narayana Phand**, **Silom Village** und **Nandakwang**.

## Schmuck und Edelsteine

Wie schon bei Antiquitäten sollte man auch bei Schmuck und Edelsteinen vorsichtig sein und sich keine Fälschungen andrehen lassen. Interessierten seien die glitzernden Juwelierauslagen der **Peninsula Plaza** oder die Edelsteinläden in guten Hotels empfohlen.

## Elektronikartikel

Computerzubehör, Videospiele, Kameras und Handys werden in allen Shopping Malls der Stadt verkauft. Auf solche und andere Elektronikartikel spezialisiert ist auch **Pantip Plaza**. Beachten Sie bitte, dass z.B. Software kopiert sein kann und häufig keine Geld-zurück-Garantie gewährt wird.

## Bücher

Bücherwürmer finden etwa bei **Asia Books** und **Kinokuniya Books** ein riesiges Sortiment vor. Weitere Buchhandlungsketten mit Niederlassungen in Zentral-Bangkok sind **B2S** und **Bookazine**.

---

## AUF EINEN BLICK

### Shopping Malls

**Amarin Plaza**
Phloen Chit Rd.
Stadtplan 8 E1.
0-2256-9111.

**CentralWorld Plaza**
Ratchadamri Rd.
Stadtplan 8 D1.
0-2635-1111.
www.centralworld.co.th

**Emporium**
Sukhumvit Sois 24–26.
0-2664-8000.
www.emporium
thailand.com

**Erawan**
Phloen Chit Rd.
Stadtplan 8 E1.
0-2250-7777.

**Gaysorn Plaza**
Phloen Chit Rd.
Stadtplan 8 E1.
0-2656-1149.

**Mahboonkrong**
Phaya Thai Rd.
Stadtplan 7 B1.
0-2217-9111.

### Siam Central/Siam Discovery
Rama I Rd. Stadtplan 7 C1. 0-2658-1000.

**Siam Paragon**
Rama I Rd. Stadtplan 7 C1. 0-2690-1000.

**Silom Complex**
Silom Rd. Stadtplan 8 D4. 0-2231-3333.

### Märkte

**Chatuchak-Markt**
Kamphaeng Phet 2 Rd.

### Seide und Baumwolle

**Jim Thompson**
9 Surawong Rd.
Stadtplan 7 C3.
0-2632-8100.

**Phahurat-Markt**
Phahurat.
Stadtplan 6 D1.

### Kleidung

**Ah Song**
1203 Charoen Krung Rd.
Stadtplan 7 A4.
0-2233-7574.

**Marzotto**
3 Soi Shangri-la Hotel,
Charoen Krung Rd.
Stadtplan 6 F5.
0-2233-2880.

### Antiquitäten

**Oriental Plaza**
Charoen Krung Rd.
Stadtplan 6 F4.

**River City Complex**
23 Trok Rongnamkaeng
Yotha Rd.
Stadtplan 6 F3.
0-2237-0077.

### Kunsthandwerk

**Nandakwang**
Sukhumvit Soi 23.
0-2258-1962.

**Narayana Phand**
Ratchadamri Rd.
Stadtplan 8 D1.
0-2252-4670.

**Silom Village**
Silom Rd.
Stadtplan 7 A4.
0-2234-4448.

### Schmuck und Edelsteine

**Peninsula Plaza**
Ratchadamri Rd.
Stadtplan 8 D1.
0-2253-9762.

### Elektronikartikel

**Pantip Plaza**
Phetchaburi Rd.
Stadtplan 4 D5.

### Bücher

**Asia Books**
Sukhumvit Soi 15–19.
*Eine von mehreren Filialen.*

**B2S**
CentralWorld Plaza,
Ratchadamri Rd.
Stadtplan 8 D1. *Eine von mehreren Filialen.*

**Bookazine**
Silom Complex, Silom Rd.
Stadtplan 8 D4. *Eine von mehreren Filialen.*

**Kinokuniya Books**
Siam Paragon (u.a. auch im Emporium und Central-World). Stadtplan 7 C1.

# Unterhaltung

Vom klassischen Puppentheater bis zu Nachtclubs – Bangkok lockt mit einem fantastischen Unterhaltungsangebot. Sehr beliebt sind Kulturshows mit einer guten Thai-Mahlzeit. Zur Auswahl stehen unzählige Alternativen, etwa Transvestiten-Cabarets oder ungewöhnliche Cocktails in schicken Bars. In vielen Lokalen und Restaurants gibt es Live-Musik, hier reicht die Palette von traditionellen Thai-Balladen bis zu Rockklassikern. Die Clubs der Stadt sind für Einheimische und Besucher angesagte Treffs. Planen Sie immer genügend Zeit für die Anfahrt ein, Bangkok ist berüchtigt für seine Staus.

Traditionelles Puppenspiel im Joe-Louis-Theater

## Information

Informationen zu Veranstaltungen finden Sie in den englischsprachigen Zeitungen wie *Bangkok Post* und *The Nation* sowie im *BKK* und anderen kostenlosen Magazinen, die in touristischen Gegenden ausliegen. Eintrittskarten sind leicht erhältlich, etwa über die Rezeption im Hotel, über Reiseveranstalter, online oder über die speziell für Besucher eingerichteten Websites. Weitere Informationen finden Sie auf den Seiten 338–341.

## Shows und Theater

Etwas Besonderes ist die abendliche Show im **Siam Niramit**. Dort treten vor spektakulären Kulissen über 500 fantasievoll gekleidete Tänzer auf. Kleinere Aufführungen finden im **Patravadi-Theater** am Flussufer statt. Hier werden traditioneller und moderner Tanz effektvoll kombiniert. Klassische Tanzshows mit Büfett oder Dinner à la carte können Sie im **Sala Rim Nam** und im **Silom Village** genießen. Bangkoks Top-Cabaret ist das **Calypso Cabaret**. Inszenierungen des klassischen Maskendramas *khon* sind im **Sala-Chalermkrung-Theater** und im **Nationaltheater** zu bewundern.

Thailändisches Puppentheater ist nicht nur etwas für Kinder. Die Puppenspieler im **Joe-Louis-Theater** agieren so versiert, dass auch Erwachsene fasziniert sind.

## Muay Thai

Wer lieber handfest und emotional als intellektuell unterhalten werden möchte, sollte einmal beim Thai-Boxen zusehen. *Muay thai*, Thailands Nationalsport schlechthin, lockt immer eine große Zuschauermenge an. In der Regel schließen die Zuschauer auch Wetten auf den Ausgang der Kämpfe ab und feuern ihre Favoriten entsprechend leidenschaftlich an.

Im **Ratchadamnoen-Stadion** und im **Lumphini-Stadion** können Sie zusehen, wie sich die Sportler mit langsamen, fließenden Bewegungen zu Musik auf die Kämpfe vorbereiten.

## Kinos

Es klingt vielleicht merkwürdig: Da reist man bis nach Thailand – um dann ins Kino zu gehen. Doch die klimatisierten Kinos mit ihren komfortablen Sitzen und niedrigen Eintrittspreisen sind nach anstrengendem Shopping ideal. Die meisten befinden sich in Shopping Malls, das **Paragon Cineplex** etwa im Siam Paragon, das **Major Cineplex** in der CentralWorld Plaza. Daneben existieren auch ein paar Programmkinos, etwa das **Scala** und das **Lido** am Siam Square. Sie zeigen gelegentlich Arthouse- und Independent-Filme. Vor jeder Vorstellung ertönt die Nationalhymne. Dann sollte jeder, auch Ausländer, aufstehen. Reisende können sich auch online (www.movieseer.com/th) informieren.

Das hell beleuchtete Major Cineplex, CentralWorld Plaza

UNTERHALTUNG                83

Tanzfläche des beliebten Bed Supperclub

## Bars und Clubs

Bangkok hat unglaublich viele verschiedene Bars zu bieten. Wenn im kleinen **Ad Here the 13th** die Hausband mitreißenden Blues spielt, strömen die Besucher so lange in das überfüllte Lokal, bis sich die Gäste mit dem Gehsteig begnügen müssen. In der superschicken **Sky Bar** nippt Bangkoks Hautevolee an Cocktails und bewundert den Blick aus dem 63. Stock. In vielen Bars gibt es Live-Acts, um mehr Gäste anzulocken. Das **Saxophone** etwa bietet einen kühnen Mix aus Jazz, Blues und Reggae, im **Hard Rock Café** treten Coverbands auf, die Rockklassiker spielen. In vielen Clubs kann man bis spät in die Nacht tanzen, etwa im **Bed Supperclub**, im **Café Democ**, in der **Q Bar** und in der **DJ Station**. Eleganter sind dagegen die **Diplomat Bar**, die **Moon Bar** und die **Syn Bar**.

Bangkok ist seit Langem für seine Toleranz gegenüber jeglichen sexuellen Vorlieben bekannt. Die Silom Soi säumen Schwulenbars wie der **Telephone Pub**. Weithin bekannte Viertel mit zahllosen Hostessen- und Go-go-Bars sind Patpong, Nana Plaza und Soi Cowboy. Viele Reisende verschlägt es oft nur aus reiner Neugierde auf diese »andere Seite« von Bangkoks Nachtleben. Auf jeden Fall sollte man die dunklen Bars in Patpong meiden: Dort wurde schon vielen ausländischen Gästen von Betrügern das Geld aus der Tasche gezogen.

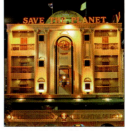

Aufgebrezeltes Ambiente für Rock-Gigs und Cocktails, Hard Rock Café

## AUF EINEN BLICK

**Shows und Theater**

**Calypso Cabaret**
Asia Hotel, Phaya Thai Rd.
Stadtplan 3 C5.
**[** 0-2216-8973.

**Joe-Louis-Theater**
Suan Lum Night Bazaar,
Rama IV Rd.
Stadtplan 8 E4.
**[** 0-2252-9683.

**Nationaltheater**
Rachinee Rd.
Stadtplan 2 D5.
**[** 0-2224-1342.

**Patravadi-Theater**
69/1 Soi Wat Rakhang.
Stadtplan 1 B5.
**[** 0-2412-7287.

**Sala-Chalermkrung-Theater**
Charoen Krung Rd.
Stadtplan 6 D1.
**[** 0-2222-0434.

**Sala Rim Nam**
Mandarin Oriental,
48 Oriental Avenue.
Stadtplan 6 F4.
**[** 0-2659-9000.

**Siam Niramit**
Ratchada-Theater,
19 Tiam Ruammit Rd.
**[** 0-2649-9222.

**Silom Village**
Silom Rd.
Stadtplan 7 A4.
**[** 0-2234-4448.

**Muay Thai**

**Lumphini-Stadion**
Rama IV Rd.
Stadtplan 8 E4.
**[** 0-2251-4303.

**Ratchadamnoen-Stadion**
Ratchadamnoen Nok Rd.
Stadtplan 2 F3.
**[** 0-2281-4205.

**Kinos**

**Lido**
Siam Square.
Stadtplan 7 C1.
**[** 0-2252-6498.

**Major Cineplex**
CentralWorld Plaza,
Ratchadamri Rd.
Stadtplan 8 D1.
**[** 0-2635-1111.

**Paragon Cineplex**
Siam Paragon,
Rama I Rd.
Stadtplan 7 C1.
**[** 0-2515-5555.

**Scala**
Siam Square.
Stadtplan 7 C1.
**[** 0-2251-2861.

**Bars und Clubs**

**Ad Here the 13th**
13 Samsen Rd.
Stadtplan 2 D3.
**[** 08-9769-4613

**Bed Supperclub**
Sukhumvit Soi 11.
**[** 0-2651-3537.

**Café Democ**
Ratchadamnoen Klang Rd.
Stadtplan 2 E4.
**[** 0-2622-2571.

**Diplomat Bar**
Conrad Hotel,
Wireless Rd.
Stadtplan 8 E2.
**[** 0-2690-9999.

**DJ Station**
Silom Soi 2.
Stadtplan 7 C4.
**[** 0-2266-4029.

**Hard Rock Café**
Siam Square.
Stadtplan 7 C1.
**[** 0-2251-0797.

**Moon Bar**
Banyan Tree Hotel,
South Sathorn Rd.
Stadtplan 8 D4.
**[** 0-2679-1200.

**Q Bar**
Sukhumvit Soi 11.
**[** 0-2252-3274.

**Saxophone**
3/8 Victory Monument.
Stadtplan 4 E3.
**[** 0-2246-5472.

**Sky Bar**
63. Stock, lebua im
State Tower, Silom Rd.
Stadtplan 7 B4.
**[** 0-2624-9555.

**Syn Bar**
Swissôtel Nai Lert Park,
Wireless Rd.
Stadtplan 8 E1.
**[** 0-2253-0123.

**Telephone Pub**
Silom Soi 4.
Stadtplan 7 C4.
**[** 0-2234-3279.

Stadtplan Bangkok *siehe Seiten 84–95*

# Stadtplan

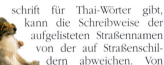

So kommt man in Bangkok am schnellsten voran

Die Kartenverweise bei Attraktionen wie *wat*, Paläste etc. beziehen sich auf den *Stadtplan* der folgenden Seiten. Einige verweisen auch auf Hotels *(siehe S. 290–294)* und Restaurants *(siehe S. 318–322)* in Bangkok. Die erste Zahl eines Verweises gibt die Seite des *Stadtplans*, die folgende Kombination aus Buchstabe und Zahl die Lage an. Da es keine Standard-Umschrift für Thai-Wörter gibt, kann die Schreibweise der aufgelisteten Straßennamen von der auf Straßenschildern abweichen. Von den meisten *thanon* (Hauptstraßen) zweigen nummerierte (teils mit Eigennamen versehene) *soi* und *trok* (Nebenstraßen und Gassen) ab. Die Symbole für Sehenswürdigkeiten u. a. sind in der unten stehenden Legende erklärt.

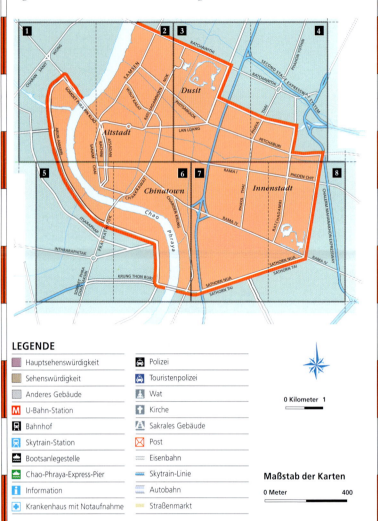

## LEGENDE

- Hauptsehenswürdigkeit
- Sehenswürdigkeit
- Anderes Gebäude
- M U-Bahn-Station
- Bahnhof
- Skytrain-Station
- Bootsanlegestelle
- Chao-Phraya-Express-Pier
- Information
- Krankenhaus mit Notaufnahme
- Polizei
- Touristenpolizei
- Wat
- Kirche
- Sakrales Gebäude
- Post
- Eisenbahn
- Skytrain-Linie
- Autobahn
- Straßenmarkt

0 Kilometer 1

**Maßstab der Karten**

0 Meter 400

# KARTENREGISTER

## A

| | |
|---|---|
| Aksin, Sois 1–2 | 8 F5 |
| Ama Kang, Soi | 6 E2 |
| Amulettmarkt | 1 C5 |
| Anantanak | 3 A5 |
| Anglo Plaza | 7 B4 |
| Annoparumit, Soi | 4 F3 |
| Anuman Rajdhon, Soi | 7 B4 |
| Anuwong | 6 D2 |
| Aram Si, Soi | 4 D4 |
| Ari, Sois 1–855 | 4 E1 |
| Ari Samphan, Soi | 4 D1 |
| Ari Samphan, Sois 1–4 | 4 E1 |
| Ari Samphan, Sois 5–10 | 4 D1 |
| Arun Amarin | 1 B3 |
| *Fortsetzung* | 5 B1 |
| Asoke Din Daeng | 4 F3 |
| Asoke-Rachadapisek Expressway | 4 D2 |
| Atsadang | 2 D5 |
| *Fortsetzung* | 5 C1 |
| Atsawin, Sois 1–2 | 1 A2 |
| Attaphannorapha, Soi | 4 E4 |
| Atthakan Prasit, Soi | 8 E4 |
| Atthawimon, Soi | 4 F3 |

## B

| | |
|---|---|
| Bahnhof Hua Lampong | 7 A2 |
| Baiyoke Towers | 4 E5 |
| Bamrung Muang | 2 E5 |
| *Fortsetzung* | 3 A5 |
| Bamrung Rat | 6 E1 |
| Ban Bat, Soi | 6 F1 |
| Ban Chang Lo, Soi | 1 B5 |
| Ban Dok Mai, Trok | 2 F5 |
| Ban Dok Mai, Trok 1 | 2 F5 |
| Ban Lo, Trok | 2 E4 |
| Ban Mo | 5 C1 |
| Banbab, Trok | 7 A5 |
| Bandit, Soi | 4 D3 |
| Bangkok Bank, Soi | 6 F1 |
| Bangkok Christian Hospital | 7 C4 |
| Bangkok Noi/Thon Buri Bahnhof | 1 B4 |
| Bangkok Shopping Complex | 6 F5 |
| Bangrak-Markt | 6 F5 |
| Banthat Thong | 7 A2 |
| *Fortsetzung* | 3 C5 |
| Soi 36 | 7 A2 |
| Sois 24, 26, 28, 30, 32, 34, 38, 40 | 7 B2 |
| Boonphongsa, Soi | 1 B2 |
| Boonphongsa, Soi 1 | 1 B2 |
| Bophit Pimuk, Soi | 6 D1 |
| Boriphat | 6 D1 |
| *Fortsetzung* | 2 E5 |
| Bowan Rang Si, Trok | 2 D4 |
| Bowon Niwet | 2 D4 |
| Bun Chu, Soi | 4 F3 |
| Bun Chu Si, Soi | 4 F3 |
| Bun Chuai, Soi | 4 D2 |
| Bun Prarop, Soi | 4 E4 |
| Bung Makkasan | 4 F4 |
| Bunsiri | 2 D5 |
| Buranasat | 2 D4 |
| Burapha | 6 D1 |
| Burirom, Sois 1, 2, 5 | 6 E1 |

## C

| | |
|---|---|
| C.S.T., Soi | 4 E4 |
| Chai Samoraphum, Soi | 4 E3 |
| Chaiyot, Soi | 2 E1 |
| Chak Phet | 6 D1 |
| Chakkaphatdi Phong | 2 F4 |
| Chakkrawat | 6 D1 |
| Chakrabongse | 2 D4 |
| Chalerm Mahanakhon Expressway | 4 F5 |
| *Fortsetzung* | 8 F2 |
| Chalermlap-Markt | 4 E5 |
| Chaloem Khet 1–3 | 3 A5 |
| Chaloem Khet 4 | 2 F5 |
| Cham Niam Suk, Sois 1–3 | 5 A4 |
| Chamsai, Soi | 4 D4 |
| Chan, Trok | 2 F5 |
| Chang Pier | 1 C5 |
| Chang Tong, Trok | 2 D5 |
| Chanong Krung, Trok | 7 A2 |
| Chanpravit-Markt | 2 E2 |
| Chao Fa | 1 C4 |
| Chao Khamrop | 6 E1 |
| Chao Phraya | 2 D3 |
| *Fortsetzung* | 5 B1 |
| Charan Sanit Wong | 1 A2 |
| Sois 32, 34, 41 | 1 A3 |
| Sois 36, 43, 45 | 1 A2 |
| Sois 38, 40 | 1 B2 |
| Sois 42, 49, 55, 57–57/1 | 1 B1 |
| Sois 44, 48, 50–50/1 | 1 C1 |
| Sois 46, 52 | 2 D1 |
| Charat Muang | 7 A1 |
| Charat Wiang | 7 A5 |
| Charoen Chai, Trok 2 | 6 F1 |
| Charoen Krung (New Rd) | 6 D1 |
| Soi 39 | 7 A3 |
| Sois 1, 2 | 6 D1 |
| Sois 8–15, 19, 21, 23 | 6 E1 |
| Sois 16, 18 | 6 E2 |
| Sois 20, 22, 24, 26, 28, 29, 31, 33, 35, 37 | 6 F3 |
| Sois 30, 32, 34, 36, 38 | 6 F4 |
| Sois 42–42/1, 46, 48, 50–53 | 6 F5 |
| Sois 43, 45 | 7 A4 |
| Charoen Muang | 7 A2 |
| Charoen Nakhon | 6 E4 |
| Sois 1–12 | 6 E4 |
| Sois 13–15, 17–20 | 6 E5 |
| Charoen Phanit | 6 F3 |
| Charoen Rat | 5 C4 |
| Sois 4, 8 | 5 C4 |
| Sois 3, 5, 7, 9, 11–16, 18, 20, 22 | 6 D4 |
| Sois 17, 24, 26, 28, 30 | 6 E4 |
| Charoen Suk, Soi | 1 A1 |
| Charoen Wiang | 7 A5 |
| Charoenkit, Soi | 7 A3 |
| Charoenphol-Markt | 3 B5 |
| Charun Wiang | 7 A5 |
| Chawakul, Soi | 3 C4 |
| Chawakun, Soi | 4 E3 |
| Cherdchungam, Soi | 1 A5 |
| Chetuphon | 5 C1 |
| Chiang Mai | 6 E3 |
| Chinda Thawin, Soi | 7 B3 |
| Chit Lom, Soi | 8 E1 |
| Chitrlada-Palast | 3 B2 |
| Chitta Kasem, Trok | 6 F2 |
| Chom Sombun, Soi | 7 B3 |
| Chong Nonsi Nua | 7 C4 |
| Chong Nonsi Tai (Narathi-watrachanakarin) | 7 C4 |
| Chongraknorasi, Soi | 8 D4 |
| Chuaphloeng | 8 F5 |
| Chulalongkorn Hospital | 8 D3 |
| Chulalongkorn-Denkmal | 2 F2 |
| Chulalongkorn-Universität | 7 C3 |
| Chulalongkorn, Sois 1, 3–6, 8, 10, 12, 14, 16 | 7 B1 |
| Chulalongkorn, Sois 7, 9, 18, 20, 22 | 7 B2 |
| Chulalongkorn, Sois 11, 15, 42, 44, 48, 50, 52, 54 | 7 B3 |
| Chulalongkorn, Sois 19, 60 | 7 C3 |
| Chulalongkorn, Sois 62, 64 | 7 C1 |
| Chulin, Soi | 2 E5 |
| Chung Charoen Phanit | 6 E1 |
| Convent Road | 7 C4 |

## D

| | |
|---|---|
| Daeng Bunga, Soi | 4 D4 |
| Damnoen Klang Tai, Soi | 2 D4 |
| Damrong Rak | 2 F4 |
| *Fortsetzung* | 3 A4 |
| Decho | 7 B4 |
| Demokratie-Denkmal | 2 E4 |
| Din Daeng 1 | 4 F3 |
| Din Daeng Pier | 6 D2 |
| Din Daeng, Soi | 4 F3 |
| Dinso | 2 E5 |
| Ditsamak | 2 F5 |
| Dumake Pier | 6 F5 |
| Dusit-Park | 2 F2 |
| *Fortsetzung* | 3 A2 |
| Dusit-Zoo | 3 A2 |

## E

| | |
|---|---|
| Ek-Ong, Soi | 1 B1 |
| Erawan-Schrein | 8 D1 |

## F

| | |
|---|---|
| Franz-Xaver-Kirche | 2 E1 |
| Fuang Nakhon | 2 D5 |

## G

| | |
|---|---|
| Gay Sorn Plaza | 8 D1 |
| Goethe-Institut | 8 E4 |
| Goldener Hügel | 2 F5 |
| Großer Palast und Wat Phra Kaeo | 1 C5 |

## H

| | |
|---|---|
| Hasadin, Soi | 4 E5 |
| Hauptpost | 6 F4 |
| Henri Dunant | 7 C3 |
| Hiranruchi, Soi | 5 B4 |
| Hutayana, Soi | 8 D5 |

## I

| | |
|---|---|
| Inthraraphitak | 5 B4 |
| Sois 1–3 | 5 B4 |
| Isara Nuphap, Soi | 6 E2 |
| Isetan Shopping Complex | 4 E5 |
| Itsaraphap | 1 A4 |
| *Fortsetzung* | 5 A1 |
| Soi 1 | 1 A4 |
| Sois 2, 4–4/1, 6, 8 | 6 D3 |
| Sois 3, 5, 9–14, 16, 18, 20, 22, 24 | 5 C3 |
| Sois 15, 17–17/1, 19 | 5 B3 |
| Sois 21, 28, 30, 32, 34 | 5 B2 |
| Sois 23, 27, 29, 36, 38 | 5 A2 |
| Sois 31, 33, 40, 42 | 5 A1 |
| Sois 37, 39, 41, 43, 44, 45 | 1 A5 |
| Sois 46, 47 | 1 A4 |

## J

| | |
|---|---|
| Jack Chia, Soi | 8 F5 |
| Jim-Thompson-Haus | 3 C5 |

## K

| | |
|---|---|
| Ka-Om | 2 F4 |
| Kaeo Fa, Soi | 7 A3 |
| Kai Chae, Trok | 2 D3 |
| Kalatan | 6 F2 |
| Kalayana Maitri | 2 D5 |
| Kao Lan | 6 F2 |
| Kao-Markt | 6 E2 |
| Kasaemsi, Soi | 2 E3 |
| Kasem San, Soi 1 | 7 C1 |
| Kasem San, Soi 2–3 | 7 B1 |
| Khai, Trok | 2 E5 |
| Khang Ban Manang-khasila, Soi | 3 B4 |
| Khang Pam Nam Man Shell, Soi | 5 A4 |
| Khang Rong Rap Chamnam, Soi | 5 C3 |
| Khang Wat Welurachin, Soi | 5 B4 |
| Khao | 2 E1 |
| Khao San | 2 D4 |
| Khao-San-Markt | 2 D4 |
| Khlai Chinda, Soi | 5 C4 |
| Khlong Bang Jag | 2 D1 |
| Khlong Bang Nam Chon | 5 A5 |
| Khlong Bang Ramru | 1 A1 |
| Khlong Bang Sakai | 5 B3 |
| Khlong Bang Yikhan | 1 A1 |
| Khlong Bangkok Noi | 1 A3 |
| Khlong Bangkok Yai | 5 B2 |
| Khlong Banglamphu | 2 E4 |
| Khlong Chong Nonsi | 7 B3 |
| Khlong Lam Pak | 3 A4 |
| Soi Khlong Lam Pak | 3 A4 |
| Khlong Lot | 2 D5 |
| *Fortsetzung* | 5 C1 |
| Khlong Mahanak | 2 F4 |
| *Fortsetzung* | 3 A5 |
| Khlong Mon | 5 A1 |
| Khlong Ong Ang | 2 E5 |
| *Fortsetzung* | 6 D1 |
| Khlong Phadung Krung Kasem | 2 E2 |
| *Fortsetzung* | 3 A4 & 6 F1 |
| Khlong Samre | 5 A5 |
| Khlong Samsen | 3 B1 |
| Khlong San | 6 E3 |
| Khlong San Pier | 6 F3 |
| Khlong San Sap | 3 B5 |
| Khlong Sathorn | 8 E4 |
| Khlong Thom, Soi | 5 C3 |
| Khlong-Thom-Markt | 6 E1 |
| Khlong Wat Chaeng | 5 A1 |
| Khlong Wat Ratchasittharam | 5 A3 |
| Khlong Wat Thepthida | 2 E5 |
| Khlong Wat Thong | 1 A3 |
| Khlong Wat Thong Phleng | 6 D4 |
| Khlongthom Wat Sommanat | 2 F4 |
| Khrut, Trok | 2 D5 |
| Kit Phanit | 7 A3 |
| Klong Thom Pathum Kongkha, Soi | 6 F2 |
| Klong Thom Wat Phra Phiren, Soi | 6 E1 |
| Klong Thom, Soi | 6 F2 |
| Kolit, Soi | 4 D4 |
| Königliches Barkenmuseum | 1 B3 |
| Kradang Nga, Trok | 2 F4 |
| Krai Si | 2 D4 |
| Krai, Trok | 6 D2 |
| Krai, Trok | 6 E2 |
| Kraisih, Soi | 8 F5 |
| Kraithamas, Soi | 6 D2 |
| Krom Chaotha (Hafenbehörde) | 6 F3 |
| Krom Prisanee Pier | 6 F4 |
| Krung Kasem | 2 E2 |
| *Fortsetzung* | 3 A4 & 6 F1 |
| Krung Man | 3 A5 |
| Krung Thonburi | 5 C5 |
| Soi 1 | 5 C4 |
| Soi 4 | 5 C5 |
| Sois 3, 8 | 6 D5 |
| Sois 5, 10 | 6 E5 |
| Kudi Chain, Soi | 5 C2 |
| Kumarin Ratchapaksi, Soi | 1 B3 |

## L

| | |
|---|---|
| La-O, Trok | 7 A2 |
| Lad Ya | 5 C4 |
| Sois 1–3, 5 | 5 C4 |
| Sois 6, 8, 10–13, 15 | 6 D4 |
| Sois 14, 16 | 6 E4 |
| Soi 17 | 6 D3 |
| Soi 21 | 6 E3 |
| Lak Muang | 2 D5 |
| Lamphun Chai | 6 F2 |
| Lan Luang | 2 F4 |
| *Fortsetzung* | 3 A4 |
| Lang-Krasuang-Markt | 5 C1 |

# STADTPLAN

| | | | | | | |
|---|---|---|---|---|---|---|
| Lang Samoson Thapok, Soi | 2 F2 | Nai Thongbai, Trok | 5 C4 | Phetchaburi | 3 C4 | Pramot, Sois 1–3 | 7 A4 |
| Lang Suan, Soi | 8 E2 | Nak Bamrung, Soi | 3 A5 | Sois 1, 2, 4, 6 | 3 B4 | Pramuan | 7 A5 |
| Lang Suan, Sois 1–7 | 8 E2 | Nakhon Chaisi | 3 B1 | Sois 3, 5, 7 | 3 C4 | Prasaan, Soi | 7 A4 |
| Lang Wat Hua Lampong, Trok | 7 B3 | Nakhon Kasem, Sois 3–4 | 6 D1 | Sois 9, 11, 13, 15, 18, 20 | 4 D5 | Prasart Court, Soi | 8 D5 |
| Loet Panya, Soi | 4 E4 | Nakhon Pathom | 3 A3 | Sois 10, 12, 14 | 3 C5 | Prasat Suk, Soi | 8 F5 |
| Luang | 6 E1 | Nakhon Sawan | 2 F4 | Sois 17, 19, 21–26, 28, 30, 32 | 4 E5 | Pratunam-Markt | 4 E5 |
| *Fortsetzung* | 2 E5 | *Fortsetzung* | 3 A4 | Sois 27, 29, 31, 33, 35, 37 | 4 F5 | Pridi, Soi | 8 E5 |
| Luk Luang | 2 E2 | Nakkharat | 3 A5 | Phetchaburi-Markt | 3 C5 | Prinya | 1 B1 |
| *Fortsetzung* | 3 A4 | Nakorn Kasem | 6 E1 | Phi Rom, Soi | 6 D2 | Prok Wat Arun, Sois 1–3 | 5 B1 |
| Lukmahadthai | 2 D1 | Nam Banyat, Soi | 2 E3 | Phiphat, Soi | 7 C4 | Prong Chai, Soi | 8 E5 |
| Lumphini-Park | 8 D3 | Nana, Soi | 6 F2 | Phiphat, Sois 1–2 | 7 C4 | | |
| Lumphini-Stadion | 8 E4 | Nana-Markt | 2 D3 | Phiphit, Soi | 2 E4 | **R** | |
| | | Nangleng-Markt | 2 F4 | Phisamai, Soi | 3 A1 | Rachawadi, Trok | 5 C4 |
| **M** | | Nang Lueng, Trok 2–3 | 2 F4 | Phithaksin, Soi | 5 C4 | Rachawat-Markt | 3 B1 |
| Maekhong, Soi | 1 B1 | Nantha, Soi | 8 D5 | Phitsanulok | 2 E2 | Rachinee Pier | 5 C2 |
| Maen Si, Soi | 2 F5 | Narayana Phand Shopping Complex | 8 D1 | *Fortsetzung* | 3 A4 | Rachinee | 2 D5 |
| Maen Si, Sois 1–2 | 2 F5 | Naret | 7 B3 | Phlab Phla Chai | 6 F1 | *Fortsetzung* | 5 C1 |
| Maha Chai | 2 E5 | Nationalbibliothek | 2 E2 | *Fortsetzung* | 3 A5 | Ram Buttri | 2 D4 |
| *Fortsetzung* | 6 D1 | Nationalgalerie | 2 D4 | Phloen Chit | 8 E1 | Ram Buttri, Soi | 2 D3 |
| Maha Nakhon Sois 4, 6, 8 | 7 A3 | Nationalmuseum | 1 C4 | Pho Phanit | 6 E1 | Rama I | 7 A1 |
| Maha Phrutharam | 6 F3 | Nawa, Trok | 2 D5 | Pho Sua, Trok | 2 D5 | Rama IV | 7 A2 |
| Maha-Uma-Devi-Tempel | 7 B4 | Nawang, Soi | 6 D1 | Pho, Soi | 5 C2 | *Fortsetzung* | 6 F2 |
| Mahachak | 6 E1 | Nawat Hua Lampong, Soi | 7 C3 | Phok Siri, Soi | 3 C1 | Rama V | 3 A3 |
| Mahanak-Markt | 3 A5 | Neilson-Hays-Bibliothek | 7 B4 | Phokhi | 3 A5 | Rama VIII Bridge | 1 C2 |
| Mahannop | 2 D5 | New Bobe Shopping Complex | 3 B5 | Phra Athit | 1 C3 | Ramathibodi Hospital | 3 C3 |
| Mahannop, Trok | 2 D5 | New Road (Charoen Krung) | 6 D1 | Phra Athit Pier | 1 C3 | Rang Nam | 4 E4 |
| Maharaj-Markt | 1 C4 | New World (Kaufhaus) | 2 D3 | Phra Chan | 1 C4 | Ratchabophit | 2 D5 |
| Maharaj Pier | 1 C4 | Ngam Duphli, Soi | 8 E5 | Phra Chan Pier | 1 C4 | Ratchadamnoen-Stadion | 2 F3 |
| Mahathat | 1 C5 | Ni Chong Sawatdi | 6 F3 | Phra Chen, Soi | 8 E3 | Ratchadamnoen Klang | 2 D4 |
| *Fortsetzung* | 5 C1 | Nikhom Banphak Rotfai Sois 1–6 | 1 B4 | Phra Nakharet, Soi | 7 A3 | Ratchadamnoen Nok | 2 F4 |
| Mahatlek Luang, Sois 1–3 | 8 D2 | Nikhom Makkasan | 4 F5 | Phra Nang, Soi | 4 E3 | Ratchadamri | 8 D2 |
| Mahesak | 7 A4 | Nitcharot, Soi | 1 C1 | Phra Phinij, Soi | 8 D5 | Soi Ratchadamri | 8 D1 |
| Mai-Markt | 6 E2 | Noen Khai Luang, Soi | 1 A4 | Phra Phiphit | 5 C1 | Ratchaprarop | 4 E5 |
| Maitri, Trok | 6 F1 | Nom Chit, Soi | 4 D4 | Phra Phitak | 5 C1 | Soi Ratchaprarop | 4 E4 |
| Maitri Chit | 6 F1 | Nopphamat, Soi | 1 A4 | Phra Pin Klao Pier (Wat Dao Dung) | 1 C3 | Ratchasi, Trok | 2 F5 |
| Makham, Trok 1–2 | 6 F2 | | | Phra Pok Klao Bridge | 6 D2 | Ratchasima | 2 F2 |
| Makkasan-Bahnhof | 4 F5 | **O** | | Phra Sumen | 2 D3 | Ratchataphan, Soi | 4 E4 |
| Man Sin, Sois 1–4 | 3 C4 | O-Sathahon | 6 D2 | Phraeng Nara | 2 D5 | Ratchawithi | 3 A1 |
| Manawitthaya, Trok | 5 C5 | Oriental Pier | 6 F4 | Phraeng Phuton | 2 D5 | *Fortsetzung* | 2 E1 |
| Mandarin Oriental | 6 F4 | Oriental Plaza | 6 F4 | Phraeng Sanphasat | 2 D5 | Ratchawong | 6 E2 |
| Mangkon | 6 E2 | | | Phrannok | 1 A4 | Ratchawong Pier | 6 E2 |
| Soi Mangkon | 6 F1 | **P** | | Phrannok-Markt | 1 A4 | Ratruam Charoen, Sois | 5 C4 |
| Sois 1–2 | 6 F1 | Pak Khlong Pier | 5 C2 | Phrannok Pier | 1 B4 | Rattanasisang, Soi | 1 A5 |
| Mariä-Himmelfahrt-Kathedrale | 6 F4 | Pak-Khlong-Markt | 5 C1 | Phrasan Saraban, Soi | 4 F4 | Ratutit, Soi | 7 A2 |
| Matum, Soi | 1 B5 | Palana, Soi | 7 A4 | Phrasi, Soi | 3 B5 | Ratying Charoen, Soi | 5 C4 |
| Mayom, Trok | 2 D4 | Pan | 7 B5 | Phraya Damrong, Soi | 7 A3 | Regierungsgebäude | 2 F3 |
| Meksawat, Soi | 8 F5 | Parinayok | 2 E4 | Phraya Maha Ammat, Soi | 3 A5 | River City (Kaufhaus) | 6 F3 |
| Memorial Bridge | 5 C2 | Pata (Kaufhaus) | 4 E5 | Phraya Si, Soi | 5 C1 | River City Pier | 6 F3 |
| Ming Bamrung Muang, Soi | 1 A5 | Patpong 1–2 | 7 C3 | Phun Suk, Soi | 8 E5 | Rong Che, Soi | 5 A5 |
| Mit Anan, Soi | 3 C1 | Patravadi-Theater | 1 B5 | Phuttha-Osot, Soi | 7 A4 | Rong Lao Pier | 2 D3 |
| Mittraphan | 6 F2 | Peninsula Plaza | 8 D1 | Phyanakhonratchaseni, Soi | 7 A2 | Rong Liang Dek, Trok | 3 A5 |
| Mo Daeng, Soi | 1 A4 | Phadung Dao | 6 F2 | Phyaphiren, Soi | 8 F5 | Rong-Liang-Dek-Markt | 3 A5 |
| Momchuan, Trok | 3 A5 | Phadung-Krung-Kasem-Markt | 3 A5 | Phyasingseni, Trok | 3 A1 | Rong Mai, Trok | 1 C4 |
| Monk's Bowl Village | 2 F5 | Phahon Yothin | 4 E2 | Phyautit, Soi | 3 A1 | Rong Mo Pier | 5 B1 |
| Montri, Soi | 5 B3 | Sois 1, 3, 8 | 4 E2 | Pichai | 3 A1 | Rong Muang | 7 A1 |
| Moobanbangyikhan Thaohouse, Soi | 1 B2 | Sois 2, 4 | 4 F1 | Pichai Soi 1 | 7 B5 | Sois 1–5 | 7 A1 |
| Moobankhunpan, Soi | 6 E5 | Soi 5 | 4 E1 | Pichai Soi 2 | 7 C5 | Rong Rian Chanthana Suksa, Soi | 5 B4 |
| Moobanmahawong Patthana, Soi | 1 B2 | Phahurat | 6 D1 | Pikul, Soi | 7 B5 | Rongrian King Phet, Soi | 3 C5 |
| Morchub, Soi | 5 B5 | Phahurat-Markt | 6 D1 | Pinthipphimanwes, Soi | 1 B2 | Rongrian Ratprasong, Soi | 4 F3 |
| Morleng, Soi | 4 F4 | Phalittaphon, Soi | 6 E2 | Plaeng Nam | 6 E2 | Rongrian Sudarak, Soi | 3 C5 |
| Morsun, Trok | 7 A3 | Phan Trachit, Trok 2 | 6 F2 | Plukchit, Soi | 8 F4 | Ronnachai, Sois 1–2 | 3 C1 |
| Museen im Siriraj Hospital | 1 B4 | Phaniang | 2 F4 | Plukchit, Sois 1–2 | 8 F4 | Royal Bangkok Sports Club | 8 D2 |
| | | Phanu Rang Si, Soi | 6 F2 | Polalit, Soi | 4 E4 | Royal Turf Club | 3 A3 |
| **N** | | Phat Sai | 6 F2 | Polit Sapha, Soi | 6 F2 | Ruam Pradit, Soi | 3 B1 |
| Na Hap Phoel | 2 D5 | Phattana Chang, Soi | 1 A4 | Polo, Soi 1 | 8 E3 | Ruam Rudi, Soi | 8 F2 |
| Na Phra Lan | 1 C5 | Phatu Nokyung, Soi | 5 B1 | Polo, Sois 2, 4–5 | 8 F3 | Ruam Rudi, Sois 1–4 | 8 F2 |
| Na Phra That | 1 C4 | Phaya Mai | 5 C3 | Pongchitt, Sois | 5 A4 | Ruam Rudi, Soi 5 | 8 F3 |
| Nai Loet, Soi | 8 F1 | Soi Phaya Mai | 5 C3 | Prachathipathai | 2 E3 | Ruamit, Soi | 4 F3 |
| | | Phaya Nak | 3 B5 | Prachathipok | 5 C3 | Ruen Rudi, Soi | 8 F1 |
| | | Soi Phaya Nak | 3 C5 | Prachum, Soi | 7 A4 | | |
| | | Phaya Thai | 7 C2 | Pradit, Soi | 7 A4 | **S** | |
| | | *Fortsetzung* | 4 D5 | Praditphol, Soi | 1 A3 | Sa Nam Rhao | 4 E2 |
| | | Phayathai-Bangkhlo Expressway | 3 B5 | Pradu, Soi | 6 F2 | Saeng Uthai Thip, Soi | 4 F3 |
| | | *Fortsetzung* | 7 A1 | Prakobphol, Sois 1–2 | 1 C3 | Saengmuang, Soi | 5 C4 |
| | | Phet Kasem | 5 A4 | Pramongkut Hospital | 4 D2 | Saha Mit, Soi | 7 A3 |
| | | Sois 1–3 | 5 A4 | Pramot, Soi | 7 A4 | | |
| | | Soi 4 | 5 A3 | | | | |
| | | Phet Phloi, Trok | 7 A3 | | | | |

# KARTENREGISTER

|  |  |
|---|---|
| Sailom, Soi | 4 F1 |
| Saint Louis, Sois 1–3 | 7 B5 |
| Saithi 2 | 8 D5 |
| Sake, Trok | 2 D4 |
| Saksin, Soi | 5 C5 |
| Sala-Chalermkrung-Theater | 6 D1 |
| Sois 1–2 | 8 D4 |
| Sala Daeng | 8 D4 |
| Sala Tonchai, Soi | 1 B5 |
| Salakhin, Trok | 7 A2 |
| Sam-Sen-Bahnhof | 3 C1 |
| Sam Yot, Soi | 6 D1 |
| Sama Han, Soi | 8 F2 |
| Sampaya, Soi | 5 C5 |
| Sampeng Lane | 6 E2 |
| Samran Rat, Soi | 2 E5 |
| Samran, Soi | 4 E5 |
| Samsen | 2 D3 |
| Sois 1–3, 5, 7 | 2 D3 |
| Sois 4, 6, 10 | 2 E3 |
| Sois 9, 11, 13 | 2 E1 |
| Soi 12 | 2 F2 |
| San Chao Maeplas Taphian, Soi | 7 A4 |
| Sanam Chai | 5 C1 |
| Sanam Khli, Soi | 8 E3 |
| Sanam Luang | 1 C4 |
| Sanan Sin, Soi | 1 A4 |
| Sanchao Arneaw, Soi | 5 C5 |
| Sanchao, Soi | 1 B1 |
| Sangkhalok | 2 F1 |
| Sanguan Suk, Soi | 3 B1 |
| Santa Cruz | 5 C2 |
| Santi Phap, Soi | 7 B3 |
| Santi Phap, Soi 1 | 7 B3 |
| Santi, Soi | 1 B1 |
| Santiphap | 6 F1 |
| Santisuk, Soi | 1 A4 |
| Santisuk, Soi | 4 E3 |
| Saolada, Soi | 1 A3 |
| Sap | 7 B3 |
| Saphan Luang, Trok | 5 C4 |
| Saphan Phut | 5 C2 |
| Saphan Phut Pier | 5 C2 |
| Saphan Tia, Soi | 7 B3 |
| Saphankhu, Soi | 8 F4 |
| Saphran-Khao-Obstmarkt | 3 A4 |
| Saran Rom | 2 D5 |
| Saraphi, Soi 2 | 5 C4 |
| Saraphi, Soi 3 | 5 C5 |
| Saraphi, Soi 3 Tatmai | 6 D5 |
| Sarasin | 8 E3 |
| Sathitphon, Soi | 1 B1 |
| Sathorn Nua (Norden) | 7 A5 |
| Sathorn Pier | 6 F5 |
| Sathorn Tai (Süden) | 7 A5 |
| Satsana, Soi | 4 D1 |
| Satsana, Soi 1–5 | 4 D1 |
| Sawang | 7 A2 |
| Sois 1, 3, 5, 7 | 7 A3 |
| Sawankhalok | 3 B4 |
| Sawansawat, Soi | 8 F5 |
| Schlangenfarm | 7 C3 |
| Senarak, Soi | 4 D3 |
| Set Siri, Soi 2 | 3 C1 |
| Setthakan, Soi | 5 C1 |
| Shangri-la Pier | 6 F5 |
| Si Ayutthaya | 3 B3 |
| Fortsetzung | 2 F2 |
| Soi 1 | 4 E4 |
| Si Bamphen, Soi | 8 E5 |
| Si Phom, Soi | 5 B4 |
| Si Phraya Pier | 6 F4 |
| Si Praya | 7 A3 |
| Fortsetzung | 6 F3 |
| Si Thamathirat | 6 E1 |
| Si Wiang | 7 A5 |
| Siam Central | 7 C1 |
| Siam City | 4 D4 |
| Siam Square | 7 C1 |
| Sois 1–6, 9–11 | 7 C1 |
| Sillapakorn, Trok | 1 C5 |
| Silom | 7 A4 |
| Soi 19 | 7 A5 |
| Sois 1, 3–8 | 7 C4 |
| Sois 9–14, 16, 18, 20 | 7 B4 |
| Sois 17, 22, 24, 26, 28, 30, 32 | 7 A4 |
| Silom Plaza | 7 B4 |
| Silom Village Complex | 7 A4 |
| Silpakorn-Universität | 1 C5 |
| Sin, Trok | 2 E4 |
| Sip Sam Hang | 2 D4 |
| Siri Phong | 2 E5 |
| Sirichai, Trok 1–2 | 2 E5 |
| Siriraj Pier | 1 B4 |
| Sirung, Soi | 8 F5 |
| Sithongdi, Soi | 1 B1 |
| Sitthiprasat, Soi | 8 F5 |
| Soda, Soi | 3 A1 |
| Soem Sinkha | 6 E1 |
| Sombun Panya, Soi | 7 B3 |
| Somdet Chao Praya | 6 D3 |
| Sois 1–2, 4 | 5 C3 |
| Sois 3, 5–8, 10–12, 14, 16, 18 | 6 D3 |
| Sois 13, 15, 17 | 6 E3 |
| Somdet Phra Chao Taksin | 5 B5 |
| Sois 3, 5 | 5 C4 |
| Sois 4–4/1, 6, 8, 10, 12, 18 | 5 B5 |
| Sois 7, 9, 11 | 5 C5 |
| Somdet Phra Pin Klao | 1 B2 |
| Song Phra, Soi | 7 B3 |
| Song Sawat | 6 F2 |
| Song Sawat Pier | 6 E2 |
| Songwat | 6 E2 |
| Sot Phinsan, Soi | 4 E3 |
| Sra Song, Soi | 2 E5 |
| Franz-Xaver-Kirche | 2 E1 |
| Charusathian-Stadion | 7 B2 |
| Suan Amporn | 2 F2 |
| Suan Chitrlada | 3 B3 |
| Suan Mali, Sois 1–3 | 2 F5 |
| Suan Ngen, Soi | 3 A4 |
| Suan Oi, Sois 1–5 | 2 F1 |
| Suan-Pakkad-Palast | 4 D4 |
| Suan Rommani Nart | 2 E5 |
| Suan Saranrom | 5 C1 |
| Suandusit, Soi | 3 B2 |
| Suanphlu, Soi | 8 D5 |
| Suanphlu, Sois 1–2 | 8 D5 |
| Suapa | 6 E1 |
| Sukhat, Soi | 2 D5 |
| Sukhom Tharam | 3 B1 |
| Sukhumvit | 8 F1 |
| Sois 1, 3 | 8 F1 |
| Sois 2, 4 | 8 F2 |
| Sukon, Sois 1–2 | 6 F2 |
| Sukon, Trok | 6 F2 |
| Sukothai | 3 A1 |
| Sois 1–2 | 3 B1 |
| Sois 3–4 | 3 B2 |
| Soi 5 | 3 C2 |
| Suksa Witthaya, Soi | 7 B5 |
| Sung, Trok | 6 F5 |
| Sunthonphimol, Soi | 3 A1 |
| Suphan | 3 A1 |
| Supphakorn, Soi | 3 A4 |
| Supphamit | 3 A4 |
| SUPPORT-Museum | 2 F1 |
| Surasak | 7 A5 |
| Surawong | 7 A4 |
| Surawong Center | 7 C3 |
| Sutcharit, Soi 1 | 3 B1 |
| Sutcharit, Soi 2 | 3 B2 |
| Sutcharit Nua, Soi | 3 B1 |
| Suthisuksa, Soi | 6 E1 |
| Suwannaram-Markt | 1 A3 |
| Suwannin, Soi | 1 C2 |
| Suwichandamri, Soi | 1 C3 |
| Swatdi, Soi | 7 A2 |
| T | |
| Taksin Bridge | 6 F5 |
| Taksin-Denkmal | 5 C4 |
| Talad Charoen Phon, Soi 2 | 3 B5 |
| Taladsiwanich, Soi | 4 F3 |
| Talat Sesaweech, Soi | 5 B4 |
| Tambon Mahathat, Soi | 1 C5 |
| Tambon Nakhon, Soi | 1 C4 |
| Tambon Taweephol, Soi | 1 C5 |
| Tambonwanglang, Soi 1 | 1 B5 |
| Tanao | 2 D5 |
| Tanarak, Soi | 7 B5 |
| Tani | 2 D4 |
| Taniya | 7 C4 |
| Taphanyao, Trok | 6 D2 |
| Tha Din Daeng | 6 D3 |
| Sois 1, 3–11, 13, 15–18/1 | 6 D3 |
| Soi 2 | 6 D4 |
| Soi 20 | 6 D2 |
| Tha Klang, Soi | 5 C2 |
| Tha Tian, Soi | 5 B1 |
| Thai Wang | 5 C1 |
| Thammasat-Universität | 1 C4 |
| Than Thawan, Soi | 7 C4 |
| Thanam San Chao, Soi | 6 E2 |
| Thanasilp, Soi | 8 D5 |
| Thaneethaphisek, Soi | 5 A1 |
| The Wet, Soi 1–3 | 2 E3 |
| Thep Hatsadin, Soi | 4 E4 |
| Thepharak, Soi | 1 B3 |
| Thepnakarin, Soi | 1 B2 |
| Therd Damri | 3 C1 |
| Thetsaban Sai 1 | 5 C2 |
| Thetsaban Sai 2–3 | 5 C3 |
| Thewet Pier | 2 D2 |
| Thewet-Blumenmarkt | 2 E2 |
| Thewi Worayat, Soi | 2 F5 |
| Thian Siang, Soi | 7 C5 |
| Thoet Thai | 5 A5 |
| Thonburi (Bahnhofspier) | 1 C4 |
| Ti Thong | 2 D5 |
| Tien Pier | 5 B1 |
| Tokyu (Kaufhaus) | 7 B1 |
| Tonson, Soi | 8 E2 |
| Tri Mit | 6 F2 |
| Tri Phet | 6 D1 |
| Trong Kham Talat Si Thon, Soi | 5 A4 |
| Tuk Din, Trok | 2 E4 |
| U | |
| Udomsap, Soi | 1 A1 |
| Ulit, Soi | 8 F2 |
| Unakan | 2 E5 |
| Uruphong, Soi 2 | 3 B5 |
| Uruphong, Soi 3 | 3 B5 |
| Uthai, Soi | 6 D2 |
| Uthai Thip, Soi | 4 F3 |
| Uthong Nai | 3 A2 |
| Uthong Nok | 2 F2 |
| V | |
| Vichaigut Hospital | 4 D1 |
| Vimanmek Mansion | 2 F1 |
| W | |
| Wanawan, Trok | 6 D4 |
| Wang Doem | 5 A2 |
| Wang Lang, Trok | 1 B4 |
| Wangchao Sai | 6 F1 |
| Wanit, Soi 2 | 6 F3 |
| Wasukri Pier | 2 E1 |
| Wat-Amarin-Markt | 1 B4 |
| Wat Amonkiri, Soi | 1 C2 |
| Wat Amphawan, Soi | 3 B1 |
| Wat Arun | 5 B1 |
| Wat Arun Pier | 5 B1 |
| Wat Benchamabophit | 3 A3 |
| Wat Borom Niwat, Soi | 3 B5 |
| Wat Bowonniwet | 2 E4 |
| Wat Daowadungsaram, Soi | 1 C3 |
| Wat Duangkhae, Soi | 7 A2 |
| Wat Hong, Soi | 5 B2 |
| Wat Indrawihan | 2 E2 |
| Wat Kalayanimit | 5 B2 |
| Wat Kanlaya, Soi | 5 C2 |
| Wat Khahabodi, Soi | 1 C2 |
| Wat Klang, Soi | 5 A5 |
| Wat-Klang-Markt | 5 A4 |
| Wat Mahathat | 1 C5 |
| Wat Makog, Soi | 4 D3 |
| Wat Muang Khae Pier | 6 F4 |
| Wat Nak Klang, Soi | 5 A1 |
| Wat Pathum Wanaram | 8 D1 |
| Wat Phakhininat, Soi | 2 D1 |
| Wat Pho | 5 C1 |
| Wat Phothi Nimit, Soi | 5 A5 |
| Wat Phraya Tham, Soi | 5 A1 |
| Wat Prayun | 5 C2 |
| Wat Rachabophit | 2 D5 |
| Wat Rachanat | 2 E4 |
| Wat Rachapradit | 2 D5 |
| Wat Rakhang | 1 B5 |
| Wat Rakhang Khositaram, Soi | 1 B5 |
| Wat Rakhang Pier | 1 B5 |
| Wat Ratchakhru, Soi | 5 A5 |
| Wat Ratchinatda, Trok | 2 E4 |
| Wat Saket | 2 F5 |
| Wat Sam Phraya Pier | 2 D3 |
| Wat Sommanat, Soi | 2 F4 |
| Wat Suthat und die Große Schaukel | 2 D5 |
| Wat Suwannaram | 1 A3 |
| Wat Taphan, Soi | 4 E3 |
| Wat Thong Pier | 6 E3 |
| Wat Traimit | 6 F2 |
| Wat Tri Thotsthep, Trok | 2 E3 |
| Wat Wisetkan, Soi | 1 B4 |
| Wat Yai Si Suphan, Soi | 5 B4 |
| Wattana Yothin, Soi | 4 E3 |
| Wattana, Soi | 1 A4 |
| Watthanasin, Soi | 4 E5 |
| Watthanawong, Soi | 4 E5 |
| Wiraya, Soi | 3 C4 |
| Wireless Road (Witthayu) | 8 E2 |
| Wiset San, Soi | 5 C4 |
| Wisut Kasat | 2 E3 |
| Wisut Kasat Pier | 2 D2 |
| Witthayu (Wireless Rd) | 8 E2 |
| Wiwat Wiang, Soi | 6 E1 |
| Wongwian-Lek-Markt | 6 D2 |
| Wongwian-Yai-Bahnhof | 5 B4 |
| Wora Chak | 2 F5 |
| Woraphong, Soi | 2 E3 |
| Worarak, Soi | 3 B1 |
| Worarit, Soi | 3 C5 |
| World Trade Center | 8 D1 |
| Wutthi Chai, Trok | 3 A4 |
| Wutthi Suksa, Soi | 5 C4 |
| Wutthipan, Soi | 4 E4 |
| Y | |
| Yaowaphanit | 6 E2 |
| Yaowarat | 6 E1 |
| Yen Akat | 8 E5 |
| Yen Akat, Soi 1 | 8 E5 |
| Yenchit, Trok | 6 D4 |
| Yisipsong Karakadakhom 1–3, 5 | 6 F1 |
| Yommarat-Markt | 3 B4 |
| Yommarat, Soi | 8 D4 |
| Yommaratsukhum | 6 E1 |
| Yotha | 6 F3 |
| Yotha 1 | 6 F3 |
| Yothi | 3 C3 |
| Yotsi, Soi | 3 A5 |
| Yuttha Suksa, Soi | 5 A1 |
| Z | |
| Zentraler Supermarkt | 6 D1 |
| Zentralkrankenhaus | 6 E1 |

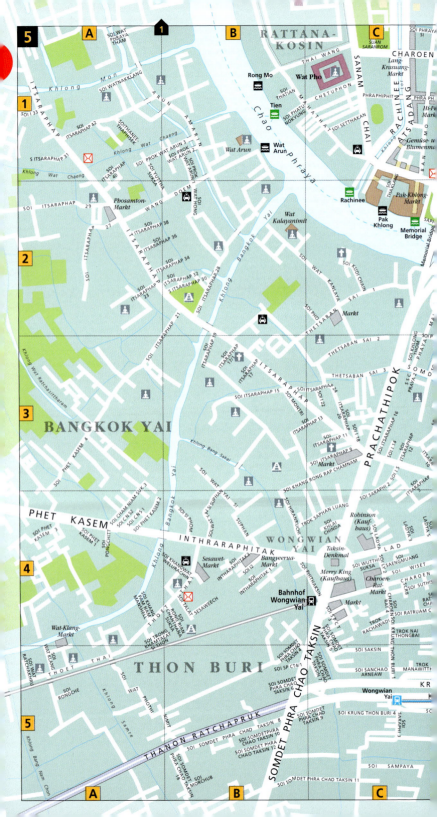

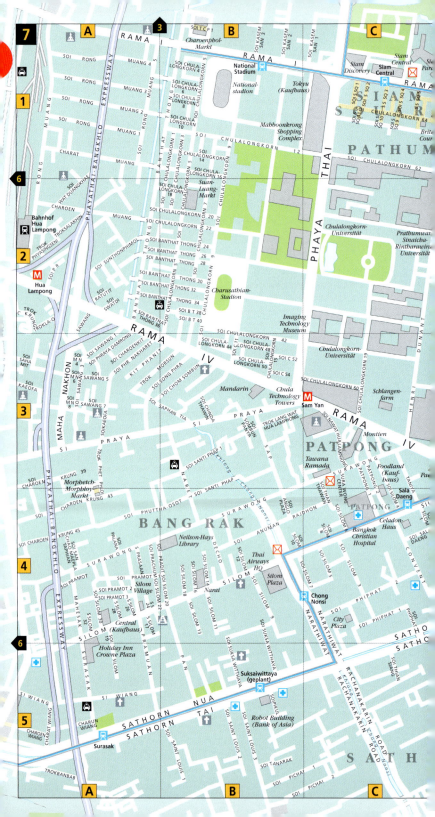

# Östliche Golfküste

Die Ostküste des Golfs von Thailand präsentiert sich voller Kontraste. Die Region ist mit ihren Häfen, Ölraffinerien und Industriegebieten einerseits die am meisten entwickelte des Landes, lockt aber andererseits mit malerischen, unberührten Inseln. Reisenden bietet sich ein buntes, von Bangkok aus leicht zu erreichendes Angebot mit Urlauberhochburgen, unberührten weißen Sandstränden auf grünen Archipelen und abgeschiedenen Nationalparks.

Die östliche Golfküste erstreckt sich von Bangkok bis zur kambodschanischen Grenze. Im 15. Jahrhundert lag hier das Grenzland zwischen dem Khmer- und dem Sukhothai-Reich. Nach dem Niedergang der Khmer-Herrschaft siedelten sich in der ressourcenreichen Region viele Thai an. Im 19. Jahrhundert kamen vietnamesische Flüchtlinge hinzu, die vor der Verfolgung in Kambodscha flohen.

Die Industrialisierung der Region wird durch ihre Nähe zu Bangkok und durch ein gutes Straßennetz gefördert. Neben der Edelsteinförderung und der Fischerei bestehen hier Ölwirtschaft und Tourismusindustrie. Leider sind manche Strände mittlerweile überfüllt, doch locken weiter südlich, in größerer Entfernung zu Bangkok, weniger bekannte Urlaubsziele, so das für seine Meeresfrüchte berühmte Sri Racha oder die herrlichen Nationalparks Nam Tok Phliw und Khao Kitchakut mit ihrer reichen Tier- und Pflanzenwelt. In Pattaya ziehen wie eh und je Go-go-Bars, Restaurants und laute Nachtclubs zahllose Besucher an. Ko Chang punktet dagegen mit unberührten Stränden und Tauchgründen an seinen Riffen. Von Bangkok aus ist Ko Samet ein beliebtes Wochenendziel. Traditionelles Kunsthandwerk und schöne Edelsteine kann man dagegen auf Chanthaburis Edelsteinmarkt bewundern.

Pulsierendes Nachtleben, neonhelle Straßen, Luxusresorts, unberührte Strände, traditionelle Fischerdörfer – für Reisende, die erstmals nach Thailand kommen, hat die östliche Golfküste wahrlich viel zu bieten.

Grelle Neonlichter in der berühmten Walking Street in Süd-Pattaya

◁ Urlauber entspannen sich in einem typischen Strandlokal auf Ko Chang *(siehe S. 118–126)*

# Überblick: Östliche Golfküste

Kilometerlange idyllische Strände und tropische Temperaturen – an der östlichen Golfküste finden Sonnenanbeter ihr Paradies. Wer ausspannen, köstliches Seafood genießen und Wassersport treiben will, ist hier richtig. Die Palette der Ferienziele reicht vom turbulenten Pattaya mit seinem regen Nachtleben bis zu unbekannteren Inseln wie Ko Chang in einem faszinierenden Meeres-Nationalpark. Im Khao Kitchakut, Nam Tok Phliw und anderen Nationalparks entdeckt man tropische Wälder, Berge, Wasserfälle und eine artenreiche Tierwelt. Bedeutendste Stadt der Region ist Chanthaburi, ein Zentrum der Edelsteinverarbeitung.

**Thai-Pavillon mit Landschaftsgarten, Nong Nooch Tropical Garden**

## Sehenswürdigkeiten auf einen Blick

**Städte und Dörfer**
Ban Hat Lek ⑳
Bang Saen ②
*Chanthaburi S. 114f* ⑨
Chonburi ①
Laem Ngop ⑬
*Pattaya S. 104–108* ⑦
Si Racha ④
Trat ⑫

**Nationalparks und Zoos**
Khao-Kitchakut-Nationalpark ⑩
Nam-Tok-Phliw-Nationalpark ⑪
Offener Zoo Khao Khieo ③
Tigerzoo Si Racha ⑤

**Strände und Inseln**
Hat Ban Chuen ⑲
Hat Sai Kaew ⑯
Hat Sai Ngam ⑮
Hat Samran ⑱
Hat Thap Thim ⑰
*Ko Chang S. 118–126* ⑭
*Ko Samet S. 110–113* ⑧
*Ko Sichang S. 102f* ⑥

### SIEHE AUCH

- **Hotels** S. 294–298
- **Restaurants** S. 322–324

**Sonnenbaden an einem Strand von Süd-Pattaya**

**Weitere Zeichenerklärungen** *siehe hintere Umschlagklappe*

ÖSTLICHE GOLFKÜSTE

## An der östlichen Golfküste unterwegs

Die Ostküstenregion ist durch ein dichtes öffentliches Verkehrsnetz, das auch die Hauptinseln mit einbezieht, gut erschlossen. Zweimal täglich fahren Züge von Bangkoks Hua-Lampong-Bahnhof nach Sri Racha und Pattaya. Trat besitzt einen Binnenflughafen. Am bequemsten fährt man mit den Überlandbussen, die ab Bangkoks östlichem Busbahnhof regelmäßig die Hauptorte der Region anfahren. Orte, die nicht ans Busnetz angeschlossen sind, erreicht man per *songthaew* vom Busbahnhof aus. Der innerstädtische Verkehr wird mit *songthaew*, Rikschas und *tuk-tuk* abgewickelt. Täglich verkehren Fähren von Ban Phe nach Ko Samet. Von dort geht es per *songthaew* zu den Hauptstränden und mit gemieteten Langbooten zu den umliegenden Inseln. Nach Ko Chang und Ko Mak setzen Fähren über, die Infrastruktur auf beiden Inseln ist jedoch schlecht.

**Einheimische Angler am Pier von Sattahip**

### LEGENDE

- Autobahn
- Hauptstraße
- Nebenstraße
- Eisenbahn
- Staatsgrenze
- △ Gipfel

Weiße Flamingos, eine der vielen Vogelarten im Offenen Zoo Khao Khieo

## Chonburi ❶

ชลบุรี

**Straßenkarte** D1. 80 km südöstl. von Bangkok. 230 000. 🚉 🚌
🎉 *Chonburi-Wasserbüffelrennen (Okt).*

Die Hauptstadt der Provinz Chonburi und Zentrum der Industrieregion an der östlichen Golfküste gilt als »Thailands Detroit«. Nicht weit vom Pier zieht der vierstöckige Schrein **Nacha Sa Thai Chue** viele Gläubige und Besucher an. Der farbenfroh bemalte chinesische Tempel beherbergt mehrere Gottheiten. Der **Wat Yai Inthraram** nahe dem alten Markt stammt aus der Ayutthaya-Ära *(siehe S. 40f)*, wie man an der architektonischen Gestaltung von *bot* und *wihan* erkennen kann. Hauptattraktion des *wat* sind die Wandmalereien im *bot*. Einen Besuch lohnt auch der **Wat Dhamma Nimitr**. Er hütet eine 37 Meter hohe Buddha-Figur, die mit goldenen Mosaikfliesen bedeckt ist.

## Bang Saen ❷

บางแสน

**Straßenkarte** D1. 14 km südwestl. von Chonburi. 25 000. 🚌

Die hübsche Küstenstadt Ban Saen ist ideal für einen Tagesausflug und bei Thailändern beliebt, die kurz den Großstädten und ihren fast endlosen Vororten entfliehen möchten. Hier erholen sich vor allem an den Wochenenden ganze Großfamilien aus Bangkok. Die Kinder spielen voll bekleidet im warmen Wasser am Hat Bang Saen (Thailänder lieben blasse Haut und vermeiden Sonnenbäder). Die Erwachsenen, vor allem die Frauen, picknicken am Strand unter Sonnenschirmen. Vor allem in der Dämmerung sieht man viele Strandspaziergänger. Dann stellen auch Straßenverkäufer ihre Grills auf der Promenade auf. Liegestühle, aufblasbare Gummireifen und Fahrräder stehen zum Ausleihen bereit.

Auf dem Nong-Mon-Markt unweit des Stadtzentrums werden Produkte aus allen Ecken des Landes angeboten. Sehr zu empfehlen ist *khao larm*. Die köstliche traditionelle Süßspeise aus Klebreis, Kokosmilch, Taro, Bananen und Erdnüssen wird in Bambusschiffchen serviert.

In Bang Saen gibt es kaum Nachtleben, abends ist es hier sehr ruhig – eine Alternative zum nahen Pattaya *(siehe S. 104–108)*.

Urlauber relaxen unter bunten Sonnenschirmen, Hat Bang Saen

## Offener Zoo Khao Khieo ❸

สวนสัตว์เขาเขียว

**Straßenkarte** D1. Nahe Route 344, 16 km südöstl. von Chonburi.
📞 *0-3829-8195.* 🚗 🚌 *tägl. 8–18 Uhr (Abendsafari bis 21 Uhr).*
📷 ♿ 🚻 🍴

Den Zoo bevölkern über 50 Vogel- und andere Tierarten, etwa Hirsche, Gibbons, Flamingos, Zebras, Schlangen und Tiger. Die Landtiere leben in großen Freigehegen, die Vögel in

**Hotels und Restaurants an der östlichen Golfküste** *siehe Seiten 294–298 und 322–324*

ÖSTLICHE GOLFKÜSTE

einer riesigen Voliere. In einem separaten Bereich können Besucher, auch Kinder, Futter für Schafe, Hirsche, Schildkröten und andere Tiere kaufen. Die beliebte Abendsafari dauert bis 21 Uhr.

Ein Tag im acht Quadratkilometer großen Zoo kann zu Fuß anstrengend werden. Besser mietet man Fahrräder oder nutzt die Trams.

19 Kilometer südlich von Khao Khieo liegt das Marschland des **Bang-Phra-Stausees**, ein Paradies für Hobby-Ornithologen. Man kann hier in der kühlen Jahreszeit *(siehe S. 36)* Regenbrachvögel und andere Watvogelarten beobachten.

Ehrgeizige Reiter beim Wasserbüffelrennen, Chonburi

## Wasserbüffelrennen in Chonburi

Bei der thailändischen Version des Kentucky Derby für Pferde reiten Männer ohne Sattel auf Wasserbüffeln. Die dreitägige Veranstaltung findet stets im Oktober statt. Die Jockeys wie auch die enthusiastischen Zuschauer nehmen die Rennen um Trophäen und andere Preise ausgesprochen ernst – außerdem wird leidenschaftlich, wenn auch illegal, auf die Sieger gewettet. Die Büffel werden mit der Peitsche angetrieben, häufig landet dabei ein Reiter unsanft am Boden. Zu dem Event, das vor Chonburis Rathaus steigt, gehören auch ein Büffel-Kräftemessen, eine Miss-Wahl und eine einzigartige Büffel-»Modenschau«.

Köstlichkeiten in der Auslage eines Seafood-Stands, Si Racha

## Si Racha ❹

ศรีราชา

**Straßenkarte** D1. 19 km südl. von Chonburi. 20 000. Songkran-Si-Maha-Racha-Fest *(19.–21. Apr).*

Das verschlafene Si Racha (auch Sri Racha) ist berühmt für Seafood und die scharfe Sauce *nam prik si racha* – Thailands Antwort auf die Tabascosauce. Si Racha ist Ausgangspunkt für Ausflüge nach Ko Sichang *(siehe S. 102f)*. An der größten Uferstraße, Jermjompol Road, locken an den vielen Piers luftige Open-Air-Lokale. Sie sind ideal, um Spezialitäten wie *hoi nang rom* (Austern) und *hoi thot* (gebratene Muscheln) mit der berühmten feurigen Sauce zu probieren.

## Tigerzoo Si Racha ❺

สวนเสือศรีราชา

**Straßenkarte** D1. 10 km südöstl. von Sri Racha. 0-3829-6556-8. tägl. 8–18 Uhr. www.tigerzoo.com

Der Zoo mit der wohl weltweit größten Tigerpopulation ist vor allem für Familien ein lohnendes Ausflugsziel. Neben 400 gut gepflegten Königstigern leben hier auch indische Elefanten, Strauße und Wallabys sowie über 10 000 Krokodile. Der dazugehörige Zirkus präsentiert Krokodil-Ringkämpfe, die rekordverdächtige, über und über von giftigen Skorpionen bedeckte »Scorpion Queen«, die für Fotos posiert, und ein paar putzige tanzende Schweine.

Im Zoorestaurant serviert man Gerichte aus Krokodilfleisch, Skorpione und andere Spezialitäten, die hauptsächlich auf die Präferenzen von Gästen aus China, Korea und anderen asiatischen Ländern zugeschnitten sind.

Der Souvenirladen des Zoos verkauft u. a. Tassen, T-Shirts und Wandbehänge. Von Si Racha aus gelangt man per *tuk-tuk* zum Zoo.

Ein ausgewachsener Königstiger im Tigerzoo Si Racha

**Straßenkarte** *siehe hintere Umschlaginnenseiten*

# Ko Sichang

เกาะสีชัง

Lachender Buddha

An der zerklüfteten Küste der kleinen, wunderschönen Insel findet man nur wenige Buchten und Strände, doch Taucher schätzen das klare Wasser. Die Insel hat Verbindung zum Königshaus: Mehrere Regenten der Chakri-Dynastie nutzten sie als Sommerresidenz. 1893 war sie kurzzeitig französische Kolonie. Aus dieser Zeit sind noch zahlreiche Spuren erhalten. Mehrere Ruinen zeugen von der Geschichte der Insel, die einst auch als Zollstation für Schiffe nach Bangkok fungierte. Heute ist Ko Sichang ein ruhiges Ferienziel mit herrlicher Natur. Hier nisten zahlreiche Seevögel. Man kann auch die endemischen gelben Eichhörnchen beobachten.

Sonnenbad an Ko Sichangs gut besuchtem Strand Hat Tham Pang

### Saan Chao Paw Khao Yai
ศาลเจ้าพ่อเขาใหญ่

○ tägl. (bis Sonnenuntergang).
Geheimnisvolles Flair umweht den bunten mehrstöckigen Tempel aus der Zeit der chinesischen Ming-Dynastie (1368–1644). Der Überlieferung nach erbauten an dieser Stelle chinesische Seefahrer einen Schrein, nachdem ihnen ein Lichtschein aus einer Höhle das sichere Navigieren erleichtert hatte. Der Tempel wurde später und hauptsächlich für chinesische Pilger errichtet. Eine steile Treppe führt zu der Stätte hinauf, von wo aus man einen herrlichen Blick über Meer und Hafen hat. Besucher können weitere Höhlen erkunden, von denen viele Schreine beherbergen. Das wichtigste Fest des Gebiets ist das chinesische Neujahrsfest *(siehe S. 37)*. Es lockt alljährlich große Besucherzahlen an.

Vom Tempel führt ein Weg zu einem Schrein, in dem ein »Fußabdruck« von Buddha verehrt wird.

### Wat Tham Yai Prik
วัดถ้ำยายปริก

☎ 0-3821-6104. ○ tägl. 8–18 Uhr.
🌐 www.watthamyaiprik.com
Das auch als Meditationszentrum Tham Yai Prik Vipassana bekannte Kloster wurde in mehrere Kalksteinhöhlen hineingebaut. Der hochverehrte buddhistische Mönch Prasit Thavaro entdeckte die Anlage 1970 und baute sie zusammen mit seinen Brüdern zur heutigen Form aus. Noch immer leben die Mönche hier seinen Lehren gemäß selbstgenügsam und dem inneren Frieden verpflichtet. Sie pflegen einen Gemüsegarten, den Thavaro selbst angelegt hat und der alle Bewohner versorgt. Thavaro starb 2007, sein einbalsamierter Körper wurde vor der Verbrennung ein Jahr lang aufbewahrt. Eine Reliquie ist erhalten, damit Gläubige ihm ihre Ehre erweisen können.

### Hat Tham Pang
หาดถ้ำพัง

Die schmale, lange, weiße Sandsichel Hat Tham Pang ist ein Paradies für Rucksackreisende an der Westküste der Insel. Hier, an Ko Sichangs einzigem richtigen Strand, liegen Campingplätze. Es gibt ein paar Gästehäuser und Strandrestaurants, in denen man regionale Spezialitäten, aber auch westliche Küche bekommt. Vom Pier aus fahren *samlor* (Fahrradrikschas) zum Strand. Die 30-minütige Fahrt kostet etwa 80 Baht. Liegestühle, Sonnenschirme, Kajaks und Schnorchelausrüstung kann man bequem am Strand ausleihen. Das klare Wasser eignet sich sehr gut zum Schnorcheln. Enthusiasten lockt es noch weiter südlich, wo mehr und vielfältigere Korallen warten.

Beim Gebet im Tempel Saan Chao Paw Khao Yai

**Hotels und Restaurants an der östlichen Golfküste** *siehe Seiten 294–298 und 322–324*

# KO SICHANG

## Palast von Rama V.
รัชกาลที่ ๕

9–17 Uhr tägl.

Die überwucherten Ruinen des auch Phra Chutathut Ratchasathan genannten Palasts (19. Jh.) werden zurzeit renoviert. Der goldene Teakholzbau wurde von Rama V. (reg. 1868–1910) entworfen, der ihn als Sommerresidenz nutzte. Interessant ist der Vergleich mit dem Vimanmek Mansion *(siehe S. 71)* in Bangkok. Das Gebäude stand ursprünglich hier, ehe es 1901 in den Dusit-Park umzog.

Die Besichtigung der Ruinen zwischen Lotosteichen und Wachsblumenbäumen kann bis zu einem halben Tag dauern. In einer restaurierten Villa sind Erinnerungsstücke an Rama V. ausgestellt, ein neues, noch im Bau befindliches Gebäude soll die Verbindung des Königs mit Ko Sichang verdeutlichen. Der Geburtstag von Rama V. wird hier im großen Stil mit einer Audio-Light-Show und einem Umzug in historischen Kostümen gefeiert.

## Wat Atsadang
วัดอัษฎางค์

tägl. (bis Sonnenuntergang).

Der Wat Atsadang mit seinem auffälligen weißen *chedi* thront auf einem Hügel nahe den Ruinen des Palasts von Rama V. Am besten erreicht man den Tempel von der Palastanlage aus zu Fuß. Der *wat* ist der einzige noch intakte Teil des Palastkomplexes. Er weist eine ungewöhnliche Architektur auf: Der *chedi* ist ein Rundbau im ceylonesischen Stil, während *bot* und Pagode auf europäische Art mit Bleiglasfenstern gestaltet sind.

Das verzierte Tor zum Palast von Rama V. auf Ko Sichang

**Ein Speedboat wartet am Hat Sai Kaew auf Gäste**

## Hat Sai Kaew
หาดทรายแก้ว

Der Hat Sai Kaew oder »Kristallstrand« ist ein abgelegener, für Picknicks beliebter Strand an der Ostküste der Insel. Am besten erreicht man ihn per *samlor*. In den letzten Jahren entstanden hier ein paar Restaurants, Läden und andere Einrichtungen wie Thai-Massagesalons und ein Fischlokal direkt am Strand. Hat Sai Kaew ist eine ideale Ausgangsbasis zum Schnorcheln vor den Inselchen an der Südspitze von Ko Sichang. Bei ruhigem Wasser können Schnorchler die felsige Küste Richtung Süden entlangschwimmen und traumhafte Korallenriffe voller Meerestiere bewundern.

## INFOBOX

**Straßenkarte** D1. 13 km westl. von Si Racha. 5000. TAT, Pattaya (0-3842-8750 oder -7667). von Si Racha. *Chinesisches Neujahr (Jan/Feb), Rama-V.-Fest (Sep).*

**Zur Orientierung**

### LEGENDE

| | |
|---|---|
| | Strand |
| | Wat |
| | Fährhafen |
| | Nebenstraße |
| - - | Fußweg |
| - - | Fährroute |

**Straßenkarte** *siehe hintere Umschlaginnenseiten*

# Pattaya

พัทยา

Das idyllische Fischerdorf Pattaya wurde in den 1960er und 1970er Jahren durch US-Soldaten, die sich hier vom Vietnamkrieg erholten, völlig umgekrempelt. Seinen Ruf verdankte es in der Folge der Prostitution – dieses Gewerbe blüht hier noch immer. Doch Pattaya hat auch anderes zu bieten. Mit über fünf Millionen Besuchern im Jahr ist es inzwischen Thailands wichtigster Fremdenverkehrsort. Edle Hotels, Restaurants, Vergnügungsparks, Abenteuersport-Möglichkeiten, zahlreiche Golfplätze und Bühnenshows gehören zu seinen vielen Attraktionen. Windsurfen und Kiteboarding sind in diesem Wassersportparadies besonders populär.

Willkommen auf der Krokodilfarm

Ein Jetski am Hat Pattaya

### Hat Pattaya
หาดพัทยา

Das Tropenparadies von einst ist heute kaum wiederzuerkennen: Der drei Kilometer lange Strand ist vor allem am Wochenende meist von Tausenden Sonnenanbetern überlaufen. Hat Pattaya hat sich inzwischen den Spitznamen »Patpong am Meer« verdient und wird weniger von Familien als von jüngeren Urlaubern frequentiert, die die Gogo-Clubs, Bars und Massagesalons schätzen. Zu Hat Pattayas berühmtesten Attraktionen gehören die Travestie-Shows, die meist am Nordende des Strands zu finden sind. An der Beach Road, die sich durch den ganzen Ort zieht, reihen sich Restaurants, Bars und Einkaufszentren. Zu den Wassersportangeboten gehören Parasailing, Kajakfahren und Tauchen. Landratten können sich bei Golf und Tennis auspowern.

### Heiligtum der Wahrheit
ปราสาทสัจธรรม

206/2 Moo 5, Naklua Soi 12, Pattaya-Naklua Rd. 0-3836-7229-30. tägl. 8–18 Uhr. www.sanctuaryoftruth.com

Der prächtige Teakholztempel steht 105 Meter oberhalb der Küste zwischen Pattaya und Ao Naklua. Jeder einzelne Quadratzentimeter der Konstruktion ist mit kunstvollen Figuren aus kambodschanischer, hinduistischer, buddhistischer und thailändischer Religion und Mythologie bedeckt. Der Tempelkomplex bietet auch Unterhaltung, etwa Delfinshows, Speedboot-Touren und Ausritte. Beim Essen erfreuen die Besucher Vorführungen des klassischen Thai-Tanzes.

Figur, Heiligtum der Wahrheit

### Ao Naklua
อ่าวนาเกลือ

3 km nördl. vom Hat Pattaya.

Jeden Morgen fahren die Fischer hinaus, jeden Abend kommen sie mit ihrem Fang zurück zum Pier. Ao Naklua (Naklua-Bucht) hat sich den Charme des einstigen Pattaya erhalten. Viele Anwohner arbeiten in der Stadt, ihre Häu-

0 Kilometer 2

Zeichenerklärung siehe hintere Umschlag

Hotels und Restaurants an der östlichen Golfküste siehe Seiten 294–298 und 322–324

ser verleihen der Gegend ein authentisches ländliches Flair, wenngleich inzwischen auch Hotels und Wohnblöcke am Strand entstehen. An der Soi Photisan kann man sich eine Angelausrüstung besorgen, wenn man einen Tag am Pier verbringen will. Auf dem Naklua-Markt neben dem Lan-Pho-Park werden jeden Tag frische Meeresfrüchte verkauft. Mit weniger Lärm und Luftverschmutzung sowie weniger Verkehr auf dem Wasser ist Ao Naklua für Familien die Alternative zu Pattaya.

Miniatur von Bangkoks berühmtem Wat Arun, Mini Siam

### Mini Siam

มินิสยาม

387 Moo 6, Sukhumvit Rd. 0-3872-7333. tägl. 7–22 Uhr. www.minisiam.com

Der 1986 als Forschungsprojekt gegründete und nach wie vor wachsende interessante Themenpark teilt sich in Mini Siam und Mini Europe. Über den Park verteilt stehen Miniaturversionen von bekannten Bauwerken in aller Welt, etwa von Bangkoks Großem Palast, dem Opernhaus von Sydney, dem Pariser Eiffelturm, dem Kolosseum in Rom und von Kambodschas Angkor Wat. Das erste dieser im Maßstab 1:25 errichteten Modelle war Bangkoks Demokratie-Denkmal. Zu den weiteren Angeboten für Besucher des Parks gehören Hochzeiten in Mini Siam sowie Vorführungen traditioneller Thai-Tänze. Der bei Pattaya-Urlaubern sehr beliebte Park betreibt auch mehrere Souvenirläden ganz in der Nähe.

## INFOBOX

**Straßenkarte** D1. 60 km südl. von Chonburi. 104 000. TAT, 609 Moo 10, Pratamnak Road, Pattaya (0-3842-7667). Pattaya Music Festival (20.–22. März), Pattaya Festival (Mitte Apr zum Neujahrsfest). **www**.pattayacity.com

### Million Years Stone Park und Krokodilfarm

อุทยานหินล้านปีและฟาร์มจระเข้ !!!!

22/1 Moo 1, Nongplalai, Banglamung. 0-3824-9347-9. tägl. 8–18.30 Uhr. www.thaistonepark.org

Im Park (Uttayan Hin Laan Pee) mit Krokodilfarm wird Kurioses präsentiert. Zu den Attraktionen gehören über eine Million Jahre alte versteinerte Bäume, Bonsaibäume, Felsen in Tiergestalt, gigantische Seewölfe und Hunderte Krokodile. Zudem rauscht hier der größte künstliche Wasserfall Thailands.

### Pattaya Elephant Village

หมู่บ้านช้างพัทยา

48/120 Moo 7, Tambon Nong Prue. 0-3824-9818. tägl. 9–17 Uhr. www.elephant-village-pattaya.com

Das auch Mooban Chang genannte Pattaya Elephant Village ist eher Themenpark als ein Zoo. Hier kann man auf Elefanten reiten oder ihnen beim Malen, Spielen und Baden zuschauen. Im Eintrittspreis sind das Mittagessen und eine Flussfahrt sowie eine einstündige Elefantenshow inbegriffen.

### Zentrum von Pattaya

Ao Naklua ③
Hat Jomtien ⑦
Hat Pattaya ①
Heiligtum der Wahrheit ②
Million Years Stone Park und Krokodilfarm ⑤
Mini Siam ④
Pattaya Elephant Village ⑥
Pattaya Park Beach Resort ⑧
Ripley's Believe It or Not ⑪
Süd-Pattaya ⑩
Underwater World ⑨

**Bizarr geformte Steine im Million Years Stone Park**

**Straßenkarte** *siehe hintere Umschlaginnenseiten*

Angler starten zu einem Ausflug mit dem Speedboat, Hat Jomtien

### Hat Jomtien
หาดจอมเทียน
2 km südl. vom Hat Pattaya.

Der 14 Kilometer lange, fast immer gut besuchte Strand ist Thailands Mekka für Windsurfer und Kiteboarder. An seinem nördlichen Ende beginnt der Hat Dongtan, der von Hochhäusern dominiert wird und bei Schwulen und Lesben populär ist. Das Paradies für Wassersportler bietet gute Bedingungen für Wasserski und Paragliding.

Vom Strand aus kann man Tauch- und Schnorchelausflüge unternehmen und mit Jetski oder Kajak auf dem Meer fahren. Zum Hochseefischen stehen sogar Speedboote bereit. Die Zeit lässt sich aber auch beim Tontaubenschießen, Reiten, Tennis und Golf vertreiben. Vor allem Kinder haben im Wasser Spaß auf den »Bananenbooten«.

Von all diesen Aktivitäten ist der südliche Teil des Strands unberührt und folglich bei jenen beliebt, die Menschenmassen, Lärm und Trubel meiden und die Ruhe suchen.

Am Abend ist der Hat Jomtien immer voller Leben, die Bier- und Go-go-Bars locken viel Publikum an. Für das leibliche Wohl der Urlauber sorgen zahlreiche internationale (Seafood-)Lokale, danach geht es in Irish Pubs und deutsche Bierkneipen.

### Pattaya Park Beach Resort
พัทยาปาร์คบีชรีสอร์ท
345, Hat Jomtien. 0-3825-1201–8. www.pattayapark.com **Pattaya Park Funny Land** tägl. 11–22 Uhr.

Das Pattaya Park Beach Resort am nördlichen Ende des Hat Jomtien ist eine perfekte Ferienanlage für Familien. Neben einer eigenen Ladenarkade und mehreren Lokalen gibt es hier verschiedene Indoor-Unterhaltungsangebote. Kids lieben die Whirlpools und Wasserrutschen, Erwachsene vergnügen sich in Swimmingpools, im Fitness-Center, in der Sauna, auf der Joggingbahn oder auf von Kabeln gezogenen Wasserski. In einem hoteleigenen Zentrum werden Tauchkurse für Anfänger angeboten. Wem das alles zu anstrengend ist, kann auch Snooker spielen.

Von der Apex-Aussichtsplattform im 55. Stock des Pattaya Tower, des höchsten Punkts von Pattaya, reicht der Blick über ganz Pattaya im Norden und Ao Jomtien im Süden. Hier kann man sich auch beim Bungee-Jumping beweisen sowie eine Fahrt im Sky Shuttle oder im Speed Shuttle wagen. Der Turm hat drei Drehrestaurants im 52., 53. und 54. Stock.

Unterhaltung für Kinder bietet das **Pattaya Park Funny Land**. Hier gibt es eine fantastische Auswahl an Achterbahnen, eine Monorail, ein Musikkarussell und einen Autoskooter.

### Underwater World
อันเดอร์วอเตอร์เวิลด์
22/22 Moo 11, Sukhumvit Rd, Banglamung. 0-3875-6879. tägl. 9–18 Uhr. www.underwaterworldpattaya.com

Das Aquarium vermittelt mit über 200 Meerestieren einen exzellenten Überblick über die vielfältige Unterwasserwelt der Region. Hier kommen Erwachsene und Kinder auf ihre Kosten. Die Tour beginnt am Strand und führt allmählich immer tiefer unter Wasser, vorbei an Korallen und anderen Meeresbewohnern. Noch weiter unten ver-

Faszinierender Blick auf das Leben im Meer, Fiberglastunnel der Underwater World

**Hotels und Restaurants an der östlichen Golfküste** *siehe Seiten 294–298 und 322–324*

Neonschilder locken Gäste in Fischlokale und Go-go-Bars, Walking Street, Süd-Pattaya

läuft ein 100 Meter langer Fiberglastunnel mitten durchs Wasser mit bunten Fischen, Seepferdchen, Schildkröten, Haien, Korallen und Krustentieren. Gegen eine zusätzliche Gebühr können Besucher sogar in einem Korallenriffbecken mit Haien und Rochen tauchen.

Der Große Buddha thront 91 Meter oberhalb Pattayas Küste

### Süd-Pattaya
พัทยาใต้
www.pattaya-bars.net

Zwischen der Pattaya Beach und der South Pattaya Road finden sich Hunderte Bars, Nachtclubs und private Massagesalons. Das Terrain liegt einen Kilometer vom Hat Pattaya entfernt in den *soi* (Gassen) südlich der Soi 13, zwischen Soi 13/1 und Soi 13/5. Hier im »Pattayaland«, dem Rotlichtviertel von Pattaya, dreht sich fast alles um Sex. Hunderte Männer, Frauen und *katboey* (Transvestiten) bevölkern die Bars und Nachtclubs, von der Atmosphäre her fühlt man sich wie auf der größten Junggesellenparty der Welt. Die Soi 3 oder Boyztown ist das Zentrum der Schwulenszene mit zahlreichen Nachtclubs und Bierkneipen.

Südlich der Pattaya Beach Road liegt die ein Kilometer lange **Walking Street**. Ab 19 Uhr sind hier motorisierte Fahrzeuge verboten. An der von Prostituierten gesäumten Straße locken Open-Air-Bars, Fast-food-Lokale, Massagesalons, Nachtclubs und Cabaret-Shows die Passanten.

Wem der Sinn eher nach spirituelleren Erfahrungen steht, wendet sich nach Süden. Dort finden sich auf dem Buddha-Berg der Pattaya Fitness Park und die golden bemalte Statue des **Großen Buddha**. Besucher kommen wegen der majestätischen Figur sowie mehrerer, über den Park verstreuter kleinerer Buddha-Bildnisse hierher.

### Ripley's Believe It or Not
พิพิธภัณฑ์ริปลีส์

3. Etage, Royal Garden Plaza, 218 Moo 10, Beach Rd. 0-3871-0294. tägl. 11–23 Uhr. im Kino und Haunted House. www.ripleysthailand.com

Ripley's Believe It or Not ist eine der Hauptattraktionen Pattayas. Hier locken zehn Themenbereiche mit über 300 außergewöhnlichen Exponaten, darunter ein echter Schrumpfkopf, eine Maske aus Menschenhaut und ein kurioses Modell der *Titanic* aus einer Million Streichhölzern. Die Fassade ist wie der Ort eines Flugunglücks gestaltet, mit einem Flugzeug, das im oberen Stock steckt.

Außer der bizarr-verrückten Sammlung beherbergt das Museum ein Geisterhaus (Haunted House), ein 4-D-Simulationskino, ein Labyrinth und verschiedenste Spielereien für Kinder.

Ein »abgestürzter« Kampfflieger steckt im Ripley's Believe It or Not

Straßenkarte *siehe hintere Umschlaginnenseiten*

# Pattayas Umland

Im Umland von Pattaya kann man viel sehen und erleben, vor allem an der Küstenstraße gen Süden in Richtung Sattahip und bei bzw. auf den vielen vorgelagerten Inseln. Mit Jeeps, Rollern und Fahrrädern, die überall vermietet werden, lässt sich die Region leicht erkunden. Die meisten Aktivitäten sind auf Pauschalurlauber und Familien zugeschnitten. Zu den Attraktionen gehören etwa Elefantenritte und Besuche in Bergdörfern. Die Angebote für sportliche Urlauber rangieren von Wassersport bis Golf.

**Statue in Rayong**

## Ko Larn
เกาะล้าน
8 km westl. von Pattaya. 🍴 🛍 🚢 vom Bali-Hai-Pier, Pattaya.
www.kohlarn.com

Die kleine, nur etwa drei Kilometer lange und zwei Kilometer breite Insel Ko Larn säumen sechs malerische Buchten und fantastische Korallenriffe. Das erstaunlich breite Angebot auf der kleinen Insel reicht von Touren im Glasbodenboot, von dem aus man Korallen und Fische bestaunen kann, über Jetskiing, Parasailing, Bananenbootfahrten und Angeln bis zu Tontaubenschießen.

Zur Erkundung stehen Pickup- und Motorradtaxis sowie Leih-Motorräder bereit. An jedem Strand finden sich Gästehäuser, Restaurants, Läden und Touristeneinrichtungen. Kleine Gruppen können für wenige Hundert Baht mit dem Speedboot von Pattaya aus nach Ko Larn fahren.

## Nong Nooch Village
สวนนงนุช
15 km südl. von Pattaya. ☎ 0-3870-9358-62. ⏰ tägl. 8–18 Uhr. 🎫 🛍
www.nongnoochtropicalgarden.com

Das Nong Nooch Village (ausgesprochen »Nong Noot«) ist eigentlich ein Themenpark. Es präsentiert thailändische Landwirtschaft und Häuser, einen kleinen Zoo, eine Schmetterlingsfarm und einen schönen botanischen Garten mit verschiedensten Orchideen – ideal für einen Bildungsausflug. Für Unterhaltung sorgen Thai-Boxen, eine Elefantenshow und eine Thai-Kultur-Aufführung mit traditionellem Tanz und Musik. Besucher können zudem den Pool und den Picknickbereich nutzen. Die Abholung im Hotel in Pattaya wird gern organisiert.

## Sattahip
สัตหีบ
33 km südl. von Pattaya.

Sattahip war während des Vietnamkriegs eine Marinebasis für US-Soldaten, heute liegt hier ein bekanntes kleines Schutzzentrum für Meeresschildkröten. Urlauber kommen meist auf dem Weg von Pattaya nach Ko Samet, Rayong oder Ko Chang durch den Ort. Der »schwimmende Markt« auf Highway 3 lohnt auf jeden Fall einen Stopp. Auf etwa 80 Booten werden verschiedene Waren angeboten – auch schöne Souvenirs.

## Rayong
ระยอง
174 km südöstl. von Pattaya.

Das für Wochenendausflüge von Bangkok aus beliebte Rayong lockt mit einer kühlen Brise und köstlichen Meeresfrüchten. An den Stränden – Ban Phe, Suan Son und Suan Wang Kaew – stehen viele Hotels mit Meerblick. Auf Ko Talu, vor Suan Wang Kaew, gibt es gute Camping- und Taucheinrichtungen. 47 Kilometer östlich von Rayong bezaubert der **Khao-Chamao-Khao-Wong-Nationalpark** mit Wasserfällen, Höhlen, Klippen und Teichen.

**Der französische Garten im Nong Nooch Village**

---

Hotels und Restaurants an der östlichen Golfküste *siehe Seiten 294–298 und 322–324*

# Elefanten in Thailand

Asiens größtes lebendes Landtier, der Elefant, wurde in hinduistischen und buddhistischen Texten schon vor Jahrhunderten erwähnt. Die Dickhäuter spielen in Thailand eine bedeutsame spirituelle Rolle und genießen einen höheren Status als alle anderen Tiere. Leider sind sie durch das Eindringen der Menschen in ihren Lebensraum mehr bedroht als etwa durch Wilderei. Die Einführung von Bulldozern und anderem schweren Gerät machte die Tiere mit der legendären Kraft arbeitslos. Ein Verbot der kommerziellen Abholzung 1989 führte dazu, dass nur noch wenige Elefanten als Nutztiere gehalten werden. Heute schätzt man ihre Zahl in freier Wildbahn auf 40 000 bis 50 000. Elefanten mit ihren *mahout* sieht man immer öfter in Ferienorten und Städten – noch öfter jedoch in Elefantencamps und Shows, etwa in Pattaya.

**Keramikelefant**

**Als Lastenträger** *transportierten Elefanten einst sowohl schwere Baumstämme als auch Personen. Der* mahout *saß oben auf dem Nacken des Tiers.*

### Elefanten früher
Elefanten wurden beim Bau von *wat* und Holzfällen eingesetzt. Sie waren zudem ein Prestigesymbol der thailändischen Könige – je mehr Elefanten ein König besaß, umso mächtiger war er.

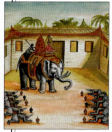

**Weiße Elefanten** *besitzen traditionell den Status von Halbgöttern. Sie gelten als Eigentum des Königs. Von 1855 bis 1916 war auf der Nationalflagge von Siam ein weißer Elefant auf rotem Grund abgebildet.*

**Im Krieg zogen** *Thai- und birmanische Regenten bevorzugt auf Elefanten sitzend in die Schlacht.*

### Elefanten heute
In Thailand sind Elefanten bedroht. Man sieht sie hauptsächlich in Reservaten, Camps und Shows. Da sie beim Holzfällen nicht mehr gebraucht werden, werden sie fast nur noch für den Tourismus eingesetzt.

**Wilde Elefanten** stehen nur in einigen wenigen Nationalparks unter Schutz.

**Elefantenshows** sind in ganz Thailand sehr populär. Mit die besten sind im Nong Nooch Village in Pattaya zu sehen.

**Auf Elefanten reiten** *vor allem Kinder gern. Die Dickhäuter kommen auch bei den im Süden des Landes beliebten Trekkingtouren zum Einsatz.*

**Elefantenmotive** *werden oft von Silberschmieden auf Zierobjekte graviert.*

# Ko Samet ⑧

เกาะเสม็ด

Die vor der Rayong-Küste gelegene Insel Ko Samet ist mit tiefblauem klarem Wasser und feinen Sandstränden bei Einheimischen und Besuchern gleichermaßen beliebt. Ihr Name leitet sich von den immergrünen, blühenden Kajeputbäumen ab, die auf Thai »samet« heißen und auf der ganzen Insel wachsen. Ko Samet ist seit 1981 ein Nationalpark, wurde aber dennoch ständig weiter erschlossen. An den herrlichen weißen Sandstränden der acht Kilometer langen Ostküste reihen sich Restaurants und Bars. Die Westküste ist ruhiger, das schmale Inselinnere wild und unberührt. Auf vielen Wegen kann man dort die Tiere und Pflanzen der Insel entdecken.

**Zur Orientierung**

☐ Dargestelltes Gebiet

**Fähren von Ban Phe** auf dem Festland können Besucher auch an die Westküste der Insel bringen.

### ★ Ao Phrao

*Ao Phrao liegt abseits des Trubels an der Ostküste. Sie ist eine der ruhigsten Buchten auf Ko Samet. Hier lassen sich die Gäste von der schönen Natur, Sonne, Sand und Meer bezaubern.*

### Ao Wong Deuan

*Die Bucht mit dem zweitlängsten Strand der Insel ist bei Einheimischen und Gästen nach wie vor beliebt. Sie ist gut erschlossen. Hier findet man unter anderem Seafood-Restaurants, Bars und ein reges Nachtleben.*

### Ao Wai

*Südlich von all der Action am Hat Sai Kaew birgt diese Bucht einen ruhigen, hübschen Strand. Im Schatten von Kokospalmen bietet hier das Samet Ville Resort Kulinarisches, Unterhaltung und Thai-Massagen.*

## NICHT VERSÄUMEN

★ Ao Phai

★ Ao Phrao

★ Hat Sai Kaew

**Hotels und Restaurants an der östlichen Golfküste** *siehe Seiten 294–298 und 322–324*

# KO SAMET

### Na Dan
*Der Fischerort Na Dan ist der Hauptfährhafen der Insel, ihre größte Siedlung und somit der Hauptort auf Ko Samet.*

### INFOBOX

**Straßenkarte** D2. 84 km südöstl. von Pattaya. 1500.
von Ban Phe nach Na Dan, Ao Wong Deuan und Ao Phrao.
TAT, Rayong (0-3865-5420).

### ★ Hat Sai Kaew
*Der traumhafte weiße Sandstrand Hat Sai Kaew ist der längste und erschlossenste Strand der Insel. Zum Wassersportangebot zählen Wasserskifahren, Windsurfen und Parasailing.*

### ★ Ao Phai
*Den Strand der reizenden kleinen Bucht säumen viele Restaurants und Cafés. Er ist bei Rucksackreisenden und Sonnenhungrigen beliebt und Startpunkt von vielen Fußwegen über die Insel.*

### LEGENDE

- Strand
- Wassersport
- Aussichtspunkt
- Fährhafen
- Nebenstraße
- Fußweg
- Fährroute

### Der Dichter Sunthorn Phu

Sunthorn Phu (1786–1855), Thailands berühmtester Dichter, genoss mit seiner oft moralisierenden Lyrik hohes Ansehen am Königshof. Beim Versepos *Phra Aphaimani* ließ sich der Dichter von der Landschaft seines Wohnorts Ko Samet inspirieren. Es handelt von Prinz Phra Aphaimani, der im Unterwasser-Königreich einer Riesin gefangen gehalten wird. Es gelingt ihm, mithilfe einer Meerjungfrau nach Ko Samet zu entkommen, indem er die Riesin durch magische Flötenklänge in Schlaf versetzt. Dann vermählt er sich mit einer schönen Prinzessin.

**Denkmal von Prinz und Meerjungfrau auf Ko Samet**

*Straßenkarte siehe hintere Umschlaginnenseiten*

# Überblick: Ko Samet

Strandverkäufer, Hat Sai Kaew

Die flache Insel Ko Samet bietet sich für einen Wochenendausflug von Bangkok aus an. Aufgrund ihrer Lage wird die Insel allerdings zunehmend bebaut. Obwohl sie unter Naturschutz steht, ist sie in der Hochsaison oft überlaufen. Die auch Ko Kaew Phitsadan (»Magische Kristallinsel«) genannte Insel wurde von Sunthorn Phu in dem romantischen Epos *Phra Aphaimani* verewigt. Ko Samet präsentiert sich Besuchern mit einer tropischen Landschaft, einsamen Buchten – und einem turbulenten Nachtleben. Die Preise in den Restaurants und Hotels liegen am Wochenende deutlich höher. Ausländer müssen am Fährhafen von Na Dan eine Gebühr entrichten, ehe sie die Insel erkunden.

Segeln und Kajakfahren zählen zum Angebot am Hat Sai Kaew

Schrein mit Opfergaben für Pu Dam, Na Dan

### Na Dan
หน้าด่าน

6 km südl. von Ban Phe.
Der kleine, aber verkehrsreiche Pier im Nordosten der Insel ist das Eingangstor zu Ko Samets. Hier legen sowohl kommerzielle als auch private Speedboote und Fähren an.

Na Dan selbst ist ein unscheinbarer Fischerort mit einem Krankenhaus, ein paar Internet-Cafés, zwei Geldautomaten und einem Markt. Es gibt einfache Unterkünfte, doch nur wenige Reisende bleiben über Nacht. Ein Schrein am Pier ist Pu Dam geweiht. Der hochverehrte heilige Mann – auch Großvater Black genannt – lebte auf der malerischen Insel. Vom Pier aus fahren Sammeltaxis zu den vielen Stränden.

### Ao Phrao
อ่าวพร้าว

2 km südwestl. von Na Dan.
Der schmale, weiße Sandstrand der »Paradiesbucht« Ao Phrao bietet eine herrliche Bergkulisse und Schatten spendende Bäume. An der zerklüfteten, schwer zugänglichen Küste locken Wanderwege und schöne Sonnenuntergänge.

An diesem einzigen bebauten Strand an Ko Samets felsiger Westküste finden sich einige Pensionen sowie zwei luxuriöse Ferienanlagen mit Swimmingpools und Spas. Ein PADI-Zentrum bietet Tauchkurse an. Ansonsten ist der Strand relativ naturbelassen. Besucher können in Na Dan mit dem Taxi oder vom Festland mit dem Boot herfahren.

### Hat Sai Kaew
หาดทรายแก้ว

Zum überaus beliebten Strand Hat Sai Kaew strömen an jedem Wochenende Ausflügler aus Bangkok. Die schöne, drei Kilometer lange Sichel aus feinem weißem Sand liegt nur etwa einen Kilometer südöstlich von Na Dan.

Den Strand säumen Bungalows, Pensionen, Bars, Lokale und Läden. Das Meer wirkt unberührt und klar, doch der Strand hat durch die große Popularität etwas von seinem Charme eingebüßt. Aufgrund des reichen Wassersportangebots findet man hier zuweilen kein ruhiges Plätzchen mehr.

Hat Sai Kaews Nachtclubs und Bars sind bis in die frühen Morgenstunden geöffnet.

Der ruhige Strand der Ao Phrao liegt vor einer dicht bewaldeten Bergkulisse

**Hotels und Restaurants an der östlichen Golfküste** *siehe Seiten 294–298 und 322–324*

Tagsüber können Besucher an einem PADI-zertifizierten Tauchkurs teilnehmen oder aber sich auf Jetskis, Bananenbooten, Wasserskiern und beim Schnorcheln wild oder entspannt vergnügen.

### Ao Hin Khok
อ่าวหินโคก

Der Strand von Ao Hin Khok ist vom Hat Sai Kaew nur durch einen felsigen Hügel getrennt. Hier stehen die Statuen des Prinzen und der Meerjungfrau, der Hauptfiguren aus Sunthorn Phus Epos *Phra Aphaimani*. Der Strand ist mit kleinen Hütten, einfachen Lokalen und lauten, neongrellen Bars ein Paradies für Rucksackreisende. Unterhaltung bieten zudem ein Fitness-Zentrum, ein Ring für Thai-Boxer und abends das Treiben der Feuerjongleure.

**Besucher genießen ein kühles Bier in einem Strandlokal, Ao Hin Khok**

### Ao Phai
อ่าวไผ่

Ao Phai liegt etwa einen Kilometer südwestlich von Hat Sai Kaew. Die berühmte Partymeile lockt Gäste aus allen Ecken der Insel an. Am Strand steigen Feste zu allen möglichen Anlässen, die ausgelassensten finden jedoch zu Vollmond statt. Hier treffen sich hauptsächlich junge Rucksackreisende, die sich auf den Partys unter die Einheimischen mischen.

Ao Phai bietet zudem ein paar Lädchen und Mittelklassehotels – doch Hauptattraktion sind die Strandpartys.

### Ao Nuan
อ่าวนวล

3 km südwestl. von Hat Sai Kaew.

Südlich der kommerziellen Strände Hat Sai Kaew und Ao Phai bieten ein paar kleine, abgeschiedene Buchten Ruhe.

Die Ao Nuan ist zum Schwimmen zu steinig, aber der Sandstrand liegt malerisch in unberührter Natur. Die einfachen Strandhütten haben keinen Strom, doch die Gäste können im exzellenten Restaurant essen oder den Abend unter sternenklarem Himmel verbringen. Gleich nördlich von Ao Nuan liegt die noch ruhigere **Ao Phutsa** (Ao Tubtim). Strandverkäufer und laute Musik sind hier verboten.

**Ao Cho** liegt fünf Minuten südlich von Ao Nuan. Hier geht es am Wochenende recht lebhaft zu. Geboten werden schlichte und anspruchsvollere Unterkünfte sowie ein kleiner, für Angler und Schnorchler idealer Pier.

### Ao Wong Deuan
อ่าววงเดือน

3 km südwestl. von Hat Sai Kaew.

Die hufeisenförmige Bucht Ao Wong Deuan an der zentralen Ostküste wird vom Festland aus mit Fähren angesteuert. Hier nächtigen meist Pauschalreisende und thailändische Familien. Der Standard ist deutlich gehobener als in Hat Sai Kaew. Der Strand, beliebter Mittagshalt für Tagesausflügler, ist voller Lokale und Bars sowie Treffpunkt von Nachtschwärmern. Das Wassersportangebot ist groß. Bei Flut wird der Mittelteil des Strands häufig überschwemmt – seien Sie also vorsichtig.

### Ao Wai
อ่าวหวาย

5 km südwestl. von Hat Sai Kaew.

Je weiter man an der Ostküste gen Süden kommt, umso ruhiger und weniger kommerziell werden die Strände. Die Ao Wai ist eine gute Option mit Mittelklassehotels, romantischen Lokalen und weniger Partyszene. Der weiche Sandstrand ist teilweise beschattet und bietet Läden mit Internet-Zugang. Der Strand erstreckt sich unweit der Buchten Ao Kui Na Nai und Ao Khut. Vor der Küste liegt die Mini-Insel Ko Chan mit einer interessanten Unterwasserlandschaft – exzellent zum Schnorcheln.

**Bunte Kajaks zum Verleih, Ao Phai**

Straßenkarte *siehe hintere Umschlaginnenseiten*

# Chanthaburi ❾

จันทบุรี

Köstliche Mangostanen

Chanthaburi, die Stadt des Mondes, ist von weiten Chili- und Kautschukplantagen umgeben. Sie ist eine der zauberhaftesten Städte des Landes und Hauptstadt der gleichnamigen Provinz. König Taksin (reg. 1767–82) wird hier mit mehreren Schreinen und Denkmälern verehrt, die an seinen Sieg über die Birmaner im Jahr 1767 erinnern. Die Stadt hat eine multi-ethnische Bevölkerung und aufgrund ihrer Nähe zum früheren französischen Indochina starke historische wie kulturelle Bande zu Frankreich und Vietnam. Seit dem 15. Jahrhundert verdankt Chanthaburi dem Edelsteinhandel seinen Wohlstand – noch immer ist er eine wichtige Stütze der Wirtschaft.

Goldener Schrein in der Kathedrale von Chanthaburi

Pfahlbauten im vietnamesischen Stil am Fluss Chanthaburi

### Edelsteinmarkt

ตลาดพลอย

Thanon Sri Chan-Trok Kachang.
Seit über fünf Jahrhunderten lockt die Edelsteinstadt Chanthaburi Käufer, Händler und Abenteurer an. Der Edelsteinmarkt *talat phloi* liegt am Ufer des Flusses Chanthaburi. Die hauptsächlich für ihren Reichtum an Saphiren und Rubinen bekannte Stadt ist nach wie vor ein bedeutsames Zentrum für den Handel mit diesen Steinen, obwohl die eigenen natürlichen Ressourcen nahezu erschöpft sind. Heute stammen die meisten Edelsteine aus der Gegend an der kambodschanischen Grenze, doch die Fertigkeiten der hiesigen Schleifer sind noch immer gefragt. Alle Arten von Edel- und Halbedelsteinen werden hier für die Schmuckproduktion angeboten, darüber hinaus auch seltene Steine und Perlen aus ganz Südostasien und sogar aus Madagaskar. Besucher können auf dem Markt den Händlern und ihren Kunden beim Handeln zusehen. Die besten Edelsteinläden stehen an Trok Kachang und Thanon Sri Chan. Am Wochenende ist der Markt am lebhaftesten.

### 🔒 Kathedrale

โบสถ์จันทบุรี

Chanthanimit Rd.
Am anderen Flussufer, östlich vom Edelsteinmarkt, ragt die Kirche der Unbefleckten Empfängnis, die Kathedrale der Stadt, auf. Thailands größtes christliches Bauwerk wurde von Missionaren an der Stelle einer Missionskapelle im französischen Kolonialstil (18. Jh.) errichtet. Seither wurde das Gebäude mehrmals renoviert, hauptsächlich wegen des Zuzugs vieler vietnamesischer Christen. Einige der Bleiglasfenster stammen noch aus der Zeit vor der Restaurierung der Kirche im 19. Jahrhundert.

### Vietnamesisches Viertel

ตลาดเวียดนาม

Thanon Rim Nam.
Das Areal liegt am Westufer des Flusses Chanthaburi unweit des Edelsteinmarkts und ist der interessanteste Teil der Stadt. Im Lauf eines ganzen Jahrhunderts wanderten viele Vietnamesen nach Thailand aus – entweder um der Katholikenverfolgung zu entkommen oder aber als politische Flüchtlinge. Das Viertel mit seiner einzigartigen Architektur und Küche besitzt ein besonderes Flair. Die hübschen alten Häuser an der Thanon Rim Nam sind aus Bambus oder Holz und stehen auf Pfählen. Sie sind im Stil der vietnamesischen »Tunnel-« oder »Röhrenhäuser« gehalten und in der Regel sehr schmal. Die Wohnräume ragen teilweise über die Grundmauern hinaus.

Auf dem nahen Markt findet man alle möglichen vietnamesischen Köstlichkeiten. Frühlingsrollen und Süßspeisen bieten hier eine leckere Abwechslung zur traditionellen Thai-Küche. Heute sprechen

Eine Händlerin prüft kostbare Steine auf dem Edelsteinmarkt

# CHANTHABURI

## Vietnamesen in Thailand

Vietnamesen kamen in drei Schüben nach Thailand. Im 19. Jahrhundert waren es die Flüchtlinge vor der französischen Kolonialmacht. In den 1950er Jahren flohen vietnamesische Katholiken in großer Zahl vor dem kommunistischen Regime, 1975 emigrierten viele nach dem Niedergang des Regimes im Süden. Die Thailänder misstrauten ihnen aufgrund alter Rivalitäten und vertrieben sie meist. Doch im Lauf der Zeit haben es die Vietnamesen geschafft, sich in die ethnisch vielfältige Gesellschaft zu integrieren und ihre eigenen kulturellen Elemente einzubringen.

**Vietnamesischer Bauer im Reisfeld**

nur noch wenige der Einwanderer Vietnamesisch, sie haben sich gut in die thailändische Gesellschaft integriert.

### ✿ König-Taksin-Park
สวนพระเจ้าตากสิน
Thanon Leap Noen.
Die grüne Oase liegt etwa einen Kilometer westlich des Edelsteinmarkts. Sie ist bei den Stadtbewohnern, die hier spazieren gehen und frühmorgens Sport treiben, sehr beliebt. Im Park liegen zwei fischreiche Seen. Dominiert wird die Grünanlage von einer Bronzestatue von König Taksin in heroischer Pose auf dem Schlachtfeld. Dieses Bild ziert auch den 20-Baht-Schein. Unter hohen, Schatten spendenden Bäumen kann man hier wunderbar spazieren oder picknicken. Besucher können auch die tropischen Früchte probieren, für die Chanthaburi berühmt ist.

### INFOBOX

**Straßenkarte** E2. 182 km südöstl. von Pattaya. 🛉 104 000.
🚍 🚉 🛈 TAT, Rayong (0-3865-5420). 🎪 tägl. 🎉 Früchtefest (Mai/Juni).

### König-Taksin-Schrein
ศาลพระเจ้าตากสิน
Tha Luang Rd.
Der außergewöhnliche König-Taksin-Schrein präsentiert sich als neuneckiger Bau mit helmförmigem Dach. Der Schrein von 1920 beherbergt die Statue des hochverehrten Königs. Alljährlich gedenkt man am 28. Dezember mit einer Zeremonie der Thronbesteigung des Monarchen.

**Helme und Waffen dienen als Opfergaben im König-Taksin-Schrein**

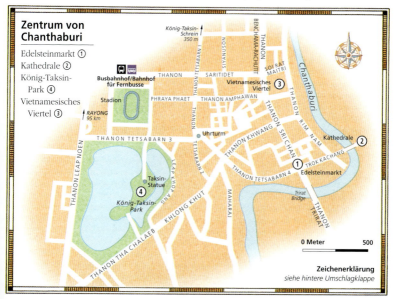

**Zentrum von Chanthaburi**

Edelsteinmarkt ①
Kathedrale ②
König-Taksin-Park ④
Vietnamesisches Viertel ③

**Zeichenerklärung** siehe hintere Umschlagklappe

**Straßenkarte** siehe hintere Umschlaginnenseiten

## Khao-Kitchakut-Nationalpark ❿

อุทยานแห่งชาติเขาคิชฌกูฏ

**Straßenkarte** E1. Parkzentrum nahe Hwy 3249, 24 km nordöstl. von Chanthaburi. 🚌 *Chanthaburi, dann* songthaew. 🛈 *Parkverwaltung (0-3945-2074).*

Der Phliw-Wasserfall wird von einem unterirdischen Fluss gespeist

Mit rund 60 Quadratkilometer Fläche ist der Khao Kitchakut einer der kleinsten Nationalparks in Thailand. Er umfasst den 1006 Meter hohen Granitberg Khao Kitchakut und den bekannten **Krathing-Wasserfall**, der nahe der Parkverwaltung über 13 Stufen rauscht. Dort beginnt auch ein leichter Weg auf den Berggipfel.

Ehrgeizigere Wanderer und Scharen von Pilgern unternehmen hingegen den anstrengenden, vierstündigen Aufstieg auf den Gipfel des beeindruckenden Phrabat. Er liegt 16 Kilometer vom Parkzentrum entfernt. Sie kommen wegen des Fußabdrucks Buddhas, der im Granit zu sehen ist, sowie wegen der auffälligen Felsformationen. Zu erkennen sind in den verwitterten Felsen die Gestalten eines Elefanten, einer Riesenschildkröte, einer Pagode und einer Almosenschale.

Nahe dem Park erstreckt sich das rund 750 Quadratkilometer Fläche viel größere, aber weniger besuchte **Tierschutzgebiet Khao Soi Dao**. Beide Einrichtungen schützen einige der wenigen noch erhaltenen Gebiete der einst ausgedehnten Tieflandregenwälder. Sie sind als Wasserreservoirs für die Wirtschaft der Region lebensnotwendig. Auch gefährdete Tierarten wie Malaienbären, Binturongs (Marderbären), Nepaluhus und Stachelbrust-Riesenfrösche finden hier Zuflucht. Im Bergregenwald des Reservats leben Kappengibbons.

### 🐾 Tierschutzgebiet Khao Soi Dao

Parkzentrum nahe Hwy 317, 26 km nördl. von Chanthaburi. 🚌 *Chanthaburi, dann* songthaew.

Eine Brücke führt über eine der 13 Stufen des Krathing-Wasserfalls

## Nam-Tok-Phliw-Nationalpark ⓫

อุทยานแห่งชาติน้ำตกพลิ้ว

**Straßenkarte** E2. Parkzentrum nahe Hwy 3, 14 km südöstl. von Chanthaburi. 🚌 *Chanthaburi, dann* songthaew. 🛈 *Parkverwaltung (0-3943-4528); Forstamt (0-2562-0760 für Bungalow-Reservierung).* **www.dnp.go.th**

Einen der artenreichsten Regenwälder hütet der 135 Quadratkilometer große Nam-Tok-Phliw-Nationalpark. Hier leben 135 Vogel- und 32 Säugetierarten, darunter Schwarzbären, Leoparden, Tiger, Muntjaks (Hirsche) und Makaken. Weitere Attraktionen sind die Wasserfälle. Besonders beeindruckend ist der **Phliw-Wasserfall**, in dessen Nähe zwei *chedi* stehen: der Alongkon und der drei Meter hohe pyramidenförmige Phra Nang Reua Lom. Er wurde im Auftrag von Rama V. (reg. 1868–1910) zu Ehren von Königin Sunantha errichtet, die 1876 im Fluss Chao Phraya in Bang Pa-in ertrank.

Eine anstrengende Wanderung führt zum 20 Meter in die Tiefe donnernden Trok-Nong-Fall und zum Klang-Wasserfall mitten im Wald.

Hotels und Restaurants an der östlichen Golfküste *siehe Seiten 294–298 und 322–324*

ÖSTLICHE GOLFKÜSTE

## Trat ⑫

ตราด

**Straßenkarte** E2. 58 km südöstl. von Chanthaburi. 🚶 16 000. 🚌 🛥
ℹ️ *TAT, Trat (0-3959-7259-60).*
🏛 *tägl.* 🎉 *Rakham-Früchtefest (Mai/Juni).*

Die kleine, lebhafte Geschäfts- und Provinzhauptstadt passieren die meisten Urlauber lediglich auf dem Weg nach Ko Chang *(siehe S. 118–126)*. Doch von der wachsenden Popularität des Archipels wird sicher auch Trat profitieren. Die Stadt bietet einige Attraktionen, so die Straßenmärkte, die vorwiegend an der Tat Mai und Sukhumvit Road gelegen sind. Eine reiche Auswahl an Ess- und Trinkbarem findet man auf dem emsigen Markt in der Sukhumvit Road.

Interessant sind auch Bo Rai und die anderen Edelsteindörfer im Umland von Trat, wo Rubine gewonnen werden. Ausflüge organisieren die lokalen Gästehäuser. Anderthalb Kilometer südwestlich steht der »Blumentempel« **Wat Bupharam** in einer schönen Anlage mit großen, Schatten spendenden Bäumen. Einige seiner alten Gebäude, so der *wihan*, der Glockenturm und die *kuti* (Mönchsquartiere) stammen aus der späten Ayutthaya-Zeit *(siehe S. 40f)*.

Der kürzlich renovierte Wat Bupharam, der älteste Tempel in Trat

## Laem Ngop ⑬

แหลมงอบ

**Straßenkarte** E2. 19 km südwestl. von Trat. 🚶 8000. 🚌 🛥
ℹ️ *TAT, Trat (0-3959-7259-60).*
🎉 *Gedenkzeremonie an die Seeschlacht von Ko Chang (17.–21. Jan).*

Von dem verschlafenen Fischerhafen Laem Ngop fahren die Fähren nach Ko Chang und den weiter entfernten Inseln ab. Im Januar 1941 kämpfte hier die thailändische Marine gegen französische Streitkräfte. Thailand verlor zwar drei Schiffe, fühlte sich aber als moralischer Sieger – dies wird bis heute gefeiert. Für die Gefallenen werden traditionelle Zeremonien abgehalten, und die Königliche Thailändische Marine organisiert eine Ausstellung. Im Ort stehen auch ein Denkmal und ein Museum für die Märtyrer der Schlacht.

Laem Ngop hat wenig mehr als seinen Holzpier zu bieten, an dem die Boote und Fähren festgemacht sind. Dennoch gibt es hier einige private Touristeninformationen und exzellente Restaurants sowie ein paar Hotels für jene, die die Fähre nach Ko Chang verpasst haben.

Reisende auf der Fähre von Laem Ngop nach Ko Chang

### Kambodschanischer Grenzverkehr

Reisende warten am Grenzübergang nach Kambodscha, Hat Lek

Thailands lange, schmale, östliche Landzunge schiebt sich entlang der Küste des Golfs von Thailand – und schneidet Kambodschas Kardamom-Berge vom Meer ab. In der Vergangenheit führte dies zu Spannungen zwischen beiden Ländern, heute scheinen Bangkok und Phnom Penh jedoch gern zusammenzuarbeiten, um von der Entwicklung der Region als Urlaubsgebiet zu profitieren. Der kleine, malerische Hafen Khlong Yai ist die letzte Siedlung auf thailändischem Boden, bevor es über den Fluss ins kambodschanische Hat Lek geht. Thailänder zieht es eher in das etwas berüchtigte Koh Kong, um in den Casinos zu spielen. Zunehmend entwickelt sich eine Trekking-Industrie in die Kardamom-Berge.

**Straßenkarte** *siehe hintere Umschlaginnenseiten*

# Ko Chang ⓮

เกาะช้าง

Der berühmte Meeres-Nationalpark Ko Chang heißt nach der größten der 52 Inseln des Archipels. Die raue, wilde Schönheit mit herrlichen Stränden, traumhaften Korallenriffen und dichtem Dschungel im Inselinneren, in dem zahlreiche Pflanzen und Tiere gedeihen, ist anziehend. Die bekanntesten Strände der Hauptinsel liegen an der West- und Südküste. Die Ostküste eignet sich eher zum Wandern und zur Vogelbeobachtung. Wer die Unterwasserwelt liebt, wird in den Gewässern südlich und westlich von den Korallenformationen fasziniert sein. Die Nordküste von Ko Chang ist am besten erschlossen. Hier findet man gehobene Restaurants und eine Vielzahl an Übernachtungsmöglichkeiten.

**Zur Orientierung**

☐ Dargestelltes Gebiet

**Ban Khlong Son** ist die Hauptsiedlung auf der Insel.

**Hat Sai Khao**
*Der Hat Sai Khao ist der größte und erschlossenste sowie der am meisten besuchte Strand auf Ko Chang – mit vielen Bars, Restaurants und einem quirligen Nachtleben.*

**Hat Khlong Phrao**
*Hat Khlong Phrao ist ein großartiges Ziel für Familienurlaube. Die Restaurants servieren mit die frischesten und besten Meeresfrüchte auf der Insel.*

**Der Hat Kai Bae** ist ideal zum Kajakfahren. Kajaks kann man überall mieten.

### NICHT VERSÄUMEN

★ Elefantencamp Ban Kwan

★ Fischerdorf Bang Bao

★ Than-Mayom-Wasserfall

**★ Fischerdorf Bang Bao**
*In dem hübschen Fischerdorf an der Südküste stehen einfache hölzerne Pfahlbauten am oder im Wasser.*

Hotels und Restaurants an der östlichen Golfküste *siehe Seiten 294–298 und 322–324*

### ★ Elefantencamp Ban Kwan

Ban Kwan ist ein besonders populäres Elefantencamp auf der Insel. Hier kann man in Begleitung eines erfahrenen mahout (Elefantenführer) aufregende Ausritte in das wilde Innere der »Elefanteninsel« Ko Chang unternehmen.

### INFOBOX

**Straßenkarte** E2. Parkzentrum nahe Than Mayom, Ko Chang, 50 km südwestl. von Trat. von Laem Ngop. Parkzentrum (0-3955-5080). für Ko-Chang-Nationalpark. www.dnp.go.th

0 Kilometer 4

### ★ Than-Mayom-Wasserfall

Than Mayom ist der berühmteste Wasserfall der Insel. Er wurde schon von Rama V., VI. und VII. bewundert. Vom Besuch der Monarchen zeugen die königlichen Insignien auf den Felsen.

### Hat Wai Chek

Der ruhige, idyllische Hat Wai Chek ist bei Campern beliebt. Zum Strand führt keine Straße, er kann nur zu Fuß durch das bewaldete Innere der Insel erreicht werden.

**Der Hat Sai Yao** ist bei Rucksackreisenden beliebt und ideal zum Tauchen und Schnorcheln.

### LEGENDE

- Strand
- Tauchen
- Schöne Landschaft
- Wandern
- Fährhafen
- Information
- Nebenstraße
- Piste
- Fährroute

Im Fischerdorf Ban Salak Phet *(siehe S. 125)* stehen die Häuser auf Pfählen, Ko Chang ▷

# Überblick: Ko Chang

Geisterhäuschen

Die idyllische Ko Chang ist Thailands zweitgrößte Insel und hat sich in Sachen Besucherzahlen einen Spitzenplatz erobert. Die von Bangkok aus leicht zu erreichende Trauminsel ist mit ihren Mangrovenwäldern, Klippen und dem klarem Wasser ein ideales Ziel für abwechslungsreiche Ferien. Die besten Strände liegen an der Westküste, doch die Küstenstraße, die Anfang der 1990er Jahre erbaut wurde, machte auch andere, abgeschiedenere Strände zugänglich. Aufgrund des wachsenden Fremdenverkehrs herrscht auf Ko Chang inzwischen kein Mangel mehr an gehobenen Hotels, Ferienanlagen und Spas für eine immer größere Urlauberzahl.

## Hat Sai Khao

หาดทรายขาว
11 km westl. von Tha Dan Kao.

Den längsten und beliebtesten Strand der Insel, den »Weißen Sandstrand« Hat Sai Khao, erreicht man am besten von Tha Dan Kao aus, einem der vielen Fähranleger auf Ko Chang.

An dem schmalen, zwei Kilometer langen Strand rivalisieren zahlreiche Hotels, Resorts und Strandbars um den besten Blick aufs Meer. Die Straße, die parallel zum Strand verläuft, wird von Läden, Reisebüros, Fischlokalen, Bars und ein paar kleinen Einkaufszentren gesäumt. Die Unterkünfte in dieser Gegend sind mangelhaft und überteuert. Doch am nördlichen Ende des Strands, wo es zudem ruhiger ist, finden preisbewusste Reisende günstigere Hotels. Im Meer zu schwimmen, ist nicht zu empfehlen, da die Strömung zuweilen sehr stark und gefährlich werden kann.

Beim erfrischenden Drink in einer Strandbar am Hat Khlong Phrao

## Hat Khlong Phrao

หาดคลองพร้าว
5 km südl. von Hat Sai Khao.

Der Hat Khlong Phrao bietet einen kleinen Fischerhafen mit einem der populärsten Familienstrände auf Ko Chang. Er ist perfekt für Urlauber, die Unterkünfte im mittleren Preissegment suchen. Der Strand teilt sich in einen nördlichen und einen südlichen Abschnitt – beide sind malerisch. Der Südteil wird durch einen breiten Kokospalmenhain von der Hauptstraße abgeschirmt. Besucher können ab Ban Khlong Phrao auf Elefanten durch Kautschukplantagen reiten. Die Ausritte werden von Chang Chutiman Tours und vom Elefantencamp Ban Kwan, das zwei Kilometer landeinwärts liegt, angeboten. Zudem gibt es Möglichkeiten zum Kajakfahren und Wandern.

## Khlong-Phlu-Wasserfall

น้ำตกคลองพลู
2 km nordöstl. von Hat Khlong Phrao.

Der dreistufige Khlong Phlu ist Ko Changs höchster Wasserfall und wird von den Einheimischen Nam Tok Khlong Phlu genannt. Aus 20 Meter Höhe stürzt er in ein kleines, von glatten Felsen umgebenes Becken. Das Wasser des fast in der Inselmitte gelegenen Falls fließt weiter zum Hat Khlong Phrao an der Westküste und dort in ein Trichtermündung ins Meer. Besucher wandern meist auf dem drei Kilometer langen Weg flussaufwärts, dazu folgen sie der Straße zwischen Ko Chang Plaza in Laem Chaichet und Chang Chutiman Tours landeinwärts.

Am Wasserfall sind fast immer (außer frühmorgens)

Der malerische Khlong-Phlu-Wasserfall ist in der Regenzeit am eindrucksvollsten

Hotels und Restaurants an der östlichen Golfküste *siehe Seiten 294–298 und 322–324*

viele Menschen, die hier picknicken, von den Felsen ins kühle Wasser springen, schwimmen und im dichten Regenwald der Umgebung wandern. Mit Glück kann man eine Zibetkatze, einen Berberaffen oder einen Mungo sehen – allesamt Bewohner des Nationalparks.

Da der Khlong-Phlu-Wasserfall zum Meeres-Nationalpark Ko Chang gehört, müssen Ausländer an der Rangerstation am Parkplatz eine Eintrittsgebühr entrichten. Sie ist für Erwachsene und Kinder unterschiedlich hoch.

**Einfache Unterkünfte am Strand, Ao Bai Lan**

**Kajaks zur Erkundung der nahen Inseln am Hat Kai Bae**

### Hat Kai Bae
หาดไก่แบ้

11 km südl. von Hat Sai Khao. Songthaew *von Tha Dan Kao oder vom Hat Sai Khao.*

Der schmale Hat Kai Bae ist ein von Büschen und Bäumen überwucherter Strand, der bei Flut verschwindet. Trotz seiner geringen Größe sind hier in den letzten Jahren mehrere noble Ferienanlagen mit eigenen Pools, eine Handvoll Mittelklasserestaurants und -bars sowie Supermärkte entstanden. Urlauber können Kajaks mieten, um zu den kleinen Inselchen vor der Westküste zu paddeln. In den Tauch-Shops kann man auch Motorräder und Boote ausleihen.

### Hat Tha Nam
หาดท่าน้ำ

10 km südl. von Hat Sai Khao. Songthaew *von Tha Dan Kao.*

Rucksackreisende entdeckten den »Einsamen Strand« Hat Tha Nam vor Jahren als idealen Platz zum Schwimmen und Tauchen – von Ruhe ist hier jedoch keine Spur mehr. In der letzten Zeit wurden mehrere Anlagen mit klimatisierten Betonbungalows eröffnet, man kann aber nach wie vor auch in günstigen Holzhütten nächtigen.

Hat Tha Nam ist wohl der beste Strand auf Ko Chang, um zu schwimmen. Hier geht es ziemlich seicht ins Meer. Nur an dem steilen Riff am Nordende müssen Badende vorsichtig sein. Ein Tauch-Shop am Strand vermietet Taucherausrüstung, in den meisten Bungalowanlagen kann man Kajaks und Motorroller mieten.

Die jungen Urlauber vertreiben sich die Zeit mit Frisbee, Jonglieren und Biertrinken. Abends und nachts steigen häufig laute Partys.

### Ao Bai Lan
อ่าวใบลาน

13 km südl. vom Hat Sai Khao.

In dieser Bucht ist es ruhiger als am Hat Tha Nam und perfekt für Rucksackreisende. Es gibt einen Pier, an dem ein paar Fischerboote vertäut sind und Einheimische die Angelschnur auswerfen. Die Ao Bai Lan bietet keinen Strand, sondern Felsen, dazu glasklares Wasser und ein zum Schnorcheln ideales Riff.

In den letzten Jahren entstanden ein paar neue Ferienanlagen, darunter das luxuriöse Dusit Princess Resort *(siehe S. 295),* das sich gut zwischen die traditionellen Pfahlbauten einfügt.

In den vielen Bars wird bis spät in die Nacht gefeiert, am nächsten Tag kann man sich in der beliebten Kräutersauna Bailan verwöhnen lassen.

**Sonnenbaden am Pool, Sea View Resort and Spa, Hat Kai Bae**

**Straßenkarte** *siehe hintere Umschlaginnenseiten*

In Stufen rauscht der Than-Mayom-Wasserfall in die Tiefe

### Bang Bao
บางเบ้า
19 km südl. vom Hat Sai Khao.

Besucher von Bang Bao erwartet ein einzigartiger Anblick: Das Dorf mit Blick über die Bucht ist vollständig auf Pfählen erbaut. Die hölzernen Häuser, Läden, Gästehäuser und Restaurants sind durch schmale Brücken miteinander verbunden – eine Miniaturkolonie über dem Meer. Mehrere Hütten wurden zu Seafood-Restaurants umgebaut, die für ihre Riesenkrebse und Garnelen bekannt sind.

Angler können – zum Teil direkt von ihrem Balkon aus – die Schnur auswerfen. Weitere Aktivitäten sind Schnorcheln, Tauchen und Schwimmen. Vor der Südküste sieht man oft Delfine und Meeresschildkröten. Es ist spannend, sie zu verfolgen – doch nur mit einem erfahrenen lokalen Führer. Boote und Equipment sind ebenfalls zu mieten.

Bang Bao ist während des Tags voller fotografierfreudiger Besucher. Sobald die Massen verschwunden und die Souvenirläden am Abend geschlossen sind, wird es hier herrlich ruhig. Ein gut ausgeschilderter Wanderweg führt fünf Kilometer über die Hügel von Bang Bao zur Bucht Ao Bai Lan. Etwas südlich des Dorfs liegt der nur etwa 100 Meter lange, malerische Strand Hat Sai Noi mit einem kleinen Restaurant, einer Fruchtsaft-Bar und ein paar Liegestühlen. Dort bieten zudem Frauen traditionelle Thai-Massage an.

### Hat Wai Chek
หาดไว้เช็ค
5 km östl. von Bang Bao.
von Bang Bao.

Die abgeschiedene Bucht am Hat Wai Chek zählt zu Thailands letzten ursprünglichen Paradiesen. Noch führen keine Straßenschilder in das vom Fremdenverkehr nahezu unberührte Gebiet. Wer den malerischen Strand besuchen möchte, folgt der Route von Salak Phek nach Bang Bao, die zunächst durch eine Kautschukplantage verläuft, dann zu einer Kokosplantage und schließlich zum Strand führt, an dem es weder Gästehäuser noch Restaurants oder Läden gibt. In Zukunft wird man auch den Hat Wai Chek leichter erreichen: Zwischen Bang Bao und Ban Salek Phet wird eine Straße gebaut, die die Küstenstraße rund um die Insel vervollständigen soll.

Besucher dürfen am Strand zelten, müssen aber allen Proviant selbst mitbringen. Wer gern Sport treibt, kann auf den schmalen Waldwegen wandern. Von Bang Bao aus gelangt man am besten mit geliehenen Motorrollern oder Jeeps mit Vierradantrieb zum Hat Wai Chek.

### Hafen von Than Mayom und Wasserfall
น้ำตกธารมะยม
6 km südl. von Tha Dan Kao.

An der von Mangroven gesäumten Ostküste Ko Changs finden sich nur wenige Einrichtungen für Besucher und kaum Unterkünfte. Vom Pier im Hafen von Than Mayom fahren mit Früchten beladene Boote zum Festland, ansonsten ist hier kaum etwas geboten. Zwei Kilometer südlich vom Hafen stürzt im Inselinneren ein Wasserfall von einem Hügel steil nach unten. Er ist von üppiger Vegetation umgeben und bietet eine grandiose Aussicht über die Küste. Besuchern ist das Zel-

Im dichten Wald kann man herrlich wandern, Hat Wai Chek

**Hotels und Restaurants an der östlichen Golfküste** *siehe Seiten 294–298 und 322–324*

Panoramablick auf das ruhige Gewässer und die vorgelagerten Inseln, Ko Chang

ten am Wasserfall erlaubt, sie müssen aber ihren Proviant mitbringen. Inschriften an Felsen bezeugen, dass mehrere thailändische Könige den Wasserfall besucht haben. Ausländer müssen eine Eintrittsgebühr entrichten, die jedoch für den gesamten Meeres-Nationalpark gilt.

Tintenfische trocknen in der Sonne, Ban Salak Phet

## Ban Salak Phet
บ้านสลักเพชร

16 km südl. von Tha Dan Kao. 🚻
Ban Salak Phet ist ein traditionelles Fischerdorf mit Pfahlbauten. Durch die Errichtung der langen, kurvigen Straße rund um die Insel hat es als touristisches Ziel an Bedeutung gewonnen.

Beliebt sind hier Tauch- oder Schnorcheltouren zu den Wracks von zwei thailändischen Kriegsschiffen, die die französische Marine im Zweiten Weltkrieg vor der Küste versenkte. Sehenswert sind auch die Fisch- und Krabbenfarmen sowie der Leuchtturm.

Im Umkreis von fünf Kilometern rund um Salak Phet gibt es zwei Wasserfälle: Ke Rephet und Khlong Nung. Auch zwei buddhistische Tempelanlagen – Wat Salak Phet, erbaut unter Rama V. (reg. 1868–1910), sowie ein zweiter Tempel in etwa zehn Kilometern Entfernung – lohnen einen Besuch.

### 🚻 Hat Sai Yao
หาดทรายยาว

22 km südl. von Tha Dan Kao.
Der »Lange Strand« Hat Sai Yao an Ko Changs Südostspitze war bislang eines der am wenigsten entwickelten Areale der Insel. Der Ort mit der umwerfenden Aussicht war bisher ideal für Rucksackreisende, die die Einsamkeit suchen. Doch allmählich verändert sich Hat Sai Yao: Die kurvige, holprige Straße zum Strand wurde ausgebessert,

deshalb sind Taxifahrer nun eher bereit, von Salak Phet oder Salak Kok gegen einen vernünftigen (aushandelbaren) Preis hierherzufahren.

Vom Hat Sai Yao kann man zu mehreren zauberhaften, teilweise unbewohnten Inselchen – darunter Ko Wai *(siehe S. 126)*, Ko Mai Si Yai, Ko Mai Si Lek und Ko Mai Daeng – Schwimm-, Schnorchel- oder Bootsausflüge unternehmen. Nahe der Küste erinnert ein Denkmal an die thailändischen Soldaten, die 1941 in der Seeschlacht gegen die Franzosen gefallen sind. Besucher können zu der Stätte eine Wanderung unternehmen.

Vom 457 Meter hohen Berg hinter der Treehouse Lodge lassen sich großartige Fotos machen: Geboten ist ein Panoramablick über die Inseln und die Küste.

Strohgedeckte Unterkünfte am Strand, Hat Sai Yao

**Straßenkarte** *siehe hintere Umschlaginnenseiten*

# Überblick: Ko Changs Inselwelt

Ko Kham, Ko Wai, Ko Mak und Ko Kut sind mit ihren herrlichen, einsamen Stränden ideal zum Schwimmen und Sonnenbaden. Sie bieten zudem die besten Schnorchel- und Tauchreviere im Golf von Thailand. Unter Wasser kann man in und zwischen den Riffen unzählige Fische und andere Meerestiere beobachten. Auch die Wracks der zwei Kriegsschiffe *Sonkhla* und *Chonburi* sind beliebte Tauchgründe geworden. Die südlich von Ko Chang liegenden Inseln werden von Fähren und Speedbooten angesteuert.

**Traditionelles Fischerdorf zwischen Mangroven, Ko Kut**

**Beim Tauchen zwischen den großartigen Korallenriffen vor Ko Chang**

### Ko Kham
เกาะขาม
21 km südöstl. von Ko Chang.
🚤 *von Bang Bao.* 🍴

Um die kleine »Smaragdinsel« Ko Kham kann man in nur 40 Minuten herumschwimmen oder schnorcheln. Sie ist eine der wenigen Inseln, an deren Stränden man schwarzes Vulkangestein vorfindet. An der Westküste wachsen Mangroven und wilde Orchideen, im Osten liegen zwei kleine Strände.

Auf der Insel gibt es weder Süßwasser noch Strom. Wasser wird antransportiert und Strom von Generatoren erzeugt. Das einzige Hotel bietet einfache Unterkünfte.

### Ko Wai
เกาะหวาย
10 km südöstl. von Ko Chang.
🚤 *von Bang Bao oder Laem Ngop.*
🍴🛏️

Das von weißem Sand, Palmen und Korallen gesäumte Ko Wai präsentiert sich als perfekte tropische Kulisse mit fantastischer Sicht auf die Nachbarinseln. Das Wasser ist hier so klar, dass man sogar ohne Taucherbrille den Meeresboden sehen kann. Auf der L-förmigen, hügeligen Insel liegen geschütze seichte Lagunen, in denen auch kleine Kinder sicher baden können. Die Einwohner sind sehr freundlich, ein paar Hotelanlagen bieten schlichte Zmmer, die man über einen Dschungelpfad an der Nordküste erreicht. Die Insel verfügt nur über wenige Einrichtungen, ist dank ihrer ursprünglichen Schönheit jedoch ein idealer Urlaubsort für Familien.

### Ko Mak
เกาะหมาก
22 km südl. von Ko Chang. 🚤 *von Bang Bao oder Laem Ngop.* 🍴🛏️

Ko Mak ist mit Kokos- und Kautschukplantagen bedeckt. Die Insel ist nach den Betelnusspalmen (thailändisch *mak*) benannt, die hier ebenfalls überall wachsen. Große Flächen sind im Privatbesitz der einflussreichen Familie Prompakdii, die von Beamten zu Landbesitzern aufstieg. Bis vor etwa zehn Jahren war die Insel nahezu verlassen, heute befinden sich rund 30 Ferienanlagen auf Ko Mak. Die Insel ist mit Strom, Internet-Zugang, Bootsverleihen und diversen Restaurants und Läden versorgt. Betriebsam geht es in den Buchten Ao Suan Yai und Ao Kao zu. Ko Mak und die Inselchen Ko Rayang, Ko Kra, Ko Rang und Ko Kradat sind beliebte Tauchreviere.

### Ko Kut
เกาะกูด
34 km südl. von Ko Chang.
🚤 *von Bang Bao.* 🍴🛏️

Die zweitgrößte Insel des Ko-Chang-Archipels ist am weitesten vom Festland entfernt. Früher lebten auf Ko Kut Kambodschaner und Thai, die 1904 während der französischen Besatzung von Trat *(siehe S. 117)* an diesen entlegenen Ort geflohen waren.

Haupterwerbsquelle ist die Landwirtschaft, Kokosnüsse und Kautschuk sind die wichtigsten Produkte. Die meisten Strände liegen an der Westküste. Bei Urlaubern populäre Orte sind Khlong Chao und Hat Tapao. Im unberührten Inselinneren rauscht der schöne Khlong-Chao-Wasserfall. Einen Besuch lohnt das Fischerdorf Ao Salad, in dem man frische Meeresfrüchte probieren kann.

**Dichte Kokosplantage an der Küste von Mak**

*Hotels und Restaurants an der östlichen Golfküste siehe Seiten 294–298 und 322–324*

# Strandvergnügen

Die sonnenverwöhnten tropischen Strände der östlichen Golfküste sind ideal, um den Alltag zu vergessen. Da sie nahe bei Bangkok liegen, sind sie bei ausländischen wie bei einheimischen Urlaubern beliebt. Hier bieten Sonne, Sand und Wasser Spaß und Erholung. Besucher haben die Wahl zwischen einfachen Unterkünften für Reisende mit kleinem Budget und luxuriösen romantischen Ferienanlagen sowie zwischen verlassenen Stränden und quirligen Plätzen mit ebensolchem Nachtleben. Im klaren, tiefblauen Wasser des Golfs kann man in einer vielfältigen Unterwasserwelt tauchen und schnorcheln. Seafood, Strandpartys, Thai-Massagen und Souvenirläden runden das perfekte Urlaubsangebot ab.

**Bemalte Schwimmreifen**

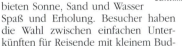

**Sonnenbaden** *ist ein beliebter Zeitvertreib. An den meisten großen Strände gibt es Liegestühle und Sonnenschirme. Dennoch ist die Gefahr von Sonnenbränden hoch – und eine gute Sonnencreme ein Muss.*

**Spiele** *wie Fuß- oder Volleyball sind populär. Häufig sind an den Stränden Netze gespannt, an denen viele spontane Matches ausgetragen werden.*

**Thai-Fußmassagen** *nach traditioneller Art lindern Verspannungen. An vielen Stränden stehen Profi-Masseure bereit, die Preise sind günstig.*

**Strandverkäufer** *sind meist freundlich und nicht aufdringlich. Sie verkaufen alles Mögliche, von Meeresfrüchten bis Modeschmuck.*

**Am Abend** *wird man an vielen Stränden mit Cabaret, Vollmondpartys, Feuershows und Live-Musik unterhalten. Viele Grüppchen feiern und singen an Lagerfeuern.*

**In Strandhütten**, *einfachen Bauten mit Strohdach, werden gekühlte Getränke und leckere Snacks serviert. Hier kann man im Schatten sitzend den Blick aufs Meer genießen.*

**Wassersportangebote** *jeglicher Art gibt es in Pattaya und an den für den Fremdenverkehr erschlossenen Stränden. Die Auswahl reicht von Kajakfahren – Kajaks werden auch an kleineren Stränden verliehen – bis zu Parasailing, Windsurfen und Kiteboarding.*

Bungalows am Pool in einem Strandhotel, Hat Thap Thim

## Hat Sai Ngam ⓯

หาดทรายงาม

**Straßenkarte** E2. 39 km südöstl. von Trat.

Der Küstenstreifen erstreckt sich auf dem Festland östlich von Ko Chang von der Provinzstadt Trat *(siehe S. 117)* bis nach Ban Hat Lek an der kambodschanischen Grenze. Hier findet man kleine Fischerdörfer sowie einige der schönsten noch unberührten Strände Thailands. Der kleine »Schöne Sandstrand« macht mit seinem reinweißen Sand und einem hübschen Kiefernwäldchen seinem Namen alle Ehre. Um hierherzugelangen, muss man eine 44 Meter lange Holzbrücke überqueren.

Die Einrichtungen sind schlicht, man bekommt aber immer etwas zu essen und zu trinken. Hier ist der perfekte Platz, um etwa Garnelenpaste und getrockneten Fisch zu probieren, die Spezialitäten der Gegend. Am Strand halten sich nur wenige Besucher, meist Thailänder und einige Ausländer, auf. Hier kann man sich noch wie früher ganz einfach am Meer entspannen, ohne vom Kommerz überrollt zu werden.

## Hat Sai Kaew ⓰

หาดทรายแก้ว

**Straßenkarte** E2. 40 km südöstl. von Trat.

Der »Kristallsandstrand« Hat Sai Kaew ist noch immer sehr ruhig und von Urlaubern kaum frequentiert. Weißer Sand und Schatten spendende Kasuarinen und Kokospalmen machen den Strand für all jene attraktiv, die sich nach Ruhe und Privatsphäre sehnen. Die Gegend erkundet man am besten mit Motorrollern oder Langbooten. Von Trat aus fahren auch Minibusse nach Hat Sai Kaew.

## Hat Thap Thim ⓱

หาดทับทิม

**Straßenkarte** E2. 48 km südöstl. von Trat.

Nahe dem Dorf Ban Mai Rut liegt der »Rubinstrand« Hat Thap Thim unweit der schmalsten Stelle des thailändischen Staatsgebiets, die die kambodschanischen Berge vom Golf von Thailand trennt. Der 450 Meter breite, malerische Sandstreifen ist ideal für ein Picknick oder einen Tagesausflug auf dem Weg nach Kambodscha.

Hier findet man einfache Unterkünfte sowie Fischlokale. Am Wochenende kommen auch häufig Einheimische aus Trat zum Strand. Die Atmosphäre am Hat Thap Thim ist entspannt – ganz anders als das internationale Flair des nahen Ko Chang.

## Hat Samran ⓲

หาดสำราญ

**Straßenkarte** E2. 58 km südöstl. von Trat.

Zwischen Trat und der Grenze nach Kambodscha liegt der nahezu einsame Strand Hat Samran (oder Hat Mai Rut). Hier findet man ein paar touristische Einrichtungen, vor allem jedoch Ruhe

Bunte Boote liegen vertäut am Pier, Hat Samran

Hotels und Restaurants an der östlichen Golfküste *siehe Seiten 294–298 und 322–324*

und eine traumhafte Landschaft. Aufgrund der fehlenden Infrastruktur gibt es hier weder Windsurfing- noch Tauchangebote. Man kann jedoch hervorragend im Meer schwimmen. Besucher erleben hier zudem ein authentisches Fischerdorf: In Ban Mai Rut kann man nicht nur Meeresfrüchte essen, sondern erhält auch einen Einblick in das Leben der Fischer.

## Hat Ban Chuen ⓳
หาดบานชื่น

**Straßenkarte** E2. 63 km südöstl. von Trat.

Der zwischen Ban Mai Rut und Khlong Yai gelegene Hat Ban Chuen ist der längste Strand bei Trat. Der pudrigfeine Sandstrand kreuzt das Fundament eines ehemaligen kambodschanischen Flüchtlingslagers. Übernachten kann man in einfachen Bungalows, das kleine Restaurant serviert Gerichte aus frischen Meeresfrüchten. Hier entsspannen viele Einheimische aus Trat.

## Ban Hat Lek ⓴
บ้านหาดเล็ก

**Straßenkarte** E2. 92 km südöstl. von Trat. 4500. tägl.

Ban Hat Lek liegt an der Grenze zu Kambodscha. Von hier aus können Reisende mit dem Boot nach Kambodscha übersetzen. Die Beantragung von Visa sowie andere Einreiseformalitäten erledigt man zuvor in Khlong Yai, der letzten Stadt vor der Grenze.

Die politisch immer wieder instabile, nahe an Kambodscha gelegene Region blickt auf eine wechselvolle Geschichte zurück. Während des Regimes von Pol Pot und der Roten Khmer und danach während der Konflikte über die Kontrolle über Kambodscha (1975–1986) hieß das unsichere Gebiet »Banditenland«. Inzwischen hat sich die Lage stabilisiert, die Atmosphäre ist allerdings immer noch ein wenig »Wilder Osten«. So versuchen etwa Schlepper, die Ausstellung von Visa zu beschleunigen, um Reisende auf die kambodschanische Seite zu bringen. Dort befindet sich ein ähnlicher, etwas heruntergekommener Grenzposten. Obwohl die Polizei immer härter durchgreift, sollte man hier auf der Hut sein, vor allem bei Dunkelheit.

Die Grenze ist zurzeit täglich von 7 bis 20 Uhr geöffnet. Auf kambodschanischem Gebiet kann man in Koh Kong übernachten.

Luftige Strandlokale servieren Meeresfrüchte, Hat Ban Chuen

Kambodschanische Häuser an der Grenze bei Ban Hat Lek

**Straßenkarte** *siehe hintere Umschlaginnenseiten*

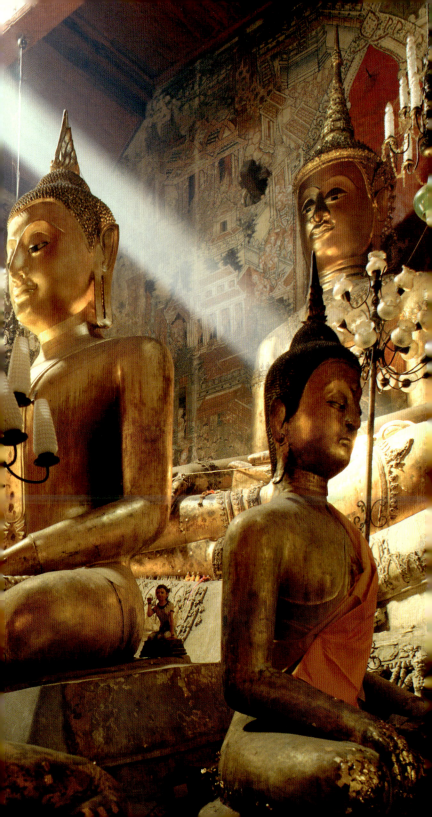

# Obere westliche Golfküste

Der obere Teil der westlichen Golfküste erstreckt sich über rund 470 Kilometer von Phetchaburi nach Chumphon. Die unweit von Bangkok gelegenen Urlaubsorte bieten eine hervorragende Infrastruktur und sind äußerst beliebt – dies gilt vor allem für die Seebäder im Umkreis der historischen Stadt Phetchaburi und der königlichen Residenz Hua Hin. Gen Süden nehmen die Besuchermassen ab. Hier liegen herrliche, kilometerlange weiße Sandstrände.

Die obere westliche Golfküste ist eine geschichtlich und kulturell bedeutende Region. Sie wird von Städten wie Phetchaburi geprägt, das mit dem architektonischen Erbe aus Khmer-, Mon-, Ayutthaya- und Rattanakosin-Zeit fasziniert.

Die bis zu 1329 Meter hohe Tenasserim-Kette bildet das lange Rückgrat der Halbinsel – und die Grenze zu Myanmar. Die Berge fangen einen Großteil des Regens ab, den der Südwest-Monsun bringt. Die Region bleibt daher relativ trocken, selbst wenn an der nahen Andamanen-Küste im Westen schwere Niederschläge abgehen. Gleichwohl ist die Region fruchtbar und für ihre saftigen Tropenfrüchte bekannt, darunter Ananas, Kokosnüsse, Zuckerrohr, Bananen, Zuckerpalmen und Mangostanen. Urlauber bereisen das Gebiet weniger wegen der historischen Bauwerke und Museen oder des dicht bewaldeten Landesinneren, sondern suchen vor allem die herrlichen, von Bergen geschützten Strände auf. Es gibt großartige unberührte Stellen, etwa den Hat Ao Noi und den Strand von Ao Manao bei Prachuap Khiri Khan. Besondere Anziehungskraft üben die schönen, von Kasuarinen gesäumten Uferpromenaden von Cha-am und Hua Hin aus – vor allem auf Wochenendurlauber aus Bangkok. Wegen der vielen, von Cha-am und Hua Hin aus leicht erreichbaren Golfplätze gilt die Gegend als Golferparadies schlechthin. Wanderer und Vogelfreunde zieht es in die Nationalparks Khao Sam Roi Yot und Kaeng Krachan, wo von August bis April Zugvögel die Salzmarschen bevölkern.

**Fischerboot bei Sonnenuntergang im ruhigen Meer vor Bang Saphan Yai**

◁ **Eindrucksvolle Buddha-Bildnisse im Wat Mahathat Worawihan, Phetchaburi** *(siehe S. 136f)*

# Überblick: Obere westliche Golfküste

Der lange schmale, durch eine Gebirgskette an der Grenze zu Myanmar geschützte Streifen der oberen westlichen Golfküste zieht sich vom kulturellen Zentrum Phetchaburi bis zum idyllischen Fischerort Chumphon und weiter bis zum abgeschiedenen Strand Hat Arunothai. Im Norden liegt Hua Hin, einer der ältesten Badeorte Thailands, noch weiter nördlich das modernere Cha-am. Die Region bietet mehrere Naturschutzgebiete, etwa den grünen, bergigen Nationalpark Kaeng Krachan oder den küstennahen Khao Sam Roi Yot mit seinen bizarren Kalksteinformationen. Ab Chumphon im Süden schwindet die Dominanz der Thai-Kultur. Zahl und Einfluss der thailändischen Muslime nehmen zu.

**Fischerboote beim Hafen, Hat Thung Wua Laen**

## Sehenswürdigkeiten auf einen Blick

### Städte und Dörfer
Bang Saphan ㉑
Cha-am ❷
Chumphon ㉕
Dan Singkhon ⓱
*Hua Hin S. 140f* ❺
*Phetchaburi S. 134–138* ❶
Prachuap Khiri Khan ⓬
Pranburi ❻

### Nationalparks
Kaeng-Krachan-
 Nationalpark ❸
*Khao-Sam-Roi-Yot-
 Nationalpark S. 144f* ❽

### Themenparks
King Mongkut Memorial Park
 of Science & Technology ⓳

### Historische Bauwerke und sakrale Stätten
Marukhathaiyawan-Palast ❹
Wat Khao Tham Khan
 Kradai ⓭

### Strände, Inseln und Buchten
Ao Bang Nang Rom ⓯
Ao Manao ⓰
Ao Thung Makham ㉗
Ko Ngam Yai und
 Ko Ngam Noi ㉓
Hat Ao Noi ⓮
Hat Arunothai ㉘
Hat Ban Krut ⓴
Hat Laem Sala ❿
Hat Naresuan ❼
Hat Sai Ri ㉖
Hat Sam Phraya ⓫
Hat Sam Roi Yot ❾
Hat Thung Wua Laen ㉒
Hat Wa Kaw ⓲
Hin Lak Ngam ㉔

### SIEHE AUCH
- *Hotels* S. 298–300
- *Restaurants* S. 324–326

**Bauern bei der Reisernte, Prachuap Khiri Khan**

### An der oberen westlichen Golfküste unterwegs

Die meisten Sehenswürdigkeiten sind über den Highway 4 zu erreichen, die Hauptverkehrsader zwischen Bangkok und dem Süden. Busse und Züge verkehren zwischen den wichtigsten Städten und von dort nach Bangkok (Bangkok–Hua Hin drei bis vier Stunden, Bangkok–Chumphon acht bis neun Stunden per Bus oder Zug). In der Region gibt es auch unregelmäßig Inlandsflüge. Die nächsten Inlandsflughäfen liegen auf Ko Samui und bei Surat Thani. Für Ausflüge in die Region können *songthaew*, Motorräder und Rikschas gemietet werden. Am besten und bequemsten erkundet man das Gebiet jedoch mit dem Auto, das man in Bangkok, Cha-am oder Hua Hin mieten kann.

*Weitere Zeichenerklärungen siehe hintere Umschlagklappe*

# OBERE WESTLICHE GOLFKÜSTE

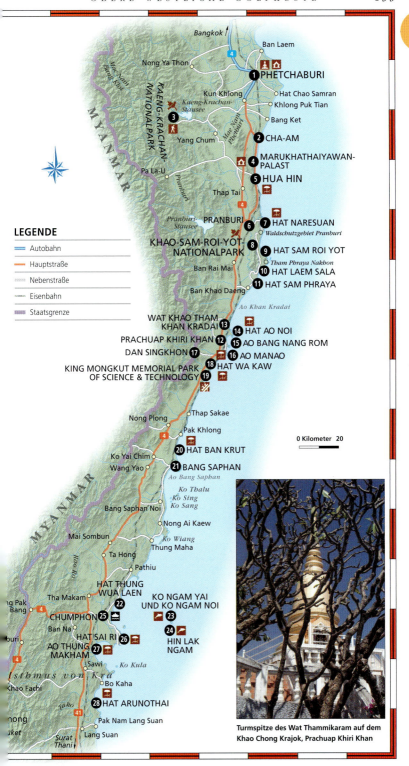

Turmspitze des Wat Thammikaram auf dem Khao Chong Krajok, Prachuap Khiri Khan

# Im Detail: Phetchaburi ❶

เพชรบุรี

Das seit dem 11. Jahrhundert besiedelte Phetchaburi (oder Phetburi) gehört zu den ältesten Städten des Landes und war schon früh eine bedeutende Handels- und Kulturstadt. In seinen 30 Tempeln finden sich Stilelemente der Mon-, Khmer- und Ayutthaya-Zeit. Im 19. Jahrhundert wurde die Stadt königliche Residenz, als Rama IV. *(siehe S. 151)* auf dem Khao-Wang-Hügel westlich des Zentrums einen Sommerpalast errichten ließ – heute Teil des Phra-Nakhon-Khiri-Geschichtsparks *(siehe S. 136).* Sehenswert sind auch der Wat Yai Suwannaram aus dem 17. Jahrhundert, die fünf Khmer-*prang* des Wat Kamphaeng Laeng und das historische Stadtviertel. Übernachtungsmöglichkeiten gibt es nur wenige. Die meisten Besucher kommen als Tagesausflügler von Bangkok.

**Brunnen, Phra Nakhon Khiri**

**Phra-Nakhon-Khiri-Geschichtspark**

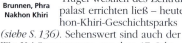

**Phra Song Road**
*An dieser Straße stehen mehrere wat.*

**Wat Mahathat Worawihan**
*Die fünf weißen Khmer-prang des restaurierten Tempels aus dem 14. Jahrhundert dominieren die Stadtsilhouette. Engel- und Götterfiguren zieren die Dächer des zentralen wihan und bot.*

**Ladenhäuser aus Holz**
*In vielen Städten hat Beton Holz als Baumaterial abgelöst, doch in Phetchaburi stehen noch immer viele schöne Holzhäuser an der Uferstraße.*

**Wat Tho**

---

### NICHT VERSÄUMEN

★ Geschichtspark Phra Nakhon Khiri

★ Wat Kamphaeng Laeng

★ Wat Yai Suwannaram

---

# PHETCHABURI

### ★ Geschichtspark Phra Nakhon Khiri
*Rama IV., ein passionierter Astronom, ließ das Observatorium nahe seinem Sommerpalast bauen – heute ist es ein Museum. Der umliegende baumbestandene Park ist schön gestaltet und bietet einen weiten Blick auf Phetchaburi.*

### INFOBOX

**Straßenkarte** C1. 120 km südwestl. von Bangkok. 48 000.

TAT, Cha-am (0-3247-1005).
tägl. *Phra-Nakhon-Khiri-Fest (8 Tage Anfang Feb).*

### ★ Wat Yai Suwannaram
*Berühmt ist der Tempel aus der Ayutthaya-Zeit* (siehe S. 40f) *wegen seiner schönen, originalen Wandbilder von Hindu-Göttern im* bot. *Die Handschriftenbibliothek der Anlage steht auf Pfählen in einem Teich.*

0 Meter 75

Wat Yai Suwannaram

### LEGENDE

– – – Routenempfehlung

### ★ Wat Kamphaeng Laeng
*Dies ist einer der wenigen Khmer-Schreine außerhalb des thailändischen Nordostens. Die fünf verfallenen Laterit-*prang *im Khmer-Stil stammen wohl aus dem 12. Jahrhundert. Buddhistisch wurde der einstige Hindu-Tempel erst später.*

**Straßenkarte** *siehe hintere Umschlaginnenseiten*

# Überblick: Phetchaburi

Statue Ramas V.

Phetchaburi – die »Diamantenstadt« – ist eine alte, königliche Stadt mit historischen Gebäuden und Tempeln, Frangipani-Blüten und exotischen Süßigkeiten. Mitten durch die Provinzhauptstadt windet sich der Fluss Phet. Viele der *wat* Phetchaburis, vor allem diejenigen aus der Ayutthaya-Zeit, sind gut erhalten, andere wurden professionell restauriert. Die Silhouette der Stadt dominieren die Spitztürme der *wat* und drei große Hügel im Westen. Phetchaburis Architektur ist beeinflusst von buddhistischer Ikonografie und vereint asiatische, indische, Khmer- und europäische Stilelemente.

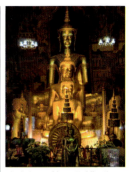

Die drei vergoldeten Buddha-Figuren im Wat Mahathat Worawihan

Sonnenlicht erhellt die Hauptkammer der Khao-Luang-Höhle

## Khao-Luang-Höhle

ถ้ำเขาหลวง

5 km nordwestl. vom Stadtzentrum. tägl. 8–18 Uhr. Spende.

In den drei miteinander verbundenen Kammern der großen Tropfsteinhöhle Khao Luang stößt man auf zahlreiche Buddha-Bildnisse, darunter einen *phra non* (Liegender Buddha). Diese zentrale Figur aus Bronze wurde im Auftrag von Rama V. (reg. 1868–1910) zu Ehren seiner glorreichen Vorgänger Rama III. (reg. 1824–51) und Rama IV. (reg. 1851–68) gegossen. Eine natürliche Öffnung in der Decke der zweiten Kammer lässt Sonnenlicht einfallen, das – vor allem an klaren Tagen – die Bildnisse in der Höhle beleuchtet. Rechts vom Höhleneingang steht am Fuß des Hügels der **Wat Tham Klaep** oder Wat Bun Thawi. Bemerkenswert sind die schön beschnitzten Holzportale von *wihan* und *bot*.

## Phra-Nakhon-Khiri-Geschichtspark und Khao Wang

เขาวังและอุทยานประวัติศาสตร์พระนครคีรี

Bei Phet Kasem Rd. 0-3242-5600. tägl. 9–17 Uhr.

Auf der Kuppe des 92 Meter hohen Khao Khiri dominiert die »himmlische Bergstadt« die westliche Stadtsilhouette von Phetchaburi. Die Palastanlage, heute ein Geschichtspark, wurde in den 1850er Jahren als Sommerresidenz für Rama IV. erbaut. Bei den Einheimischen heißt der Berg deshalb Khao Wang (Palastberg).

Der Komplex vereint chinesische, europäische und japanische Stilelemente mit thailändischen Bautraditionen. Von seinem Standort zwischen Bäumen, Felsen und Höhlen hat man einen schönen Blick auf die Stadt sowie eine Panoramasicht über die Gegend. Die gesamte Anlage erstreckt sich über drei Gipfel und umfasst königliche Pavillons, Tempel, Paläste und andere Gebäude. Der Königliche Palast und der Observatoriumsturm Ho Chatchawan Wiangchai, den der begeisterte Astronom Rama IV. errichten ließ, stehen auf der Westkuppe. Der unter Rama V. erbaute weiße *chedi* Phra That Chomphet liegt auf der mittleren Anhöhe, den östlichen Hügel dominiert der Wat Maha Samanaram. Er beherbergt im Inneren schöne Wandbilder. 1988 wurde der Komplex in einen Geschichtspark umgewandelt. Zur Anlage gelangt man über kurvige, gepflasterte Wege, wer den anstrengenden Anstieg scheut, nimmt die Zahnradbahn an der Westseite. Für den Park sollte man mindestens einen halben Tag einplanen.

## Wat Mahathat Worawihan

วัดมหาธาตุวรวิหาร

Thanon Damnoen Kasem. tägl. 8.30–16 Uhr.

Im Stadtzentrum ragen unübersehbar die fünf weißen *prang* des Wat Mahathat Worawihan auf. Sie bilden das

Blick auf den Phra-Nakhon-Khiri-Geschichtspark

**Hotels und Restaurants an der oberen westlichen Golfküste** *siehe Seiten 298–300 und 324–326*

spirituelle Zentrum von Phetchaburi. Wahrscheinlich entstand der Tempel bereits im 14. Jahrhundert, den Status als *mahathat* – als Kloster, dessen *chedi* eine Buddha-Reliquie bewahrt – erhielt er jedoch erst 1954. Die Reliquie wurde dem Worawihan vom derzeitigen König, Rama IX., übergeben.

Der Tempel mit den auffälligen *prang* (der mittlere ist 55 Meter hoch) und dem *chedi* im Khmer-Stil ist vom Mahayana-Buddhismus beeinflusst. Die heiligen *Sema*-Steine, die den Tempelbezirk markieren, sind vielleicht sogar Überreste eines älteren *wat*. Einige dieser Steine datieren aus der späten Dvaravati-Zeit *(siehe S. 39)*. Der große *wihan* vor dem Tempel beherbergt eine prächtige Buddha-Dreiergruppe. Die Wände des *wihan* sind mit über 100 Wandbildern geschmückt. Sie zeigen u. a. Thai in europäischen Kleidern aus der viktorianischen Zeit.

Buddha-Statue zwischen Khmer-Ruinen, Wat Kamphaeng Laeng

Wandbild mit mythologischer Szene, Wat Yai Suwannaram

### 🛕 Wat Yai Suwannaram
วัดใหญ่สุวรรณาราม
Thanon Phongsuriya. ⏱ *tägl. 8.30–16 Uhr.*
Der Wat Yai Suwannaram aus dem 17. Jahrhundert ist der vielleicht schönste Tempel in Phetchaburi. Sein zentraler *wihan* weist im Inneren berühmte, über 300 Jahre alte Wandbilder von *thevada* (buddhistische Engel) auf. Eines der schön beschnitzten Tore der nahen Teak-*sala* zeigt einen Einschnitt, der vom Schwert eines Soldaten der birmanischen Armee stammen soll, die im Krieg von 1767 *(siehe S. 41)* hier eindrang. Der zentrale *bot* im Ayutthaya-Stil besitzt keine Fenster. Der ungewöhnliche *hor trai* (Schriftenarchiv) steht auf Pfählen in einem Lotosteich, um die Handschriften auf Palmblättern vor Termiten und anderen Insektenschädlingen zu schützen.

### 🛕 Wat Kamphaeng Laeng
วัดกำแพงแลง
Thanon Phongsuriya.
⏱ *tägl. 8.30–16 Uhr.*
Der Wat Kamphaeng Laeng im Osten Phetchaburis ist das älteste noch bestehende Bauwerk der Stadt. Der halb verfallene Khmer-Bau lässt vermuten, dass die Stadt zum südlichsten Teil des Khmer-Reichs (9.–13. Jh.) gehörte. Dieses erstreckte sich im Osten bis zum Mekong-Delta und zum Südchinesischen Meer und im Norden bis Zentral-Laos. Ursprünglich war dies wohl eine Hindu-Stätte, dann wurde sie zum buddhistischen Tempel. Fünf baufällige Khmer-*prang*, die wohl jeweils einer anderen Hindu-Gottheit geweiht waren, sind noch vorhanden. Sie sind kreuzförmig angeordnet und blicken gen Osten. Der mit Dvaravati-Stuck verzierte Komplex aus Sandstein und Laterit stammt aus dem 11. oder 12. Jahrhundert.

### 🛕 Phra Ratchawang Ban Puen
พระราชวังบ้านปืน
2 km südl. vom Stadtzentrum.
📞 *0-3242-8506-9.* ⏱ *tägl. 8–16 Uhr.* 
Der Phra Ratchawang Ban Puen ist ein Palast aus dem 20. Jahrhundert, der mitten zwischen den Kasernen von Phetchaburi steht. Das unter Rama V. errichtete Gebäude ähnelt einem europäischen Herrenhaus. Der Bau begann kurz vor dem Tod des Monarchen 1910 und dauerte bis 1916. Seine deutschen Architekten waren vom Jugendstil beeinflusst, wie an der Fenstergestaltung und an den schönen, glasierten Fliesen zu sehen ist.

Glasierte Fliesen und Marmorfiguren im Phra Ratchawang Ban Puen

**Straßenkarte** *siehe hintere Umschlaginnenseiten*

# Hauptstadt der süßen Sünden

Phetchaburi ist in ganz Thailand für seine Vielfalt an köstlichen Süßigkeiten bekannt, die u.a. aus Palmzucker und -samen, Kokosmilch, Bananen, Java-Äpfeln, Ananas und anderen frischen Früchten hergestellt werden. Der Phetchaburi-*tanot* (Palmzucker) gilt als besonders süß und erfrischend und wird oft mit Zutaten wie Mehl, Eiern und Reis verarbeitet. Die *Thai khanom* (Thai-Süßspeisen) sind von ihrer Struktur und ihrer Machart her anders als europäische Süßigkeiten. Oft werden sie mit Eis, in Bananenblätter eingeschlagen oder als kleine Küchlein serviert. Auf den zwei wichtigsten Festen der Provinz Phetchaburi, dem Phra-Nakhon-Khiri- und dem Thai-Song-Dam-Fest, kann man die ganze Palette testen. Einheimische in traditionellen Kostümen demonstrieren ihre überlieferten Herstellungsverfahren und verkaufen die Süßigkeiten.

**Bananen, Zutat für Süßspeisen**

**Thai khanom** sind erfrischend und werden selten wie Süßigkeiten in Europa verpackt oder gar aufgehoben. Meist werden sie schnell gegessen.

## Süßwarenmärkte

Auf fast allen Märkten werden in einem eigenen Bereich Süßigkeiten und Desserts angeboten, von nationalen Leckereien bis zu lokalen Spezialitäten. Fast überall darf man probieren.

**Kokosnüsse** *gehören zu den vielseitigsten Bestandteilen von Süßspeisen. Sie werden auf ganz unterschiedliche Art eingesetzt.*

**Khao tom mat sai kluay** *wird aus gesüßtem Klebreis hergestellt. Diese typische Grundzutat wird mit Kokosmilch abgeschmeckt, in einem Bananenblatt gedämpft und mit frischen Früchten, etwa Bananen oder Durians, gegessen.*

**Die goldenen Drei** – thong yip, thong yawt *und* foy thong – *sind berühmte Phetchaburi-Nachspeisen aus in Palmzuckersirup gekochtem Enteneigelb. Die unterschiedliche Konsistenz entsteht beim Kochen.*

**Wun maphrao**, *ein Gelee aus Kokosnuss, Agar-Agar und Zucker, wird auf den Märkten oft verkauft.*

**Tako** *ist eine leckere Eierspeise mit grünem Erbsenmehl, Wasserkastanien, Zucker und Kokoscreme, die in Padanusblättern gekocht und kühl serviert wird.*

**Kalamae** *ist ein festes Toffee aus eingedickter Kokoscreme mit Zucker und Mehl. Es wird in mundgerechte Stückchen geschnitten und verkauft.*

Lange Veranden verbinden die Säle und Gemächer im Marukhathaiyawan-Palast

## Cha-am ❷

ชะอำ

**Straßenkarte** C1. 34 km südl. von Phetchaburi. 🚶 *51 000.* 🚌 🚆 🛈 *TAT, 500/51 Phetkasem Rd, Cha-am (0-3247-1005).* ✈ tägl.

Das wegen seines fünf Kilometer langen Sandstrands bekannte Cha-am wurde in den 1980er Jahren immer beliebter. Früher war der Marktflecken ein ruhiges Fischerdorf, heute ist es ein beliebtes Ziel für Wochenendausflüge von Bangkok.

Neben dem Strand bietet Cha-am auch einen großen Markt mit frischen Früchten, diverse Seafood-Restaurants am Pier und den Wat Cha-am, einen kleinen Höhlentempel aus der Ayutthaya-Periode *(siehe S. 40f).* Vor allem Thai besuchen den Ort, um dort zu essen und zu trinken. Am Strand und der Nähe verkaufen Stände und Straßenküchen leckeren gegrillten Fisch und Seafood. Es gibt auch lokale Spezialitäten wie gebratenes Hühnchen und Schweinefleisch. Am Strand sind mittlerweile große Ferienanlagen entstanden. Dort sowie am Nordende des Küstenstreifens findet man gehobenere Restaurants.

## Kaeng-Krachan-Nationalpark ❸

อุทยานแห่งชาติแก่งกระจาน

**Straßenkarte** C1. Parkzentrum nahe Hwy 3175, 48 km westl. von Cha-am. 🛈 *Parkverwaltung (0-3245-9293); Forstamt (0-2562-0760 für Bungalow-Reservierung).* 🚌 🚆 📧 www.dnp.go.th

Der 1981 gegründete Nationalpark ist mit 2920 Quadratkilometern Fläche der größte Thailands. Er nimmt fast die Hälfte der Provinz Phetchaburi ein. Der bei Besuchern noch wenig bekannte Park umfasst ursprünglichen, immergrünen tropischen Regenwald. Hier leben rund 40 Säugetierarten, darunter Tiger, Leoparden, Elefanten, Gibbons, Languren und Kragenbären. In den Salzmarschen brüten Tausende Zugvögel aus China und Sibirien.

Der Kaeng Krachan bietet schöne Wanderwege sowie Bootsfahrten auf dem 45 Quadratkilometer großen **Kaeng-Krachan-Stausee**, der von Waldbächen und Flüssen gespeist wird.

## Marukhathaiyawan-Palast ❹

พระราชวังมฤคทายวัน

**Straßenkarte** C1. Nahe Hwy 4, 9 km südl. von Cha-am. 🛈 *TAT, Cha-am (0-3247-1005).* 🚌 *von Cha-am.* ⏰ *tägl. 8.30–16.30 Uhr.* 💰 *Spende.* 🚫 *im Schlafgemach.*

Der Name des einstigen Sommerpalasts Ramas VI. (reg. 1910–25) bedeutet »Palast der Liebe und Hoffnung«. Der Prachtbau aus Teakholz wurde 1923 in nur 16 Tagen nach dem Entwurf eines italienischen Architekten errichtet. Als Rama VI. zwei Jahre später starb, wurde er nicht mehr benutzt und stand jahrzehntelang leer. Nun ist er restauriert und erstrahlt in altem Glanz. Das luftige Gebäude mit den schlicht dekorierten Hallen, Veranden und Gemächern ist pastellfarben gehalten. Von den Wegen hat man einen herrlichen Meerblick. Obwohl der Palast besichtigt werden kann, kommen nur selten Besucher.

Pferdevermieter am Strand von Cha-am

Hotels und Restaurants an der oberen westlichen Golfküste *siehe Seiten 298–300 und 324–326*

# Hua Hin ❺

หัวหิน

**Königlicher Wartesaal**

Mit der Eröffnung der Bahnstrecke Bangkok–Hua Hin 1911 entwickelte sich Thailands ältester Badeort sprunghaft. Hua Hin profitierte vom damaligen Heilbäder-Boom. Rangniedere Mitglieder der Königsfamilie, die High Society und wohlhabende Ausländer kamen in Scharen. 1922 entstand der Neun-Loch-Golfplatz. 1926 ließ Prinz Chulachakrabongse (1908–1963) den Sommerpalast Klai Klangwon (»fern von Sorgen«) errichten. Hua Hin büßte zwar nach dem Zweiten Weltkrieg an Popularität ein, doch heute ist es wieder ein international bekannter Badeort, an dessen Uferpromenade sich Bierlokale und exklusive Resorts abwechseln.

Rot-weiß gepflasterter Bahnsteig am Bahnhof von Hua Hin

## Bahnhof Hua Hin

สถานีรถไฟหัวหิน

Thanon Liap Thang Rot Fai. 🍴 ⛩

Thailands wohl schönster Bahnhof ist auch einer der ältesten des Landes. Das markanteste Element des Baus aus dem späten 19. Jahrhundert ist das hölzerne Hauptgebäude, das heute als Empfangshalle und Warteraum dient. Ursprünglich war es ein Pavillon des Sanam-Chan-Palasts in Nakhon Pathom und wurde im späten Rattanakosin-Stil unter Rama VI. (reg. 1910–25) erbaut. Mit seinem gestaffelten Dach, den hochgezogenen Gesimsspitzen und den rautenförmigen rostroten und cremefarbenen Fenstern verströmt das Gebäude im klassischen Thai-Stil den Charme vergangener Zeiten. Es ist ein beliebtes Fotomotiv, genauso wie die ausgemusterte Dampflokomotive, die gegenüber dem Bahnsteig steht.

## Railway Hotel

โรงแรมรถไฟ

1, Thanon Damnoen Kasem.
📞 0-32 51-2021. 🍴 ⛩
www.sofitel.com

Hua Hins Flair der 1920er Jahre lebt im Railway Hotel von 1923 weiter. 1993 wurde der in den 1960er Jahren heruntergekommene Bau restauriert. Das Architektenteam erhielt dafür den Outstanding Conservation Award der thailändischen Architektenkammer. Heute residiert hier das Sofitel Centara Grand Resort and Villas *(siehe S. 299)*. Die Teakholztreppen, hohen Räume und eleganten Teesalons versetzen einen in ein anderes Jahrhundert. Vor der Wiedereröffnung diente das Haus anstelle des Renakse Hotels im kambodschanischen Phnom Penh als Filmkulisse für *The Killing Fields*.

## 🏖 Hat Hua Hin

หาดหัวหิน

Thanon Damnoen Kasem. 🍴 ⛩

Der nach den großen, glatten Felsen an seinem Nordende benannte Hat Hua Hin ist ein überraschend schöner, sauberer Strand mit weichem weißem Sand. Rund fünf Kilometer lang reihen sich hier kleine Souvenirläden, Bars und Restaurants. Der schönste Abschnitt befindet sich vor dem Railway Hotel. Etwas zurückversetzt vom Strand steht eine lange Reihe von Eigentumswohnanlagen und Luxushäusern. Unter der Woche ist der Strand relativ ruhig, am Wochenende ist hier allerdings der Bär los. Am Hat Hua Hin kann man schwimmen. Geboten werden zudem Wasserskifahren, Kiteboarden und weitere Wassersportarten sowie Ponyreiten für Kinder.

## 🏠 Nachtmarkt

ตลาดโต้รุ่ง

Thanon Dechanuchit West. 🕒 tägl. 17–24 Uhr. 🍴 ⛩

Der Nachtmarkt von Hua Hin erstreckt sich zu beiden Seiten der Thanon Dechanuchit, vor

Strandrestaurant mit Meerblick, Railway Hotel

Hotels und Restaurants an der oberen westlichen Golfküste *siehe Seiten 298–300 und 324–326*

# HUA HIN

Malerischer Park mit Gehweg auf dem Khao Hin Lek Fai

### INFOBOX

**Straßenkarte** C2. 27 km südl. von Cha-am. 53 000. TAT. Cha-am (0-3247-1005). tägl. Hua Hin Jazz Festival (Juni). **www**.tourismhuahin.com

### Khao Hin Lek Fai
เขาหินเหล็กไฟ

3 km westl. vom Zentrum. Vom ruhigen Park auf dem Gipfel des 158 Meter hohen Khao Hin Lek Fai («Feuersteinhügel») hat man einen herrlichen Blick über die Stadt. Schilder führen zu sechs Aussichtspunkten. Zum Eingang des Parks am Suksamran-Tempel kommt man zu Fuß, mit dem Auto oder mit dem Rad. Frühaufsteher absolvieren hier ihr Trainingsprogramm oder entspannen und genießen die Schönheit des Parks. An der Straße zum Hügel bekommt man auf dem geschäftigen Chatchai-Markt Snacks und Souvenirs.

### Khao Takiab
เขาตะเกียบ

6 km südl. vom Zentrum. Auf dem 76 Meter hohen Khao-Takiap-Hügel («Essstäbchen-Hügel») stehen einige kleine Schreine mit Darstellungen von Guan Yin, der Göttin der Barmherzigkeit. Nicht weit vom Fuß des Hügels beeindruckt Wat Khao Lad mit einer 20 Meter hohen Buddha-Figur und einer charakteristischen Pagode.

Südende des Hat Hua Hin, im Hintergrund der Khao Takiab

allem rund um die Kreuzung Thanon Sasong. Der Markt hat von 17 Uhr bis Mitternacht geöffnet. Während die Einheimischen ein gutes Geschäft machen möchten, flanieren die Urlauber von Stand zu Stand und versuchen die Preise für Souvenirs und andere Waren herunterzuhandeln.

Die Essensstände sind in der Regel reinlich und bereiten leckere Gerichte aus Seafood auf Bestellung frisch zu. Auf dem Markt bekommt man Souvenir-T-Shirts und andere günstige Kleidung, DVDs und antiquarische Bücher auf Englisch und in anderen westlichen Sprachen.

**Zentrum von Hua Hin**

Bahnhof Hua Hin ①
Hat Hua Hin ③
Nachtmarkt ④
Railway Hotel ②

Zeichenerklärung *siehe hintere Umschlagklappe*

Straßenkarte *siehe hintere Umschlaginnenseiten*

Küstenstraße zwischen Hat Naresuan und Pranburi

## Pranburi ❻

ปราณบุรี

**Straßenkarte** C2. 35 km südl. von Hua Hin. 50000. tägl.

Die Kleinstadt wird dank ihrer sauberen Strände und einiger guter Hotels bei Reisenden zunehmend beliebter. Hauptattraktion sind die Mangrovenwälder am Fluss Pranburi, die seit 1982 das fünf Quadratkilometer große **Waldschutzgebiet Pranburi** bilden. Das Schutzgebiet grenzt ans Meer und wartet mit einem zwei Kilometer langen, von Palmen gesäumten Strand auf. Auf einem erhöhten Plankenweg aus Holz kann man ganz bequem durch Teile des Walds im Mangrovensumpf wandern. Das ganztägig geöffnete Parkbüro arrangiert auch Bootsfahrten auf dem Fluss. Pranburi ist zudem ein idealer Ausgangspunkt für Ausflüge zum Hat Naresuan und Khao-Sam-Roi-Yot-Nationalpark.

🌿 **Waldschutzgebiet Pranburi**
tägl. (bis Sonnenuntergang).

## Hat Naresuan ❼

หาดนเรศวร – ปากน้ำปราณ

**Straßenkarte** C2. 10 km östl. von Pranburi. TAT, Cha-am (0-3247-1005).

Der Hat Naresuan ist vielleicht der erste ruhigere Strand südlich von Bangkok. An dem langen, fast wüstenhaft wirkenden goldenen Sandstrand wachsen hohe Palmen und Kasuarinen. Der Streifen selbst ist unter verschiedenen Namen bekannt. Ein kleiner Hügel an seinem Südende ähnelt einem Schädel (kalok), was ihm den Namen Hat Khao Kalok (»Schädelhügelstrand«) eintrug. Gelegentlich wird er auch Pak Nam Pran genannt – wie der Ort an der Mündung des Flusses Pranburi acht Kilometer nördlich. Der offizielle Name Hat Naresuan erinnert an König Naresuan (siehe S. 41), der im späten 16. Jahrhundert die Birmanen vertrieb und die siamesische Unabhängigkeit wiederherstellte. Früher fuhren die Familien der reichen Thailänder hierher, heute ist Hat Naresuan ein geschäftiger Ferienort mit gehobenen, aber auch günstigen Boutique-Hotels und Restaurants, einigen kleineren Märkten und vielen Läden. Auch wenn der Strand nicht besonders aufsehenerregend ist, ist er doch wegen der hübschen, preisgünstigen Unterkünfte beliebt. Oft kann man vom Strand aus spielende Delfine im Meer sehen. Im Ort Pak Nam Pran und direkt am Strand werden in mehreren Restaurants fangfrische Meeresfrüchte serviert.

## Khao-Sam-Roi-Yot-Nationalpark ❽

อุทยานแห่งชาติเขาสามร้อยยอด

Siehe S. 144f.

Beliebtes Strandlokal am Hat Naresuan

Hotels und Restaurants an der oberen westlichen Golfküste *siehe Seiten 298–300 und 324–326*

# Hat Sam Roi Yot ❾

หาดนมสาว

**Straßenkarte** C2. Khao-Sam-Roi-Yot-Nationalpark. 🚌 🚗 🛈 *TAT, Cha-am (0-3247-1005).* 🍴 🏨

Der feste, goldfarbene Sand des sauberen Hat Sam Roi Yot wird von Palmen beschattet. Der Strand liegt im Ostteil des Khao-Sam-Roi-Yot-Nationalparks und wird auch Hat Nom Sao genannt. An dem wirklich schönen Strand kann man gut und sicher schwimmen. Die direkt am Strand gelegenen Unterkünfte sind einfach, aber gemütlich, Gleiches gilt für die kleinen, freundlichen Lokale und Bars. Vom Hat Sam Roi Yot fahren Schnellboote zu einigen der kleineren Inseln vor der Küste, etwa nach Ko Nom Sao, Ko Kho Ram, Ko Rawing und Ko Rawang. Dort kann man ausgezeichnet schnorcheln und in aller Ruhe sonnenbaden.

**Hat Sam Phraya, ein idealer Strand für Camper**

# Hat Laem Sala ❿

หาดแหลมศาลา

**Straßenkarte** C2. Khao-Sam-Roi-Yot-Nationalpark. 🚗 🛈 *TAT, Cha-am (0-3247-1005).* 🍴 🏨

Steile Kalksteinhügel umgeben den von Kasuarinen gesäumten, attraktiven Strand Hat Laem Sala. Er liegt abgeschieden am östlichen Rand des Khao-Sam-Roi-Yot-Nationalparks. Am Strand befinden sich ein Besucherzentrum sowie Restaurants und einfache Bungalows. Die Strandlokale servieren verschiedenste Arten von gebratenem Seafood. Im Meer kann man gefahrlos schwimmen, in einigen Höhlen auch tauchen. Zelten und Wandern sind möglich. Vom Hat Laem Sala führt ein Fußweg zur beliebten Höhle **Tham Phraya Nakhon**, in der ein Pavillon für Rama V. (reg. 1868–1910) gebaut wurde.

# Hat Sam Phraya ⓫

หาดสามพระยา

**Straßenkarte** C2. Nationalpark Khao Sam Roi Yot. 🚌 🚗 🛈 *TAT, Cha-am (0-3247-1005).* 🍴 🏨

Nur wenige Reisende kommen zum weißen Sandstrand Hat Sam Phraya. Wer den Khao-Sam-Roi-Yot-Nationalpark besucht, kann hier gut zelten, da an beiden Enden des Strands Sanitäreinrichtungen stehen. Oder man übernachtet in den teils luxuriösen Bungalows und genießt in den kleinen Strandrestaurants Meeresfrüchte. Der Gipfel des nahen Khao Daeng («Roter Hügel») bietet vor allem bei Sonnenuntergang einen herrlichen Blick über den Strand. Nur zwei Kilometer vom Park entfernt verläuft der Kanal **Khlong Khao Daeng** durch Mangrovenwälder. Im Angebot sind Bootsfahrten durch die Mangroven. Die etwa fünf Kilometer lange Fahrt dauert über eine Stunde und ist bei Sonnenuntergang am schönsten.

**Felswand mit Vegetation, Hat Sam Roi Yot**

**Straßenkarte** *siehe hintere Umschlaginnenseiten*

# Khao-Sam-Roi-Yot-Nationalpark ❽

อุทยานแห่งชาติเขาสามร้อยยอด

»Vorsicht, Affen!«

Der kleine Küstenpark Khao Sam Roi Yot (»Berg der 300 Gipfel«) bietet auf 98 Quadratkilometern Fläche eine kontrastreiche Landschaft mit Meer, Sand, Marschen, Bergen und Höhlen. Seine Besonderheit sind die vielen, charakteristisch geformten Kalksteinspitzen – die höchste, Khao Krachom, ragt 605 Meter auf. Die schönen Strände, Süßwassermarschen und Mangrovenwälder des Parks bieten Millionen Zugvögeln auf ihrem Weg von Sibirien nach Sumatra und Australien Zuflucht. Sie können hier rasten, fressen und nisten. Im Park leben zudem Brillenlanguren, Plumploris und Makaken.

Dorfbewohner fischen in den Gewässern beim Nationalpark

### ★ Bunte Vogelwelt
*Die Marschen des Parks liegen auf der Zugvogelstrecke zwischen Ostasien und Australien. Hier leben rund 300 Vogelarten, fast die Hälfte davon sind Zugvögel. Zu sehen sind diese von September bis November sowie von März bis Mai.*

**Ban Rong Jai** ist eines von drei Parkzentren im Khao Sam Roi Yot. Zu diesem Zentrum gehört ein Naturforschungszentrum.

Thung Sam Roi Yot

🛈 **Bang Rong Jai**

*Hua Hin 40 km*

*Khao Krachom 605 m* ▲

**Khao Krachom** ist mit 605 Metern die mächtigste Kalksteinspitze des Parks. Sie ist nicht leicht zu erklimmen.

**Mangroven**
*Mangrovensümpfe und -wälder bilden an der Küste einen wichtigen Schutz gegen hohe Wellen und Stürme und sind ein undurchdringliches Refugium für Wildtiere, vor allem für Makaken und Krebse.*

**Ban Don Yai Nu**

*Prachuap Khiri Khan 48 km*

1026

### NICHT VERSÄUMEN

★ Blick auf die 300 Gipfel

★ Bunte Vogelwelt

★ Tham Phraya Nakhon

0 Kilometer 2

**Die südlichen Marschen** sind nur wenig von den wachsenden Garnelen-Aquakulturen betroffen. Die unberührten Gebiete sind ideal zur Vogelbeobachtung.

Hotels und Restaurants an der oberen westlichen Golfküste *siehe Seiten 298–300 und 324–326*

# KHAO-SAM-ROI-YOT-NATIONALPARK

### INFOBOX

**Straßenkarte** C2. Parkzentrum nahe Hwy 4, 43 km südl. von Pranburi. ▮ *Parkverwaltung (0-3282-1568); Forstamt (0-2562-0760 (für Bungalow-Reservierung).* 🚌 *Pranburi, dann songthaew.* 🌐 www.dnp.go.th

### ★ Blick auf die 300 Gipfel
*Die zahlreichen Kalksteinzacken des Parks sind mit immergrünen laubwerfenden Bäumen und Sträuchern bewachsen. Sie sind schwer zu besteigen, bieten aber vor allem bei Sonnenaufgang und -untergang einen fantastischen Anblick.*

### Hat Sam Roi Yot
*Der mit Sanitäranlagen, Picknickbereichen und Lokalen hervorragend ausgestattete Hat Sam Roi Yot liegt direkt am Park. Hier findet man gute Mittelklasse-Unterkünfte.*

### ★ Tham Phraya Nakhon
*Die faszinierende Höhle erlangte durch die hübsche* sala *(Pavillon) Berühmtheit, die sich Rama V. darin errichten ließ. Weitere Attraktionen sind der auffällig geformte »Krokodilfelsen« und der »Pagodenfelsen«.*

**Tham Sai** ist eine kleine Höhle, in der Fledermäuse und Salangane Schutz finden.

### LEGENDE
- 🏖 Strand
- ☀ Aussichtspunkt
- ▲ Gipfel
- ℹ Information
- ━ Nebenstraße
- ╌ Fußweg
- ╍ Parkgrenze

### Wanderwege
*Durch den Park führen markierte Wanderwege. Am populärsten ist die Route zum Aussichtspunkt auf dem Khao Daeng. Vom Gipfel eröffnet sich ein atemberaubender Panoramablick über den Park und das Meer.*

Ein Mönch ruft mit der Glocke zum frühmorgendlichen Gebet, Prachuap Khiri Khan *(siehe S. 148)* ▷

Wat Thammikaram auf dem Khao Chong Krajok in Prachuap Khiri Khan

## Prachuap Khiri Khan ⓬

ประจวบคีรีขันธ์

**Straßenkarte** C2. 75 km südl. von Pranburi. 🚶 *30 000*. 🚇 🚌 🚢
🛈 TAT, Cha-am (0-3247-1005).
🎪 tägl.

An Thailands schmalster Stelle, zwischen Myanmar im Westen und dem Golf von Thailand im Osten, liegt der Fischereihafen Prachuap Khiri Khan. Die bedeutende Provinzhauptstadt erlebte ihre Blüte in der Ayutthaya-Zeit *(siehe S. 40f)*, wird heute aber von den meisten Reisenden »übersehen«.

Von historischer Bedeutung ist Prachuap auch als einer der sieben Landungspunkte, von denen aus die kaiserlichen japanischen Truppen 1941 Malaysia und Singapur eroberten. Heute ist es eine freundliche ruhige Stadt. Hier lebt man vor allem vom Fischfang. Bunt bemalte Fischerboote schaukeln im Hafen. Ein weiterer wichtiger Wirtschaftszweig sind die großen Ananasfarmen und Kokosplantagen in der Umgebung. Landeinwärts wird die Stadt von Kalksteinbergen begrenzt. Der Name des bekannten Wahrzeichens **Khao Chong Krajok** (»Spiegelberg«) leitet sich von einer natürlichen Öffnung im Berg ab, die wie ein riesiger Spiegel aussieht. Der **Wat Thammikaram** auf dem Gipfel ist der wichtigste *wat* von Prachuap. Von oben hat man einen schönen Panoramablick über die Stadt und die Bucht und kann Hunderte von Makaken beobachten, die auf dem Areal leben. Jeden Abend klettern die Affen auf den Gipfel, um sich an den vielen schönen Frangipani-Bäumen satt zu fressen.

Die fantastische Küche der Stadt entschädigt für das fehlende Unterhaltungsangebot. In den guten Restaurants und an den Ständen an der Promenade beim Pier wird fangfrisches Seafood zubereitet. Von Prachuap Khiri Khan aus kann man auch gut die Umgebung erkunden. Das verbreitetste Transportmittel ist das *saaleng*, ein improvisiertes Gefährt aus Motorrad und Seitenwagen.

## Wat Khao Tham Khan Kradai ⓭

วัดถ้ำเขาคั่นกระไต

**Straßenkarte** C2. 8 km nördl. von Prachuap Khiri Khan. 🚌 ⭘ tägl. 8.30–16 Uhr. 🅿 📷

Der buddhistische Höhlentempel Wat Khao Tham Khan Kradai liegt etwas abseits des Wegs oberhalb der schönen Bucht Ao Khan Kradai (auch Ao Khan Bandai). Von der kurvigen Zufahrtsstraße auf den Kalksteinhügel sieht man über die Bucht. Ein ausgeschilderter, mit Muscheln gepflasterter Weg führt zum Eingang. Dort hat man einen atemberaubenden Blick über den breiten Bogen der

*Mönchsquartier, Wat Khao Tham Khan Kradai*

Buddha-Bildnisse säumen die innere Kammer im Wat Khao Tham Khan Kradai

**Hotels und Restaurants an der oberen westlichen Golfküste** *siehe Seiten 298–300 und 324–326*

Fischerboote ankern an der Küste, Ao Bang Nang Rom

Bucht. Der Tempelkomplex umfasst zwei Höhlen. Der Eingang führt in die kleinere Höhle, von der aus man in die größere Höhle mit einem *phra non* (Liegender Buddha) gelangt. In einer Kammer am Eingang stehen zahlreiche Buddha-Bildnisse, die Gläubige hierhergebracht haben. In der dunklen Höhle braucht man eine Taschenlampe.

Von Prachuap Khiri Khan aus sollte man sich ein *songthaew* oder *saaleng* nehmen und den Besuch des Wat mit einem Picknick am Strand von Ao Noi verbinden.

## Hat Ao Noi ⓮

หาดอ่าวน้อย

**Straßenkarte** C2. 5 km nördl. von Prachuap Khiri Khan.

Der ruhige, lässige Strand Hat Ao Noi ist von Kasuarinen gesäumt und ein beliebtes Ziel für Jogger. Er ist bequem für einen Badeausflug von Prachuap Khiri Khan aus gelegen. Am Nordende der Bucht erhebt sich ein schützendes Kalksteinmassiv, dort liegt das kleine Fischerdorf Ao Ban Noi. Am Südende führt eine Brücke in das geschäftigere Ao Prachuap. Auch wenn der Strand relativ einsam ist, findet man doch gute Unterkünfte und Restaurants, die leckeres Seafood servieren.

## Ao Bang Nang Rom ⓯

อ่าวบางนางรม

**Straßenkarte** C2. 5 km östl. von Prachuap Khiri Khan.

Ganz in der Nähe von Prachuap Khiri Khan und dem Strand Hat Ao Noi liegt Ao Bang Nang Rom mit einem wohlhabenden Fischerdorf, das für seine schön gearbeiteten Fischerboote aus Holz bekannt ist. Die bunten Boote benutzen nicht nur die hiesigen Fischer, sie werden auch in die Nachbarorte verkauft. Die Fischer fangen damit den *ching chang*, der hoch geschätzt wird und eine wichtige Einnahmequelle ist. Der kleine Seefisch aus der Familie der Sardellen wird gereinigt, getrocknet und dann mit Gewürzen konserviert. Er ist in Südasien sehr beliebt. Auch wenn es hier nicht viel zu sehen gibt, lohnt sich ein Besuch wegen der freundlichen Einwohner und des schön gelegenen Strandes.

## Ao Manao ⓰

อ่าวมะนาว

**Straßenkarte** C2. 6 km südl. von Prachuap Khiri Khan.

Der herrliche Strand in Prachuaps hübschester Bucht Ao Manao (»Zitronenbucht«) gehörte ursprünglich zu einem Erholungsheim für Offiziere der nahen königlichen Luftwaffenbasis und ist deshalb sehr gepflegt. In Erinnerung an die Soldaten, die während der japanischen Landung 1941 fielen, findet jeden Dezember auf dem Luftwaffengelände eine Feier statt. Zum Angebot am Strand gehören Liegen, Sonnenschirme, Stände mit kalten Getränken und einige Restaurants. Möglicherweise wird man höflich gebeten, sich auszuweisen.

Malerischer Blick über die breite Bucht Ao Manao

**Straßenkarte** *siehe hintere Umschlaginnenseiten*

Produkte aus Myanmar in einem Laden in Dan Singkhon

## Dan Singkhon ⓱

ด่านสิงขร

**Straßenkarte** C2. 19 km südl. von Prachuap Khiri Khan.

Der kleine, aber historisch bedeutende Grenzposten Dan Singkhon liegt am Mawdaungpass, an der Wasserscheide der Tenasserim-Berge, die Thailand vom benachbarten Myanmar trennen. Über den Pass führte früher die wichtigste Verbindungsstraße zwischen der birmesischen Provinz Tenasserim (heute Tanintharyi) und dem alten Siam. Bevor die Briten Tenasserim 1826 eroberten, fand an dieser Stelle zwischen den beiden Ländern ein reger Grenzverkehr und Handelsaustausch statt. Seither ist der Handelsweg geschlossen und heute nur noch für den lokalen Grenzhandel geöffnet. Dan Singkhon liegt an der schmalsten Stelle Thailands, vom Dorf sind es nur 13 Kilometer bis zum Golf von Thailand. Von der Bergstraße aus sieht man über die Hügel ins südliche Myanmar. Der Ort könnte sich künftig zum Tor für die Inseln des Mergui-Archipels entwickeln.

Die heutige Attraktion von Dan Singkhon ist der wöchentliche Blumenmarkt, auf dem eine Vielfalt seltener Blumen aus dem Nachbarland, vor allem Orchideen, zu sehen ist. Viele der Arten sind gefährdet, doch der illegale Handel boomt. Zu den außergewöhnlichsten Exemplaren, die in Dan Singkhon angeboten werden, gehören Knospen der Rafflesia, die die größte Blüte der Welt hervorbringt. Die Pflanze ist jedoch ein Schmarotzer, der nicht kultiviert werden kann und deshalb nur kurzlebig ist. Vom nahen Prachuap Khiri Khan aus ist die Fahrt nach Dan Singkhon ein interessanter Tagesausflug, auf dem man auch faszinierende Zugvögel zu Gesicht bekommt. Pflanzen und Tiere, die unter das Washingtoner Artenschutzübereinkommen (CITES) fallen, sollten Sie auf keinen Fall kaufen.

**Rafflesia in voller Blüte**

## Hat Wa Kaw ⓲

หาดหว้ากอ

**Straßenkarte** C2. 16 km südl. von Prachuap Khiri Khan.

Der schöne, von Kasuarinen gesäumte Strand Hat Wa Kaw liegt in einer kleinen Bucht. Er ist ruhig und sauber. Von Prachuap Khiri Khan aus ist er das ideale Ziel für einen Tagesausflug. Hier findet man Unterkünfte in einfachen Bungalows sowie kleine Restaurants, die lokale Gerichte servieren. Der von Urlaubern kaum besuchte Strand ist bei thailändischen Familien für ein Picknick beliebt, ebenso bei Schülern, die den King Mongkut Memorial Park of Science & Technology besuchen.

## King Mongkut Memorial Park of Science & Technology ⓳

พิพิธภัณฑ์วิทยาศาสตร์รัชกาลที่สี่

**Straßenkarte** C2. 16 km südl. von Prachuap Khiri Khan. 0-3266-1098. tägl. 8.30–16.30 Uhr.

Der Open-Air-Themenpark ist eine Gedenk- und zugleich eine Bildungsstätte. Er wurde 1989 im Gedenken an den in Thailand hochverehrten König Mongkut (Rama IV., reg. 1851–68) errichtet und erinnert an dessen Beitrag zur modernen Wissenschaft in Thailand. Im Mittelpunkt steht vor allem der Besuch des Monarchen im Jahr 1868, der in dem Gebiet eine von ihm berechnete Sonnenfinsternis beobachtete. Zu den weiteren Sehenswürdigkeiten gehören eine Ausstellung über Astronomie und das Weltall, ein Schmetterlingsgarten und ein Aquarium mit vielen lokalen Fischarten und anderen Meerestieren, die man von einem Glastunnel aus betrachten kann. Darüber hinaus gibt es eine Statue König Mongkuts und eine amerikanische Dampflokomotive von 1925 zu bewundern. Von Prachuap aus ist der Park ein hübscher Tagesausflug. Thailändische Familien und Studenten verbinden die Fahrt zum Park meist mit einem Picknick am Hat Wa Kaw.

Fischfütterung im Aquarium im King Mongkut Memorial Park

Hotels und Restaurants an der oberen westlichen Golfküste *siehe Seiten 298–300 und 324–326*

# Mongkut – ein Gelehrter auf dem Thron

König Mongkut (1804–1868) war als Rama IV. der vierte Herrscher der noch heute bestehenden Chakri-Dynastie und Vater des berühmten Rama V. Er regierte das Land von 1851 bis zu seinem Tod 1868 und erwies sich nicht nur als fähiger Herrscher, sondern auch als Gelehrter. Mongkut setzte sich mit dem Buddhismus auseinander und gründete den Thammayut-Orden. Als Regent schloss er Allianzen mit dem Westen und begann mit weitsichtigen Reformen. Sie trugen dazu bei, dass Thailand auch während der Kolonialzeit in Südostasien unabhängig blieb. Der liberale, gebildete Monarch reiste viel und lernte so sein Land und seine Untertanen in allen Facetten kennen. Mongkut wird noch heute als einer der bedeutendsten Herrscher Thailands geehrt und trägt den posthumen Titel eines *maharat* (Großer König).

Mongkut mit Gattin Debsirindra

**Mongkuts Gesandte** *am Hof von Königin Victoria waren Teil seiner Politik, sich von traditionellen Verbündeten abzuwenden und neue Verbindungen mit Europas Herrschern zu knüpfen.*

**Mongkut** *nannte sich im Stil europäischer Könige Rex Siamensis (König von Siam). Der aufgeklärte Monarch interessierte sich für Regierungsformen im Ausland. Seine Weitsicht trug viel zu Thailands Entwicklung zu einem modernen Staat bei.*

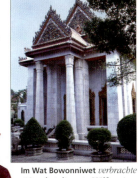

**Im Wat Bowonniwet** *verbrachte Mongkut die erste Hälfte seines Lebens. Dort lebte er als Mönch und wurde später Abt. Noch heute unterstützt die königliche Familie das Kloster.*

**Auf dem Wandbild im Wat Ratchapradit** *(Bangkok) beobachtet Mongkut die Sonnenfinsternis. Der Hobby-Astronom gilt als Vater der modernen Wissenschaft des Landes.*

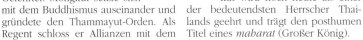

**Mongkuts Sohn Chulalongkorn** *(Rama V.) erhielt von seinem Vater eine liberale Erziehung nach europäischem Vorbild. Er führte Mongkuts Modernisierungspolitik fort und wurde Thailands bedeutendster König.*

Ein beliebtes Hotel mit Spa am herrlichen Hat Ban Krut

## Hat Ban Krut ⑳

หาดบ้านกรูด

**Straßenkarte** C2. 71 km südl. von Prachuap Khiri Khan.
**i** TAT, Hua Hin (0-3251-3885).

Der sechs Kilometer lange Strand am klaren, aquamarinblauen Golf von Thailand erstreckt sich vor der Kulisse des Thong-Chai-Gebirges. Vor allem am Wochenende sind hier viel Thailänder, unter der Woche ist er weitgehend verlassen. Der ruhige Küstenabschnitt zwischen Prachuap Khiri Khan und Chumphon *(siehe S. 154)* ist noch in der Erschließungsphase. Der Hat Ban Krut ist jedoch einfach zu erreichen. 13 Kilometer von dem langen Strand entfernt liegt eine Bushaltestelle, in fünf Kilometern Entfernung ein Bahnhof. In komfortablen Bungalows der mittleren Preisklasse kann man sich einquartieren. An der etwas zurückgesetzt verlaufenden Küstenstraße findet man zahlreiche Lokale, Cafés und Bars. Die bekannten Batiken der Region werden in den Läden als schöne Souvenirs angeboten.

Am Nordende des Strands steht der Wat Phra Mahathat Phraphat. Der buddhistische Tempel ist an seinen neun goldenen Stupas zu erkennen, seine 15 Meter hohe, goldene Buddha-Figur nennen die Einheimischen »Großer Buddha«.

Das malerische Inselchen Ko Lamla dürfte Schnorchler begeistern – in den umliegenden klaren Gewässern wimmelt es von exotischen Meerestieren. Mit dem Boot ist das Gebiet schnell zu erreichen.

## Bang Saphan ㉑

บางสะพาน

**Straßenkarte** C3. 90 km südl. von Prachuap Khiri Khan.
**i** TAT, Hua Hin (0-3251-3885).

Der ruhige Fischereihafen Bang Saphan ist von Bangkok oder Chumphon aus gut per Zug oder Auto zu erreichen. Der Ort liegt in der Bucht Ao Bang Saphan und blickt nach Süden und Osten über den Golf von Thailand. Die zwei Strände Bang Saphans, der **Bang Saphan Yai** und der 16 Kilometer weiter südlich gelegene **Bang Saphan Noi**, werden meist nur von Thailändern aus Bangkok oder den Einwohnern der Umgebung am Wochenende und im Urlaub besucht. Zu den zahlreichen weiteren Attraktionen gehören großartige Wasserfälle, Höhlen und eine Driving Range für Golfer.

Von Bang Saphan Yai aus gelangt man mit dem Boot in etwa 20 Minuten zu den kleinen Inseln **Ko Thalu**, Ko Sang und Ko Sing. Sie sind ideal zum Schwimmen und Sonnenbaden. Vor allem Ko Thalu gefällt Schnorchlern, die im warmen Wasser Mondsichel-Junker, Papageifische und eine Vielzahl von Korallen entdecken können. Zwischen Januar und Mai werden für Besucher Schnorcheltouren arrangiert.

In Bang Saphan Yai findet man viele Unterkünfte mittlerer Preisklasse, Restaurants mit Seafood auf der Speisekarte, Strandbars und Motorradvermietungen. An Feiertagen wie dem Songkran *(siehe S. 34)* sind die Strände stark frequentiert. Zu diesen Zeiten sollte man das Hotel im Voraus buchen.

Buddha im Wat Phra Mahathat Phraphat

Pfahlhäuser und Boote der Fischer von Bang Saphan

Hotels und Restaurants an der oberen westlichen Golfküste *siehe Seiten 298–300 und 324–326*

# OBERE WESTLICHE GOLFKÜSTE

**Kiteboarder am Hat Thung Wua Laen**

## Hat Thung Wua Laen ❷
หาดทุ่งวัวแล่น

**Straßenkarte** C3. 16 km nördl. von Chumphon. 🚗🚌🚆 🛈 *TAT, Surat Thani (0-7728-8818).* 🚢 🍴🛏

Der Name des sehr beliebten Strands Hat Thung Wua Laen bedeutet »Feld des laufenden Stiers«. Der Sage nach soll ein magischer Stier, der von seinen Jägern gerade gehäutet wurde, wieder zum Leben erwacht und in den Wald geflohen sein. Der schöne weiße Sandstrand läuft sanft ins warme Wasser des Golfs von Thailand aus und wurde lange Zeit vor allem von Thailändern besucht. Inzwischen entdecken ihn immer mehr Urlauber, die die relative Einsamkeit, die ausgezeichneten Fischgerichte der unverfälschten Thai-Küche und die wenigen, preiswerten Bungalowanlagen am malerischen Strand zu schätzen wissen. Einige der Fischlokale betreiben auch einen Laden.

Der Hat Thung Wua Laen ist ideal zum Baden und bietet zudem großartige Schnorchelstellen. In den umliegenden Riffen sieht man Korallen, Seefächer, Schwämme und Schwärme von tropischen Fischen. Taucher gelangen mit einer Fähre zu lohnenden Tauchgründen. Die Läden entlang der Strand vermieten Boote, Räder und Motorräder, mit denen man das Gebiet erkunden kann.

## Ko Ngam Yai und Ko Ngam Noi ❷
เกาะงามใหญ่และเกาะงามน้อย

**Straßenkarte** C3. 18 km östl. von Hat Thung Wua Laen. 🚢 *vom Hat Thung Wua Laen.* 🛈 *TAT, Surat Thani (0-7728-8818).*

Unweit vom Hat Thung Wua Laen liegen die Inseln Ko Ngam Yai (»Große Schöne Insel«) und Ko Ngam Noi (»Kleine Schöne Insel«). Bei Urlaubern und Tagesausflüglern sind sie wegen ihrer ausgezeichneten Tauchgründe beliebt – berühmt sind sie jedoch wegen der hier nistenden Zehntausenden von Salanganen. Die Nester der kleinen Vögel aus der Familie der Segler werden für Schwalbennestersuppe verwendet. In den Tiefen des klaren Wassers stößt man auf Korallenriffe, bizarre Felsformationen und Höhlen. Schnorchler sehen eine vielfältige Tierwelt mit Buckelschnappern, Muscheln, Austern und Seeanemonen. Mit einem Charterboot sind die Inseln vor Hat Thung Wua Laen ein wunderbarer Tagesausflug.

## Hin Lak Ngam ❷
หินหลักงาม

**Straßenkarte** C3. 8 km südl. von Ko Ngam Yai. 🚢 *vom Hat Thung Wua Laen.* 🛈 *TAT, Surat Thani (0-7728-8818).*

Im Meer vor dem Hat Thung Wua Laen bildet die Felsnase Hin Lak Ngam zusammen mit der benachbarten Hin Pae einen der schönsten Tauchgründe an der Küste von Chumphon. Die schmale Felsenspitze kann man weder betreten, noch gibt es auf ihr Vegetation – die Reize von Hin Lak Ngam liegen im umliegenden Meer: Hier taucht man durch fantastische Korallengärten und enge Höhlen, kreuzt den Weg von schreiend bunten Fischschwärmen und anderen Meerestieren. An guten Tagen beträgt die Sichtweite etwa 20 Meter, bei niedriger Tide oder bewegter See ist sie weitaus geringer. Gelegentlich kommen auch Meeresschildkröten oder Schwärme von wandernden Seevögeln an der Felsenspitze vorbei. Taucher müssen sich hier allerdings auf giftige Bewohner der Riffe, etwa Feuerfische und Stachelige Teufelsfische, sowie auf schlecht gelaunte Drückerfische gefasst machen.

**Eine Salanganen-Kolonie an einer Klippe auf Ko Ngam**

**Straßenkarte** *siehe hintere Umschlaginnenseiten*

Die HMS *Chumphon*, ein thailändisches Torpedoboot, Hat Sai Ri

## Chumphon ㉕

ชุมพร

**Straßenkarte** C3. 169 km südl. von Prachuap Khiri Khan. 58 000. tägl.

Westlich der Provinzhauptstadt Chumphon auf dem Isthmus von Kra erheben sich die zerklüfteten Berge der Provinz Ranong, östlich davon breitet sich der Golf von Thailand aus. Die Stadt markiert die kulturelle Grenze zwischen dem buddhistischen Norden und dem muslimischen Süden Thailands. Früher war Chumphon ein strategisch wichtiger militärischer Stützpunkt, an dem Armee und Marine vor jeder kriegerischen Auseinandersetzung ihre Kräfte sammelten. Ihr Name leitet sich vom Thai-Wort *chumnumphon* ab, was so viel wie »Sammeln der Truppen« bedeutet.

Zu den Attraktionen gehört das **Nationalmuseum**, das die Geschichte der Provinz präsentiert. Einige Kilometer außerhalb der Stadt erinnert das **Monument der jungen Soldaten** an jene Thailänder, die im Zweiten Weltkrieg gegen die Japaner kämpften. In der Stadt residierte auch Admiral Phra Borommawong Thoe Kromluang Chumphon, einer der Söhne von Rama V. (reg. 1868–1910). Der auch als Prinz Chumphon bekannte Admiral ist der Gründervater der Königlichen Thailändischen Marine.

Von der Stadt aus fahren Boote nach Ko Samui *(siehe S. 162–171)*, Ko Phangan *(siehe S. 172–177)* und Ko Tao *(siehe S. 182–185)*. Doch es gibt auch hier einige schöne Strände, so den Hat Thung Wua Laen *(siehe S. 153)* im Norden sowie den Hat Sai Ri und die Ao Thung Makham im Süden. Vor der Küste liegen nicht nur 47 Inseln, die Stadt ist auch eine gute Ausgangsbasis, um die Riffe der Umgebung zu erkunden. Der nahe Strand Hat Paradonpap ist für seine leckeren Meeresfrüchte bekannt.

### Kra-Kanal

Seit fast 400 Jahren besteht die Idee eines Kanals durch die thailändisch-malaiische Halbinsel. Der Kra-Kanal soll über den 45 Kilometer schmalen Isthmus von Kra führen – von Ranong an der Andamanensee nach Lang Suan am Golf von Thailand. Diese direkte Passage würde die Schifffahrtsroute zwischen Andamanensee und Golf von Thailand enorm verkürzen. Die ersten Pläne wurden 1677 unter Narai dem Großen (reg. 1656–88) entworfen. Er beauftragte französische Ingenieure, die Möglichkeiten für einen Kanalbau auszuloten. Ein Jahrhundert später besuchte Ferdinand de Lesseps, der Erbauer des Suezkanals, das Gebiet. Doch seine Pläne wurden von den Briten vereitelt, die verhindern wollten, dass der Hafen von Singapur an Bedeutung verlor. Das Vorhaben wurde immer wieder aufgegriffen, scheiterte aber regelmäßig daran, dass seine politisch-ökonomischen Auswirkungen die Machtverhältnisse in Südostasien gekippt hätten. Auch wenn der Kra-Kanal bis heute nur auf dem Papier existiert, so ist er doch aufgrund seiner möglichen positiven Folgen zu wichtig, um die Pläne einfach in der Schublade vergammeln zu lassen.

König Narai der Große

Strohgedecke Seafood-Stände am Hat Sai Ri

## Hat Sai Ri ㉖

หาดทรายรี

**Straßenkarte** C3. 13 km südl. von Chumphon.

Der größte Strand der Gegend ist der Hat Sai Ri, nicht zu verwechseln mit dem Hat Sai Ri Sawi weiter im Süden. Das kleine Dorf Ban Hat Sai Ri ist von Chumphon aus leicht mit dem Bus oder Motorrad zu erreichen. Der lange Bogen des weißen Sandstrands wird idyllisch von Kokospalmen gesäumt. Hier liegt ein beliebtes Revier der einheimischen Fischer.

Alljährlich im März soll an diesem Strand die **Chumphon Sea World Fair** den Fremdenverkehr und das Umweltbewusstsein der Bevölkerung fördern, um die Schönheit der Region zu bewahren. Zum nahe gelegenen **Prinz-Chumphon-Denkmal** gehören ein hochverehrter Schrein und das 68 Meter lange, ausgemusterte Torpedoboot HMS *Chumphon*.

Die meisten Gäste kommen als Tagesausflüger von Chumphon nach Hat Sai Ri. Wer länger bleiben möchte, findet hier aber auch Hotels, Restaurants und Bars.

## Ao Thung Makham ㉗
อ่าวทุ่งมะขาม

**Straßenkarte** C3. 24 km südl. von Chumphon.

Vom Pier an der Ao Thung Makham fahren Boote zu den Nachbarinseln

Fährt man von Hat Sai Ri südlich an der Küste entlang, kommt man zur Doppelbucht Ao Thung Makham. Sie besteht aus zwei flachen halbkreisförmigen Buchten mit langen weißen Sandstränden, die von Kasuarinen und Kokospalmen bestanden sind. Die beiden Buchten, Ao Thung Makham Nai im Norden und Ao Thung Makham Nok im Süden, sind durch eine felsige Halbinsel getrennt. Im Süden der Südbucht steht vor einer 78 Meter hohen Klippe und von Kokospalmen beschattet der Tempel **Wat Suwan Khuha Wari Wong** oder kurz Wat Pong Pang. Den Strand besuchen vor allem die Einwohner Chumphons, auch die Fischlokale und Bars sind auf sie ausgerichtet. Ao Thung Makham wird jedoch bei Urlaubern immer beliebter, die zu bekannteren Zielen wie Ko Samui *(siehe S. 162–171)* unterwegs sind. In der Ao Thung Makham kann man sich wunderbar von den Reisestrapazen und dem Trubel der Massen an anderen Stränden erholen.

## Hat Arunothai ㉘
หาดอรุโณทัย

**Straßenkarte** C3. 60 km südl. von Chumphon.

Der schöne Strand Hat Arunothai liegt südlich von Chumphon an der Mündung des Flusses Tako, am äußersten Rand der Provinz Chumphon. Vom Highway 41 sind es zehn Kilometer bis zu dem sanft geschwungenen, palmengesäumten weißen Sandstrand. Am Strand steht ein Gedenkschrein für Admiral Chumphon, der in der ganzen Provinz von den Seeleuten und Fischern verehrt wird. Auch hier findet man kleine Fischlokale, Essensstände, Bars und Unterkünfte der mittleren Preiskategorie. Um zu den vielen Inseln zu fahren, kann man Langboote mieten.

Am Hat Arunothai erfährt man das authentische Leben in der Provinz Chumphon. Das malerische Fischerdorf Ban Ao Mamuang liegt nur neun Kilometer nördlich des Strands. Oder man hält bei der nahen Mündung des **Pak Nam Thung Tako** und genießt den farbenfrohen Anblick der hinausfahrenden Fischer.

Panoramablick vom Hat Arunothai auf den Golf von Thailand im Sonnenuntergang

**Straßenkarte** *siehe hintere Umschlaginnenseiten*

# Untere westliche Golfküste

Die untere westliche Golfküste erstreckt sich vom Isthmus von Kra im Norden bis nach Nakhon Si Thammarat, dem alten kulturellen Zentrum Südthailands. In dieser Region liegen die schönen Palmeninseln Ko Samui und Ko Phangan, das Taucherzentrum Ko Tao und die einmalige Szenerie des Meeres-Nationalparks Ang Thong. Urlauber haben die Qual der Wahl zwischen tropischen Traumstränden, üppigen Regenwäldern und historischen Tempeln.

Seit über 2000 Jahren ist die untere westliche Golfküste eine von Hinduismus, Buddhismus und Islam geprägte kulturelle Drehscheibe, da sie an den alten Handelsrouten durch die Malakkastraße lag. Funde aus den historischen Handelszentren am Isthmus von Kra belegen bereits für das 1. Jahrtausend n. Chr. enge Verbindungen mit China, Indien, dem Nahen Osten und dem Römischen Reich. Ab dem 16. Jahrhundert bestanden Handelsbeziehungen zu Spaniern und Portugiesen, denen ein Jahrhundert später Holländer und Engländer folgten. Vom 7. bis zum 13. Jahrhundert beherrschte das Srivijaya-Reich die Region, nach dessen Niedergang stritten sich Birma und Thailand um die Kontrolle. Das Küstengebiet bildet auch eine Brücke zwischen dem buddhistischen Norden und dem malaiisch-muslimisch geprägten Süden.

Die bewaldete Kette der Tenasserim-Berge zieht sich an der Golfküste entlang bis nach Ranong. Dann weichen die Berge einer weiten, fruchtbaren Ebene mit Landwirtschaft. Typisch sind die Palmen an den Küsten und die steilen Kalksteingipfel im Landesinneren. Auf dem Festland und den Inseln ist die Auswahl an Stränden riesig – von den quirligen Hat Lamai und Hat Chaweng auf Ko Samui bis zu den abgelegeneren Stränden Ko Phangans. Das artenreiche Meer des Golfs von Thailand erkundet man am besten in den Meeres-Nationalparks Ang Thong und Ko Tao, die Geschichte der Region in den historischen Städten Nakhon Si Thammarat und Chaiya.

Urlauber beim Sundowner in einem Strandcafé, Ko Tao

◁ Urlauber reiten auf Elefanten durch das bewaldete Inselinnere von Ko Samui *(siehe S. 162–171)*

# Überblick: Untere westliche Golfküste

Diese Region am Golf von Thailand lockt mit kilometerlangen, herrlich weißen Sandstränden, Luxushotels auf dem traumhaften Samui-Archipel und der weniger erschlossenen, bei jungen Rucksackreisenden beliebten Ko Phangan. Ko Tao im Norden ist ein Paradies für Taucher. Die Schönheit des winzigen Archipels des Meeres-Nationalparks Ang Thong ist traumhaft. Anziehend sind allerdings nicht nur die vorgelagerten Inseln, sondern auch das Festland der unteren westlichen Golfküste, an dessen attraktiven Stränden teilweise weniger Trubel herrscht als auf denen der Inseln. Hier liegen historische Städte, etwa die alte Srivijaya-Stadt Chaiya oder Südthailands Kulturzentrum Nakhon Si Thammarat. Im Landesinneren schützt der Khao-Luang-Nationalpark seltene Wildtiere der Region.

Palmen auf den Klippen oberhalb des Hat Tong Yi

## Sehenswürdigkeiten auf einen Blick

### Städte und Dörfer
Chaiya ❶
*Nakhon Si Thammarat*
  *S. 192–195* ㉑
Surat Thani ❸

### Schöne Landschaft
Laem Talumphuk ⓴

### Nationalparks
Khao-Luang-Nationalpark ⓳
*Meeres-Nationalpark*
  *Ang Thong S. 180f* ❻

### Historische und sakrale Stätten
Archäologische Stätte
  Khao Kha ⓰
Wat Suan Mokkhaphalaram ❷

### Strände und Inseln
Hat Hin Ngam ⓮
Hat Khanom ❽
Hat Na Dan ❾
Hat Nai Phlao ⑪
Hat Nai Phraet ❿
Hat Piti ⓯
Hat Sa Bua ⓲
Hat Saophao ⓱
Hat Sichon ⓭
Hat Tong Yi ⑫
*Ko Phangan S. 172–177* ❺
*Ko Samui S. 162–171* ❹
*Ko Tao S. 182–185* ❼

### SIEHE AUCH
- **Hotels** S. 300–304
- **Restaurants** S. 326–328

**Weitere Zeichenerklärungen** *siehe hintere Umschlagklappe*

Schnorchler im klaren Wasser bei Ang Thong

## An der unteren westlichen Golfküste unterwegs

Die großen Inlandsflughäfen sind Surat Thani und Nakhon Si Thammarat auf dem Festland, ein internationaler Flughafen liegt auf Ko Samui. Linienflüge verbinden zudem Ko Samui mit Phuket. Zu den meisten Sehenswürdigkeiten auf dem Festland gelangt man auf den Highways 41 und 401, die nach Surat Thani und Nakhon Si Thammarat führen. Die größeren Städte sind durch Busse und Züge mit Bangkok und untereinander verbunden. Taxis, *songthaew* und *tuk-tuk* stehen für Kurzstrecken bereit, Motorräder und Fahrräder können überall gemietet werden. Am bequemsten erkundet man die Region mit einem Mietwagen. Autovermietungen findet man in Surat Thani, Nakhon Si Thammarat und auf Ko Samui. Häufige, schnelle Fährverbindungen bestehen nach Ko Tao, Ko Phangan und Ko Samui.

0 Kilometer 25

### LEGENDE

— Hauptstraße

═ Nebenstraße

═ Eisenbahn

# Chaiya ❶
ไชยา

**Straßenkarte** C4. 591 km südl. von Bangkok. 🚉 60 000. 🚌 🚆 🚐
🛈 TAT, Surat Thani (0-7728-8818).
🏨 tägl. 🎭 Chak-Phra-Fest (Okt/Nov).

Chaiya liegt an der Eisenbahnstrecke zwischen Chumphon *(siehe S. 154)* und Surat Thani. Einst war die Stadt ein bedeutendes Zentrum Südthailands und Regionalhauptstadt des vom 5. bis 13. Jahrhundert bestehenden mächtigen Srivijaya-Reichs *(siehe S. 39)*. Im modernen Chaiya zeugen davon noch einige Ausgrabungsstätten mit wichtigen Funden aus dieser Zeit. Der Name ist vermutlich von Srivijaya abgeleitet, was so viel wie »strahlender Sieg« bedeutet. Die Stadt besitzt großartige Sehenswürdigkeiten, etwa seltene Buddha-Statuen im bengalischen Stil sowie indisch beeinflusste Figuren, etwa von Vishnu, einem der Götter der hinduistischen Trimurti (göttliche Drei-Einheit). Diese faszinierenden Überreste einer vergangenen Epoche belegen die Einflüsse der Mon-Dvaravati-Kultur und der indisch-srivijayatischen Kultur auf die Kunst der damaligen Zeit. Die Artefakte sind zusammen mit vielen Weihegaben im **Chaiya-Nationalmuseum** ausgestellt, das man in einem zehnminütigen Spaziergang vom Bahnhof aus erreicht. Das Museum

*Steinrelief an einem Meditationssaal, Wat Suan Mokkhaphalaram*

besitzt auch Kunstwerke aus der späten Ayutthaya-Zeit *(siehe S. 40f)*. Das wichtigste Relikt aus alter Zeit ist der **Wat Phra Boromathat Chaiya**, ein Srivijaya-Tempel. In der Mitte der Anlage steht ein sorgfältig restaurierter *chedi*. Das quadratische Bauwerk hat vier Vorhallen, die in Stufen ansteigen und von Türmchen gekrönt werden. Der *chedi* (8. Jh.) wurde aus Ziegelsteinen errichtet und mit Stuck verziert. Andere schöne, wenn auch nicht so gut erhaltene Zeugen der illustren Vergangenheit Chaiyas sind drei alte, verfallene *chedi* im Wat Hua Wiang, Wat Lhong und Wat Kaew, die auf einer Nord-Süd-Achse liegen.

### 🏛 Chaiya-Nationalmuseum
Phra Boromathat Chaiya, 2 km westl. vom Zentrum. 📞 0-7743-1066. 🕒 Mi–So 9–16 Uhr. 🚫 Feiertage. 🌐 www.nationalmuseums.finearts.go.th

## Wat Suan Mokkhaphalaram ❷
วัดสวนโมกข์

**Straßenkarte** C4. Nahe Hwy 41, 6 km südl. von Chaiya. 📞 0-7743-1552. 🚌 🚆 von Chaiya. 🛈 TAT, Surat Thani (0-7728-8818). 🕒 tägl. **www**.suanmokkh.org

Der Wat Suan Mokkhaphalaram, oft nur kurz Wat Suan Mokkh genannt, ist der bekannteste Meditationstempel Thailands. Der Name bedeutet »Tempel des Gartens der Befreiung«. Der Tempel ist mit der Bewegung International Dhamma Hermitage of the World Fellowship of Buddhists verbunden, die das *dhamma* (Lehre des Buddha) durch Meditation zu erkennen lehrt.

Die Grundlage der Meditationslehre des *wat* sind die Techniken des buddhistischen Philosophen und Tempel-

*Buddha-Figuren im Wat Phra Boromathat Chaiya, einem der wenigen erhaltenen Tempel der Srivijaya-Epoche*

Hotels und Restaurants an der unteren westlichen Golfküste *siehe Seiten 300–304 und 326–328*

# UNTERE WESTLICHE GOLFKÜSTE

gründers Buddhadasa Bhikku, der 1993 verstarb. Das einfache mönchische Leben im Tempel folgt strikt den Grundsätzen von körperlicher Arbeit und Reinigung und kennt keine der religiösen Zeremonien oder Geisterverehrungen, die man sonst mit dem Buddhismus in Thailand verbindet.

Zum *wat* gehören Mönchsquartiere, eine kleine Kunsthalle, eine Meditationshalle, eine Bildhauerwerkstatt und eine Bibliothek. Wenn man durch die Mönchsquartiere und am Einäscherungsplatz von Buddhadasa Bhikku vorbeigeht, kommt man zu einer Lichtung auf einem Hügel, dem heiligsten Ort der Anlage, mit Buddha-Statuen und einem Dhamma-Rad. Hier finden die zehntägigen Meditationskurse statt, die jeweils am Monatsersten beginnen.

## Surat Thani ❸
สุราษฎร์ธานี

**Straßenkarte** C4. 60 km südl. von Chaiya. 132 000. 31 km südwestl. von Surat Thani. TAT, 5 Talat Mai Rd, Surat Thani (0-7728-8818). Rambutan-Fest (Aug), Chak-Phra-Fest (Okt/Nov).

Schon zur Zeit des Srivijaya-Reichs war Surat Thani ein bedeutendes, strategisch günstig gelegenes Handelszentrum. Die »Stadt der guten Menschen« – so die wörtliche Übersetzung des Namens – an der Mündung der Flüsse Tapi und Phum Duang ist auch heute noch ein bedeutendes Zentrum und zudem die Hauptstadt der Provinz Surat Thani, der größten Provinz im Süden Thailands. Ihre Wirtschaft wird fast vollständig von der Fischerei, dem Handelshafen und der Kultivie-

**Boot am Flussufer des Phum Duang, Surat Thani**

rung von Rambutan, Reis, Kokospalmen sowie Kautschuk dominiert. Die Stadt selbst hat außer ihrer Vergangenheit nicht viel zu bieten, doch ist sie mit ihrem Flughafen, dem Fährhafen und einem Bahnhof an der Eisenbahnlinie Bangkok–Hat Yai *(siehe S. 280)* ein wichtiger Verkehrsknotenpunkt. Reisende bleiben meist nur eine Nacht und fahren dann per Schiff weiter zu den Strandparadiesen von Ko Samui *(siehe S. 162–171)*, Ko Phangan *(siehe S. 172–177)* oder Ko Tao *(siehe S. 182–185)*.

Sehenswert ist das reizvolle Viertel am Fluss, wo kleine Boote von und zu den belebten, farbenfrohen Märkten am Ufer flitzen. Dort werden frische Produkte wie Kokosnüsse und Blumen verkauft.

**Mönchsquartiere im Dschungel, Wat Suan Mokkhaphalaram**

## Chaiyas Rolle im Srivijaya-Reich

**Srivijaya-Weihegabe**

Das vom Mahayana-Buddhismus geprägte Srivijaya-Reich beherrschte vom 7. bis zum 13. Jahrhundert die gesamte Malaiische Halbinsel und Teile von Indonesien. Die meisten Historiker nehmen heute an, dass Palembang auf Sumatra die Hauptstadt des Reichs war. Doch die in Chaiya gefundenen Tempelruinen und exquisiten Stein- und Bronzestatuen (von denen viele im Nationalmuseum in Bangkok zu sehen sind) zeugen von der Bedeutung der Stadt. Wegen der geostrategischen Lage war sie ein wichtiger Hafen für den Handel zwischen Indien, der Malaiischen Halbinsel und China. Der chinesische Mönch I Ching, der das Gebiet im späten 7. Jahrhundert besuchte, berichtet in seinen Schriften von der religiösen und kulturellen Blüte Chaiyas. Bekannt ist, dass einige der Herrscher von Chaiya durch Heirat mit den Herrschern Zentraljavas verbunden waren. Zudem ist es wahrscheinlich, dass der Name »Chaiya« aus einer Verkürzung von »Siwichaiya« – andere Transkription von Srivijaya – entstand. Dies ist der lokalen Gewohnheit geschuldet, die letzte Wortsilbe zu betonen.

**Bronzefigur aus Chaiya (8. Jh.)**

**Straßenkarte** *siehe hintere Umschlaginnenseiten*

# Ko Samui

เกาะสมุย

**Kokosnüsse – Hauptfrüchte auf Ko Samui**

Ko Samui liegt südlich von Bangkok im Golf von Thailand und ist nach Phuket und Ko Chang die drittgrößte Insel des Landes. Die ersten Siedler waren Seefahrer aus China, die auch die ersten Kokosbäume pflanzten. Die Insulaner nennen sich selbst *chao samui* (»Menschen von Samui«). In den 1970er Jahren war dies ein Paradies für Rucksackreisende, heute ist der Tourismus Haupteinnahmequelle. Ko Samuis rapide Entwicklung, der Bau von Hotels, die Dauerwerbung der Tourismusbehörden und die schönen Strände ließen die Besucherzahlen in die Höhe schnellen. Doch noch immer ist die Insel ein Tropentraum.

**Erfrischend kühles Wasser am Na-Muang-Wasserfall**

**Elefanten-Treks**
*Elefanten-Treks ins zentrale Hochland von Ko Samui machen Spaß und bieten eine bequeme Möglichkeit, das relativ unzugängliche Inselinnere zu erkunden.*

**Secret Buddha Garden**
*In dem nach seinem Gründer Nim Thongsuk auch Uncle Nim's Garden genannte Secret Buddha Garden stehen Statuen von Gestalten der buddhistischen Mythologie. Ringsum erstreckt sich tropischer Wald.*

**Ko Taen** ist eine Trauminsel mit einsamen weißen Sandstränden und wunderschönen Korallenriffen.

## NICHT VERSÄUMEN

★ Großer Buddha

★ Hat Chaweng

★ Hat Lamai

Hotels und Restaurants an der unteren westlichen Golfküste *siehe Seiten 300–304 und 326–328*

# KO SAMUI

### INFOBOX

**Straßenkarte** C4. 110 km nordöstl. von Surat Thani. 41 000.
22 km östl. von Naton.
Surat Thani, Tha Thong und Don Sak. TAT, Surat Thani (0-7728-8818). tägl.
www.samui.sawadee.com

### ★ Großer Buddha
*Die zwölf Meter hohe Statue des »Großen Buddha« Phra Yai prägt den Hat Bangrak. Sie lockt einen steten Strom von einheimischen Pilgern und anderen Besuchern an.*

### ★ Hat Chaweng
*Ko Samuis beliebtestes »Revier«, Hat Chaweng, ist für sein quirliges Nachtleben, seine lauten Bierkneipen und seine exotischen Restaurants berühmt. Die einheimischen DJs spielen Hits aus aller Welt.*

0 Kilometer 2

### ★ Hat Lamai
*Hat Lamai ist Ko Samuis zweitgrößter Strand und ein Mekka des Wassersports. Hier kann man ganzjährig schwimmen, Wasserski fahren und windsurfen.*

### LEGENDE

| | |
|---|---|
| | Strand |
| | Tauchen |
| | Wassersport |
| | Wat |
| ▲ | Gipfel |
| | Internationaler Flughafen |
| | Fährhafen |
| | Information |
| | Hauptstraße |
| | Nebenstraße |
| | Fährroute |

**Straßenkarte** *siehe hintere Umschlaginnenseiten*

# Überblick: Ko Samui

Die Erkundung von Ko Samui ist leicht und vergnüglich. Rund um das bergige Inselinnere führt eine schmale, gepflegte zweispurige Straße. Mit *songthaew*, *tuk-tuk* oder Taxi kommt man überallhin. Wer selbst fahren möchte, kann vom Festland aus ein Fahrzeug mieten, Motor- und Fahrräderverleihe sind zahlreich vorhanden. Am Flughafen findet man auch Autovermieter. Abends sollte man sehr vorsichtig fahren, vor allem nahe Hat Lamai und Hat Chaweng, wo betrunkene Fahrer nicht selten sind. In der Regenzeit können Sturzfluten das Fahren erschweren. Langboote dienen auch als Taxis zwischen Orten an der Küste.

**Hotelschild, Hat Bophut**

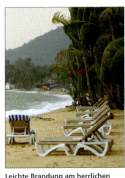

**Leichte Brandung am herrlichen Strand Hat Maenam**

**Köstliche tropische Früchte auf dem lokalen Markt in Naton**

## Naton
หนาทอน

Das 1905 als Ko Samuis Verwaltungszentrum gegründete Naton (auch Na Thon) ist die Hauptstadt und der wichtigste Fährhafen der Insel. In dem verschlafenen, charmanten Städtchen leben die meisten Inselbewohner, es ist deshalb mit Supermarkt, Postamt, Polizeiwache, Einwanderungsbehörde sowie Geldwechselbüros gut ausgestattet. Der hiesige Strand ist nicht umwerfend, doch der Markt, auf dem u. a. Obst, Gemüse und Meeresfrüchte verkauft werden, lohnt einen Besuch, auch um die köstliche Lokalküche zu probieren. Naton ist ein Shopping-Paradies, in dem Urlauber in Batik- und Souvenirläden hübsche Mitbringsel finden.

Die wenigen Reisenden, die in Naton übernachten, nehmen frühmorgens das Boot nach Surat Thani *(siehe S. 161)*. Über die 50 Kilometer lange Ringstraße um die Insel ist die Stadt auch gut mit vielen anderen Orten auf Ko Samui verbunden. *Songthaew* fahren vom Fährhafen sowohl in Richtung Hat Chaweng und zum Flughafen im Norden als auch zum beliebten Hat Lamai im Süden.

## Ao Bang Pho
อ่าวบางโพ

6 km nordöstl. von Naton.
Die Ao Bang Pho nahe der Nordwestspitze der Insel verzeichnet verhältnismäßig wenige Besucher. An der Bucht erstreckt sich ein schöner Palmenstrand, von dem aus man wunderbare Sicht über den Golf von Thailand bis nach Ko Phangan *(siehe S. 172–177)* hat. Im klaren Wasser vor dem Strand kann man gut schnorcheln. Während des Nordost-Monsuns von November bis März bläst der Wind besonders stark, dann sind auch Windsurfen und Kiteboarding möglich.

## Hat Maenam
หาดแม่น้ำ

11 km nordöstl. von Naton.
Der drei Kilometer lange, ruhige Strand mit grandioser Sicht über das Meer bis nach Ko Phangan eignet sich perfekt zum Entspannen. An der

**Fischer legen in den typischen »Longtails«, den Langbooten, vom Pier von Naton ab**

**Hotels und Restaurants an der unteren westlichen Golfküste** *siehe Seiten 300–304 und 326–328*

dahinterliegenden Hauptstraße findet man Go-go- und Bierbars, Cafés und thailändische Speiserestaurants sowie Läden für lokale Handwerksprodukte wie Handtaschen, Kokosnussschüsseln, Buddha-Statuen und schöne Keramikartikel.

Hat Maenam bietet hervorragende Bedingungen für Windsurfer, vor allem wenn während des Nordost-Monsuns eine steife Brise in Richtung Küste bläst. Im Meer kann man auch gut schwimmen. Hat Maenam ist von Naton aus mit einem *songthaew* oder mit einem gemieteten Motorroller gut zu erreichen.

Treppe zum Großen Buddha auf Ko Faan, Hat Bangrak

Ruhige Straße im Fisherman's Village, Hat Bophut

## Hat Bophut
หาดบ่อผุด

18 km nordöstl. von Naton.

Der zwei Kilometer lange Strand Hat Bophut ist besser ausgestattet als der Hat Maenam und bei Familien und Rucksackreisenden gleichermaßen beliebt. Fisherman's Village am östlichen Ende des Strands ist das Zentrum von Bophut. Bungalow-Unterkünfte, eine Bank, Bars und Restaurants findet man im Dorf Ban Bophut. Zum Angebot zählen außerdem verschiedene Wassersportarten sowie ein paar Tauchläden.

## Hat Bangrak
หาดบางรัก

21 km nordöstl. von Naton.

Der Hat Bangrak oder Big Buddha Beach ist der ideale Ferienort für Familien. Im östlichen Abschnitt des fünf Kilometer langen Strands kann man wunderbar schnorcheln. Ein schmaler Damm führt von dort nach **Ko Faan**. Die zwölf Meter hohe Buddha-Statue auf diesem Inselchen verhalf dem Strand zu seinem Beinamen. Die Statue wird sowohl von Urlaubern als auch von Thailändern aufgesucht. Am unteren Ende der mit *naga* (Schlangenwesen) dekorierten Treppe, die zur Statue führt, liegt ein Basar mit Souvenirständen und Cafés. Hat Bangrak bietet Unterkünfte in Bungalows ebenso wie in edlen Ferienresorts. Wassersport und Thai-Massagen tragen zum perfekten Urlaubsgefühl bei.

## Ao Thong Son und Hat Choeng Mon
ท้องสนและเชิงมน

24 km nordöstl. von Naton.

In der idyllischen Bucht Ao Thong hat man einen großartigen Blick auf den Hat Choen Mon. Sie ist auf der einen Seite von Felsen, auf der anderen Seite von einem Sandstrand geprägt und ideal zum Schwimmen, Tauchen und Schnorcheln. Am Strand locken Restaurants und Bars, hier den Abend zu verbringen. In der Umgebung finden sich gehobene Ferienanlagen mit topmodernen Spas, günstige Unterkünfte sind jedoch Mangelware.

Sandige Landzunge im Meer am Hat Choeng Mon

**Straßenkarte** *siehe hintere Umschlaginnenseiten*

Der geschäftige Hat Chaweng ist der längste und schönste Strand auf Ko Samui

### Hat Chaweng
หาดเฉวง

22 km östl. von Naton.

Der mit fünf Kilometern längste, beliebteste und zugleich schönste Strand Ko Samuis liegt an der Ostküste. Das warme Wasser, der weiße Sand und die Zurück-zur-Natur-Bungalows locken schon seit vielen Jahren preisbewusste Reisende an.

Die nur einen Meter tiefe, malerische Lagune am Nordende des Hat Chaweng ist ideal für Kinder und Windsurfing-Anfänger. Chaweng Noi ganz im Süden ist von Kokospalmen gesäumt und durch eine kleine Landzunge und einen kleinen Bach abgetrennt. Dieser Abschnitt des Strands ist ruhiger als der lange nördliche Teil und zudem schöner: Hier wechseln sich große Felsblöcke und einsame Sandbuchten ab. Zu den sportlichen Angeboten Hat Chawengs gehören Windsurfing, Kanufahren, Paragliding, Tauchen, Tennis und Beachvolleyball. Die herrlichen Korallenriffe vor der Küste sind fantastische Reviere für Taucher und Schnorchler.

Hat Chaweng ist der touristisch am besten erschlossene Strand auf Ko Samui. Hier findet man exklusive Ferienanlagen, Luxushotels und Spas sowie Reisebüros, Banken und Supermärkte. Es gibt natürlich auch zahlreiche Auto- und Fahrradvermietungen. Hat Chaweng ist zwar für einen Familienurlaub gut geeignet, wird jedoch vorwiegend von jungen Reisenden besucht – vor allem wegen des aufregenden Nachtlebens, das rund um die Soi Green Mango tobt. An diesem Strandabschnitt liegen zahlreiche Bars, Restaurants und Clubs, in denen die Nachtschwärmer bis in die frühen Morgenstunden ausgelassen feiern, trinken und tanzen.

### Hat Lamai
หาดละไม

19 km südöstl. von Naton.

Hat Lamai ist der zweitgrößte und zweitbeliebteste Strand der Insel. Hier machen vor allem preisbewusste europäische Reisende Urlaub. In dem Fischerdorf entwickelte sich der Fremdenverkehr zunächst nur langsam, das Zentrum bildet heute das kleine Ban Lamai im Norden. Am populärsten ist der mittlere Bereich des drei Kilometer langen Strands. Die dahinterliegende Straße säumen Bars aller Art, Nachtclubs und Lokale mit köstlicher Thai- und westlicher Küche. Hier steigen abends auch die meisten Partys.

In Ban Lamai stehen noch viele alte Teakholzhäuser, die meisten Bauten haben aber bereits Ziegeldächer – ein Zeichen des wachsenden Wohlstands in dieser Gegend. Das kulturelle Highlight des Dorfs ist die 1826 erbaute **Wat-Lamai-Kulturhalle** mit einem kleinen Volkskundemuseum über hiesiges Kunsthandwerk. Gleich südlich des Hat Lamai erstreckt sich der lange Sandstrand **Hat Hua Thanon**. In seiner Mitte liegt ein Fischerdorf mit vorwiegend muslimischen Bewohnern. Auf einem Markt kann man Früchte, Gemüse und Seafood kaufen.

### ♣ Secret Buddha Garden
สามพะ

11 km südöstl. von Naton.

Im dicht bewaldeten Inselinneren gründete 1977 der 76-jährige Obstbauer Nim Thongsuk den versteckt gelegenen Secret Buddha Garden (auch Magic Garden). Der von üppigem Tropenwald und felsigen Hügeln umgebene Garten präsentiert zahlreiche schöne Skulpturen aus Beton, die Gottheiten, mythologische Tierwesen und Menschen in unterschiedlichen Posen darstellen. Auch der sitzende Nim Thongsuk selbst ist vertreten. Ein hübscher Wasserfall fließt als Bach weiter durch den gesamten Garten, der am höchsten Punkt der Insel liegt und eine entsprechend atemberaubende Aussicht über die Kokospal-

Am malerischen Hat Lamai stehen Palmen direkt am Wasser

**Hotels und Restaurants an der unteren westlichen Golfküste** *siehe Seiten 300–304 und 326–328*

men im Tal bis hin zum Golf von Thailand bietet. Die Anfahrt zum Garten kann schwierig sein, da er von Hat Lamai nur manchmal mit Geländewagen über einen Feldweg zu erreichen ist. Die einfachste Art, ihn zu besichtigen, ist eine Dschungeltour von Hat Lamai aus.

### Na-Muang-Wasserfall
น้ำตกหน้าเมือง
11 km südöstl. von Naton.

An der Straße 4169 führt bei Ban Thurian eine steile Piste an einem Wildbach entlang in die Berge im Inselinneren von Ko Samui. Nach etwa zwei Kilometern gelangt man zu der überwältigenden Wasserkaskade des Nam Tok Na Muang (Na-Muang-Wasserfall). Drei Kilometer weiter stürzt sich ein weiterer Wasserfall in die Tiefe, den die Inselbewohner ebenfalls Na Muang nennen. Tourveranstalter sprechen von den beiden meist als Na Muang 1 und Na Muang 2. Der größere Wasserfall, Na Muang 2, ist bei den Einheimischen als Picknickplatz beliebt. Hier ergießt sich das kühle Wasser 30 Meter nach unten in ein tiefes Becken, das zu einem erfrischenden Bad einlädt. Beide Wasserfälle sind im Dezember und Januar am spektakulärsten, wenn sie kurz nach dem Monsun durch das Regenwasser aus dem hügeligen Inselinneren angeschwollen sind. Nach Voranmeldung kann man auf Elefanten zum Fuß des Na-Muang-Wasserfalls Nr. 2 reiten.

Der Na-Muang-Wasserfall Nr. 2 ist ein beliebter Picknickplatz

### Hin Ta und Hin Yai
หินตาหินยาย
18 km südöstl. von Naton.

Auf einer kleinen Landspitze zwischen Hat Lamai und Hat Hua Thanon weisen die natürlichen Felsformationen Hin Ta («Großvaterstein») und Hin Yai («Großmutterstein») eine unverkennbare Ähnlichkeit mit dem männlichen und dem weiblichen Geschlechtsorgan auf. Einer Sage zufolge verliebten sich einst ein Fischer und eine Frau ineinander, wurden jedoch an dieser Stelle beim Stelldichein von einem Sturm ins Meer geworfen und ertranken. Durch übernatürliche Kräfte nahmen die Felsen daraufhin ihre heutige Gestalt an und erinnern seither auf ewig an die Liebe der beiden. Diese Felsen sind nach dem Großen Buddha die meistbesuchte Stätte auf Ko Samui.

An kleinen Souvenirständen kann man T-Shirts, Leckereien wie *galamae* (eine thailändische Süßigkeit) und andere Kleinigkeiten kaufen.

### Wat Khunaram
วัดคุณาราม
13 km südöstl. von Naton.

Der Wat Khunaram steht gleich südlich der Straße 4169 bei Ban Thurian. Die ungewöhnliche sakrale Sehenswürdigkeit ist zwar architektonisch interessant, hat aber keine historische Bedeutung. Die Hauptattraktion des Tempels sind die mumifizierten Überreste des berühmten buddhistischen Mönchs Phra Khru Sammathakittikhun, der hier 1973 verstarb. Seine Mumie ist, aufrecht in einem Glaskasten sitzend, in einem separaten Gebäude des Komplexes zu besichtigen. Die Stätte wird von den Inselbewohnern hochverehrt, die hier dem früheren Abt des *wat* Blumen und Weihrauch darbringen. Die erstaunlich gut erhaltene Mumie, die nahezu keine Verwesungsspuren aufweist, soll angeblich auf Phra Khrus eigenen Wunsch hin ausgestellt sein.

Der eindeutig geformte Hin Ta, der »Großvaterstein«

**Straßenkarte** *siehe hintere Umschlaginnenseiten*

Einer der zahllosen Schmetterlinge im Samui Butterfly Garden

### Hat Laem Set
หาดแหลมเส็ด

16 km südl. von Naton.

Auf dem winzigen, hübschen Sandstrand am Südende von Hat Hua Thanon liegen mehrere große glatte Felsen. Die Hauptattraktion des Platzes ist das Ko Samui Kiteboarding Center im bekannten Samui Orchid Resort. Kiteboarding ist eine verhältnismäßig neue, aufregende Sportart in der vielfältigen Wassersportszene auf Ko Samui. Die besten Bedingungen für diese Art zu Surfen herrschen vor Hat Laem Set in der kühlen Jahreszeit von November bis Februar. Das Zentrum bietet Kurse für Anfänger und Fortgeschrittene und verleiht auch Kiteboards. Außerdem kann man zu einem schönen Riff vor der Küste schnorcheln, wo das Meer seicht und der sandige Boden gut zu sehen ist. Hinter dem Riff wird das Meer jedoch tief und kann vor allem bei bewegter See und starkem Wind tückisch sein. Schnorchler und Schwimmer, die sich weiter hinauswagen, sollten deshalb sehr vorsichtig sein. Am Strand befinden sich gehobene Ferienanlagen mit Spas sowie gute Restaurants mit lokaler Küche.

### Samui-Aquarium und Tigerzoo
สมุยอควาเรียม และสวนเสือสมุย

33/2 Moo 2, Maret, 16 km südöstl. von Naton. 0-7742-4017-8. tägl. 9–18 Uhr. www.samuiaquariumandtigerzoo.com

Das faszinierende Samui-Aquarium und der Tigerzoo sind ein unterhaltsames Ausflugsziel. Hier kann man die Fauna der Region kennenlernen, auch Familien mit Kindern kommen auf ihre Kosten. In den großen Acrylbecken des Aquariums tummeln sich tropische Fische, Haie, Meeresschildkröten, Korallen, Mollusken, Seesterne, Seepferdchen und viele andere Meeresbewohner. In einer fesselnden Show können Besucher zudem eine Vielfalt an Vögeln bestaunen und sich auch mit ihnen fotografieren lassen.

Im angeschlossenen Tigerzoo leben Großkatzen, darunter Königstiger, Leoparden, Nebelparder und Löwen. Man kann einen Blick aus der Nähe auf diese Raubtiere werfen und erfährt einiges über ihre Lebensweise. Wer will, kann sich für ein paar Hundert Baht ebenfalls mit den Tieren fotografieren lassen. Im Souvenirladen werden u.a. T-Shirts und Stofftiere verkauft.

### Samui Butterfly Garden
สวนผีเสื้อสมุย

16 km südl. von Naton. 0-7742-4020. tägl. 8.30–17 Uhr (Observatorium 10–16 Uhr).

In Laem Na Tien liegt am Hang eines niedrigen Hügels der Samui Butterfly Garden in einem dichten tropischen Garten. Dort flattern Hunderte Arten geschützter Schmetterlinge und Motten, die von hoch angebrachten Netzen am Davonfliegen gehindert werden. Die Schmetterlinge, darunter über 100 thailändische und malaysische Arten, sind wunderhübsch anzusehen. Bienenvölker, Skorpione, Taranteln und andere Spinnenarten werden dagegen sicher hinter Glas gehalten, um unerfreuliche Begegnungen zu vermeiden. Der Eintritt für den Schmetterlingsgarten be-

Große glatte Felsen liegen auf dem Sand und im Wasser am hübschen Hat Laem Set

**Hotels und Restaurants an der unteren westlichen Golfküste** *siehe Seiten 300–304 und 326–328*

# KO SAMUI

**Taucher am Korallenriff im klaren Meer vor Ko Taen**

## Laem Hin Khom
แหลมหินคม

14 km südl. von Naton.

Am südlichen Ende von Ko Samuis spärlich bebauter Westküste trennt die felsige Landzunge Laem Hin Khom Ban Thongkrut von der Ao Phangkha. An der Südküste des Kaps liegt der lange, schmale Sandstrand Thong Tanote vor hohen Kokospalmen und einem tropischen Dschungel. Hier befindet sich mit dem Coconut Villa Resort and Spa *(siehe S. 302)* eine der abgeschiedensten Unterkünfte auf ganz Ko Samui. Die luxuriöse Anlage bietet Villen am Strand mit herrlichem Meerblick. Der malerische Strand von Laem Hin Khom ist ideal für lange Spaziergänge und zum Schwimmen im Meer, wenngleich Letzteres bei Flut gefährlich sein kann.

**Swimmingpool im Coconut Villa Resort and Spa, Laem Hin Khom**

## Ao Phangkha
อ่าวพังกา

13 km südl. von Naton.

Gleich nördlich des Laem Hin Khom liegt die fantastische »Smaragdbucht« Ao Phangkha. Dies ist wohl der abgeschiedenste Ort auf der Insel. Vom restlichen Ko Samui wird die Bucht durch den 400 Meter hohen Khao Kwang, ein von Regenwald bewachsenes Massiv im Nordosten, getrennt. Ao Phangkha war ein Dorado für Rucksackreisende, entwi-

inhaltet ein Begrüßungsgetränk sowie den Besuch eines Observatoriums mit mehreren Aussichtsplattformen, von denen man eine grandiose Sicht über die Küste und den Golf von Thailand genießt. Fans von Meerestieren können bei einer Tour mit dem Glasbodenboot Korallen bestaunen.

## Ko Taen
เกาะเทียน

16 km südl. von Naton. von Ban Thongkrut.

Die winzige, malerische Insel Ko Taen liegt vor Ko Samuis Südwestküste und ist vom Dorf Ban Thongkrut aus leicht mit dem Boot zu erreichen. Früher lebten und arbeiteten hier einige Fischerfamilien, heute ist die Insel ein Meeres-Naturreservat. Ko Taen ist ideal zum Tauchen und Schnorcheln, aber auch zum Wandern und für andere Aktivitäten an Land. Auf der Insel gibt es nur knapp 30 ständige Bewohner und lediglich drei Ferienanlagen. Die Hauptattraktionen auf Ko Taen sind Ao Ok, eine Bucht mit einem schönen vorgelagerten Korallenriff, sowie Ao Tok mit einem perfekten weißen Sandstrand, für den ein Mangrovenwald mit zahlreichen Vögeln und anderen Tieren die Kulisse bildet. Ein hölzerner Plankenweg erleichtert die Erkundung des Mangrovenwalds. Dunkle Höhlen im Inselinneren sind die Bastion unzähliger Fledermäuse. Das Meer vor Ko Taen ist tief, klar und ein Paradies für Schnorchler und Taucher.

ckelt sich jedoch mehr und mehr zum gehobenen Urlaubsort. Das Phangkha Paradise Resort, eine der beliebten Ferienanlagen der Ecke, liegt etwas zurückgesetzt vom sichelförmigen Strand, ebenso ein paar kleinere Bungalows. Hier gibt es nicht allzu viel zu tun, man kann aber mit dem Boot nach Ko Thalu, Ko Din, Ko Maleng Po und Ko Mae Ko und anderen Inselchen vor der Küste fahren, um dort zwischen den farbenfrohen Korallenriffen zu schnorcheln. Oder man gönnt sich einfach ein langes Sonnenbad am herrlich weißen Sandstrand von Ao Phangkha und planscht im Meer.

**Langboote am Ufer der Ao Phangkha**

**Straßenkarte** *siehe hintere Umschlaginnenseiten*

Die lange, gewundene Küstenlinie der Ao Taling Ngam

### Ao Taling Ngam
อ่าวตลิ่งงาม
8 km südl. von Naton.

Ao Taling Ngam ist mit fast drei Kilometern Länge die größte Bucht an der Westküste südlich von Naton. Am Südende des langen, schmalen, gebogenen Strands legen im Dorf Ban Thong Yang die Fähren, die von Don Sak kommen, an. Ao Taling Ngam ist relativ wenig bebaut. Ein Bach und eine Landzunge, auf der das Am Samui Resort *(siehe S. 302)* gelegen ist, teilen die Bucht in den Five Island Beach im Süden und die Dhevatara-Bucht im Norden. Hier finden Urlauber preisgünstige Unterkünfte. Oberhalb der Bucht, mit eigenem Strandabschnitt, thront das Baan Taling Ngam Resort and Spa *(siehe S. 302)* – für viele ist dies Ko Samuis exklusivstes Hotel.

### Ao Thong Yang
อ่าวท้องหยง
6 km südl. von Naton.

Die sehr ruhige Bucht ist typisch für Ko Samuis Westküste. Sie ist von der Einwanderungsbehörde der Insel aus in 20 Minuten bequem zu Fuß zu erreichen. Die Landzunge südlich der Bucht ist im Besitz der Königlichen Thailändischen Marine und deshalb militärisches Sperrgebiet. In der Umgebung findet man viele gute Restaurants, die zum Teil köstliche einheimische Küche servieren.

### Hochland
สมุยไฮแลนด์
5 km östl. von Naton. **Wat Hin Lat** ( 0-7742-3146.

Fährt man auf der Straße 4172 eine kurze Strecke landeinwärts Richtung Osten, gelangt man ins bewaldete Hochland Ko Samuis. In der kühlen Abgeschiedenheit, jenseits von Sonne und Sand, kann man Dschungelwanderungen unternehmen und Ko Samuis berühmte Wasserfälle genießen. Wer es auf die harte Tour angehen will, braucht stabile Wanderschuhe. Stilvoller kommt man auf dem Rücken eines Elefanten von Camp Chang Elephant Trekking voran. Das Camp organisiert Ausritte rund um den 614 Meter hohen Khao Pom im Zentrum der Insel. Durch die Berge führt ein Netz aus steilen, holprigen Wegen.

Weitere Sehenswürdigkeiten sind der Meditationstempel **Wat Hin Lat**, in dem täglich Kurse in Vipassana-Meditation stattfinden, und der schöne **Hin-Lat-Wasserfall**. Dorthin gelangt man vom Wat Hin Lat über einen steilen, drei Kilometer langen Weg durch den Regenwald – am Ende lockt ein kühles Bad am Fuß des Wasserfalls. Im Gegensatz zu anderen Fällen auf Ko Samui liegt der Hin Lat abgeschieden – perfekt für ein Picknick und ein Bad. Nur selten verirren sich Pauschaltouristen hierher. Man sollte jedoch vor allem in der Regenzeit, wenn Blutegel zum Problem werden können, immer die Beine bedeckt halten und robuste Wanderschuhe tragen. Wer noch mehr Abenteuer erleben möchte, wandert drei Kilometer weiter zu den Wang-Sao-Tong-Fällen. Die Gegend lässt sich auch mit dem Geländefahrrad erkunden, in der Regenzeit ist dies jedoch nicht zu empfehlen.

Statue des Sitzenden Buddha im Wat Hin Lat, Hochland von Ko Samui

**Hotels und Restaurants an der unteren westlichen Golfküste** *siehe Seiten 300–304 und 326–328*

# Die Affen von der Kokosnuss

Ein Großteil des Inselinneren auf Ko Samui ist von Kokospalmen bestanden. Tatsächlich waren Kokosnüsse einst die Haupteinnahmequelle der Insel, auch heute noch sind sie von wirtschaftlicher Bedeutung. Die Ernte der Nüsse, die an bis zu 50 Meter hohen Palmen hängen, ist schwierig, gefährlich und zeitaufwendig. Deshalb dressiert man Makaken als Erntehelfer. Sie werden in der Regel in der Affenschule der Insel ausgebildet. Affen in der Ausbildung kann man dort und im Samui Monkey Center bewundern, wo die Tiere dreimal täglich ihre Fähigkeiten demonstrieren. Auf Ko Samui hat man häufig und vielerorts Gelegenheit, den Affen bei der Arbeit in den Kokosplantagen zuzusehen, vor allem an der Nordwestküste bei Ban Maenam, Ban Tai und Ban Bang Pho.

Ein Affe schmaust eine Kokosnuss

## Affen bei der Kokosnussernte

Ein männlicher Makake kann 1000 bis 1500 Kokosnüsse am Tag pflücken, ein Weibchen zwischen 600 und 700. Ihre Beschäftigung ist ökonomisch sehr sinnvoll: Ein erwachsener Mann schafft gerade einmal um die 80 Kokosnüsse pro Tag.

**Die Trainer** auf Ko Samui behandeln ihre Affen fast wie Familienmitglieder.

**Somporn Saekow** *gründete 1957 seine Affenschule. Er beherzigte das buddhistische Prinzip der Toleranz und bestand auf dem humanen Umgang mit seinen «Schülern». Er starb im Jahr 2002.*

**Mit den Seilen** werden die Affen gelenkt. Sie dienen nicht zur Maßregelung.

**Kokospalmen** *sind sehr schwer zu besteigen, weil ihre hohen, schlanken Stämme keine Äste haben. In der Höhe stellt der Wind eine Gefahr dar.*

**In den Affenschulen** *auf Ko Samui lernen Affen, Kokosnüsse zu ernten. Sie müssen die Nuss mit den Händen und Beinen drehen, sie in eine Tasche stecken und hinunter zum Besitzer bringen. Bis sie all das beherrschen, dauert es etwa sechs Monate.*

**Kokosnüsse** *waren vor Beginn des Fremdenverkehrs neben der Fischerei die Haupteinnahmequelle auf Ko Samui. Noch heute sind sie ein wichtiger Teil der Wirtschaft der Insel.*

# Ko Phangan ❺

เกาะพะงัน

Totempfahl am Strand

Ko Phangan ist etwa ein Drittel kleiner als Ko Samui. Mit ihren preiswerten Unterkünften, Vollmondpartys und der lässigen Atmosphäre ist die Insel für junge Gäste und Rucksackreisende attraktiv. Sie zieht mit feinen Sandstränden, ruhigen Buchten, Korallenriffen, hervorragenden Tauchgründen und dem zerklüfteten, bewaldeten Hinterland aber auch Naturliebhaber an. Große Flächen auf Ko Phangan sind kaum zugänglich und deshalb nicht bebaut. An viele Stellen kommt man nur per Boot über das Meer oder aber mit Pick-up-Lastern auf Holperpisten. Dank seiner relativ unberührten Schönheit sticht Ko Phangan kommerzielle Urlaubsorte aus.

## Tong Sala

ท้องศาลา

Hauptort und größte Siedlung ist Tong Sala (auch Thong Sala). Sie ist zugleich das wichtigste Zentrum von Ko Phangan. Vom Haupthafen der Insel kommen und gehen die Boote und Fähren von und zu den anderen Inselteilen sowie von und nach Ko Samui und Ko Tao. Tong Sala bietet eine für Reisende nützliche Infrastruktur mit Banken, einem Postamt, Supermärkten und Reisebüros. Nur hier findet man zudem ein internationales Krankenhaus, Apotheken und ein Polizeirevier. Zur Auswahl stehen des Weiteren einige Restaurants, preiswerte Hotels und Bars. Den Einheimischen zufolge erhält man in Tong Sala auch die beste Thai-Massage auf der Insel. Besucher können Ko Phangan mit gemieteten Jeeps oder Motorrädern erkunden oder beim Pier ein *songthaew* chartern.

**Bunte »Longtails« der Fischer am Pier, Ao Wok Tum**

## Ao Wok Tum

อ่าววกตุ่ม

5 km nördl. von Tong Sala.
Von Tong Sala aus gelangt man über eine kleine Landzunge direkt in die lange, unbebaute Bucht Ao Wok Tum. Dort locken Sandstrände zum Sonnenbaden und Spazierengehen. Hauptattraktion sind die Korallenriffe, die 300 Meter vom Land entfernt im seichten Wasser liegen und ein sicheres, leichtes Schnorchelrevier für Anfänger bieten. In der Umgebung findet man kleine Cafés, Bars und Restaurants, ein Fischerdorf und den örtlichen Tempel Wat Amphawan sowie preisgünstige Bungalows und einen rund um die Uhr geöffneten Minimarkt.

## Ao Hin Kong

อ่าวหินกอง

6 km nördl. von Tong Sala.
Die Ao Wok Tum geht fast nahtlos in die Ao Hin Kong über. Entlang der Bucht verläuft eine schmale Küstenstraße bis zum drei Kilometer langen, sauberen weißen Sandstrand Hat Yao. Die Korallenriffe, die im Wasser vor der Ao Wok Tum liegen, setzen sich hier fort, den Strand selbst säumen Palmen und Mangroven. Besucher finden hier ein paar einfache Bungalows sowie preiswerte Cafés und Restaurants. Ao Hin Kong gefällt vor allem Rucksackreisenden, die länger auf Ko Phangan bleiben möchten. Die Bucht bietet zwar wenig Unterhaltung, doch kann man mit dem Fahrrad nach Tong Sala fahren und dort das etwas aufregendere Nachtleben genießen. Schwimmen ist in der seichten Bucht nur während der Flut möglich.

## Ao Si Thanu

อ่าวศรีธนู

8 km nördl. von Tong Sala.
In geringer Entfernung von der Landzunge Laem Si Thanu liegt in der Bucht Ao Si Thanu ein kleiner Strand, der zu den schönsten auf Ko Phangan gehört. Hier findet man passende Unterkünfte in Bungalows sowie die zwei kleinen, hübschen Hotels Loy Fa und Chai Country. Sie liegen nahe der Spitze der Landzunge und bieten eine herrliche Aussicht auf die vorgelagerten Inseln und darüber hinaus. Das kleine Fischerdorf am westlichen Ende der Ao Si Thanu hat eine gewisse Infrastruktur mit Internet-Zugang, Nudelständen, Obst- und Gemüseläden und einigen wenigen Bars. Die Glanzpunkte der Bucht sind die herrlichen Sonnenuntergänge und das leicht zu erreichende Korallenriff vor dem Strand.

**Mangroven am Wasserrand, Ao Hin Kong**

**Hotels und Restaurants an der unteren westlichen Golfküste** *siehe Seiten 300–304 und 326–328*

# KO PHANGAN

Strandbungalows direkt am Wasser, Ao Chaophao

## INFOBOX

**Straßenkarte** C4. 14 km nordöstl. von Surat Thani. 8000. von Ko Samui und Ko Tao. TAT, Surat Thani (0-7728-8818). tägl.

### Ao Chaophao
อ่าวเจ้าพ่อ

10 km nördl. von Tong Sala. Nördlich der Bucht Ao Si Thanu verläuft die Küstenstraße kurz landeinwärts und stößt dann direkt auf die von Palmen gesäumte Bucht Ao Chaophao. Ihr langer Strand war bis vor Kurzem nur wenig erschlossen und deshalb auch nur bei Urlaubern beliebt, die eine Alternative zu den vollen Stränden an der Südküste suchten. Seit geraumer Zeit kommen jedoch zunehmend Besucher, in der Folge entstehen auch immer mehr Einrichtungen, darunter Bungalows, Restaurants und Bars. Die Pirate Bar in einer versteckten Bucht am Ende des Strands sollte man unbedingt besuchen.

### Hat Yao
หาดยาว

11 km nördl. von Tong Sala. Hat Yao, der touristische Hauptstrand auf Ko Phangan, verläuft in einem schönen weißen Sandbogen. Obwohl jedes Jahr mehr Besucher kommen und die Zahl der Hotels, Restaurants, Bars und der anderen Einrichtungen zunimmt, wirkt der breite Strand nicht überfüllt. Urlauber können die hiesigen Gewässer mit Kajaks erkunden und das Umland mit Motorrädern und Jeeps, die vor Ort vermietet werden. Im Meer beim Hat Yao locken zudem sehr gute Tauch- und Schnorchelgründe.

### Hat Salad
หาดสลัด

13 km nördl. von Tong Sala. Die schöne, kleine, tief eingeschnittene Bucht des Hat Salad liegt selbst für Ko Phangan ziemlich abgeschieden. Dennoch findet man hier ein paar Gästehäuser, kleine Läden und einen Fahrradverleih. Es gibt sogar Internet-Zugang. Der Überlieferung zufolge war der Strand einst Ankerpunkt für Piratenschiffe, die hier beladen wurden – zum Charme des Strands trägt dies sicher bei. Hier kann man lesen, faulenzen oder in Hängematten zwischen Palmen schlummern.

## LEGENDE

- Strand
- Tauchen
- Wandern
- Aussichtspunkt
- Fährhafen
- Hauptstraße
- Nebenstraße
- Piste
- Fährroute

**Zur Orientierung**

Träumen auf einer Schaukel unter Palmen, Hat Salad

## Ao Mae Hat
อ่าวแม่หาด

14 km nördl. von Tong Sala.
Die abgeschiedene, wunderschöne Bucht Ao Mae Hat mit dem feinen weißen Sandstrand liegt beim Dorf Mae Hat im Nordosten der Insel. Der östliche Strandabschnitt wird hauptsächlich von Fischern genutzt, die nach den hier vorkommenden Krebsen suchen. Ihre Langboote liegen häufig am Strand. Der westliche Teil des Strands ist weitaus schöner und seit Langem ein Favorit unter Urlaubern. Doch die herrliche Natur Mae Hats führte auch zum Bau luxuriöser Ferienanlagen, um dem wachsenden Besucherstrom Herr zu werden. Vor dem Strand kann man sehr gut schwimmen und schnorcheln. Bei Ebbe hat man auch die Möglichkeit, auf dem sandigen Damm bzw. durch das seichte Wasser zum Inselchen Ko Ma zu waten. Die Riffe vor Ko Ma gehören zu den besten Schnorchelrevieren ganz Ko Phangans. Von Mae Hat aus erreicht man in ein paar Minuten den Wang-Sai-Wasserfall, wo das glasklare Wasser in einem Felsbecken zu einem erfrischenden Bad einlädt.

## Ao Chalok Lam
อ่าวโฉลกหลำ

10 km nordöstl. von Tong Sala.

In der malerischen Bucht Ao Chalok Lam liegt Ko Phangans charakteristischstes (und geruchsintensivstes) Fischerdorf. Ban Chalok bietet einen

**Eine Fischerfrau legt Tintenfische zum Trocknen aus, Ban Chalok Lam**

Einblick in den normalen Alltag auf der Insel. Stapel von Tintenfischen trocknen am Strand, der Geruch von frisch gefangenem Fisch durchdringt Strand und Dorf. Hier kann man beim Flicken der Netze und Ausnehmen der Fische zusehen und daneben in Ladenhäusern Pizzas und andere Snacks kaufen. Viele Besucher legen hier nach einem Ausflug zum nahen chinesischen Schrein der Göttin Chao Mae Koan einen Stopp ein, um Fisch zu kaufen. In der Nähe des Dorfs steht auch ein buddhistischer Tempel.

**Hochseeangeln, Ao Chalok Lam**

Im Meer vor Ao Chalok Lam liegt mit **Hin Bai** (»Segelfelsen«) einer der besten Tauchgründe Thailands. Überhaupt sind hier Schnorcheln und Tauchen beliebte Beschäftigungen. Für die vielen Wassersportler stehen gut ausgestattete Bungalows und Resorts bereit. Gleichwohl ist Ao Chalok Lam für viele nur ein Zwischenstopp zwischen Tong Sala und dem kleinen Strand **Hat Khom** am nördlichsten Punkt Ko Phangans.

## Hat Khuat
หาดขวด

16 km nordöstl. von Tong Sala.
von Ban Chalok Lam.
Der idyllische Hat Khuat (»Flaschenstrand«) ist einer jener wunderbar unberührten Strände, die so viele Urlauber an Thailands Küste locken. Man erreicht ihn vom Hat Khom aus über eine Schotterpiste, teilweise muss man sich dabei durch dichtes Unterholz kämpfen. Einfacher gelangt man mit Langbooten an diesen Strand, der inzwischen zum bei jungen Leuten beliebten Urlaubsziel geworden ist. Vor dem schönen Sandstreifen schillert das Wasser in verschiedensten Blautönen, auf der Landseite wird er vom bewaldeten, 429 Meter hohen Khao Kin Non flankiert. Wer einen erschwinglichen Bungalow in grandioser Lage abseits der Partyszene sucht, wird am Hat Khuat fündig. Bei schlechtem Wetter sollte man sich hier allerdings nicht aufhalten, weil man womöglich von der Außenwelt abgeschnitten wird. Eine kurze Schotterpiste führt ins Dorf Ban Fai Mai mit ein paar kleinen Lebensmittelläden und Snackbars.

**Urlauber genießen den schönen Strand von Ao Mae Hat**

**Hotels und Restaurants an der unteren westlichen Golfküste** *siehe Seiten 300–304 und 326–328*

Cafés und Bungalows an einem felsigen Hang, Ao Thong Nai Pan

## Ao Thong Nai Pan

อ่าวธนน้อยใหญ่

18 km nordöstl. von Tong Sala.
von Tong Sala.

Hinter Hat Khuat macht Ko Phangans Küste eine Biegung nach Südosten und öffnet sich zur hübschen, tief eingeschnittenen Bucht Ao Thong Nai Pan. Sie liegt vor einer Kulisse aus bewaldeten Hügeln auf der einen und dem Golf von Thailand auf der anderen Seite. Eine felsige, hohe Landzunge teilt die Bucht in zwei Abschnitte: **Ao Thong Nai Pan Noi** im Norden und **Ao Thong Nai Pan Yai** im Süden. Als die vielleicht unzugänglichste Bucht der Insel ist Ao Thong Nai Pan sehr wenig besucht, obwohl sie zu den landschaftlichen Höhepunkten auf Ko Phangan zählt. Nur eine holprige Schotterpiste verbindet die Bucht mit dem 14 Kilometer südlich gelegenen Ban Tai an der Südküste. Auf der Fahrt wird man gründlich durchgeschüttelt. Angenehmer ist die Bootsfahrt von Ko Samui zur Bucht, die jedoch nur von September bis Januar angeboten wird.

Obwohl Ao Thon Nai Pan so abgeschieden liegt, gibt es inzwischen auch hier ein paar Restaurants, Bars, Internet-Cafés, Reisebüros und Banken. Die beiden Strandabschnitte sind ähnlich attraktiv, im warmen Wasser kann man herrlich schwimmen und schnorcheln. Kletterfreaks kommen auf den Felsformationen am östlichen Ende von Ao Thong Nai Pan auf ihre Kosten. Bei heftigen Regenfällen ist die Straße nach Ban Tai zuweilen für Motorräder und Autos unpassierbar.

## Hat Sadet

หาดเสด็จ

16 km nordöstl. von Tong Sala.
von Tong Sala.

Der unberührte, schwer zugängliche Hat Sadet wirkt wie die Kopie eines romantischen, einsamen Strands in einem Hollywoodfilm. Über Land erreicht man ihn nur auf einer schwierigen Schotterpiste, die von Ban Tai gen Norden führt. Viel bequemer ist eine Bootsfahrt von Tong Sala aus. Der Strand liegt neben dem einzigen Nationalpark der Insel und bietet einfache Bungalows, jedoch keine Restaurants, Bars oder sonstige Unterhaltung. Er ist ziemlich schmal, da er von steilen Felsenzungen flankiert wird, die jäh ins Meer abfallen – dies trägt jedoch zu seinem besonderen Charme bei.

## Than-Sadet-Nationalpark

อุทยานแห่งชาติธารเสด็จ

16 km nordöstl. von Tong Sala.
von Tong Sala.

Der 1983 gegründete Nationalpark war ursprünglich viel kleiner und wurde 1999 auf seine jetzige Größe von 65 Quadratkilometer erweitert. Er heißt nach dem Fluss Sadet, dem »von Königen besuchten Bach«. Dieser Name wiederum verweist auf den Besuch Ramas V. (reg. 1868– 1910) im Jahr 1889. In dem früher bei thailändischen Monarchen beliebten Gebiet hinterließ Rama V. sogar sein königliches Siegel auf einem großen Stein. Seine Nachfolger Rama VII. (reg. 1925–35) und der heutige König Bhumibol (Rama IX.) taten es ihm gleich. Tatsächlich soll Rama V. diesen Platz so geliebt haben, dass er ihn zwischen 1888 und 1909 gleich zehnmal aufsuchte. Zum größten Wasserfall der Insel, dem **Than-Sadet-Wasserfall** am Ende eines beliebten Wanderwegs, kommen vor allem Besucher, die Abwechslung vom Strandurlaub suchen. Der höchste Punkt des Parks ist der 605 Meter hohe Gipfel des Khao Ra. Than Sadet ist großflächig von dichtem Wald bedeckt, durch den ein paar Pfade führen. Am besten zugänglich ist der Hat Sadet, wo der Sadet ins Meer fließt.

Siegel von Rama V.

Der Sadet rauscht über Felsen Richtung Tal, Than-Sadet-Nationalpark

**Straßenkarte** *siehe hintere Umschlaginnenseiten*

Abgeschiedene Bucht mit Palmen und türkisfarbenem Wasser, Hat Thian

### Hat Thian
หาดเทียน

13 km östl. von Tong Sala. von Hat Rin.

Südlich von Hat Sadet ist die Ostküste von Ko Phangan nahezu unzugänglich. In diesem Gebiet abseits der Touristenpfade sind die Straßen meist nur Pisten. Eine führt durch das Dorf Ban Nam Tok nach Süden zur Hauptstraße an der Südküste nahe dem Hat Rin. Klüger, weil leichter ist die Erkundung der Ostküste mit einem Boot vom Hat Rin aus, vor allem in der Regenzeit von Juni bis September. Eine kleine Fähre verkehrt täglich zwischen Hat Rin und Ao Thong Nai Pan und hält unterwegs in Hat Thian. Noch einfacher ist die Anfahrt mit dem Wassertaxi.

Hat Thian ist der beste der drei Strände auf der Landzunge Laem Klang. Für einen Urlaub an diesem abgeschiedenen Ort spricht seine einsame Schönheit, obwohl in den letzten Jahren auch hier der Fremdenverkehr Einzug gehalten hat. Inzwischen gibt es einige Restaurants mit Thai- und westlicher Küche sowie Bars mit Live-Musik und Partys am Wochenende. An der Bucht liegen vier Ferienresorts mit Unterkünften im Bungalowstil. Auch ein Wellness-Zentrum mit alternativen Anwendungen hat sich etabliert. Die Tauchgründe in der Nähe sind dafür bekannt, dass man dort mit Glück Walhaie sehen kann.

### Hat Yuan
หาดญวน

13 km östl. von Tong Sala.

Gleich südlich vom Hat Thian liegt in Gehweite (oder Schwimmdistanz) der kleinere Strand Hat Yuan, an dessen Enden zahlreiche große Felsblöcke liegen. Hier herrscht ein familiäres Flair. In einem Café bekommt man traditionelles thailändisches Essen frisch aus dem Ofen und fruchtige Joghurts. Im Meer kann man normalerweise gut schwimmen und schnorcheln, doch bei stürmischen Bedingungen sollte man im Wasser Vorsicht walten lassen. Obwohl der Hat Yuan in der Nähe des lärmenden Hat Rin liegt, ist es hier ruhig. Auch die Partyszene fehlt. Urlaubern bieten sich hier die gängigen Strandvergnügungen wie Schwimmen, Sonnenbaden und Schnorcheln.

### Hat Rin
หาดริ้น

11 km südöstl. von Tong Sala.

An der Südostspitze von Ko Phangan liegen der Strand Hat Rin und das Dorf Ban Hat Rin. Sie sind die touristischen Orte der Insel und deren Partyparadies. Der Hat Rin auf einer schmalen, sandigen Halbinsel teilt sich in zwei

Bungalows am Palmenstrand Hat Yuan

Hotels und Restaurants an der unteren westlichen Golfküste *siehe Seiten 300–304 und 326–328*

# KO PHANGAN

Bereiche: den belebten »Sonnenaufgangstrand« **Hat Rin Nok** im Osten und den ruhigeren »Sonnenuntergangstrand« **Hat Rin Nai** im Westen. Hat Rin ist bei jungen Leuten populär, die gern laute Musik hören und insbesondere wegen der Vollmondpartys nach Ko Phangan kommen. Diese weithin berühmten Partys finden naturgemäß alle vier Wochen statt, beginnen bei Anbruch der Dunkelheit und dauern bis zum Morgengrauen und länger. Die Partymeile schlechthin ist der südliche Strandabschnitt, vor allem des Hat Rin Nok, doch die Nachtschwärmer verteilen sich häufig über den ganzen Strand. Für Stimmung sorgen Lichterketten, provisorische Bars, Feuershows sowie Stände mit Essen und Trinken. Während solcher Partys sollte man gut auf seine Siebensachen aufpassen und vor Fremden auf der Hut sein. Am Hat Rin entstehen immer mehr Hotels, Gästehäuser, Restaurants, Bars und Internet-Cafés. Zwei Wochen um Vollmond ist häufig keine Unterkunft mehr frei.

**Pappfigur in einer Bar, Hat Rin**

Früher kamen die meisten Urlauber wegen des schönen breiten Strands zum Hat Rin. Doch leider hat er durch den beständigen Touristenstrom etwas von seinem Charme eingebüßt. Heute ist der Streifen oft verschmutzt und vor allem laut – wer Ruhe und Einsamkeit sucht, ist hier fehl am Platz.

## Wat Khao Tham
วัดเขาถ้ำ
5 km östl. von Tong Sala.
www.watkowtahm.org

Ko Phangan ist für seine attraktiven Strände und seine schöne Landschaft bekannt. Alte Tempel oder buddhistische Architektur sind nicht eben das, was man hier erwartet. Doch Wat Khao Tham nordwestlich von Ban Tai an der Südküste lockt sowohl asiatische als auch westliche Besucher an, die hier meditieren wollen. Der Wat Khao Tham ist eher ein Meditationszentrum als ein Kloster und als solches interessant für alle, die spirituelle Erfahrungen suchen. Jeden Monat finden mehrtägige Kurse über die Heilung von Körper und Seele statt. Die Gebühren sind ziemlich günstig, Kost und Logis sind darin eingeschlossen. Das Kloster, das unter der Bezeichnung »Theravadin

**Ruhe und Gelassenheit – Zeit für Meditation, Wat Khao Tham**

Buddhist Monastery and Retreat Center« firmiert, wird von zwei ansässigen Ausländern, Rosemary und Steve Weissman, geführt, die auch die Kurse leiten. Ziel ist es, durch geistiges Training Einsichten in die Natur des Menschen zu gewinnen. Das Kloster ist der perfekte Kontrast zu den lärmigen, ausgelassenen Vollmondpartys nebenan am Hat Rin.

### Vollmondpartys

Die berühmt-berüchtigten Feste finden immer an Vollmond statt. Von bescheidenen Anfängen vor etwa 25 Jahren entwickelten sie sich zu Riesenpartys mit Tausenden Feiernden aus aller Welt. Die Zahl der Nachtschwärmer liegt pro Monat zwischen 10000 und 20000. Internationale und einheimische Discjockeys legen Musik von Techno bis Pop auf. Die Feiernden bemalen sich mit ultravioletten Farben und tragen Lichter und reflektierende Accessoires. Alkoholika (hier legal) werden eimerweise verkauft. Leider sind auch Drogen leicht erhältlich. Auch Raub und Vergewaltigungen kamen vor. Vor allem gilt: Finger weg von Drogen – falls man nicht hinter Gittern enden will. Besitz von und Handel mit Drogen werden in Thailand mittlerweile unnachgiebig mit Geld-, oft mit Gefängnisstrafen geahndet.

**Gute Stimmung bei einer Vollmondparty, Hat Rin**

Strand und Felsen, Urlauber auf Ko Samui *(siehe S. 162–171)* ▷

# Meeres-Nationalpark Ang Thong ❻

อุทยานแห่งชาติทางทะเลอ่างทอง

**Fähre zum Meeres-Nationalpark Ang Thong**

Zum Archipel Ang Thong (»Goldbecken«) gehören 42 traumhafte, zumeist unbewohnte Inseln in einen 102 Quadratkilometer großen Gebiet. Der einstige Marinestützpunkt wurde 1980 zum Meeres-Nationalpark erklärt und ist seitdem für Besucher zugänglich. Die Inseln sind die Gipfel eines überfluteten Kalksteingebirges, die teilweise über 400 Meter aus dem Wasser ragen. Ang Thongs Schönheit zieht Besucher an, die hier an schimmernd weißen Sandstränden entspannen, Wälder und Höhlen erkunden und zwischen herrlichen Korallen schnorcheln. Hier gibt es zudem ein reiches Tierleben – zu Wasser und zu Land.

**Zur Orientierung**

☐ Dargestelltes Gebiet

★ **Kratersee Thale Nai**
*Der tiefgrüne Meerwassersee Thale Nai im Zentrum von Ko Mae Ko ist das goldene Becken, nach dem Ang Thong benannt ist. Er ist von Kalksteinklippen umgeben und mit dem Meer durch einen unterirdischen Kanal verbunden. Die anstrengende Wanderung zum Thale Nai wird durch einen spektakulären Blick belohnt.*

**Auf Ko Phaluai**, der größten Insel des Archipels, leben einige Fischer.

**Kajakfahren**
*Geführte Kajaktouren in und rund um Ang Thong sind von Ko Samuis (siehe S. 162–171) nahen Stränden Hat Chaweng und Hat Lamai aus leicht zu arrangieren.*

**NICHT VERSÄUMEN**

★ Aussichtspunkt von Ko Wua Talab

★ Kratersee Thale Nai

★ Tham-Bua-Bok-Höhle

**Wandern**
*Die Wege sind nur kurz, aber teilweise steil, und tagsüber kann es sehr heiß werden. Sonnenhut, Sonnencreme und viel Trinkwasser sind unverzichtbar.*

**Hotels und Restaurants an der unteren westlichen Golfküste** *siehe Seiten 300–304 und 326–328*

# MEERES-NATIONALPARK ANG THONG

### INFOBOX

**Straßenkarte** C4. Parkzentrum auf Ko Wua Talab, 26 km nördl. von Ko Samui. von Ko Samui. Parkverwaltung (0-7728-6025; 0-2562-0760 für Reservierung). Nov/Dez.

### LEGENDE

- Strand
- Tauchen
- Wassersport
- Aussichtspunkt
- Fährhafen
- Information
- - - Fußweg
- - - Fährroute

**Ko Sam Sao**
*Die winzige, bei Tauchern und Schnorchlern beliebte Insel bietet das schönste Korallenriff des Nationalparks.*

**Die Steinbrücke** von Ko Sam Sao ist eine natürliche Felsformation und bevorzugtes Ziel von Kajakfahrern.

**Kratersee Thale Nai**

### ★ Tham-Bua-Bok-Höhle
*Eine anstrengende Wanderung führt zur Höhle beim Gipfel von Ko Wua Talab. Die zahlreichen Tropfsteine der Höhle sind wie Lotosblüten geformt. Deshalb heißt sie Bua Bok – »Wogender Lotus«.*

### ★ Aussichtspunkt von Ko Wua Talab
*Eine eher schwierige Wanderung führt zu diesem Aussichtspunkt auf dem Gipfel der Insel. Die Mühe wird durch einen herrlichen Blick auf die grünen Inseln des Ang-Thong-Archipels belohnt. Auf Ko Wua Talab kann man in einfachen Bungalows übernachten.*

### Bootsfahrten
*Boote verkehren bei gutem Wetter zwischen Ko Samui, Ko Phangan (siehe S. 172–177) und Ang Thong. Teilweise richten sie sich speziell an Schnorchler und Taucher. Teurer sind die Bootsausflüge mit Übernachtung.*

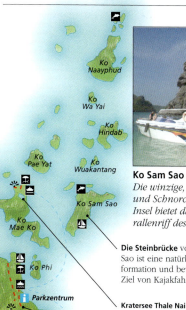

**Straßenkarte** *siehe hintere Umschlaginnenseiten*

# Ko Tao ❼

เกาะเต่า

Besucher auf einem Motorroller

Die 40 Kilometer nördlich von Ko Phangan *(siehe S. 172–177)* liegende »Schildkröten-Insel« ist die kleinste, aber schönste der drei Ferieninseln im Ko-Samui-Archipel. Das zerklüftete Ko Tao ist im Zentrum von dichtem Wald überzogen. An der Ostküste befinden sich abgelegene Höhlen, an der Westküste ausgedehnte Sandstrände. Dort legen Echte Karettschildkröten und Suppenschildkröten ihre Eier ab. Dank seiner klaren Gewässer und vielen, artenreichen Tauchgründe gehört Ko Tao zu den schönsten Tauchregionen des Landes. An der Chumphon Pinnacle *(siehe S. 23)* elf Kilometer nordwestlich von Ko Tao taucht man zwischen Grauen Riffhaien.

**Langboote und Speedboote am Hat Ao Mae**

## Ban Mae Hat

บ้านแม่หาด

Ban Mae Hat ist eine der wenigen größeren Ortschaften auf Ko Tao und inoffizielle Hauptstadt der Insel. Das einst ruhige Fischerdorf verwandelt sich rasend schnell in einen Touristenort mit den entsprechenden Einrichtungen, darunter Internet-Cafés, Supermärkte, Postamt, Polizeirevier, Banken, Kliniken und Apotheken. Hier befindet sich auch der Hauptfährhafen. Eine geteerte Straße führt durch das Zentrum der Insel bis Ao Chalok Ban Kao an der Südküste. Der Ort verfügt über eine Auswahl an Unterkünften und die besten Restaurants der Insel sowie einige Irish Pubs, Billardbars und Video- und Sportbars mit großen Fernsehern. Wer zuerst die Insel erkunden will, bevor er sich niederlässt, leiht sich ein oder zwei Tage lang ein Motorrad aus und sucht sich ein ihm genehmes Hotel mit dem passenden Strand.

### Hat Ao Mae

หาดอ่าวแม่

Etwas nördlich des Fährhafens von Ban Mae Hat erstreckt sich in einer flachen Bucht der kleine Strand Hat Ao Mae. Für Urlauber, die Ruhe suchen, liegt er womöglich zu nah am Ort. Doch vom komfortablen Hotel Montra in der Bucht kommt man schnell und einfach zu Fuß nach Ban Mae Hat im Süden und ebenso unproblematisch zum schönen Hat Sai Ri im Norden. Einen gewissen lokalen Ruhm hat das Gebiet auch wegen des Laem Jor Por Ror (Kap von Rama V.). Am 18. Juni 1899 besuchte Rama V. (reg. 1868–1910) Ko Tao und hinterließ in einem großen Felsen sein eingeritztes Monogramm. Seitdem heißt dieser Rama-V.-Felsen und wird von den Einheimischen in Ehren gehalten.

### Hat Sai Ri

หาดทรายรี

2 km nördl. von Ban Mae Hat.

Der idyllische Strand ist perfekt, um den spektakulären Sonnenuntergang über dem Golf von Thailand zu bewundern. Der Hat Sai Ri ist der längste Strand auf Ko Tao. In seinem östlichen Teil schießen immer mehr kleine Restaurants, Bars und einfache Bungalowanlagen aus dem Boden. Parallel zum Strand verläuft ein Pfad, etwas weiter landeinwärts eine kleine Straße, die zur Siedlung Ban Hat Sai Ri führt. Das einstige Fischerdorf ist heute das Servicezentrum der schnell wachsenden lokalen Tourismusindustrie. Man findet hier Taucherzentren, Reisebüros, kleine Supermärkte, Internet-Cafés und sogar Geldautomaten. Hinter dem Strand führt die Straße weiter zum exklusiven Dusit Buncha Resort *(siehe S. 304)* und zur Nang-yuan-Terrasse. Sie endet schließlich an steilen Klippen im Dschungel.

### Ko Nang Yuan

เกาะนางยวน

3 km nördl. von Ban Mae Hat.

von Ban Mae Hat.

Die drei Ko-Nang-Yuan-Inseln sind durch Sandbänke miteinander verbunden und von zauberhaften Korallenriffen umgeben. Das kleinste Eiland wird auch **Japanischer Garten** genannt. Die Ko Tao nordwestlich vorgelagerten Inseln sind mit der Fähre einfach zu erreichen und eignen sich

**Ladenstraße mit Geldautomat und anderen Einrichtungen, Hat Sai Ri**

**Hotels und Restaurants an der unteren westlichen Golfküste** *siehe Seiten 300–304 und 326–328*

# KO TAO

Traumhaft türkisfarbene und dunkelblaue Gewässer vor Ko Nang Yuan

### INFOBOX

**Straßenkarte** C3. 40 km nördl. von Ko Phangan. 5000. von Ko Phangan. TAT, Surat Thani (0-7728-8818).

bestens für einen Tagesausflug, um zu faulenzen und zu schwimmen. Das Betreten von Ko Nang Yuan kostet Eintritt. Zum Schutz der empfindlichen Umwelt wurden strenge Regeln erlassen: Dosen, Plastiktüten oder Flaschen sind verboten. Die vielen Reisebüros in Ban Mae Hat organisieren ganztägige Ausflüge inklusive Schnorcheln oder Tauchen. Die Inseln werden vom Nangyuan Island Dive Resort *(siehe S. 303)* beaufsichtigt. Wer sich dort einquartiert, fährt kostenlos zu den Inseln.

### Ao Mamuang

5 km nordöstl. von Ban Mae Hat.

Im Norden von Ko Tao liegt die reizende, lange, von üppigem Grün gesäumte »Mangobucht« Ao Mamuang. Viele Urlauber kommen von Ban Mae Hat aus für einen Tagesausflug hierher, um am Riff im flachen Wasser der Bucht zu schnorcheln. Der kleine Strand wartet mit einer komfortablen Bungalowanlage sowie einigen Restaurants und Bars auf. Zur Bucht gelangt man wie folgt: Man nimmt entweder ein Boot, oder man folgt der schmalen Piste, die von Ban Hat Sai Ri nach Osten über die Insel führt und biegt dann nach Norden zum Strand hin ab. Zwei schöne Kaps rahmen die Bucht: Nam Dok im Westen und Grachom Fai mit dem Leuchtturm im Osten. Die Bucht ist zwar abgelegen, doch es ist alles zur Bequemlichkeit vorhanden – ein schöner Ort zum Entspannen.

### Ao Hinwong

6 km nordöstl. von Ban Mae Hat.

Die herrlich einsame, von Kokospalmen und großen Felsbrocken umgebene Bucht Ao Hinwong liegt im nördlichen Teil von Ko Taos Ostküste – weit entfernt vom hektischen Treiben in Ban Mae Hat. Am besten erreicht man sie mit dem Boot, oder man folgt von Ban Hat Sai Ri aus der schmalen Piste quer über die Insel. Der Weg ist jedoch nur mit Motorrädern, Pick-ups oder Geländewagen befahrbar. Trotz einer gewissen Unzugänglichkeit wird auch diese Bucht bei den Urlaubern immer beliebter. Zwei Hotels und eine Bungalowanlage laden zum Verweilen ein. Von einem Hügel im Norden hat man einen weiten Blick über das Meer, im klaren, ruhigen Wasser der geschützten Bucht sind deutlich Sardinenschwärme zu sehen. Wer schnorcheln und tauchen will, ist hier richtig.

**Zur Orientierung**

### LEGENDE

- Strand
- Tauchen
- Aussichtspunkt
- Fährhafen
- Nebenstraße
- - - Fußweg
- - - Fährroute

**Straßenkarte** *siehe hintere Umschlaginnenseiten*

Blick auf den Sandstrand der Bucht Ao Tanot und die roten Dächer der Ferienanlagen

### Laem Thian
แหลมเทียน
6 km östl. von Ban Mae Hat.

Das Kap Laem Thian liegt abgeschieden in der Mitte von Ko Taos einsamer Ostküste. Dort befindet sich ein weißer Sandstrand mit einer kleinen Wasserfläche im Lee einer felsigen Landzunge. Am besten erreicht man Laem Thian per Boot, denn die Schotterpiste, die die Insel durchquert, ist ziemlich tückisch. Der nördliche Abschnitt dieser Straße führt zu den Buchten Ao Mamuang und Ao Hinwong, der südliche nach Laem Thian. Laem Thian ist bei Schnorchlern wegen seiner Unterwassertunnel und Passagen zum Durchtauchen bekannt. Die Kalksteinformationen sind sehr leicht zu erkunden. In der Gegend werden häufig die exotischen Einhornfische gesichtet. Am Strand befinden sich komfortable Bungalows und andere einfache Einrichtungen.

### Ao Tanot
อ่าวโตนด
6 km östl. von Ban Mae Hat.

Die kleine hufeisenförmige Bucht Ao Tanot am Golf von Thailand ist wunderschön und für ihre grandiosen Sonnenaufgänge bekannt. Gleich südlich von Laem Thian und von schon von Weitem gut erkennbar befindet sich der zauberhafte Strand Hat Ao Tanot. Wie bei den anderen Stränden an Ko Taos Ostküste liegt seine Attraktivität auch in seiner Unzugänglichkeit. An den Strand mit seinen großen Felsen und zahllosen Muscheln kommt man vor allem zum Schnorcheln, die Ausrüstung kann man in den Tauch-Shops in der Nähe ausleihen. In der Umgebung finden sich mehrere gute Ferienanlagen und einfache Bungalows sowie eine Tauchschule und kleine, malerische Terrassenbars vor farbenprächtigen Bougainvillea-Hainen. Ao Tanot ist auch über einen Weg, der ins Inselinnere führt, und über die befestigte Straße von Ban Mae Hat über Ko Taos Bergrücken zur Ao Chalok zu erreichen.

*Bougainvillea in Blüte*

### Ao Leuk
อ่าวลึก
5 km südöstl. von Ban Mae Hat.

Fast an der Südostspitze von Ko Tao präsentiert sich die Bucht mit einem der schönsten Strände der Insel und mit einem reichen Angebot für Outdoor-Aktivitäten, etwa Windsurfen, Kajak- und Wasserskifahren. Die Ferienanlagen am Strand stellen die jeweilige Ausrüstung zur Verfügung. Auch Sonnenanbeter und Schwimmer kommen auf ihre Kosten, Schnorchler können vor der Küste in klarem Wasser schöne Korallenriffe bestaunen. Das Meer vor der Bucht ist seinem Ruf zum Trotz sicher – der einzige Hai, den man hier sieht, ist der scheue Schwarzspitzenhai. Sowohl die Unterkünfte als auch die Restaurants sind gut, ebenso die wenigen, aber einladenden Bars.

### Hat Sai Daeng
หาดทรายแดง
5 km südöstl. von Ban Mae Hat.

Der malerische, unberührte weiße Sandstrand Hat Sai Daeng liegt an einer schmalen Halbinsel, die an Ko Taos leichter zugänglichen Südseite ins warme Wasser des Golfs von Thailand hinausragt. Der »rote Sandstrand« liegt direkt vor dem beliebten

Kajakfahrer im Gewässer vor der »Hai-Insel«, Hat Sai Daeng

**Hotels und Restaurants an der unteren westlichen Golfküste** *siehe Seiten 300–304 und 326–328*

Schnorchel- und Tauchrevier rund um die unbewohnte »Hai-Insel« Ko Chalam. Vom Hat Sai Daeng, der im Schutz einer von Mangroven bewachsenen Landzunge liegt, hat man eine herrliche Aussicht aufs Meer. Am Strand stehen recht akzeptable Bungalows, Restaurants und Bars. Zu erreichen ist der Hat Sai Daeng über eine schmale, kaum befahrene Piste, die von der Hauptstraße zwischen Mae Hat und Ao Chalok Richtung Osten führt. Die noch engeren Wege sollte man mit Fahrzeugen besser meiden, denn sie sind – vor allem bei starkem Regen – gefährlich und zuweilen unpassierbar.

Entspannt beim Sundowner an einer Strandbar, Ao Chalok Ban Kao

Von Felsen und dichter Vegetation eingefasster Strand, Hat Sai Daeng

### Ao Thian Ok
อ่าวเทียนออก
3 km südöstl. von Ban Mae Hat.

Ao Thian Ok ist nicht nur die südlichste Bucht der Insel, sondern wartet auch mit einem der hübschesten Strände auf Ko Tao auf. Im Osten wird die Bucht von der Landzunge des Hat Sai Daeng und der »Hai-Insel« geschützt, im Westen vom weit größeren Kap Laem Tato. Obwohl im Meer vor Ao Thian immer wieder Riffhaie schwimmen, ist es ein beliebtes Tauchrevier. Am Strand findet man luxuriöse Spa-Unterkünfte und ein paar relativ preisgünstige Bungalows, mehrere Bars mit grandiosem Meerblick sowie einige der besten Restaurants der Insel. Urlauber können Kurse in Thai-Massage, Yoga und Qi Gong absolvieren und die gängigen Wassersportarten Schwimmen, Schnorcheln und Tauchen ausüben.

### Ao Chalok Ban Kao
อ่าวโฉลกบ้านเก่า
2 km südl. von Ban Mae Hat.

Ao Chalok Ban Kao ist das größte, erschlossenste und am besten ausgestattete Feriengebiet Ko Taos und liegt eingebettet zwischen Laem Tato im Osten und Laem Jeda Gang im Westen. Von Ban Mae Hat gelangt man über eine gute, aber sehr schmale Straße in diese Traumbucht, die bewaldete Hügel sowohl vor dem Nordost- als auch vor dem Südwest-Monsun schützen. Die drei separaten, untereinander verbundenen Strände – Freedom Beach im Südosten, Hat Chalok in der Mitte und der kleinere Hat San Jao im Westen – teilen sich die Bucht. In der Bucht befindet sich auch eines der größten Tauchzentren auf Ko Tao, entsprechend ist der Strand von Tauchern, Schnorchlern und Anglern bevölkert. Es haben sich Reisebüros, Tauch-Shops und Gästehäuser sowie gute Restaurants und Bars angesiedelt. In der Mitte von Laem Tato hat man vom **Jon-Suwan-Aussichtspunkt** einen exquisiten Blick über Bucht und bewaldete Hügel.

### Ao Sai Nuan
อ่าวทรายนวล

Zwischen hohen Palmen und dem warmen, azurblauen Meer locken hier mehrere schöne sandige Buchten. Die Ao Sai Nuan liegt südwestlich von Ban Mae Hat im Schutz eines dicht bewaldeten, 189 Meter hohen Bergs und wirkt mit den Bungalows und Ferienhotels eigentlich wie die südliche Verlängerung des Dorfs.

Wenn abends die Sonne über dem Golf von Thailand untergeht, ist der Blick von der Bucht fast schon kitschig schön. Schnorchler und Taucher finden hier verschiedene gute Tauchgründe im Meer rund um Laem Jeda Gang und Laem Hin San Con. Da die Bucht so leicht zu erreichen ist, ist sie bei Urlaubern auf Ko Tao entsprechend beliebt. Von Ban Mae Hat aus gelangt man zu Fuß oder mit dem Motorrad hierher. Vierrädrige Transportmittel eignen sich für die Strecke weniger gut. Tauch-Shops, Restaurants und Bars tragen ihren Teil dazu bei, dass ein Aufenthalt in der Ao Sai Nuan zu einem angenehm erholsamen Urlaubserlebnis wird.

Sonnenbad am weißen Sandstrand, Ao Thian Ok

**Straßenkarte** siehe hintere Umschlaginnenseiten

Open-Air-Restaurant in einer Ferienanlage, Hat Na Dan

## Hat Khanom ●

หาดขนอม

**Straßenkarte** C4. 90 km östl. von Surat Thani. 🚌 🛈 *TAT, Nakhon Si Thammarat (0-7534-6515).* 🍴 🏨

Der lange schöne Strand Hat Khanom ist Teil der größten Bucht in diesem Gebiet. Obwohl man ihn leicht auf einer Straße erreicht, ist er kaum besucht. Der Strand ist das Zentrum des noch jungen **Khanom-Mu-Ko-Thale-Tai-Nationalparks**, der Festlandgebiete in den Distrikten Khanom und Sichon sowie die Inseln Ko Noi, Ko Wang Nai, Ko Wang Nok, Ko Tan, Ko Rap, Ko Thon Rai und Ko Phi umfasst. Der Hat Khanom liegt nördlich des kleinen Küstenorts Khanom, der auf die Ayutthaya-Epoche *(siehe S. 40f)* zurückgeht. Das einst bedeutende Handels- und Kulturzentrum ist heute ein verschlafener Fischerhafen. Neben der Fischerei bilden Kokos- und Kautschukplantagen die Haupteinnahmequellen. Im Ort finden sich ein paar Restaurants, Cottages und ein einziges Hotel. Die meisten Urlauber zieht es zu den Stränden, wo die Unterkünfte – von Luxusresorts bis zu gemütlichen Bungalows – direkt am Meer liegen. Die Landschaft der Umgebung ist herrlich – mit malerischen Stränden im Schutz von Kalksteinbergen. In den Bergen gibt es einige Höhlen zu entdecken, die berühmteste ist die 14 Kilometer südlich von Khanom-Stadt gelegene **Khao-Wang-Thong-Höhle** mit ungewöhnlichen Tropfsteinformationen.

Da der Samui-Archipel *(siehe S. 162–171)* zusehends von Besucherströmen überschwemmt wird, wird Ao Khanom nach und nach zum nächsten bedeutenden Ferienziel ausgebaut.

Die Tauch- und Schnorchelindustrie in dieser Region schläft ebenfalls nicht. Unternehmen organisieren Übernachtungen und Tagesausflüge zu den nahe gelegenen Inseln und arrangieren auch Touren zum Hochseefischen im Golf von Thailand. Die Bucht ist zudem ein Zentrum des Meeres-Golfsports, der von April bis Juli ausgeübt werden kann. Wenn in dieser Zeit bei Ebbe das Wasser fast völlig zurückgeht, organisieren Einheimische Golfturniere auf dem trockenliegenden sandigen Meeresboden.

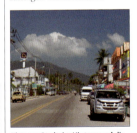

Khanom-Stadt, im Hintergrund die malerischen Kalksteinberge

## Hat Na Dan ●

หาดหน้าด่าน

**Straßenkarte** C4. 10 km südl. von Hat Khanom. 🚌 🛈 *TAT, Nakhon Si Thammarat (0-7534-6515).* 🍴 🏨

Der zauberhafte Hat Na Dan liegt südlich des Hat Khanom. Der lange, gebogene weiße Sandstrand am warmen, tiefblauen Golf von Thailand ist von Kokospalmen gesäumt. Obwohl der Strand von Ko Samui per Boot in einer halben Stunde zu erreichen ist, wird er von Urlaubern nicht oft aufgesucht. Das mag an der spärli-

### Die rosa Delfine von Sichon und Khanom

Eine der außergewöhnlichen Attraktionen der Sichon-Khanom-Küste ist eine Schule seltener rosa Delfine, die vor der Küste im seichten Wasser des Golfs lebt. Auf Bootsfahrten stehen die Chancen gut, die freundlichen, intelligenten Meeressäuger zu sehen. Die beste Zeit liegt zwischen Oktober und April. Die erwachsenen Exemplare der zur Gattung Chinesische Weiße Delfine gehörenden Tiere sind meist grau oder weiß. Die viel selteneren rosa Delfine findet man nur hier und an Chinas Südküste. Leider ist die Art in beiden Regionen von Überfischung bedroht und steht offiziell unter dem Schutz der Regierung.

Ein rosa Delfin schwimmt mit seinem Kalb an der Wasseroberfläche

---

**Hotels und Restaurants an der unteren westlichen Golfküste** *siehe Seiten 300–304 und 326–328*

chen Ausstattung liegen, aber immerhin bieten Strandverkäufer Spezialitäten wie getrockneten Tintenfisch an. In der ruhigen Bucht kann man gut schwimmen. Korallenriffe gibt es allerdings nicht. Die Ursprünglichkeit des Orts wird sich wohl mit dem Bau von Ferienanlagen verändern. Noch wird Hat Na Dan vom Lärm und Gestank der Jetskis und anderer Wassersportgeräte verschont, doch der Kommerz wird sicher auch diesen Strand irgendwann einholen.

## Hat Nai Phraet ❿
หาดในแพรต

**Straßenkarte** C4. 3 km südl. von Hat Na Dan. *TAT, Nakhon Si Thammarat (0-7534-6515).*

**Rustikale Strandbungalows mit Ziegeldächern am Hat Nai Phraet**

Unmittelbar südlich des Hat Na Dan erstreckt sich der bildschöne lange Sandbogen des Hat Nai Phraet. Vor allem an Werktagen ist es hier nahezu einsam. Der idyllische Strand ist seit Jahren bei den Einheimischen beliebt, aber bei Urlaubern noch so gut wie unbekannt. Hinter dem feinen, goldenen Sandstrand ragen Kokospalmen und Kasuarinen auf. Am Strand verteilt liegen große Felsen, die ihren Teil zum Zauber dieses Orts beitragen und in der Mittagssonne etwas Schatten bieten. Zu den wenigen Einrichtungen gehören ein paar einfache Strandrestaurants mit lokaler Küche und kühlen Getränken. Direkt am Strand stehen zudem rustikale Bungalows für die Übernachtung bereit. Die meisten Besucher übernachten jedoch in Khanom-Stadt, wo mehr Unterkünfte und ein größeres Unterhaltungsangebot warten.

## Hat Nai Phlao ⓫
หาดในเพลา

**Straßenkarte** C4. 5 km südl. von Hat Na Dan. *TAT, Nakhon Si Thammarat (0-7534-6515).*

Der südlich des Hat Nai Phraet gelegene Hat Nai Phlao ist der längste Strand im Distrikt Khanom und zudem seine Hauptattraktion. Die meisten Besucher sind einheimische Wochenendausflügler. Der Hat Nai Phlao liegt malerisch zwischen dem Golf von Thailand im Osten und den bewaldeten Hügeln der Khao-Luang-Bergkette im Westen. Am Strand findet man einfache, preisgünstige Unterkünfte und Campingplätze. Für das leibliche Wohl sorgen schlichte Restaurants und Bars, die Fisch und Meeresfrüchte, Bier und kalte Getränke servieren. In den letzten Jahren entstanden ein paar gehobenere Resorts, zudem sorgen Reisebüros für Wassersportangebote von Schnorcheln bis Angeln. Mit Langbooten kann man sich auf die nahe gelegenen Inseln schippern lassen – oder man wandert auf einem drei Kilometer langen gewundenen Weg durch diese ländliche Idylle mit üppiger tropischer Vegetation zum hübschen Nam Tok Hin Lat.

**Sanfte Brandung am weitläufigen Sandstrand Hat Nai Phlao**

**Straßenkarte** *siehe hintere Umschlaginnenseiten*

Tropenidylle am Traumstrand Hat Tong Yi

## Hat Tong Yi ⓬

หาดท้องหยี

**Straßenkarte** C4. 40 km südl. von Hat Nai Phlao. 🚌 🛈 *TAT, Nakhon Si Thammarat (0-7534-6515).* 🛏 🍴

Der schöne schmale Sandstrand Hat Tong Yi ist sowohl im Süden als auch im Norden durch dicht bewachsene Felsen von anderen Stränden abgeschnitten. An diesen kaum bekannten Bilderbuchstrand gelangt man von Hat Nai Phlao *(siehe S. 187)* Rachakiri Resort aus über eine holprige, drei Kilometer lange Lateritstraße. Die schwierige Fahrt zu dem abgeschiedenen Ort lohnt sich jedoch unbedingt. In Hat Tong Yi gibt es zwar ein paar einfache Unterkünfte, die meisten Besucher übernachten jedoch am Hat Nai Phlao weiter nördlich, wo eine breitere Auswahl geboten ist. Verpflegung ist am Hat Tong Yi schwer zu bekommen, am besten bringt man sich einen Picknickkorb mit. Wer jedoch Lust hat, die lokale Küche zu probieren, bekommt ganz in der Nähe einfache, exotische Seefood-Spezialitäten wie gebratenen Reis und gegrillten Tintenfisch.

## Hat Sichon ⓭

หาดสิชล

**Straßenkarte** C4. 2 km südl. von Hat Tong Yi. 🚌 🛈 *TAT, Nakhon Si Thammarat (0-7534-6515).* 🛏 🍴

Das kleine Sichon ist kaum mehr als ein Fischerdorf mit Pier, bietet jedoch seit ein paar Jahren auch mehrere schlichte Unterkünfte und Restaurants. Auf dem weißen Sand des schönen Strands Hat Sichon (oder Hat Hua Hin Sichon) liegen zahlreiche Felsen verteilt. Wie sein Namensvetter Hat Hua Hin *(siehe S. 140)* ist der von hohen Palmen gesäumte Strand vor allem bei Einheimischen beliebt. An einem kleinen Pier liegen farbenfrohe Fischerboote vertäut. Im hiesigen Meer kann man gut schwimmen. Wer ruhigeres Wasser bevorzugt, zieht weiter gen Süden zum hübschen Hat Piti.

Urlauber, die den gängigen Strandaktivitäten entfliehen möchten, können auch auf dem Highway 4105 zum malerischen Nam Tok Si Khit fahren. Der Si-Khit-Wasserfall ist von Hat Sichon aus 16 Kilometer landeinwärts gelegen. Der Fluss Si Khit entspringt in den Khao-Luang-Bergen im Westen und bahnt sich seinen Weg durch eine herrliche Landschaft, ehe er zum Wasserfall wird. Zurzeit gibt es Pläne, dieses Gebiet als Nationalpark unter Naturschutz zu stellen.

## Hat Hin Ngam ⓮

หาดหินงาม

**Straßenkarte** C4. 3 km südl. von Hat Sichon. 🚌 🛈 *TAT, Nakhon Si Thammarat (0-7534-6515).*

Kleine und große Felsen in den unterschiedlichsten Farben gaben diesem Strand seinen Namen: Hat Hin Ngam, der »Strand der schönen Steine«. Die meisten Besucher kommen als Tagesausflügler von Hat Sichon hierher. Der zum Tauchen

Am geschäftigen Pier von Sichon liegen Fischerboote

**Hotels und Restaurants an der unteren westlichen Golfküste** *siehe Seiten 300–304 und 326–328*

# UNTERE WESTLICHE GOLFKÜSTE

Meer, Sand, Palmen – der menschenleere Strand Hat Hin Ngam

und Schnorcheln ideale Strand ist wirklich ruhig. Es gibt hier weder Hotels noch Lokale noch irgendwelche Stände – Proviant muss man also selbst mitbringen.

Ein Strohdach spendet Schatten unter tropischer Sonne, Hat Piti

## Hat Piti ⓯
หาดปิติ

**Straßenkarte** C4. 2 km südl. von Hat Hin Ngam. 🚌 🅸 *TAT, Nakhon Si Thammarat (0-7534-6515).* 🔟 🅲

Einheimische lieben diesen Strand wegen seiner Schönheit und Privatsphäre, doch inzwischen sieht man hier auch immer mehr Urlauber. Der mit weißem Sand und Schatten spendenden Kokospalmen gesegnete Küstenstreifen ist der perfekte Ort für Sonnenanbeter. Schwimmen und Wassersportarten wie Windsurfen (wenn auch eingeschränkt) sind weitere Optionen für den Zeitvertreib. Zum Essen – in Restaurants mit lokaler und anderer Küche – und zum Schlafen muss man jedoch ins etwas nördlich gelegne Sichon ausweichen, da der Hat Piti keine Unterkünfte bietet.

## Archäologische Stätte Khao Kha ⓰
แหล่งโบราณคดีเขาคา

**Straßenkarte** C4. Tambon Sao Phao, 10 km südl. von Hat Piti. 🚌 🅸 *TAT, Nakhon Si Thammarat (0-7534-6515).* ⓪ 9–16 Uhr. ⚫ Mo.

Die Funde der auf einem Berg im Distrikt Tambon Sao Phao gelegenen archäologischen Stätte Khao Kha sind fast 1500 Jahre alt. Die alte Stadt mit einem Schrein aus Laterit wurde 1997 vom thailändischen Kultusministerium als Archäologiepark öffentlich zugänglich gemacht. Khao Kha war wahrscheinlich eine vorwiegend hinduistische Stätte, ein Heiligtum der Saivite-Sekte, die Shiva als Hauptgottheit des hinduistischen Pantheons verehrte (Saivismus). Auf dem Gelände wurden bereits mehrere Monumente ausgegraben, die bedeutendsten liegen im nördlichen Sektor.

Zu den interessanten Saivite-Ritualobjekten, die man hier fand, gehören *linga* (Phallussymbole), ein Becken für geweihtes Wasser und heilige Wasserpfeifen. Diese Relikte sind heute in einem bungalowähnlichen Gebäude, das vom Fine Arts Department verwaltet wird, unweit der Grabungsstätte untergebracht.

Noch weiß man nicht alles über die Stätte – Archäologen beschäftigen sich noch immer mit den hier ausgegrabenen Artefakten und ihrer Bedeutung für die einst blühende hinduistische Sekte.

In diesem Gebäude werden die Artefakte von Khao Kha aufbewahrt

**Straßenkarte** *siehe hintere Umschlaginnenseiten*

Eine Frau trocknet Garnelen am Ufer, Hat Saophao

## Hat Saophao ⑰

หาดเสาเภา

**Straßenkarte** C4. Tha Sala, Hwy 401, 60 km nördl. von Nakhon Si Thammarat. *TAT, Nakhon Si Thammarat (0-7534-6515).*

Der schöne Hat Saophao ist ein langer, oft leerer Sandstrand und ein perfektes Tagesziel aus dem nahen Nakhon Si Thammarat *(siehe S. 192–195)*. Der relativ ruhige Ort liegt abseits der ausgetretenen Touristenpfade und ist bei jungen Rucksackreisenden beliebt. Die kleinen Lokale und Cafés am Hat Saophao sind vor allem auf Einheimische ausgerichtet. Landeinwärts liegen riesige Garnelen-Aquakulturen und winzige Dörfer mit vorwiegend muslimischer Bevölkerung. Muslimische Drachenbauer verkaufen ihre bunten Drachen an der Straße zwischen Nakhon und Hat Saophao. Den Strand erreicht man mit dem Bus von Nakhon Si Thammarat oder mit dem Motorradtaxi.

## Hat Sa Bua ⑱

หาดสระบัว

**Straßenkarte** C4. 39 km nördl. von Nakhon Si Thammarat. *TAT, Nakhon Si Thammarat (0-7534-6515).*

An dem malerischen, rund fünf Kilometer langen Strand stehen hübsche Kokoshaine. Der Hat Sa Bua ist ein beliebtes Ziel für einheimische Wochenendurlauber. Gleich nördlich von Nakhon windet sich die Straße zum Strand durch eine reizende Landschaft, vorbei an kleinen Fischerdörfern und rustikalen Öfen, in denen Ziegel und Töpferwaren gebrannt werden. Tamarisken und Palmen werfen Schatten auf den Sandstrand, Schirme aus Schilf bieten angenehm schattige Kühle. Hier findet man günstige, einfache Bungalows sowie einige preiswerte kleine Bars und Fischlokale.

## Khao-Luang-Nationalpark ⑲

อุทยานแห่งชาติเขาหลวง

**Straßenkarte** C4. Parkzentrum nahe Hwy 4015, 45 km nordwestl. von Nakhon Si Thammarat. *Parkverwaltung (0-7530-9047).*

Der 596 Quadratkilometer große Khao Luang gehört zu den größten und am wenigsten erschlossenen Nationalparks in Südthailand. Seit 1974 schützt er das Gebiet um den höchsten Berg der Region, den 1835 Meter hohen Khao Luang. Das Areal besitzt eine Vielfalt an tropischer Flora und Fauna und ist ein Rückzugsgebiet für einige gefährdete Arten. Im Park leben u. a. Moschushirsche, Schabrackentapire, Binturong (Marderbären) und Seraue. Die Parkbehörden haben zudem über 200 Stand- und Zugvogelarten identifiziert. Die dichte, tropische Pflanzenwelt beeindruckt mit farbenprächtigen Orchideen und Rhododendren.

Die Hauptattraktion des Parks ist der neunstufige **Krung-Ching-Wasserfall**. Man erreicht ihn auf einer fünf Kilometer langen Wanderung ab dem Parkeingang. Im Park gibt es Übernachtungsmöglichkeiten und Campingeinrichtungen.

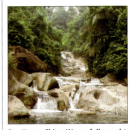

Der Krung-Ching-Wasserfall rauscht über neun Kaskaden

## Laem Talumphuk ⑳

แหลมตะลุมพุก

**Straßenkarte** C4. 22 km östl. von Nakhon Si Thammarat. *TAT, Nakhon Si Thammarat (0-7534-6515).*

Das lange, schmale Kap Laem Talumphuk östlich von Nakhon Si Thammarat bietet den einheimischen Fischerbooten willkommenen Schutz. An dieser Stelle teilt der Fluss Phanang, der aus den nahen Bergen in die Ao Nakhon fließt, die Küste in zwei Abschnitte. Am Ostufer finden sich kleine Fischerdörfer, Garnelen-Aquakulturen sowie ein langer schöner Strand mit riesigen Palmen. Trotz seiner landschaftlichen Schönheit gibt es an diesem Strand nur wenige kleine Läden und Restaurants. Am besten macht man ihn zum Ziel eines Tagesausflugs ab Nakhon Si Thammarat.

Typisches Fischerdorf am Hat Sa Bua

# Schattenspiel

Das *nang talung* ist eine Variante des Schattentheaters, das in Südostasien schon um 400 v. Chr. entstand. *Nang talung* entwickelte sich in Phatthalung in Südthailand. Die Puppen werfen dabei ihre Schatten auf einen beleuchteten Wandschirm. *Nang talung* wird oft mit dem Schattenspiel *wayang kulit* im Nachbarland Malaysia verglichen. Die Vorführungen beginnen nach Einbruch der Dunkelheit, dauern bis weit in die Nacht und sind noch immer ein wichtiger, wenn auch schwindender, Bestandteil des dörflichen Lebens in Südthailand. Die gesamte Vorstellung wird von einem einzigen Puppenmeister, dem *nai nag*, inszeniert. Während das formellere Schattenspiel *nang yai* auf dem Ramakien (siehe S. 59) basiert, erzählt das *nang talung* häufig Alltagsgeschichten. Sie werden vom *nai nag* mit leicht erkennbaren Figuren in Szene gesetzt.

**Nang-talung-Puppe**

**Der beleuchtete Wandschirm** zeigt den Zuschauern die Schatten der Puppen.

**Der *nai nag*** bewegt bis zu sechs Puppen auf einmal.

**Musiker** begleiten den *nai nag* bei den Vorstellungen.

## Nang talung

*Nang-talung*-Vorstellungen werden auf großen offenen Plätzen gegeben. Der Puppenmeister, der die Puppen in komplizierten Abläufen bewegt, verleiht jeder Figur eine eigene Stimme. Ein traditionelles Musikensemble untermalt das Spiel und steigert mit der Musik die Spannung.

**Das *nang*** (Wasserbüffelleder) wird zugeschnitten und gefärbt. Die 50 Zentimeter großen Puppen sind dank ihrer Gelenke beweglich. Dieses Kunsthandwerk beherrschen nur Meister ihres Fachs.

**Kleinere *Nang-talung*-Puppen** stellen witzige Figuren, etwa Karikaturen von Dämonen, Helden oder Bauern, dar. Diese Charaktere spielen eine zentrale Rolle.

**Geschichten aus dem Ramakien** werden mit großen Schattenpuppen – nang yai – gespielt und aus dem Originalepos übernommen. Hier spielt meist der Affengott Hanuman eine Hauptrolle.

# Nakhon Si Thammarat ㉑
นครศรีธรรมราช

Silberne Figur

Nakhon Si Thammarat wird nur in wenigen Reiseführern erwähnt, obwohl die lebensprühende Stadt als kulturelles Zentrum Südthailands einige Sehenswürdigkeiten zu bieten hat. Unter dem Namen Ligor soll sie vor dem 7. Jahrhundert die Hauptstadt des Königreichs Tambralinga gewesen sein. Vom 7. bis 13. Jahrhundert spielte sie im Srivijaya-Reich *(siehe S. 39)* unter dem Sanskrit-Namen Sri Dhammaraja (»Stadt des heiligen Dharma-Königs«) eine wichtige Rolle als religiöses Zentrum. Da sich hier viele indische Händler niederließen, trifft man auf zahlreiche Hindu-Schreine, *Nang-talung*-Schattenspiele *(siehe S. 191)* und fein gravierte Niello-Arbeiten *(siehe S. 30)*.

Sightseeing per Rikscha in Nakhon Si Thammarat

Beschnitzte südthailändische Holzkonstruktion des Wat Sao Thong Tong

### 🏛 Wat Sao Thong Tong
วัดเสาธงทอง
Ratchadamnoen Rd. ⭘ *tägl.*
Die Hauptattraktion des Wat Sao Thong Tong sind seine südthailändischen Holzgebäude aus den Jahren 1888 bis 1901. Der *wat* steht auf dem Gelände der ehemals ersten Grundschule des Distrikts. Seine drei Gebäude sind durch ein gemeinsames Dach miteinander verbunden. Sehenswert sind die aufwendig beschnitzten Türfüllungen, Giebel und Fensterrahmen. Die thailändische Architektenvereinigung bedachte die hervorragend restaurierte Anlage 1993 mit einem Preis.

### 🏛 Alte Stadtmauer und Nordtor
กำแพงเมืองเก่า
Östl. der Ratchadamnoen Rd.
Die alte Stadtmauer umgab einst eine Fläche von einem knappen Quadratkilometer. Sie wurde im 14. und noch einmal im 17. Jahrhundert restauriert. Das Nordtor aus roten Ziegeln ist eine Rekonstruktion.

### 🏛 Ho Phra I-suan
หอพระอิศวร
Ratchadamnoen Rd. ⭘ *tägl.*
In der Halle des Schreins sieht man einen ein Meter hohen *linga*. Das phallische Symbol des Hindu-Gottes Shiva stammt wohl aus dem 6. Jahrhundert. Der Shiva-Kult übte im 1. Jahrtausend in den frühen Stadtstaaten auf der Halbinsel sehr großen Einfluss aus.

### 🏛 Ho Phra Narai
หอพระนารายณ์
Ratchadamnoen Rd. ⭘ *tägl.*
Die fünf phallischen *Linga*-Skulpturen, die an der Stätte dieses Schreins gefunden wurden, stammen aus dem 1. Jahrtausend. Sie befinden sich heute im Wihan-Kien-Museum *(siehe S. 195)*.

### 🏛 Ho Phra Buddha Sihing
หอพระพุทธสิหิงค์
Ratchadamnoen Rd. ⭘ *Mi–So.*
Der Phra Buddha Sihing zählt zu den hochverehrten Buddha-Statuen Thailands. Die Figur des Schreins ist die Kopie eines Originalgusses aus dem Jahr 157 n. Chr., die Ende des 13. Jahrhunderts nach Nakhon gebracht wurde. Einheimische Künstler gaben

Rekonstruierte alte Stadtmauer und Nordtor

**Hotels und Restaurants an der unteren westlichen Golfküste** *siehe Seiten 300–304 und 326–328*

der Figur mit der Andeutung eines Lächelns und einem runden Gesicht ihre persönliche Note. Dieser Stil wird *khanom tom* (»Banane-Reis-Pudding«) genannt. Die Figur gleicht Buddha-Bildnissen im Wat Phra Sing in Chiang Mai in Nordthailand.

### Schattentheater
บ้านหนังตะลุงสุชาติ
10/18 Si Thammasok Soi 3.
0-7534-6394. tägl.
Die *Nang-talung*-Werkstatt des Puppenspielers Suchart Subsin erhält eine einzigartige Kunstform am Leben, die auszusterben droht. Besucher können bei der Herstellung der Lederfiguren zusehen und diese auch kaufen. Bisweilen finden spontane Schattenspiel-Aufführungen statt.

### Wat Phra Mahathat Woramahawihan
วัดพระมหาธาตุ
Siehe S. 194f.

### Nationalmuseum von Nakhon Si Thammarat
พิพิธภัณฑสถานแห่งชาตินครศรีธรรมราช
Ratchadamnoen Rd, 2 km südl. vom Stadtzentrum. 0-7534-1075.
Mi–So.
Das Herzstück der Filiale des Bangkoker Nationalmuseums (*siehe S. 62f*) bildet eine Vish-

**Buddha-Figur im typischen lokalen Stil, Ho Phra Buddha Sihing**

nu-Statue im südindischen Pala-Stil (9. Jh.). Sie wurde unter einem Baum im Distrikt Kapong bei Takua Pa in der Provinz Phang Nga gefunden, wo sich viele indische Einwanderer angesiedelt hatten. Weitere

### INFOBOX
**Straßenkarte** C4. 144 km südöstl. von Surat Thani.
121 000. 14 km nördl. von Nakhon Si Thammarat.
TAT, Sanam Na Muang, Ratchadamnoen Rd, Nakhon Si Thammarat (0-7534-6516).
tägl. Fest des 10. Mondmonats (Sep/Okt).

Glanzstücke sind zwei seltene Bronzetrommeln der nordvietnamesischen Dong Son. In der Thai-Abteilung sieht man sakrale Kunst von der Dvaravati- und Srivijaya- bis zur Rattanakosin-Zeit. Die Buddha-Figuren im typischen lokalen Sing-Stil sind ebenfalls sehenswert.

**Fassade und Umgebung des Nationalmuseums von Nakhon Si Thammarat**

### Zentrum von Nakhon Si Thammarat
Alte Stadtmauer und Nordtor ②
Ho Phra Buddha Sihing ⑤
Ho Phra I-suan ③
Ho Phra Narai ④
Schattentheater ⑥
Wat Phra Mahathat Woramahawihan ⑦
Wat Sao Thong Tong ①

**Zeichenerklärung** *siehe hintere Umschlagklappe*

**Straßenkarte** *siehe hintere Umschlaginnenseiten*

# Wat Phra Mahathat Woramahawihan

วัดพระมหาธาตุ

Der Wat Phra Mahathat Woramahawihan («Tempel des großen Chedi») zählt zu den wichtigsten Tempeln in Südthailand. Hier soll eine Zahnreliquie des Buddha aufbewahrt werden. Prinz Thanakuman und Königin Hemchala sollen diese Reliquie nach Hat Sai Kaew gebracht und ihren Aufbewahrungsort mit einer Pagode markiert haben. Als König Si Thammasokarat im 13. Jahrhundert Nakhon Si Thammarat gründete, ließ er die Reliquie in einen neuen Tempel bringen. Die Gebäude des *wat* zeigen verschiedene Thai-Baustile. Der markante *chedi* ist im ceylonesischen Stil gehalten und ziert als ein Wahrzeichen Thailands das Provinzsiegel und die 25-Satang-Münze.

Opfergaben vor Taksins Statue außerhalb des *Wat*-Komplexes

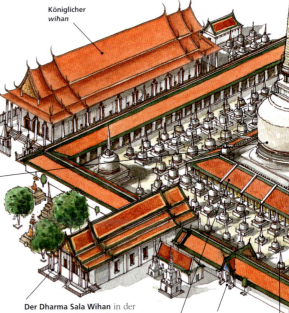

Königlicher *wihan*

### ★ Phra Chedi Boromathat
*Der Haupt-chedi (77 m) im ceylonesishen Stil wurde wahrscheinlich über einem älteren Srivijaya-chedi erbaut. Seine Spitze ist mit 100 Kilogramm Gold belegt.*

**Der Dharma Sala Wihan** in der Ostmauer ist dem Studium der Lehre Buddhas gewidmet.

**Besuchereingang**

**Die 173 kleinen *chedi*** um den Phra Chedi Boromathat sind Kopien des Haupt-*chedi*.

### Wihan Tap Kaset
*Rund um den Haupt-chedi verläuft der Wihan Tap Kaset. Er ist von goldenen Buddha-Figuren verschiedener Stile gesäumt und mit Elefantenköpfen geschmückt.*

### NICHT VERSÄUMEN

★ Königlicher *wihan*

★ Phra Chedi Boromathat

★ Wihan Phra Song Ma

### ★ Königlicher Wihan
*Südlich des Haupt-chedi steht neben dem Wandelgang der ubosot (Ordinationshalle). Der sogenannte königliche wihan beherbergt mehrere Buddha-Bildnisse und eine schöne Elefantenfigur.*

### INFOBOX

Ratchadamnoen Rd, Nakhon Si Thammarat. ◯ tägl. (bis Sonnenuntergang). 🎫 🎭 *Chak Phra Pak Tai (Okt), Hae Pha Khuen That (Feb/Mai).* **Wihan-Kien-Museum** ◯ tägl. 8–16.30 Uhr. 🎫

### ★ Wihan Phra Song Ma
*Eine verzierte Treppe führt im Inneren des Wihan Phra Song Ma zum bedeutendsten Teil des Komplexes: dem Wandelgang rund um den chedi. Ihn schmücken Figuren aus der hinduistischen und buddhistischen Mythologie.*

**Der lange Wandelgang Phra Rabieng Wihan** führt rund um den Tempel und bildet an jeder Seite seine Außenmauer. Er ist mit zahlreichen kostbaren Buddha-Bildnissen versehen.

**Ein Dach** aus glasierten roten und grünen Kacheln schützt den Wandelgang.

**Der Pho Lanka Wihan** hütet gespendete Objekte und zeigt die historischen Verbindungen des *wat* mit Sri Lanka.

### Ram und Sita
*Ein Schirm behütet die Statuen von Ram und Sita. Sie verweisen auf Nakhons Verbindung zum Hinduismus.*

### Wihan-Kien-Museum
*Das kleine Tempelmuseum neben dem Wihan Phra Song Ma beherbergt Bildnisse, Amulette und andere Artefakte.*

# Obere Andamanen-Küste

Sandstrände mit wogenden Palmen, im Hinterland das dichte Grün der Regenwälder, ein tiefblaues Meer, aus dem Hunderte Kalksteinfelsen ihre bizarre Gestalt erheben – die obere Andamanen-Küste ist traumhaft schön. Die breite Palette der lohnenden Reiseziele reicht hier von den unberührten Korallenriffen des Surin- und des Similan-Archipels bis zu den Luxusangeboten auf Phuket, Thailands größter Insel und führender Baderegion.

Die Andamanen-Küste war schon immer ein Anziehungspunkt. Ihre günstige Lage an der Gewürzroute lockte Kaufleute und Händler, Prospektoren kamen auf der Suche nach den reichen Zinnminen und Urlauber wegen der herrlichen Landschaft. Spuren dieser langen, internationalen Geschichte sind etwa der alte Srivijaya-Hafen Takua Pa, die charakteristische Architektur der chinesischen Ladenhäuser sowie die sino-portugiesischen Villen in Phuket-Stadt.

Die obere Andamanen-Küste ist eine wohlhabende, fruchtbare Agrarregion. Hier gibt es ausgedehnte Plantagen mit Kautschuk, Cashewnüssen, Bananen, Durians und Kaffee. Zu mehr Urbanität trägt die Insel Phuket bei – mit eleganten Bars und Gourmetrestaurants sowie Designer-Resorts. An der gesamten Küste reihen sich schöne Strände aneinander, im Landesinneren erstrecken sich Regenwälder. Sie werden im Khao Sok und anderen Nationalparks geschützt. Grandios sind die Kalksteingebilde der Phang-Nga-Bucht. In der Andamanensee bezaubert eine faszinierende Unterwasserwelt, die man am besten in den einzigartigen Tauchgründen vor den Surin- und Similan-Inseln erkundet.

In den Städten der kulturell vielfältigen Region leben Thais und Thailänder mit chinesischen Vorfahren. In Fischerdörfern stößt man auf Muslime und einige wenige Gemeinschaften von Seenomaden. 2004 war die obere Andamanen-Küste schwer von der Tsunami-Katastrophe betroffen, inzwischen sind die Schäden weitgehend behoben.

Karstformationen prägen die Landschaft im Khao-Sok-Nationalpark

◁ Eine Taucherin bewundert eine Fächerkoralle, Similan-Inseln *(siehe S. 210f)*

# Überblick: Obere Andamanen-Küste

Einige der schönsten Strände Südostasiens liegen an diesem Teil der Andamanen-Küste. Von Phuket aus lässt sich die Region mit ihrem breiten Shopping-Angebot, den zahllosen Lokalen sowie dem vielfältigen Unterhaltungs- und Wassersportangebot gut erkunden. Ein Muss sind die faszinierenden Kalksteinformationen der Phang-Nga-Bucht. Naturliebhaber sind begeistert von der Landschaft, Tier- und Pflanzenwelt der dicht bewaldeten Hügel des Khao-Sok-Nationalparks sowie den Mangroven des Laem-Son-Nationalparks. Tropenidylle pur bieten die langen Sandstrände an der Khao-Lak-Küste. Der Similan- und der Surin-Archipel sind mit ihrer spektakulären, artenreichen Unterwasserwelt ein Dorado für Taucher und Schnorchler.

Gläubige vor dem San-Chao-Chui-Tui-Tempel in Phuket

## Sehenswürdigkeiten auf einen Blick

**Städte und Dörfer**
Khuraburi ❿
Ranong ❶
Takua Pa ⓮

**Nationalparks**
Khao-Lak-Lam-Ru-Nationalpark ⓰
*Khao-Sok-Nationalpark S. 206f* ⓭
Laem-Son-Nationalpark ❹
*Meeres-Nationalpark Similan-Inseln S. 210f* ⓲
*Meeres-Nationalpark Surin-Inseln S. 204f* ⓬
Mu-Ko-Ra-Ko-Phra-Thong-Nationalpark ⓫
Wildschutzgebiet Khlong Nakha ❺

**Strände, Inseln, Buchten und Mündungsgebiete**
Hat Khao Lak ⓯
Hat Praphat ❾
Khlong Thap Liang ⓱
Ko Chang ❷
Ko Kam Noi ❼
Ko Kam Yai ❽
Ko Khang Khao ❻
Ko Phayam ❸
*Phang-Nga-Bucht S. 212–217* ⓳
*Phuket S. 220–239* ⓴

### SIEHE AUCH

- *Hotels* S. 304–308
- *Restaurants* S. 328–331

0 Kilometer 25

Entspannung im Schatten an einem der sechs Strände an der Khao-Lak-Küste

# OBERE ANDAMANEN-KÜSTE

## An der oberen Andamanen-Küste unterwegs

Die meisten Besucher landen auf dem Flughafen von Phuket. Von dort aus lässt sich die obere Andamanen-Küste am besten erkunden. Zwischen Phuket, Phang Nga und Ranong verkehren zuverlässige klimatisierte Linienbusse, bequemer kommt man mit dem Auto voran, das man in Phuket oder Ranong mieten kann. In der Region fährt keine Eisenbahn. Die Similan-Inseln sind von Phuket aus zugänglich. Den Surin-Archipel erreicht man per Boot von Ranong, Khao Lak und Khuraburi aus. Mit Langbooten kann man die kleineren Inseln und Buchten erkunden, etwa Ko Chang oder Phang Nga.

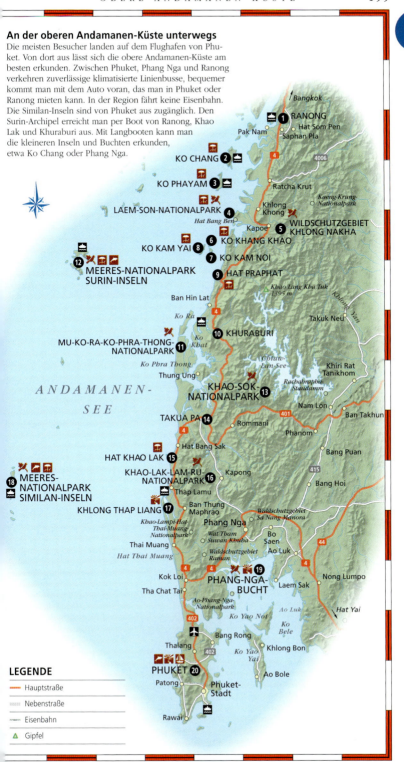

# Ranong ❶
ระนอง

**Straßenkarte** B3. 565 km südwestl. von Bangkok. 👥 *16000.*
🚌🚆⛴✈ ℹ *TAT, Surat Thani*
*(0-7728-8818-9).* 🍴 🛍

Im 18. Jahrhundert gründeten Hokkien-Chinesen, die als Arbeiter für die Zinnminen der Region angeheuert worden waren, diese Stadt. Als der Wohlstand stieg, entwickelte sich Ranong zur wichtigen Grenzstadt. Vor hier aus können thailändische Staatsbürger auf einer halb- oder ganztägigen Bootsfahrt **Kawthaung** (früher Victoria Point), die südlichste Grenzstadt Myanmars, besuchen. Ausländer benötigen dafür ein Visum. Die Stadt ist bekannt für ihre zollfreien Waren und äußerst günstiges Kunsthandwerk.

Die Hauptattraktion von Ranong sind die Bo Nam Ron (heiße Mineralquellen), die östlich des Zentrums am Klhong-Hat-Sompen-Fluss am **Wat Tapotaram** entspringen. Die Quellen werden in drei Betonwannen geleitet, die »Mutter«, »Vater« und »Kind« heißen. Das Wasser ist mit einer mittleren Temperatur von 65 °C zu heiß zum Baden. Kühler wird es flussabwärts im Jansom Thara Spa Resort Hotel. Auch Nicht-Gäste können gegen Gebühr den Badebereich benutzen.

Ruderboote von Fischern – ideal, um Ko Chang zu umrunden

## Ko Chang ❷
เกาะช้าง

**Straßenkarte** B3. 24 km südwestl. von Ranong. ⛴ *von Saphan Pla, Ranong.* 🚌 🍴 🛍

Die kleine, idyllische Insel in der Andamanensee ist weit weniger erschlossen als ihre Namensvetterin an der östlichen Golfküste *(siehe S. 118f).* Außer sich entspannt zurückzulehnen und gelegentlich in das winzige Fischerdorf der Insel zu spazieren, um sich dort zu versorgen, gibt es auf Ko Chang wenig zu tun. Die Strandbungalows fallen unter die Kategorie »einfach«. Unternehmungslustige gehen zum **Hat Ao Yai** an der Westküste der Insel und genießen am weißen Sandstrand den Sonnenuntergang. Wer am Strand auch übernachten möchte, findet dort Gästehäuser.

## Ko Phayam ❸
เกาะพยาม

**Straßenkarte** B4. 34 km südl. von Ko Chang. 🚌 *von Saphan Pla.* ⛴ *von Ko Chang.* 🚌 🍴 🛍

Das malerische Eiland Ko Phayam hat nur 500 Bewohner. Die Mietbungalows sind preiswert, die Strandrestaurants bezaubernd. Die obligatorische verschlafene Bar ist auch vorhanden. Sonst gibt es hier wenige Einrichtungen, selbst der Strom wird um 23 Uhr abgestellt. Die Einheimischen leben vom Fischfang (Garnelen, Krebse und Tintenfische) oder aber vom Anbau von Satorbohnen und Cashewnüssen. Die Tier- und Pflanzenwelt ist hingegen vielfältig, mit vielen Schlangenarten, Affen und Nashornvögeln. Als Fortbewegungsmittel dienen Motorradtaxis.

Katzenwäsche an einer heißen Quelle, Wat Tapotaram

**Hotels und Restaurants an der oberen Andamanen-Küste** *siehe Seiten 304–308 und 328–331*

## Laem-Son-Nationalpark ❹

อุทยานแห่งชาติแหลมสน

**Straßenkarte** B4. Parkzentrum nahe Hwy 4, 60 km südl. von Ranong. 🅿️ 🅷 *Parkverwaltung (0-7786-1431 oder 0-2562-0760).* 📧 🍴 🛏 www.dnp.go.th

Der Nationalpark erstreckt sich vom Distrikt Kapoe in der Provinz Ranong bis zum Distrikt Khuraburi in der Provinz Phang Nga. Zu dem mit 316 Quadratkilometer Fläche sechstgrößten Nationalpark Thailands gehören 101 Kilometer Küste an der Andamanensee mit Mangrovensümpfen und Wäldern – Thailands längster geschützter Küstenabschnitt. Der 1983 gegründete Park ist weitgehend unerschlossen und nur wenig besucht.

Im Laem Son leben 138 Vogelarten. Das Parkzentrum liegt am **Hat Bang Ben**, dem schönsten und am einfachsten zu erreichenden Strand im Park. Unter den Kasuarinen stehen einige einfache Bungalows, man kann sich auch Zelte leihen und unter den schattigen Bäumen kampieren. Während der stürmischen Zeit des Südwest-Monsuns von Juni bis September sollte man mit dem Baden an der Andamanen-Küste generell sehr vorsichtig sein – hier allerdings kann man das ganze Jahr über sicher schwimmen. Die Parkverwaltung arrangiert auch Überfahrten mit Langbooten zu einigen der Inseln vor der Küste, darunter Ko Kam Yai, Ko Kam Noi und Ko Khang Khao *(siehe S. 202)*.

Interessant für Besucher sind die artenreichen Mangrovenwälder und -sümpfe, in denen sich Makaken, Meeresschildkröten, Fisch- und Seeadler, Wildschweine und Nashornvögel tummeln.

**Figuren am Eingang zu Khlong Nakha**

## Wildschutzgebiet Khlong Nakha ❺

เขตรักษาพันธุ์สัตว์ป่าคลองนาคา

**Straßenkarte** B4. Parkzentrum nahe Hwy 4, 77 km südl. von Ranong. 🅿️ 🍴 🛏

Das Wildschutzgebiet Khlong Nakha wurde 1972 gegründet und deckt ein Gebiet von 531 Quadratkilometern ab. Es ist eines der ältesten und größten Naturreservate Thailands, dennoch wird es von relativ wenigen besucht. Unter den Wildtieren finden sich große Säugetiere wie Asiatische Elefanten, Seraue, Schabrackentapire, Gaurs, Malaienbären, Sambare und Indische Muntjaks. Auch Tiger und Leoparden sollen den Dschungel durchstreifen. Besucher dürfen sich aber schon glücklich schätzen, wenn sie nachts das Gebrüll der Großkatzen hören.

**Malaienbär**

Wie in fast allen Natur- oder Nationalparks Südthailands liegt die beste Besuchszeit zwischen November und Februar, wenn es kühler ist. Den schwülen Südwest-Monsun sollte man meiden, denn dann werden Blutegel zu unwillkommenen Begleitern der Wanderer. Ein beliebtes Ziel im Park ist der »Ein-Tausend-Meter-Wasserfall« **Nam Tok Phan Met** mitten im grünen Regenwald. Es ist ratsam, etwa einen Monat vor einem Besuch zu buchen.

**Langboote warten auf Passagiere zu den nahen Inseln, Laem-Son-Nationalpark**

**Straßenkarte** *siehe hintere Umschlaginnenseiten*

Anfahrt mit motorisiertem Langboot zu einer Insel vor Ko Khang Khao

## Ko Khang Khao ❻
เกาะค้างคาว

**Straßenkarte** B4. 10 km südl. vom Hat Bang Ben. 🚤 vom Hat Bang Ben. 🍴 🏨

Die Andamanen-Küste südlich des Hat Bang Ben (siehe S. 201) war früher nicht besiedelt, sondern von Fledermäusen bewohnt – daher der Inselname Ko Khang Khao (»Fledermausinsel«). Der schöne weiße Sandstrand Hat Hin Ngam an ihrer Nordküste ist übersät mit bunten, runden Kieseln. Ko Khang Khao ist eine üppig grüne, unberührte Tropeninsel, auf der sich Urlauber im warmen Sand entspannen oder im flachen Wasser schnorcheln können. In den Gewässern finden sich auch einige bunte Korallen, doch die Sichtweite ist gering, da auf dem Festland nahe der Insel Flüsse ins Meer münden. Vom Hat Bang Ben aus ist Ko Khang Khao ein hübscher Tagesausflug. Die Insel ist ganzjährig erreichbar, außer in der Regenzeit von Juni bis September.

## Ko Kam Noi ❼
เกาะกำนุ้ย

**Straßenkarte** B4. 18 km südwestl. vom Hat Bang Ben. 🚤 vom Hat Bang Ben.

Im Wasser vor dem Hat Bang Ben liegt die bei Campern beliebte Insel Ko Kam Noi. Dort stören keinerlei kommerzielle Einrichtungen die Ruhe. Die Küste im Westen ist felsig, doch im Nordosten findet man sandige Abschnitte. Auf grasigen Flecken kann man dort sein Zelt aufstellen, auch Süßwasser ist vorhanden. Schnorchler werden im Meer vor dem Strand glücklich.

## Ko Kam Yai ❽
เกาะกำใหญ่

**Straßenkarte** B4. 16 km südwestl. vom Hat Bang Ben. 🚤 vom Hat Bang Ben. 🍴 🏨

Auf der Insel Ko Kam Yai ist die Atmosphäre trotz der Größe und Emsigkeit entspannt. Weiße Sandstrände säumen die Insel fast vollständig, in den bewaldeten Hügeln kann man gut Vögel beobachten. Vor allem in der kühleren Jahreszeit von November bis Februar sind hier verschiedene Zugvögel zu sehen. Campingeinrichtungen und Bungalows sind vorhanden. Nur 200 Meter entfernt liegt das winzige Inselchen **Ko Tam Tok**, das man von Ko Kam Yai aus bei Ebbe über eine Sandbank erreicht – oder man schwimmt oder fährt mit dem Boot dorthin.

## Hat Praphat ❾
หาดประพาส

**Straßenkarte** B4. 50 km südl. vom Hat Bang Ben. 🚌 🍴 🏨

Den langen Sandstrand Hat Praphat an der Andamanen-Küste säumen alte Kasuarinen und Kiefern. Hier finden

Dicht bewachsene Felsen begrenzen einen unberührten weißen Sandstrand auf Ko Kam Yai

Hotels und Restaurants an der oberen Andamanen-Küste *siehe Seiten 304–308 und 328–331*

Fischerboot im Licht der untergehenden Sonne, Hat Praphat

sich einige einfache Bungalows und Strandlokale, die frischen Fisch servieren. Dieser Küstenabschnitt hat unter dem Tsunami von 2004 stark gelitten, sich aber seitdem erholt. Der Laem-Son-Nationalpark *(siehe S. 201)* unterhält eine Außenstelle am Hat Praphat, da hier Meeresschildkröten ihre Eier ablegen.

## Khuraburi ❿

คุระบุรี

**Straßenkarte** B4. 142 km südl. vom Ranong.

K huraburi hat sich ebenfalls von den Schäden des Tsunamis erholt. Von hier aus fahren Boote zum Surin-Archipel *(siehe S. 204f)*, der 60 Kilometer vor der Küste liegt, und zum nicht weit entfernten Mu-Ko-Ra-Ko-Phra-Thong-Nationalpark.

Durch das von Kautschuk-, Palmöl- und Kokosplantagen umgebene Städtchen fahren die Busse auf dem Highway 4 von Phuket nach Ranong und weiter in Richtung Bangkok. Der Ort verfügt über hinreichend Unterkünfte und eine gute Auswahl an Lokalen sowie einige Läden.

In Khuraburi betreiben einige Nichtregierungsorganisationen kommunale Tourismusprogramme, die den Urlaubern Kultur und Ökosystem des Gebiets nahebringen sollen. Alle Einnahmen der Initiativen kommen der Gemeinde zugute.

## Mu-Ko-Ra-Ko-Phra-Thong-Nationalpark ⓫

อุทยานแห่งชาติหมู่เกาะระ เกาะพระทอง

**Straßenkarte** B4. 10 km westl. von Khuraburi. vom Khuraburi-Pier. Parkverwaltung (0-7649-1378). www.dnp.go.th

D er Mu Ko Ra-Ko Phra Thong schützt 642 Quadratkilometer Land und Wasser. Seit seiner Eröffnung im September 2000 war der Nationalpark Ziel vieler Diskussionen und Proteste der Einheimischen. Vor allem die Fischer, die ihre reichen Fanggründe verloren, protestierten. Die größten Inseln im Park sind **Ko Phra Thong** und **Ko Ra**. Das kleinere Ko Ra ist eine liebliche und unbewohnte Insel, die sich von Nord nach Süd zehn Kilometer ausdehnt und von Ost nach West etwa drei Kilometer. Sie ist von dichtem Regenwald bedeckt, in dem viele Vögel leben, darunter einige Nashornvogelarten. An der Westküste liegen zur Andamanensee schöne Strände. Diese einsame Seite der Insel erreicht man mit Langbooten oder indem man mit dem Kajak dorthin paddelt.

Wer sich nach Ko Ra übersetzen lässt, sollte sich versichern, dass er auch wieder abgeholt wird. Wer mit dem Kajak hinpaddelt, sollte auf die manchmal starken Strömungen achten, die vor allem entlang der Westküste existieren. Auf der Insel sind keine dauerhaften Einrichtungen vorhanden, daher muss man Essen und Wasser selbst mitbringen. Das hügelige Gelände ist für Wanderungen ideal, man kann die ganze Insel zu Fuß erkunden.

Anders als auf Ko Ra leben auf Ko Phra Thong einige Menschen. Der Ostteil ist von Mangrovenwäldern bedeckt, an der Westküste liegen Strände, an denen auch die riesige Lederschildkröte ihre Eier ablegt. Zudem sind hier Flughunde und gelegentlich Seekühe (Dugongs) zu erspähen. Ko Phra Thong wurde für den Ökotourismus erschlossen, daher sind neben einem temporären Büro der Parkverwaltung auch einige Hotels vorhanden, darunter das luxuriöse Golden Buddha Beach Resort *(siehe S. 305)*.

Reisende warten am Khuraburi-Pier auf die Boote zu den Inseln

**Straßenkarte** *siehe hintere Umschlaginnenseiten*

Schnorchler im klaren Wasser vor Ko Surin Nua

# Meeres-Nationalpark Surin-Inseln ⑫

อุทยานแห่งชาติหมู่เกาะสุรินทร์

**Straßenkarte** B4. 60 km nordwestl. von Khuraburi. 🚗 🚤 von Ranong, Khao Lak und Khuraburi. 🚤 ℹ️ Parkverwaltung (0-7647-2145); Forstamt (0-2562-0760 für Bungalow-Reservierung). 🕘 Mitte Nov – Mitte Mai. 🛏️ 🚻 🍴 🅿️ www.dnp.go.th

Die fünf hübschen, mitten in der Andamanensee gelegenen Surin-Inseln bilden seit 1981 einen Nationalpark. Sie zählen zu den ursprünglichsten und schönsten maritimen Reisezielen in Thailand. Der Archipel bietet einzigartige Tauch- und Schnorchelmöglichkeiten mit Sichtweiten von bis zu 25 Metern. Die wohl schönsten Tauchreviere sind Richelieu Rock und Burma Banks.

Die beiden größeren Inseln, Ko Surin Nua und Ko Surin Tai, trennt eine nur 200 Meter breite Wasserstraße. Dort liegen mit den spektakulärsten Korallenriffen in der Andamanensee. Die drei kleineren Inseln – Ko Ri, Ko Kai und Ko Klang – sind eigentlich nur felsige Inselchen mit spärlicher Vegetation. Sie sind bis heute unbewohnt geblieben.

Die Inseln locken mit einer herrlichen Unterwasserwelt, aber auch mit schönen Sandstränden, Mangroven und grünen Regenwaldabschnitten, in denen man gut wandern und Vögel beobachten kann. Interessierte halten hier u. a. Ausschau nach Javaneraffen (Langschwanzmakaken), Bengalenwaranen und über 57 Vogelarten. Auf den Surin-Inseln leben zudem die seltenen Flughunde, auf Bäumen lebende Säugetiere der Gattung Fledertiere.

## Ko Surin Nua

เกาะสุรินทร์เหนือ

Ko Surin Nua (»Surin-Nordinsel«) ist die größte Insel des Archipels und dicht mit hohem Hartholzwald bestanden. Die größte Bucht der Insel heißt Ao Mae Yai. In den umliegenden Gewässern findet sich eine unglaubliche Vielfalt an Weichkorallen, häufig sind zudem Rundkopf-Geigenrochen und andere Rochenarten sowie Walhaie zu erspähen. Einige der schönsten und am besten zu erreichenden Tauchgründe liegen vor der Parkzentrale im sogenannten HQ Channel zwischen den beiden Inseln. Dort ist das Wasser so klar, dass man die Korallen bequem von oben bestaunen kann. Obwohl das Gebiet durch extreme Überfischung und den Tsunami von 2004 gelitten hat – durch die Störung des ökologischen Gleichgewichts hat die Meeresfauna leicht abgenommen –, sind die Auswirkungen erstaunlich gering.

Auf der Insel verlaufen einige gute Wanderwege, vor allem um die Ao Mae Yai. Es gibt gute Zeltplätze sowie beim Parkzentrum auf Ko Surin Nua ein Restaurant mit Thai-Küche und einfache, aber adäquate Bungalows zum Übernachten.

Farbenfrohe Tropenfische in einem Riff vor den Surin-Inseln

## Seenomaden

Die wohl ältesten Bewohner der Region, die Seenomaden (*chao lae*), sind vermutlich Nachfahren von Malaysias *orang laut* (»Meeresmenschen«). Die rund 5000 *chao lae* leben nomadisch oder halbnomadisch an der Andamanen-Küste, teils in *kabang* genannten Hausbooten. Zur größten ethnischen Gruppe, den Urak Lawoi, zählen rund 3000 Menschen, die in einfachen Behausungen wohnen, vom Fischfang leben und gut in die thailändische Gesellschaft integriert sind. Die beiden kleineren Gruppen sind Moklen und Moken. Sie leben vom Reichtum des Meers, von Seegurken, Austern und Meeresfrüchten, und verkaufen Handwerkserzeugnisse an Besucher. Seenomaden sprechen ihre eigene Sprache und hängen einem animistischen Glauben an. Ein bedeutendes Ritual ist das jährliche Ahnengedenken und die spirituelle Reinigung von bösen Geistern.

Moken-Kinder spielen vor ihren Wohnhütten, Ko Surin Tai

**Hotels und Restaurants an der oberen Andamanen-Küste** *siehe Seiten 304 – 308 und 328 – 331*

## Ko Surin Tai

เกาะสุรินทร์ใต้

Ko Surin Tai (»Surin-Südinsel«) ist die zweitgrößte Insel im Surin-Archipel. Sie bietet die gleiche Tier- und Pflanzenwelt wie Ko Surin Nua, doch keinerlei Parkeinrichtungen. Im einfachen Dorf Chao Thalae haben sich einige Moken-Familien angesiedelt. Die wunderschöne Bucht Ao Tao an der Südostküste der Insel ist ein Zufluchtsort für Meeresschildkröten. Beim Schnorcheln im Wasser vor der Bucht kann man nicht nur die beeindruckenden Reptilien, sondern auch die herrlichen Korallenriffe des Gebiets bewundern.

## Richelieu Rock

ไรเชเวีย รอค

14 km südöstl. der Surin-Inseln. Der Richelieu Rock ist ein einsamer Unterwasserberg aus Kalkstein, der wie ein Hufeisen geformt und fast vollständig überspült ist. Hier liegt einer der schönsten Tauchgründe Thailands. Der Felsgipfel des Bergs ragt nur bei Ebbe ein wenig aus dem Wasser. Für die Boote, die in dem

Pfahlhäuser und Fischerboote bei Chao Thalae, Ko Surin Tai

Gebiet unterwegs sind, ist die Kalksteinformation, die sich 30 Meter vom Meeresgrund auftürmt, gefährlich.

Glücklicherweise war der Richelieu Rock nicht vom Tsunami von 2004 betroffen, die Umwelt seiner Unterwasserlandschaft ist intakt geblieben. Hier liegen Futter- und Rückzugsgebiete zahlreicher Fischarten. Man sieht u. a. Barrakudas, Stachelmakrelen, Mantarochen, Spatenfische und Walhaie, wobei deren Zahl in den letzten Jahren abgenommen hat. Zwischen den Korallen tummeln sich zudem Seepferdchen, Harlekingarnelen, Anglerfische, Feuerfische sowie gelbe, stachelige Tannenzapfenfische. Tauchausflüge sollte man nur mit einem erfahrenen Führer unternehmen, der das Gebiet gut kennt.

## Burma Banks

ชายแดนพม่า

60 km nordwestl. der Surin-Inseln. Noch abgeschiedener und vielleicht faszinierender als Richelieu Rock ist die Burma Banks genannte Kette von Unterwasserbergen. Die drei Hauptberge – Silvertip, Rainbow und Roe – bieten ein unvergleichliches Taucherlebnis über unberührten Korallenriffen, in denen sich eine fantastische Vielfalt großer Fischarten und anderer exotischer Meerestiere tummelt, darunter Große Barrakudas und Muränen. Tagesausflüge werden von Khuraburi (*siehe S. 203*) oder Khao Lak (*siehe S. 208*) aus arrangiert.

Ins Wasser gehen sollten nur erfahrene Taucher, da das Gebiet im offenen Meer liegt. Hauptattraktion ist die fast garantierte Sichtung von Haien, darunter bis zu drei Meter lange Ammenhaie, Silberspitzenhaie und die exotischen Zebrahaie (Leopardenhaie).

### Zur Orientierung

### LEGENDE

- Strand
- Tauchen
- Schöne Landschaft
- Fährhafen
- Fährroute

**Straßenkarte** *siehe hintere Umschlaginnenseiten*

Dichter Regenwald und bizarre Kalksteingipfel im Nationalpark Khao Sok

## Khao-Sok-Nationalpark ⓭

อุทยานแห่งชาติเขาสก

**Straßenkarte** B4. Parkzentrum nahe Hwy 401, 85 km südl. von Khuraburi. 🚌 🛈 *Parkverwaltung (0-7739-5139).* 🌐 ✉ 🍴 🏠
**www.dnp.go.th**

Zusammen mit den benachbarten Nationalparks Mu Ko Ra-Ko Phra Thong *(siehe S. 203)* und Khao Lak-Lam Ru *(siehe S. 208)* schützt der Khao Sok die größte unberührte Regenwaldfläche in Südthailand. Die Wälder des Khao Sok blieben von den Eiszeiten verschont und gehören mit einem Alter von etwa 160 Millionen Jahren zu den ältesten ihrer Art. Das Gelände des 738 Quadratkilometer großen Parks steigt bis auf 960 Meter Höhe an und umfasst über 100 spektakuläre Inseln. Diese entstanden 1982 durch den Bau des Rachabrapha-Staudamms.

Neben Elefanten, Tigern, Bären, Tapiren, Gibbons und anderen Affen leben im Park über 300 Vogelarten, darunter Nashornvögel und Arguspfauen. Die größeren Tiere bekommt man normalerweise nur nachts zu Gesicht, ihre Spuren auf den markierten Pfaden sieht man auch tagsüber. Leider wird trotz der Parkaufsicht gewildert.

Khao Sok wartet auch mit einer interessanten Flora auf. Er ist einer der wenigen Orte, an dem die *Rafflesia kerrii* heimisch ist. Die faulig riechende Blume wächst als Schmarotzer in den Wurzeln der Bäume und durchbricht einmal im Jahr deren Rinde, um im Verlauf von Monaten ihre riesige, bis zu 80 Zentimeter breite Blüte auszubilden. Der Aasgestank der Blüte lockt Insekten an, die sie bestäuben. Innerhalb weniger Tage verwelkt sie dann zu einer fauligen Masse.

Khao Sok bekommt sowohl den Südwest- als auch den Nordost-Monsun mit voller Wucht ab, daher dauert die Regenzeit von Mai bis November. Die beste Zeit für einen Besuch ist von Januar bis April.

**Riesiger Doppelhornvogel**

Bekannt ist der Khao-Sok-Nationalpark zudem für seine schönen Kalksteingipfel, zahlreichen Wasserfälle und Höhlen. Neben den Kalksteingipfeln ist der Chiaw-Lan-See die markanteste geografische Attraktion.

Der gut besuchte Park bietet viele Aktivitäten. Man kann Kajak fahren, an Elefantenritten teilnehmen oder in einigen unterirdischen Höhlen auch tauchen. Die meisten Wanderwege durch den Khao Sok sind für alle Schwierigkeitsgrade geeignet. Einige sind jedoch anspruchsvoll und erfordern Erfahrung und Kondition. Im Park sind einfache Unterkünfte und Verpflegungsmöglichkeiten vorhanden. Direkt vor dem Eingang am Parkzentrum findet man einige Läden.

### Nam Tok Than Sawan
น้ำตกธารสวรรค์

7 km westl. des Parkzentrums. Sieben Kilometer westlich des Parkzentrums stößt man am Ende eines malerischen Wanderwegs auf den spektakulären »himmlischen Wasserfall« Nam Tok Than Sawan. In der Regenzeit ist der Weg eventuell nicht begehbar. Das Wasser stürzt von der Kante einer steilen Wand in die Tiefe – und die Sonne zaubert wunderschöne Regenbogeneffekte in die Gischt.

### Nam Tok Sip-Et Chan
น้ำตกสิบเอ็ดชั้น

5 km nördl. des Parkzentrums. Der riesige Wasserfall stürzt fünf Kilometer nördlich des Parkzentrums über elf Felsstufen in die Tiefe. Wegen des schwierigen Geländes und einiger Flussüberquerungen dauert die Wanderung zum Wasserfall bis zu drei Stun-

**Langboote sind ein bequemes Transportmittel im Khao Sok**

# KHAO-SOK-NATIONALPARK

den. Unterwegs sieht man Gibbons, Nashornvögel und andere Tiere.

## Chiaw-Lan-See
ทะเลสาบเชี่ยวหลาน

66 km östlich des Parkzentrums. Vom Parkzentrum fährt man in rund einer Stunde zum 66 Kilometer östlich gelegenen Chiaw-Lan-See – er ist sicher der Star des Parks. Der große Süßwassersee entstand 1982 durch den Bau des Rachabrapha-Staudamms und wird daher auch Rachabrapha-See genannt. Aus dem See ragen bis über 900 Meter hohe Kalksteinfelsen auf, sie sind also bis zu dreimal höher als diejenigen der Phang-Nga-Bucht *(siehe S. 212–217)*. Die Felsen bieten vielen seltenen Wildtieren Zuflucht. Man sieht Gibbons wild herumturnen. Auf den Gipfeln sitzen Adler. Die Felsen sind – außer für unerschrockene Kletterer – unzugänglich. Übernachtungsmöglichkeiten mit Traumblick auf die Landschaft der Umgebung bieten Hausboote auf dem See oder umweltfreundliche Hütten am Ufer.

**Karstformationen des Chiaw-Lan-Sees**

## Tham Nam Thalu
ถ้ำน้ำทะลุ

Ein besonders lohnendes Ziel im Khao-Sok-Nationalpark ist die 800 Meter lange, hufeisenförmige Höhle Tham Nam Thalu, die von seltenen Tieren bewohnt wird. Sie liegt nahe dem Südwestufer des Chiaw-Lan-Sees. Die Höhlenbesichtigung ist eine aufregende Wanderung durch die Dunkelheit auf rutschigem Boden. Wer vor Fledermäusen Angst hat oder unter Klaustrophobie leidet, sollte davon absehen. Der markierte Pfad führt an einem kleinen Fluss entlang in das Höhlensystem, teilweise muss man durch das Wasser waten. Wer die Höhle besichtigen will, benötigt festes Schuhwerk und eine Taschenlampe. In der Regenzeit sollte man die Höhle meiden, auch wenn so mancher Führer anderes behauptet: Es gab bereits einige Unfälle. Die Höhlenwanderung ist jedoch sicher ein unvergessliches Highlight eines Khao-Sok-Besuchs.

## Tham Si Ru
ถ้ำสี่รู

Ein weiteres bekanntes Höhlensystem ist die Tham Si Ru oder »Vier-Löcher-Höhle«. Die vier ineinander übergehenden Höhlen wurden während der 1970er Jahre von kommunistischen Aufständischen als geheime Basis benutzt. Vom Südufer des Chiaw-Lan-Sees kommt man zu Fuß dorthin.

## LEGENDE

- Bushaltestelle
- Information
- Hauptstraße
- Nebenstraße
- Fußweg
- Parkgrenze

**Zur Orientierung**

**Straßenkarte** *siehe hintere Umschlaginnenseiten*

## Takua Pa
ตะกั่วป่า

**Straßenkarte** B4. 53 km südl. von Khuraburi. 8500.

Takua Pa, das früher Takola oder Takkolam hieß, besaß einst einen der schönsten und größten Häfen auf der thailändischen Halbinsel. Über ihn wurde der Handel zwischen dem Srivijaya-Reich *(siehe S. 39)* und den tamilischen Königreichen in Südindien abgewickelt. Die Stadt ist zweigeteilt in das jeweils charakteristische alte und neue Viertel. In der Altstadt erinnern noch einige reizende Häuser im sino-portugiesischen Stil an das historische Takola. Das neue Viertel liegt am Fluss Takua Pa. Bei einem Bummel durch die Straßen der wenig besuchten Stadt entdeckt man buddhistische und chinesische Tempel und stößt schließlich an den exotischen, schönen »Teakbaumstrand« **Hat Bang Sak**, wo Kasuarinen Schatten auf den weißen Sand werfen. Am besten erreicht man ihn über die Route 4 von Takua Pa nach Thai Muang. Derzeit findet man zwar nur einfache Unterkünfte, doch es bestehen bereits Pläne für den Bau von gehobeneren Hotels.

Urlauber schlendern am hübschen Hat Khao Lak entlang

## Hat Khao Lak
เขาหลัก

**Straßenkarte** B4. 34 km südwestl. von Takua Pa. *von Takua Pa oder Phuket.* TAT, Phuket (0-7621-1036).

Südlich von Takua Pa wechseln sich an der Küste lange felsige Abschnitte und Sandstrände ab. Auf halbem Weg zwischen Takua Pa und Thai Muang liegt der Hat Khao Lak, der südlichste von sechs Stränden, die jeweils durch Felsen voneinander getrennt sind. Bisher war es dort ruhig, doch inzwischen kommen immer mehr Urlauber hierher. Mittlerweile haben Läden eröffnet, und man kann bereits in einigen Hotels übernachten.

Der schöne Hat Khao Lak ist ein guter Ausgangspunkt für Ausflüge zu den Surin- *(siehe S. 204f)* und Similan-Inseln *(siehe S. 210f)*. Von November bis April fahren von den Fischerhäfen Thap Lamu und Hat Khao Lak Boote zu den Archipelen. Die Überfahrt dauert etwa vier Stunden. Viele Urlauber buchen hier auch Tauchfahrten.

Um die Gunst der Urlauber konkurriert auch der 61 Meter hohe Nam Tok Sai Rung oder Sai-Rung-Wasserfall. Der reizende Wasserfall liegt ganz in der Nähe des Strands fast beim Highway 4.

Aussichtsdeck im Khao-Lak-Lam-Ru-Nationalpark

## Khao-Lak-Lam-Ru-Nationalpark
อุทยานแห่งชาติแหลมรู่

**Straßenkarte** B4. Parkzentrum nahe Hwy 4, Laem Hin Chang, 34 km südl. von Takua Pa. *von Takua Pa oder Phuket.* Parkverwaltung (08-1979-1225). tägl. 8–16.30 Uhr. www.dnp.go.th

Der Khao Lak-Lam Ru umfasste bei seiner Eröffnung 1991 nur ein Landareal, wurde aber 1995 auf einige Meeresgebiete ausgedehnt. Der Park bedeckt 127 Quadratkilometer und ist für seine außergewöhnlich schöne Natur – Inseln, Klippen, bewaldete Hügel und Strände sowie Kalkstein- und Granitspitzen, die in der Kreidezeit entstanden – mit einer vielfältigen Flora und Fauna

Open-Air-Lokale in strohgedeckten Pavillons an der Küste, Hat Bang Sak

**Hotels und Restaurants an der oberen Andamanen-Küste** *siehe Seiten 304–308 und 328–331*

Bunte Flaggen schmücken den Eingang zum Khao Lak-Lam Ru

## Khlong Thap Liang ⑰

คลองทับเหลียง

**Straßenkarte** B4. 10 km südwestl. vom Khao-Lak-Lam-Ru-Nationalpark.

Wer Khao Lak besucht, für den bietet sich auch ein Ausflug mit dem Langboot zum nahen Meeresarm Khlong Thap Liang und zu den benachbarten kleineren Khlong Thung Maphrao und Khlong Hin Lad an. Dort gibt es Mangrovenwälder, die von Langschwanzmakaken bevölkert sind. Bei Ebbe kommen sie gelegentlich auf die Schlammflächen Die wie Kanäle *(khlong)* geformten Meeresarme liegen unmittelbar südlich von Thap Lamu zwischen der Südgrenze des Khao-Lak-Lam-Ru-Nationalparks und der nördlichen Grenze des Hat-Thai-Muang-Nationalparks.

bekannt. Über das dreistöckige Blätterdach im tropischen, immergrünen Wald in den Hügeln bei Khao Lak ragen einige imposante Baumriesen auf. In der untersten Ebene gedeihen Epiphyten, darunter Orchideen und Farne, sowie die nüztliche kletternde Rattanpalme, aus der Peddigrohr gewonnen wird.

Zu den Tieren im Park gehören Makaken, Languren, Königsdrongos, Kragenbären, Goldwangen-Bartvögel, Netzpythons, Schwarze Riesenhörnchen, Wildschweine und einige Arten von Nashornvögeln. Mehrere Wanderwege führen zu verschiedenen Wasserfällen, besonders grandios ist der **Nam Tok Lam Ru** oder Lam-Ru-Wasserfall. Er liegt 31 Kilometer vom Parkzentrum bei Laem Hin Chang entfernt. Weitere Wasserfälle sind Nam Tok Saeng Thong und Nam Tok Chong Fa.

Thailändische Besucher gehen auch gern zu einem Schrein im Dschungel. Er ist Chao Po Khao Lak gewidmet, der als Schutzgeist des Nationalparks gilt.

Bei Ebbe gestrandete Langboote im Khlong Thap Liang

### Takua Pa, der alte Srivijaya-Hafen Takola

Takola, wie Takua ursprünglich hieß, war eine der ersten Siedlungen in Südthailand. Schon in der Ära des Srivijaya-Reichs *(siehe S. 39)* war sie ein wichtiger Hafen. Der Name Takola soll sich von dem Tamil-Wort *takkolam* (Pfeffer) ableiten und verweist auf die engen historischen Verbindungen mit Südindien. Takola war vermutlich der bedeutendste Hafen an der Andamanen-Küste für den Handel zwischen dem Königreich Srivijaya und den Tamilen-Königreichen der Pallava- (4.–9. Jh.) und Chola-Herrscher (9.–13. Jh.) in Südindien. Bei der Ausbreitung der südasiatischen Kultur und der hinduistischen und buddhistischen Glaubensvorstellungen in Thailand und auf der malaiischen Halbinsel spielte es wohl eine große Rolle. Nur wenige Relikte aus dieser Zeit haben überlebt. Das bedeutendste ist eine fast zwei Meter hohe Statue von Vishnu, einem der drei hinduistischen Hauptgötter, die bei Takua Pa gefunden wurde. Sie steht heute im Thalang-Nationalmuseum *(siehe S. 234)* in Phuket.

**Vishnu-Statue im Thalang-Nationalmuseum, Phuket**

**Straßenkarte** *siehe hintere Umschlaginnenseiten*

Ungewöhnlich geformte Felsen am glasklaren Wasser, Ko Similan

## Meeres-Nationalpark Similan-Inseln ⓲
อุทยานแห่งชาติหมู่เกาะสิมิลัน

**Straßenkarte** A4. 60 km westl. von Thap Lamu. 🚗 von Thap Lamu, Kha Lak und Phuket. 🚢 🛈 Parkverwaltung (0-7659-5045); Forstamt (0-2562-0760 für Bungalow-Reservierung). ◯ Nov–Mai. 🏕️ 🍴 🛏️
www.dnp.go.th

Der Meeres-Nationalpark Similan-Inseln wurde 1982 gegründet und erstreckt sich über 140 Quadratkilometer. Der Name Similan leitet sich von dem malaiischen Wort *sembilan* (neun) ab – dies entspricht der Anzahl der schönen Granitinseln des Archipels in der azurblauen Andamanensee. Die Inseln sind mit Regenwald überwuchert, werden von weißen Sandstränden gesäumt und sind von artenreichen Korallenriffen umgeben. In diesem faszinierenden Unterwasserparadies lauern allerdings einige gefährliche Fischarten, z. B. angriffslustige Riesenzackenbarsche sowie giftige Stein- und Feuerfische. Auch auf einige Haiarten – Leopardenhaie, Hammerhaie, Bullenhaie und die gigantischen Walhaie – trifft man im Meer zwischen den Inseln.

Ko Similan ist mit rund fünf Quadratkilometer Fläche die größte Insel des Archipels. Auf ihr kommen Landsäugetiere, Reptilien, Krebse, Schlangen, Fledertiere und 40 Vogelarten vor.

Die größte Anziehungskraft entfalten jedoch die etwa 20 ausgewiesenen Tauchgründe für Taucher in allen Leistungsklassen. Die Unterwassergrotten und -tunnel begeistern Taucher und Schnorchler.

Achtung: Tauchausflüge muss man in Thap Lamu oder bei einer Agentur in Phuket buchen, im Park selbst gibt es keine Möglichkeiten dazu. Nach Ko Miang starten täglich vom Park organisierte halbtägige Schnorchelfahrten. Geboten werden aber auch Tagesausflüge von Ko Miang zu den abgelegenen Inseln, etwa zur weiter nördlich gelegenen Insel Ko Bon.

*Junger Leopardenhai*

### Ko Bangu
เกาะปายู

Die nördlichste Insel im Similan-Archipel ist Ko Bangu, auch Hua Kalok («Schädelinsel») genannt. Direkt vor der Küste liegen einige ausgezeichnete Tauchgründe. Bei Christmas Point tummeln sich sehenswerte Fische, etwa verschiedene Arten von Stachelmakrelen. Eine schöne Schnorchelstelle liegt an der geschützten Ostseite, wo auch eine Rangerstation existiert.

### Ko Similan
เกาะสิมิลัน

Ko Similan, die größte Insel, liegt im Norden des Archipels. Dort gibt es zwar keine Hotels, dafür aber zwei sehr beliebte Tauchstellen: das Fantasy Reef westlich der Insel und eine Stelle südlich der Ao Nang Chan, wo der längste Strand an der Ostküste der Insel liegt. Am Fantasy Reef darf bis auf Weiteres nicht mehr getaucht werden, damit es sich vom Tsunami von 2004 erholen kann.

Schnorcheln ist eine der Hauptbeschäftigungen auf Ko Similan

### Hin Pusa
หินปูซา

Südlich von Ko Similan und nördlich von Ko Payu liegt der »Elefantenkopf« Hin Pusa. Die Insel besteht nur aus we-

Auf der idyllischen Badeinsel Ko Bangu reicht der Wald bis zum Strand

Hotels und Restaurants an der oberen Andamanen-Küste *siehe Seiten 304–308 und 328–331*

nigen Felsen, die aus dem Meer herausragen und wie ein Elefantenkopf aussehen. Sie formen Tunnel, Bogen und Kanäle, durch die man hindurchschwimmen kann, was aber auch für geübte Schwimmer nicht ganz einfach ist. Selbst wenn man nicht schnorchelt oder taucht, sieht man im klaren Wasser faszinierende Meerestiere wie Dreieckskrabben, Weichkorallen, Sepien, Fangschreckenkrebse, zweifarbige Papageifische und gelegentlich eine Oliv-Bastardschildkröte oder gar einen Walhai.

Urlauber steigen auf Ko Miang aus dem Boot

### Ko Payu
เกาะพยู

Das kleine, waldbedeckte Ko Payu umgibt ein Riff aus Geweihkorallen. Von den zwei exzellenten Tauchgründen liegt einer im Osten der Insel und der andere direkt vor dem schmalen Landstrich der Nordspitze. Zu den vielen kleinen und großen Fischen des Gebiets gehören Feuerfische, Drückerfische, Kofferfische, Lippfische und Aale.

### Ko Miang
เกาะเมียง

Ko Miang ist die wichtigste und kommerziell erschlossenste Insel des Archipels. Hier befinden sich ein Informationsbüro, Restaurants, Bungalows, Schlafsaalunterkünfte und ein Zeltplatz. Östlich der Insel ragt hinter einer schmalen Landspitze die Felsenkuppe Hin Muan Diao aus dem Meer. Die Tauchgründe liegen im flachen Wasser vor der Nord- und Südküste.

Auf Ko Miang kann man nicht nur tauchen und schwimmen, sondern auf ein paar kurzen, teilweise steilen Pfaden auch wandern. Dabei stößt man auf die seltene Kragentaube (Nikobarentaube). Die beiden beliebtesten Wanderwege Viewpoint Trail und Sunset Point führen zum Inselgipfel und zu einem idyllischen Platz, an dem man den prächtigen Sonnenuntergang über der Andamanensee genießen kann.

### Ko Payang
เกาะพยาง

Auch das unbewohnte, winzige Ko Payang ist ein Taucherparadies. Die Tauchgründe liegen direkt vor der Nordküste und, etwas entfernt, östlich vor Ko Payang. Der nahe gelegene Felsen Hin Phae, die »Haiflossenspitze«, ist ebenfalls ideal zum Tauchen.

### Ko Huyong
เกาะหูยง

Ko Huyong ist die südlichste Insel des Similan-Archipels. An ihrem langen weißen Sandstrand legen Meeresschildkröten ihre Eier ab. Deshalb wurde hier eine Station eingerichtet, in der die Schildkröteneier ausgebrütet werden. Das Betreten der Insel ist für Urlauber verboten. Im Meer vor der Insel sind zudem keine Tauchgründe ausgewiesen, man darf dort jedoch segeln. In den klaren, seichten Gewässern rund um die Insel wimmelt es von Meerestieren. Es gibt zahlreiche Korallen.

**Zur Orientierung**

### LEGENDE

| | |
|---|---|
| Strand | |
| Tauchen | |
| Fährhafen | |
| Information | |
| Fährroute | |

**Straßenkarte** *siehe hintere Umschlaginnenseiten*

# Phang-Nga-Bucht ⓵

อ่าวพังงา

Gehäuse einer Meeresschnecke

Die 400 Quadratkilometer große Phang-Nga-Bucht ist der Inbegriff für die landschaftliche Schönheit Südthailands. Ihre malerische Erhabenheit verdankt sie den hohen Kalkfelsen, die aus dem azurblauen Wasser aufragen. Mit Booten gelangen Besucher zu Sehenswürdigkeiten wie dem Fischerdorf Panyi, der berühmten »James-Bond-Insel« und Höhlen mit prähistorischen Felszeichnungen und buddhistischen Schreinen. Aufgrund der Erosion dürfen Ausflugsboote in großen Teilen der Bucht nicht mehr fahren. Doch auch aus etwas größerer Entfernung ist die Szenerie atemberaubend.

### Zur Orientierung

☐ Dargestelltes Gebiet

**Tham Lot** ist ein 50 Meter langer Meerestunnel durch Tropfsteinhöhlen.

### Wat Tham Suwan Khuha
*In diesem Höhlentempel gibt es zwischen den Tropfsteinen winzige Schreine, eine Buddha-Figur und* chedi.

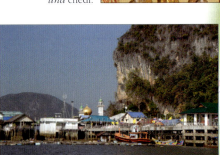

### ★ Fischerdorf Panyi
*Rund 120 muslimische Familien leben in dem Pfahldorf vom Verkauf von Fisch, Garnelen und Garnelenpaste.*

**Auf Ko Phanak** gibt es viele *hong* (Unterwasserkammern) mit bewachsenen Wänden und von der Außenwelt abgeschnittenen Schlangen und Affen.

### Felsbilder
*Die prähistorischen Felsbilder im Nationalpark Ao Phang Nga sind ein beliebtes Ziel für Besucher, die auf Bootstouren die Bucht erkunden.*

### ★ »James-Bond-Insel«
*Die „James-Bond-Insel" Ko Khao Phing Kan und die benachbarte Insel Ko Tapu waren imposante Kulissen im James-Bond-Klassiker* Der Mann mit dem goldenen Colt *von 1974.*

**Hotels und Restaurants an der oberen Andamanen-Küste** *siehe Seiten 304–308 und 328–331*

# PHANG-NGA-BUCHT

## INFOBOX

**Straßenkarte** B5. 90 km nordöstl. von Phuket-Stadt. *TAT, Phuket (0-7621-2213). von Phuket oder Krabi nach Phang-Nga-Stadt. von Phuket.*

## LEGENDE

- Strand
- Wat
- Fährhafen
- Hauptstraße
- Nebenstraße

### Mangrovenwälder
*Mit etwas Geschick ist es möglich, in einem kleinen Boot bei Flut die vielen Mangrovenkanäle zu erkunden.*

**Die Tham Hua Gralok** («Schädelhöhle») besitzt prähistorische Malereien aus bunten Pigmenten von Menschen und seltsamen Tierwesen.

### Kautschukplantagen
*Rund um die Bucht gibt es große Kautschukplantagen. Das abgezapfte Latex lässt man in flachen Schalen aushärten.*

## James Bond und das Inselversteck

In dem Film *Der Mann mit dem goldenen Colt* (1974) reist James Bond (Roger Moore) auf der Suche nach dem Bösewicht Scaramanga (Christopher Lee) in den Fernen Osten und findet dessen Versteck: eine Insel vor China. Tatsächlich fanden die Dreharbeiten auf Ko Khao Phing Kan statt. Der Felsen, in dem sich die Geheimwaffe befindet, ist Ko Tapu.

**Scaramanga und Bond**

## NICHT VERSÄUMEN

★ Fischerdorf Panyi

★ »James-Bond-Insel«

**Straßenkarte** *siehe hintere Umschlaginnenseiten*

# Kalksteinformationen der Phang-Nga-Bucht

Die Phang-Nga-Bucht ist das spektakuläre Relikt der einst gewaltigen Tenasserim-Berge, die sich von Thailand bis China ziehen. Rund 40 Kalknadeln ragen bis zu 350 Meter hoch aus dem seichten Wasser. Im Inneren dieser Formationen liegen oft enge Tunnel und Grotten. Die von majestätischen Spitzen gekrönte Karstlandschaft führt Richtung Osten landeinwärts, wo hohe Felsen abgeschiedene Täler mit Wildflüssen begrenzen. Die unter Naturschutz stehende Bucht weist verschiedene Ökosysteme und viele Wildtiere auf.

**Seeadler, Phang-Nga-Bucht**

**Das Mangrovengebiet** *am versandeten Nordende der Bucht ist das größte und am besten erhaltene in ganz Thailand.*

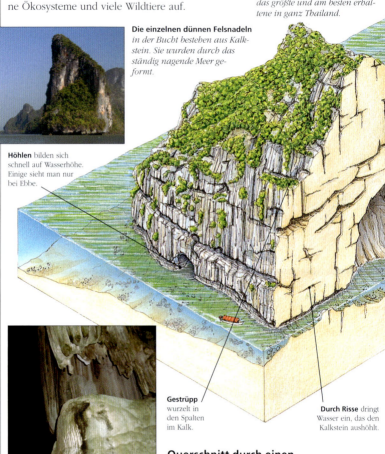

**Die einzelnen dünnen Felsnadeln** *in der Bucht bestehen aus Kalkstein. Sie wurden durch das ständig nagende Meer geformt.*

**Höhlen** bilden sich schnell auf Wasserhöhe. Einige sieht man nur bei Ebbe.

**Gestrüpp** wurzelt in den Spalten im Kalk.

**Durch Risse** dringt Wasser ein, das den Kalkstein aushöhlt.

**Kalzitablagerungen** *bilden im Zusammenspiel von chemischen Elementen, Luft, Wasser und Bakterien in Höhlen sogenannte Speläotheme, z.B. Tropfsteine.*

## Querschnitt durch einen Felsen der Phang-Nga-Bucht

Die Kalksteinlandschaft der Phang-Nga-Bucht ist geologisch ein Unterwasserkarst. Typisch für Karst ist der interne, unterirdische Wasserhaushalt. Wasser dringt durch Risse im Kalkstein ein und lässt dann das Gestein von innen erodieren. So entstehen Tunnel, Spalten und riesige *hong* (Unterwasserkammern).

# PHANG-NGA-BUCHT

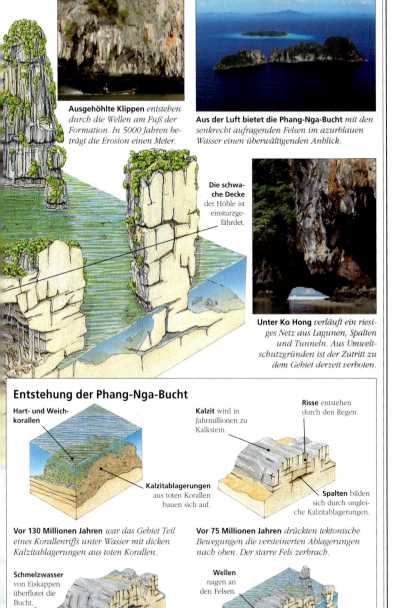

**Ausgehöhlte Klippen** *entstehen durch die Wellen am Fuß der Formation. In 5000 Jahren beträgt die Erosion einen Meter.*

**Aus der Luft bietet die Phang-Nga-Bucht** *mit den senkrecht aufragenden Felsen im azurblauen Wasser einen überwältigenden Anblick.*

**Die schwache Decke** der Höhle ist einsturzgefährdet.

**Unter Ko Hong** *verläuft ein riesiges Netz aus Lagunen, Spalten und Tunneln. Aus Umweltschutzgründen ist der Zutritt zu dem Gebiet derzeit verboten.*

## Entstehung der Phang-Nga-Bucht

Hart- und Weichkorallen

Kalzitablagerungen aus toten Korallen bauen sich auf.

Kalzit wird in Jahrmillionen zu Kalkstein.

Risse entstehen durch den Regen.

Spalten bilden sich durch ungleiche Kalzitablagerungen.

**Vor 130 Millionen Jahren** *war das Gebiet Teil eines Korallenriffs unter Wasser mit dicken Kalzitablagerungen aus toten Korallen.*

**Vor 75 Millionen Jahren** *drückten tektonische Bewegungen die versteinerten Ablagerungen nach oben. Der starre Fels zerbrach.*

Schmelzwasser von Eiskappen überflutet die Bucht.

Die Spalte erweitert sich zur Höhle.

Wellen nagen an den Felsen.

Die Höhle wird größer.

**Vor 20 000 Jahren,** *am Ende der Eiszeit, stieg der Meeresspiegel an. Wellen und Gezeiten beschleunigten die Erosion.*

**Vor 8000 Jahren** *lag der Wasserstand rund vier Meter höher als heute. Die damalige Riffkante ist an den meisten Felsen sichtbar.*

# Überblick: Phang-Nga-Bucht

Zur Phang-Nga-Bucht gelangt man entweder über Phuket *(siehe S. 220–238)* oder Krabi *(siehe S. 244)*. Die Entfernungen sind nicht groß, die meisten Stellen auf dem Festland erreicht man per Bus, Taxi, Auto oder Motorrad. Die Schönheit der Gegend zieht viele Menschen an. Wer die Massen meiden will, sollte daher statt der überfüllten Ausflugsboote ein Langboot mieten. Noch ruhiger ist es, mit einem Kajak eine Tagestour durch die Bucht zu unternehmen und die eingefallenen Höhlensysteme zu erforschen – soweit sie nicht gesperrt sind. Phang Nga ist ein guter Stützpunkt für eine mehrtägige Besichtigung der Bucht.

Kalksteinklippen bilden die Kulisse für das reizende Phang Nga

## Phang Nga
พังงา
90 km nordöstl. von Phuket-Stadt.

Phang Nga ist der Hauptort der gleichnamigen Provinz und steht ein wenig im Schatten der lebhafteren Insel Phuket. Doch das macht die Stadt mit ihrer spektakulären Lage wieder wett. In der näheren Umgebung können Reisende eine Menge unternehmen und besichtigen, vor allem in und um die Phang-Nga-Bucht. Angesichts der vielfältigen und luxuriösen Strandhotels auf der benachbarten Insel Phuket steigen nur wenige Besucher in der Stadt ab. Doch Phang Nga ist ein ruhiger, freundlicher Ort, in dem man das eigentliche Thailand kennenlernen und dem Getriebe des kommerziellen Tourismus entkommen kann – ein idealer Ort, um über Nacht zu bleiben.

## Thai Muang
ไทยเมือง
51 km westl. von Phang Nga.
*Fest der ins Meer ausgesetzten Schildkröten (März).*

Thai Muang ist eine sino-thailändische Marktstadt an der Küste der Andamanensee. Bekannt ist sie durch den **Thai Muang Beach Golf Course and Resort**. Der Golfplatz wurde gerade erneuert und ist einer der beliebtesten Plätze in Thailand. Von hier aus kommt man in den **Khao-Lampi-Hat-Thai-Muang-Nationalpark**, zu dessen speziellen Bewohnern Haubenwespenbussarde und Malaysische Mokassinottern gehören. Am Hat Thai Muang legen Meeresschildkröten ihre Eier ab. Zum Ende ihrer Brutzeit findet jeden März im Ort ein großes Fest statt, bei dem die Teilnehmer junge Schildkröten, die unter dem Schutz der Fischereibehörde ausgebrütet wurden, ins Meer aussetzen.

## Waldschutzgebiet Sa Nang Manora
วนอุทยานสระนางมโนราห์
8 km nordöstl. von Phang Nga.
*Parkverwaltung (0-7535-6134).*
www.dnp.go.th

Durch den dichten Regenwald dieses schönen, aber wenig besuchten Schutzgebiets mit vielen Flüssen, Wasserfällen und Teichen führen einige unbefestigte Wege. Das Areal ist nach der mythischen Prinzessin Manora benannt, die einer Sage nach unbeobachtet in den einsamen Tümpeln des Walds gebadet haben soll. Die Wasserfälle sind durch einige Pfade miteinander verbunden, über die man den Park erwandern kann und an denen in regelmäßigen Abständen Picknickplätze angelegt sind. Bei einem Besuch sollte man genügend Getränke mitnehmen, die Luftfeuchtigkeit ist hier sehr hoch.

Zahlreiche Wasserfälle durchziehen das Waldschutzgebiet Sa Nang Manora

# PHANG-NGA-BUCHT

Liegender Buddha in der größeren Höhle des Wat Tham Suwan Khuha

## Wat Tham Suwan Khuha

วัดถ้ำสุวรรณคูหา

10 km südwestl. von Phang Nga. *tägl. (bis Sonnenuntergang).*

Die Tempelanlage ist eine der Hauptattraktionen der Provinz Phang Nga und fast so beliebt wie die Phang-Nga-Bucht.

Faszinierend sind die zwei miteinander verbundenen Höhlen mit Buddha-Bildnissen in allen Formen und Größen. Der 15 Meter lange Liegende Buddha befindet sich in der größeren Höhle, die mit Laikhraam- und Bencharong-Fliesen ausgekleidet ist. Die Höhlen zieren viele religiöse Flaggen und auch die Statue eines sitzenden Eremiten. Die Siegel von einigen Chakri-Königen *(siehe S. 42f)* an der Wand der kleineren Höhle, darunter das von Rama V. (reg. 1868–1910), Rama VII. (reg. 1925–35) und das des derzeitigen Königs Bhumibol (Rama IX.) zeugen von königlichen Besuchen. Vorsicht: Nehmen Sie sich vor den vielen Affen im Tempelbezirk in Acht.

## Suan-Somdet-Phra-Sinakharin-Park

อุทยานสวนสมเด็จพระศรีนครินทร์-สวนสมเด็จย่า

Nahe Nonthaburi Pathum Thani Rd, 3 km südwestl. von Phang Nga. *tägl. (bis Sonnenuntergang).*

Der attraktive botanische Park Suan Somdet Phra Sinakharin ist von karstigen Kalksteingipfeln und schönen Gärten umgeben. Zwei Eingänge führen in den Park, wo Besucher auf zahlreiche Höhlen, Tunnel und Kalksteinformationen treffen sowie auf einen großen See mit einer Fontäne und einer Sonnenuhr. Auf gemieteten Paddelbooten kann man den See erkunden. Hölzerne Plankenwege verbinden die Höhlen miteinander, da viele der Höhlen und Tunnel oft unter Wasser stehen. Eine der Höhlen, die **Tham Reusi Sawan**, beherbergt die goldene Statue eines Einsiedlers, der mit einem Tigerfell bekleidet ist. Die Statue gilt als Glückssymbol. Eine andere sehr bekannte Höhle heißt **Tham Luk Seua**, was so viel wie »Tiger-Club-Höhle« bedeutet, wobei *luk seua* auch die thailändische Bezeichnung für Pfadfinder ist. Am einfachsten kommt man per Motorrad zum Park.

## Ao-Phang-Nga-Nationalpark

อุทยานแห่งชาติอ่าวพังงา

Nahe Hwy 402, 11 km südl. von Phang Nga. *Parkverwaltung (0-7641-2188). tägl. (bis Sonnenuntergang).* www.dnp.go.th

Der 1981 eröffnete Nationalpark ist etwa 400 Quadratkilometer groß und umfasst eine Reihe von kleinen und großen Inseln, karstigen Erhebungen und unzugänglichen hohen Klippen, die bis zu 350 Meter aus dem blauen Wasser der Andamanensee aufragen. Die Küstenzone des Parks hat Thailands größtes zusammenhängendes primäres Mangrovenwaldgebiet überlebt. Der Park ist Schutzraum einer ungeheuren Vielfalt an Tieren, darunter Delfine, Hammerhaie, Mantarochen, Glattschweinswale und bis zu zwei Meter lange Bindenwarane. Die meisten Besucher kommen jedoch wegen der fantastischen, geradezu surreal anmutenden Kalksteintürme, die aus dem seichten Wasser aufragen. Auf den bizarren Kalksteinnadeln sieht man ganze Makakenhorden sowie nistende Seeadler – für Naturfreunde ist die Bucht ein Paradies.

Eingang zum Suan-Somdet-Phra-Sinakharin-Park unter einer Klippe

Blick aus der Luft auf die Kalksteinformationen und Mangrovenwälder der Phang-Nga-Bucht ▷

# Phuket

ภูเก็ต

Schillernd blauer Tigerschwalbenschwanz

Thailands größte Insel wurde einst durch die Zinnproduktion wohlhabend, heute ist der Tourismus die größte Einnahmequelle. Phuket zählt mit seinen Traumstränden, klaren Gewässern und dem pulsierenden Nachtleben zu den beliebtesten Urlaubszielen Südostasiens. Seit einigen Jahren entstehen hier zunehmend edle Resorts. Phuket-Stadt ist die Hauptstadt und das kulturelle Zentrum der Insel. Über den schmalen Kanal, der die Nordspitze der Insel vom Festland trennt, führt die 700 Meter lange Sarasin-Brücke.

**Sportfischen**
Die Gewässer vor Phuket sind ein Dorado für Angler.

### Halb vergrabener Buddha
*Der Wat Phra Thong wurde um eine halb vergrabene Buddha-Statue herum errichtet. Es heißt, dass jeder, der sie auszugraben versucht, sterben muss.*

★ **Strände (Westküste)**
*An der Westküste findet man das klarste Wasser, den feinsten Sand und die luxuriösesten Hotels. Patong bietet alle erdenklichen Einrichtungen, Karon und Kata sind ruhiger.*

## LEGENDE

- 🏖 Strand
- Aquarium
- Wat
- Internationaler Flughafen
- Fährhafen
- Information
- Hauptstraße
- Nebenstraße
- - - Fährroute
- - - Parkgrenze

## NICHT VERSÄUMEN

- ★ Phuket-Aquarium
- ★ Phukets Orchideengarten und Thai-Dorf
- ★ Strände (Westküste)

**Laem Promthep** ist der südlichste zugängliche Punkt auf Phuket. Der Blick vom zerklüfteten Kap auf den Sonnenuntergang ist kaum zu überbieten.

**Hotels und Restaurants an der oberen Andamanen-Küste** *siehe Seiten 304–308 und 328–331*

# PHUKET

### Sirinath-Nationalpark
Der Park schützt viele Pflanzen- und Tierarten auf dem Land und im Wasser. Er ist als Brutgebiet der gefährdeten Meeresschildkröten bekannt.

### INFOBOX

**Straßenkarte** B5. 90 km südl. von Phang Nga. 322 000 (Insel). 29 km nördl. von Phuket-Stadt. TAT, 73–75 Phuket Rd, Phuket-Stadt (0-7621-1036). Vegetarisches Fest (neun Tage Ende Sep/Anfang Okt), King's Cup Regatta (Dez).
**www**.phuket.com

**Das Gibbon Rehabilitation Center** im Khao-Phra-Taew-Nationalpark wildert Gibbons aus, die in Gefangenschaft aufwuchsen.

### Heldinnen-Monument
*Das Denkmal erinnert an zwei Schwestern, die die Frauen von Phuket dazu brachten, die Stadt in der Schlacht von Thalang 1785 gegen die birmanischen Eindringlinge zu verteidigen.*

**Phukets Schmetterlingsgarten und Insektenwelt** präsentiert tropische Schmetterlinge und andere Insekten.

### ★ Phukets Orchideengarten und Thai-Dorf
*Das Dorf besitzt einen Orchideengarten und bietet Elefantenshows, Thai-Boxen und Volkstänze.*

0 Kilometer 5

### ★ Phuket-Aquarium
*Das schöne Aquarium ist dem Meeresforschungszentrum von Phuket angeschlossen. Hier sieht man Salz- und Süßwasserfische, Meeresschildkröten und Weichtiere.*

**Straßenkarte** *siehe hintere Umschlaginnenseiten*

# Phuket-Stadt

Säule am San Chao Chui Tui

Phuket-Stadt entwickelte sich Anfang des 19. Jahrhunderts mit der Ankunft Tausender chinesischer Einwanderer, die in den Zinnminen arbeiteten. Viele Kaufleute machten mit Zinn ein Vermögen, bauten sich Villen und schickten ihre Kinder nach British Penang (Malaysia) zur Schule. Die chinesischen Zinnarbeiterfamilien vermischten sich bald mit der Thai-Bevölkerung. Phukets Innenstadt hat sich bis heute ihren Reiz bewahrt, da sie im Gegensatz zum Rest der Insel auf die Bedürfnisse der Einwohner und nicht der Besucher ausgerichtet ist. Der chinesische Einfluss zeigt sich in Küche und Architektur.

Ein Gläubiger platziert Räucherstäbchen in ein Gefäß, San Chao Chui Tui

## Khao Rang
เขารัง

Auf dem schönen Hügel nordwestlich des Zentrums werfen tropische Bäume angenehmen Schatten auf weiches Gras. Der bei Pärchen, Studenten und Reisenden beliebte Hügel bietet einen herrlichen Blick über die Stadt. Er besitzt einen Fitnesspark und eine Joggingstrecke. Auf der Kuppe steht die Bronzestatue von Khaw Sim Bee Na-Ranong (1857–1913), der ab 1901 zwölf Jahre lang als Gouverneur von Phuket relativ autonom von Bangkok regierte und dennoch die Insel der Zentralregierung zuführte. Er war zugleich ein wirtschaftlicher Visionär und importierte den ersten Kautschukbaum. In der Vachira Road, die zum Hügel führt, steht ein buddhistischer Tempel mit der goldenen Statue eines Sitzenden Buddha. Rundum liegen exzellente Restaurants.

Bronzestatue von Khaw Sim Bee Na-Ranong, Khao Rang

## San Chao Chui Tui
ศาลเจ้าจุ้ยตุ่ย

Ranong Rd. tägl. (bis Sonnenuntergang).

Der aufwendig dekorierte, leuchtend rot-goldene chinesische Tempel zieht einen steten Strom von Gläubigen an. Sie schütteln aus einem Behälter nummerierte Stäbchen, die dem vegetarischen Gott Kiu Wong Yn geweiht sind. Jede Zahl entspricht einem vorgedruckten Orakelspruch, der auf denjenigen, der ihn gezogen hat, zutreffen soll. Der vor allem bei den Chinesen des Viertels populäre Tempel ist während des Vegetarischen Festes (siehe S. 225) stark frequentiert.

## San Chao Put Jaw
ศาลเจ้าปุดจ้อ

Ranong Rd. tägl. (bis Sonnenuntergang).

Der kulturelle und wirtschaftliche Einfluss der chinesischen Kaufleute in Phuket-Stadt spiegelt sich im Schrein San Chao Put Jaw. Der am höchsten verehrte Tempel der Insel ist vom chinesischen Mahayana-Buddhismus beeinflusst, der sich vom Theravada-Buddhismus unterscheidet. Er wurde von südchinesischen Einwanderern in der Soi Ang Ah Lai gegründet, aber nach einem Brand an seinem heutigen Standort neu erbaut – im chinesischen Stil mit Wächterlöwen an den Toren und einem traditionellen Dach. Das farbenprächtige Bauwerk ist insbesondere zu Festen von brennenden Räucherstäbchen vernebelt.

## Chinesische Villen
ตึกจีน

Thalang, Yaowarat, Dibuk, Krabi und Phang Nga Rd.

Das Herz Phukets bildet das alte sino-portugiesische Viertel mit großen, heute leider etwas maroden Villen im Kolonialstil auf weitläufigen Grundstücken. Die meisten stammen aus der Regierungszeit Ramas IV. und Ramas V. Zu den schönsten gehören die heute von der Standard Chartered Bank und Thai Airways International als Büros genutzten Gebäude in der Ra-

Fassade einer typischen chinesischen Villa auf grünem Grundstück

# PHUKET-STADT

Der Wat Mongkol Nimit im typischen Rattanakosin-Stil

### INFOBOX

**Straßenkarte** B5. 90 km südwestl. von Phang Nga.
100.000. 29 km nördl. vom Stadtzentrum. TAT, 73–75 Phuket Rd (0-7621-1036). tägl. Chinesisches Neujahr (Jan/Feb bei Vollmond), Vegetarisches Fest (neun Tage Anfang Okt).

### Philatelie-Museum
พิพิธภัณฑ์ไปรษณียากร

Post- und Telegrafenamt, Montri Rd.
0-7621-1020. Di–Sa 9.30–17.30 Uhr.

Das kleine Museum im restaurierten alten Post- und Telegrafenamt ist ein Genuss. Schon allein das Gebäude im typischen sino-portugiesischen Stil ist eine historische Sehenswürdigkeit. Es vermittelt eine Ahnung davon, wie die Stadt vor der Entwicklung des kommerziellen Tourismus in Thailand vor fast 40 Jahren ausgesehen hat. Phukets Philatelie-Museum ist auf jeden Fall wegen seines altmodischen Charmes einen Besuch wert, aber auch wegen seiner Sammlung mit vielen faszinierenden Briefmarkenserien aus Thailands Postgeschichte, die Anfang des 20. Jahrhunderts begann.

nong Road und die restaurierten Anwesen in der Dibuk und der Thalang Road. Leider kann keine Villa besichtigt werden.

### Wat Mongkol Nimit
วัดมงคลนิมิต

Yaowarat Rd. tägl. (bis Sonnenuntergang).

Der große Tempel wurde im Rattanakosin-Stil erbaut. Mit seinem hohen gestaffelten Dach, den schön beschnitzten Türen, Glasfliesen und herrlichen Mosaiken ist er ein farbenfrohes, schönes Beispiel klassischer Thai-Architektur. Der *wat* wird von den ansässigen Chinesen hochverehrt und dient auch als Gemeindezentrum. Hier spielen Mönche und Laien gemeinsam *takraw* (Kick-Volleyball).

**Zentrum von Phuket-Stadt**

Chinesische Villen ④
Khao Rang ①
Philatelie-Museum ⑥
San Chao Bang Niew ⑧
San Chao Chui Tui ②
San Chao Put Jaw ③
San Chao Sang Tham ⑦
Wat Mongkol Nimit ⑤

**Zeichenerklärung** siehe hintere Umschlagklappe

**Straßenkarte** siehe hintere Umschlaginnenseiten

Der chinesische Tempel San Chao Sang Tham in Phukets Altstadt

### 🅰 San Chao Sang Tham
ศาลเจ้าแสงธรรม
Yaowarat Rd. ⭘ tägl. (bis Sonnenuntergang).

Der San Chao Sang Tham gehört zu den Schreinen, die beim Vegetarischen Fest eine Rolle spielen. Er soll fast 200 Jahre alt sein. Der schöne, im chinesischen Stil erbaute Schrein ist leuchtend bunt bemalt und birgt in seinem Inneren buddhistische und taoistische Götterbildnisse, Ahnentafeln und Räucherstäbchenschwaden. Besucher dürfen die Schuhe anlassen, müssen aber angemessen gekleidet sein und sollten beim Hineingehen nicht auf die Türschwelle treten – das bringt Unglück!

### 🅰 San Chao Bang Niew
ศาลเจ้าบางเหนียว
Phuket Rd. ⭘ tägl. (bis Sonnenuntergang).

San Chao Bang Niew gehört zu den ältesten chinesischen Tempeln. Migranten aus Fujian sollen ihn im 19. Jahrhundert gegründet haben. Er ist den beiden Geistern Giu Ong und Yok Ong gewidmet, die zu Beginn des Vegetarischen Festes aus dem *bang niew* (Meer) herbeigebeten werden, um die Gemeinde zu segnen und die bösen Geister zu vertreiben, die die Festlichkeiten stören könnten.

Im Inneren des Tempels werden mehrere Götter der chinesischen Mythologie verehrt. Die bedeutendsten sind Siew, Hok und Lok, die für langes Leben, Macht und Glück stehen. Bekannt ist San Chao Bang Niew für das Schauspiel, wenn hier *Naga*-Anhänger in Trance auf Messerleitern hochsteigen.

### 🅰 Provinz-Halle (Sala Klang)
ศาลากลาง
Narison Rd.

Die Sala Klang wurde 1917 von Rama VI. eingeweiht. Sie dient noch immer als Sitz des Gouverneurs und seiner Mitarbeiter, aber man kann sie besichtigen. In dem Bau mit ursprünglich 99 Türen, aber ohne Fenster wurden Szenen von Roland Joffes Film *The Killing Fields* (1984) gedreht. Im Außengang hängt eine Reihe von alten Fotografien, die die Geschichte Phukets zeigen.

Das sorgfältig gearbeitete Gitterwerk an den Fassaden ist ein wunderbares Beispiel der ursprünglichen Architektur der Stadt. Jedes Einzelstück soll fast sechs Jahre Arbeit in Anspruch genommen haben.

### Laem Tukkae
แหลมตุ๊กแก
3 km südöstl. vom Stadtzentrum.
🚢 *Bootsfest Chao Le* (6. und 11. Mondmonat).

Auf Laem Tukkae leben etwa 1500 der auf Thai *chao thalae* genannten Seenomaden – die zweitgrößte Gemeinde nach der am Hat Rawai. Sie lebt vor allem von Fischfang.

Ähnlich wie beim Loy Krathong *(siehe S. 37)* werden beim Bootsfest Chao Le in den Abendstunden auf dem Meer Schiffchen ausgesetzt. Dies soll die bösen Geister fernhalten und Glück bringen.

### 🌺 Phukets Schmetterlingsgarten und Insektenwelt
สวนผีเสื้อและโลกแมลงภูเก็ต
3 km nördl. der Stadt. ⭘ tägl. 9–17 Uhr.

Im Schmetterlingsgarten von Phuket schlüpfen jedes Jahr 40 Arten aus ganz Thailand. Das Schmetterlingsparadies zeigt in der Ausstellung Insektenwelt u. a. diverse Insekten, riesige Tausendfüßer, aber auch verschiedene Spinnen und Skorpione.

### 🌺 Phukets Orchideengarten und Thai-Dorf
ภูเก็ตออร์คิดการ์เด้นแอนด์ไทยวิลเลจ
5 km nördl. der Stadt. ⭘ tägl. 9–21 Uhr.

Das Thai-Dorf ist ein viel besuchtes Kulturzentrum. Hier finden Veranstaltungen und Tiershows aus den verschiedenen Regionen Thailands statt, verkauft werden zudem schöne *yan lipao*, Taschen aus Schilfgras, und Schmuck. Der benachbarte Orchideengarten zieht und verkauft pro Jahr 40 000 Orchideen.

Fassade der luftigen Provinz-Halle

**Hotels und Restaurants an der oberen Andamanen-Küste** *siehe Seiten 304–308 und 328–331*

# Vegetarisches Fest in Phuket

Zu Beginn des neunten Mondmonats nach dem chinesischen Kalender wird in Phuket neun Tage lang das Vegetarische Fest gefeiert. Die Tradition entstand vor über 150 Jahren, als eine chinesische Schaustellertruppe in Phuket die Pest überlebte – dank strenger ritueller Praktiken. Heute wollen die Gläubigen Körper und Seele von unreinen Gedanken und Taten reinigen und folgen dabei zehn Regeln. Dazu gehört, sich ganz in Weiß zu kleiden, vegetarisch zu ernähren und Alkohol und Sex zu entsagen. Während des Fests finden in den Tempeln Veranstaltungen statt. Höhepunkt ist die Prozession der *naga* (Medien), die sich Metallstäbe durch Körperteile bohren, Leitern aus Messern hochklettern, ihre Hände in heißes Öl tauchen oder über glühende Kohlen laufen – je größer die Leiden, desto mehr Ehre für die *naga* und für ihre Tempel bzw. Schreine.

*Ananas werden als Opfer gereicht*

## Prozessionen

Die Hauptschreine organisieren an verschiedenen Tagen lärmende und manchmal nicht ganz ungefährliche Straßenumzüge, an denen die Gläubigen mit Knallfröschen und Trommelgetöse die bösen Geister vertreiben.

**Die Träger** sind junge chinesische Männer, die um die Ehre wetteifern, die Gottheiten des Fests auf den Schultern durch die Stadt tragen zu dürfen.

**Die Gestelle** sind aufwendig in Rot und Gold dekoriert – die Farben gelten als Glückssymbole.

**Vor den Häusern und bei den Tempeln** *werden Altäre und Stände aufgestellt, die den Teilnehmern und Besuchern Tee und frische Früchte anbieten.*

**Der San Chao Chui Tui** *und der benachbarte San Chao Put Jaw (siehe S. 222) sind zwei der am meisten verehrten Schreine. Vor den Toren und im Inneren der Tempel stehen Opfertische.*

**Mit scharfen Gegenständen** *wie Messern durchbohren die* naga *ihre Körper an verschiedenen Stellen, doch es fließt nur wenig Blut. Das schauerliche Ritual ist der Höhepunkt des Fests.*

**Das barfüßige Laufen auf glühenden Kohlen** *ist eine der praktizierten Formen von Selbstkasteiung. Wie bei den anderen Ritualen sollen auch damit die Götter beschworen werden.*

**Feuerwerk** *ist ein unverzichtbarer Bestandteil des Fests. Mit der lauten Knallerei sollen die bösen Geister vertrieben werden.*

# Villen in Phuket

**P**hukets traditionelle Architektur ist eine Mischung aus sino-thailändischen und portugiesischen Baustilen. Die Bauten gleichen denen, die im 19. Jahrhundert in Singapur sowie Penang und Malakka in Malaysia entstanden. Damals bauten sich wohlhabende chinesische Immigranten in Phuket Ladenhäuser und später, zur Wende des 20. Jahrhunderts, jene prächtigen Villen, die noch heute zu bewundern sind. Diese kombinierten westliche Baustile von der griechischen Antike bis zum Art déco und unterschieden sich von den anderen Häusern vor Ort durch ihre schiere Größe und Opulenz. Die reich mit importierten Möbeln und Marmor ausgestatteten Villen waren Statussymbole. Sie sind mittlerweile großteils renoviert und tragen zum typischen Stadtbild Phukets bei.

Die bunten Fassaden sino-portugiesischer Häuser in Phuket

## Fassaden

Phukets sino-portugiesische Villen heißen nach einer gängigen Bezeichnung für Europäer *ang mor lau* (»Rotschopfhäuser«). Große Fenster und viel Schatten sorgen für eine gute Belüftung und angenehme Kühle in den Innenräumen.

**Chinesische Schriftzeichen** *an den Häusern sind oft stilisiert und zeugen vom Reichtum und Einfluss von Phukets großer chinesischer Gemeinde.*

**An den Fenstern** dienen Jalousien der Belüftung.

**Schöner Stuck** an vielen Simsen und Bogen verleiht den Villen eine gewisse Eleganz.

**Die Häuser im chinesischen Stil** *sind mit Pilastern verziert. Die prächtigen Villen haben eine, damals weithin übliche, dreibogige Fassade. Die chinesischen Immigranten, die mit zunehmendem Reichtum auch die soziale Leiter erklommen, demonstrierten mit ihren herrschaftlichen Villen ihren sozialen Status.*

**Gräco-römische Motive** *waren weitverbreitet. Die Oberschicht verband klassische und chinesische Elemente auch an öffentlichen Gebäuden wie dem Thai-Hua-Museum zu einem Stilmix.*

**Große Bogen und Pfeiler** *markieren an schattigen Terrassen und Veranden die Eingänge für die Bewohner und Besucher der Villen. Dort findet man Schutz vor der Tropensonne und den häufigen Monsunschauern.*

**Aufwendiger, fantasievoller Stuckdekor** *zeigt Kraniche, Drachen, Phönix-Vögel, stilisierte Pfauen, Fledermäuse und verschiedene mythologische Wesen, die als Glückssymbole gelten.*

**Ziegeldächer** galten als Statussymbole – üblich waren ansonsten Dächer, die mit Stroh oder Wellblech gedeckt waren.

**Reich verzierte Türen und Türsturze** *sind typisch für Ang-morlau-Villen. Chinesische Schriftzeichen prangen über den Türen, die Dachvorsprünge sind mit aufwendigem, verschnörkeltem Holzschmuck versehen.*

**Der Art-déco-Stil** *wurde um 1918 bei Phukets chinesischen Geschäftsleuten populär und fand Eingang in Tür- und Fensterverzierungen. Der Art déco stieg als Inbegriff europäischer Kultiviertheit zum stilistischen Ausdrucksmittel der Neureichen auf.*

## Phra-Pitak-Chinpracha-Villa

Das große Herrenhaus wurde 1937 bis 1940 für die Familie Tantawanitj erbaut. Es ist gut erhalten und steht in einem riesigen Garten. Die Villa, eines der größten Häuser mit Ziegeldach in Phuket, zeugt vom luxuriösen Lebensstil der damaligen Zinnbarone. Leider kann sie nicht besichtigt werden.

**Die Chinpracha-Villa in einem baumbestandenen Park**

# Überblick: Phukets Westküste

Maske mit Schnorchel

Schöne Landschaft, warmes Klima und sichere Strände machen die Insel Phuket zum beliebten Reiseziel. Vom Hat Nai Harn im Süden bis zum Hat Sai Kaeo im Norden liegen Phukets Strände fast alle an der Andamanensee im Westen der Insel. Besonders bekannt sind der Hat Patong mit seinem schillernden Nachtleben, das weniger sexorientiert ist als das von Pattaya *(siehe S. 104–108)*, sowie die ruhigeren Strände Karon und Kata. Am unberührtesten ist der Hat Mai Khao im Nordwesten der Insel – dort legen bisweilen sogar seltene Meeresschildkröten ihre Eier ab. Die gesamte Westküste bietet eine hervorragende Auswahl an guten Hotels, Restaurants und Wassersportmöglichkeiten sowie, vor allem bei Sonnenuntergang, eine traumhafte Aussicht auf die idyllische Andamanensee.

Glasklares Meer vor dem Royal Phuket Yacht Club am Hat Nai Harn

### Hat Nai Harn
หาดในหาน
18 km südwestl. von Phuket-Stadt.
www.tourismthailand.org

Mit seinem festen weißen Sand und klarem Wasser gehört der Hat Nai Harn zu Phukets schönsten Stränden. Seine relative Ruhe, im Vergleich zum geschäftigen Treiben des benachbarten Hat Patong, hat jedoch ihren Preis: Hier zielt man auf zahlungskräftige Gäste ab. Die Restaurants und Cafés am Hat Nai Harn sind exklusiv und teuer, die Standards dafür hoch. Die dominierende Anlage am Strand ist der exklusive Royal Phuket Yacht Club *(siehe S. 308)*. Da jedoch ein Großteil des Hat Nai Harn der buddhistischen Stiftung Samnak Song Nai Harn gehört, nimmt der Kommerz hier nicht überhand. Hinter dem Strand liegen zwei schöne Lagunen, die von Kokospalmen, Kautschukbäumen und prachtvollen Bougainvilleen umwachsen sind. Hier wohnen Urlauber mit einem etwas schmaleren Geldbeutel.

Während des Südwest-Monsuns von Juni bis September darf man im Hat Nai Harn nicht weit hinausschwimmen. Wegen der hohen Wellen und Strömungen zeigen rote Fahnen an, dass dies zu gefährlich ist. Doch zum Planschen im flachen Wasser und zum Sonnenbaden ist der Strand perfekt.

Jedes Jahr im Dezember wird vor dem Strand die prestigeträchtige King's Cup Regatta unter internationaler Beteiligung ausgetragen *(siehe S. 37)*.

### Hat Kata Noi
หาดกะตะน้อย
16 km südwestl. von Phuket-Stadt.

Der Strand in der Ao Kata unterteilt sich in den Kata Noi («kleiner Kata») im Süden und den Kata Yai («großer Kata») im Norden. Der Hat Kata Noi zählt zweifelsohne zu den lebhafteren Stränden von Phuket. Junge Reisende, aber auch unkonventionelle Urlauber, die sich von den Massen fernhalten möchten, genießen die pulsierende Atmosphäre und das köstliche Essen, das am Strand angeboten wird. Etwas weniger frequentiert als der Kata Yai ist der Kata Noi. Doch auch dort findet man komfortable Unterkünfte, eine breite Auswahl an ausgezeichneten Restaurants und Strandcafés sowie die Gelegenheit zu diversen Wassersportarten und anderen Outdoor-Aktivitäten.

### Hat Kata Yai
หาดกะตะใหญ่
16 km südwestl. von Phuket-Stadt.

Wie am Hat Kata Noi kann man auch am Hat Kata Yai gut shoppen und essen. Das Wasser ist bis zu 30 Meter vom Ufer entfernt relativ flach und durch Felsensprünge geschützt. Dadurch ist das Schnorcheln an den Korallenriffen mit ihren bvielfältigen Bewohnern so einfach und sicher wie nirgendwo sonst auf der Insel. Dicht vor dem Kap Laem Sai, das die beiden Strände trennt, liegt die winzige «Krebsinsel» Ko Pu. Das dortige Korallenriff erreicht man mit dem Boot – oder man schwimmt hin.

Entspanntes Sonnenbaden auf Strandliegen am Hat Kata Yai

**Hotels und Restaurants an der oberen Andamanen-Küste** *siehe Seiten 304–308 und 328–331*

**Faules Strandleben und Jetskifahren am hübschen Hat Karon**

## Hat Karon
หาดกะรน
19 km südwestl. von Phuket-Stadt.

An dem sanft geschwungenen und fast fünf Kilometer langen Strand mit sauberem weißem Sand herrscht in der Regel nicht allzu viel kommerzieller Trubel. Nur in der Hochsaison kann es ziemlich voll werden.

Der Nordteil des Strands ist weniger interessant, der Südteil ist jedoch sehr angenehm. Dort befinden sich auch die Restaurants, Cafés und Hotels. An der Landseite begrenzt den Hat Karon eine Mischung aus kleinen Sanddünen, Kokospalmen und Kasuarinen. In diesem Bereich liegen gut versteckt einige der teuersten Hotels am Strand. Vermietet werden aber auch günstigere Bungalows. Am Hat Karon können Reisende delikate fangfrische Meeresfrüchte genießen. Die Preise sind zwar nicht gerade die niedrigsten an der Westküste, doch findet sich in der Regel für jedes Budget etwas.

In den regnerischen Monaten des Südwest-Monsuns wird das Schwimmen im Meer durch starke Strömungen und gefährliche Wasserstrudel beeinträchtigt, manchmal müssen deshalb die roten Flaggen zur Warnung aufgezogen werden. Die meiste Zeit über sind die hohen Wellen in der Bucht jedoch ideal zum Surfen. Dies gilt vor allem für das Südende, wo man auch Surfboards mieten kann. Gleich nördlich von Karon liegt zwischen zwei Vorsprüngen versteckt eine flache Bucht mit dem kleinen, malerischen Strand Hat Karon Noi. Dort macht sich das sehr exklusive, nach allen Maßstäben teure Le Méridien Phuket *(siehe S. 307)* breit. Das Korallenriff südlich des Strands ist fantastisch, um zu schnorcheln. Den Strand erreicht man über die Straße vom Hat Karon im Süden oder vom Hat Patong im Norden.

**Schild an einem Restaurant**

## Hat Patong
หาดป่าตอง
16 km westl. von Phuket-Stadt.

Der stark bebaute Hat Patong zählt zu den beliebtesten Strandzielen auf Phuket. Hier vergnügen sich immer zahllose Urlauber. Es ist einfach alles geboten. Das Nachtleben

**Blick auf die Küste und die Skyline, Hat Patong**

ist turbulent. Der drei Kilometer lange, halbmondförmige weiße Sandstrand erstreckt sich zwischen niedrigen, von Palmen bewachsenen traumhaften Hügeln und der klaren Andamanensee. Dank der zahllosen Pensionen, Hotels, Restaurants, Cafés, Bars (auch Go-go-Bars), Banken und Läden, die sich endlos aneinanderreihen, fühlt man sich fast wie in Pattaya oder Patpong *(siehe S. 74)*. Am Strand kann man Wasserski oder Jetski fahren, Gleitschirm fliegen, windsurfen, angeln und segeln.

Urlauber finden alle erdenklichen Vergnügen und Restaurants mit einer breiten Palette an Küchen. Es kann allerdings schwierig werden, Thai-Essen zu finden. Wer sich von der lokalen Küche verführen lassen will, muss nach Phuket-Stadt *(siehe S. 222–225)* fahren. In der Nacht schlägt am Hat Patong das Herz von Phukets zunehmend pikanter werdendem Nachtleben, vor allem an der Soi Bangla.

Wer den Trubel am Hat Patong für eine Weile hinter sich lassen möchte, fährt einfach um die Südspitze des Hat Patong herum an den ruhigeren Freedom Beach. Diesen Strand erreicht man nur mit dem Boot von Patong aus. Gleich im Norden des Hat Patong liegt seine Fortsetzung, der Hat Kalim. Auch hier ist es ruhig, das Wasser ist klar, und am Korallenriff wimmelt es von Fischen.

**Straßenkarte** *siehe hintere Umschlaginnenseiten*

Zwischen grünen Bergen liegt der Eingang zu Phuket FantaSea

### Phuket FantaSea
ภูเก็ตแฟนตาซี
26 km westl. von Phuket-Stadt.
0-7638-5000. Fr–Mi 18–23.30 Uhr. www.phuket-fantasea.com

Phuket FantaSea vermarktet sich als kultureller Themenpark, der – zu ziemlich happigen Preisen – beispielsweise auf einer Angkor Wat nachempfundenen Bühne traditionelle Thai-Tänze zeigt. Ton- und Lichtanlage sind vom Feinsten. Neben zahllosen Souvenirläden wird auch für das leibliche Wohl gesorgt, etwa im Büfett-Restaurant mit 4000 Plätzen, das in bezaubernder Waldlage königlich-thailändische Küche serviert. Kinder werden Phuket FantaSea lieben.

### Hat Kamala
หาดกมลา
26 km westl. von Phuket-Stadt.

Am Hat Kamala ist es wesentlich ruhiger als am benachbarten Hat Patong. Wer sich entspannen, sonnenbaden und im klaren Wasser seine Runden drehen möchte, ist hier genau richtig. Zur Ao Kamala, wohl Phukets schönster Bucht, fährt man vom Strand aus etwa zehn Minuten. Auf dem Weg dorthin kann man auf dem Hügel Khao Phanturat anhalten und den herrlichen Blick über den glänzend weißen, drei Kilometer langen Sandstrand Hat Kamala, den azurblauen Ozean und die hohen Kasuarinen genießen. Vor allem am Nordende des Strands ist das Meer von einer fantastischen Klarheit. Nicht weit vom Ufer entfernt sieht man die Korallenriffe. Hat Kamala ist daher auch hervorragend zum Schnorcheln und Tauchen geeignet.

In der Mitte des Hat Kamala liegt ein altes muslimisches Fischerdorf mit Moscheen und ausgesprochen netten Restaurants, in denen die ausgezeichnete Küche des südlichen Thailand serviert wird. Die Bewohner sind sehr freundlich, doch sollten Besucher im Dorf nicht freizügig bekleidet – im Bikini, mit String-Tangas oder gar oben ohne – herumlaufen, vor allem nicht wenn sie in die Moschee gehen.

### Hat Laem Singh
หาดแหลมสิงห์
24 km westl. von Phuket-Stadt.

Hinter einer felsigen Landspitze schmiegt sich einen Steinwurf nördlich vom Hat Kamala der winzige Hat Laem Singh an von Palmen bedeckte Hügel, die ihn auch von der Küstenstraße trennen. Den unberührten, nur 195 Meter langen Sandstrand erreicht man über einen schmalen Pfad. Hier versteckt sich einer der besten Tauchgründe der Insel. Einrichtungen gibt es im Vergleich zum Hat Patong nur wenige, dafür aber auch entsprechend wenige Hausierer und Masseure.

**Ein Dorado für Sonnenhungrige, der lange weiße Sandstrand Hat Kamala**

**Hotels und Restaurants an der oberen Andamanen-Küste** *siehe Seiten 304–308 und 328–331*

**Ponton für Schwimmer und Taucher, Hat Surin**

### Hat Surin
หาดสุรินทร์
22 km westl. von Phuket-Stadt.

Wie auch der benachbarte Hat Kamala ist der Hat Surin ziemlich ruhig und weniger kommerziell erschlossen als der Hat Patong. Hier kann man hervorragend sonnenbaden und ausruhen. Zum Schwimmen und Tauchen ist der Strand jedoch nicht zu empfehlen, da der Untergrund im Meer steil abfällt. Deshalb treten dort während des Südwest-Monsuns von Juni bis September tückische Strömungen und ein spürbarer Sog auf.

Am Hat Surin kann man auch wunderbar essen oder einen Drink nehmen, vor allem am Abend nach Sonnenuntergang. Am Strand reihen sich Dutzende günstige Lokale aneinander, wo das beste Seafood auf ganz Phuket auftischen. Am Strand befindet sich auch die schönste Moschee der Westküste, die kleine **Matsayit Mukaram**. Sie ist, außer zu den Gebetszeiten, für Besucher zugänglich. Denken Sie daran, sich für die Besichtigung angemessen zu kleiden. Oberhalb des Strands liegt nahebei ein Golfplatz.

### Ao Pansea
อ่าวแพนซี
22 km westl. von Phuket-Stadt.

Eine kleine Landspitze trennt die Bucht Ao Pansea und ihren Strand vom Hat Surin. Die Bucht ist eines der schönsten und edelsten Reiseziele auf Phuket, die Unterkünfte liegen in der entsprechenden Preiskategorie. Ao Pansea ist großteils Privatgrund zweier luxuriöser Hotels, des Chedi und des **Amanpuri** *(siehe S. 307)*, die gemeinsam den Zugang zum Strand kontrollieren. Vor allem im Amanpuri Resort zieht sich gern Prominenz in die bezaubernde und exquisite Abgeschiedenheit zurück. Selbstverständlich ist die Bucht auch mit einem wunderschönen Korallenriff gesegnet, zu dem die Hotelgäste relativ exklusiven Zugang haben und an dem sie ungestört tauchen und schnorcheln können.

**Leuchtende Hibiskusblüte**

### Hat Bang Thao
หาดบางเทา
21 km westl. von Phuket-Stadt.

Im Norden grenzt die Ao Pansea direkt an den Hat Bang Thao. Der recht beliebte, acht Kilometer lange, halbmondförmige Strand ist mit seinem weißen Korallensand atemberaubend schön und wird von Kasuarinen und Palmen gesäumt. Den zentralen Abschnitt der Bucht dominiert das luxuriöse Laguna Beach Resort *(siehe S. 307)*. Die Anlage umfasst eine ganze Gruppe von ineinander übergehenden Hotels, die am Ufer einer Lagune zwischen schönen Gärten mit künstlichen Wasserfällen errichtet wurden und allen erdenklichen Komfort bieten.

Am Hat Bang Thao findet alljährlich im Dezember der Phuket Laguna Triathlon statt. Neben den üblichen Wassersporteinrichtungen befindet sich in der Bucht der exklusive Phuket Laguna Riding Club, in dem man Pferde für Ausritte am Strand buchen kann. Die konstante Meeresbrise, die in der Bucht weht, ist ideal zum Windsurfen.

**Blick auf das exklusive Laguna Beach Resort, Hat Bang Thao**

*Straßenkarte siehe hintere Umschlaginnenseiten*

**Strandrestaurant in der herrlichen Bucht Hat Nai Yang**

### 🏞 Sirinath-Nationalpark
อุทยานแห่งชาติสิรินาถ
31 km nordwestl. von Phuket-Stadt.
*Parkverwaltung (0-7632-7152).*
*tägl. (bis Sonnenuntergang).*

Der kleine, 1981 eingeweihte Nationalpark umfasst 75 Quadratkilometer Meeresfläche und 23 Quadratkilometer Landfläche. Er soll vor allem die Korallenriffe vor der Küste schützen. Die Sandstrände an seiner Nordgrenze dürfen nicht betreten werden, da dort Meeresschildkröten ihre Eier ablegen. Der Landteil des Parks besteht eigentlich nur aus einem schmalen Sandstreifen zwischen den Stränden Hat Sai Kaeo im Norden und Hat Nai Yang im Süden. Entlang der Küste gedeihen zahlreiche Baumarten, darunter Eisenholzbäume und Schraubenbaumgewächse, im Norden erstreckt sich ein Mangrovenwald mit einem artenreichen Ökosystem. Der Park ist auch für seine vielen Arten von Staren und Elfenblauvögel bekannt.

### 🌿 Thachatchai-Naturpfad
ทางเดินเท้าท่าฉัตรไชย
Sirinath-Nationalpark. *tägl. 8.30–14.30.*

Der Thachatchai-Naturpfad ist nach dem kleinen Fischerdorf am Nordwestufer der Insel Phuket benannt. Er beginnt 700 Meter südlich der Sarasin-Brücke, die Phuket mit dem Festland verbindet, und führt auf 600 Metern Länge über einen hölzernen Plankenweg durch den Mangrovenwald des Sirinath-Nationalparks. Besucher erhalten hier interessante Einblicke in das komplexe Sumpf-Ökosystem, die Zusammenhänge und Besonderheiten erklären Schilder auf Thai und Englisch. Der Wald ist der Lebensraum von zahllosen Wildtieren. Hier wimmelt es von Winkerkrabben, Garnelen und kleinen Fischen, hin und wieder sieht man auch Langschwanzmakaken. Das Dorf Ban Thachatchai bietet einige einfache Gästehäuser und Lokale.

### 🏖 Hat Nai Yang
หาดในยาง
Sirinath-Nationalpark.

In dieser unberührten, traumhaften Bucht liegt der Strand im Schatten von Kiefern. Zudem befindet sich hier das Büro des Sirinath-Nationalparks. Der Hat Nai Yang ist ein wunderbarer Picknickplatz. Nur anderthalb Kilo-

**Kanal im Mangrovenwald des Sirinath-Nationalparks**

Hotels und Restaurants an der oberen Andamanen-Küste *siehe Seiten 304–308 und 328–331*

**Hohe Bäume säumen die Fußwege im Sirinath-Nationalpark**

meter entfernt liegt ein langes Korallenriff, an dem man herrlich schnorcheln kann. Man sollte jedoch ein guter Schwimmer sein, denn die Strömung kann ziemlich stark werden. Die Schönheit der Bucht lässt sich aber auch in einem gemieteten Boot vom Meer aus genießen. Noch ist der Strand kommerziell relativ unerschlossen, auch wenn sich dort bereits einige schicke Strandcafés, Bars und teure Spas befinden. Wild zelten ist hier noch erlaubt.

### Hat Mai Khao
หาดไม้ขาว
Sirinath-Nationalpark.

Der Hat Mai Khao im Sirinath-Nationalpark erstreckt sich über zehn Kilometer weit und ist damit der längste Sandstrand Phukets. Weil er in der Nähe des Flughafens von Phuket gelegen ist, wird er auch Hat Sanambin (»Flughafenstrand«) genannt. Doch trotz des nahen Airports ist es hier ziemlich still. Der im Vergleich zu den touristischen Gebieten im Süden unberührte Strand liegt etwas abseits der Urlauberrouten. Die Bebauung wird in diesem geschützten Gebiet strikt kontrolliert. An einigen Plätzen ist allerdings Zelten erlaubt. Daher ist der Strand vor allem bei Rucksackreisenden sehr beliebt.

In der kühleren Jahreszeit von November bis Februar kann man nachts Scharen von Meeresschildkröten am Strand und im davorliegenden Meer beobachten. Die Tiere kommen an Land, um dort ihre Eier zu legen und zu vergraben. Das Gebiet wird inzwischen von den Behörden überwacht. Doch diese Schutzbemühungen setzten etwas spät ein, denn die Zahl der Schildkröten, die den Hat Mai Khao erreichen, hat in den letzten Jahren abgenommen. Zu Beginn des Songkran-Fests *(siehe S. 34)* werden am Strand künstlich ausgebrütete Schildkrötenbabys ins Meer freigesetzt.

Der Strand ist gut zum Sonnenbaden, doch fällt der Meeresboden hier so steil ab, dass sich vor allem in der Regenzeit von Juni bis September nur geübte Schwimmer hinauswagen sollten. Am Hat Mai Khao kann man auch die mit den Langusten verwandten Bärenkrebse fangen, die in den Strandlokalen neben sonstigen Meeresfrüchten als leckerer Imbiss zubereitet werden. Edle Restaurants bietet zudem das exklusive Marriot Resort and Spa.

### Hat Nai Thon
หาดในทอน
Sirinath-Nationalpark.

Der etwa ein Kilometer lange Hat Nai Thon zählt zu Phukets einsameren Stränden. Er liegt in einer malerischen Bucht beim Fischerdorf Nai Thon und wird langsam für den Tourismus erschlossen. Diese Entwicklung wurde vor allem durch den Ausbau der Straßen befördert. Doch noch hat sich der Hat Nai Thon seinen rustikalen Charme mit kleinen, günstigen Bungalows und einer Handvoll Restaurants, Cafés, Bars und Läden am nördlichen Ende erhalten. Die großen Granitfelsen an beiden Enden der Bucht schirmen den Strand ab und schützen eine artenreiche Meeresflora und -fauna – sie sind ideale Plätze zum Angeln. Einige Hundert Meter weiter südlich liegt hinter einer flachen Landspitze die ruhige, abgeschiedene Bucht Ao Hin Kruai.

**Tiefblaue Gewässer liegen vor dem langen Sandstrand Hat Mai Khao**

*Straßenkarte siehe hintere Umschlaginnenseiten*

## Überblick: Phukets Ostküste

Bacchusreiher

Die Ostküste Phukets blickt an der ruhigen Andamanensee Richtung Malaiische Halbinsel. Sie wird in die südlich von Phuket-Stadt gelegene Südostküste an der Ao Chalong und in die Nordostküste unterteilt. Letztere erstreckt sich nördlich der Stadt bis zur Brücke zum Festland. Auf den guten Straßen der Insel kommt man mit Autos und öffentlichen Verkehrsmitteln gut voran. Auch Boote eignen sich. Urlaubern wird hier viel geboten: von Wassersport bis zu exotischer Küche, von Nationalparks bis zu einsamen Stränden, von alten Tempeln bis zu Museen. Der Nordosten, durch den die Hauptverbindungsstraße von Phuket-Stadt aufs Festland führt, ist außer im Umland der Stadt Thalang touristisch weitgehend unerschlossen.

Das Thalang-Nationalmuseum präsentiert Phukets Geschichte

### Thalang

ถลาง

18 km nördl. von Phuket-Stadt.

Das in der Mitte der Insel gelegene Thalang war früher Hauptstadt von Phuket – die Insel selbst wurde bis Ende des 19. Jahrhunderts Thalang genannt. Das aufstrebende Phuket-Stadt im Süden stellte Thalang jedoch bald in den Schatten. Es blieb zwar eine der größten Siedlungen, ist heute jedoch nur noch ein Verkehrsknotenpunkt, durch den die große Nord-Süd-Verbindung, der Highway 402, von Phuket-Stadt zum Festland führt. Thalang besitzt einige Sehenswürdigkeiten, so die zwei bedeutenden Tempel Wat Phra Nang Sang und Wat Phra Thong mit ihren sehr alten Buddha-Bildnissen. Interessant und lohnend ist zudem ein Bummel über den geschäftigen Obst- und Gemüsemarkt. In Thalang gibt es nur wenige einfache Restaurants mit lokaler Küche, es ist aber ein guter Ausgangspunkt für Ausflüge zu den nahen Stränden und Inseln.

### Thalang-Nationalmusem

พิพิธภัณฑ์สถานแห่งชาติถลาง

Rte 4027, 8 km südöstl. von Thalang. 0-7631-1426. tägl. 8.30–16 Uhr.

Das Nationalmuseum in Thalang ist Phukets größtes Museum. Es bietet einen umfassenden Überblick über die Geschichte der Insel. In fünf Ausstellungsräumen werden von der Kunst bis zu den Zinnminen verschiedene Aspekte der Geschichte, der ethnischen Vielfalt, der Wirtschaft und der Ökologie beleuchtet. Eine Statue des hinduistischen Hauptgottes Vishnu aus dem 9. Jahrhundert, die man Anfang des 20. Jahrhunderts bei Takua Pa (siehe S. 208) fand, ist besonders beeindruckend. Der Kopf des Originals ging allerdings verloren und wurde durch eine Nachbildung ersetzt. Bemerkenswert ist auch die Nachstellung der Schlacht von Thalang, in der Khun Chan und Khun Muk die birmanischen Invasoren zurückschlugen.

### Heldinnen-Monument

อนุสาวรีย์วีรสตรี

8 km südöstl. von Thalang.

Das lebensgroße Denkmal wurde von den Einheimischen zu Ehren der Schwestern Khun Muk und Khun Chan errichtet, die 1785 die in Phuket eindringenden Birmanen wieder vertrieben. Sie versammelten die Frauen von Phuket um sich und überredeten sie, in Männerkleidern und mit Waffenattrappen die Armee der Invasoren anzugreifen. Als Belohnung für ihren Mut verlieh ihnen Rama I. (reg. 1782–1809) Ehrentitel.

### Wat Phra Nang Sang

วัดพระนางสร้าง

5 km südöstl. von Thalang. tägl. (bis Sonnenuntergang).

Der Tempel wurde vermutlich im 19. Jahrhundert gegründet. Sein Name Phra Nang Sang bedeutet »erbaut von der verehrten Dame«. Der Überliefe-

Wandbilder zur buddhistischen Kosmologie, Wat Phra Nang Sang

**Hotels und Restaurants an der oberen Andamanen-Küste** siehe Seiten 304–308 und 328–331

Haupt-*wihan* mit dem Buddha-Bildnis, Wat Phra Thong

rung zufolge soll diese wohltätige Dame den Tempel im Anschluss an eine Pilgerreise nach Sri Lanka gestiftet haben – aus Dankbarkeit für ihre sichere Rückkehr. Später hatte sie allerdings Streit mit einem lokalen Herrscher, der sie zum Tod verurteilte. Als sie geköpft wurde, soll weißes Blut geflossen sein, was ihre Unschuld und Reinheit bewies. Der Tempel hütet eine sehenswerte Sammlung religiöser Statuen und schöne Wandbilder im Haupt-*wihan*.

### Wat Phra Thong
วัดพระทอง

5 km nördl. von Thalang. ◯ tägl. (bis Sonnenuntergang).

Thalangs zweiter bekannter buddhistischer Tempel ist der Wat Phra Thong, der Tempel des Goldenen Buddha. Der ungewöhnliche *wat* ist nach der vergoldeten Buddha-Statue benannt, die in seinem Inneren vergraben ist. Nur Kopf und Schultern schauen aus dem Boden hervor. Einer alten Sage zufolge wollte ein Kuhhirte eines seiner Rinder an einen Baumstumpf anbinden, der sich jedoch als *ushnisha* (Haarknoten) einer vergrabenen Buddha-Statue entpuppte. Sowohl der Hirtenjunge als auch der Büffel starben aufgrund dieser (unbeabsichtigten) Ketzerei. Später träumte der Vater des Jungen, dass sein Sohn direkt ins Nirwana eingegangen sei. Ein Großgrundbesitzer, der davon erfuhr, wollte die Statue ausgraben und in einen Tempel bringen lassen. Trotz aller Mühen schafften es die Dorfbewohner jedoch nicht, die Statue vollständig freizulegen. Daher blieb sie bis zu den Schultern eingegraben und der Tempel wurde darüber errichtet. Der *wat* wurde danach für die lokalen Thai und die chinesischen Einwanderer zum Zentrum der religiösen Verehrung. Die Chinesen glauben, dass der Buddha ursprünglich aus Tibet stammt und nach einem Schiffbruch auf der Insel Phuket eingegraben wurde.

Heute zählt der *wat* zu den bedeutendsten Tempeln nicht nur in Phuket, sondern in ganz Südthailand. Zu ihm pilgern Gläubige sogar von Trang *(siehe S. 264)* und Krabi *(siehe S. 244)* aus.

Buddha-Figur, Wat Phra Thong

### Khao-Phra-Taew-Nationalpark
อุทยานแห่งชาติเขาพระแทว

5 km östl. von Thalang. **ℹ** Parkverwaltung (0-7631-1998). ◯ tägl. (bis Sonnenuntergang). **Gibbon Rehabilitation Center** 0-7626-0491. ◯ tägl. 9–16 Uhr. Spende. www.gibbonproject.org

Der Khao-Phra-Taew-Nationalpark schützt den Rest des Regenwalds, der früher ganz Phuket bedeckte. Im Park liegt mit dem **Bang Pae** der größte und schönste Wasserfall der Insel. Am prächtigsten ist er in der Zeit des Südwest-Monsuns von Juni bis September.

Ein zwei Kilometer langer Wanderweg führt durch den Wald und vorbei an Exemplaren der hier endemischen Palmenart *Kerriodoxa elegans*. Bei dieser Tour empfiehlt sich lange Kleidung als Schutz gegen Insekten. Das **Gibbon Rehabilitation Center** wurde 1992 von Phukets Königlichem Forstamt im Khao Phra Taew gegründet. Dort werden in Gefangenschaft aufgezogene Gibbons auf ihre Auswilderung vorbereitet. Das Zentrum will auch die illegale Verwendung der Tiere als Touristenattraktion beenden. Die Besucher werden um eine Spende gebeten oder können einen Gibbon adoptieren, um die Einrichtung finanziell zu unterstützen.

Gibbon beim »Wildnisunterricht«, Gibbon Rehabilitation Center

**Straßenkarte** *siehe hintere Umschlaginnenseiten*

Boote vor einer beliebten Strandbar, Ao Chalong

### Ao Chalong
อ่าวฉลอง
10 km südöstl. von Phuket-Stadt.

Die zwischen Laem Promthep und Laem Phanwa gelegene und durch die hügelige Insel Ko Lon von der Andamanensee abgeschirmte Bucht Ao Chalong prägt die Landschaft der Region. Eine endlose Reihe von Bungalows, Hotels und Restaurants zieht sich vom Pier der Ao Chalong bis zum Hat Rawai an der Westküste Phukets. Der Chalong Yacht Club organisiert Segelrennen und -veranstaltungen. Die Küste ist ziemlich schlammig und zum Schwimmen ungeeignet, ist aber eine gute Basis, um von dort zum Angeln, Tauchen und Schwimmen auf den Inselchen vor der Küste zu fahren.

### Wat Chalong
วัดฉลอง
10 km südöstl. von Phuket-Stadt.
Tempelfest (Dez).

Phukets berühmtester Tempel ist der Anfang des 19. Jahrhunderts gegründete Wat Chalong. Dem auch Wat Chaiyataramit genannten Tempel wurde 1846 königlicher Status verliehen. Sein hochverehrter Abt Luang Pho Saem, der 1908 verstarb, war ein angesehener Heiler – seine Nachfolger pflegen diesen Ruf weiter. Das auffälligste Bauwerk des Tempels ist der hohe vergoldete *chedi*, der 2001 im Stil des *chedi* von Tat Phanom errichtet wurde. (Tat Phanom ist der berühmteste Tempel in Nordost-Thailand mit Reliquien des Buddha.) Zur ausgedehnten Tempelanlage gehört ein kreuzförmiger *mondop* mit Darstellungen früherer Äbte, Fotografien sowie lokalhistorischen und religiösen Gegenständen, ein *ubosot*, eine Krematorionshalle, sowie eine *sala*, ein offener Pavillon für Bestattungen. Im *kuti*, dem Mönchsquartier, steht eine lebensecht wirkende Wachsfigur von Luang Pho Saem.

Vor allem zum Tempelfest Mitte Dezember kommen sehr viele Pilger zum Wat Chalong.

### Phuket-Aquarium
ภูเก็ตอะควาเรียม
51, Moo 8, Sakdidet Rd, Kap Phanwa. 0-76 39-1126.
tägl. 8.30–16.30 Uhr (Einlass bis 16 Uhr).
www.phuketaquarium.org

Das Aquarium auf dem Laem Phanwa ist dem Meeresbiologischen Zentrum von Phuket angeschlossen. Hier kann man über 150 Arten bewundern und in interaktiven Exponaten Korallenriffe, Mangrovensümpfe, Seen, von den Gezeiten geprägte Ästuare, Flüsse und Seen kennenlernen. Am beliebtesten ist der Glastunnel durch ein Becken mit Zitteraalen, Stachelrochen, Sepien und vielen anderen Meerestieren. Ziel des Aquariums ist es, Besuchern auf unterhaltsame Weise die empfindliche Umwelt der Küste nahezubringen.

### Ko Hai
เกาะไห
21 km südl. von Phuket-Stadt.
vom Hat Rawai.

Die malerische, einsame »Koralleninsel« Ko Hai ist ein Idyll. Auf der Insel bietet das exklusive Coral Island Resort *(siehe S. 307)* zahllose Einrichtungen, darunter einen Swimmingpool und ein Tauchzentrum. In der Nähe finden sich Cafés und Restaurants. Auf Ko Hai werden zudem Möglichkeiten zum Windsurfen und Gleitschirmfliegen geboten, die Sichtweite beim Schnorcheln und Tauchen ist sehr hoch. Alle Reisebüros oder Tauchzentren in Phuket-Stadt oder Ao Chalong organisieren Tagesausflüge nach Ko Hai. Ein interessanter Zwischenstopp ist das kleine Fischerdorf Ko Lon.

### Ko Kaeo Pisadan
เกาะแก้วพิสดาร
19 km südl. von Phuket-Stadt. vom Hat Rawai.

Die idyllische kleine Insel Ko Kaeo Pisadan – auch Ko

Der reich verzierte, vergoldete *chedi* des Wat Chalong

**Hotels und Restaurants an der oberen Andamanen-Küste** *siehe Seiten 304–308 und 328–331*

**Blick über die Palmen und das Kap auf das tiefblaue Meer am Laem Promthep**

Kaeo Yai – liegt vor Phukets Südspitze in der klaren blauen Andamanensee. Tagesausflüge auf die Insel werden vom Hat Rawai an der Ostküste und vom Hat Nai Harn *(siehe S. 228)* an der Westküste angeboten. Auf der Fahrt von beiden Stränden aus genießt man unterwegs die Sicht auf Laem Promthep.

Das winzige Ko Kaeo Pisadan hat nur einen, dafür schönen Strand von 200 Metern Länge. Man kann die Insel leicht zu Fuß durchqueren oder mit dem Kajak umrunden. Dank der Korallenriffe im flachen Meer ist dies eine idealer Ort zum Schnorcheln. Eine kleine Ferienanlage bietet einfache Unterkünfte, einen Zeltplatz sowie ein Restaurant, das Seafood und Thai-Spezialitäten serviert. Auf der gesamten Insel darf nicht geraucht werden.

Auf der Insel liegt auch das Kloster Wat Ko Kaeo Pisadan, Ziel thailändischer Buddhisten. Im Kloster leben nur wenige Mönche. Wer den heiligen Ort besuchen möchte, sollte sich auf jeden Fall entsprechend dezent kleiden.

### Hat Rawai
หาดราไว

16 km südöstl. von Phuket-Stadt.

**Phuket-Muschelmuseum** 12/2, Moo 2, Wiset Road, Hat Rawai. 0-7638-1266. tägl. 8–18 Uhr.

Der Hat Rawai ist einer der größten Strände im Südosten und war früher eine Hauptattraktion auf Phuket. Mittlerweile haben ihm jedoch die reizvolleren Strände an der Westküste den Rang abgelaufen. Heute ist er vor allem als Ausflugsziel für Urlauber in Phuket-Stadt bekannt, die von seinen hochgelobten Seafood-Restaurants und den niveauvollen Bars angelockt werden. Das geschäftig-aufgeregte Treiben am Strand erinnert etwas an den Hat Patong. Das sehenswerte **Phuket-Muschelmuseum** präsentiert eine umfassende Sammlung von Meeresmuscheln aus Thailand und der ganzen Welt. Wer lieber die Inseln vor der Küste erkundet, anstatt sich in Restaurants und Bars zu vergnügen, umgeht einfach den Strand und fährt direkt zum Laem Promthep.

Am Hat Rawai lebt auch eine kleine Gemeinde von *chao lae* (Seenomaden, *siehe S. 204*). Sie sind jedoch zurückhaltend und bleiben lieber unter sich. Urlauber, die auf dem Laem Promthep den spektakulären Sonnenuntergang genießen, fahren danach oft noch auf einen Sundowner und zum Essen zum Hat Rawai.

### Laem Promthep
แหลมพรหมเทพ

18 km südl. von Phuket-Stadt.

Das mächtige Kap Laem Promthep ragt im Südwesten von Phuket weit in die Andamanensee vor. Die Einheimischen nennen die Landspitze auch Laem Jao (»Kap der Götter«) und genießen von hier aus zusammen mit den Urlaubern den herrlichen Sonnenuntergang. Am Kap finden sich Stände, die Speisen und Getränke sowie Souvenirs verkaufen, sowie ein Parkplatz. Vom Leuchtturm an der Südwestspitze öffnet sich ein Rundumblick über das Meer. Ein Pfad mit schönem Ausblick auf Ko Kaeo Pisadan führt zwischen Felsen zum Meer hinunter. Wegen der starken Strömungen kann man dort nicht schwimmen.

**Fischerboote der *chao lae*, Hat Rawai**

*Straßenkarte siehe hintere Umschlaginnenseiten*

# Phukets vorgelagerte Inseln

Frische grüne Kokosnüsse

Phukets 39 vorgelagerte Inseln befinden sich hauptsächlich vor der Ostküste in der Andamanensee. Sie sind entweder gar nicht oder nur von einigen wenigen Fischern und Kokosbauern bewohnt. Doch auch in ihre idyllische Abgeschiedenheit dringt der Wandel langsam vor. Auf einigen Inseln, etwa auf Ko Racha Yai, stehen bereits exklusive Luxusresorts. An anderen, z.B. Ko Yao Yai, ziehen die Touristenströme noch vorbei – sie sind vor allem das Ziel von Rucksackreisenden. Von verschiedenen Häfen und Anlegestellen aus kann man mit Fischerbooten, Fähren oder Schnellbooten Tages- oder Wochenausflüge zu den Inseln unternehmen. Der beliebteste Startpunkt zu den Inseln ist die Ao Chalong.

Ein muslimischer Fischer mit seinem Boot, Hat Yao Noi

### Ko Yao Yai
เกาะยาวใหญ่
14 km östl. von Phuket.
von Bang Rong.

Ko Yao Yai liegt bereits in der Provinz Phang Nga. Sie ist die größere und weniger besuchte der beiden Ko-Yao-Inseln. An der unregelmäßigen Küste des Eilands verstecken sich zwischen Kokos- und Kautschukplantagen und einigen Reisfeldern kleine Fischerdörfer. Inmitten der bäuerlichen Umgebung und weit entfernt von der Hektik der Strände der Westküste Phukets kann man sich zurücklehnen, entspannen und das Leben der Bauern beobachten.

Bis jetzt entstanden auf Ko Yao Yai keine größeren Ferienanlagen. Die Infrastruktur ist entsprechend rudimentär, die Straßen sind kaum ausgebaut. Ein Motorradverleih ist zwar vorhanden, doch viele Besucher bringen ihre Motorräder mit dem Boot von Phuket aus mit. Die Gästehäuser und Bungalows sind eher von der schlichten Art, ebenso die wenigen Restaurants und Cafés. Der größte Teil der Bevölkerung lebt im Süden der Insel und dort vor allem um den Lohjak-Pier, wo die Boote aus Phuket-Stadt anlegen. Zwischen dem Chonglad-Pier an der Nordostküste der Insel und dem Manok-Pier nahe der Südspitze der Nachbarinsel Ko Yao Noi verkehren regelmäßig kleine Boote.

### Ko Yao Noi
เกาะยาวน้อย
19 km östl. von Phuket. von Bang Rong.

Das etwa 13 Kilometer lange Inselchen Ko Yao Noi ist beinahe gleich weit von den Urlaubsorten auf Phuket sowie von Phang Nga *(siehe S. 216)* und Krabi *(siehe S. 244)* entfernt.

Über 3000 Menschen, darunter viele Muslime, leben in dieser abgeschiedenen Oase. Sie betreiben Fischerei und Kokosanbau. Der Hauptstrand Hat Yao (»Langer Strand«) erstreckt sich am Ostufer der Insel gegenüber dem Festland.

Im Inselinneren führen viele kurze Wanderungen zu kleinen Dörfern, durch Wäldchen und vorbei an Garnelen-Aquakulturen, grünen Reisfeldern und einsamen Buchten. Beliebt sind auch Inselumrundungen mit dem Kajak entlang der buchtenreichen Küste mit Abstechern zu nahe gelegenen anderen Inseln.

Günstige Unterkünfte sind reichlich vorhanden, zudem findet man entlang der Ostküste sowie im winzigen Hauptort Tha Kai Restaurants und Bars.

### Ko Racha Yai
เกาะราชาใหญ่
14 km südl. von Phuket. von Ao Chalong.

Die Hauptattraktionen von Ko Racha Yai (auch Ko Raya Yai) sind zwei Strände in den Buchten Ao Patok und Ao Siam und die guten Tauchgründe vor der Küste. Einige Ferienanlagen bieten komfortable Bungalows an. Die größte und luxuriöseste davon liegt in der Bucht Ao Patok.

Auch die nur acht Kilometer südlich gelegene Insel **Ko Racha Noi** bietet gute Tauchgründe. Die Insel untersteht der thailändischen Kriegsmarine. Sie beschränkt bisweilen den Zugang zur Insel, erlaubt jedoch das Tauchen im Korallenriff vor der Küste. Die Korallenriffe vor beiden Inseln sind unbeschädigt und für alle Taucher geeignet.

Traumstrand auf Ko Racha Yai

**Hotels und Restaurants an der oberen Andamanen-Küste** *siehe Seiten 304–308 und 328–331*

# Perlen aus der Andamanensee

So wie Chanthaburi für seltene Edelsteine und Bangkoks Yaowarat-Viertel *(siehe S. 72)* für die vielen Goldläden ist Phuket für seine schönen *mook andaman* (Andamanenperlen) bekannt. Früher wurden die Perlmuscheln aus den flachen Gewässern vor der Insel noch zufällig herausgefischt, doch inzwischen hat sich das geändert. In den letzten drei Jahrzehnten wurde Phuket zu einem der großen Spieler im Geschäft mit Zuchtperlen und konkurriert heute mit anderen internationalen Wettbewerbern wie Japan oder der Region um den Persischen Golf. Die Zuchtperlen tragen mittlerweile in großem Umfang zur Wirtschaft der Insel bei. Einige Unternehmen auf Phuket ermöglichen die Besichtigung ihrer Perlenzuchten und zeigen auch, wie die Perlen entstehen und geerntet werden. Der Tsunami von 2004 war für diesen Wirtschaftszweig ein harter Schlag, da viele der Muscheln einfach weggeschwemmt wurden.

**Schöne Perlenohrringe**

## Perlenzucht

Voraussetzung für die Perlenzucht ist die Aufzucht von Muscheln. Sie werden in einem Tank herangezogen, bis sie groß genug sind, um ihnen ein Transplantat einzusetzen. Im Meer wächst dann um diesen Kern in drei bis vier oder mehr Jahren die Perle. Die Erfolgsquote des Verfahrens liegt bei nur rund fünf Prozent.

**Den Perlmuscheln** wird ein Kern eingesetzt, der als Perle nach einigen Jahren wieder geerntet wird – wobei nicht jede Muschel das Transplantat annimmt.

**Die Perlengewinnung** *erfolgt mithilfe von Chemikalien und Maschinen, mit denen die Perlen aus dem Perlsack entfernt werden. Danach werden sie gewaschen, poliert und für den Verkauf sortiert.*

**Die Perlenfarmen** *liegen in den flachen Gewässern der Andamanensee vor der Ostküste Phukets – ein idealer Ort zur Perlenzucht.*

**Die Juweliere** *in Phuket verkaufen Perlen, die vor Ort gezüchtet und poliert wurden. Besucher können aus einem umfangreichen Schmuckangebot wählen.*

**Die Führungen** *auf einigen Perlenfarmen umfassen auch ein Essen und einen Besuch im Ausstellungsraum, wo man die vor Ort gezüchteten Perlen erwerben kann.*

# Untere Andamanen-Küste

*Diese Küstenregion galt lange Zeit als das weniger erschlossene Gegenstück zur oberen Andamanen-Küste – heute hat sie aufgeholt. Von den grünen Inseln Ko Phi Phi und Ko Lanta bis zu den idyllischen Stränden bei Krabi und Trang: Hier gibt es fantastische Plätze zum Tauchen, Schnorcheln und Klettern. Weiter im Süden sind der malaiisch-muslimische Fischerhafen Satun und Ko Tarutao vom Tourismus noch unberührt.*

Von Krabi bis zur Grenze nach Malaysia ist die untere Andamanen-Küste fruchtbar und grün. Sie lockt mit Buchten, hohen Kalksteinklippen, weißen und goldenen Sandstränden. Hier gedeihen wogende Kasuarinen und Kokospalmen, dichte Regenwälder, Kautschukplantagen und grüne Reisfelder.

In der wunderschönen, unberührten Region ziehen vor allem die Städte Krabi und Tang mit ihren großartigen Wassersportangeboten und Klettermöglichkeiten Urlauber an. In beiden Städten hat ein großer Teil der Bevölkerung chinesische Vorfahren, deshalb findet man hier faszinierende thai-chinesische Architektur sowie eine großartige Küche – Dim Sum werden in vielen Restaurants in Trang serviert. Ko Phi Phi bietet nicht nur ein romantisches Ambiente und eine herrliche Landschaft, sondern auch einige der besten Tauchreviere an der Andamanen-Küste. Damit ist es zum beliebten Reiseziel in Thailand aufgestiegen. Wer jedoch Sand und Sonne ungestört genießen möchte, findet sein Glück auf Ko Lanta und anderen eher unerschlossenen Inseln.

Nur wenig besucht ist das im äußersten Süden gelegene Satun. Nirgendwo sonst in Thailand lebt eine größere muslimische Gemeinde als in der gemütlichen Stadt, die zugleich das Tor zum spektakulären Meeres-Nationalpark Ko Tarutao und den Inseln ist. Nahebei liegen Pulau Langkawi und Malaysias Westküste.

Während des Südwest-Monsuns von Juni bis September sind Ko Lipe, Ko Rawi und andere weiter entfernte Inseln nicht erreichbar.

Makaken bei der gegenseitigen Fellpflege in der Anlage des Wat Tham Seua bei Krabi

◁ Urlauber am Sandstrand Hat Tham Phra Nang, Krabi-Küste *(siehe S. 249)*

# Überblick: Untere Andamanen-Küste

Die untere Andamanen-Küste lockt Urlauber mit einer atemberaubenden Landschaft, grünen Regenwäldern und herrlichen Stränden. Nach wie vor selten besucht sind ihre tropischen Mangrovenwälder, in denen eine Vielzahl von Meeres- und Landtieren lebt. Krabi bietet Ruhe, schöne Strände, spektakuläre Klippen. Es ist das Tor zu den idyllischen Inseln Ko Phi Phi und Ko Lanta. Kaum erschlossen und deshalb kaum besucht sind die Trang-Küste sowie der Tarutao-Archipel trotz Sandstränden und schöner Korallen. Nationalparks wie Hat Chao Mai, Thale Ban und Ko Phetra schützen Meeres- und Landtiere, dort kann man durch eine fantastisch unberührte Natur wandern. Vor den Inseln Ko Hai, Ko Kradan und Ko Muk findet sich reichlich Gelegenheit zum Kajakfahren, Tauchen und Schnorcheln.

Langboote an einem Strand auf Ko Muk

### An der unteren Andamanen-Küste unterwegs
Besucher reisen meist über die Flughäfen Trang und Krabi an, zu beiden Städten fahren auch klimatisierte Überlandbusse von Bangkok und Satun im Süden. Die Region lässt sich von Krabi und Trang aus zudem bequem im Mietwagen erkunden. Zugverbindungen sind nicht vorhanden. Zu den Inseln Ko Phi Phi, Ko Lanta, Ko Tarutao und Ko Bulon Leh fahren Fähren, Langboote verkehren zu den kleineren Buchten und Wasserwegen. Von Satuns Hafen setzen Boote zum malaysischen Langkawi-Archipel über.

## Sehenswürdigkeiten auf einen Blick

**Städte und Dörfer**
Krabi ❶
Pak Bara ㉙
Satun ㉛
Trang ⓱

**Schöne Landschaften**
Mangroven ❻
Tha Pom ❺

**Nationalparks**
Hat-Chao-Mai-Nationalpark ⓴
Khao-Phanom-Bencha-Nationalpark ❹
Meeres-Nationalpark Ko Lanta ⓰
Meeres-Nationalpark Ko Phetra ㉘

*Meeres-Nationalpark*
 *Ko Tarutao S. 270–275* ㉝
Thale-Ban-Nationalpark ㉜
Than-Bok-Koranee-Nationalpark ❸
Wildschutzgebiet Khao Nor Chuchi ⓫

**Strände und Inseln**
Hat Chang Lang ⓳
Hat Pak Meng ⓲
Hat Yao ㉒
Hat Yong Ling ㉑
Ko Bubu ⓮
Ko Bulon Leh ㉚
Ko Hai ㉓
Ko Jum ⓭
Ko Klang ❼
Ko Kradan ㉕

*Ko Lanta S. 260–263* ⓯
Ko Libong ㉖
Ko Muk ㉔
*Ko Phi Phi S. 252–255* ❾
Ko Si Boya ⓬
Ko Sukorn ㉗
*Krabi-Küste S. 248–251* ❽

**Museen und sakrale Stätten**
Wat-Khlong-Thom-Nua-Museum ❿
Wat Tham Seua ❷

UNTERE ANDAMANEN-KÜSTE 243

## SIEHE AUCH

- **Hotels** S. 308–311
- **Restaurants** S. 331–333

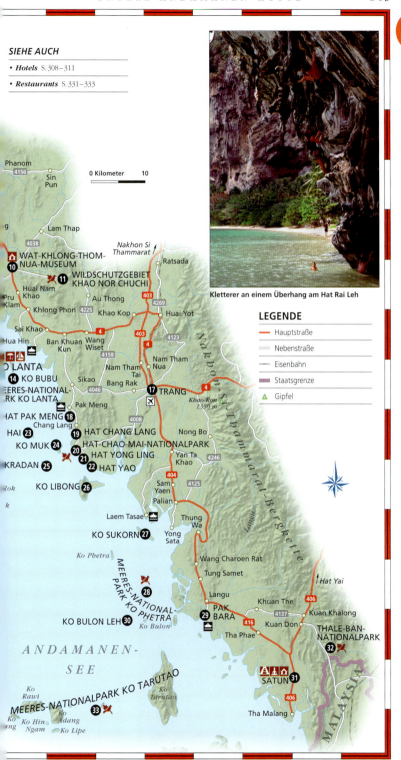

**Kletterer an einem Überhang am Hat Rai Leh**

## LEGENDE

- Hauptstraße
- Nebenstraße
- Eisenbahn
- Staatsgrenze
- △ Gipfel

Der Doppelgipfel Khao Khanap Nam bildet Krabis malerische Kulisse

## Krabi ●

กระบี่

**Straßenkarte** B5. 770 km südwestl. von Bangkok. 👥 25 000. 🚌 🚢 ✈ 16 km nordöstl. von Krabi. 🛈 TAT, Krabi (0-7562-2163). 🎪 tägl.

Krabi ist die Provinzhauptstadt mit Banken und Geschäften sowie einem wichtigen Hafen für Fähren nach Ko Lanta, Ko Phi Phi und Ao Nang. Die hübsche Marktstadt am Ufer der Krabi-Mündung ist nach einem *krabi* (Schwert) benannt, das der Sage nach hier gefunden wurde. Eine malerische Kulisse bilden die umliegenden hohen Kalksteinfelsen, die jenen in der Phang-Nga-Bucht *(siehe S. 212–217)* gleichen. Besonders markant sind die zwei Spitzen **Khao Khanap Nam**, die sich wie Wachposten an beiden Ufern des Flusses gegenüberstehen. Die Ostseite wird von Mangroven gesäumt. Mit einem gemieteten Langboot kann man vom Khong-Kha-Pier im Zentrum aus die Felsen und Mangroven erkunden. Krabi selbst fungiert in der Regel als Sprungbrett zu den nahen Inseln, doch inzwischen entstehen auch hier immer mehr Bars und Lokale mit unterschiedlichen Küchen. Auch das Nachtleben wird bunter. An der touristischen Thanon Sukhon gibt es einen Markt, an der Thanon Utarakit eine gute Buchhandlung mit ausländischen Titeln.

## Wat Tham Seua ●

วัดถ้ำเสือ

**Straßenkarte** B5. 8 km nördl. von Krabi. 🚌 🛈 TAT, Krabi, (0-7562-2163). ◯ tägl. (bis Sonnenuntergang). 🅟 🅓

Der in einer Kalksteinhöhle errichtete »Tigerhöhlentempel« Wat Tham Seua ist einer der bekanntesten Waldtempel im Süden Thailands. Seinen Namen verdankt er einer Felsformation, die einer Tigerpranke ähnelt. Der Haupt-*wiban* (Versammlungssaal) ist eine tief eingegrabene Höhle mit Memento-mori-Darstellungen – die düsteren Symbole zeigen die Vergeblichkeit weltlicher Begierden. Eine Treppe an der Rückseite des *wiban* führt hinauf zur Haupthöhle, in der auf einer vergoldeten Felsplattform ein hochverehrter Fußabdruck des Buddha zu sehen ist. Im Tempelkomplex steht zudem in einer neu erbauten chinesischen Pagode eine große Statue des Bodhisattva Avalokitesvara in seiner chinesischen Manifestation als Guan Yin, der Mahayana-Göttin der Barmherzigkeit. Auf dem Rundweg in der benachbarten Waldsenke kommt man an turmhohen Bäumen und den *kuti* (Mönchsquartieren) vor-

Gläubige knien vor der Buddha-Statue im Wat Tham Seua

Hotels und Restaurants an der unteren Andamanen-Küste *siehe Seiten 308–311 und 331–333*

bei. Auf dem gepflegten Anwesen führt ein Weg mit 1272 Stufen zu einem Sitzenden Buddha. Der Anstieg ist beschwerlich, wird aber von einer herrlichen Aussicht belohnt. Der Wat Tham Seua ist zudem für seine Vipassana-Meditationskurse berühmt.

## Than-Bok-Koranee-Nationalpark ❸
อุทยานแห่งชาติธารโบกขรณี

**Straßenkarte** B5. Parkzentrum nahe Rte 4039, 45 km nordwestl. von Krabi. 🚌 🚤 🅿 *Parkverwaltung (0-7568-1071).* ⏰ tägl. (bis Sonnenuntergang). 🛏 🏕 🍽
www.dnp.go.th

Huay-To-Wasserfall im Khao-Phanom-Bencha-Nationalpark

Kalksteinfelsen, immergrüner Regenwald, Mangroven, Torfmoore und Inseln prägen den 122 Quadratkilometer großen Nationalpark. Teilbereiche werden zurzeit zu einem botanischen Garten ausgebaut. Das zwischen Bächen und grünen Teichen gelegene Parkzentrum ist ein beliebter Picknickplatz. Nach Rücksprache mit der Verwaltung darf man hier auch zelten.

Bekannt sind die Höhlensysteme von Than Bok Koranee. Gewundene Gänge führen zwischen eindrucksvollen Tropfsteinen durch den Höhlenkomplex **Tham Lot**, zu dem vom Bho-Tho-Pier der Ao Luk aus auch Boote fahren. Die nahe gelegene Höhle **Tham Hua Kalok** ist wegen ihrer ca. 70 Felsmalereien sehenswert. Die über 2000 Jahre alten Bilder stellen Menschen und Tiere dar. Weitere Höhlen in der Umgebung sind die **Tham Sa Yuan Thong** mit einer natürlichen Quelle, die »Diamantenhöhle« **Tham Phet**, die ihren Namen ihren glitzernden Felswänden verdankt, sowie die **Tham Song Phi Nong**, in der Überreste von menschlichen Skeletten, Tonwaren, Bronzewerkzeuge und Ohrringe gefunden wurden.

Der Than Bok Koranee ist leicht mit dem Auto oder dem Bus zu erreichen. Die Moorgebiete erkundet man am besten in Langbooten, da sie zu Fuß – bis auf ein paar Stellen, wo Plankenwege angebracht wurden – unpassierbar sind. Markierte Wege laden zum Wandern ein.

## Khao-Phanom-Bencha-Nationalpark ❹
อุทยานแห่งชาติเขาพนมเบญจา

**Straßenkarte** B5. Parkzentrum nahe Hwy 4, 19 km nördl. von Krabi. 🚌 🚤 🅿 *Parkverwaltung (0-7566-0716).* ⏰ tägl. (bis Sonnenuntergang). 🛏 🏕 🍽
www.dnp.go.th

Der 52 Quadratkilometer große Nationalpark soll tropischen Regenwald schützen. Er ist nach dem Berg Khao Phanom Bencha benannt, dessen fünf Gipfel bis zu 1397 Meter aufragen.

Obwohl illegal Holz gefällt und gewildert wird, leben mindestens 156 Vogelarten im Park, darunter Langschopf-Hornvögel und Goldzügeltimalien. Auch Kragenbären, Wildschweine und Nebelparder sowie kleinere Säugetierarten wie Marderbären und Seraue gibt es hier. Die tosenden Wasserfälle Nam Tok Huay To und Nam Tok Huay Sadeh stürzen etwa drei Kilometer vom Parkzentrum entfernt in die Tiefe. Vom Parkzentrum werden Trekkingtouren auf den Khao Phanom Bencha organisiert. Der schwierige Aufstieg wird durch die atemberaubende Aussicht belohnt.

**Junger Nebelparder**

Besucher bewundern Kalksteininformationen im weitläufigen Höhlensystem des Than-Bok-Koranee-Nationalparks

**Straßenkarte** *siehe hintere Umschlaginnenseiten*

## Tha Pom ❺

ท่าปอม

**Straßenkarte** B5. 34 km nordwestl. von Krabi. ⛴ 🛈 TAT, Krabi (0-7562-2163). 🕐 tägl. (bis Sonnenuntergang). 📷 🚻

Das bewaldete Torfmoor Tha Pom erstreckt sich entlang von mehreren Quellen, die dem See Chong Phra Kaew entspringen, sowie an einem natürlichen Wasserweg. Von den Einheimischen wird er Khlong Song Nam («Zwei-Wasser-Kanal») genannt, weil sich dort bei Flut Süß- und Salzwasser vermischen. Den Kanal säumen Lumphi-Palmen (*Eleiodoxa conferta*) und mächtige Mangroven. Am besten kann man das Gebiet mit einem gemieteten Boot oder auf eigene Faust im Leihkanu erkunden. Ein erhöhter hölzerner Plankenrundweg führt etwa 700 Meter durch Teile des Walds. Am Weg erklären Tafeln auf Englisch und Thai das Ökosystem der Region. Holzstühle laden zum Ausruhen ein. So kann man die unberührte Schönheit der Natur genießen.

## Mangroven ❻

สวนวุทยาศาติกระบี่

**Straßenkarte** B5. 5 km westl. von Krabi. 🚌 ⛴ 🛈 TAT, Krabi (0-7562-2163). 📷

Die Mangroven von Krabi sind leicht zu erreichen und zählen zu den schönsten Mangrovenwäldern Thailands. Hier leben viele Arten von

Langboote fahren regelmäßig zu den Mangroven von Tha Pom

Vögeln, Fischen, Krebsen, Krabben und Weichtieren. Krabis Mangrovenwälder sind bemerkenswert intakt geblieben und bieten Zuflucht für eine Vielzahl von Land- und Meerestieren. Sie bilden zudem ein wichtiges Nistgebiet für Hunderte Vogelarten. Das Areal ist deshalb ein Dorado für Vogelliebhaber, die hier u.a. Mangroveblauschnäpper erspähen können. Ausflüge in die Mangroven sind einfach zu organisieren, ebenso Halbtagestouren zu den nahen Mündungsgebieten. Von Krabi aus fahren Charterboote das Gebiet fast im Stundentakt an.

Glücklicherweise ist auch den Thailändern die ökologische Bedeutung der Mangroven bewusst: Pläne für Ausbau Krabis zu einem Hochseehafen werden derzeit regelmäßig dahingehend überprüft, ob sie mit dem Schutz dieses einmaligen Gebiets zu vereinbaren sind.

## Ko Klang ❼

เกาะกลาง

**Straßenkarte** B5. 3 km südl. von Krabi. ⛴ von Krabi. 🛈 TAT, Krabi (0-7562-2163). 🍴 🚻

Die noch nicht kommerzialisierte «Zentralinsel» Ko Klang liegt unweit von Krabi auf der anderen Seite der Mündung des Krabi-Flusses und ist von der Stadt aus deutlich auszumachen. Ko Klang präsentiert sich als ein unberührtes Tropenparadies, das von Mangrovensümpfen umgeben und von Krabi aus leicht mit einem gemieteten Fluss- oder Langboot zu erreichen ist. Die wenigen schönen Korallenriffe vor der Insel haben leider durch den Bootsverkehr Schaden genommen. Man kann dort auch gut schwimmen. Die Touren zu den Mangrovensümpfen schließen meist einen etwa einstündigen Aufenthalt auf der Insel ein.

Wer mehr über die Fischer- und Schifferfamilien von Krabi erfahren möchte, kann über eines der vielen Reisebüros in Krabi Übernachtungen plus Verpflegung in einem Privathaus in einem der drei kleinen, vorwiegend muslimischen Fischerdörfer buchen. Fahrrad- oder Motorradmiete ist im Preis inbegriffen.

Fischzucht im Besitz der einheimischen Fischer von Ko Klang

**Hotels und Restaurants an der unteren Andamanen-Küste** *siehe Seiten 308–311 und 331–333*

# Ökosystem Mangrovenwald

In den Mündungsgebieten der Küsten Südthailands sind dichte Mangrovenwälder Rückzugsgebiete für Wildtiere aller Art. Mangroven bedeckten früher einen Großteil der Küste, wurden allerdings in den letzten 50 Jahren großteils zerstört. Die verbliebenen werden zunehmend unter Naturschutz gestellt. Mangroven sind die einzigen Bäume, die in sumpfigen Gezeitenzonen überleben können. Sie sind wichtige Ökosysteme, bieten sie doch Lebensraum für Krusten- und Weichtiere, Fische und viele Vogelarten, etwa Feuerliest, Mangrovepitta, Weißbauchseeadler und Maskenbinsenralle. Aber auch Säugetiere wie Dugongs (Gabelschwanzseekühe) und Makaken sowie Eidechsen und die gefährdeten Meeresschildkröten kommen hier vor.

**Weißbauchseeadler**

## Profil eines Mangrovendamms

Dies ist die typische Anordnung der Bäume in einem Mangrovenwald. Bei Flut gehen kleine Fische und Wirbellose im nährstoffreichen Wasser bei den Wurzeln auf Futtersuche. Wenn die Wurzeln bei Ebbe auftauchen, suchen Krebse und Watvögel im Schlick nach Nahrung.

**Pneumatophoren** (Atemwurzeln) wachsen fingerartig nach oben.

**Überschüssiges Salz** tritt über Salzdrüsen an den Blättern aus.

**Stelzwurzeln** wachsen vom Stamm nach unten.

**Der Boden** in dem Gebiet ist nährstoffreich und nicht direkt von den Wellen betroffen.

**Mangroven-Nachtbaumnattern** schwimmen und klettern exzellent. Sie ruhen am Tag und jagen nachts Fische, Frösche und andere Kleintiere.

**Kleinkrallenotter** kommen im Mangrovenwald häufig vor. Sie fressen Krusten- und Weichtiere.

**Langschwanzmakaken** leben in den Mangroven. Die guten Schwimmer jagen bei Ebbe Krebse, fressen aber auch Samen.

**Männliche Winkerkrabben** nutzen ihre große Schere, um nach organischen Partikeln zu fischen – und bei der Werbung um Weibchen.

## Zerstörung der Mangrovenwälder

Obwohl sie 1946 unter Schutz gestellt wurden, sind seit den 1960er Jahren rund 60 Prozent von Thailands Mangrovenwäldern gerodet worden. Der Verlust dieser Ökosysteme hat den Tierbestand dezimiert und zudem zur Erosion der Küsten beigetragen. Garnelen-Aquakulturen, die Produktion von Holzkohle und der Bau von Straßen und Häfen in den ehemaligen Mangrovensümpfen haben die Zerstörung und den Verlust der Biodiversität der Region verschlimmert.

**Fischzucht in den Mangroven**

# Krabi-Küste ❽
ชายฝั่งกระบี่

Die Provinz Krabi liegt auf der Festlandhalbinsel östlich und südlich von Phuket. Sie umfasst über 4600 Quadratkilometer bewaldete Hügel, mehr als 100 Kilometer Küste und rund 200 Inseln in der Andamanensee. Die Küste prägen großteils steile, unzugängliche, markant geformte Karstfelsen. Dort kann man Höhlen erkunden, wandern und sich in einigen der schönsten Kletterreviere der Welt erproben. Zudem ist die Region ein Dorado für Taucher, Schnorchler und Kajakfahrer. Obwohl sie derzeit rapide erschlossen wird, sind lange Abschnitte der Krabi-Küste noch immer ein Geheimtipp.

**Sonnenanbeter auf dem weißen Sand des Hat Rai Leh West**

**Urlauber vor Kalksteinplatten mit versteinerten Muscheln, Susaan Hoi**

### 🚉 Susaan Hoi
สุสานหอย
21 km südwestl. von Krabi.

Susaan Hoi liegt ganz im Südosten der Krabi-Küste und ist von Krabi aus leicht mit Langbooten zu erreichen. Dieser »Muschelfriedhof« präsentiert eine fantastische Ansammlung Zigtausender Muscheln, die mindestens 75 Millionen Jahre alt sind. Hier befand sich einst ein großer Süßwassersumpf, in dem verschiedenste Mollusken lebten. Sie versteinerten im Lauf der Zeit aufgrund von Veränderungen der Erdoberfläche und verschmolzen mit großen Kalksteinplatten, die heute ins Meer hinausragen. In einem kleinen Museum in der Nähe erfährt man die geologische Geschichte der Fossilien. Souvenirläden verkaufen Muscheln und lokale Handwerksprodukte. Besucher können hier abgeschiedene Buchten mit herrlichem Blick auf die Inseln genießen.

### 🚉 Hat Rai Leh East
หาดไร่เลย์ตะวันออก
11 km südwestl. von Krabi.

Der Hat Rai Leh teilt sich in die zwei separaten Strände Hat Rai Leh East und Hat Rai Leh West. Beide werden von Krabi aus mit Langbooten angefahren. Der östliche Abschnitt ist bei Flut attraktiv, bei Ebbe liegen jedoch schlickige Flächen frei. Der Hat Rai Leh East bietet gleichwohl die bessere Infrastruktur mit unterschiedlichsten Unterkünften, darunter auch Strandbungalows. Urlauber können die Mangroven erkunden oder auf den Kalksteinfelsen am Strand klettern. Viele Reisende übernachten hier und spazieren zu Fuß zu den Stränden Hat Rai Leh West oder Hat Tham Phra Nang.

**Kletterer in den mit Haken versehenen Felsen, Hat Rai Leh East**

### 🚉 Hat Rai Leh West
หาดไร่เลย์ตะวันตก
16 km südwestl. von Krabi.

Der sanfte Bogen des weißen Sandstrands Hat Rai Leh West blickt nach Westen über die Andamanensee – die Sonnenuntergänge sind grandios. Der Strand ist schöner, aber auch teurer als der östliche Abschnitt und bietet kaum preisgünstige Unterkünfte. Die meisten Urlauber, die hier den Tag verbringen, übernachten andernorts.

Wer sich dagegen verwöhnen möchte, findet hier viele Mittelklasse- und Nobelherbergen sowie exzellente Seafood-Restaurants und Bars. Dies ist auch die Hauptanlegestelle für Wassertaxis von Ao Nang. Die für die Gegend typischen Kalksteinfelsen bieten auch am Hat Rai Leh West ideale Kletterbedingungen in allen Schwierigkeitsstufen. Zahlreiche lokale Unternehmen stellen Führer und Ausrüstung zur Verfügung. Ein sehr populärer Sport ist auch das Kajakfahren zwischen den Kalksteinklippen.

**Hotels und Restaurants an der unteren Andamanen-Küste** *siehe Seiten 308–311 und 331–333*

### Hat Tham Phra Nang
หาดพระนาง

14 km südwestl. von Krabi.

Am südlichen Ende der kleinen Halbinsel, die Hat Rai Leh East und West trennt, liegt Hat Tham Phra Nang – nach Ansicht vieler eine der schönsten Plätze im Süden Thailands. Den weißen Sandstrand schützen mehrere Karstfelsen.

Die Kalksteinklippen haben die Gegend zum Kletterparadies von Weltruf gemacht. In der steilen **Taiwand Wall** und ihren markanten Ausläufern am Hat Tham Phra Nang finden Kletterer Hunderte, einfache bis extrem schwierige Routen. An den Felsen wurden unzählige Haken eingeschlagen, an denen sich die Kletterkünstler anseilen können. Durch die Verwitterung können die Haken und Keile sich jedoch lockern, deshalb sollte man am Fels immer Vorsicht walten lassen. Die spektakulären Felsnasen zählen zu den Hauptattraktionen eines Urlaubs an der Krabi-Küste. Sie bieten Klettervergnügen und zugleich eine atemberaubende Aussicht.

Der Phra Nang gewidmete Fruchtbarkeitsschrein, Tham Phra Nang

### INFOBOX

**Straßenkarte** B5. 3 km westl. von Krabi. 16 km nordöstl. von Krabi. von Krabi.
TAT, Krabi (0-7562-2163).

### Tham Phra Nang
ถ้ำพระนาง

14 km südwestl. von Krabi.
Die »Höhle der hochverehrten Dame« Tham Phra Nang liegt am östlichen Ende des Hat Tham Phra Nang. Sie ist dem Gedenken an eine indische Prinzessin gewidmet, die vor Jahrhunderten hier im Meer ertrunken sein soll. Um ihre Person entstand ein Fruchtbarkeitskult, in dessen Folge Einheimische in der Höhle einen Schrein errichtet haben. Fischer statteten ihn mit Phallussymbolen aus und beten hier um einen guten Fang. Auch Frauen, hauptsächlich werdende Mütter und solche, die auf eine Schwangerschaft hoffen, suchen den Schrein auf. In der Nähe führt ein markierter Weg zur kleinen Lagune Sa Phra Nang. An diesem »Badeplatz der Dame« hat man eine schöne Sicht über den Hat Rai Leh East.

Langboote fungieren als improvisierte Restaurants, Hat Tham Phra Nang

**Straßenkarte** siehe hintere Umschlaginnenseiten

Karstfelsen und dickes Gestrüpp – ein einsamer Strand an der Ao Ton Sai

### Ao Ton Sai
อ่าวต้นไทร
18 km südwestl. von Krabi.

Der am wenigsten erschlossene Strand um Ao Nang ist auch der preisgünstigste. Die Ao Ton Sai ist vom westlichen Ende der Küste zu Fuß zu erreichen, man muss sich aber auf schlickiges Watt gefasst machen. Vom Hat Rai Leh West führt ein anderer Weg über zackige, mit scharfen Muschelscherben übersäte Felsen und ist beschwerlich und zuweilen sogar gefährlich. Wie zu den benachbarten Stränden Hat Rai Leh East und West sowie Tham Phra Nang gelangt man in die Ao Ton Sai am einfachsten per Boot.

Der Hat Ton Sai ist nicht so herausragend wie der Hat Rai Leh West oder Hat Tham Phra Nang – häufig ist er voller Treibgut. Die Kulisse bilden auch nicht die üblichen Kokospalmen, sondern Mangroven. Doch die Aussicht auf steile Kalksteinfelsen und das Meer ist wunderschön. Die Unterkünfte wie auch die Restaurants und Bars sind hier wesentlich erschwinglicher als am gehobeneren Hat Rai Leh West. Viele Reisende übernachten in der Bucht und unternehmen Ausflüge zu anderen Stränden, etwa zum Hat Tham Phra Nang. Abends kehren sie zurück, um hier zu essen und dem Sonnenuntergang über der Adamanensee zuzusehen.

### Ao Nang
อ่าวนาง
21 km westl. von Krabi.

Die schöne, viel besuchte Bucht Ao Nang liegt westlich des Hat Tham Phra Nang und ist durch eine felsige Landzunge von der Ao Ton Sai getrennt. Aus dem dortigen, bei Rucksackreisenden beliebten Fischerdörfchen entwickelte sich ein angesagter Ferienort, der von Krabi aus leicht über die Straße zu erreichen ist.

Die Ao Nang wird vor allem in der Hochsaison von zahlreichen Urlaubern, hauptsächlich Europäern besucht. Der Strand zählt zu den belebtesten der Krabi-Küste.

Aufgrund der hohen Besucherzahlen wurde und wird hier viel gebaut: Unterkünfte – edle Resorts ebenso wie preiswerte Gästehäuser –, Restaurants, Bars, Reisebüros und Tauchclubs schießen aus dem Boden. Von Osten führt der Highway 4203 als Hauptverbindung von Krabi nach Ao Nang. Ihn säumen Hotels, Minimärkte und Tauch-Shops. Das Nachtleben ist durchaus turbulent, aber nicht anrüchig. Bars mit Live-Musik und Billardtischen und sogar ein McDonald's sorgen für Unterhaltung.

Ruhe findet man am nahe gelegenen Hat Rai Leh West – mit dem Boot ist man von der Ao Nang aus in zehn Minuten dort.

Massage-Hütten und Restaurants am Strandweg der Ao Nang

Hotels und Restaurants an der unteren Andamanen-Küste *siehe Seiten 308–311 und 331–333*

## Hat Nopharat Thara

หาดนพรัตน์ ธารา

18 km westl. von Krabi.

Der Hat Nopharat Thara ist ein beliebter Picknickplatz gleich bei der Ao Nang. Diese kaum bebaute Verlängerung des Strands der Ao Nang ist von der Bucht aus gut zu Fuß zu erreichen. Von dem ruhigen, drei Kilometer langen, von Kasuarinen gesäumten Strand genießt man eine herrliche Aussicht auf die massiven Karstfelsen der Umgebung.

Der Hat Nopharat Thara hieß früher Hat Khlong Haeng, »Strand des ausgetrockneten Kanals«, nach dem Kanal, der den Strand zweiteilt und bei Ebbe trockenlegt.

Der Strand gleicht dem der Ao Nang – allerdings ohne die Resorts, Bars und hohen Besucherzahlen. Es ist aber wohl nur noch eine Frage der Zeit, bis auch hier der Kommerz Einzug hält. Bei Ebbe ist das Meer zu seicht zum

Kokospalmen am geschützten Strand Hat Khlong Muang

Schwimmen. Dann kann man zur Insel Ko Kao Pak Klong spazieren und von dort den Blick auf die Bucht genießen. Eine bekannte Spezialität des Gebiets sind die delikaten *hoi chak teen* (Hundsflügelschnecken), deren Gehäuse auch als Souvenirs verkauft werden.

### Hat Khlong Muang

หาดคลองม่วง

22 km westl. von Krabi.

Der Hat Khlong Muang wird von der Ao Nang und vom Laem Phra Nang durch eine lange, felsige Landzunge geschützt. Er präsentiert die luxuriöse Facette der Krabi-Küste. Der Strand ist von der Ao Nang mit Langbooten und von Krabi mit *songthaew* oder Mietauto zu erreichen. Aus dem ursprünglichen Küstenstreifen und Dorado für Rucksackreisende wurde durch den Bau des luxuriösen Krabi Sheraton *(siehe S. 310)* ein teurer Urlaubsort mit ausgezeichneter Infrastruktur. Den von Palmen gesäumten Strand sprenkeln hier und dort Felsen, ein Teil des Riffs liegt bei Ebbe frei. Zu der Szenerie gehören auch die Inselchen vor der Küste. Zahlreiche Tauchschulen und Reiseagenturen organisieren Tauch- und Schnorchelausflüge sowie Kajaktrips zu den Inseln. Für das leibliche Wohl sorgen Sundowner-Bars, Strandcafés und Nudelbars. Im Kontrast dazu bieten die Nobelrestaurants der Resorts internationale und thailändische Gourmetküche.

Bunte »langschwänzige« Boote am Hat Nopharat Thara

## Die Sage von Phra Nang

Die Sage berichtet, dass Phra Nang eine indische Prinzessin war, die vor langer Zeit in der Andamanensee ertrank und deren Geist seither in der Höhle Tham Phran Nang *(siehe S. 249)* lebt. In dieser bauten Einheimische einen einfachen Schrein, dem sie geschnitzte *linga* (Phallussymbole) als Opfergaben überbrachten. Im Lauf der Zeit gewann der Schrein an Bedeutung: Er steht für Fruchtbarkeit und Glück, die Höhle selbst für das weibliche Geschlechtsorgan. Dem Volksglauben nach soll jedes hölzerne *linga*, dass vor der Krabi-Küste ins Meer geworfen wird, seinen Weg zur Tham Phra Nang finden. Phra Nang gilt in der Region als niedere Gottheit und Schutzheilige der Frauen, die sie um Kindersegen anflehen, sowie der Fischer, die sie um einen guten Fang bitten. Sie soll jedoch auch zu mächtigem Zorn fähig sein, den jeder, der ihren Schrein beleidigt, schmerzlich zu spüren bekommt. Deshalb bittet jeder um ihren Segen, ehe er in der Gegend ein Projekt startet.

Phallussymbole als Opfergaben am Schrein der Phra Nang

# Ko Phi Phi ❾

เกาะพีพี

Cashewfrucht

Wie Perlen liegen die sechs Inseln des Archipels in der Andamanensee. Die Hauptinsel Ko Phi Phi Don besteht aus zwei Landmassen, die durch eine schmale Landbrücke miteinander verbunden sind. Sie ist mit Palmen bestanden und wird von Restaurants, Bars und Gästehäusern gesäumt. Das schöne Ko Phi Phi Leh im Süden ist unbewohnt, die anderen Inseln sind lediglich winzige Kalksteinfelsen. In den umliegenden Korallen wimmelt es von Leben. Die Inseln selbst sind durch hohe Klippen und Riffe unter Wasser vor der rauen See geschützt. Die Szenerie von Ko Phi Phi fasziniert Besucher aus aller Welt.

**Zur Orientierung**

☐ Dargestelltes Gebiet

★ **Doppelbucht**
*Vom berühmten Aussichtspunkt im Osten der Insel hat man einen spektakulären Blick auf Ko Phi Phi Don und die zwei Buchten Ao Lo Dalum und Ao Ton Sai. Am schönsten ist die Aussicht, wenn die Sonne auf- oder untergeht.*

### Aktivitäten
*Die schönen, mit maritimem Leben gesegneten Korallen vor Ko Phi Phi sind der Traum von Tauchern und Schnorchlern. Hier kann man auch Kajak fahren und klettern.*

0 Kilometer 1

### NICHT VERSÄUMEN

★ Ao Maya

★ Ban Ton Sai

★ Doppelbucht

★ **Ban Ton Sai**
*Ban Ton Sai ist die größte Siedlung auf Ko Phi Phi und der Fährhafen. In dem einst kleinen muslimischen Fischerdorf drängen sich Restaurants, Bars und Hotels.*

**Hotels und Restaurants an der unteren Andamanen-Küste** *siehe Seiten 308–311 und 331–333*

## Danny Boyles *The Beach*

Hollywood-Regisseur Danny Boyle fand in der Bucht Ao Maya auf Ko Phi Phi Leh die perfekte Kulisse für die Verfilmung von Alex Garlands Roman *The Beach* (2000). Der Film handelt von einer Gemeinschaft junger Leute, die auf einer geheimen Insel ihrem Vergnügen freien Lauf lassen. In Thailand stieß er nicht überall auf Gegenliebe, zudem wurden die produzierende 20th Century Fox und ihre lokalen Agenten nach dem Dreh von thailändischen Behörden wegen Umweltverstößen in der Bucht angezeigt. Der Film war jedoch eine gute Werbung für die Ao Maya und lockte in der Folge erheblich mehr Urlauber an.

Beim Dreh in der Ao Maya von Danny Boyles Hollywoodfilm *The Beach*

### INFOBOX

**Straßenkarte** B5. 40 km südl. von Krabi. 7700. von Phuket oder Krabi. TAT, Phuket (0-7621-2213). Chinesisches Neujahr (Feb), Songkran (Apr). http://phi-phi.com

**Farbenfrohe Korallenriffe**
*In den Gewässern vor Ko Phi Phi liegen berühmte Tauchgründe. Dort sieht man Weichkorallen, Seeanemonen und sogar Haie.*

**Wanderwege** führen durch die Osthälfte Ko Phi Phi Dons.

### LEGENDE

- Strand
- Tauchen
- Wassersport
- Aussichtspunkt
- Fährhafen
- - - Fußweg
- - - Fährroute

**Wikingerhöhle**
*Die jahrhundertealten Felszeichnungen von chinesischen Dschunken in der Höhle ähneln Wikingerschiffen und beflügeln Gerüchte, dass die Wikinger bis in die Andamanensee segelten.*

★ **Ao Maya**
*Die aus dem Film* The Beach *berühmte Traumbucht Ao Maya auf Ko Phi Phi liegt auf drei Seiten im Schutz von Klippen. An ihren Korallenbänken kann man herrlich schnorcheln.*

**Straßenkarte** siehe hintere Umschlaginnenseiten

# Überblick: Ko Phi Phi

Schild eines Tauch-Shops

Ko Phi Phi besteht aus sechs Inseln. Wie Ko Phi Phi Leh sind die meisten unbewohnte, unbebaute Kalksteinfelsen. Die besiedelte Hauptinsel Ko Phi Phi Don ist so klein, dass man sie gut zu Fuß bewältigen kann. Da es keine befestigten Straßen und keine motorisierten Fahrzeuge gibt, muss man sowieso wandern, will man in abgelegenes Terrain vordringen. An die meisten Stellen an der Küste gelangt man aber mit Langbooten oder Fähren, die am Ban-Ton-Sai-Pier ablegen. Ko Phi Phi Leh besitzt keinerlei markierte Pfade und ist nur mit Booten von Ban Ton Sai aus erreichbar.

## Ban Ton Sai
บ้านต้นไทร

Ban Ton Sai ist die einzige Siedlung des Archipels von erwähnenswerter Größe und de facto Ko Phi Phis Hauptstadt und Geschäftszentrum. Das einstige muslimische Fischerdorf ist der einzige Fährhafen mit Verbindung zum Festland. Der Ort an der Ao Ton Sai liegt auf der schmalen Landbrücke zwischen den beiden Teilen von Ko Phi Phi Don. Ban Ton Sai ist eine dicht bebaute Ortschaft, in deren kleinen Straßen sich ausländische Urlauber und Thailänder vom Festland drängen. Von den Zerstörungen des Tsunamis von 2004 hat sich der Ort wieder erholt und ist quirliger denn je. Trotz des Versprechens der Regierung, die Baumaßnahmen zu kontrollieren, entstehen auf der Insel, die in einer ökologisch labilen Zone liegt, immer mehr Ferienanlagen.

Alle Besucher auf Ko Phi Phi müssen Ban Ton Sai passieren – und viele bleiben angesichts der vielen Hotels, Restaurants und Bars. Zudem

Läden und Restaurants in einer schmalen Straße, Ban Ton Sai

gibt es im Ort eine Bank, eine Polizeiwache, eine Post und ein Krankenhaus. Dies ist der ideale Ausgangspunkt für Ausflüge auf Ko Phi Phi.

## Ao Lo Dalum
อ่าวโละดาลัม

Gleich nördlich von Ban Ton Sai erstreckt sich die herrliche Bucht Ao Lo Dalum mit einem schönen, von üppig grünen Kokospalmen bestandenen Strand. Aufgrund der Nähe zu Ban Ton Sai ist dieser Strand recht beliebt und immer voller Tagesausflügler. Urlauber, die länger bleiben, sollten sich die Zeit nehmen, auch die weniger leicht zugänglichen Strände auf den anderen Inseln zu besuchen. Die Ao Lo Dalum ist bei Flut sehr malerisch, bei Ebbe jedoch weniger attraktiv, weil sich dann das Watt schier endlos erstreckt. Ein steiler Weg am östlichen Ende der Bucht führt hinauf zum berühmten Aussichtsplatz der Insel. In 186 Metern Höhe über dem Meeresspiegel fällt dort der Blick über die schmale Landbrücke und die Doppelbucht.

## Hat Yao
หาดยาว

Der traumhafte Strand Hat Yao an Ko Phi Phis Südostküste wird im Osten von einer kleinen, felsigen Landzunge geschützt. Er bietet wunderbar feinen weißen Strand und im seichten Wasser ein artenreiches Korallenriff, in dem sich farbenfrohe Fische tummeln. Der Hat Yao ist entsprechend beliebt und meist voller Sonnenanbeter und Schnorchler. Zahlreiche Strandverkäufer bieten von kühlen Getränken bis zur Thai-Massage alles, was das Urlauberherz begehrt. Von Ban Ton Sai gelangt man mit dem Boot oder zu Fuß – über einen schmalen Weg vom Dorf Richtung Westen – an diesen herrlichen Strand.

## Hat Ranti
หาดรันตี

Abseits des turbulenten Ban Ton Sai versteckt sich der Hat Ranti an der Ostküste Ko Phi Phi Dons. Er ist einer von drei miteinander verbundenen Stränden und mit seinen schlichten Unterkünften und erschwinglichen Restaurants für preisbewusste Reisende geeignet. Da er abseits der üblichen Ziele liegt, ist er von Ban Ton Sai aus entweder per 45-minütiger Wanderung über den Hügelkamm der Insel oder aber mit dem Boot zu erreichen. Der Strand mit Felsblöcken und ruhigem Meer ist perfekt für ein Picknick oder einen Tagesausflug. Proviant, Tauch- und andere Ausrüstung muss man allerdings selbst mitbringen.

Kalksteinklippen im Wasser der Ao Lo Dalum

**Hotels und Restaurants an der unteren Andamanen-küste** *siehe Seiten 308–311 und 331–333*

## Ao Lo Bakao
อ่าวโล๊ะบาเกา

An Ko Phi Phi Dons Ostküste liegt etwa einen Kilometer nördlich des Hat Ranti der lange Bogen der Bucht Ao Lo Bakao gegenüber dem Festland. Eine Hügelkette trennt sie von Ban Ton Sai und dem Rest der Insel. Die Bucht ist zu Fuß über einen einzigen schmalen Weg zu erreichen, dennoch hat sich der Strand zu einem gehobenen Ferienziel mit teuren, gut ausgestatteten Resorts entwickelt. Die Restaurants und Bars an dem schönen, rund 880 Meter breiten Sandstrand sind im Allgemeinen nicht zu überlaufen. Die exklusive Bucht ist bei wohlhabenden Thailändern und vor allem als Flitterwochenziel beliebt.

Schnorchler an den Korallenbänken vor dem Hat Laem Thong

## Hat Laem Thong
หาดแหลมทอง

Der hübsche Sandstrand Hat Laem Thong liegt an Ko Phi Phi Dons Nordspitze und ist das Sprungbrett zu den Inseln vor der Küste. Das Gebiet gehört zu den besten Tauchrevieren des Archipels. Deshalb ist hier trotz der Entfernung zu Ban Ton Sai ein ständiger Strom von Tauchern zu verzeichnen, die die artenreiche Korallenriffe erkunden. Von Ban Ton Sai gelangt man mit dem Boot zum Hat Laem Thong, an dem edle Ferienanlagen wie das Zeavola *(siehe S. 309)* sowie Läden, Restaurants und Tauch-Shops liegen. Geboten werden zudem Hochseefischen und sogar Kochkurse.

Bootszeichnungen in einer Höhle auf Ko Phi Phi Leh

### Piraten an der Andamanen-Küste

Zeichnungen von arabischen, chinesischen und europäischen Schiffen in Ko Phi Phi Lehs Höhlen sind mögliche Hinweise auf Seeräuber an der Andamanen-Küste. Wissenschaftlern zufolge könnten diese jahrhundertealten Malereien von Piraten stammen, die sich in den Höhlen vor Verfolgern oder schlechtem Wetter schützten und Ladungen austauschten. Die Andamanen-Küste bot ihnen mit ihren vielen Inseln und Buchten ideale Ausgucke und Schlupfwinkel. Für diese Theorie spricht, dass die nahe Straße von Malakka noch heute Piratengebiet ist.

### Ko Phi Phi Leh
เกาะพีพีเล

Ko Phi Phi Leh ist eine 25-minütige Bootsfahrt von Ban Ton Sai entfernt. Die unbewohnte Insel ist nur ein Viertel so groß wie Ko Phi Phi Don und zudem viel unwegsamer. Ko Phi Phi Leh bietet unberührte Buchten und Strände sowie artenreiche Korallenriffe vor der Küste. Sie lockt Besucher vor allem mit ihrer unbändigen Schönheit und Einsamkeit. Letztere gehört allerdings seit Danny Boyles Film *The Beach* (2000) mit Leonardo DiCaprio in der Hauptrolle teilweise der Vergangenheit an. Seit der hier gedrehte Film in den Kinos lief, verzeichnet das tropische Paradies erheblich mehr Besucher. Die größte Attraktion der Insel ist die Bucht Ao Maya an der Südwestküste, wo man herrlich schwimmen und schnorcheln kann. Auf die Insel fahren zudem regelmäßig Einheimische, um in wagemutigen Kletterpartien die steilen Felswände von Höhlen zu erklimmen, wo sich die seltenen Nester der Salanganen befinden. Aus den Nestern wird die kostspielige, als Delikatesse geltende Schwalbennestersuppe hergestellt.

In früheren Zeiten diente Ko Phi Phi Leh als Anlegeplatz von Fischern und vermutlich auch Piraten. Felsbilder in der Wikinger-Höhle an der Nordküste zeigen chinesische Dschunken, die für europäische Augen wie Wikingerschiffe aussehen.

Rast bei einer Bootsfahrt im klaren Wasser vor Ko Phi Phi Leh

Korallenbänke im seichten Meer vor Ko Phi Phi Don ▷

Ausgegrabene Tonwaren im Wat-Khlong-Thom-Nua-Museum

## Wat-Khlong-Thom-Nua-Museum ❿

พิพิธภัณฑ์คลองท่อมเหนือ

**Straßenkarte** C5. 42 km südöstl. von Krabi. **TAT**, *Krabi (0-7562-2163)*.

Südöstlich von Krabi wurden in Khlong Thom am Highway 4 Zeugnisse einer der frühesten Kulturen in Thailand gefunden. Ausgrabungen in Reisfeldern und Obsthainen brachten Steinwerkzeuge, Bronzegeräte, Metallmünzen, Tonscherben und farbige Perlen aus einer Zeit vor gut 5000 Jahren zutage. Die Fundstücke werden heute im Wat-Khlong-Thom-Nua-Museum in Tambon Khlong Thom Tai präsentiert, das ein paar Hundert Meter vom Bezirksamt von Khlong Thom entfernt steht. Das Museum ist für Geschichtsinteressierte hochinteressant und eine Attraktion der Region.

## Wildschutzgebiet Khao Nor Chuchi ⓫

เขตรักษาพันธุ์สัตว์ป่าเขาอจุจี้

**Straßenkarte** C5. 60 km südöstl. von Krabi. **TAT**, *Krabi (0-7562-2163)*. tägl. 8–17 Uhr.

Das Wildschutzgebiet Khao Nor Chuchi südöstlich der Stadt Krabi ist eines der größten und bedeutsamsten Reservate der Provinz Krabi. Es schützt etwa 184 Quadratkilometer tropischen Regenwald und ist von üppig grünen Reisfeldern, Palmöl- und Kautschukplantagen sowie anderen agrarisch genutzten Flächen umgeben. In dem vor allem bei Hobby-Ornithologen beliebten Reservat kommen Goldkehlpittas vor. Diese Vogelart galt bereits als ausgestorben, bie sie hier und jenseits der Grenze in abgelegenen Gebieten im südlichen Myanmar in sehr kleinen Populationen wiederentdeckt wurde. Weiterhin leben hier als Standvögel das Frühlingspapageichen und der Bacchusreiher. Durch den Regenwald führen mehrere Wege. Der besonders populäre **Tung-Tieo-Waldpfad** schlängelt sich durch dichten Wald zu zwei Süßwasserteichen, von denen einer den schönen Namen Sra Morakot («Smaragdteich») trägt. Die kleinen Seen laden zu einem erfrischenden Bad und einem Picknick am Ufer ein.

Auf dem Tung-Tieo-Waldpfad, Wildschutzgebiet Khao Nor Chuchi

## Ko Si Boya ⓬

เกาะศรีบอยา

**Straßenkarte** B5. 31 km südl. von Krabi. 1000. von Ban Laem Kruat. **TAT**, *Krabi (0-7562-2163)*.

Mit dem Boot gelangt man von Ban Laem Kruat auf die direkt vor der Krabi-Küste gelegene Insel Ko Si Boya – ein Dorado für alle, die sich nach Ruhe sehnen. Die meisten der rund tausend Inselbewohner sind Muslime und arbeiten als Fischer oder in den Kautschukplantagen. Die fünf kleinen Siedlungen sind durch schmale, unbefestigte Straßen verbunden, auf denen man hervorragend Rad fahren

Erfrischendes Bad im »Smaragdteich« Sra Morakot, Wildschutzgebiet Khao Nor Chuchi

Hotels und Restaurants an der unteren Andamanen-Küste *siehe Seiten 308–311 und 331–333*

Üppiges Grün bedeckt die ruhige Insel Ko Si Boya

und wandern kann. Die Hauptattraktion sind jedoch die einsamen, unbebauten Strände und die Mangrovenwälder. Ko Si Boya bietet einfache, preisgünstige Bungalows, die aufgrund der knappen Stromversorgung fast immer mit einem Generator ausgerüstet sind, sowie ein paar Restaurants, Läden und quasi kein Nachtleben. Tagsüber geht man ruhigen Beschäftigungen wie Schwimmen, Sonnenbaden oder Lesen nach oder entspannt sich einfach. Zum Schnorcheln kann man mit dem Kajak zur kleinen Insel Ko Kah gleich vor der Küste von Ko Si Boya paddeln, wo das klare Wasser genussvolle Stunden garantiert.

Bunt bemalte Boote liegen vertäut an Ko Jums Küste

## Ko Jum ⓭

เกาะจำ

**Straßenkarte** B5. 39 km südl. von Krabi. 3000. von Ban Laem Kruat. TAT, Krabi (0-7562-2163). www.kohjumonline.com

Ko Jum ist eine schöne Insel und bezaubert ebenfalls durch ihre Ruhe. Sie ist zweigeteilt: Den bergigen, zerklüfteten Teil im Norden nennen die Einheimischen Ko Pu (»Krabbeninsel«). Von den rund dreitausend Bewohnern ist die überwältigende Mehrheit muslimisch, es sind aber auch einige kleine, einsame Siedlungen von Seenomaden vorhanden. Die größte Ortschaft ist Ban Ko Jum, sie liegt an der Südspitze der Insel. Die schönsten Strände erstrecken sich an der Westküste. Wer diese vorwiegend muslimische Insel besucht, sollte auch am Strand auf angemessene Kleidung achten.

Ko Jum ist besser ausgebaut als Ko Si Boya und bietet bessere Unterkünfte. Die Stromversorgung ist aber auch hier eingeschränkt, weshalb bei den meisten Bungalows Generatoren für Elektrizität sorgen. Wer auf Ko Jum, wo es weder lästige Schlepper noch Go-go-Bars gibt, Urlaub macht, entspannt tagsüber beim Schwimmen, Lesen und Sonnenbaden und genießt abends ein geruhsames Essen und Drinks in einer der wenigen Strandbars. Die Insel erkundet man zu Fuß, per Fahrrad oder mit Motorradtaxis.

## Ko Bubu ⓮

เกาะบูบู

**Straßenkarte** C5. 70 km südöstl. von Krabi. von Ko Lanta. TAT, Krabi (0-7562-2163).

Ko Bubu ist eine dicht bewaldete Insel in Privatbesitz und misst nur knapp einen Kilometer im Durchmesser – man kann sie in etwa einer halben Stunde zu Fuß durchqueren. Die schöne Insel ist in der Regenzeit zwischen Juni und September geschlossen. Den Rest des Jahres über bietet Ko Bubus einzige Ferienanlage, das Bubu Island Resort, einfache, aber durchaus behagliche Bungalows und eine einfache Küche. Von Ko Lanta (siehe S. 260–263) aus fahren Langboote nach Ko Bubu (vorab reservieren).

Das Bubu Island Resort in einem dichten Wald auf der Privatinsel Ko Bubu

**Straßenkarte** siehe hintere Umschlaginnenseiten

# Ko Lanta ⓯

เกาะลันตา

Ko Lanta ist eine Gruppe von rund 50 Inseln mit den beiden Hauptinseln Ko Lanta Yai (»Groß-Ko-Lanta«) und Ko Lanta Noi (»Klein-Ko-Lanta«). Das einstige Paradies der Hippies und Rucksackreisenden hat sich erst in den letzten Jahren zum Urlaubsziel entwickelt und mausert sich inzwischen zum gehobenen Urlaubsresort. Geboten werden kilometerlange Sandstrände, saphirblaues Meer, erschwingliche Unterkünfte, gute Restaurants und Bars. Während Ko Lanta Noi noch immer größtenteils naturbelassen ist, verläuft an der Westküste von Ko Lanta Yai eine gut ausgebaute Straße. Die Ostküste mit ihren dichten Wäldern und Mangrovensümpfen ist jedoch auch auf Ko Lanta Yai unzugänglicher – perfekt für Vogelfreunde und Kajakfahrer.

Hauptstraße in Ban Sala Dan mit Reisebüros und Läden

## Ban Sala Dan

บ้านศาลาด่าน

Nahe der Nordspitze von Ko Lanta Yai liegt Ban Sala Dan, der Hauptort des Ko-Lanta-Archipels. Vom hiesigen Fährhafen werden Ziele wie Ko Phi Phi, Phuket, Krabi und Trang angesteuert, zudem ist der Ort das Fremdenverkehrszentrum der gesamten Inselgruppe. Trotz seiner touristischen Einrichtungen ist Ban Sala Dan noch immer ein geruhsames Fischerdorf, das sich jedoch zunehmend dem Tourismus verschreibt. Reisende finden hier Reisebüros, Mietwagenfirmen, Banken, Geldautomaten, Kliniken, Apotheken, Internet-Cafés und Läden sowie günstige Unterkünfte und Lokale. Doch wenige Urlauber übernachten hier, die meisten fahren weiter an einen der vielen Strände im Süden und suchen das Dorf nur für Erledigungen auf.

### Hat Khlong Dao

หาดคลองดาว

2 km südl. von Ban Sala Dan.
Der breite goldene Sandstrand Hat Khlong Dao ist Ko Lantas längster und populärster Strand. Er ist von niedrigen, von Gestrüpp bewachsenen Dünen gesäumt und eignet sich perfekt zum Sonnenbaden und zum Schwimmen im hier sicheren Meer. Da er kinderfreundlich und nicht allzu überlaufen ist, können hier in Gehweite von Ban Sala Dan Familien entspannte Ferien verbringen. Zur Auswahl stehen zahlreiche Unterkünfte in der mittleren und niedrigen Preisklasse, für das leibliche Wohl sorgen viele Restaurants, Cafés und kleine Bars.

In unmittelbarer Nähe des Strands gibt es keine Tauch- oder Schnorchelmöglichkeiten, aber Tauch-Shops arrangieren Ausflüge aufs offene Meer sowie Fahrten in die vielen Mangrovenwälder der Gegend und auch in die Siedlungen der hier ansässigen *chao lae* (Seenomaden).

Chang-Bier

### Ao Phra-Ae

อ่าวพระแอะ

3 km südl. von Ban Sala Dan.
Hinter einer kleinen Landzunge gleich südlich des Hat Khlong Dao liegt der fünf Kilometer lange Strand der Ao Phra-Ae vor einer Kulisse aus Kasuarinen. Früher verbrachten an dem feinen weißen Sandstrand hauptsächlich Rucksackreisende ihren Urlaub, heute ist die Ao Phra-Ae ebenso stark erschlossen wie der Hat Khlong Dao – nur der Fußmarsch von Ban Sala Dan aus dauert länger. Urlauber finden hier preisgünstige Hotels, Gästehäuser, Restaurants und Cafés vor, darüber hinaus werden inzwischen mehrere gehobenere Ferienanlagen gebaut. Ao Phra-Ae ist leicht mit gemieteten *songthaew* zu erreichen. Diese pendeln parallel zur Westküstenstraße, die hinter der Reihe von Kasuarinen am Rand des Strands verläuft. In den Läden in Strandnähe stehen auch Motorroller und Fahrräder zur Vermietung an Urlauber bereit.

### Hat Khlong Khong

หาดคลองโขง

6 km südl. von Ban Sala Dan.
Der schöne feine Sandstrand Hat Khlong Khong ist fast fünf Kilometer lang. Der Strand liegt in Nachbarschaft zu den zwei kleinen Fischerdörfern Ban Phu Klom und Ban Khlong Khong und ist ideal für Reisende mit schma-

Den schönen Strand der Ao Phra-Ae säumen wogende Kasuarinen

**Hotels und Restaurants an der unteren Andamanen-Küste** *siehe Seiten 308–311 und 331–333*

# KO LANTA

Eines der Restaurants auf dem Viewpoint Hill mit Blick auf die Umgebung

### INFOBOX

**Straßenkarte** B5. 68 km südl. von Krabi. 21 000. von Krabi, Phuket und Ko Phi Phi. TAT, Krabi (0-7562-2163). Laanta-Lanta-Fest (März). www.lanta.de

lerem Geldbeutel, da man hier preisgünstige Bungalows sowie einfache, nette Bars und Restaurants findet. Zugleich sorgt die Distanz zu Ban Sala Dan für himmlische Ruhe. Der Hat Khlong Khong ist ideal für Sonnenanbeter. Das seichte Meer und der steinige Meeresboden erlauben das Schwimmen jedoch nur bei Flut. Dann ist allerdings auch Schnorcheln eine gute Wahl.

## Viewpoint Hill
จุดชมวิว

10 km südöstl. von Ban Sala Dan.

Der Hügel steht fast im geografischen Zentrum Ko Lanta Yais und ist die höchste Erhebung der Insel. Hierher gelangt man über die Straße, die von Hat Khlong Nin an der Westküste nach Ban Si Raya an der Ostküste führt. Die grandiose Aussicht auf dem Viewpoint Hill reicht über die von dichten Mangroven gesäumte Ostküste Ko Lanta Yais und die vielen kleinen Inselchen im Meeres-Nationalpark Ko Lanta *(siehe S. 263)* bis zur Trang-Küste *(siehe S. 264)* in der Ferne. Besonders beliebt ist der Hügel, um die Sonnenaufgänge und -untergänge über der Andamanensee zu beobachten. Auch in den beiden malerisch gelegenen Restaurants auf dem Hügel kann man bei einer Mahlzeit die Panoramaaussicht genießen.

## Hat Khlong Nin
หาดคลองนิล

10 km südl. von Ban Sala Dan.

Der wunderbar weiche weiße Sandstrand Hat Khlong Nin ist vor allem bei jungen Leuten beliebt. Schatten spenden hier Palmen und Kasuarinen, dazwischen blühen Wachsblumen. Der Strand ist zwar weniger ausgebaut als jene im Norden, man findet aber erschwingliche Unterkünfte und Restaurants. Das Nachtleben spielt sich hauptsächlich in ein paar kleinen, unprätentiösen Bars ab, in denen bis spät in die Nacht getanzt wird. Das Meer ist hier sicher und zum Schwimmen geeignet. Viele Besucher bleiben ein paar Tage, um diversen Strandaktivitäten nachzugehen oder einen Kurs in einer der Thai-Kochschulen in der Nähe zu absolvieren.

### LEGENDE
- Strand
- Tauchen
- Aussichtspunkt
- Fährhafen
- Information
- Hauptstraße
- Nebenstraße
- Fährroute

Der ruhige, aber gut ausgestattete Strand Hat Khlong Nin

*Straßenkarte siehe hintere Umschlaginnenseiten*

Der Dschungelpfad nach Tham Khao Mai Kaew

### Tham Khao Mai Kaew
ถ้ำเขาไม้แก้ว

11 km südöstl. von Ban Sala Dan.

Das Höhlen- und Tunnelsystem Tham Khao Mai Kaew liegt im bewaldeten Inneren von Ko Lanta Yai. Man erreicht es über die Straße zwischen dem Hat Khlong Nin und Ban Si Raya, von der eine zwei Kilometer lange schmale Abzweigung durch eine Kautschukplantage in das Gebiet führt. Da man sich in dem riesigen Höhlenlabyrinth verlaufen würde, darf man es nur mit Führer betreten. Zu sehen sind Kammern mit Tropfsteinen, kleine Hohlräume, in die man nur kriechend gelangt, und ein unterirdischer See, der zum Baden einlädt. Es gibt ein- und zweistündige Touren. Das Tourunternehmen bei den Höhlen bietet auch halb- und ganztägige Dschungeltreks an.

### Tham Seua
ถ้ำเสือ

11 km südöstl. von Ban Sala Dan.

Die »Tigerhöhle« Tham Seua ist ein kleinerer, weniger besuchter Höhlenkomplex. Sie liegt etwa zwei Kilometer östlich der Küstenstraße zwischen Khlong Nin und Laem Tanod. Man erreicht sie über einen schmalen Pfad, der auch zum Zentrum des Meeres-Nationalparks Ko Lanta führt. Die Tham Seua ist nicht so durchorganisiert wie Tham Khao Mai Kaew: Hier dürfen Besucher allein durch die Gänge wandern und die Tropfsteinhöhlen und spiegelblanken Seen erkunden. Da es in den Höhlen ziemlich kühl ist, bilden sie ein erfrischendes Ausflugsziel an einem heißen Tag.

### Hat Nui
หาดนุ้ย

16 km südl. von Ban Sala Dan.

Der schöne, relativ einsame Strand Hat Nui (auch Hat Khlong Nui) liegt an Ko Lanta Yais Westküste etwas südlich vom Hat Khlong Nin und der Abzweigung gen Osten zum Viewpoint Hill und nach Ban Si Raya. Hier befindet sich das umweltfreundliche Narima Bungalow Resort *(siehe S.308)*, für dessen Bau ausschließlich einheimische, natürliche Materialien verwendet wurden. Die Ferienanlage hat ein idyllisches, rustikales Flair, dichter tropischer Regenwald erstreckt sich von den Hügeln bis zum Strand – ein perfekter Ort zur Erholung. Reisebüros in Hat Nui organisieren Elefantenritte zur nahen Tham Seua sowie in die bewaldeten Hügel der Umgebung.

Gebäude einer Ferienanlage mitten im Wald, Ao Kantiang

### Ao Kantiang
อ่าวกันเตียง

18 km südl. von Ban Sala Dan.

Die hübsche Bucht Ao Kantiang bietet einen perfekten weißen Sandstrand mit Kasuarinen und mehrere gehobene Ferienanlagen, die Seite an Seite mit preisgünstigeren Unterkünften stehen. Obwohl sie etwas weiter von Ban Sala Dan entfernt ist, bietet auch diese Bucht eine gute Infrastruktur mit Reisebüros, Internet-Cafés, Motorrad- und Jeepvermietungen. Am Strand hat man eine gute Auswahl an Restaurants und Bars. Der Strand und die Bucht sind ideal zum Sonnenbaden und Schwimmen im Meer. Das kleine Korallenriff vor dem nördlichen Ende der Bucht ist vor allem bei Flut bei Schnorchlern beliebt. Viel mehr kann man hier allerdings nicht unternehmen – außer natürlich abends mit einem kühlen Drink in der Hand den Sonnenuntergang zu bewundern.

### Ao Khlong Jaak
อ่าวคลองจาก

19 km südl. von Ban Sala Dan.

Südlich der Ao Kantiang wird die befestigte Straße an der Westküste zusehends schlechter und ist schließlich nur noch ein Weg mit Spurrillen, auf dem selbst zweirädrige Fahrzeuge schwer zu lenken sind. Dies gilt vor allem in der

Restaurant auf einer Klippe am Strand Hat Nui

Hotels und Restaurants an der unteren Andamanen-Küste *siehe Seiten 308–311 und 331–333*

Regenzeit, wenn der Boden glitschig ist. In der südlich gelegenen Bucht Ao Khlong Jaak stehen diverse Unterkünfte, von noblen Ferienanlagen bis zu schlichten Herbergen. Die abgeschiedene Bucht erreicht man am besten mit dem Boot von Ban Sala Dan oder anderen, weiter nördlich gelegenen Küstenorten aus. Die Ao Khlong Jaak ist ideal für Reisende, die einfach abschalten möchten. Hier kann man sich erholen und wieder zu Kräften kommen. Abends genehmigt man sich einen Drink in einer Sundowner-Bar und staunt am weißen Sandstrand selig in den Sternenhimmel.

**Kajakfahrer am Strand von Ao Khlong Jaak**

### 🚗 Ao Mai Pai
อ่าวไม้ไผ่
21 km südl. von Ban Sala Dan. 🍴

In der Ao Mai Pai liegt der südlichste Strand auf Ko Lanta Yai. Hier endet zudem die unbefestigte, ausgefahrene Piste, die in den Süden der Insel führt. Etwas weiter im Landesinneren befindet sich das Zentrum des Meeres-Nationalparks Ko Lanta. Der Strand ist wunderschön und nicht überlaufen. Ein Korallenriff vor der Küste, in dem man vor allem bei Flut gut schnorcheln kann, entschädigt für das Fehlen sonstiger Strandvergnügungen. Die Ao Mai Pai bietet gute Mittelklasse-Ferienanlagen sowie preisgünstige Bungalows. Am Strand sorgen Palmen, Kasuarinen und Schraubenbäume für Schatten – ideal für Sonnenbäder mit Blick auf die Andamanensee.

### Ban Si Raya
บ้านศรีรายา
19 km südöstl. von Ban Sala Dan.
🍴 🏠

Das hübsche Dorf Ban Si Raya (Alt-Lanta-Stadt) entstand Jahrzehnte vor Ban Sala Dan und ist die älteste Siedlung auf Ko Lanta. Der Ort war früher Marinestützpunkt für britische Schiffe, die zwischen Phuket, Penang und Singapur kreuzten. Da er mit der schnellen Entwicklung der restlichen Insel kaum Schritt hielt, besitzt er noch viel Charme – seit 50 Jahren hat sich hier kaum etwas verändert. Dennoch machten auch hier steigende Besucherzahlen die Renovierung der chinesischen Ladenhäuser erforderlich. Beim Bummel auf der Hauptstraße stößt man etwa auf halbem Weg auf einen chinesischen Schrein, in der Nähe zeugen Moscheen von der prosperierenden muslimischen Gemeinde. Besucher finden Unterkunft in Gästehäusern, attraktiv sind jedoch vor allem die Lokale und Bars, die in den letzten Jahren entstanden.

**Schnorchler im klaren Wasser vor Ko Rok Nok**

## Meeres-Nationalpark Ko Lanta ⑯
พิพิธภัณฑ์ทางทะเลเกาะลันตา

**Straßenkarte** B5. Parkzentrum 8 km südl. vom Hat Nui, 70 km südl. von Krabi. 🚌 🚢 🛈 *Parkverwaltung (0-7562-9018).* 📷 🏠

Der 394 Quadratkilometer große Meeres-Nationalpark Ko Lanta umfasst die Südspitze von Ko Lanta Yai, Teile von Ko Lanta Noi sowie Riffe und 15 kleinere Inseln. Dazu gehören **Ko Rok Nai** und **Ko Rok Nok** 50 Kilometer südlich von Ko Lanta Yai sowie östlich von Ko Lanta Noi Ko Talabaeng mit Kalksteinhöhlen (perfekt für Kajakfahrten) und das Eiland Ko Ha.

Ko Rok Nok (»Äußere Insel Rok«) und Ko Rok Nai (»Innere Insel Rok«) liegen weit vor der Küste. Sie besucht man am besten auf Tagesausflügen mit dem Speedboot von Ko Lanta Yai oder Trangs Pak-Meng-Pier aus. Auf den Inseln kann man durch tropischen Regenwald wandern, Wasserfälle sowie unzählige Vögel und Reptilien entdecken oder die schönen Strände erkunden, an den Korallenriffen schnorcheln und prächtige Geweih- und Sternkorallen sowie Fische bewundern.

Begeistere Tauchsportler können von Ko Rok aus etwa 26 Kilometer südwestlich nach **Hin Daeng** und **Hin Muang** fahren. Die beiden exzellenten Tauchreviere sind für ihre farbenfrohen Weichkorallen bekannt.

**Am Strand der Ao Mai Pai stehen Kasuarinen und Schraubenbäume**

**Straßenkarte** *siehe hintere Umschlaginnenseiten*

Fähren und Boote warten am Pier auf Besucher, die zu den nahen Inseln übersetzen möchten, Hat Pak Meng

## Trang ⓱

ตรัง

**Straßenkarte** C5. 132 km südöstl. von Krabi. 67 000. 5 km südl. von Trang. TAT, Trang (0-7521-5867). tägl. Vegetarisches Fest (Okt).

Trang war schon im 1. Jahrhundert n.Chr. ein Handelszentrum und erlebte im Srivijaya-Reich (7.–15. Jh.) eine Blütezeit. Heute ist es die Hauptstadt der Provinz Trang und ein wichtiges Zentrum der Kautschuk-, Palmöl- und Fischereiwirtschaft. Auch die Bedeutung des Tourismus nimmt zu, da die Strände, Inseln und Berge der Provinz als Reiseziele immer beliebter werden. In der zweiten Hälfte des 19. Jahrhunderts wanderten viele Chinesen als Arbeitsmigranten in die Region ein. Sie prägen Trang noch heute. Ein Erbe dieser Einwanderer sind u.a. die sehr guten chinesischen Cafés. Die Architektur der Stadt ist eine Mischung aus europäischen und sino-thailändischen Stilen. Zu sehen sind etwa Ladenhäuser aus der Kolonialzeit und chinesische Tempel. Märkte tragen zum Lokalkolorit bei. Eine Statue erinnert an Khaw Sim Bee Na-Ranong, einen sehr verehrten Gouverneur von Trang, der den Titel Phraya Ratsadanupradit annahm. Berühmt ist auch das Vegetarische Fest.

**Chinesisches Dekor an einem Haus**

**Umgebung:** Gut 20 Kilometer südwestlich von Trang wurde in **Kantang** der allererste Kautschukbaum Thailands gepflanzt. An dieser historischen Stätte kann man auch das alte Herrenhaus von Gouverneur Khaw Sim Bee Na-Ranong besichtigen.

## Hat Pak Meng ⓲

หาดปากเมง

**Straßenkarte** C5. Anfahrt Hwy 4162, 40 km westl. von Trang. TAT, Trang (0-7521-5867).

Der Hat Pak Meng ist ein ruhiger Sandstrand mit guten Unterkünften und Restaurants, die für ihre delikaten Meeresfrüchte bekannt sind. Vom Strand kann man auch zur nahe gelegenen Insel **Ko Hai** übersetzen. Die schöne, ruhige Insel erreicht man mit Langbooten in nur rund 30 Minuten. Einige der Reisebüros an der Mole am Nordende des Strands organisieren zudem Schnorchel- und Bootsausflüge.

## Hat Chang Lang ⓳

หาดฉางหลาง

**Straßenkarte** C5. 45 km südwestl. von Trang. TAT, Trang (0-7521-5867).

Der Hat Chang Lang ist ein langer, schöner weißer Sandstrand, an dem Kasuarinen angenehmen Schatten spenden. An seinem Südende

### Vegetarisches Fest in Trang

**Prozessiom beim Vegetarischen Fest in Trang**

Die lange Verbindung Trangs mit Südchina und den chinesischen Traditionen der Einwanderer zeigt sich beim Vegetarischen Fest, das jedes Jahr Anfang Oktober in einer Vollmondnacht stattfindet. Die chinesischstämmigen Einwohner kleiden sich ganz in Weiß und werden neun Tage lang zu Vegetariern, um so Körper und Seele zu reinigen. Asketen ziehen mit ihrem Gefolge durch die Stadt und nehmen unter dem Getöse von Trommeln, Becken und Knallfröschen Opfergaben der Gläubigen entgegen. Sie geißeln sich im religiösen Eifer, stechen sich spitze Gegenstände durch den Körper und laufen über glühende Kohlen. Überraschenderweise kommt es dabei selten zu ernsthaften Verletzungen.

befindet sich das Zentrum des Hat-Chao-Mai-Nationalparks. Die Hotels am Strand gehören überwiegend zur gehobenen Kategorie. Das Anantara Si Kao Resort *(siehe S. 310)* am Nordende des Strands ist das beste Hotel der Provinz Trang. Weiter im Süden findet man auch preisgünstigere Unterkünfte. Am Hat Chang Lang ist eine breite Palette für Wassersport möglich, auch Kajakfahren, Hochseefischen und Windsurfen. Der Strand ist für seine Austern bekannt, Besucher sollten sie in einem der Restaurants am Strand probieren.

**Ausflüger in Kajaks auf dem Meer vor dem Hat Yao**

## Hat-Chao-Mai-Nationalpark [20]

อุทยานแห่งชาติหาดเจ้าไหม

**Straßenkarte** C5. Parkzentrum Hat Chang Lang, 47 km südwestl. von Trang. *Parkverwaltung (0-7521-3260).* tägl. 6–18 Uhr. www.dnp.go.th

Der Nationalpark liegt südwestlich von Trang. Er wurde 1982 gegründet und umfasst ein Gebiet von 231 Quadratkilometern. Die Küstenlandschaft des Parks bietet Bäche mit Mangrovenwäldern, Karstfelsen im Meer und versteckte Buchten. In den Kalksteinfelsen hinter dem größten Strand, dem Hat Chao Mai, befinden sich einige geschichtlich interessante Höhlen, in denen prähistorische Artefakte gefunden wurden. Die bedeutendste ist die große Meereshöhle **Tham Chao Mai**, in der zahllose Stalagmiten aufragen. Sie ist mit Langbooten leicht zu erreichen. Zum Parkgebiet gehören zudem neun Inseln, darunter Ko Kradan und Ko Muk *(siehe S. 266)*.

Gelegentlich sieht man in den Gewässern Dugongs (Gabelschwanzseekühe), häufig Delfine und Otter. Ansonsten tummeln sich hier Schlankaffen und Wildschweine. Die beste Zeit für einen Besuch ist die kühle Jahreszeit von November bis Februar.

## Hat Yong Ling [21]

หาดหยงหลิง

**Straßenkarte** C5. Hat-Chao-Mai-Nationalpark. *TAT, Trang (0-7521-5867).*

Direkt südlich des Hat Chang Lang schließt sich der Hat Yong Ling an. Die beiden Strände trennt ein Pier, von dem Boote zur Insel Ko Muk im Hat-Chao-Mai-Nationalpark fahren. Der Hat Yong Ling ist ein weißer Sandbogen, der Richtung Land von einem Kiefernwald und an seinen Enden von Felsen begrenzt wird. Der größere Felsen ist von Höhlen durchlöchert, die man bei Ebbe zu Fuß und bei Flut per Boot oder schwimmend erforschen kann. Einige der Höhlen führen zu kleinen, versteckten, oft sehr schönen Stränden mit niedrigen Sanddünen, zwischen denen man sich ungestört niederlassen kann. Mit Unterkünften, Restaurants, Bars oder Läden in größerem Umfang wartet der Strand kaum auf, doch man darf die Einrichtungen im Büro des Nationalparks am Hat Chang Lang benutzen.

## Hat Yao [22]

หาดยาว

**Straßenkarte** C5. Hat-Chao-Mai-Nationalpark. *TAT, Trang (0-7521-5867).*

Der fünf Kilometer lange Hat Yao (»Langer Strand«) ist nach dem Hat Yong Ling der nächste Strand in Richtung Süden. Mit Kasuarinen, Kiefern und sauberem weißen Sand ist er ein schöner Ort zum Zelten. Unter der Woche ist der Strand kaum besucht, in letzter Zeit wird er jedoch zunehmend erschlossen. Einige Bungalowanlagen, Restaurants und Bars wurden eröffnet. Das warme Wasser des Meers ist wunderbar zum Schwimmen.

**Schmaler Strand mit Kasuarinen im Hat-Chao-Mai-Nationalpark**

**Straßenkarte** *siehe hintere Umschlaginnenseiten*

Schöne Hotelanlage mit Privatstrand auf der Insel Ko Hai

## Ko Hai ㉓

เกาะไหง

**Straßenkarte** C5. 58 km südwestl. von Trang. 🚢 vom Pak-Meng-Pier. 🛈 TAT, Trang-Satun (0-7521-5867). 🍴 🛏

Das winzige, schöne Eiland Ko Hai vor Trangs Südwestküste wird auch Ko Ngai genannt. Die Tropeninsel besitzt alle Aspekte eines Paradieses: ein schattiges, grünes Hinterland, fantastische Strände mit weißem Pudersand, flaches Meer und herrliche Korallenriffe in Küstennähe mit Schwärmen von Fischen. Auf Ko Hai sucht man günstige Unterkünfte vergebens. Die Preise beginnen in der mittleren Kategorie, die Bungalows und Restaurants liegen im höheren Preissegment. Die kleine Insel ist ideal für Familien mit Kindern. Außer Sonnenbaden, Schwimmen oder einfach in der Hängematte ausspannen stehen auch Kajak fahren und Schnorcheln auf dem Programm.

Reisebüros auf der Insel bieten Schnorchel- und Tauchfahrten zur Insel Ko Rok Nok *(siehe S. 263)* etwa 31 Kilometer südwestlich von Ko Hai an.

## Ko Muk ㉔

เกาะมุกด์

**Straßenkarte** C5. Hat-Chao-Mai-Nationalpark. 🚢 vom Pak-Meng-Pier. 🛈 TAT, Trang-Satun (0-7521-5867). 🍴 🛏

Bis vor wenigen Jahren war die »Perleninsel« Ko Muk ein abgeschiedenes Paradies für Rucksackreisende. Man erreicht die Insel im Hat-Chao-Mai-Nationalpark auch vom Kuan-Tunku-Pier, der etwas weiter südlich liegt. Auf Ko Muk lebten bislang nur einige *chao lae* (Seenomaden), die Insel wird mittlerweile jedoch für den gehobenen Tourismus erschlossen. Ihr Hauptstrand **Hat Sai Yao** ist mit seinem weißen Sand und dem warmen Wasser auch das Hauptziel der Urlauber. Dort sind gute Hotels und Restaurants der mittleren Preisklasse vorhanden.

Die »Smaragdhöhle« **Tham Morakot** ist eine der Sehenswürdigkeiten der Insel. Die Unterwasserhöhle *(hong)* erreicht man nur, wenn man bei Flut durch einen unter Wasser stehenden, finsteren Tunnel schwimmt oder von oben über die eingefallene Kuppel einsteigt, durch die auch etwas Sonnenlicht in die Tiefe fällt. Zur Lagune davor fährt man mit dem Boot, bei Ebbe entsteht dort auf einer Sandbank ein Strand. Die Ostküste der Insel ist völlig unerschlossen, dort leben nur einige Fischer.

## Ko Kradan ㉕

เกาะกระดาน

**Straßenkarte** C5. Hat-Chao-Mai-Nationalpark. 🚢 vom Pak-Meng-Pier. 🛈 TAT, Trang-Satun (0-7521-5867). 🍴 🛏

Zu dieser herrlichen Insel fahren Boote vom Pak-Meng-Pier und vom Kuan-Tunku-Pier aus. Ko Kradan ist

Schwimmer vor dem Start durch den dunklen Tunnel zur Tham Morakot

**Hotels und Restaurants an der unteren Andamanen-Küste** *siehe Seiten 308–311 und 331–333*

Teil des Hat-Chao-Mai-Nationalparks und eine der Perlen der Andamanensee. Im Inselinneren wechseln sich dichter, tropischer Dschungel und Kautschukplantagen ab. Dicht an der Küste liegen traumhafte Korallenriffe, an denen man ausgezeichnet schnorcheln kann. Einige gesunkene japanische Schiffe aus dem Zweiten Weltkrieg bilden aufregende Tauchreviere. Ko Kradan ist bislang noch nicht so erschlossen wie Ko Muk, doch das wird sich in nächster Zeit ändern, da die Inseln als Reiseziel immer beliebter werden. Bisher wurden jedoch keine teuren Ferienanlagen gebaut, nur einige Bungalows stehen auf der Insel. Zelten ist erlaubt.

Paar mit Heiratsurkunde bei einer Unterwasserhochzeit

### Unterwasserhochzeiten auf Ko Kradan

Seit 1996 werden in Trang am Valentinstag Unterwasserhochzeiten durchgeführt. Die zuvor nur kleinen Feste wurden ab dem Jahr 2000 zu Massenzeremonien. Ganze Gruppen von thailändischen und ausländischen Paaren heiraten in der Tiefe. Der Hauptort der Veranstaltungen ist Ko Kradan, das im Jahr 2000 mit der größten Unterwasserhochzeit der Welt ins *Guinness-Buch der Rekorde* aufgenommen wurde. Vor der Zeremonie fahren Braut und Bräutigam in einer Bootsflottille die Küste entlang und tauchen dann in Gruppen von 40 Paaren zu einem Unterwasseraltar hinab, wo sie in Tauchermontur von einem Beamten offiziell getraut werden. Die Paare benötigen einen PADI-Tauchschein oder müssen zuvor auf Ko Kradan bei den Organisatoren einen kurzen Tauchkurs absolvieren.

## Ko Libong ㉖

เกาะลิบง

**Straßenkarte** B5. 13 km südwestl. von Ko Kradan. 0-7525-1932 (Wildschutzgebiet Libong-Archipel). vom Pak-Meng-Pier. TAT, Trang-Satun (0-7521-5867).

Die östlich von Ko Muk und Ko Kradan gelegene größere Insel Ko Libong erreicht man vom nicht weit entfernten Chao-Mai-Pier. Ko Libong ist bis jetzt von der kommerziellen Hektik verschont geblieben, die den Rest des Landes überrollt zu haben scheint. Nur einige kleine muslimische Fischerdörfer befinden sich dort. Der Hauptstrand der Insel liegt bei Ban Maphrao an der Ostküste. Außer einer Handvoll Restaurants sowie einigen kleinen Cafés und Bars bietet Ko Libong auch ein paar Ferienanlagen mittlerer Preisklasse. Urlauber können hier nicht nur schwimmen und schnorcheln, sondern auch eine artenreiche Tierwelt entdecken, die unter dem Schutz des **Wildschutzgebiets Libong-Archipel** steht. Man kann Mangrovensümpfe erkunden und vielleicht einen der seltenen und gefährdeten Dugongs (Seekühe) beobachten. Naturschützer vermuten, dass bis zu 20 Dugong-Paare in diesem Gebiet leben. Auf Kajaktouren mit Führern kommt man ihnen in ihrer natürlichen Umwelt ganz nahe.

## Ko Sukorn ㉗

เกาะสุกร

**Straßenkarte** C5. 22 km südöstl. von Ko Libong. vom Tasae-Pier. TAT, Trang-Satun (0-7521-5867).

Östlich von Ko Libong und gegenüber von Laem Tasae liegt Ko Sukorn, ein weiteres Juwel der Trang-Küste. Die Insel ist per Boot vom Tasae-Pier oder vom Pak-Meng-Pier aus schnell zu erreichen. Sie ist kleiner als Ko Libong und dichter besiedelt. Die etwa 2500 muslimischen Bewohner der Insel leben hauptsächlich vom Fischfang und der Hummerzucht sowie vom Anbau von Kokosnüssen, Reis und Kautschuk. Die Bewohner von Ko Sukorn sind freundlich, aber konservativ. Hier findet man keine exklusiven Hotels, dafür aber einfache Bungalows, einige Läden, Restaurants und Cafés. Die Stromversorgung ist hier zufällig und in der Regel auf die Nacht begrenzt. Urlauber können hier schwimmen, schnorcheln und die Insel auf Leihrädern erkunden.

Langboote von Fischern am Pier von Ko Sukorn

**Straßenkarte** *siehe hintere Umschlaginnenseiten*

## Meeres-Nationalpark Ko Phetra [28]

อุทยานแห่งชาติเกาะเภตรา

**Straßenkarte** C6. Parkzentrum nahe Hwy 416, 77 km südl. von Trang. ℹ️ *Parkverwaltung (0-7478-3074).* von Pak Bara. **www.dnp.go.th**

Der Meeres-Nationalpark Ko Phetra umfasst über 30 Inseln in den Provinzen Trang und Satun. Die Insel Ko Phetra, die dem Park ihren Namen gab, ist die größte des Archipels. Der Park erstreckt sich auf 500 Quadratkilometer Meeresfläche und wurde 1984 gegründet. Fast alle Inseln bestehen aus interessanten Kalksteinformationen. Auf einigen von ihnen legen Meeresschildkröten ihre Eier ab, in den Klippen nisten riesige Kolonien von Fledermäusen und Salanganen. Die Inseln sind von artenreichen Korallenriffen umgeben und bieten wunderbare Tauchreviere. Im klaren Wasser tummeln sich zahllose farbenprächtige Fische und andere Meerestiere, darunter auch Dugongs (Gabelschwanzseekühe) und Seesterne. Im Gebiet des Nationalparks werden aber auch kommerziell Krabben, Hummer und Tintenfische gefangen. Die Inseln sind mit dichten, üppigen Regenwäldern bewachsen. An den Küsten dehnen sich Mangrovenwälder aus. Wer über Nacht bleiben will, kann in den Parklodges auf Ko Li Di absteigen oder im Parkzentrum auf dem Festland. An einigen Orten ist zelten erlaubt.

Unberührter Sandstrand auf Ko Bulon Leh

**Roter Seestern**

## Pak Bara [29]

ปากบารา

**Straßenkarte** C6. 55 km südl. von Trang. *TAT, Trang-Satun (0-7521-5867), Parkverwaltung Ko Tarutao (0-7478-3485).*

Das Küstenstädtchen und Fischerdorf Pak Bara ist weniger eine Touristendestination, sondern Ausgangsort für Fahrten zu den Meeres-Nationalparks Ko Phetra und Ko Tarutao *(siehe S. 270–275)*. Das Zentrum des Meeres-Nationalparks Ko Phetra liegt nur drei Kilometer von Pak Bara entfernt. Ein Besucherzentrum für den Ko Tarutao befindet sich zudem im Dorf. Preisgünstige Unterkünfte sowie gute Fischlokale und Bars machen Pak Bara zum angenehmen Aufenthaltsort für einen Zwischenstopp. Seit Kurzem gibt es auch einige Taucherläden und Reisebüros, die Kajaktouren in den Gewässern der Umgebung anbieten.

## Ko Bulon Leh [30]

เกาะบุโหลนเล

**Straßenkarte** C6. 38 km westl. von Pak Bara. von Pak Bara. ℹ️ *TAT, Trang-Satun (0-7521-5867).*

Das winzige, bildhübsche Ko Bulon Leh wird dank seiner weißen Sandstrände und des kristallklaren Meers als extravagantes Urlaubsziel immer beliebter. Früher fanden nur Rucksackreisende den Weg nach Ko Bulon Leh, doch mit der zunehmenden Kommerzialisierung der Insel steigen die Preise stark an. Der Hauptstrand liegt in der »Mangobucht« **Ao Mamuang**. Im nördlichen Teil der Insel lebt eine kleine Gemeinde von *chao lae* (Seenomaden, *siehe S. 204*). Die lokale Wirtschaft basiert auf dem Fischfang und dem Anbau von Kokosnüssen und Kautschuk. Das Korallenriff vor der Küste lädt zum Schnorcheln ein. Von Pak Bara fährt täglich ein Boot nach Ko Bulon Leh.

## Satun [31]

สตูล

**Straßenkarte** C6. 115 km südöstl. von Pak Bara. *22 000.* ℹ️ *TAT, Trang-Satun (0-7521-5867).* tägl.

Die beschauliche Stadt liegt kurz vor der Grenze zu Malaysia und ist die Hauptstadt der Provinz Satun. Der Bevölkerungsanteil an Muslimen liegt bei rund 80 Prozent. Dennoch unterscheidet sich Satun von Yala und Nara-

Passagiere warten in Pak Bara auf die Fähre zu den nahen Nationalparks

Hotels und Restaurants an der unteren Andamanen-Küste *siehe Seiten 308–311 und 331–333*

thiwat *(siehe S. 285)*, den anderen Orten in der Provinz Pattani *(siehe S. 284)* mit muslimischer Mehrheit. Die Muslime der südlicheren Städte folgen einem orthodoxen, strengen Islam, während die Muslime Satuns kulturell und sozial weitaus liberaler sind. Fundamentalisten und Separatisten haben in Satun keine Unterstützung.

Die Stadt hat einige Sehenswürdigkeiten zu bieten, etwa die **Freitagsmoschee Masayit Mambang**, die im malaiisch-muslimischen Stil mit Minarett und Kuppel errichtet wurde und mit glasierten Ziegeln und Marmor verziert ist. Im Erdgeschoss befindet sich auch eine Bibliothek. Das **Satun-Nationalmuseum** ist in einem prächtigen Herrenhaus im sino-portugiesischen Stil untergebracht, in dem früher der Gouverneur von Satun residierte. Das zweistöckige Gebäude beherbergt Ausstellungen zur lokalen Geschichte und Kultur. Der 200 Jahre alte **Wat Chanathipchaloem** war der erste buddhistische Tempel der Stadt. Seinen Eingang bewachen zwei *yaksha* (Naturgeister). Der *wat* besitzt einen charakteristischen zweistöckigen *ubosot*. Der erste Stock dient als Gebetsraum, der zweite wird für religiöse Übungen genutzt. Auch der chinesische Tempel Po Je Kang und die Gemüsemärkte sind sehenswert. Sie sollten auch die lokale Küche versuchen, die malayische, Thai- und chinesische Stile köstlich miteinander mischt.

**Farbenfrohe Fassade des chinesischen Tempels Po Je Kang, Satun**

**Satun-Nationalmuseum**
Soi 5, Satun Thani Rd. *0-7472-2140.* Mi–So 9–16 Uhr.

**Wat Chanathipchaloem**
Sulakanukoon Rd, Tambon Phiman. *0-7471-1996.* 8–16 Uhr

## Thale-Ban-Nationalpark ㉜
อุทยานแห่งชาติทะเลบัน

**Straßenkarte** C6. Parkzentrum nahe Hwy 4184, 37 km östl. von Satun. *Parkverwaltung (0-7472-2736).* **www**.dnp.go.th

Der 1980 gegründete Thale-Ban-Nationalpark schützt in den Banthat-Bergen an der Grenze zu Malaysia eine 196 Quadratkilometer große Fläche dichten tropischen Regenwalds. Sein Zentrum bildet ein Tal mit mehreren Wasserfällen und Kalksteinhügeln, die mit Höhlen durchsetzt sind. Hier leben Tapire, Seraue, Muntjaks, Fischkatzen und Malaienbären. Auch seltene Vögel wie Fledermausaare, die sich von Fledermäusen und anderen kleinen Beutetieren ernähren, sind hier zu sehen. Markierte Pfade führen zu Wasserbecken und zu zwei Wasserfällen: Fünf Kilometer nördlich des Parkzentrums stürzt der **Nam Tok Ya Roy** in neun Stufen herab, zehn Kilometer nördlich der **Nam Tok Ton Piew**. Zu den Einrichtungen gehören Bungalows, ein Zeltplatz und ein Restaurant. Den Park erreicht man am besten von Satun aus.

**Ein Plankenweg führt zu einer Aussichtsplattform nahe dem Parkzentrum des Thale-Ban-Nationalparks**

**Straßenkarte** *siehe hintere Umschlaginnenseiten*

# Meeres-Nationalpark Ko Tarutao ㉝

อุทยานแห่งชาติตะรุเตา

Clownfisch und Koralle

Ko Tarutao wurde 1974 als Thailands zweiter Meeres-Nationalpark gegründet und umfasst 51 Inseln. Auf der gleichnamigen größten Insel befindet sich das Parkzentrum. Ko Tarutao ist Teil eines artenreichen Ökosystems, zu dem auch die acht Kilometer südlich gelegenen malaysischen Langkawi-Inseln gehören. Der 1489 Quadratkilometer große Park bietet weltberühmte, unberührte Tauchgründe und eine grandiose Flora und Fauna. In diesem Dorado für Tierfreunde leben Oliv-Bastard- und Echte Karettschildkröten, Languren, einige Eichhörnchenarten, über 100 Vogelarten – und 25 Prozent aller tropischen Fischarten.

**Zur Orientierung**

☐ Dargestelltes Gebiet

**★ Ko Rawi**
*Ko Rawi ist schön, kaum bewohnt und ideal zum Schnorcheln. Hier findet man schöne Strände, prächtige Korallenriffe und im Inneren dichten Dschungel.*

**Das Tor der Liebenden auf Ko Khai**
*Das Tor der Liebenden wurde in Jahrtausenden durch Wind und Wellen im Kalkstein ausgehöhlt und ist heute ein berühmtes Wahrzeichen des Meeres-Nationalparks.*

**Ko Adang**, eine malerische Insel mit üppigem Regenwald, ist von einem Korallenriff umgeben.

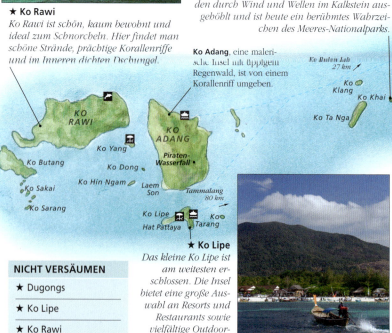

**★ Ko Lipe**
*Das kleine Ko Lipe ist am weitesten erschlossen. Die Insel bietet eine große Auswahl an Resorts und Restaurants sowie vielfältige Outdoor-Möglichkeiten.*

## NICHT VERSÄUMEN

★ Dugongs

★ Ko Lipe

★ Ko Rawi

Hotels und Restaurants an der unteren Andamanen-Küste *siehe Seiten 308–311 und 331–333*

# MEERES-NATIONALPARK KO TARUTAO

### Meeresschildkröten
*Im Park kommen vier Arten von Meeresschildkröten vor: Suppen-, Echte Karett-, Oliv-Bastard- und Lederschildkröte. Die Ao Son auf Ko Tarutao ist ein bevorzugter Platz zur Eiablage.*

### INFOBOX

**Straßenkarte** C6. Parkzentrum 82 km westl. von Satun.
🕿 Parkverwaltung (0-7478-3485 oder 0-7478-3597). ⛴ von Pak Bara (regelmäßige Überfahrten nur Mitte Nov–Mitte Apr).

## LEGENDE

- 🏖 Strand
- 🤿 Tauchen
- 🌄 Schöne Landschaft
- 👁 Aussichtspunkt
- ⛴ Fährhafen
- ℹ Information
- - - Weg
- – – Fährroute

**Laem Tanyong Hara**, der malerische nördlichste Punkt des Parks, ist ein großartiger Platz zum Schwimmen.

### Dschungel-Treks
*Dschungel-Treks sind eine interessante Alternative zu einem Tag am Strand. Unterwegs sieht man eine fantastische Vielfalt an Tieren, vor allem an Vögeln.*

**Nam Tok Lu Du** ist ein schöner Picknickplatz mit erfrischendem Wasser.

### ★ Dugongs
*In den Gewässern vor Ko Tarutao kann man auf Dugongs (Seekühe) treffen. Die sanften Riesen fressen Seegras und meiden Menschen.*

### Gefangenenlager
*Im Zweiten Weltkrieg befanden sich auf der «Gefängnisinsel» Ko Tarutao mehrere Gefangenenlager. Die Gefangenen lebten unter unmenschlichen Bedingungen ohne Nahrung und Medikamente und wurden später zu Piraten.*

**Straßenkarte** *siehe hintere Umschlaginnenseiten*

# Überblick: Meeres-Nationalpark Ko Tarutao

Ko Tarutao ist die größte Insel des Nationalparks: 26 Kilometer lang, landschaftlich abwechslungsreich, bis zu 700 Meter hoch und großteils von tropischen Regenwäldern bedeckt. Die Fähren aus Pak Bara legen beim Parkzentrum in der Ao Pante Malaka an, dort befinden sich Bungalows, ein Restaurant und der einzige Laden der Insel. Gleich östlich der Bucht befinden sich die Klippen Tham Jara-Khe und To-Bu, zwei der Sehenswürdigkeiten. Die Inseln Ko Adang, Ko Lipe und Ko Rawi sind beliebte Strandziele, vor Ko Kra und Ko Yang liegen exzellente Tauchgründe.

**Bungalow des Parkzentrums von Ko Tarutao, Ao Pante Malaka**

## Ao Pante Malaka
อ่าวพันเตมะละกา
82 km westl. von Satun. von Pak Bara. www.dnp.go.th

Die liebliche Bucht Ao Pante Malaka liegt an der Nordwestküste von Ko Tarutao. Hier befinden sich das Parkzentrum des Meeres-Nationalparks und ein langer Strand mit Kasuarinen, der ideal zum Schwimmen ist. Die Ao Pante Malaka bietet mehr als andere Orte auf der Insel. Hier verlaufen Radwanderwege. Zudem besteht die Möglichkeit, Kajak zu fahren. In der Bucht legen auch die Boote aus dem 16 Kilometer entfernten Pak Bara an. In den einfachen Bungalows, Langhäusern und Hütten der Bucht können Besucher des Parks übernachten. Man darf auch zelten, vor allem am Strand, doch muss man zuvor die Erlaubnis der Parkverwaltung einholen.

Das von der Parkverwaltung betriebene Lokal bietet gutes Essen und kühle Getränke an, das Besucherzentrum liefert Hintergründe zur Geschichte und Ökologie des Nationalparks. Mit Booten kommt man zur Höhle Tham Jara-Khe sowie zu den benachbarten Buchten Ao Son und Ao Taloh Udang.

## To-Bu-Klippe
ผาโต๊ะบู
2 km östl. von Ao Pante Malaka.

Zwei Kilometer östlich der Ao Pante Malaka erreicht man nach 20 Minuten Fußmarsch durch den dichten Wald im Inneren der Insel die To-Bu-Klippe. Der Weg dorthin beginnt beim Parkzentrum – bereits dort kann man die 111 Meter hohe Wand deutlich sehen. Von oben hat man einen spektakulären Ausblick über den Archipel. Entlang dem Weg informieren Schilder über die artenreiche Pflanzen- und Tierwelt.

Die ausgesprochen romantische To-Bu-Klippe bietet eine atemberaubende Ansicht des Sonnenuntergangs über der Andamanensee. Der Weg hat allerdings seine Tücken, man sollte unbedingt darauf achten, vor Einbruch der Dunkelheit wieder zurück zu sein. In dieser Gegend gibt es keinen Strom, deshalb ist der Abstieg nach Sonnenuntergang nicht ganz ungefährlich.

## Tham Jara-Khe
ถ้ำจระเข้
3 km nordöstl. von Ao Pante Malaka.

In der Nähe von Ko Tarutaos Nordkap Laem Tanyong Hara stößt man auf die beeindruckende Höhle Tham Jara-Khe. Sie ist 300 Meter tief und voll faszinierender Tropfsteingebilde. Die »Krokodilhöhle« war früher berüchtigt, weil in ihr gefährliche Leistenkrokodile vorkamen. Mit dem Boot fährt man in 20 Minuten vom Khlong Pante Malaka in der Ao Pante Malaka auf dem schönen Kanal durch die Mangroven bis zur Höhle. Auf Flößen geht es dann weiter in die Höhle – am besten während der Ebbe, da das Manövrieren dann leichter fällt. Die Besichtigung dauert etwa eine Stunde. Besuchern wird empfohlen, ihre eigene Ausrüstung, vor allem Taschenlampen, mitzubringen, da es in der Höhle (fast) keine Einrichtungen gibt.

**Kajakfahrer unter der überhängenden To-Bu-Klippe**

Rangerstation am abgeschiedenen Strand der Ao Son

## Ao Jak und Ao Molae

อ่าวจากและอ่าวมะและ
5 km südl. von Ao Pante Malaka.

Südlich der Ao Pante Malaka liegt die Ao Jak und dahinter die Ao Molae. Die beiden Buchten mit weißen Sandstränden sind für Picknicks und Wanderungen ideal. Außer Kokosplantagen im Landesinneren der Ao Jak findet man dort nichts – weder Unterkünfte noch Gastronomie.

Die Ao Molae liegt etwas weiter im Süden und ist erschlossener als die Ao Jak. Man erreicht sie bei Ebbe, indem man einen kleinen Mangrovensumpf durchquert. Bei Flut muss man ein kurzes Stück durch das hereindringende Meerwasser waten. Neben einem Camp der Parkranger und einem Restaurant findet man hier einfache Bungalows zum Übernachten, oder man schlägt sein Quartier in den Bambushütten auf, die den dort ansässigen Fischern gehören.

## Ao Son

อ่าวสน
13 km südl. von Ao Pante Malaka.

Etwas weiter südlich an der Westküste von Ko Tarutao kommt man zur Ao Son, einer ziemlich großen Bucht mit langem weißen Sandstrand und schönen Stellen zum Schwimmen und Schnorcheln. Von der Ao Pante Malaka erreicht man sie per Boot, oder man wandert von der Ao Molae acht Kilometer nach Süden. Es gibt keine Straße, aber einen holprigen Pfad durch Gestrüpp aus wilden Bananen und hohen Flügelfruchtgewächsen. Die Wanderung dauert etwa zwei Stunden. In der Ao Son legen zwischen September und April Schildkröten ihre Eier ab. Am ehesten sind sie nachts zu sehen. Der Strand verfügt über keinerlei Einrichtungen, außer einer kleinen Rangerstation. Mit Erlaubnis der Parkverwaltung darf man hier zelten.

Von der Ao Son führen Pfade zu zwei schönen Wasserfällen im Inselinneren. Die Wanderung zum **Nam Tok Lu Du** dauert eine, die zum **Nam Tok Lo Po** zwei Stunden. Bei beiden Wasserfällen laden Süßwasserbecken zum Baden ein. Weiter im Süden liegt die Ao Makham. Die »Tamarindenbucht« erreicht man zu Fuß auf einem langen, schwierigen Pfad durch dichten Dschungel. Einfacher geht es per Boot von der Ao Pante Malaka.

## Ao Taloh Udang

อ่าวตะโละ อุดัง
24 km südl. von Ao Pante Malaka.

An der Südspitze von Ko Tarutao liegt die tiefe, durch das winzige Eiland Ko Rang Nok geschützte Bucht Ao Taloh Udang, in der Tausende von Salanganen nisten. Zur spannenden Geschichte Ko Tarutaos gehört die Strafkolonie, die sich früher in der Bucht befand. Unter den politischen Gefangenen war auch ein Enkel von Rama VII. (reg. 1925–35), der das erste Thai-Englisch-Wörterbuch verfasste. Da das Lager während des Zweiten Weltkriegs keine Lebensmittel mehr erhielt, wurden die Insassen zu gefürchteten Piraten in der Malakkastraße. 1946 lösten die Briten das Lager auf. Die Überreste können heute besichtigt werden. Die Bucht bietet ansonsten nur noch eine Rangerstation.

Statue beim Gefangenenlager

Weg zu den Überresten des Gefangenenlagers in der Ao Taloh Udang

**Straßenkarte** siehe hintere Umschlaginnenseiten

**Begeisterte Schnorchler im klaren Wasser vor Ko Adang**

## Ko Adang
เกาะอาดัง

42 km südwestl. von Ao Pante Malaka. 🚤 von Ao Pante Malaka. 🍴

Das 31 Quadratkilometer große Ko Adang hüllt sich fast vollständig in tropischen Regenwald. Im Südwesten der Insel liegt Laem Son. Auf dem Weg dorthin passiert man die kleineren Inseln Ko Klang und Ko Khai. Ko Adang ist berühmt für sein klares Wasser, die feinen Sandstrände und die gut erhaltenen Korallenriffe, in denen Schulen farbenfroher Fische leben sowie zahlreiche andere Meerestiere und Pflanzen.

In den Wäldern Ko Adangs verbergen sich einige schöne Wasserfälle, die in Kaskaden von bis zu 700 Meter hohen Hängen herabstürzen. Der höchste ist vermutlich der **Nam Tok Chon Salat**, der ganzjährig Wasser führt. Nur zwei Kilometer von Laem Son entfernt liegt der malerische **Piraten-Wasserfall**. Dort sollen sich Piraten, die auf der Insel lebten, mit Frischwasser versorgt haben. Zur Klippe **Pha Chado** geht man von der Rangerstation auf Laem Son etwa 30 Minuten Richtung Süden. Dort öffnet sich ein großartiger Blick über den weißen Strand des Kaps.

Von Ko Adang aus erreicht man andere, kleinere Inseln wie Ko Lipe, Ko Dong, Ko Hin Ngam und Ko Yang, wo man ebenfalls gut schwimmen, tauchen, Kajak fahren und segeln kann. Die winzige »Eierinsel« **Ko Khai** mit einem schönen Felsenbogen liegt 18 Kilometer von Ko Adang entfernt. Dort kann man nicht übernachten, sie eignet sich aber wunderbar zum Schnorcheln und Tauchen. Auf dem weißen Sandstrand legen Schildkröten ihre Eier ab.

Wer auf Ko Adang übernachten möchte, sollte unbedingt im Voraus buchen. Das Restaurant der Insel serviert leckere lokale und europäische Gerichte.

## Ko Rawi
เกาะราวี

47 km südwestl. von Ao Pante Malaka. 🚤 von Ko Lipe.

Ko Rawi ist mit 28 Quadratkilometer Fläche die zweitgrößte Insel der Adang-Rawi-Gruppe. Sie liegt zehn Kilometer westlich von Ko Adang und ist wie diese mit schönen Stränden, kristallklarem Meer, dichtem Dschungel und artenreichen Korallenriffen gesegnet. Auf Ko Rawi befindet sich eine Station der Parkranger am Hat Sai Khao. Auf der Insel sind allerdings weder Unterkünfte verfügbar, noch finden sich Läden, Restaurants oder andere Einrichtungen. Wer dort in der Einsamkeit zelten möchte, muss zuvor bei der Parkverwaltung eine Erlaubnis einholen.

Ko Rawi ist ein geeignetes Ziel für einen schönen Tagesausflug von Ko Adang oder Ko Lipe aus. Das Schwimmen, Schnorcheln und Tauchen vor der Insel ist traumhaft. Mit einem gemieteten Boot gelangt man von Ko Lipe aus schnell dorthin.

**Auf zum Sprung ins blaue Wasser bei Ko Rawi**

Hotels und Restaurants an der unteren Andamanen-Küste *siehe Seiten 308–311 und 331–333*

## Ko Lipe

เกาะหลีเป๊ะ

47 km südwestl. von Ao Pante Malaka. von Ao Pante Malaka.

Einen Kilometer südlich von Ko Adang liegt die viel kleinere Insel Ko Lipe, die bei den Einheimischen auch Ko Sipe heißt. Sie ist das beliebteste Ziel im Meeres-Nationalpark Ko Tarutao und daher auch am besten erschlossen. Ursprünglich lebte hier nur eine kleine Gruppe von *chao lae* (Seenomaden), doch in den letzten Jahren entstanden an den schönen Stränden in rasender Geschwindigkeit Ferienanlagen und Hotels. Auch Ko Lipe hat alles im Überfluss: kristallklares Wasser, schöne Korallenriffe, feinen weißen Sand und ein bergiges, dicht bewaldetes Inneres.

Die meisten Unterkünfte wurden am **Hat Pattaya** an der Südküste von Ko Lipe gebaut. Hier befinden sich einige Bungalowanlagen sowie zahlreiche gemütliche Bars und Restaurants. Beim Sonnenbaden, Schwimmen und Schnorcheln kann man sich gut entspannen. Im Korallenriff nahe dem Strand tummelt sich ein Viertel aller tropischen Fischarten, die man in diesem Gebiet findet.

Auf diversen Pfaden kann man das Inland von Ko Lipe erkunden. Einer von ihnen führt durch das schmale Zentrum zum Sunset Beach an der Westküste. Vom Sunlight Beach auf der Ostseite der Insel, wo sich auch Bungalowanlagen befinden, blickt man auf die winzige Insel Ko Kra. Sie ist ein beliebtes Ausflugsziel. Die größte Siedlung der *chao lae* ist direkt südlich des Strands gelegen. In diesem Bereich garantieren einige Läden, verschiedene Restaurants und Fachgeschäfte, beispielsweise eine Apotheke, die Grundversorgung. Die *chao lae* bieten Bootstouren zu anderen Inseln in der Nähe an.

**Ein harmloser Einsiedlerkrebs**

## Ko Yang

เกาะยาง

43 km südwestl. von Ao Pante Malaka. von Ko Lipe

Die winzige Insel Ko Yang ist von Ko Adang und Ko Rawi etwa gleich weit entfernt und bis heute unbewohnt. Ihr kleiner weißer Sandstrand ist ideal zum Sonnenbaden. Ko Yang wird von Korallenriffen umgeben. Sie bestehen meist aus Steinkorallen wie Hirschgeweihkorallen, Großpolypigen Steinkorallen und Faviidae. Die Insel ist bei Schnorchlern beliebt, liegt aber so weit vom Festland entfernt, dass kein Gedränge entsteht.

Ko Yang ist von den nahen Inseln Ko Lipe und Ko Adang aus ein schönes Ziel für einen Tagesausflug mit dem Boot.

## Ko Hin Ngam

เกาะหินงาม

43 km südwestl. von Ao Pante Malaka. von Ko Lipe.

Wie die Nachbarinsel Ko Lang ist auch Ko Hin Ngam, die »Insel der schönen Steine«, ein winziger und unbewohnter

»Fußmassage« auf dem Kiesstrand von Ko Hin Ngam

Fleck in den Weiten der Andamanensee. Sie liegt etwa sechs Kilometer nordwestlich von Ko Lipe und etwa fünf Kilometer westlich von Ko Adang. Das auffallendste an dieser für Schnorchler perfekten Insel ist der kleine Strand aus glatten schwarzen Kieselsteinen in den verschiedensten Formen und Mustern. Die Einheimischen glauben, dass Chaopho Tarutao, der Schutzgeist des Meeres-Nationalparks, jeden, der es wagt, irgendetwas mitzunehmen, was zum Park gehört, verflucht. Seien Sie also gewarnt, und stecken Sie keine Steine oder Muscheln als Souvenir ein.

Am besten fährt man für einen Tagesausflug von Ko Lipe aus mit einem gecharterten Boot nach Ko Hin Ngam. Dann kann man auf der Rückfahrt auch gleich noch eine Stippvisite auf Ko Yang einlegen.

Der schmale, weit ins Wasser ragende Sunset Beach auf Ko Lipe

Straßenkarte *siehe hintere Umschlaginnenseiten*

# Süden

Der Süden Thailands ist Malaysia ähnlicher als den anderen Küstengebieten Thailands. Nur wenige Besucher kommen hierher, um Kultur, Dialekt und Küche dieses Landesteils kennenzulernen und mehr über seine Geschichte zu erfahren. Die Landschaft des Südens ist reizvoll: hohe Berge im Zentrum der Halbinsel und traumhafte Strände und Inseln an der Westküste. Der Wermutstropfen dieses Gebiets: die andauernden politischen Unruhen.

Obwohl er schon seit Jahrhunderten zu Thailand gehört, unterscheidet sich der äußerste Süden vom Rest des Landes. Der Einfluss der indischen, chinesischen und malaysischen Kultur spiegelt sich nicht nur in der Architektur, sondern auch in der dunkleren Hautfarbe der Menschen wider. Der südliche Thai-Dialekt hat eine ungewöhnliche Färbung, das hiesige Malaiisch ist eng mit dem verwandt, das im malaysischen Bundesstaat Kelantan gesprochen wird. Das Essen ist pikanter, die typischen Currys sind reich mit Kurkuma gewürzt. Die verschiedenen Traditionen zeigen sich besonders deutlich im weltoffenen Songkhla, das mit *wat* und Museen, Thai-, muslimischem und portugiesischem Kulturerbe aufwartet. Nördlich von Songkhla ist die Bevölkerung vorwiegend buddhistisch. Nahe der Küste südlich der Stadt leben vor allem Muslime. Hier ragen statt der goldenen Spitzen buddhistischer Tempel Minarette in den Himmel. Pattani, im 17. Jahrhundert ein bedeutendes, halbautonomes malaiisches Königreich, ist heute geistiges Zentrum thailändischer Muslime. Hat Yai entwickelte sich vom Eisenbahnstädtchen zum Einkaufs- und Unterhaltungszentrum. Die Fischerdörfer sind stark muslimisch geprägt.

Im Süden gibt es noch immer wenig Tourismus, da muslimische Separatisten mit Gewalt eine lokale Autonomie durchsetzen wollen. In den Provinzen Songkhla, Pattani, Yala und Narathiwat dauern die Feindseligkeiten seit der Eskalation des Konflikts 2004 an. Von Reisen wird derzeit dringend abgeraten.

**Muslimische Schulmädchen auf einer Brücke über die Songkhla-Seen**

◁ Islamische und portugiesische Stilelemente vermischen sich in der Kru-Se-Moschee, Pattani *(siehe S. 284)*

# Überblick: Süden

Die südlichste Region Thailands hat mehr mit dem benachbarten Malaysia als mit dem restlichen Land gemeinsam. Sie umfasst ein riesiges Gebiet mit den Provinzen Yala, Narathiwat, Songkhla und Pattani. Hat Yai ist das Handelszentrum der Region und zugleich der wichtigste Verkehrsknotenpunkt. Die Städte Pattani, Saiburi und Narathiwat haben einen großen Anteil an muslimischer Bevölkerung und sind ein Schmelztiegel malaiisch-muslimischer Kultur. Das reizende Songkhla blickt auf eine große Geschichte zurück und gilt als das kulturelle Zentrum der Region. Die größte landschaftliche Attraktion sind die weitläufigen Songkhla-Seen, die zahlreichen Wildtieren und vor allem Vögeln Zuflucht bieten. Die Region besitzt zwar wenige landschaftliche Glanzpunkte, doch mit ihren alten Städten, Moscheen und Dörfern ein einzigartiges Flair.

**Wasserpflanzen und See im Thale-Noi-Wasservogelpark**

0 Kilometer 25

## Sehenswürdigkeiten auf einen Blick

**Städte und Orte**
Narathiwat ❼
Pattani ❺
Saiburi ❻
*Songkhla S. 280f* ❷
Tak Bai ❽

**Strände und Inseln**
Hat Yai ❶
Ko Yo ❹

**Schöne Landschaft**
*Songkhla-Seen S. 282* ❸

**Bemalte *Korlae*-Fischerboote in Khao Seng, Songkhla**

**Weitere Zeichenerklärungen** *siehe hintere Umschlagklappe*

**Thailands längste Betonbrücke verbindet das Festland mit der Insel Ko Yo**

## Im Süden unterwegs

Verkehrsknotenpunkt ist Hat Yai mit Straßen-, Eisenbahn- und Flugverbindungen nach Bangkok und dem Rest der Region. Eine Straßenverbindung besteht auch zwischen Nakhon Si Thammarat und Phatthalung. Alle größeren Ortschaften sind mit lokalen und Überlandbussen zu erreichen, Phatthalung, Hat Yai und Yala zudem mit dem Zug entweder von Bangkok oder Malaysia aus. Am besten erkundet man die Region mit dem Auto. Mietwagen sind problemlos erhältlich.

### LEGENDE

- Autobahn
- Hauptstraße
- Nebenstraße
- Eisenbahn
- Staatsgrenze

### SIEHE AUCH

- *Hotels* S. 311
- *Restaurants* S. 333

# Songkhla ❷

สงขลา

Das einst als Singora (»Löwenstadt«) bekannte Songkhla stieg im 18. Jahrhundert zum wichtigen Handelszentrum auf. Die Stadt zwischen dem Golf von Thailand und dem Thale Sap Songkhla, einem See der größten Seenkette des Landes, ist heute ein bedeutender Fischereihafen sowie Verwaltungs- und Bildungszentrum. Ihre wechselvolle Geschichte zeigt sich in Architektur, Küche und Sprache. Hier findet man Strände, aber auch Museen, geschäftige Nachtmärkte und *wat*. Der Schmelztiegel von Thai- und muslimischer Kultur bietet trendige Bars genauso wie Fischerdörfer und alte Häuser im portugiesischen Stil.

Drei junge Gläubige beten in einem buddhistischen Schrein in Hat Yai

## Hat Yai ❶

หาดใหญ่

**Straßenkarte** C5. 840 km südl. von Bangkok. 194 000. 11 km westl. von Hat Yai. TAT, Hat Yai (0-7424-3747). tägl. Chinesisches Mondfest (Sep/Okt).

Hat Yai, das Verkehrs- und Wirtschaftszentrum Südthailands, verdankt seinen Aufstieg seinem günstig gelegenen Güterbahnhof, seinen Billigprodukten und dem steten Strom malaysischer Wochenendurlauber. In der weltoffenen Innenstadt hört man verschiedenste Sprachen und Dialekte.

Hat Yai gehört zu den zehn größten Städten Thailands. Kulturell hat es jedoch wenig zu bieten. Die meisten Besucher sind hier auf Schnäppchenjagd – beliebt sind etwa Elektronik auf dem Kim-Yong-Markt, Früchte von Straßenverkäufern, importierte Lederwaren und schicke Kaufhäuser. Unterhaltung bieten zudem die Stierkämpfe, bei denen, anders als in Europa, die Stiere aufeinandergehetzt werden. Es versteht sich, dass hierbei leidenschaftlich gewettet wird.

Der **Wat Hat Yai Nai** unweit des Stadtzentrums hütet die weltweit drittgrößte Figur eines Liegenden Buddha: Sie ist 35 Meter lang und 15 Meter hoch.

**Umgebung:** Beim **Ton-Nga-Chang-Wasserfall**, 24 Kilometer westlich von Hat Yai, stürzt Wasser von zwei Flüssen über sieben Stufen hinab. Am schönsten sind die Kaskaden in der kühlen Jahreszeit von November bis Februar.

Bronze-Meerjungfrau als Verkörperung von Mae Thorani, Hat Samila

### Hat Samila

หาดสมิหลา

An Songkhlas Hauptstrand, Hat Samila, verkörpert die verehrte Bronzestatue einer Meerjungfrau die hinduistisch-buddhistische Erdgöttin Mae Thorani und das Sinnbild der gesamten Provinz. Songkhla leitet seinen Namen von den zwei löwenförmigen Inseln Ko Nu (»Ratteninsel«) und Ko Maeo (»Katzeninsel«) ab. Sie gehören zu den Hauptattraktionen am Hat Samila.

### Khao Noi

เขาน้อย

Der Khao Noi, einer von zwei Hügeln in Songhkhla, liegt einen kurzen Spaziergang südlich vom Hat Samila. Der Hügel lockt mit einem herrlichen Blick über die Stadt, einem alten *chedi* und einem Topiari-Garten auf der Kuppe. An seinem Fuß erstreckt sich ein Park mit Tennisplätzen und Essensständen.

### Songkhla-Nationalmuseum

พิพิธภัณฑสถานแห่งชาติสงขลา

2 km südl. vom Hat Samila, Wichianchon Rd. 0-7431-1728. Mi–So 9–16 Uhr.

Das Museum residiert in einem Gebäude, das 1878 im Thai-chinesischen Stil des Südens als Sitz für den Vizegouverneur Phraya Suntharanuraksa errichtet wurde. Von einem versteckten grünen Innenhof führen zwei geschwungene Treppen in den holzgetäfelten ersten Stock, der die meisten Exponate beherbergt. Die umfassende Sammlung deckt die meisten Epochen der thailändischen

Das Songkhla-Nationalmuseum in der ehemaligen Gouverneursresidenz

**Hotels und Restaurants im Süden** *siehe Seiten 311 und 333*

# SONGHKLA

**Reich verzierter Eingang des Wat Chai Mongkhon, Songkhla**

Kunstgeschichte ab, u. a. mit Bencharong-Gefäßen, Plinthen aus der Dvaravati-Zeit (7.–9. Jh.), Buddha-Bildnissen und Überresten von Ban-Chiang-Keramiken, die um 3000 v. Chr. gefertigt wurden.

## Wat Chai Mongkhon
วัดไชยมงคล

3 km südl. vom Hat Samila, Chai-Phet Mongkhon Rd. ◯ tägl. 8–16 Uhr.

Der *chedi* des verehrten Wat Chai Mongkhon in Songkhla wurde als Stätte für eine Buddha-Reliquie erbaut, die der Mönch Na Issaro 1892 aus Sri Lanka mitbrachte. Der *wat* beherbergt zudem das Bildnis eines Liegenden Buddha.

## Patrsee-Museum
พิพิธภัณฑ์พัทธี

3 km südl. vom Hat Samila, Wat Matchimawat, Saiburi Rd.
◯ Mi–So.

Im 400 Jahre alten Wat Matchimawat unterstreichen die vielfältigen Exponate des Patrsee-Museums die Bedeutung von Songkhlas alten Handelsverbindungen. Zu sehen sind etwa eine 35 Zentimeter hohe Steinfigur des hinduistischen Elefantengottes Ganesha (spätes 6. Jh.), chinesische Emailarbeiten aus der Qing-Dynastie, U-Thong-Objekte aus dem 15. und europäische Teller aus dem 18. Jahrhundert. Die Zusammenstellung wirkt etwas willkürlich.

### INFOBOX

**Straßenkarte** D5. 26 km nordöstl. von Hat Yai. 88.000.
42 km südwestl. von Songkhla. TAT, Hat Yai (0-7424-3747). tägl.
Chinesisches Mondfest (Sep/Okt).

## Khao Seng
เขาเส็ง

3 km südl. vom Hat Samila.
Das muslimische Fischerdorf Khao Seng liegt auf einer Landzunge beim Hat Samila. Das für seine bunten *Korlae*-Boote (siehe S. 285) bekannte Dorf bietet ein Informationszentrum über Küstenfischerei – mit vielen Informationen über diesen Haupterwerbszweig an Thailands Küsten.

**Bunte *Korlae*-Fischerboote am Strand, Khao Seng**

### Zentrum von Songkhla

Hat Samila ①
Khao Noi ②
Patrsee-Museum ⑤
Songkhla-Nationalmuseum ③
Wat Chai Mongkhon ④

**Zeichenerklärung** siehe hintere Umschlagklappe

**Straßenkarte** siehe hintere Umschlaginnenseiten

# Songkhla-Seen ❸
ทะเลสาบสงขลา

**Straßenkarte** C5. 10 km nord-westl. von Songkhla. 🚌🚖 ℹ️ *TAT, Hat Yai (0-7424-3747).* 🌐📷

Die Songkhla-Seen – Thale Sap, Thale Luang und Thale Noi – bilden die größte natürliche Seenkette Thailands. Die frühere Salzwasserlagune, die heute nur eine Nehrung aus Sand vom Meer trennt, wird von Flüssen aus dem bewaldeten Landesinneren mit Süßwasser gespeist. Nur der südlichste der drei Seen, der Thale Sap, besteht dauerhaft aus Brack- und Salzwasser. In den Seen findet man eine außergewöhnlich reiche Artenvielfalt. Neben Tausenden von Zugvögeln kann man eine kleine Population von Irawadidelfinen beobachten.

Mit dem Langboot durch die Wasserpflanzen, Thale Noi

### 🪶 Thale Sap Songkhla
ทะเลสาบสงขลา

Der 378 Quadratkilometer große Brackwassersee Thale Sap Songkhla ist der südlichste der drei Seen. Er liegt in den Provinzen Phatthalung im Westen und Songkhla im Osten. Der See ist ein Paradies für Vogelliebhaber. Da ihn eine breite Wasserstraße mit dem Meer verbindet, ist er der salzigste See, sodass hier mehr Seevögel als an den beiden nördlicheren Seen zu sehen sind.

### 🪶 Thale Luang
ทะเลหลวง

Nördlich des Thale Sap schließt sich der 492 Quadratkilometer große Thale Luang an. Die beiden Seen verbindet ein schmaler Kanal. In der Trockenzeit ist der Salzgehalt des Thale Luang hoch, doch während der Regenzeit wird er durch den Zustrom der Flüsse zum fast reinen Süßwassersee. Der See mit seinen vielen kleinen Inseln und die Reisfelder der Umgebung stehen unter Naturschutz. Der 1976 gegründete **Khu-Khut-Wasservogelpark** ist die große Attraktion der Gegend. Dort leben über 200 Vogelarten, darunter Dommeln, Silber- und Fischreiher. Die besten Besuchszeiten sind der frühe Morgen und der späte Nachmittag zwischen Dezember und März. Das Parkzentrum erreicht man von Songkhla aus per Bus oder Taxi. Für spezielle Vogelbeobachtungsfahrten können Besucher bei der Fischereibehörde auch Boote mieten.

*Blatt-hühnchen*

### 🚤 Khu-Khut-Wasservogelpark
🚌🚖 ℹ️ *Parkverwaltung (0-7439-70 42).* ⏰ tägl. (bis Sonnenuntergang). 🌐📷

### 🪶 Thale Noi
ทะเลน้อย

Der nördlichste und kleinste der drei Seen hat einige Inseln, ist äußerst flach und wird fast vollständig von Wasserpflanzen bedeckt. In der Trockenzeit von Mai bis Oktober vermischt sich das Süßwasser des Sees mit eindringendem Meerwasser und wird brackig. Der Thale Noi liegt in Thailands größtem Wasservogelpark, dem **Thale-Noi-Wasservogelpark**. Hier rasten Tausende von Zugvögeln. Am besten lässt sich der 30 Quadratkilometer große Park bei einer Rundfahrt mit einem Langboot erkunden.

Die beste Zeit zum Beobachten der Vögel sind die Monate Januar bis April, wenn über 150 Arten die Vogelpopulation im Park auf etwa 100 000 Tiere anwachsen lassen. Die meisten Vögel sieht man, wenn man bei Tagesanbruch zur Aussichtsplattform am Ufer des Thale Noi kommt, etwa Purpurhühner, Schneesichler und die langbeinigen *nok i-kong*.

Neben Lotosblumen und Seerosen besteht die Vegetation, die den See bedeckt, vor allem aus *don kok*, einer Schilfart, aus der die *nok i-kong* Brut-Plattformen auf dem Wasser bauen. Am See wohnen etwa 100 Familien in hölzernen Pfahlhäusern. Sie leben vom Fischfang und der Binsenmatten-Herstellung.

### 🚤 Thale-Noi-Wasservogelpark
🚌🚖 ℹ️ *Parkverwaltung (0-7468-5230).* ⏰ tägl. 8.30–16.30 Uhr. 🌐📷
www.thailandbirdwatching.com

Restaurant auf Pfählen im Khu-Khut-Wasservogelpark, Thale Luang

**Hotels und Restaurants im Süden** *siehe Seiten 311 und 333*

# Muay Thai

Nationalsport in Thailand ist das auch international beliebte *muay thai* (Thai-Boxen). Möglicherweise entwickelte es sich aus *krabi-krabong*, einer ähnlichen Selbstverteidigungstechnik. Das traditionelle *muay thai* unterteilt sich in *muay korat* aus dem Nordosten, *muay lopburi* aus der Zentralregion, *muay tassao* aus dem Norden und *muay chaiya* aus dem Süden. Der Sport hat in ganz Thailand seine Fans, erfreut sich aber vor allem im Süden von Nakhon Si Thammarat und Hat Yai bis nach Phuket und Ko Samui größter Beliebtheit. Dort gelten die Khon Thai, die Menschen aus dem südlichsten Teil Thailands, als besonders hitzig. Früher wurde der Sport nur in Thailand und in Nachbarländern wie Kambodscha ausgeübt. Heute hat er sich als Kampfkunst und Sportart international durchgesetzt.

**Alte Muay-thai-Handschrift**

## Thai-Boxen

Beim Thai-Boxen werden im Gegensatz zum westlichen Boxen auch Beine und Ellbogen eingesetzt. Die Kämpfe laufen schneller ab – fünf Runden zu drei Minuten (mit kurzen Pausen) sind das Maximum. Profiboxer beginnen meist mit sechs Jahren mit dem harten Training und hören mit 25 als aktive Sportler auf.

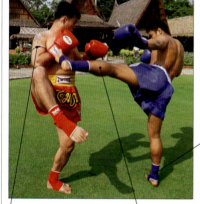

**Die Füße** sind beim Training unbedeckt. Beim Wettkampf wird oft Knöchelschutz getragen.

**Nai Khanom Tom** *war ein legendärer Thai-Boxer. Als Kriegsgefangener der Birmaner besiegte er 1774 neun ihrer Champions – und erlangte so seine Freiheit.*

**Amulette** werden oft als Glücksbringer am Oberarm getragen.

**Fußtritte** sind erlaubt.

**Vor dem Kampf** *vollziehen Boxer feierlich das Tanzritual* ram muay. *Die Choreografie hängt von der jeweiligen Schule ab. Typisch sind weit ausholende Armbewegungen, die dem Körper die Kraft von Erde, Luft, Wasser und Feuer zuführen sollen.*

**Ein** *Piphat-***Orchester** *am Ring ist unerlässlicher Bestandteil des* muay thai. *Die zur Eröffnungszeremonie noch sanfte Musik wird während des Kampfes immer schneller.*

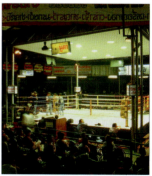

**Im Stadion** *werden die Kämpfer frenetisch angefeuert. Die Thailänder wetten mit Leidenschaft und setzen auf ihre Favoriten oft recht hohe Summen. Karten für Titelkämpfe sind lange im Voraus ausverkauft.*

## Ko Yo ❹

เกาะยอ

**Straßenkarte** C5. 14 km südwestl. von Songkhla.

Die kleine, abgelegene Insel nahe dem östlichen Ende des Thale Sap besucht man am besten auf einer Tagestour von Hat Yai oder Songkhla aus. Mit dem Festland und somit auch mit den anderen südlichen Provinzen ist Ko Yo durch die zwei Kilometer lange Prem-Tinsulanond-Brücke von 1986 verbunden. Das abgeschiedene Inselchen ist aber auch mit Langbooten zu erreichen.

Die mit dichtem Grün bewachsene Insel wartet mit Obstgärten, den alten Tempeln Wat Khao Bo und Wat Tai Yo sowie handgewebten Baumwollstoffen auf, die überall erhältlich sind. Bekannt sind zudem ihre Fischgewässer und guten Fischlokale an der Nordseite. Für die Erkundung der kleinen Nebenstraßen der Insel kann man Motorräder mieten. Das exzellente **Ko-Yo-Folkloremuseum** wurde 1991 vom Institute for Southern Thai Studies gegründet, um die kulturellen Traditionen der Region zu bewahren. Es ist in schönen Thai-*sala*-Häusern untergebracht und bietet auch ein kleines Café, einen Souvenirladen und eine Bibliothek über die Kultur des Südens. Die gut dokumentierten Exponate umfassen *Nang-talung*-Puppen (siehe S. 191), Musikinstrumente, Textilien, Korbwaren, Haushaltsutensilien und Fischereizubehör,

Blick aus der Vogelperspektive auf Aquakulturen bei Ko Yo

Schmuck und Waffen. Zur Anlage gehört außerdem ein Kräutergarten *(suan yaa samunprai).*

**Ko-Yo-Folkloremuseum**
07459-1611. tägl. 8.30–17 Uhr.

## Pattani ❺

ปัตตานี

**Straßenkarte** D6. 130 km südöstl. von Songkhla. 50.000.
TAT, Narathiwat (0-7352-2411).
tägl. Lim-Ko-Niaw-Fest (März).

Pattani wurde im 15. Jahrhundert gegründet und war einst die Hauptstadt eines halbautonomen, malaiischsprachigen Sultanats. Heute ist die Hauptstadt der Provinz Pattani ein spirituelles Zentrum der malaiischsprachigen Muslime, die im Süden rund 75 Prozent der Bevölkerung stellen. Gewalttaten islamistischer Extremisten gegen die buddhistische Minderheit haben in der Region zugenommen. Außer der **Matsayit-Klang-Moschee** des Pattani wenig Sehenswertes. Allerdings strahlt die Stadt eine lebhafte Atmosphäre aus, vor allem am Hafen mit den bunten *Korlae*-Booten.

**Umgebung:** Sechs Kilometer östlich steht die **Kru-Se-Moschee** des chinesischen Kaufmanns Lim To Khieng. Er war mit einer Einheimischen verheiratet und zum Islam übergetreten. Seine Schwester reiste aus China an, um dagegen zu protestieren. Lim To Khieng schwor, nach Vollendung der Moschee nach China zurückzukehren – sorgte jedoch dafür, dass der Bau nie fertig wurde. Die Schwester verfluchte die Moschee und alle, die sie fertig bauen würden. Ihr Schrein **Chao Mae Lim Ko Niao** und die unvollendete Moschee sind ein Besuchermagnet.

Die unvollendete Kru-Se-Moschee aus dem 16. Jahrhundert, Pattani

**Hotels und Restaurants im Süden** *siehe Seiten 311 und 333*

## Saiburi ❻
ไทรบุรี

**Straßenkarte** D6. 47 km südöstl. von Pattani. ❶ 14 000. ❚❚ ❙ TAT, Narathiwat (0-7352-2411). ❙❙ ❙

Das kleine, von den ansässigen Fischern auch Taluban oder Selindung Bayu («Windschutz») genannte Saiburi ist der Hauptort des Landkreises Saiburi und der zweitgrößte Fischereihafen in der Provinz Pattani. Seine Hauptattraktion ist der lange Strand, der allerdings mehr zum Angeln als zum Faulenzen geeignet ist.

Am nahen **Hat Wa Sukri** lockt im April der jährliche Saiburi-Fischwettbewerb zahlreiche einheimische und ausländische Angler an.

### Korlae-Fischerboote

Schon seit Jahrhunderten bemalen muslimische Fischer an der ganzen thailändischen Ostküste der Malaiischen Halbinsel ihre Boote, die *korlae*. Die schönsten Beispiele dieses heute abnehmenden Brauchs stammen von den Werften des Distrikts Saiburi und der Provinz Pattani. Ursprünglich waren es Segelboote, die heute jedoch mit Motorkraft angetrieben werden. Obwohl die Fischer meist Muslime sind, greifen die traditionellen *Korlae*-Bemalungen buddhistisch-hinduistische Motive auf, was von der Vermischung der thailändischen und malaiischen Kultur zeugt.

Bunte Verzierungen an einem *Korlae*-Fischerboot, Saiburi

Boote drängen sich im geschäftigen Fischereihafen von Saiburi

## Narathiwat ❼
นราธิวาส

**Straßenkarte** D6. 65 km südöstl. von Saiburi. ❶ 50 000. ❚ ❚ ❙ TAT, Narathiwat (0-7352-2411). ❙ tägl. ❙ Chao-Mae-Toe-Moe-Fest (Apr), Narathiwat-Fest (Sep).

Die Hauptstadt der Provinz Narathiwat ist ein guter Ausgangspunkt für Ausflüge in die Umgebung. Narathiwat ist eine ruhige Stadt, doch erlebt die Provinz immer wieder Gewalttaten von islamistischen Extremisten und muslimischen Separatisten. Die Terroranschläge zielen jedoch auf die Thai-buddhistische Verwaltung und nicht auf westliche und andere Besucher. Im nahen Hafen kann man häufig traditionelle *Korlae*-Boote sehen. In Stadtnähe liegen kleine, abgeschiedene Strände, der beste ist der Hat Manao. Kleine Strandbuden bieten kalte Getränke und gegrillten Fisch, Alkohol findet man jedoch kaum.

**Umgebung:** Der **Taksin-Palast** südlich der Stadt ist die Sommerresidenz des thailändischen Königspaars. Wenn die königliche Familie nicht anwesend ist, stehen der Palast und sein Park, in dem sich eine Voliere befindet, Besuchern offen. Sechs Kilometer südwestlich der Stadt liegt der Berg Khao Kong mit einem Kloster. Auf dem Berg befindet sich der größte Sitzende Buddha Thailands (24 m). Die Statue ist mit vergoldeten Mosaikfliesen im südindischen Stil verziert.

### ❙ Taksin-Palast
Nahe Hwy 4084, 8 km südl. von Narathiwat. ❙ tägl. ❙ in der Regel Aug, Sep. ❙

## Tak Bai ❽
ตากใบ

**Straßenkarte** E6. 34 km südöstl. von Narathiwat. ❚ ❚ ❚ ❙ TAT, Narathiwat (0-7352-2411). ❙❙ ❙

Tak Bai an der Grenze zu Malaysia ist der südlichste Ort an Thailands Südküste. Seine Hauptattraktion, der **Wat Chonthara Sing He**, wurde 1873 von König Chulalongkorn (Rama V., reg. 1868–1910) errichtet. Er machte damit seinen Anspruch auf ein Gebiet geltend, das die Briten in den Malaiischen Bund eingliedern wollten. Der *wat* ist ein Außenposten des Buddhismus in einem vorwiegend muslimischen Gebiet. Die Thai-buddhistischen Gemeinden, die in Malaysia »Orang Syam« heißen, leben auch heute – wie seit Jahrhunderten – friedlich mit ihren Nachbarn.

Wandbild einer ländlichen Szene, Wat Chonthara Sing He, Tak Bai

**Straßenkarte** *siehe hintere Umschlaginnenseiten*

# Zu Gast an Thailands Küsten

Hotels **288–311**

Restaurants **312–333**

Shopping **334–337**

Unterhaltung **338–341**

Sport und Aktivurlaub **342–349**

# Hotels

Thailand bietet Übernachtungsmöglichkeiten in jeder Preisklasse, die allerdings ungleich verteilt sind: Dem großen Angebot in den Küstenorten stehen eher einfache Bungalows auf dem Land gegenüber. In allen Großstädten findet sich zumindest ein Hotel von internationalem Standard, in Bangkok gibt es einige der besten Hotels der Welt. Mittelklassehotels stehen in fast allen Städten. Sie sind zwar oft etwas eintönig, jedoch sauber und effizient – und sie haben freundliches Personal. An Thailands Küsten eröffnen mehr und mehr luxuriöse Wellness-Resorts, Ferienanlagen und Villen mit modernem, elegantem Dekor. Gästehäuser sind eine preiswerte Alternative für Reisende mit begrenztem Budget. Besucher können zudem zelten oder in einem Bungalow eines Nationalparks übernachten. Auch die Übernachtung in Klöstern ist möglich.

Hotelschild

Der opulente Conrad Room im Mandarin Oriental, Bangkok *(siehe S. 293)*

## Hotelkategorien

Hotels in Thailand sind nicht offiziell klassifiziert, gehören aber teilweise der **Thai Hotels Association** an. Nur vom Preis kann man also auf das Angebot – von einfach bis luxuriös – schließen. Das beste Preis-Leistungs-Verhältnis bieten ehemalige Luxushotels, die im Vergleich zu internationalen Ketten heruntergestuft wurden. Sie bieten ebenfalls erstklassige Einrichtungen, doch wesentlich günstiger.

## Luxushotels

Thailands Luxushotels gehören teilweise zu den besten der Welt. Die Zimmer verfügen über jeden erdenklichen Komfort von Kingsize-Betten und riesigen Fernsehern bis zu gut bestückten Minibars und eigenem Whirlpool auf der Terrasse.

Zur Ausstattung gehören u.a. Business-Center, Konferenzräume, Einkaufszentren, Cafés, Fitness-Center und mehrere Restaurants mit verschiedenen Küchen. Die großen Hotels bekommen jedoch zunehmend Konkurrenz von kleineren, superluxuriösen Boutique-Hotels, die mehr Liebe zum Detail und auch persönlicheren Service bieten können.

## Ferienanlagen

Wie die Luxushotels in den Städten sind auch die Ferienanlagen im Vergleich zu den meisten internationalen Konkurrenten an Ausstattung und Eleganz kaum zu überbieten. Resorts wie das Banyan Tree Resort in Phuket *(siehe S. 307)* und das Dusit Thani Hua Hin in Cha-am *(siehe S. 298)* sind opulente Design-Oasen. Die meisten Resorts bieten vielfältige Annehmlichkeiten wie Jacuzzis, Spa, Sauna, Tennisplätze, Wassersport, Reiten und sogar Polo.

## Gästehäuser

Gästehäuser bieten ein gutes Preis-Leistungs-Verhältnis. In Bangkok sind preiswerte Unterkünfte oft enttäuschend. Jenseits der Hauptstadt sind Gästehäuser jedoch sauber, freundlich und eine günstige Option. Einige sind mit Klimaanlage oder Ventilatoren, Swimmingpools und Restaurants ausgestattet. Die günstigsten Gästehäuser sind sehr einfach eingerichtet, doch der Service ist auch dort gut.

## Thai-Hotels

Die preiswerten Thai-Hotels sind funktional und einfach ausgestattet. Die meisten verfügen über Ventilatoren oder Klimaanlage auf den Zimmern, nur wenige haben ein Restaurant. Hier übernachten Ausländer eher selten, in abgelegenen Gebieten sind sie jedoch bisweilen die einzige Option.

**Swimmingpool in einem kleineren Strandhotel, Ko Phi Phi**

◁ Bunte Kühlschrankmagnete in einem Laden auf Ko Phi Phi *(siehe S. 252–257)*

**Zelte zur Vermietung im Khao-Sam-Roi-Yot-Nationalpark**

## Klöster

In kleinen Städten können Reisende gegen eine kleine Spende in einem *wat* übernachten. Die Ausstattung ist dort einfach, Männer und Frauen schlafen getrennt. In Bangkok wird erwartet, dass die Gäste im Kloster meditieren lernen oder als Mönch leben möchten.

## Ferienwohnungen

Ferienwohnungen sind in ganz Thailand preiswert. Mit Service sind sie eine beliebte Option für Reisende, die länger an einem Ort bleiben. Die Wohnungen in verschiedenen Kategorien sind meist hervorragend gelegen, bieten Privatsphäre sowie den Luxus eines guten Hotels zu viel günstigeren Preisen.

## Nationalparks

In den meisten Nationalparks kann man auf Campingplätzen zelten, diese sind jedoch sehr einfach ausgestattet. Moskitonetze und Insektenschutzmittel sind ein Muss. Bungalows, die in den meisten Parks vorhanden sind, müssen lange im Voraus beim **Forestry Department** in Bangkok gebucht werden.

## Preise

Touristenunterkünfte kosten 1000 bis 10 000 Baht pro Nacht in Bangkok, Ko Samui, Pattaya und Phuket, ein komfortables Zimmer in einem Standardhotel je nach Saison 700 bis 1500 Baht. In der kühlen Jahreszeit von November bis Februar sind die Preise überall am höchsten. In den anderen Jahreszeiten sind sie, außer in Bangkok, überall niedriger. Ein Zimmer in einem Thai-Hotel in Bangkok kostet 1000 Baht, in den Provinzen 400 bis 750 Baht. Gästehäuser und Strandbungalows sind mit 200 bis 1000 Baht am preiswertesten.

## Reservierung

Reservierungen, auch über TAT-Büros, sind in Luxushotels und Resorts vor allem während großen Festen ratsam. Thai-Hotels und Gästehäuser bieten kaum Reservierungen. In größeren Städten spricht das Personal Englisch.

## Steuern

Alle Hotels berechnen sieben Prozent Mehrwertsteuer, einige Luxushotels zehn Prozent Servicegebühr zusätzlich. Bei manchen Spitzenhäusern sind die Steuern im Preis inbegriffen, in günstigeren Hotels werden sie auf die Rechnung aufgeschlagen. Stellen Sie vor der Reservierung oder dem Einchecken fest, ob Steuern und Gebühren im Preis inbegriffen sind.

## Preisnachlass

Nach einem Preisnachlass zu fragen gilt nicht als unhöflich, solange Sie nicht penetrant darauf beharren. Viele Hotels bieten spezielle Nebensaisonpreise, thailändische Eigentümer lassen dies ihre Gäste wissen.

## Trinkgeld

Trinkgeld ist eher unüblich – außer in Bangkok, Phuket, Pattaya etc. Dem Pagen, der Ihr Gepäck aufs Zimmer trägt, sollten Sie allerdings 50 Baht geben.

---

### AUF EINEN BLICK

#### Hotelkategorien

**Thai Hotels Association**
203–209/3 Ratchadamnoen Klang Avenue. **(** 0-2281-9496.

#### Nationalparks

**Forestry Department**
Phahon Yothin Rd, Bangkok.
**(** 0-2562-0760.

#### Reservierung

**TAT-Büros**
**Bangkok**
**(** 1672.
www.tourismthailand.org
**Ko Samui**
**(** 0-7728-8818.
**Krabi**
**(** 0-7562-2163.
**Pattaya**
**(** 0-3842-8750.
**Phuket**
**(** 0-7621-1036.

---

### Mit Kindern reisen

Wenige Mittelklassehotels verfügen über Planschbecken oder Babysitter – dies bieten meist Luxushotels und Resorts. Dort übernachten Kinder oft auch kostenlos im Zimmer der Eltern.

### Behinderte Reisende

Selbst Luxushotels bieten wenige Einrichtungen für behinderte Gäste. Rollstuhlrampen gibt es inzwischen häufiger, Aufzüge in fast jeder Luxusunterkunft. Damit erschöpft sich jedoch die behindertengerechte Ausstattung zumeist – hier gilt es, vorab zu recherchieren.

**Hübsche Bungalows an einem Strand von Ko Chang**

# Hotelauswahl

Die folgenden Hotels wurden nach Ausstattung, Lage, Ambiente und Preis-Leistungs-Verhältnis ausgewählt. Sie sind nach Regionen alphabetisch und nach Preis geordnet. Die Stadtplanverweise für Bangkok beziehen sich auf die Seiten 84–95, die Straßenkarte findet sich auf den hinteren Umschlaginnenseiten.

**PREISKATEGORIEN**
Die Preise beziehen sich auf ein Standard-Doppelzimmer pro Nacht inkl. Steuern und Service in der Hochsaison:

- ฿ unter 600 Baht
- ฿฿ 600–1500 Baht
- ฿฿฿ 1500–3000 Baht
- ฿฿฿฿ 3000–5000 Baht
- ฿฿฿฿฿ über 5000 Baht

## Bangkok

### ALTSTADT Diamond House ฿฿
*4 Samsen Rd, Banglamphu 10200* **0-2629-4008** FAX *0-2629-4009* **Zimmer 22** — **Stadtplan 2 D3**

Nur einen Katzensprung von der Khao San Road liegt dieses für Familien sehr attraktive Hotel, von dem es nicht weit zu den Sehenswürdigkeiten ist. Hübsche, moderne Einrichtung, gutes Essen und aufmerksamer Service. Vom Pool auf dem Dach hat man einen tollen Blick. Die Zimmer nach hinten sind ruhiger. **www.thaidiamondhouse.com**

### ALTSTADT Lamphu Tree House ฿฿
*Prajatipatai Rd, 155 Wanchat Bridge 10200* **0-2282-0991-2** FAX *0-2282-0993* **Zimmer 40** — **Stadtplan 2 D4**

Das Hotel liegt an einem Kanal in der Altstadt und ist über einen Steg zu erreichen. Alle Räume haben Balkon und sind mit altem Teakholz getäfelt. Es ist ruhig hier, das Personal ist freundlich, der Pool sauber. Das Restaurant serviert thailändische und internationale Gerichte. **www.lamphutreehotel.com**

### ALTSTADT New Siam Riverside ฿฿
*21 Phra Athit Rd, Banglamphu 10200* **0-2629-3535** FAX *0-2629-3443* **Zimmer 100** — **Stadtplan 1 C3**

Das Hotel liegt direkt am Fluss in der Nähe des Vergnügungsviertels, dort wo auch viele Rucksackreisende unterkommen. Es ist ein Neubau, hat einen kleinen Pool und ist ruhiger als erwartet. Zum Großen Palast, zum Nationalmuseum und zu den berühmten *wat* ist es nur ein kurzer Fußweg. **www.newsiam.net**

### ALTSTADT Royal Hotel ฿฿
*2 Ratchadamnoen Ave, Banglamphu 10200* **0-2222-9111** **Zimmer 300** — **Stadtplan 2 D4**

Das im 50er-Jahre-Stil gebaute Hotel liegt nahe dem Großen Palast neben dem Sanam Luang. Das Personal ist sehr hilfsbereit. Im geräumigen Restaurant werden chinesische, thailändische und europäische Gerichte serviert. Das Beste am Royal Hotel ist die Nähe zu den bunten, geschichtsträchtigen Ecken der Umgebung.

### ALTSTADT Buddy Lodge ฿฿฿
*265 Khao San Rd, Banglamphu 10200* **0-2629-4477** FAX *0-2629-4744* **Zimmer 76** — **Stadtplan 2 D4**

Das Hotel in der berühmten Khao San Road war einst vor allem bei Rucksackreisenden beliebt. Inzwischen ist es eleganter, hat sich aber die jugendliche Frische erhalten. Hier gibt es saubere, sichere Zimmer, manche mit Balkon, und einen Swimmingpool auf dem Dach. **www.buddylodge.com**

### ALTSTADT Phranakorn Nornlen ฿฿฿
*46 Thewet Soi 1, Phra Nakhon, Bang Khunprom* **0-2628-8188** FAX *0-2628-8600* **Zimmer 12** — **Stadtplan 3 A4**

Hier wohnt man fern jeglicher Hektik. Es wird vegetarisch und streng biologisch gekocht und viel Wert auf Details gelegt. Beim Design wurde darauf geachtet, dass sich der Gast wie zu Hause fühlt. Die Räume sind sauber, bequem und schlicht. Das Personal kommt aus der Nachbarschaft. **www.phranakorn-nornlen.com**

### ALTSTADT Arun Residence ฿฿฿฿
*36–38 Soi Pratu Nok Yung, Tha Maharat 10200* **0-2221-9158** FAX *0-2221-9159* **Zimmer 6** — **Stadtplan 5 B1**

Das Boutique-Hotel im sino-portugiesischen Stil war früher ein Wohnhaus, das sich über verschiedene Ebenen erstreckte. Das Hotel bietet auch eine Suite mit Balkon. Die Lage im Zentrum des historischen Bangkok ist günstig. Klein, aber elegant und mit sehr persönlicher Atmosphäre. Schöner Garten. **www.arunresidence.com**

### ALTSTADT Chakrabongse Villas ฿฿฿฿฿
*396 Maharat Road, Phra Nakhon, Tha Tien 10200* **0-2224-6686** FAX *0-2225-3861* **Zimmer 4** — **Stadtplan 5 B1**

Die unglaublich luxuriösen Villen am Chao Phraya zwischen Chinatown und dem Königspalast wurden 1908 für Prinz Chulachakrabongse gebaut. Nicht nur der schöne Blick auf den Fluss und die nahen Tempel sind für Gäste attraktiv, sondern auch das Restaurant mit seiner köstlichen Thai-Küche. **www.thaivillas.com**

### CHINATOWN New Empire Hotel ฿฿
*572 Yaowarat Rd 10100* **0-2234-6990** FAX *0-2234-6997* **Zimmer 100** — **Stadtplan 6 F2**

Das New Empire liegt nicht weit vom Bahnhof Hua Lampong und der MRT-Station entfernt und bietet gute Unterkünfte im Zentrum von Bangkoks Chinatown. Die einfachen, sauberen und gemütlichen Zimmer befinden sich in einem achtstöckigen Gebäude. Das Personal ist sehr freundlich. **www.newempirehotel.com**

*Zeichenerklärung siehe hintere Umschlagklappe*

# BANGKOK

### CHINATOWN Riverview Guesthouse ⒷⒷ
*768 Soi Panurangsi, Songwat Rd, hinter San Jao Tosuekong 10100* **0-2234-5429** **Zimmer** 45 **Stadtplan** 6 F3

Im Zentrum von Chinatown, aber nur fünf Minuten vom Bahnhof Hua Lampong entfernt, kann man hier wunderbar die lebhafte Atmosphäre des Viertels spüren. Die einfachen Zimmer und der schöne Blick vom Dachrestaurant lohnen die nicht ganz einfache Suche nach diesem Haus. **www.riverviewbkk.com**

### CHINATOWN Woodlands Inn ⒷⒷ
*1158/5–7 Charoen Krung 32 Bangrak 10500* **0-2235-3894** FAX *0-2237-5493* **Zimmer** 75 **Stadtplan** 6 F4

Das renovierte Hotel nahe am Fluss bietet günstige, saubere, einfache Zimmer. Der nächste Nachtmarkt ist nur einen kurzen Spaziergang entfernt. Im angeschlossenen Restaurant gibt es hervorragendes indisches, aber auch thailändisches und europäisches Essen. Das Personal spricht fließend Englisch. **www.woodlandsinn.org**

### CHINATOWN Grand China Princess Hotel ⒷⒷⒷ
*215 Yaowarat Rd, Samphantawong 10100* **0-2224-9977** FAX *0-2224-7999* **Zimmer** 160 **Stadtplan** 6 E1

Das Hotel mit gemütlich eingerichteten Zimmern und gut ausgestatteten Suiten liegt im Zentrum von Chinatown inmitten vieler Straßen und Läden im Grand China Trade Tower. Vom Drehrestaurant (internationale Küche) im 25. Stock hat man einen schönen Blick über die Stadt. **www.grandchina.com**

### CHINATOWN Shanghai Mansion Bangkok ⒷⒷⒷⒷ
*479–481 Yaowarat Rd, Samphantawong 10100* **0-2221-2121** FAX *0-2221-2124* **Zimmer** 75 **Stadtplan** 6 F2

Hier lebte früher ein wohlhabender chinesischer Händler, heute ist das Haus ein hübsches Hotel, das die Farben und Atmosphäre von Chinatown widerspiegelt. Die Einrichtung im traditionell chinesischen Stil, die großzügigen Zimmer sowie das Yin-Yang-Spa und der Tea Room sind höchst attraktiv. **www.shanghaimansion.com**

### DUSIT Bangkok International Youth Hostel Ⓑ
*25/2 Phitsanulok Rd 10200* **0-2282-0950** FAX *0-2628-7416* **Zimmer** 67 **Stadtplan** 2 F3

Eine Jugendherberge im traditionellen Stil. Wer sicher und sauber schlafen will, ist hier richtig. Es gibt auch Zweibettzimmer, dazu eine Bibliothek, Café, Internet-Zugang und einen Wäscheservice. Die gute Lage in der Nähe des Flusses und des Großen Palasts sowie die Reiseagentur im Haus sind ein Plus. **www.tyha.com**

### DUSIT Best Western Swana Bangkok Hotel ⒷⒷ
*332 Wisut Kasat Rd, Phra Nakhon 10200* **0-2282-8899** FAX *0-2281-7816* **Zimmer** 55 **Stadtplan** 2 E3

Wie in der Best-Western-Gruppe üblich, ist man hier sicher und familiär untergebracht. In dem neuen Haus in einer relativ ruhigen Gegend, die vom Fremdenverkehr noch nicht so überlaufen ist, gibt es ein Restaurant, in dem thailändisch und euopäisch gekocht wird. Günstige Unterkunt für Familien. **www.swanabangkok.com**

### DUSIT Hotel De' Moc ⒷⒷⒷ
*78 Prajatipatai Rd, Phra Nakhon 10200* **0-2282-2831** FAX *0-2280-1299* **Zimmer** 92 **Stadtplan** 2 E3

Das Hotel De' Moc bietet recht große Zimmer, eine angenehme Atmosphäre, Wi-Fi sowie Leihfahrräder. Gäste können das gut ausgestatte Fitness-Center im nahen Buddy Lodge in der Khao San Road nutzen. Zum Hotel gehört ein hübscher, von Bäumen umstandener Pool. **www.hoteldemoc.com**

### DUSIT New World Lodge Hotel ⒷⒷⒷ
*2 Samsen Rd, Banglamphu, Phra Nakhon 10200* **0-2281-5596** FAX *0-2282-5614* **Zimmer** 172 **Stadtplan** 2 D3

Hotel für Geschäftsreisende und Urlauber in einer ruhigen, angenehmen Ecke. Es wurde kürzlich renoviert und punktet mit sauberen Räumen und einer guten Ausstattung. Ein Restaurant, in dem auch *Halal*-Gerichte angeboten werden, ist im Haus. In der Nähe gibt es viele weitere Restaurants und Bars. **www.newworldlodge.com**

### INNENSTADT A-One Inn Ⓑ
*25/13–15 Soi Kasamsunt 1, Rama I Rd 10330* **0-2215-3029** FAX *0-2216-4771* **Zimmer** 25 **Stadtplan** 8 B1

Das A-One Inn liegt versteckt in einer kleinen, ruhigen Seitenstraße. Es ist eines der wenigen günstigen Gästehäuser in der Stadt. Die Einrichtung ist vielleicht etwas einfach, jedoch werden TV, Internet, Warmwasser-Duschen und Klimaanlage geboten. Spezielle Wochen- und Monatstarife möglich. **www.aoneinn.com**

### INNENSTADT Soi 1 Guesthouse Ⓑ
*220/7 Soi 1, Sukhumvit Rd 10110* **0-2655-0604** **Zimmer** 24 **Stadtplan** 8 F1

Das Hostel in einer ruhigen, hell erleuchteten Seitenstraße hat klimatisierte Schlafräume, eine rund um die Uhr zugängliche Lounge, ein Spielezimmer, WLAN und Kabel-TV. Die Zimmer sind etwas eng, in den Bädern gibt es nur Duschen, die Toiletten sind auf der Etage. Freundliches, kompetentes Personal. **www.soi1guesthouse.com**

### INNENSTADT Lub-d ⒷⒷ
*4 Decho Rd, Bangrak 10500* **0-2634-7999** FAX *0-2634 7510* **Zimmer** 36 **Stadtplan** 7 B4

Die Jugendherberge beweist, dass billig nicht unbedingt schmuddelig bedeuten muss. Große Zimmerauswahl, vom Doppelzimmer bis zum Schlafsaal nur für Frauen. Kostenloser Internet-Zugang, hilfsbereites, mehrsprachiges Personal und die blitzende Sauberkeit sind die Gründe, warum Gäste gern wiederkommen. **www.lubd.com**

### INNENSTADT Moeleng Boutique Resort ⒷⒷ
*21/1 Soi Ratchathapan, Ratchapararop Rd 10400* **0-2642-4646** FAX *0-2245-4386* **Zimmer** 38 **Stadtplan** 4 E4

Modernes Hotel mit thailändischem Interieur und Zimmern mit Blick auf einen gepflegten Garten. Das Haus liegt günstig im zentralen, aber nicht touristischen Pratunam, wo man viele Märkte findet. In der Nähe ist auch ein großer öffentlicher Park. Monatspreise können vereinbart werden. **www.moeleng-bangkok-resort.com**

**Stadtplan Bangkok** *siehe Seiten 84 – 95*

## INNENSTADT Arnoma Hotel ⓑⓑⓑ
*99 Ratchadamari Rd, Pathumwan 10330* ☎ *0-2655-5555* **Zimmer** *369* **Stadtplan 8 D1**

Mitten im Zentrum Bangkoks stößt man auf dieses gute Mittelklassehotel – ideal gelegen für die Shopping-Tour. Die Shopping Malls CentralWorld, Zen und Paragon sowie der Pratunam-Markt sind ganz in der Nähe. Gutes Angebot an chinesischen, thailändischen und europäischen Gerichten. **www.arnoma.com**

## INNENSTADT Bossotel ⓑⓑⓑ
*55/8–14 Soi Charoen Krung 42/1, Bangrak 10500* ☎ *0-2630-6120* FAX *0-2630-6129* **Zimmer** *81* **Stadtplan 6 F5**

Die Lage fast direkt am Fluss – nur das Hotel Shangri-la liegt noch dazwischen – ist hervorragend. Skytrain und Flusstaxis sind von hier aus leicht zu erreichen. Das Hotel bietet europäische und thailändische Restaurants und einen Swimmingpool. **www.bossotelinn.com**

## INNENSTADT City Lodge ⓑⓑⓑ
*137/1–3 Sukhumvit Soi 9 10110* ☎ *0-2253-7710* FAX *0-2253-7340* **Zimmer** *28*

Die Hotelkette Amari hat ihr Angebot in den unteren Preisklassen ausgeweitet – eine ähnliche Unterkunft gibt es in der Sukhumvit Soi 19. Sauber, gut geführt, exzellentes Restaurant mit italienischen und thailändischen Gerichten. Die Gäste können Swimmingpool und Fitness-Center im nahen Hotel Amari Boulevard nutzen. **www.amari.com**

## INNENSTADT Narai Hotel ⓑⓑⓑ
*222 Silom Rd, Bangrak 10500* ☎ *0-2237-0100* FAX *0-2236-7161* **Zimmer** *470* **Stadtplan 7 B4**

Das ehemals hochklassige Hotel hat Konkurrenz durch hübschere und günstigere Häuser in der Nachbarschaft bekommen. Doch die günstige Lage und gute Erreichbarkeit von Skytrain und Flusstaxis sowie das gute Preis-Leistungs-Verhältnis sprechen für sich. Sauber, ruhig, ansprechendes Frühstücksbüfett. **www.naraihotel.co.th**

## INNENSTADT Rose Hotel ⓑⓑⓑ
*118 Surawong Rd, Bangrak 10500* ☎ *0-2266-8268-72* FAX *0-2266-8096* **Zimmer** *72* **Stadtplan 7 C3**

Das moderne Hotel liegt nahe der Hauptstraße Surawong Road, ist aber relativ ruhig. Der Swimmingpool wurde kürzlich renoviert. Konservative Reisende schätzen die Nähe zum Nachtleben in Patpong nicht so sehr, doch der günstige Preis ist sehr attraktiv. **www.rosehotelbkk.com**

## INNENSTADT Siam Heritage ⓑⓑⓑ
*115/1 Surawong Rd, Bangrak 10500* ☎ *0-2353-6101* **Zimmer** *73* **Stadtplan 7 C3**

Die lauten Straßen von Patpong sind gleich um die Ecke – das heitere, traditionelle Siam Heritage ist ein interessanter Kontrast dazu: Zimmer im thailändischen Stil mit Holzböden und Seidenvorhängen, luxuriöse Suiten, Pool, Jacuzzi, Spa und ein Terrassenrestaurant. **www.thesiamheritage.com**

## INNENSTADT Silom Convent Garden ⓑⓑⓑ
*35/1 Soi Piphat 2, Sathorn, Soi Convent 10500* ☎ *0-2667-0130* FAX *0-2667-0144* **Zimmer** *44* **Stadtplan 7 C4**

Das zentral gelegene Haus ist etwas für Gäste, die die unpersönliche Atmosphäre von Hotelzimmern nicht mögen. Es gibt Apartments mit Personal und Kochgelegenheit, aber auch ganz normale, hübsch eingerichtete Hotelzimmer. Dazu kommen zwei Coffeeshops und ein Dachgarten. **www.silomconventgarden.com**

## INNENSTADT Silom Serene ⓑⓑⓑ
*7 Soi Piphat, Silom Rd Soi 3, Bangrak 10500* ☎ *0-2636-6599* FAX *0-2636-6590* **Zimmer** *86* **Stadtplan 7 C4**

Das günstig gelegene Hotel hat großzügige Zimmer, einen schönen großen Pool und einen ruhigen, schattigen Garten, in dem man sich vom Lärm des Zentrums gut erholen kann. Geschäftsreisende steigen wegen des guten Angebots und der Konferenzräume gern hier ab. **www.silom-serene.com**

## INNENSTADT Luxx Hotel ⓑⓑⓑ
*6/11 Decho Rd, Bangrak 10050* ☎ *0-2635-8800* FAX *0-2635-8088* **Zimmer** *13* **Stadtplan 7 B4**

Das Luxx ist eines von Bangkoks kleinsten Hotels, früher war es ein chinesisches Kaufhaus. Beim Umbau wurde viel Chrom und Holz verwendet. In den Suiten gibt es hölzerne Badewannen, LCD-Fernseher, DVD-Spieler, iPod-Docks und einen schönen Blick auf den Innenhof. WLAN im ganzen Haus. **www.staywithluxx.com**

## INNENSTADT Siri Sathorn ⓑⓑⓑⓑ
*27 Soi Sala Daeng, 1 Silom Rd, Bangrak10500* ☎ *0-2266-2345* FAX *0-2267-5555* **Zimmer** *111* **Stadtplan 8 D4**

Das Siri Sathorn bezeichnet sich selbst als »Residenz mit Bedienung«. Zentrale Lage in der Nähe zweier Skytrain-Stationen, aufmerksamer Service, elegante Atmosphäre. Es gibt Suiten mit bis zu zwei Schlafzimmern, Küche und Wäscheservice. Das Haus ist ideal für Familien. Spa und Fitness-Center vorhanden. **www.sirisathorn.com**

## INNENSTADT Swiss Lodge ⓑⓑⓑ
*3 Convent Rd, Silom, Bangrak 10500* ☎ *0-2233-5345* FAX *0-2236-9425* **Zimmer** *46* **Stadtplan 7 C4**

Das Hotel, dessen bequeme Zimmer mit der neuesten Technologie ausgestattet sind, befindet sich in einer ruhigen Ecke in Bangkoks Vergnügungsviertel. Das Hotelrestaurant Three-On-Convent serviert kalifornische Küche und exzellente Weine. Es gibt einen Pool, eine Bibliothek und eine Business-Lounge. **www.swisslodge.com**

## INNENSTADT Banyan Tree ⓑⓑⓑⓑⓑ
*21/100 South Sathorn Rd, Pathumwan 10120* ☎ *02-679-1200* FAX *02-679-1199* **Zimmer** *216* **Stadtplan 8 D4**

Das Hotel beim Geschäftsviertel Silom bezeichnet sich selbst als »urbanes Spa«. Es gibt überwiegend Suiten, die geschmackvoll im asiatischen Stil ausgestattet sind. Hinzu kommen viele schicke Bars und unterschiedliche Restaurants. Die stilvolle Bar auf dem Dach und das Restaurant im 61. Stock sind grandios. **www.banyantree.com**

**Preiskategorien** *siehe Seite 290* **Zeichenerklärung** *siehe hintere Umschlagklappe*

## INNENSTADT Dusit Thani ⓑⓑⓑⓑⓑ
*946 Rama IV Rd 10500* **C** *0-2200-9000* **FAX** *0-2236-6400* **Zimmer** *517*     **Stadtplan 8 D4**

Das Flaggschiff der großen thailändischen Hotelkette bietet elegante Zimer der gehobenen Kategorie bis hin zu Luxussuiten, die landestypisch eingerichtet sind. Zum Hotel gehören ein Spa, eine Golf-Anlage und acht Restaurants sowie die Cordon Bleu Dusit Academy of World Cuisine. **www.dusit.com**

## INNENSTADT Four Seasons ⓑⓑⓑⓑⓑ
*155 Ratchadamari Rd 10330* **C** *0-2250-1000* **FAX** *0-2253-9195* **Zimmer** *353*     **Stadtplan 8 D2**

Das Four Seasons verströmt zurückhaltende Eleganz. Die Zimmer sind mit Wandbildern geschmückt. Zum Haus gehören ein Spa-Bereich und eine Boutique. Das exzellente Restaurant, das thailändische, italienische und japanische Gerichte sowie amerikanische Steaks bietet, ist seit Langem beliebt. **www.fourseasons.com**

## INNENSTADT Le Méridien Plaza Athénée ⓑⓑⓑⓑⓑ
*10 Wireless Rd 10330* **C** *0-2650-8800* **FAX** *0-2650-8500* **Zimmer** *378*     **Stadtplan 8 E2**

Das Hotel mit Kultstatus liegt mitten im Geschäfts- und Diplomatenviertel, nicht weit von der Skytrain-Station entfernt. Es bietet luxuriöse Zimmer und Restaurants, die mehrfach Auszeichnungen erhalten haben, sowie die sprichwörtliche thailändische Gastfreundschaft und Höflichkeit. **www.starwoodhotels.com**

## INNENSTADT lebua at State Tower ⓑⓑⓑⓑⓑ
*1055 Silom Rd, Bangrak 10500* **C** *0-2624-9999* **FAX** *0-2624-9998* **Zimmer** *350*     **Stadtplan 7 A5**

Am bekanntesten sind in diesem Haus, das nur Suiten anbietet, wohl das Restaurant und die Bar im 52. Stock. Nicht nur die schwindelerregende Aussicht, auch das superschicke Dekor und der hervorragende Service erfreuen die Gäste. In den Suiten sind auch Kochgelegenheiten vorhanden. **www.lebua.com**

## INNENSTADT Mandarin Oriental Hotel ⓑⓑⓑⓑⓑ
*48 Oriental Ave, Charoen Krung Soi 41 10500* **C** *0-2659-9000* **FAX** *0-2236-1937* **Zimmer** *393*     **Stadtplan 6 F4**

Das 1867 erbaute Hotel wurde schon von S. Maugham und J. Conrad geschätzt. Hier verbinden sich bewegte Vergangenheit und Luxus. Der restaurierte »Autoren-Flügel«, die großartige Lage, der Service und die Küche sorgen für einen unvergesslichen Aufenthalt. Spa und renommierte Kochschule. **www.mandarinoriental.com**

## INNENSTADT Shangri-la Hotel ⓑⓑⓑⓑⓑ
*89 Soi Wat Suan Plu, Charoen Krung Rd 10500* **C** *0-2236-7777* **FAX** *0-2236-8579* **Zimmer** *799*     **Stadtplan 6 F5**

Das Hotel hat zwei Flügel – den Shangri-la- und den Krungthep-Flügel. Letzterer bietet Zimmer mit Blick auf den Fluss, eigenem Pool sowie Balkon zum Garten. Butler-Service inklusive. Alle Zimmer sind im Thai-Stil mit Teakholz und Seidenvorhängen eigerichtet. Im Haus gibt es auch ein sehr gutes Spa. **www.shangri-la.com**

## INNENSTADT Sheraton Grande Sukhumvit ⓑⓑⓑⓑⓑ
*250 Sukhumvit Rd 10110* **C** *0-2649-8888* **FAX** *0-2649-8000* **Zimmer** *440*

Es gilt als eines der besten Business-Hotels in Asien und liegt im Herzen des Geschäftsviertels. Im Haus befinden sich preisgekrönte Restaurants, eine Jazzlounge und ein edler Nachtclub. Die Ausstattung erfüllt alle Erwartungen an ein Haus dieser Klasse. **www.sheratongrandesukhumvit.com**

## INNENSTADT Swissôtel Nai Lert Park ⓑⓑⓑⓑⓑ
*2 Witthayu Rd, Pathumwan 10330* **C** *0-2253-0123* **FAX** *0-2253-6509* **Zimmer** *338*     **Stadtplan 8 E1**

Das Swissôtel Nai Lert Park ist ein mit fünf Stockwerken relativ niedriges Gebäude in einem großen Park mit tropischen Pflanzen und einem kleinen Kanal. Bei acht Restaurants, darunter auch eines im Freien, Bar und Café fällt die Wahl schwer. Alle Zimmer haben Stadtblick. **www.swissotel.com**

## INNENSTADT The Sukhothai ⓑⓑⓑⓑⓑ
*13/3 South Sathorn Rd 10120* **C** *0-2344-8888* **FAX** *0-2344-8822* **Zimmer** *210*     **Stadtplan 8 D4**

Der Name bezieht sich auf Thailands erste verbriefte Dynastie, die Sukhothai aus Nordthailand. Hier versucht man im modernen Bangkok an die glorreiche Vergangenheit anzuknüpfen, mit einer Mischung aus Seide, Teak und buddhistischen Stupas. Der schöne Garten, ein gutes Spa und köstliches Essen tragen dazu bei. **www.sukhothai.com**

## THON BURI Ibrik Resort on the River ⓑⓑⓑⓑ
*256 Soi Wat Rakang, Arunamarin Rd 10700* **C** *0-2848-9220* **FAX** *0-2866-2978* **Zimmer** *3*     **Stadtplan 1 B5**

Das Ibrik mit seinen drei hübschen, gut ausgestatteten Suiten ist zweifelsohne das kleinste Hotel der Welt. Der Blick auf den Fluss und die ruhige Wohngegend bilden den Rahmen für ein romantisches Ambiente, ideal für die Flitterwochen. Unbedingt rechtzeitig reservieren. **www.ibrikresort.com**

## THON BURI Marriott Resort & Spa ⓑⓑⓑⓑⓑ
*257 Charoen Nakhon Rd, Thon Buri 10600* **C** *0-2476-0022* **FAX** *0-2476-1120* **Zimmer** *413*

Großartige tropische Gärten sind ideal zum Entspannen nach einem Tag mit vielen Besichtigungen. Im Haus gibt es ein fantastisches Spa. Auch das Essen, vor allem der Sonntagsbrunch im Trader Vic's oder die japanischen Gerichte im Restaurant Benihana, ist unschlagbar. **www.marriott.com**

## THON BURI The Peninsula ⓑⓑⓑⓑⓑ
*333 Charoen Nakhon Rd, Klong San 10600* **C** *0-2861-2888* **FAX** *0-2861-1112* **Zimmer** *370*     **Stadtplan 6 F5**

Auf der anderen Flussseite, gegenüber von Bangkok, liegt eine Oase des Luxus. Aus jedem Zimmer, jeder Suite genießt man den Blick auf den Chao Phraya. Mit den hauseigenen Booten geht es auf Wunsch in die Stadt. Das Restaurant bietet Thai-, Kanton- und mediterrane Küche und gilt als eines der besten der Stadt. **www.peninsula.com**

**Stadtplan Bangkok** *siehe Seiten 84–95*

## ABSTECHER Convenient Resort ⓑⓑ
*9–11 Soi 38 Lat Krabang 10520* ☎ *0-2327-4118* FAX *0-2327-4004* **Zimmer** *67* — Straßenkarte C1

Nomen est omen in diesem Nichtraucherhotel, das nur fünf Minuten vom Flughafen Suvarnabhumi entfernt liegt. Die bequemen Zimmer sind perfekt für einen Zwischenstopp. Thai-Massagen werden im Haus angeboten. Das Restaurant ist der ideale Platz, um bei schönem Ausblick zur Ruhe zu kommen. **www.convenientresort.com**

## ABSTECHER Amari Don Muang Airport Hotel ⓑⓑⓑ
*333 Chertwudthakas Rd 10210* ☎ *2-2566-1020* FAX *0-2566-1941* **Zimmer** *423* — Straßenkarte C1

Der Flughafen Don Muang wird weiterhin von den meisten Inlandslinien angeflogen. Das Hotel ist also immer noch eine gute Wahl, um die Zeit bis zum Transfer zu überbrücken. Die Zimmer bieten einen hohen Standard zu einem vernünftigen Preis. Zum Haus gehören gute Restaurants und Bars. **www.amari.com**

## ABSTECHER Novotel Suvarnabhumi Airport Hotel ⓑⓑⓑⓑⓑ
*Moo 1, Nongprue Bang Phli, Samut Prakarn 10540* ☎ *0-2131-1111* FAX *0-2131-1188* **Zimmer** *612* — Straßenkarte C1

Zehn Minuten Fußmarsch vom Hauptterminal entfernt ist das Novotel Suvarnabhumi Airport Hotel der ideale Ort, um neue Kraft zu tanken. Hier gibt es ein luxuriöses Spa, Restaurants und Bars. In den eleganten Zimmern schläft man wunderbar. **www.novotel.com**

# Östliche Golfküste

## CHANTHABURI River Guest House ⓑ
*3/5–8 Sri Chan Rd 22000* ☎ *0-3932-8211* **Zimmer** *29* — Straßenkarte E2

Das freundliche Gästehaus liegt am Fluss Chanthaburi, nahe dem Edelsteinmarkt. Man kann zwischen Zimmern mit Ventilator oder Klimaanlage wählen. Erstere liegen nach hinten und sind ruhiger. Der Besitzer hat stets viele wichtige Informationen parat. Internet-Zugang.

## CHANTHABURI Kasemsarn Hotel ⓑⓑ
*98/1 Benchamarachutit Rd 22000* ☎ *0-3931-1100* FAX *0-393-4456* **Zimmer** *60* — Straßenkarte E2

Das vor Kurzem renovierte zweistöckige Gebäude präsentiert sich nun als schickes, aber bezahlbares Boutique-Hotel. Es liegt nördlich des Stadtzentrums und ist das beste Mittelklassehotel Chanthaburis. Im Restaurant gibt es thailändische und europäische Gerichte. Eigenes Massagezentrum. **www.kasemsarnhotel.com**

## CHANTHABURI KP Grand Hotel ⓑⓑⓑ
*35/200–201 Trirat Rd 22000* ☎ *0-3932-3201* FAX *0-3932-3214* **Zimmer** *202* — Straßenkarte E2

Das geräumige, elegante Hotel liegt im Süden der Stadt. Die Zimmer haben Teppiche, Satelliten-TV und Minibars. Im Haus gibt es einen großen Pool, ein Fitness-Center, eine Sauna und ein Massagezentrum. Im Restaurant im 18. Stock werden europäische Gerichte kreativ zubereitet. Karaokebar im Haus. **www.kpgrandhotel.com**

## KO CHANG Pom's Bungalows ⓑ
*Hat Kai Bae 23120* ☎ *08-9251-9233* **Zimmer** *52* — Straßenkarte E2

Die einfachen Bambushütten, die vor 15 Jahren hier standen, sind heute stark optimiert. Atmosphäre und Preise entsprechen aber immer noch den Vorstellungen von Rucksackreisenden. Das beste Restaurant am Hat Kai Bae bietet regelmäßig Grillabende und Feuerwerk. Das freundliche Personal organisiert auch Schnorchelausflüge zu den Inseln.

## KO CHANG Funky Hut Resort ⓑⓑ
*Ao Dan Khao 23170* ☎ *0-3958-6177* **Zimmer** *7* — Straßenkarte E2

Der Familienbetrieb liegt an der Ostküste von Ao Dan Khao. Wer weniger Trubel als an der boomenden Westküste möchte, der ist hier genau richtig. Pluspunkte sind der Süßwasserpool und das schilfgedeckte Dachrestaurant. Das gute Essen ist auf der ganzen Insel bekannt. **www.funkyhut-thailand.com**

## KO CHANG Ko Chang Lagoon Resort ⓑⓑⓑ
*Hat Sai Khao 23170* ☎ *0-3955-1201* FAX *0-3955-1203* **Zimmer** *165* — Straßenkarte E2

Das zweistöckige Mittelklassehaus mitten in Hat Sai Khao erfreut mit seinen schön gestalteten Gärten und gut ausgestatteten Zimmern. Einige liegen im Hauptgebäude, andere in separaten Bungalows am Strand. Jeden Abend wird am Strand gegrillt. **www.kochanglagoonresort.com**

## KO CHANG Orchid Resort ⓑⓑⓑ
*Ao Bai Lan 23170* ☎ *0-3955-8137* **Zimmer** *45* — Straßenkarte E2

Hier wird Ko Changs Vergangenheit wieder lebendig. Die Bungalows aus Naturmaterialien stehen in einem Garten mit Pool. Hier wächst eine unglaubliche Menge verschiedener Orchideenarten. Es gibt ein Restaurant, in dem thailändische und europäische Gerichte serviert werden. **www.kohchangorchid.com**

## KO CHANG Siam Beach Resort ⓑⓑⓑ
*Hat Tha Nam 23170* ☎ *0-8702-65515* FAX *0-2417-1948* **Zimmer** *72* — Straßenkarte E2

Am nördlichen Ende von Hat Tha Nam, dem südlichsten Strand an der Westküste, findet man gemütliche Bungalows mit Klimaanlage an einem Hügel sowie ein paar neuere Bungalows mit Klimaanlage und Balkon am Strand. Die vielen Bäume in der Anlage spenden angenehmen Schatten. **www.siambeachresort.in.th**

---

**Preiskategorien** *siehe Seite 290* **Zeichenerklärung** *siehe hintere Umschlagklappe*

## KO CHANG White Sand Beach Resort ฿฿฿

*Hat Sai Khao 23170* **08-1863-7737** **Zimmer** 99 — **Straßenkarte E2**

Hat Sai Khao ist der längste und schönste Sandstrand der Insel, dessen Südende jedoch meist sehr voll ist. Am Nordende des Strands stößt man auf diese ruhige Unterkunft. Viele der Zimmer haben Klimaanlage oder Ventilatoren, die meisten bieten Meerblick. **www.whitesandbeachresort.info**

## KO CHANG Aana Resort and Spa ฿฿฿

*Hat Khlong Phrao 23170* **0-3955-1539** FAX **0-3955-1540** **Zimmer** 71 — **Straßenkarte E2**

Das Aana Resort and Spa liegt nicht direkt am Strand, die Gäste müssen mit dem Kajak den Klhong Phrao entlang zum Meer fahren. Der Schwerpunkt liegt hier weniger auf Strandleben als auf Wellness-Behandlungen. Viele Zimmer haben einen Whirlpool. **www.aanaresort.com**

## KO CHANG Dusit Princess Resort ฿฿฿฿

*Ao Bai Lan 23170* **0-3955-8055** **Zimmer** 96 — **Straßenkarte E2**

Das Hotel gehört zu Thailands bekanntester Hotelkette und liegt in der ruhigen Ao Bai Lan. Es verfügt über einen großen Pool und einen eigenen Strandabschnitt. Viele Unternehmen halten hier Seminare ab, da es einen großen Konferenzraum mit kompletter technischer Ausstattung gibt. **www.dusitprincess.com**

## KO CHANG Sea View Resort and Spa ฿฿฿฿

*Hat Kai Bae 23170* **0-3955-2888** **Zimmer** 126 — **Straßenkarte E2**

Alle Zimmer in diesem Resort, von einfachen Häuschen im schattigen Garten bis zu Spa-Suiten, sind schön gestaltet und luxuriös ausgestattet. Hier locken Pool, Fitness-Center, Wellness-Bereich, Terrassenrestaurant und mehrere Bars am Pool und am Strand. Einige Zimmer haben Whirlpool. **www.seaviewkochang.com**

## KO CHANG Aiyapura Resort ฿฿฿฿฿

*Ban Khlong Son 23170* **0-3955-5111** FAX **0-3955-5118** **Zimmer** 88 — **Straßenkarte E2**

Das auf einem Hügel oberhalb des Hat Khong Son gelegene Hotel mit seinem großen, blattförmigen Pool, dem luxuriösen Spa und vielen außergewöhnlichen Bungalows ist der Ort für einen außergewöhnlichen Urlaub. Das Personal ist sehr freundlich. Exzellente Restaurants und eine Poolbar runden das Angebot ab. **www.aiyapura.com**

## KO CHANG Amari Emerald Cove ฿฿฿฿฿

*88/8 Moo 4, Hat Khlong Phrao 23170* **0-3955-2000** FAX **0-3955-2001** **Zimmer** 165 — **Straßenkarte E2**

Das zur Thai-Amari-Gruppe gehörende, gut geführte Hotel beeindruckt durch seine Architektur. Es liegt direkt am Strand der Ao Khlong Phrao. Es gibt einen 50-Meter-Pool, ein italienisches Restaurant, einen Wellness-Bereich, sehr große Zimmer mit ebensolchen Badewannen sowie ein Spielezimmer für Kinder. **www.amari.com**

## KO CHANG Nirvana ฿฿฿฿฿

*Ao Bang Bao 23170* **0-3955-8061** **Zimmer** 15 — **Straßenkarte E2**

Das Nirvana erstreckt sich an einem malerischen, leicht bewaldeten Kap. Auf der einen Seite liegt ein Privatstrand mit schönem Ausblick, auf der anderen der Golf von Thailand. Das Haus bietet einen Süß- und einen Meerwasserpool mit Bar. Man wohnt in schönen Villen im balinesischen Stil. **www.nirvanakohchang.com**

## KO KUT Ngamkho Resort ฿

*Ao Ngam Kho 23170* **08-4653-4644** **Zimmer** 9 — **Straßenkarte E2**

Klassische schilfgedeckte, einfache Bungalows mit ebenso einfacher Ausstattung. Die meisten Gäste der Anlage sind Langzeiturlauber. Onkel Jo, der Hausherr, hat ein Boot, das man zum Angeln oder Schnorcheln mieten kann (mit ihm als Steuermann). Man kann auch ein eigenes Zelt am Strand aufstellen. Beim Speiseangebot überwiegt Fisch.

## KO KUT Ko Kood Beach Bungalows ฿฿฿

*Ko Kut 23170* **0-2630-9371** **Zimmer** 18 — **Straßenkarte E2**

Ko Kut ist eine der kleineren, ruhigeren Inseln im Süden von Ko Chang. Die Bungalows am Strand sind bekannt für guten Service, das gute Essen und die vielen Angebote, etwa Kajakausflüge zu den Inseln oder Treks ins Inselinnere. Es gibt auch einen Pool. **www.kokoodbeachbungalows.com**

## KO MAK Island Hut Resort ฿

*Ao Kratung 23120* **0-87139-5537** **Zimmer** 20 — **Straßenkarte E2**

Einfacher Familienbetrieb – ideal zum Ausspannen. Bei der Ausstattung der Anlage wurde viel Bambus verwendet. Die Gäste können den ganzen Tag über entspannt in einer Hängematte verbringen. Die Art der Anlage und die fehlenden Ablenkungsmöglichkeiten sollen das Naturerlebnis intensivieren.

## KO MAK Good Time Resort ฿฿฿

*Ko Mak 23170* **0-83118-0011** **Zimmer** 17 — **Straßenkarte E2**

Alle Villen haben ein oder zwei Schlafzimmer, ideal für Familien oder Gruppen. Es gibt einen Pool und ein einfaches Spa. Die gemütliche Atmosphäre wird durch das authentisch-thailändische Essen unterstrichen. Wer gern Filme sieht, kann aus verschiedenen DVDs in der Bibliothek wählen. **www.goodtime-resort.com**

## KO SAMET Naga ฿

*Ao Hin Khok 21160* **0-3864-4935** **Zimmer** 35 — **Straßenkarte D2**

Das auf einem Hügel liegende Naga ist ein Geheimtipp bei Reisenden mit kleinem Budget. Es gibt hier saubere, einfache Bungalows mit gutem Preis-Leistungs-Verhältnis. Gäste können die Bibliothek, einen Fitness-Raum, die Möglichkeit zum Thai-Boxen und das gute Restaurant nutzen, wo auch hausgemachtes Brot und Kuchen serviert werden.

**Straßenkarte** *siehe hintere Umschlaginnenseiten*

## KO SAMET Sai Kaew Villa

*Hat Sai Kaew 21160* 0-3864-4144 **Zimmer** *100*     **Straßenkarte** *D2*

An Ko Samets beliebtestem Strand bietet das Sai Kaew Villa viele verschiedene und günstige Übernachtungsmöglichkeiten, vom einfachen Zimmer mit Ventilator bis zu größeren Bungalows mit Klimaanlage. Gäste, die mehrere Nächte bleiben, erhalten Rabatt. **www.saikaew.com**

## KO SAMET Jep's Bungalow

*Ao Hin Khok 21160* 0-3864-4112 **Zimmer** *40*     **Straßenkarte** *D2*

Die Anlage bietet das beste Preis-Leistungs-Verhältnis auf Ko Samet. In den Beton- oder Holzbungalows, die an einem Hügel liegen und mit Ventilator oder Klimaanlage und Kabel-TV ausgestattet sind, kann man gut übernachten. Der nahe gelegene Strand ist hervorragend zum Schwimmen geeignet. **www.jepbungalow.com**

## KO SAMET Tub Tim Resort

*Ao Tub Tim 21160* 0-3864-4025 FAX 0-3864-4028 **Zimmer** *75*     **Straßenkarte** *D2*

Das Gästehaus wurde schon Anfang der 1980er Jahre gegründet. Es liegt am Südende einer hübschen Bucht an der Ostküste und bietet gemütliche Unterkünfte in Stein- oder Holzzimmern. Hier befindet sich auch eines der besten Restaurants der Insel. **www.tubtimresort.com**

## KO SAMET Samed Villa

*Ao Phai 21160* 0-3864-4094 FAX 0-3864-4093 **Zimmer** *45*     **Straßenkarte** *D2*

Der schweizerisch-thailändische Familienbetrieb am Südende der Ao Phai bietet einen großartigen Blick auf das Meer, nach hinten erfreut ein ruhiger Garten das Auge. Das kompetente und freundliche Personal organisiert Schnorcheltouren, Kajakfahrten und Grillfeste am Strand. **www.samedvilla.com**

## KO SAMET Sang Thian Beach Resort

*Ao Thian 21160* 0-3864-4255 **Zimmer** *32*     **Straßenkarte** *D2*

Der Name Ao Thian (»Kerzenlichtbucht«) stammt aus einer Zeit, als es hier noch keinen Strom gab. Heute findet man hier angenehme, kleine Holzbungalows sowie ein paar größere für Gruppen. Der Strand an der Ostküste ist auch heute noch ruhiger als die Strände weiter im Norden. **www.sangthain.com**

## KO SAMET Vongdeuan Resort

*Ao Wong Deuan 21160* 0-3864-4171 **Zimmer** *49*     **Straßenkarte** *D2*

Der halbmondförmige Strand der Ao Wong Deuan war einer der ersten ausgebauten Strände auf Ko Samet und ist auf jeden Fall einer der schönsten. Es gibt hier verschiedene nette Häuschen und Thai-Häuser, die komfortabel ausgestattet sind, sowie ein gutes Restaurant, das heimische Spezialitäten anbietet. **www.vongdeuan.com**

## KO SAMET Le Vimarn

*Ao Phrao 21160* 0-3864-4104 FAX 0-3864-4109 **Zimmer** *31*     **Straßenkarte** *D2*

Geschmackvoll-üppiges Resort an Ko Samets ruhiger Westküste. Die Villen sind mit Bambus, Teak und thailändischen Stoffen eingerichtet, viele haben einen Whirlpool auf dem Balkon. Zum Haus gehören ein Spa, ein Fitness-Center, ein Pool und ein italienisches Restaurant direkt am Wasser. **www.samedresorts.com**

## KO SAMET Moo Ban Talay

*Ao Noi Na 21160* 08-1838-8682 FAX 0-3864-4251 **Zimmer** *21*     **Straßenkarte** *D2*

Auf Ko Samet gibt es viele gestylte Unterkünfte, doch diese geräumigen Bungalows in fantastischer Umgebung sind etwas ganz Besonderes. Die Lage an einem Privatstrand am Nordende der Insel unterstreicht die Exklusivität. Alle Zimmer haben Betten auf einem Podest, manche bieten auch große Terrassen. **www.moobantalay.com**

## KO SAMET Paradee

*Ao Kiu Na Nok 21160* 0-2438-9771 **Zimmer** *40*     **Straßenkarte** *D2*

Die Insel gehört zum Meeres-Nationalpark, doch dieses teure Luxushotel lässt in die Zukunft blicken. Hier wird es bald noch mehr solcher Anlagen geben – spektakuläre Villen mit eigenem Whirlpool, Spa, Butler und zwei Privatstränden. Arrangiert werden Tauchausflüge und Touren zum Hochseefischen. **www.paradeeresort.com**

## KO SAMET Sai Kaew Beach Resort

*Hat Sai Kaew 21160* 0-3864-4195 FAX 0-3864-4194 **Zimmer** *87*     **Straßenkarte** *D2*

Die Anlage am Nordende des Hat Sai Kaew ist eine der außergewöhnlichsten auf der Insel. Geboten sind teure Luxusbungalows in ruhiger Umgebung und etwas günstigere im belebteren Teil des Strands. Alle sind edel eingerichtet. Es gibt auch einen Pool und ein Restaurant. **www.samedresorts.com**

## KO SICHANG Sichang Palace

*81 Atsabang Rd 20210* 0-3821-6276 FAX 0-3821-06939 **Zimmer** *56*     **Straßenkarte** *D1*

Hier gibt es ein paar historisch bedeutende Sehenswürdigkeiten, aber keine großartigen Strände. Der Preis richtet sich nach dem Ausblick, aber alle Zimmer sind mit Klimaanlage und Kabel-TV ausgestattet. Zu dem pfiffigen Hotel gehören auch ein Restaurant, ein Coffeeshop und ein Pool. **www.sichangpalace.com**

## PATTAYA Ice Inn

*528/2–3 Second Rd 20260* 0-3872-0671 **Zimmer** *32*     **Straßenkarte** *D1*

Die zentrale Lage nahe am Strand und die gut ausgestatteten Zimmer machen das Ice Inn zu einem der preiswertesten Angebote in Pattaya. Die Zimmer haben Ventilator oder Klimaanlage, manche auch Kabel-TV und Kühlschrank. Im Erdgeschoss residiert ein Internet-Café. **www.pattayacity.com/iceinn**

**Preiskategorien** *siehe Seite 290* **Zeichenerklärung** *siehe hintere Umschlagklappe*

### PATTAYA Diana Inn ⓑⓑ
*216/6–20 zwischen Soi 11–12 und 2nd Rd 20260* ☎ *0-3842-9675* FAX *0-3842-9870* **Zimmer** *111* **Straßenkarte** *D1*

In zentraler Lage findet man hier einfache, gemütliche Zimmer und einen großen Pool mit Bar. Der Zimmerpreis umfasst auch ein Frühstücksbüfett. Am abendlichen Büfett kann man zwischen thailändischen und europäischen Gerichten wählen und dazu gutes Bier trinken. Viele Langzeitgäste. **www.dianapattaya.co.th**

### PATTAYA Garden Lodge ⓑⓑ
*170 Moo 5, Naklua Rd, zwischen Soi 18 und Soi 20 20260* ☎ *0-3842-9109* **Zimmer** *78* **Straßenkarte** *D1*

Das Mittelklassehaus im Norden Pattayas bietet Gästen angenehme Ruhe mitten im Trubel der Stadt. Wie der Name vermuten lässt, überzeugen hier ein fantastischer Außenbereich, dazu ein schöner Pool und hübsch eingerichtete Zimmer sowie ein freundliches Restaurant.

### PATTAYA Jomtien Boathouse ⓑⓑ
*389/5–6 Jomtien Beach Rd 20260* ☎ *0-3875-6143* FAX *0-3875-6144* **Zimmer** *24* **Straßenkarte** *D1*

Die elegant möblierten Zimmer bieten alle Annehmlichkeiten. Es gibt hier keinen Pool, doch am nahen Strand kann man gut schwimmen. Das Hotel ist bekannt für sein gutes Essen im Open-Air-Restaurant und die Elvis-Doubles, die hier jeden Freitagabend auftreten. **www.jomtien-boathouse.com**

### PATTAYA Lek Hotel ⓑⓑ
*284/5 Soi 13, Second Rd 20260* ☎ *0-3842-5552* FAX *0-3842-6629* **Zimmer** *158* **Straßenkarte** *D1*

Das elegante Hotel ist komfortabel, geräumig und sauber. Die Zimmer sind eher klein und einfach eingerichtet, aber der Swimmingpool, der Snooker-Raum und die Dachterrasse machen dies wett. Zum Hat Pattaya mit seinen Läden ist es nicht weit.

### PATTAYA Woodlands Resort ⓑⓑⓑ
*164/1 Moo 5, Pattaya-Naklua Rd 20260* ☎ *0-3842-1707* FAX *0-3842-5663* **Zimmer** *133* **Straßenkarte** *D1*

Das schöne Hotel im Kolonialstil mit Spa und hübschem Garten in einer ruhigen Ecke im Norden Pattayas ist ideal für Familien. Die hellen, großen Zimmer sind komfortabel möbliert. Im schicken Restaurant werden gute thailändische und internationale Gerichte serviert sowie Kochkurse abgehalten. **www.woodland-resort.com**

### PATTAYA Birds and Bees Resort ⓑⓑⓑⓑ
*366/11 Moo 12, Phra Tam Nak 4 20150* ☎ *0-3825-0034* FAX *0-3825-0557* **Zimmer** *60* **Straßenkarte** *D1*

Das Hotel gehört einer thailändischen Nichtregierungsorganisation, die sich um die Gesundheit der Gemeindemitglieder kümmert und von der Bill Gates Foundation ausgezeichnet wurde. Das familienorientierte Haus bietet hübsche Gärten, einen ruhigen Strand und ein romantisches Strandrestaurant. **www.cabbagesandcondoms.co.th**

### PATTAYA Hard Rock Hotel ⓑⓑⓑⓑ
*429 Moo 9, Beach Rd 20260* ☎ *0-3842-8755-9* FAX *0-3842-1673* **Zimmer** *320* **Straßenkarte** *D1*

Pattaya und das Hard Rock Hotel passen perfekt zusammen. Hier findet man den größten lagunenartigen Pool in Thailand und einen künstlich angelegten Strand. Es gibt Themenpartys und viele Vergnügungen. Neben dem sehr komfortablen Spa gefällt auch das gute Kinderprogramm. **www.hardrockhotels.net**

### PATTAYA Siam Bayview ⓑⓑⓑⓑ
*310–12 Moo 10, Beach Rd 20260* ☎ *0-3842-3871* FAX *0-3842-3879* **Zimmer** *260* **Straßenkarte** *D1*

Das Siam Bayview liegt direkt im Zentrum der Ao Pattaya. Von den Zimmern in den oberen der neun Etagen hat man einen wunderschönen Meerblick. Weitere Pluspunkte: Tennisplatz, Swimmingpools, Restaurants, Business-Center und Massagepavillon. **www.siamhotels.com**

### PATTAYA Sugar Hut ⓑⓑⓑⓑ
*391/18 Moo 10, Thabpraya Rd 20260* ☎ *0-3825-1686* FAX *0-3825-1689* **Zimmer** *28* **Straßenkarte** *D1*

Das schöne Hotel punktet mit seinem Ambiente und der Abgeschiedenheit. Die typisch thailändischen Häuschen mit runden Dächern sind in einem weitläufigen Garten angeordnet, die Zimmer mit zwei Betten und Moskitonetz sind geschmackvoll möbliert. Zur Anlage gehört ein erstklassiges Restaurant. **www.sugar-hut.com**

### PATTAYA Pattaya Marriott ⓑⓑⓑⓑⓑ
*218 Moo 10, Beach Rd 20260* ☎ *0-3841-2120* FAX *0-3842-9926* **Zimmer** *295* **Straßenkarte** *D1*

Das schöne Hotel im Zentrum der Ao Pattaya verfügt über elegant möblierte Zimmer, die meisten mit Meerblick. Für Gäste gibt es eine ganze Reihe von Sportangeboten – von Golf über Reiten, Tauchen und Fliegen. Zum Hotel gehören ein großer Pool sowie verschiedene Restaurants und Bars. **www.marriotthotels.com**

### PATTAYA Royal Cliff Beach Resort ⓑⓑⓑⓑⓑ
*353 Moo 12, Pratumnak Rd 20260* ☎ *0-3825-0421* FAX *0-3825-0511* **Zimmer** *1017* **Straßenkarte** *D1*

Das mehrfach ausgezeichnete, superluxuriöse Hotel ist legendär und erstreckt sich über ein großes Areal. Verschiedene Restaurants und Bars, ein Spa, fünf Swimmingpools, Tennisplatz, Joggingparcours und ein Puttinggreen lassen keine Wünsche offen. **www.royalcliff.com**

### PATTAYA Sheraton Pattaya Resort ⓑⓑⓑⓑⓑ
*437 Pratumnak Rd 20260* ☎ *0-3825-9888* **Zimmer** *156* **Straßenkarte** *D1*

Das luxuriöse Hotel an einer malerischen Landspitze bietet einen eigenen Strand und drei Swimmingpools im üppigen Garten. Von den oberen Zimmern hat man einen fantastischen Blick. Die Ausstattung entspricht den Erwartungen an die Hotelkette, das Personal umsorgt die Gäste bestens. **www.starwoodhotels.com**

**Straßenkarte** *siehe hintere Umschlaginnenseiten*

## RAYONG Hin Suay Nam Sai ⓑⓑⓑ
*250 Moo 2, Charkpong, Klaeng 21190* ⓒ *0-3863-8035* FAX *0-3863-8034* **Zimmer** *174* **Straßenkarte** *D1*

Das elegante Hotel ist hervorragend ausgestattet und bietet einen Privatstrand. Die Zimmer haben Meerblick sowie Klimaanlage und Kabel-TV. Im Fitness-Center gibt es diverse Sportmöglichkeiten, etwa Tennis, Squash und Badminton. Internationales Restaurant und Karaokebar. **www.travelthailand.com**

## RAYONG Wang Gaew ⓑⓑⓑ
*214 Pae-Klaeng Rd, Charkpong 21190* ⓒ *0-3863-8067* FAX *0-3863-8068* **Zimmer** *30* **Straßenkarte** *D1*

Hier sollte man unbedingt länger bleiben. Vor allem thailändische Familien schätzen diese wunderbare Anlage von Strandhäusern mit eigener Küche. Hier erfährt man mehr über Thailand als irgendwo anders und kann die typisch thailändische Küche kennenlernen. **www.wangkaew.co.th**

## RAYONG Purimas Beach Hotel ⓑⓑⓑⓑ
*4/5 Moo 3, Pae Klang Kam Rd* ⓒ *0-3863-0382* **Zimmer** *79* **Straßenkarte** *D1*

Hübsches Hotel mit Privatstrand, sehr schönen Anlagen und aufmerksamem Personal. Die geräumigen und luftigen Suiten haben einen Balkon, dazu Minibar, Fernseher und komfortable Möbel. Gäste können sich im Spa verwöhnen lassen oder in einem der beiden hervorragenden Restaurants speisen. **www.purimas.com**

## TRAT Baan Jai Dee ⓑ
*67 Chaimongkhon Rd* ⓒ *0-3952-0678* **Zimmer** *8* **Straßenkarte** *E2*

Das Haus ist eine gute Wahl für einen Zwischenstopp in Trat. Die einfachen, sauberen Zimmer mit Gemeinschaftsbädern verteilen sich auf ein älteres Gebäude und einen neuen Anbau. In der Hauptsaison wird hier ein sehr gutes britisches oder französisches Frühstück angeboten.

# Obere westliche Golfküste

## CHA-AM Nana House ⓑⓑ
*208/3 Ruamchit Rd 76120* ⓒ *0-3243-3632* **Zimmer** *25* **Straßenkarte** *C1*

Die purpurroten Gebäude am Nordende der Stadt sind einfach und preisgünstig. Der Besitzer spricht gut Englisch und hält die Häuschen penibel sauber. Die Suite im obersten Stock hat einen Balkon mit schönem Meerblick. Der Strand ist nur einen Katzensprung entfernt. **www.nanahouse.net**

## CHA-AM Regent Cha-am Beach Resort ⓑⓑⓑ
*849/21 Phet Kasem Rd 76120* ⓒ *0-3245-1240* FAX *0-3247-1492* **Zimmer** *142* **Straßenkarte** *C1*

Die umweltfreundliche Anlage und günstigere Alternative zum zweiten Hotel gleichen Namens verfügt über Chalets im Garten und ist ideal für Urlauber, die nicht allen erdenklichen Luxus brauchen. Es gibt ein eigenes Spa, Gäste können aber auch alle Einrichtungen des benachbarten Hotels nutzen. **www.regent-chaam.com**

## CHA-AM Dusit Thani Hua Hin ⓑⓑⓑⓑ
*1349 Phet Kasem Rd* ⓒ *0-3252-0009* FAX *0-3252-0296* **Zimmer** *300* **Straßenkarte** *C1*

Das vornehme Dusit Thani Hua Hin befindet sich in Cha-am, doch die Attraktionen von Hua Hin liegen nur zehn Minuten entfernt. Hier findet der Gast exklusive Balkonzimmer mit Meerblick vor, dazu zwei schöne Swimmingpools, einen Wellness-Bereich und sehr gute Erholungsmöglichkeiten. **www.dusit.com**

## CHA-AM Alila Cha-am ⓑⓑⓑⓑⓑ
*115 Moo 7, Tambol Bangkao 76120* ⓒ *0-3270-9555* FAX *0-3247-3190* **Zimmer** *72* **Straßenkarte** *C1*

Alila Cha-am bedeutet auf Sanskrit »Überraschung«. In dem vom bekannten thailändischen Architekten Duangrit Bunnag gebauten Haus mit sehr eleganter Atmosphäre sind die Zimmer auf zwei Stockwerken mit Blick auf einen großen Pool angeordnet. Sehenswert ist auch das Dachrestaurant. **www.alilahotels.com**

## CHUMPHON Chumphon Cabana Resort & Diving Center ⓑⓑ
*69 Moo 8, Hat Thung Wua Laen 86000* ⓒ *0-7756-0246* FAX *0-7756-0247* **Zimmer** *139* **Straßenkarte** *C3*

Das Hotel an einem unberührten Strand mit weißem Sand und kristallklarem Wasser besitzt helle Zimmer, kleine Bungalows und ein luftiges, freundliches Strandrestaurant. Das Tauch- und Schnorchelzentrum hat PADI-geprüfte Tauchkurse und Ausflüge in die Umgebung im Angebot. **www.cabana.co.th**

## CHUMPHON Novotel Chumphon Beach Resort and Golf ⓑⓑⓑ
*110 Moo 4, Hat Paradonpab 86000* ⓒ *0-7752-9529* FAX *0-7752-9500* **Zimmer** *86* **Straßenkarte** *C3*

Die neueste Ergänzung in Chumphons Hotelszene präsentiert sich modern und mit sauberen Zimmern. Es gibt einen nahe gelegenen Neun-Loch-Golfplatz und weitere Outdoor-Angebote für Gäste, die nicht unbedingt ins Wasser wollen. Der Service und das Essen sind sehr gut. **www.novotel.com**

## CHUMPHON Away Tusita Resort ⓑⓑⓑⓑⓑ
*259/9 Moo, 1 Paktako, Tung Tako 86220* ⓒ *0-7757-9151* FAX *0-7757-9050* **Zimmer** *23* **Straßenkarte** *C3*

Das Away Tusita Resort liegt gleich außerhalb von Chumphon. Hier gibt es Zimmer und Villen, einige mit Whirlpool. Die Anlage besticht nicht nur mit ihrer eleganten Einrichtung, sondern auch mit der unglaublichen Vielzahl an Erholungsmöglichkeiten, darunter auch Rad fahren, Kajak fahren oder angeln. **www.resortchumphon.com**

**Preiskategorien** *siehe Seite 290* **Zeichenerklärung** *siehe hintere Umschlagklappe*

## HUA HIN Araya Residence ⓑⓑ
*15/1 Chomsin Rd 77100* ☎ *0-3253-1130* **Zimmer** *12*     **Straßenkarte** *C2*

Das zentral gelegene diskrete Boutique-Hotel verbindet minimalistischen Zen-Stil mit Teakmöbeln und modernem thailändischem Dekor. Hüsche, komfortable Zimmer mit Kabel-TV, Minibar und Internet-Zugang. Die Dachterrassenzimmer bieten einen tollen Ausblick. **www.araya-residence.com**

## HUA HIN K Place ⓑⓑ
*116 Naresdamri Rd 77100* ☎ *0-3251-1396* FAX *0-3251-4506* **Zimmer** *12*     **Straßenkarte** *C2*

In dem Seebad, in dem es eigentlich keine wirklich günstigen Hotels gibt, ist das K Place eine angenehme Überraschung. Die großen Zimmer sind einfach eingerichtet, aber sehr sauber. Alle verfügen über Kühlschrank und Fernseher. Rundherum gibt es viele Möglichkeiten zur Freizeitgestaltung, Strand und Nachtmarkt sind nicht weit entfernt.

## HUA HIN Leng Hotel ⓑⓑⓑ
*113/14 Phet Kasem Rd, Soi Hua Hin 67* ☎ *0-3251-3546* FAX *0-3253-2095* **Zimmer** *12*     **Straßenkarte** *C2*

Das beliebte Gästehaus liegt nahe beim Hat Hua Hin und dem gut besuchten Nachtmarkt. Die einfachen, gemütlichen Zimmer sind sauber und verfügen über Kühlschrank, Kabel-TV und Internet-Zugang. Es gibt einen guten Pool und ein Café. Das freundliche Personal ist sehr hilfsbereit. Reservierung erforderlich. **www.lenghotel.com**

## HUA HIN Sirin Hotel ⓑⓑⓑ
*6/3 Damnoen Kasem Rd 77100* ☎ *0-3251-1150* FAX *0-3251-3571* **Zimmer** *25*     **Straßenkarte** *C2*

Mitten in Hua Hins Einkaufs- und Vergnügungsviertel ist das Sirin ein gutes Mittelklasseangebot. Das Design ist zwar kein Hit, doch die netten, gepflegten Zimmer verfügen über Kabel-TV, Minibar und Balkon. Zum Haus gehören ein kleiner, schattiger Swimmingpool und ein Restaurant. **www.surinhuahin.com**

## HUA HIN Thipurai Beach Hotel ⓑⓑⓑ
*113/27 Phet Kasem Rd 77100* ☎ *0-3253-2731* FAX *0-3251-2210* **Zimmer** *59*     **Straßenkarte** *C2*

Nicht weit vom Hat Hua Hin befindet sich das Hotel mit sauberen, hellen Zimmern mit Minibar und Kabel-TV. Die Zimmer im Haupthaus sind elegant, die preiswerteren im Anbau sind sehr gemütlich mit geblümter Tagesdecke und Vorhängen. Kleiner Swimmingpool und Restaurant mit Thai-Spezialitäten. **www.thipurai.com**

## HUA HIN Anantasila By The Sea ⓑⓑⓑⓑ
*35/15 Phet Kasem Rd, Nongkae 77110* ☎ *0-3251-1879* FAX *0-3251-5914* **Zimmer** *73*     **Straßenkarte** *C2*

Das neue überschaubar große Hotel befindet sich an der Küste südlich von Hua Hin, nicht weit von einem Fischerdorf. Das Haus hat vielfältige Angebote und Annehmlichkeiten. Der Swimmingpool ist sehr groß. Hier werden auch viele Freizeitangebote für Kinder organisiert. **www.anantasila.com**

## HUA HIN Anantara Resort & Spa ⓑⓑⓑⓑ
*45/1 Phet Kasem Rd 77100* ☎ *0-3252-0250* FAX *0-3252-0259* **Zimmer** *187*     **Straßenkarte** *C2*

Das Hotel in einem großen, duftenden Garten punktet mit seiner exotischen Architektur und den hervorragenden Restaurants. Wunderbare Zimmer mit Meerblick oder Lagunenzimmer mit Balkon und Zugang zu einem eigenen Pool. Das Spa gehört zu den besten in Thailand. **www.anantara.com**

## HUA HIN Chiva-Som International Health Resort ⓑⓑⓑⓑⓑ
*73/4 Phet Kasem Rd 77100* ☎ *0-3253-6536* FAX *0-3251-1154* **Zimmer** *57*     **Straßenkarte** *C2*

Das Hotel am Strand liegt in einem ruhigen Park mit Seerosenteich und Buddha-Statuen. Bei der Ankunft werden die Gäste ausführlich beraten. Alle Mahlzeiten, viele Wellness-Behandlungen, Fitnesskurse und andere Aktivitäten sind dann in einem Paket enthalten. Mindestaufenthalt drei Nächte. **www.chivasom.com**

## HUA HIN Putahracsa ⓑⓑⓑⓑⓑ
*22/65 Naep Kaehat Rd 77100* ☎ *0-3253-1470* FAX *0-3253-1488* **Zimmer** *58*     **Straßenkarte** *C2*

Das Hotel in einem Wohnviertel von Hua Hin wird durch minimalistisches Design geprägt. Trotz der Lage ist man schnell im Zentrum. Das Haus bietet Zimmer und Suiten, alle geschmackvoll eingerichtet und gut ausgestattet. Nicht alle Zimmer haben Meerblick. **www.putahracsa.com**

## HUA HIN Sofitel Centara Grand Resort and Villas ⓑⓑⓑⓑⓑ
*1 Damnoen Kasem Rd 77100* ☎ *0-3251-2021* FAX *0-3251-1014* **Zimmer** *249*     **Straßenkarte** *C2*

Das 1923 an der Endstation der damals neuen Eisenbahn nach Hua Hin eröffnete Hotel belegt seit Langem einen Platz unter den Top Ten in Asien. Das große Haus im Kolonialstil, die sehr gepflegten Gärten und Strände sind einfach fantastisch. Die Villen mit eigenem Pool sind purer Luxus. **www.sofitel.com**

## PHETCHABURI Royal Diamond Hotel ⓑⓑ
*555 Moo 1 Phet Kasem Rd 76000* ☎ *0-3241-1061* FAX *0-3242-4310* **Zimmer** *58*     **Straßenkarte** *C1*

Modernes Mittelklassehotel am Stadtrand mit Blick auf Stadt und Berge. Hier wohnen thailändische Geschäftsleute und Familien. Im empfehlenswerten Hotelrestaurant werden thailändische und europäische Gerichte serviert. Schöner Biergarten im Freien mit angenehmer, tropischer Atmosphäre. **www.royaldiamondhotel.com**

## PHETCHABURI Fisherman's Village Resort ⓑⓑⓑⓑ
*170 Moo 1, Hat Chao Samrin 76100* ☎ *0-3244-1370* FAX *0-3244-1380* **Zimmer** *35*     **Straßenkarte** *C1*

Modernes Boutique-Hotel mit luxuriösen Villen am schönen Strand von Hat Chao Samrin, einem alten Fischerdorf im ländlich geprägten Phetchaburi. Einladender Swimmingpool, schönes Spa und viele Freizeitmöglichkeiten wie Angeln, Wassersport, Radfahren oder Vogelbeobachtung. **www.fishermansvillage.net**

**Straßenkarte** *siehe hintere Umschlaginnenseiten*

## HOTELS

### PRACHUAP KHIRI KHAN Banito Beach Resort ⒷⒷⒷ
*283 Klang Ao Road, Ban Krut* 0-3269-5282-3 FAX 0-3269-5282 **Zimmer** 60 *Straßenkarte* C2

Ban Krut ist der Lieblingsstrand der Thais, die dem Trubel in Hua Hin entfliehen wollen. Vom Strand bis zu einem hübschen Pool erstreckt sich hier eine Reihe von Bungalows, die das Beste aus beiden Welten verbinden. In den Pavillons am Strand gibt es gute Fischgerichte. **www.banitobeach.com**

### PRACHUAP KHIRI KHAN Sailom Resort ⒷⒷⒷ
*299 Moo 5, Mae Rumpeung, Bang Saphan 77140* 0-3269-1003 FAX 0-3269-1439 **Zimmer** 12 *Straßenkarte* C2

Das neue moderne Hotel ist sauber und wegen seiner Suiten und Häuschen bei thailändischen Familien sehr beliebt. Zum Haus gehört ein hübscher großer Pool, der nahe Strand ist sehr ruhig. Im Restaurant bekommt man gute thailändische Gerichte. **www.sailombangsaphan.com**

### PRANBURI Brassiere Beach Resort ⒷⒷⒷⒷ
*210 Moo 5, Thambon Sam Roi Yot* 0-3263-0555 FAX 0-3263-0554 **Zimmer** 12 *Straßenkarte* C2

Zwei eigenartig geformte Inseln vor der Küste und eine örtliche Sage gaben dieser Ferienanlage ihren Namen. Jedes der zwölf Häuschen ist nach einem anderen mediterranen Thema gestaltet, teilweise mit skurrilen Ausstattungselementen. Im gemütlichen Restaurant gibt es frisches Seafood. **www.brassierebeach.com**

### PRANBURI Aleenta Resort & Spa ⒷⒷⒷⒷⒷ
*183 Moo 4, Pak Nam Pran 77220* 0-2508-5333 **Zimmer** 21 *Straßenkarte* C2

Kleines Anwesen an einem sehr hübschen Strand. Es gibt nur 21 luxuriöse Suiten, Bungalows und ein Strandhaus. Alle haben Meerblick, für Ruhe und Abgeschlossenheit ist gesorgt. Die Ausstattung ist exzellent, es gibt iPod-Docks, WLAN – und jeden Tag neue Leckerbissen für Feinschmecker. **www.aleenta.com**

### PRANBURI Evason Hua Hin Resort – Hideaway and Six Sense Spa ⒷⒷⒷⒷⒷ
*9 Moo 3, Hat Naresuan 77220* 0-3263-2111 FAX 0-3263-2112 **Zimmer** 185 *Straßenkarte* C2

Die umweltfreundlichen Resorts an einem schönen Palmenstrand sind eine optimale Wahl. Das Hideaway mit seinen luxuriösen Villen ist etwas exklusiver, doch beide verfügen über großartige Anlagen, exzellente Restaurants, Bars, einen fantastischen Pool und verschiedene Spas, etwa das außergewöhnliche Earth Spa. **www.evasonresorts.com**

## Untere westliche Golfküste

### KO PHANGAN Beam Bungalows Ⓑ
*Hat Thian 82480* 0-7927-2854, 08-6947-3205 **Zimmer** 12 *Straßenkarte* C4

Ein Kokospalmenwald trennt die strohgedeckten Bungalows vom Strand, aber von den Zimmern aus kann man das Meer sehen, und der Weg dorthin ist nicht weit. Hier sind viele Langzeiturlauber zu Hause. Das Essen ist einfach, aber gut zubereitet. Eine junge, pulsierende Anlage, die vor allem Rucksackreisende anzieht.

### KO PHANGAN Chokana Ⓑ
*Ao Tong Sala, Ban Tai* 0-7723-8085 **Zimmer** 18 *Straßenkarte* C4

Die Häuschen hier sind so groß, dass man fast glaubt, in einem Bungalow zu nächtigen. Jedes ist einzigartig, doch man fühlt sich sofort zu Hause. Der Besitzer organisiert regelmäßig Grillfeste, wo vor allem Seafood zubereitet wird, und Partys, die den Aufenthalt hier sehr angenehm machen.

### KO PHANGAN Dolphin Ⓑ
*Ao Thong Nai Pan Yai 84280* **Zimmer** 16 *Straßenkarte* C4

Stammgäste sind überzeugt davon, dass dieser schön angelegte Park am Strand das Paradies ist. Die einfachen Holzhäuschen mit ihren Betten und Moskitonetzen sind einfach perfekt. Das Gartenrestaurant, zu dem auch einige Pavillons mit Kissen am Boden gehören, gilt als das beste der Gegend.

### KO PHANGAN Sanctuary & Wellness Center ⒷⒷ
*Hat Thian 84280* 08-1271-3614 **Zimmer** 30 *Straßenkarte* C4

Yoga, Massagen, Meditation, Fasten und Darmspülungen – hier steht Gesundheit hoch im Kurs. Viele Gäste kommen allerdings nur hierher, um den Partys und dem Trubel von Ko Phangan zu entfliehen. Die vielen verschiedenen Zimmer habe teilweise sogar eine Küche. **www.thesanctuarythailand.com**

### KO PHANGAN Cocohut Village ⒷⒷⒷ
*Hat Seekantang 84280* 0-7737-5368 **Zimmer** 16 *Straßenkarte* C4

Auf der anderen Hügelseite, in Entfernung zum lebhaften Hat Rin, befindet sich der Hat Seekantang (Leela Beach), ein viel schönerer Strand. Im Cocohut Village findet man alle möglichen Zimmer vor, von einfach bis luxuriös. Gutes Essen und gemütliche Atmosphäre – auch das Personal geht es ruhig an. **www.cocohut.com**

### KO PHANGAN Milky Bay Resort ⒷⒷⒷ
*102 Moo 1, Hat Ban Tai 84280* 0-7723-8566 FAX 0-7737-7726 **Zimmer** 34 *Straßenkarte* C4

Gutes Mittelklasse-Resort mit sehr unterschiedlichen Unterkünften, meist in Bungalows, und Tarifen. Es gibt viele Wellness-Angebote, darunter Massagen und Kräuterdampfbäder sowie ein Fitness-Center. Der Aufenthalt am schönen Strand ist erholsam. Die Restaurants servieren thailändische und italienische Speisen. **www.milkybay.com**

**Preiskategorien** *siehe Seite 290* **Zeichenerklärung** *siehe hintere Umschlagklappe*

### KO PHANGAN Phanganburi Resort ⓑⓑⓑ

*120/1 Hat Rin Nai 84280* **☎** *0-7737-5481* **FAX** *0-7737-5482* **Zimmer** *105*  **Straßenkarte** *C4*

Das attraktive Mittelklasse-Resort verfügt über zwei Swimmingpools – einer davon liegt direkt am Strand – und bietet viele Wassersportmöglichkeiten. Von hier es ist nicht weit zu den abendlichen Veranstaltungen in Ko Phangan. Die Anlage ist nicht sonderlich stilvoll, aber sauber und gepflegt. **www.phanganburiresort.net**

### KO PHANGAN Sunset Cove Resort ⓑⓑⓑ

*78/11 Moo 8, Hat Chao Phrao 84280* **☎** *0-7734-9211* **FAX** *0-7734-9215* **Zimmer** *18*  **Straßenkarte** *C4*

Das Boutique-Hotel ist zwar klein, aber das netteste Angebot am Hat Chao Phrao. Es gibt einen Pool am Strand, von dem aus man wunderbar den Sonnenuntergang beobachten kann. Das Essen ist hervorragend. Ein gutes Preis-Leistungs-Verhältnis und freundlicher Service tragen zur Zufriedenheit der Gäste bei. **www.thaisunsetcove.com**

### KO PHANGAN Mandalai ⓑⓑⓑⓑ

*Ao Chalok Lam 84280* **☎** *0-7737-4316-9* **FAX** *0-7737-4320* **Zimmer** *12*  **Straßenkarte** *C4*

Das coole, moderne Boutique-Hotel liegt direkt am Strand außerhalb eines kleinen Fischerdorfs. Es bietet eine Reihe von Aktivitäten an, darunter Elefantenritte und Angelausflüge. Sehr gut ausgestattete Zimmer und hervorragendes Essen. Ein angenehmer Ort, wo man wenig Rucksackreisende findet. **www.mymandalai.com**

### KO PHANGAN Salad Beach Resort ⓑⓑⓑⓑ

*Hat Salad 84280* **☎** *0-7734-9274* **Zimmer** *48*  **Straßenkarte** *C4*

Hat Salad ist ein idyllischer Strand am nordwestlichen Ende der Insel. Das moderne Salad Beach Resort ist sehr komfortabel. Vor allem die Massagen, das Restaurant und der Pool haben es den Gästen angetan. Weitere Attraktionen sind der Wasserfall-Jacuzzi und das Open-Air-Restaurant. **www.saladbeachphangan.com**

### KO PHANGAN Green Papaya ⓑⓑⓑⓑⓑ

*64/8 Moo 8, Hat Salad 84280* **☎** *0-7734-9278* **FAX** *0-7737-4230* **Zimmer** *18*  **Straßenkarte** *C4*

In einem duftenden Garten mit Kokospalmen und Swimmingpool stehen schöne Bungalows mit poliertem Holzboden. An den Wänden hängen stilvolle Kunstwerke. Das bootsförmige Restaurant und die Strandbar sind auch dazu da, um spektakuläre Sonnenuntergänge zu genießen. **www.samui-hotels.com**

### KO PHANGAN Panviman Resort ⓑⓑⓑⓑⓑ

*22/1 Moo 5, Ao Thong Nai Pan Noi 84280* **☎** *0-7744-5101* **FAX** *0-7744-5100* **Zimmer** *72*  **Straßenkarte** *C4*

Panviman Resort gehört zu den exklusivsten Anlagen auf Ko Phangan. Vom Hügel hat man einen wunderbaren Blick aufs Meer, das mit dem Shuttle-Service leicht zu erreichen ist. Das hauseigene Spa und das hübsche Grillrestaurant am Strand runden das Angebot ab. **www.panviman.com**

### KO SAMUI Chez Ban-Ban Resort ⓑ

*Hat Bangrak 84280* **☎** *0-7724-5135* **Zimmer** *10*  **Straßenkarte** *C4*

Das Management der Anlage ist französisch-schweizerisch, daher gibt es hier Angebote wie Pétanque oder französische Liköre wie *Ricard*. Die französisch-thailändische Küche ist hervorragend, die Atmosphäre unprätentiös und entspannt. Es gibt zehn Ziegelbungalows und einen kleinen Garten nahe am Strand.

### KO SAMUI Jungle Club ⓑⓑ

*Soi Panyadee School, Hat Chaweng 84280* **☎** *08-1894-2327* **Zimmer** *11*  **Straßenkarte** *C4*

In diesem Haus mit französischer Leitung kann man sich wunderbar vom hektischen Strandleben erholen, denn es steht auf einem Hügel oberhalb der Hat Chaweng. Entspannung ist hier wichtiger als Partytrubel. Man kann zwischen einfachen Häuschen und großzügigen Villen wählen. Gutes Essen. **www.jungleclubsamui.com**

### KO SAMUI Lamai Wanta ⓑⓑ

*124/264 Moo 3, Hat Lamai 84310* **☎** *0-7742-4550* **FAX** *0-7742-4218* **Zimmer** *74*  **Straßenkarte** *C4*

Lamai Wanta liegt nicht weit weg vom Lamai-Trubel, aber doch weit genug, um direkt am Strand ruhig wohnen zu können. Das kürzlich renovierte Hotel ist sauber und komfortabel. Es ist nicht sonderlich elegant, auch die Ausstattung ist begrenzt, doch es gibt einen hübschen Pool und ein Restaurant direkt am Strand. **www.lamaiwanta.com**

### KO SAMUI Shambala ⓑⓑ

*23/2 Moo 4, Hat Bangrak 84280* **☎** *0-7742-5330* **Zimmer** *15*  **Straßenkarte** *C4*

Das von einem englischen Paar betriebene Shambala bietet einfache, unprätentiöse Zimmer nahe am Strand. Sonst gibt es wenig Ausstattung, doch freundliches und hilfsbereites Personal. Hier legt man Wert auf nachhaltigen Tourismus und die heimische Kultur. Das unterscheidet das Haus von vielen anderen. **www.samui-shambala.com**

### KO SAMUI Sunbeam ⓑⓑ

*Ao Bang Pho 84280* **☎** *0-7742-0600* **Zimmer** *15*  **Straßenkarte** *C4*

Die rustikalen Bungalows an der Ao Bang Pho mit einem sehr ruhigen Strand im Norden der Insel liegen in einem üppig bewachsenen tropischen Garten. Die einfachen, aber komfortablen Zimmer sind weniger auf Partygäste, sondern auf eine gesetztere Klientel zugeschnitten. Hier gibt es sehr gute Seafood-Barbecues.

### KO SAMUI Sunrise Bungalow ⓑⓑ

*Hat Lamai 84310* **☎** *0-7742-4433* **Zimmer** *16*  **Straßenkarte** *C4*

Nahe den Felsen Hin Ta und Hin Yai am Südende des Hat Lamai befindet sich die älteste Anlage. Im Sunrise Bungalow findet man alles – von sehr einfachen Zimmern mit Ventilator bis zu modernen Bungalows mit Klimaanlage. Manche liegen direkt am Strand, manche in einem Garten hinter dem Anwesen. **www.sunrisebungalow.com**

**Straßenkarte** *siehe hintere Umschlaginnenseiten*

## KO SAMUI Am Samui Resort ⓑⓑⓑ

*227 Moo 3, Hat Taling Ngam 84140  0-7723-5165 **Zimmer** 47*  **Straßenkarte** C4

Die unprätentiöse Bungalowanlage an der ruhigeren Westküste der Insel, früher bekannt als Weisenthal Resort, ist für ihre Sauberkeit und den adäquaten Preis bekannt. Lässig und bequem präsentiert sie sich als Angebot für Familien. Im Open-Air-Restaurant gibt es gute Thai- und europäische Speisen. www.amsamuiresort.com

## KO SAMUI Coral Cove Chalet ⓑⓑⓑ

*210 Moo 4, Hat Tong Takian 84140  0-7742-2260  FAX 0-7742-2496 **Zimmer** 81*  **Straßenkarte** C4

Die attraktiven Chalets auf einem palmenbestandenen Hügel oberhalb einer Bucht verfügen über großzügige, in Pastellfarben gehaltene Räume mit großen Betten und Moskitonetzen. Am Privatstrand kann man schnorcheln oder in den Korallenriffen vor der Küste tauchen. www.coralcovechalet.com

## KO SAMUI Laem Set Inn ⓑⓑⓑ

*110 Moo 2, Hua Thanon, Ao Laem Set 84310  0-7742-4393  FAX 0-7742-4394 **Zimmer** 30*  **Straßenkarte** C4

Ein ruhiger, abgelegener Flecken Erde, wo viele verschiedene Wohnmöglichkeiten bestehen. Fast alle Unterkünfte sind aus Teakholz gebaut und sehr familienfreundlich. Die leicht chaotische, aber freundliche Atmosphäre verspricht einen vergnüglichen Aufenthalt. Wildes Nachtleben sucht man hier allerdings vergeblich.

## KO SAMUI L'Hacienda ⓑⓑⓑ

*98/2 Moo 1, Hat Bophut 84320  0-7724-5943 **Zimmer** 12*  **Straßenkarte** C4

Das französische Besitzerpaar mischt kühn asiatische, mediterrane und südamerikanische Elemente, was insgesamt eine angenehme Atmosphäre schafft. Das hervorragende Essen, der gute Service und der Pool auf dem Dach tragen ebenfalls zu einem entspannten Aufenthalt bei. Nicht weit von Bophut entfernt. www.samui-hacienda

## KO SAMUI Pinnacle Samui Coco Palm ⓑⓑⓑ

*26/19 Moo 4, Hat Maenam 84330  0-7742-7308  FAX 0-7743-7309 **Zimmer** 70*  **Straßenkarte** C4

Das Coco Palm ist seit Langem eines der beliebtesten Hotels am Maenam. Es wurde von einer thailändischen Kette übernommen, doch außer dem Namen hat sich wenig geändert. Freundlicher, unaufgeregter Service und große Sauberkeit erfreuen den Gast. Es gibt Standardzimmer und Häuschen. www.pinnaclehotels.com

## KO SAMUI Weekender Resort ⓑⓑⓑ

*124/19 Moo 3, Hat Lamai 84310  0-7742-4429  FAX 0-7742-4011 **Zimmer** 122*  **Straßenkarte** C4

Das Weekender Resort liegt am südlichen Ende des Hat Lamai. Hier gibt es eine Vielzahl verschiedener Zimmer bis hin zur Luxussuite. Alle sind modern und elegant eingerichtet. Sunday's Brasserie, das Strandrestaurant, ist ein interessantes Erlebnis. Es gibt auch einen Spa-Bereich. www.weekender-samui.com

## KO SAMUI Coconut Villa Resort and Spa ⓑⓑⓑ

*Laem Hin Khom, Ao Taling Ngam 84140  0-7733-4069  FAX 0-7733-4071 **Zimmer** 53*  **Straßenkarte** C4

Abgeschiedenheit ist hier der große Pluspunkt. Das Resort liegt an einem Privatstrand. Es gibt sechs Villen, gut ausgestattete Suiten, zwei Swimmingpools und ein schönes Spa. Kajaktouren werden angeboten. Hier sollte man ein Auto haben, um die Gegend zu erkunden. www.coconutvillaresort.com

## KO SAMUI Anantara ⓑⓑⓑⓑⓑ

*99/9 Moo 1, Ao Bophut 84320  0-7742-8300  FAX 0-7742-8310 **Zimmer** 106*  **Straßenkarte** C4

Exotische thailändische Architektur, minimalistische Räume im Zen-Stil und ruhige tropische Gärten voller Palmen, Lilien, Lotosblumen, Teichen und kleinen Pavillons – kurz: ein Traum. Darüber hinaus werden Gäste auch den großzügigen Pool, das Spa und die fantastischen Restaurants und Bars schätzen. www.anantara.com

## KO SAMUI Baan Taling Ngam Resort and Spa ⓑⓑⓑⓑⓑ

*295 Moo 3, Hat Taling Ngam 84320  0-7742-3019  FAX 0-7742-3220 **Zimmer** 70*  **Straßenkarte** C4

Das ehemalige Royal Méridien mit seinen luxuriösen Zimmern, Suiten und frei stehenden Villen bekommt regelmäßig beste Kritiken. Es liegt auf einem Hügel oberhalb der Bucht inmitten schön gestalteter Gärten mit sieben Swimmingpools. So stellt man sich Luxus vor. www.baan-taling-ngam.com

## KO SAMUI Blue Lagoon Hotel ⓑⓑⓑⓑⓑ

*99 Moo 2, Hat Chaweng 84320  0-7742-2037  FAX 0-7742-2401 **Zimmer** 74*  **Straßenkarte** C4

Die wundervolle Thai-Architektur und die Lage an einem schönen Teil des Hat Chaweng locken Gäste an. Familien freuen sich vor allem über die Swimmingpools und die vielen Wassersportmöglichkeiten, etwa Kajak fahren, schnorcheln, segeln und Wasserski fahren. Das Restaurant Kantara ist exzellent. www.bluelagoonhotel.com

## KO SAMUI Centara Villas Samui ⓑⓑⓑⓑⓑ

*38/2 Moo 3, Hat Na Thian  0-7742-4020  FAX 0-7742-4022 **Zimmer** 1000*  **Straßenkarte** C4

Am schönen, palmenbestandenen Hat Na Thian im Süden Ko Samuis bietet dieses Haus außerordentlich luxuriöse Villen im thailändischen Stil. Sie sind hell und fröhlich-bunt dekoriert, manche haben einen Whirlpool. Populär ist das Reef Café am Strand. www.centarahotelsresorts.com

## KO SAMUI Four Seasons ⓑⓑⓑⓑⓑ

*219 Moo 5 Ang Thong, Laem Yai 84140  0-7724-3000  FAX 0-7723-6559 **Zimmer** 74*  **Straßenkarte** C4

Die luxuriösen Villen auf Pfählen an einem palmenbestandenen Hügel oberhalb der Bucht verfügen über eigene Pools mit Meerblick. In den beiden hervorragenden Restaurants werden thailändische und italienische Gerichte serviert. Der Wellness-Bereich liegt mitten im Dschungel – Samuis bestes Resort. www.fourseasons.com

**Preiskategorien** siehe Seite 290 **Zeichenerklärung** siehe hintere Umschlagklappe

## KO SAMUI Muang Kulaypan Hotel

*100 Moo 2, Hat Chaweng 84320* **0-7723-0850** FAX *0-7723-0031* **Zimmer** *42* **Straßenkarte** *C4*

Das Hotel ist hip, die Gäste sind funky. In den Zimmern finden sich Kunstwerke, gebatikte Tagesdecken und große schwarze Bäder. Im Garten setzt sich der Eindruck fort. Hier stehen Skulpturen um einen schwarz gefliesten Pool. Cocktails genießt man an der Strandbar. **www.kulaypan.com**

## KO SAMUI Napasai

*65/10 Moo 5, Maenam 84330* **0-7742-9200** FAX *0-7742-9201* **Zimmer** *45* **Straßenkarte** *C4*

Die Villen im Thai-Stil sind luxuriös, aber nicht übertrieben bombastisch. Am Strand gibt es einen Pool, jede Villa hat aber auch ein Tauchbecken. Zur Anlage gehören ein Spa, Tennisplätze und – fünf Minuten entfernt – ein Golfplatz. Das Hotel arrangiert Ausflüge zum Hochseefischen und Dschungelwanderungen. **www.napasai.com**

## KO SAMUI Pavilion Samui Boutique Resort

*124/24 Moo 3, Hat Lamai 84310* **0-7742-4030** FAX *0-7724-2029* **Zimmer** *73* **Straßenkarte** *C4*

Opulenz und Stil umwehen diese Villen, jede mit Pool oder Whirlpool. Die romantische Atmosphäre lockt Frischverliebte an, es gibt auch spezielle Flitterwochen-Pakete. Exzellentes Seafood und gute Weine. Zur Anlage gehören ein Spa und ein voll ausgestattetes Fitness-Center. **www.pavillionsamui.com**

## KO SAMUI Six Senses Hideaway

*9/10 Moo 5, Baan Plai Laem, Bophut 84320* **0-7724-5678** FAX *0-7724-5671* **Zimmer** *66* **Straßenkarte** *C4*

Ansammlung von edlen Villen, die sich nur in der Größe unterscheiden. Alle haben einen Pool oder Whirlpool und sind sehr schön eingerichtet. Das Personal ist unwahrscheinlich aufmerksam, das Essen ganz hervorragend. Vermutlich eine der drei besten Anlagen für einen Luxusaufenthalt auf Ko Samui. **www.sixsenses.com**

## KO SAMUI The Library

*14/1 Moo 2, Hat Chaweng 84320* **0-7742-2767** FAX *0-7742-2344* **Zimmer** *26* **Straßenkarte** *C4*

In dem schicken Designhotel dreht sich alles um Bücher. Neben dem rot gefliesten Swimmingpool liegt ein gläserner Raum mit Regalen bis zur Decke, voll mit Büchern, Zeitschriften und CDs, die die Gäste nutzen können. Schöne, minimalistisch weiße Zimmer und das sehr gute Restaurant The Page. **www.thelibrary.name**

## KO SAMUI Zazen

*177 Moo 1, Bophut 84320* **0-7742-5085** FAX *0-7742-5177* **Zimmer** *22* **Straßenkarte** *C4*

Dies ist nicht einfach ein weiteres Boutique-Hotel, hier steckt viel Originalität und Stil in Zimmern und Villen. Die Villen sind ziegelgedeckt, Zartorange dominiert die Farbgestaltung. Der Küchenchef ist ein Meister seines Fachs, das Restaurant zu Recht berühmt für seine grandiose Fusionsküche. **www.samuizazen.com**

## KO TAO Blue Wind Resort and Bakery

*Hat Sai Ri 84280* **0-7745-6015** **Zimmer** *35* **Straßenkarte** *C3*

»Resort« ist ein bisschen übertrieben, doch die Anlage ist eine gute Wahl für Reisende mit schmalem Geldbeutel. Es gibt Bungalows mit Ventilator oder Klimaanlage. Yoga ist hier sehr beliebt. In der ganzen Gegend ist das Blue Wind für seine Backwaren und das gute vegetarische Essen im Restaurant bekannt.

## KO TAO JP Resort

*Ao Chalok Ban Kao 84280* **0-7745-6099** **Zimmer** *44* **Straßenkarte** *C3*

Dieser Strand ganz im Süden von Ko Tao ist viel ruhiger als der bekanntere Hat Sai Ri. Das Wasser ist flacher, was vor allem für Familien sehr angenehm ist. Das JP Resort bietet eine Reihe hübscher und günstiger Bungalows am Hügel oberhalb des Strandrestaurants. Sehr sauber und ohne Schnickschnack.

## KO TAO Sunset Buri Resort

*Hat Sai Ri 84280* **0-7745-6266** FAX *0-7745-6101* **Zimmer** *12* **Straßenkarte** *C3*

Eine sehr entspannte Unterkunft – ohne die vielen Taucher, die sich überall auf Ko Tao ausbreiten. Der schöne Garten und der Pool sind bei den Gästen sehr beliebt. Man kann zwischen einfachen und De-luxe-Bungalows direkt am Strand wählen. Einfaches, nicht übertreuertes Essen.

## KO TAO Mango Bay Grand Resort

*Ao Mamuang 84280* **0-7745-6097** **Zimmer** *15* **Straßenkarte** *C3*

Sehr gute Mittelklasse-Anlage in einer ruhigen Bucht an der Nordküste. Das Design ist nicht so spektakulär wie bei manchen anderen, doch geschmackvoll. Vor allem Schnorchler kommen an dem Küstenstreifen auf ihre Kosten. Die Freizeitmöglichkeiten sind zahlreich. Thailändische und italienische Küche. **www.kotaomangobay.com**

## KO TAO Nangyuan Island Dive Resort

*Ko Nang Yuan 84280* **0-7745-6088** **Zimmer** *55* **Straßenkarte** *C3*

Die Privatinsel bietet schöne Bungalows, die zwischen großen Felsen rund um eine azurblaue Bucht gruppiert sind. Das Tauchen am Korallenriff, das rund um die Insel verläuft, ist ein Genuss. Je nach Wasserstand können Gäste zu dem zum Resort gehörenden Café gehen oder schwimmen. **www.nangyuan.com**

## KO TAO Charm Churee Villa

*30/1 Moo 2, Ao Jansom 82480* **0-7745-6393** FAX *0-7745-6475* **Zimmer** *73* **Straßenkarte** *C3*

Dieses spektakuläre Resort und Spa liegt südlich von Hat Sai Ri. Seine Designelemente erinnern an eine Filmkulisse. Das Elvis Café am Strand ist ideal für eine gemütliche Mittagspause. Die meisten Bungalows sind eher villenartig, die Aussicht ist fantastisch. **www.charmchureevilla.com**

**Straßenkarte** *siehe hintere Umschlaginnenseiten*

### KO TAO Dusit Buncha Resort ⓑⓑⓑⓑ
*31/3 Moo 1 Tambol Ko Tao 84280* ☎ *0-7745-6730* **Zimmer** *40*     **Straßenkarte** *C3*

Das Hotel auf einem wunderschönen Areal in der nordwestlichen Ecke der Insel gehört nicht zur Dusit-Gruppe. Von hier sieht man auf Ko Nang Yuan und ist nicht allzu weit weg vom lebhaften Hat Sai Ri. Thailänder schätzen den umweltfreundlichen Aspekt, die Bungalows fügen sich perfekt in die Natur ein. **www.dusitbuncharesort.com**

### KO TAO Jamahkiri Resort & Spa ⓑⓑⓑⓑⓑ
*Ao Thian Ok 84360* ☎ *0-7745-6400* **Zimmer** *12*     **Straßenkarte** *C3*

Die zwölf Bungalows ducken sich zwischen den Felsen am Hügel direkt oberhalb der Küste. Zur Anlage gehört ein Spa. Die europäischen und thailändischen Gerichte sind exzellent. Es werden gut organisierte Tauchausflüge angeboten. Vielleicht die luxuriöseste Anlage auf Ko Tao. **www.jamahkhiri.com**

### NAKHON SI THAMMARAT Grand Park Hotel ⓑⓑ
*1204/79 Pak Nakhon Rd 80200* ☎ *0-7531-7666-73* FAX *0-7531-7674* **Zimmer** *82*     **Straßenkarte** *C4*

Das Hotel hat keinen Park und ist nicht besonders groß, doch sauber, modern und zentral gelegen. Da auch die Preise angemessen sind, ist es eine gute Wahl für Reisende, die auf dem Weg zu einem Strandhotel hier einen Zwischenstopp einlegen. Nehmen Sie ein Zimmer mit Aussicht, und genießen Sie die Currys im Restaurant.

### NAKHON SI THAMMARAT Racha Kiri ⓑⓑⓑ
*Hat Nai Phlao 80210* ☎ *0-7530-0245* FAX *0-7552-7833* **Zimmer** *33*     **Straßenkarte** *C4*

Wenn Sie nicht nach Ko Samui fahren können, ist das ein guter Ersatz. Das Hotel auf dem Festland, 15 Fahrminuten von der Anlegestelle entfernt, bietet die tropische Atmosphäre eines Resorts an der Küste. Die Strände halten allerdings dem Vergleich mit Ko Samui nicht stand. **www.rachakiri.com**

### SURAT THANI Ban Don Hotel ⓑ
*268/2 Na Mueng Rd 84000* ☎ *0-7726-2177* **Zimmer** *16*     **Straßenkarte** *C4*

Auch dieses Hotel ist gut für einen Zwischenstopp und das günstigste Angebot in Surat Thani. Im Erdgeschoss befindet sich ein gutes Chinarestaurant, in den Obergeschossen gibt es Zimmer mit Ventilator oder Klimaanlage und Bad. Nehmen Sie ein Zimmer nach hinten, dort ist es ruhiger.

### SURAT THANI 100 Islands Resort & Spa ⓑⓑ
*19/6 Moo 3, Bypass Rd, Makhamtia 84000* ☎ *0-7729-1150* **Zimmer** *38*     **Straßenkarte** *C4*

Wem Surat Thani selbst nicht so gut gefällt, der findet in dem Teakholzpalast am Stadtrand eine wunderbare Gartenlandschaft und einen Pool mit Wasserfall. Die Zimmer sind preisgünstig. Die Einheimischen kommen gern zum Essen hierher, da das Seafood ausgezeichnet ist. **www.roikoh.com**

## Obere Andamanen-Küste

### PHANG-NGA-BUCHT Pasai Bungalows ⓑ
*Ko Yao Noi 82160* ☎ *0-7659-7064* **Zimmer** *10*     **Straßenkarte** *B5*

Die einfache Anlage punktet mit der freundlichen, familiären Atmosphäre und dem fantastischen heimischen Essen. Die Bungalows haben einen hübschen Garten mit Blick auf den Strand und die davorliegenden Inseln. Es gibt Queensize-Betten und Strom rund um die Uhr. Nur die Hühner des Nachbarn stören manchmal die Morgenruhe.

### PHANG-NGA-BUCHT Phang Nga Inn ⓑⓑ
*2/2 Soi Lohakit, Phet Kasem Rd 82000* ☎ *0-7641-1963* **Zimmer** *12*     **Straßenkarte** *B5*

Das frühere Heim eines wohlhabenden Kaufmanns wurde in zwölf teakgetäfelte Einheiten unterschiedlicher Größe und Ausstattung unterteilt. Das freundliche und hilfsbereite Personal bereitet auch sehr gute Mahlzeiten für die Gäste zu, etwa Thai-Currys. Sehr ruhige Lage abseits der Hauptstraße.

### PHANG-NGA-BUCHT Yao Yai Resort ⓑⓑ
*Moo 7, Baan Lo Pareh, Pru Nai, Ko Yao Yai 82160* ☎ *0-819684641* FAX *0-864714487* **Zimmer** *21*    **Straßenkarte** *B5*

Von dem Hotel an der Westküste kann man über die Phang-Nga-Bucht bis nach Phuket sehen und die Sonnenuntergänge genießen. Es gibt unterschiedliche Bungalows mit Ventilator oder Klimaanlage. Angeboten werden Boots- und Tauchausflüge. Hübscher Garten, hilfsbereites Personal und ein gutes Restaurant. **www.yaoyairesort.com**

### PHANG-NGA-BUCHT Lom Lae Beach Resort ⓑⓑⓑ
*Ko Yao Noi 82160* ☎ *0-7659-7486* **Zimmer** *7*     **Straßenkarte** *B5*

In einem großen Garten direkt am Strand stößt man auf die hübschen Holzbungalows mit gutem Preis-Leistungs-Verhältnis. Zur Anlage gehört auch ein Tauch-Shop. Manchmal ist während der Regenzeit von Mai bis September geschlossen. Erkundigen Sie sich vorab. **www.lomlae.com**

### PHANG-NGA-BUCHT Phang-Nga-Bucht Resort Hotel ⓑⓑⓑ
*20 Thadan Panyi 82000* ☎ *0-7641-1067* **Zimmer** *88*     **Straßenkarte** *B5*

Das Hotel in einem Park liegt etwas entfernt vom Strand und abseits vom Touristenrummel. Es entspricht auch nicht den üblichen Erwartungen an ein Strandhotel. Von den Zimmern hat man vielmehr einen unglaublichen Blick in den Dschungel. Das hoteleigene Boot bringt allerdings die Gäste zu den nahen Stränden und Inseln.

**Preiskategorien** *siehe Seite 290* **Zeichenerklärung** *siehe hintere Umschlagklappe*

## PHANG-NGA-BUCHT Six Senses Hideaway

*56 Moo 5, Ko Yao Noi 82160* **☎** *0-7641-8500* **FAX** *0-7641-8518* **Zimmer** *88* — **Straßenkarte** *B5*

Six Senses bedeutet Luxus ohne Kompromisse. Jede Villa hat einen Pool und einen Angestellten, der dem Gast jeden Wunsch von den Augen abliest. Das zur Anlage gehörende Spa ist großartig. Das Six Senses hat seine vielen Preise völlig zu Recht bekommen, ein wahrlich edles und exklusives Urlaubsziel. **www.sixsenses.com**

## PHANG-NGA-KÜSTE Khao Lak Banana Bungalows

*4/147 Moo 7, Khuk Khak, Khao Lak 82190* **☎** *0-7648-5889* **Zimmer** *30* — **Straßenkarte** *B5*

Zehn Minuten Fußmarsch vom Strand entfernt liegen saubere, gepflegte und preiswerte Bungalows, die immer wieder Lob einheimsen. Zur Anlage gehören ein schöner Garten und ein großer Pool, in dem auch Tauchunterricht stattfindet. Bei der Ausstattung kann man zwischen Ventilator und Klimaanlage wählen. **www.khaolakbanana.com**

## PHANG-NGA-KÜSTE Poseidon Bungalows

*1/6 Khao Lak, Laem Kaen 82210* **☎** *0-7644-3258* **Zimmer** *15* — **Straßenkarte** *B5*

Die Bungalows im Süden des Hat Khao Lak sind eine gute Wahl, wenn man Ruhe und Entspannung sucht. Das schwedisch-thailändische Besitzerpaar ist sehr umweltbewusst. Dei beiden bieten auch Trekking- und Tauchausflüge zu den Similan-Inseln an. **www.similantour.nu**

## PHANG-NGA-KÜSTE Golden Buddha Beach Resort

*Ko Phra Thong 82150* **☎** *08-1892-2208* **Zimmer** *27* — **Straßenkarte** *B5*

Ko Phra Thong, direkt vor der Küste im Norden von Phang Nga, ist ideal, wenn man sich vom Trubel an den Stränden erholen möchte. Das umweltfreundliche Resort strahlt eine gemütliche Atmosphäre aus. Hier werden Yoga und New-Age-Aktivitäten angeboten, aber auch viel Traditionelles. **www.goldenbuddharesort.com**

## PHANG-NGA-KÜSTE Nangthong Bay Resort

*Ao Nang Thong, Khao Lak 82210* **☎** *0-7648-5088* **Zimmer** *79* — **Straßenkarte** *B5*

Das Resort liegt gleich neben dem Hat Khao Lak, nicht weit vom Restaurant- und Einkaufsviertel entfernt. Es ist familienfreundlich, denn in den großen Räumen lässt sich leicht ein zusätzliches Bett aufstellen. Gutes Essen und zuvorkommendes Personal, dessen Englisch allerdings nicht immer perfekt ist. **www.nangthongbeachresort.de**

## PHANG-NGA-KÜSTE Aleenta

*33 Moo 2, Khok Kloy 82140* **☎** *0-7658-0333* **FAX** *0-7658-0350* **Zimmer** *50* — **Straßenkarte** *B5*

Das schicke Resort an einem einsamen Strandstück ist der richtige Ort für einen geruhsamen Aufenthalt. Die gepflegten, minimalistischen Suiten bieten einen fantastischen Meerblick, iPods, Yogamatten und Tauchbecken. Es gibt eine fantastische Strandbar und ein hervorragendes Restaurant. **www.aleenta.com**

## PHANG-NGA-KÜSTE Khao Lak Wanaburee Resort

*26/11 Moo 7, Khuk Khak, Takua Pa 82190* **☎** *0-7648-5333-5* **FAX** *0-7648-5750* **Zimmer** *24* — **Straßenkarte** *B5*

Das Wanaburee Resort bietet erstklassige Unterkünfte direkt am Strand Hat Nang Thong. Die massiven Villen liegen zwischen Lagunen in einem waldähnlichen Garten verstreut. Sie wurden erst vor Kurzem erbaut. Hier gibt es eine Vielzahl an Outdoor-Aktivitäten. **www.wanaburee.com**

## PHANG-NGA-KÜSTE Le Méridien Khao Lak

*9/9 Moo 1, Khuk Khak, Takua Pa, Khao Lak 82190* **☎** *0-7642-7500* **FAX** *0-7642-7575* **Zimmer** *120* **Straßenkarte** *B5*

Das Hotel liegt außerhalb von Khao Lak, doch der Gast wird hier nichts vermissen. Die luxuriös ausgestattete Anlage bietet drei Pools und schöne gepflegte Gärten. Die Unterkünfte reichen von De-luxe-Zimmern bis zu Villen mit eigenem Pool. **www.starwoodhotels.com**

## PHANG-NGA-KÜSTE Mukdara Beach Villa & Spa Resort

*26/14 Moo 7, Khuk Khak, Takua Pa 82190* **☎** *0-7642-9999* **FAX** *0-7648-6199* **Zimmer** *40* — **Straßenkarte** *B5*

Zwei Pools – einer am Strand, einer im Garten – machen die Wahl schwer. Die Anlage ist ruhig, obwohl die nächsten Restaurants nicht weit weg liegen. Die Villen unterscheiden sich in Form und Größe und sind familienfreundlich, allerdings nicht so chic wie in anderen Anlagen, die mehr Wert auf Design legen. **www.mukdarabeach.com**

## PHANG-NGA-KÜSTE Ranyatavi Resort and Spa

*32/7 Moo 5, Hat Pilai, Khok Kloy, Takua Thung* **☎** *0-7658-0800* **FAX** *0-7658-0888* **Zimmer** *53* **Straßenkarte** *B5*

Das Resort nahe Hat Pilai ist nicht weit von Phuket entfernt, sodass die Gäste sich dort jederzeit vergnügen können. Das sehr gute Management und das exzellente thailändische Essen sind berühmt. Unterkünfte gibt es in Standardzimmern bis zu Villen. Die Anlage ist für Familien gut geeignet. **www.ranyatavi.com**

## PHANG-NGA-KÜSTE Sarojin

*60 Moo 2, Khuk Kkak, Hat Bang Sak 82190* **☎** *0-7642-7900-4* **Zimmer** *56* — **Straßenkarte** *B5*

Das luxuriöse Boutique-Hotel nördlich von Khao Lak wird von den Reiseredaktionen nicht von ungefähr regelmäßig mit Lob überhäuft. Viele zufriedene Gäste kommen immer wieder. Die schön designten Villen stehen in einem weitläufigen Areal. Ein exklusives und kostspieliges Vergnügen. **www.sarojin.com**

## PHUKET Casa Brazil

*9 Soi Luang Por Chuan 1, Hat Karon 83100* **☎** *0-7639-6317* **Zimmer** *21* — **Straßenkarte** *B5*

Hier herrschen brasilianische Motive vor, das Ambiente ist gemütlich. Südamerikanische Kunst und Lebensart mischen sich mit thailändischem Flair. Die sauberen, fröhlich dekorierten Zimmer haben Klimaanlage. Es gibt einen hübschen Garten und ein Restaurant im Innenhof. **www.phukethomestay.com**

**Straßenkarte** *siehe hintere Umschlaginnenseiten*

### PHUKET Fantasy Hill Bungalow · ⓑⓑ
*8/1 Patak Rd, Hat Karon 83100* **0-7633-0106** **Zimmer** 35 · *Straßenkarte B5*

Die sauberen, preiswerten Bungalows auf einem Hügel zwischen Hat Kata und Hat Karon verfügen alle über einen Balkon, die größeren zusätzlich auch über eine Veranda. Man kann zwischen Ventilator und Klimaanlage wählen. Unaufdringliche Anlage in einem schönen schattigen Garten.

### PHUKET Laemka Beach Inn · ⓑⓑ
*159 Viset Rd, Chalong, Rawai 83100* **0-7638-1305** **Zimmer** 20 · *Straßenkarte B5*

An der Südostküste von Phuket ist die Atmosphäre weniger hektisch als an den Stränden im Westen. Dies ist mehr das Reich der Segler. Ruhig und entspannt. Die strohgedeckten Bungalows, manche mit Klimaanlage, stehen nahe am Strand und sind angenehm luftig.

### PHUKET Shanti Lodge · ⓑⓑ
*1/2 Soi Bangrae, Choafa Nok Rd, Ao Chalong* **0-7628-0233** **Zimmer** 20 · *Straßenkarte B5*

Die Shanti Lodge ist eine ausgezeichnete Alternative zur Strandszene. Hier trifft man auch Einheimische. Der Schwerpunkt liegt auf Yoga und vegetarischer Ernährung, es gibt aber auch viele andere Angebote. Die preiswerte Lodge ist altmodisch, aber nicht heruntergekommen. **www.shantilodge.com**

### PHUKET Square One · ⓑⓑ
*241/34 Ratuthit Rd, Hat Patong 83150* **0-7634-1486** FAX *0-7634-0873* **Zimmer** 14 · *Straßenkarte B5*

Das neue Hotel hat einfach ausgestattete, makellos saubere Zimmer mit Kabel-TV und Kühlschrank. Langzeiturlauber sollten sich eine Suite nehmen, die deutlich komfortabler ist. Es gibt einen kleinen Swimmingpool, aber wenig Platz, um in der Sonne zu liegen. WLAN. **www.square1.biz**

### PHUKET The Taste · ⓑⓑ
*16–18 Rassada Rd, Phuket-Stadt 83000* **0-7622-2812** FAX *0-7625-6225* **Zimmer** 10 · *Straßenkarte B5*

Das Boutique-Hotel wurde in einem ehemaligen sino-portugiesischen Kaufhaus in Phuket eingerichtet. Im Café mit Bar in der Lobby gibt es Kunstausstellungen und DJ-Abende. Wählen Sie eine Suite oder ein Zimmer mit Veranda zum Garten, die anderen haben ein gemeinsames offenes Bad. **www.thetastephuket.com**

### PHUKET Baipho · ⓑⓑⓑ
*205/12-13 Rat-U-Tit Rd, Hat Patong 83150* **0-7629-2074** FAX *0-7629-2207* **Zimmer** 20 · *Straßenkarte B5*

Sehr schickes kleines Boutique-Hotel im Zentrum unter Schweizer Leitung. Hier funktioniert alles perfekt. Die Ausstattung ist modern mit lokalem Einschlag. Es gibt hervorragendes europäisches Essen und Jacuzzi-Räume, die einen Hauch von Luxus verströmen. Überwiegend junges Publikum. **www.baipho.com**

### PHUKET Benyada Lodge · ⓑⓑⓑ
*106/52 Moo 3, Cherng Talay, Hat Surin 83110* **0-7627-1261–4** FAX *0-7627-1265* **Zimmer** 29 · *Straßenkarte B5*

Der schöne Strand wurde lange Zeit vor allem von den Einheimischen aufgesucht. Die fünfstöckige Lodge liegt nahe am Strand, das Personal ist hilfsbereit. Die Zimmer sind hübsch, allerdings einfach mit zeitgemäßem thailändischem Dekor. In der Umgebung findet man viele Restaurants. **www.benyadalodge-phuket.com**

### PHUKET Kamala Dreams · ⓑⓑⓑ
*74/1 Moo 3, Ao Kamala, Katu 83120* **0-7627-9131** FAX *0-7627-9132* **Zimmer** 18 · *Straßenkarte B5*

Das Kamala Dreams am schönen, zwanglosen Hat Kamala ist um einen großen Pool angelegt und bietet komfortable Studios mit Meerblick. Sie haben alle eine Kochgelegenheit mit Mikrowelle und Kühlschrank. Es gibt einen kleinen Garten und einen Steg zum Strand. **www.kamaladreams.net**

### PHUKET Nai Harn Garden Resort · ⓑⓑⓑ
*Hat Nai Harn 83110* **0-7628-8319** FAX *0-7628-8320* **Zimmer** 23 · *Straßenkarte B5*

Das Mittelklasse-Resort mit Bungalows und Villen ist eine gute Wahl, vor allem für Gäste, die mit dem eigenen Fahrzeug anreisen und so auch das Hinterland erkunden können. Es gibt ein Spa, ein Internet-Café, einen Swimmingpool und eine Pianobar. Das Restaurant ist sehr gut. **www.naiharngardenresort.com**

### PHUKET Naithon Beach Resort · ⓑⓑⓑ
*23/31 Moo 4, Nai Thon Beach Rd 83110* **0-7620-5379-80** FAX *0-7620-5381* **Zimmer** 15 · *Straßenkarte B5*

Wer zwar an die Westküste will, aber nichts mit Partys am Hut hat, für den ist der Hat Nai Thon mit seinen windigen Abschnitten und tollen Sonnenuntergängen perfekt. Hier gibt es frei stehende Bungalows unterschiedlicher Größe, eine urige Bar am Pool und ein Restaurant. In der Umgebung sind viele Tauchläden. **www.phuket-naithon.com**

### PHUKET Royal Phuket City Hotel · ⓑⓑⓑ
*154 Phang Nga Rd, Phuket-Stadt 83000* **0-7623-3333** **Zimmer** 251 · *Straßenkarte B5*

Das Royal Phuket ist vor allem ein Hotel für Geschäftsreisende, daher ist es effizient, praktisch und gut eingerichtet. Die entspannte Urlaubsatmosphäre findet man weniger, doch es ist angenehm und komfortabel, ideal zur Erholung vom Strand- und Inselleben. Gutes Spa, Fitness-Center und Blick auf die Stadt. **www.royalphuketcity.com**

### PHUKET Sino House · ⓑⓑⓑ
*1 Montree Rd, Phuket-Stadt 83000* **0-7623-2494–5** FAX *0-7622-1498* **Zimmer** 57 · *Straßenkarte B5*

Das moderne Gebäude ist eine ausgezeichnete Mittelklasse-Option für Phuket. Dekor und Atmosphäre sind retrochinesisch mit Kunstgegenständen überall. Das stilvolle, komfortable Haus bietet auch einen Wellness-Bereich. Hilfsbereites Personal und viele Langzeiturlauber. **www.sinohousephuket.com**

**Preiskategorien** *siehe Seite 290* **Zeichenerklärung** *siehe hintere Umschlagklappe*

### PHUKET Sugar Palm Resort
*20/10 Kata Rd, Hat Kata 83100* 📞 *0-7628-4404* 📠 *0-7628-4438* **Zimmer** *129*  Straßenkarte *B5*

Das stylische Resort mit modernen Zimmern in Pastelltönen und einem schwarz gefliesten Swimmingpool im zentralen Innenhof weist viele Designelemente auf. Ein perfekter Urlaubsort für junge Stadtmenschen, in der Nähe sind Läden und Restaurants. Nur zehn Minuten bis zum Strand. **www.sugarpalmphuket.com**

### PHUKET Baan Krating Resort
*11/3 Moo 1, Wiset Rd, Ao Sane, Rawai, 83130* 📞 *0-7628-8264* 📠 *0-7638-8108* **Zimmer** *65*  Straßenkarte *B5*

Das zur zuverlässigen Thai-Amari-Gruppe gehörende Boutique-Resort liegt einsam in einer einmaligen Dschungellandschaft an den steilen Hügeln oberhalb der Ao Sane. Eine nette Bar und das Restaurant findet man an einem nicht weit entfernten ruhigen Privatstrand. Exzellentes Essen. **www.amari.com**

### PHUKET Coral Island Resort
*48/11 Chofa Rd, Ko Hai, Chalong 83130* 📞 *0-7628-1060* 📠 *0-7638-1957* **Zimmer** *63*  Straßenkarte *B5*

Das Resort auf Ko Hai ist eine hervorragende Alternative zu den lärmigen Stränden von Phuket. Es liegt wenige Kilometer von Chalong entfernt. Hier gibt es Bungalows in mittlerer Preisklasse, wunderbare Strände und einen großen Pool, in dem auch PADI-geprüfte Tauchkurse stattfinden. Familienfreundlich. **www.coralislandresort.com**

### PHUKET Amanpuri
*118 Moo 3, Sri Sunthorn Rd, Hat Pansea 83110* 📞 *0-7632-4333* 📠 *0-7632-4100* **Zimmer** *70*  Straßenkarte *B5*

Das Amanpuri verströmt Luxus, Ruhe und Wohlgefühl. Der faszinierende Pavillon- und Villenkomplex inmitten von Kokospalmen liegt an einem weißen Sandstrand. Von den Pools hat man einen fantastischen Meerblick. Die großartigen Restaurants sind abends sehr romantisch. **www.amanresorts.com**

### PHUKET Banyan Tree Resort
*33/37 Moo 4, Sri Sunthorn Rd 83110* 📞 *0-7632-4374* 📠 *0-7632-5556* **Zimmer** *168*  Straßenkarte *B5*

Das an einer Lagune gelegene Resort mit der offenen, von Wasser umgebenen Lobby atmet entspannte Heiterkeit. Das Thema Wasser setzt sich fort: Die eleganten Villen haben eigene Tauchbecken, und es gibt eine spezielle Spa Pool Villa, wo verglaste Schlafräume auf dem Wasser zu treiben scheinen. **www.banyantree.com**

### PHUKET Diamond Cliff Resort & Spa
*284 Phra Barami Rd, Kalim, Patong 83150* 📞 *0-7634-0501* 📠 *0-7634-0507* **Zimmer** *333*  Straßenkarte *B5*

Architektur und Innenausstattung mögen ein bisschen angestaubt wirken, aber das große Resort verwöhnt Familien und Gruppen mit acht Restaurants und Cafés, Themennächten und unzähligen Aktivitäten, z.B. Kochkursen, Gemüseschnitzen, Batiken, Glasmalen und Massagen, aber auch Tennis- und Golfunterricht. **www.diamondcliff.com**

### PHUKET Evason Six Senses Spa Resort
*100 Viset Rd, Moo 2, Hat Rawai 83100* 📞 *0-7638-1010* 📠 *0-7638-1018* **Zimmer** *260*  Straßenkarte *B5*

Das umweltfreundliche Resort in einem tropischen Garten bietet für jeden etwas. Von den Poolsuiten für Ruhe suchende Pärchen bis zu den Familienvillen ist alles sehr schön eingerichtet. Während die Eltern den fantastischen großen Pool genießen, können die Kinder im eigenen Pool und Kids Club spielen. **www.sixsenses.com**

### PHUKET Honeymoon Island Phuket Resort
*100 Moo 7, Thambol Vichit, Ko Maiton 83110* 📞 *0-7621-4954* 📠 *0-7619-1117* **Zimmer** *45*  Straßenkarte *B5*

Das komfortable Resort auf einer malerischen Insel, zehn Kilometer von Phuket entfernt, ist der perfekte romantische Rückzugsort für Frischverheiratete. Spezielle Flitterwochen-Pakete umfassen Kajakfahrten, Segeln, Schnorcheln, Tauchen und die Erholung an lieblichen Privatstrand. **www.honeymoonislandphuket.com**

### PHUKET Indigo Pearl
*Hat Nai Yang 83110* 📞 *0-7632-7006* 📠 *0-7632-7015* **Zimmer** *277*  Straßenkarte *B5*

Das Hotel erinnert mit seinem auffallenden Design an vergangene Zinnminen-Zeiten und präsentiert nach dem Tsunami recycelte Objekte sowie Erbstücke der Besitzer. Die Anlage ist zwar groß, doch geschickt in die Landschaft integriert, sodass man sich gut aufgehoben fühlt. Fantastische Pools. **www.indigo-pearl.com**

### PHUKET Laguna Beach Resort
*323 Sri Sunthorn Rd, Cherng Talay 83110* 📞 *0-7632-4353* 📠 *0-7632-4174* **Zimmer** *252*  Straßenkarte *B5*

Das große Resort rund um eine tropische Lagune ist höchst komfortabel. Die Zimmer sind geräumig mit modernem thailändischem Dekor und Blick auf die Lagune. Es gibt verschiedene Möglichkeiten, im Freien zu essen, und viele Sportangebote für die ganze Familie, etwa den Wasserpark und einen Kids Club. **www.lagunabeach-resort.com**

### PHUKET Le Méridien Phuket
*29 Soi Karon Nui, Tambon Karon 83100* 📞 *0-7637-0100* 📠 *0-7634-0479* **Zimmer** *470*  Straßenkarte *B5*

In einer versteckten Bucht zwischen Hat Patong und Hat Karon bringt das Le Méridien französisches Flair nach Thailand. Es gibt viele Sportmöglichkeiten, etwa Tennis, Klettern oder Schwimmen, viele Pools sowie ein exklusives Spa und sehr gute Restaurants. **www.lemeridien.com**

### PHUKET Manathai
*121 Sri Sunthorn Rd, Hat Surin 83000* 📞 *0-7627-0900* 📠 *0-7627-0911* **Zimmer** *52*  Straßenkarte *B5*

Das schicke Boutique-Hotel bietet großzügige, moderne Räume mit Teakmöbeln, thailändischen und orientalischen Elementen und vielen Annehmlichkeiten. Der Swimmingpool ist abends wunderschön beleuchtet, in der Lounge Area gibt es köstliche Cocktails, und das Restaurant Weaves ist ganz hervorragend. **www.manathai.com**

**Straßenkarte** *siehe hintere Umschlaginnenseiten*

### PHUKET Mom Tri's Villa Royale
*12 Kata Noi Rd, Hat Kata Noi 83100* ☏ *0-7633-3569* FAX *0-7633-3001* **Zimmer 28**  **Straßenkarte B5**

Mom ist ein thailändischer Adelstitel, das Hotel heißt nach dem Besitzer Mom Tri. Der Bonvivant hat an einer Landspitze zwischen Hat Kata Noi und Hat Kata Yai eine Oase des Luxus und guten Geschmacks geschaffen. Hier gibt es Suiten oder frei stehende Villen. Das Essen ist in ganz Phuket berühmt. **www.villaroyalephuket**

### PHUKET Thara Patong Beach Resort
*81 Thaweewongse Rd, Patong 83150* ☏ *0-7634-0135* FAX *0-7634-0446* **Zimmer 172**  **Straßenkarte B5**

Attraktives Resort mit moderner Lobby und freundlichem Personal. Hier findet man verschiedene Restaurants, Bars und Cafés sowie Swimmingpools, Jacuzzis, Tennisplätze und Saunen. Es gibt auch einen Pool für Kinder und ein sehr gutes Seafood-Restaurant. Schauen Sie nach Sonderangeboten. **www.tharapatong.com**

### PHUKET The Royal Phuket Yacht Club
*23/3 Moo 1, Viset Road, Rawai 83100* ☏ *0-7638-0200–19* FAX *0-7638-0280* **Zimmer 110**  **Straßenkarte B5**

Das hübsche Anwesen war Phukets erstes Luxushotel und gehört heute zur Puravarna-Gruppe. Den Spitzenplatz hat es zwar nicht mehr inne, doch hier wohnt man immer noch sehr komfortabel. Das neunstöckige Gebäude scheint den Hügel hinaufzuschweben. Sehr schöne Anlage und gutes Essen. **www.puravarna.com**

### RANONG-GEBIET Ko Chang Resort
*Ao Yai, Ko Chang 85000* ☏ *08-1896-1839* **Zimmer 20**  **Straßenkarte B3**

Dieses Ko Chang ist nicht zu verwechseln mit seinem Namensvetter an der Ostküste. Es ist weitaus ruhiger, und die Bungalows fügen sich gut in die umgebende Landschaft ein. Alles ist sehr sauber, das Personal ist freundlich und tüchtig. Wenn Sie sich etwas gönnen wollen, mieten Sie den größten Bungalow. **www.kochangandaman.com**

### RANONG-GEBIET Suta House Bungalows
*Ruangrat Rd 85000* ☏ *0-7783-2707–8* **Zimmer 20**  **Straßenkarte B3**

Die frei stehenden Bungalows sind nicht sonderlich chic, allerdings sehr preiswert für Ranong. Sie liegen zentral, aber nicht direkt an der Straße, sind also ruhig. Es gibt ein gutes Restaurant in der Anlage, noch bessere finden Sie in der näheren Umgebung. Man spricht hier nicht sehr viel Englisch.

### RANONG-GEBIET Vijit
*Ko Phayam 85000* ☏ *0-7783-4082* **Zimmer 30**  **Straßenkarte B3**

Die Bungalowanlage ist schon sehr lang im Besitz von Einheimischen und erhält regelmäßig gute Kritiken wegen ihrer Sauberkeit, Effizienz und des guten Essens. Die Bungalows sind geräumig und haben jetzt zwei Schlafräume, ideal für Familien. Hier kann man auch Angel- und Schnorchelausflüge buchen. **www.kopayam-vijit.com**

### RANONG-GEBIET Tinidee Hotel
*41/144 Tamuang Rd, Tambol Kao Nives 85000* ☏ *0-7783-5240* FAX *0-7783-5238* **Zimmer 138**  **Straßenkarte B3**

Das moderne sechsstöckige Gebäude ist Ranongs komfortabelstes Hotel. Es liegt im Zentrum in Marktnähe und wurde kürzlich von den neuen Besitzern renoviert. In erster Linie ist dies ein Hotel für Geschäftsreisende, aber auch eine gute Wahl, wenn man sich vom Inselleben erholen möchte. **www.tinidee-ranong.com**

## Untere Andamanen-Küste

### KO LANTA Sanctuary
*186 Moo 2, Ao Phra-Ae 81150* ☏ *08-1891-3055* FAX *0-7568-4508* **Zimmer 18**  **Straßenkarte B5**

Am südlichen Ende der Ao Phra-Ae (Long Beach) findet man diese günstigen strohgedeckten Bungalows in einer Anlage, die eine gewisse Hippie-Atmosphäre ausstrahlt. Hier gibt es vegetarisches, überwiegend indisches Essen und Yogakurse. Die nahe gelegenen Clubs können manchmal ein bisschen laut sein.

### KO LANTA Narima Bungalow Resort
*98 Moo 5, Khlong Nin 81150* ☏ *0-7566-2668* FAX *0-7566-2669* **Zimmer 32**  **Straßenkarte B5**

Die Designerbungalow-Anlage und die Tauchschule sind sehr schön und umweltbewusst. Veranden und Hängematten bieten einen fantastischen Blick auf den tropischen Garten und aufs Meer. Es gibt ein gutes Restaurant und eine Jazzbar. Das Besondere ist die freundlich-warme Art der Besitzer. **www.narima-lanta.com**

### KO LANTA Costa Lanta
*212 Moo 1, Saladan 81150* ☏ *0-2325-0927* FAX *0-2325-0926* **Zimmer 22**  **Straßenkarte B5**

Das elegante Strand-Resort mit seiner modernen, minimalistischen Architektur zieht vor allem junge, hippe Menschen an. Die seitlich offenen, polierten Betonräume gewähren zwar nicht viel Privatsphäre, doch wer Wert auf Stil legt, findet sie wunderbar. Großes Restaurant und Bar. **www.costalantaresort.com**

### KO LANTA Kaw Kwang Beach Resort
*16 Moo 1, Saladan, Ko Lanta Yai 81150* ☏ *0-7568-4462* FAX *0-7568-4167* **Zimmer 43**  **Straßenkarte B5**

Die Cottages mögen zwar keinen Designpreis gewinnen, dafür gibt es eine große Auswahl – von Standard ohne Ausblick bis hin zur De-luxe-Variante mit Meerblick. Alle sind geräumig, komfortabel und liegen in angenehmer Umgebung. Highlights sind der große runde Pool und der schöne Strand. **www.lanta-kawkwangresort.com**

---

**Preiskategorien** *siehe Seite 290* **Zeichenerklärung** *siehe hintere Umschlagklappe*

### KO LANTA Pimalai Resort & Spa

*99 Moo 5, Hat Ba Kan Tiang 81150* **0-7560-7999** FAX *0-7560-7998* **Zimmer** *121*  **Straßenkarte** *B5*

Das mehrfach ausgezeichnete Resort mit luxuriösen Pavillonsuiten und Villen hat fantastische Cafés, Bars und Restaurants, darunter das Rak Talay direkt am Strand. Es gibt zwei Pools, einen kostenlosen Fahrradverleih, Wassersport, Inselausflüge und Bootstouren im Sonnenuntergang. **www.pimalai.com**

### KO LANTA Sri Lanta Resort

*111 Moo 6, Hat Khlong Nin 81150* **0-7566-2688** FAX *0-7566-2687* **Zimmer** *49*  **Straßenkarte** *B5*

Fantastisches Boutique-Resort in einer tropischen Hügellandschaft, das Stil mit rustikaler Wärme kombiniert – eine seltene Mischung in modernen Unterkünften. Der schwarz gefliese Swimmingpool am Strand ist sehenswert, das Sri Spa grandios. Schöne, relaxte Strandbar und Café und hervorragender Service. **www.srilanta.com**

### KO PHI PHI Ao Ton Ko Bungalows

*Ao Ton Ko 81000* **08-1731-9470** **Zimmer** *32*  **Straßenkarte** *B5*

Der schöne einsame weiße Sandstrand und das grandiose Schnorchelgebiet sind etwas Besonderes. Die Bungalows sind eher einfach, haben aber schöne Balkone mit fantastischen Ausblicken auf Strand und Meer. Besitzer und Personal sind sehr freundlich. Gutes Restaurant und eindrucksvolle Bar am Hang.

### KO PHI PHI Phi Phi Natural Resort

*Moo 8, Laem Thong 81000* **0-7561-3010–11** **Zimmer** *48*  **Straßenkarte** *B5*

Die erste Bungalowanlage am Hat Laem Thong hat ihren eigenen, angehmen, leicht rustikalen Charme. Die Bungalows stehen in größerem Abstand unter großen Bäumen. Dazwischen liegt witzigerweise auch eine thailändische Grundschule. Essen und Management sind mehr als gut. **www.phiphinatural.com**

### KO PHI PHI Phi Phi Island Village Beach Resort & Spa

*49 Moo 8, Ao Nang 81000* **0-7562-8900–09** FAX *0-7562-8955* **Zimmer** *112*  **Straßenkarte** *B5*

An einem von Thailands besten Stränden, inmitten üppiger Vegetation und vieler Kokospalmen, stößt man auf das perfekte tropische Resort. Große Auswahl an Villen mit Pool am Hang bis hin zu Bungalows am Strand, dazu viele Restaurants, Bars, Pools, Wassersportangebote und ein PADI-zertifiziertes Tauchzentrum. **www.ppisland.com**

### KO PHI PHI Zeavola

*11 Moo 8, Laem Thong 81000* **0-7562-7000** FAX *0-7562-7023* **Zimmer** *48*  **Straßenkarte** *B5*

Die charmanten Teakholzvillen mit rustikalem thailändischem Dekor passen eigentlich mehr aufs Land als in ein elegantes Beach-Resort, doch der Besitzer wollte ein luxuriöses thailändisches Dorf direkt am Strand schaffen. Ein Aufenthalt ist ein besonderes Erlebnis. **www.zeavola.com**

### KRABI Chan Cha Lay

*55 Uttarakit Rd 81000* **0-7562-0952** **Zimmer** *12*  **Straßenkarte** *B5*

Sehr gute und günstige Option mitten in der Stadt. Die freundlichen, hellen und sauberen Räume haben einen leicht mediterranen Einschlag. Das hilfsbereite Personal trägt zur Wohlfühlatmosphäre bei. Es gibt einen kleinen Garten. Im Café werden einfache Speisen angeboten. Guter Ausgangspunkt für Ausflüge.

### KRABI Ao Nang Village

*49/3 Moo 2, Ao Nang 81000* **0-7563-7544** **Zimmer** *28*  **Straßenkarte** *B5*

Nette Unterkunft, nicht weit vom Strand. In einem hübschen grünen Garten gibt es sowohl Zimmer als auch frei stehende, schlichte Bungalows zu mieten, die von den einheimischen Besitzern und Managern extrem sauber gehalten werden. Idyllisch, ruhig und familiär.

### KRABI Phra Nang Inn

*119 Moo 2, Ao Nang 81000* **0-7563-7139** FAX *0-7563-7134* **Zimmer** *38*  **Straßenkarte** *B5*

Die Bauten aus Pinien- und Kokospalmenholz stehen in einem tropischen Garten. Charmant-rustikales Ambiente, skurriles Dekor und kühn kombinierte Möblierung. Das Phra Nang Inn liegt sehr zentral und bietet großartige Ausblicke auf die Ao Nang. Grandioses Restaurant und schöner Pool. **www.vacationvillage.co.th**

### KRABI Sunrise Tropical Resort

*39 Moo 2, Ao Nang, Hat Rai Leh East 81000* **0-7562-2599** FAX *0-7562-2597* **Zimmer** *40*  **Straßenkarte** *B5*

Attraktives Resort in einem üppigen Garten am weniger schicken Hat Rai Leh East. Es ist jedoch besser als die Angebote in der Nachbarschaft. Zu Fuß ist es nicht weit bis Rai Leh West und zum noch schöneren Hat Tham Phra Nang. Prächtige Teakholzvillen, manche mit Dusche im Freien und anderen Besonderheiten. **www.sunrisetropical.com**

### KRABI Krabi Resort

*232 Moo 2, Ao Nang 81000* **0-7563-7030** FAX *0-7563-7051* **Zimmer** *130*  **Straßenkarte** *B5*

Das malerische Resort ist vor allem für seine vielen Freizeitangebote bekannt: Ausflüge, Kanufahrten, Angeln, Klettern, Segeln, Tauchen, Schnorcheln, Radfahren, Reiten oder Elefanten-Trekking. Die Zimmer sind eher schlicht, aber komfortabel, die Bungalows liegen in einem üppigen Garten. **www.krabiresort.net**

### KRABI Peace Laguna Resort

*193 Moo 2, Ao Nang 81000* **0-7563-7344-7** FAX *0-7563-7347* **Zimmer** *149*  **Straßenkarte** *B5*

Das Resort liegt fünf Minuten Fußmarsch vom Strand entfernt vor der Kulisse eines Kalkkarsts und macht seinem Namen alle Ehre. Anders als in den Strand-Resorts herrscht hier eine ruhige, familienorientierte Atmosphäre. Die Cottages sind um eine Lagune gruppiert, hinzu kommen drei Pools. **www.peacelagunaresort.com**

**Straßenkarte** *siehe hintere Umschlaginnenseiten*

## KRABI Krabi Sheraton

*Hat Khlong Muang 81000  0-7562-8000  FAX 0-7562-8028  Zimmer 246*  Straßenkarte B5

Das Krabi Sheraton liegt am eleganten Hat Khlong Muang. Die Unterkünfte befinden sich in einem tropischen Garten, die beiden Pools blicken auf den Strand. Gäste können mit privaten Schnellbooten auf die winzigen Inseln gebracht werden. Familien kommen gern wegen des hier lebenden Elefanten her. www.starwoodhotels.com

## KRABI Railei Beach Cub

*Hat Rai Leh West  81000  0-7562-2582  FAX 0-7562-2596  Zimmer 24*  Straßenkarte B5

Die traditionellen Teakhäusern, ideal für Familien und Gruppen, liegen in einem großen Gelände an einem schönen, nur per Boot erreichbaren Strand. Hier gibt es große Veranden und Gärten, tolle Ausblicke und ein Clubhaus mit Zlmmern. Tauchen, Schnorcheln, Angeln, Vogelbeobachtung und mehr. www.raileibeachclub.com

## KRABI Rayavadee

*214 Moo 2, Tambon Ao Nang 81000  0-7562-0740  FAX 0-7562-0630  Zimmer 103*  Straßenkarte B5

Genuss pur, angefangen beim luxuriösen Schnellboot-Shuttle bis zur Lage an einem der fantastischsten Strände Thailands. Die zweistöckigen, mit viel Liebe für Details eingerichteten Villen sind mit Antiquitäten dekoriert. Hinzu kommen ein sehr schönes Spa, zwei gute Restaurants und eine Boutique mit Kunsthandwerk. www.rayavadee.com

## SATUN Diamond Beach Bungalows

*Pak Bara  0-7478-3138  Zimmer 12*  Straßenkarte C6

Das Dorf Pak Bara ist Ausgangspunkt für die Bootstouren nach Ko Tarutao und zu den anderen Inseln. Nördlich des Piers findet man einfache Unterkünfte wie die Diamond Beach Bungalows. Sie sind sauber, werden mit Ventilatoren gekühlt und gelten als die besten der Gegend. Hübscher Garten und Strandrestaurant.

## SATUN National Park Bungalows

*Ko Tarutao National Marine Park  0-7478-1285  Zimmer 16*  Straßenkarte C6

Die Bungalows sind recht einfach, doch ihre Lage am Strand ist unglaublich schön – ein wahres Vergnügen für Naturliebhaber. Die Anlage umfasst Toiletten und Duschen, ein Informationszentrum, einen kleinen Supermarkt und ein Restaurant, wo den ganzen Tag über gutes Essen und Bier serviert wird.

## SATUN Pansand Resort

*Ko Bulon Leh 91110  0-7521-8035  FAX 0-7521-1010  Zimmer 26*  Straßenkarte C6

Hier fühlt man sich an das alte Phuket erinnert. Die hübschen, frei stehenden Häuschen sind gepflegt und sauber. Das Personal ist äußerst hilfsbereit, und im Restaurant wird ausgezeichnet gekocht. Da dieses Resort der Küste am nächsten liegt, sollten Sie vorher reservieren. www.pansand-resort.com

## SATUN Sinkiat Thani Hotel

*50 Burivanich Road 91000  0-7472-1056  Zimmer 50*  Straßenkarte C6

Die beste Wahl in Satun, direkt im Stadtzentrum und neben dem hervorragenden Restaurant On's. Hier gibt es auch gleich Läden, in denen man alles für Inselausflüge einkaufen kann. In den schönen großen Badewannen kann man herrlich entspannen. Manche Zimmer bieten einen hübschen Blick auf die Stadt und die Umgebung.

## SATUN Castaway Resort

*Sunrise Beach, Ko Lipe  91110  08-1170-7605  Zimmer 20*  Straßenkarte C6

Nomen est omen in diesem Resort: solide Holzbungalows in rustikaler Umgebung auf einer abgelegenen Insel, drei Fahrstunden vom Festland entfernt. Die Einsamkeit und das Naturerlebnis sind einzigartig. In der Anlage befindet sich ein Tauchcenter mit PADI-Lehrern. Das Essen ist hervorragend. www.castaway-resorts.com

## TRANG Le Dugong Resort

*15 Moo 5, Ko Libong 92110  08-7972-7228  Zimmer 10*  Straßenkarte C5

Die rustikalen, aber sehr charmanten Bungalows aus Kokospalmen, Bambus und Holz sind ein angenehmer Kontrast zu den luxuriösen Resorts. Hier steht vor allem das Tauchen im Mittelpunkt, man kann aber auch einfach gemütlich ausruhen. In den umgebenden Gewässern leben Seekühe (Dugongs). www.libongresort.com

## TRANG Coco Cottage

*109/77 Moo 9, Thambol Koke-Lor 92000  0-7522-4387  Zimmer 26*  Straßenkarte C5

Das einfache, umweltfreundliche Resort auf der lieblichen Insel Ko Ngai ist ein herrlicher Rückzugsort. Die Insel ist autofrei und nur zu Fuß oder per Boot zu erkunden. Die strohgedeckten Blockhäuschen sind einfach ausgestattet, es gibt auch größere für Familien. Die thailändischen Besitzer sind sehr gastfreundlich. www.coco-cottage.com

## TRANG Ko Mook Charlie Beach Resort

*164 Ko Muk, Moo 2, Kantang 92000  0-7520-3281  Zimmer 80*  Straßenkarte C5

Lange gab es nur die Charlie Bungalows, wenn man auf Ko Muk (oder Mook) übernachten und die berühmte Smaragdhöhle sehen wollte. Die Anlage ist inzwischen vergrößert worden, nun gibt es eine wesentlich bessere Auswahl. Man bekommt gutes Essen und viele gute Tipps. www.kohmook.com

## TRANG Sukorn Beach Bungalows

*174 Moo 1, Ko Sukorn 92120  0-7520-7707  Zimmer 20*  Straßenkarte C5

Sehr angenehme Mittelklasse-Anlage auf einer der unerschlossenen Inseln von Trang, wo das traditionelle Leben immer noch wichtiger ist als die Touristen. Die Bungalows sind ordentlich. Die Leitung organisiert auf Wunsch Touren per Kajak, Mountainbike oder Ausflüge zum Angeln. www.sukorn-island-trang.com

**Preiskategorien** *siehe Seite 290* **Zeichenerklärung** *siehe hintere Umschlagklappe*

### TRANG Thumrin Thana Hotel ⓑⓑⓑ
*69/8 Huayyod Rd 92000* ☎ *0-7521-1211* FAX *0-7522-3288* **Zimmer** *289*   **Straßenkarte** C5

Das gehobene Hotel in der Stadt bietet elegante Zimmer mit schönem Blick auf Trang sowie viele kleine Extras wie Softdrinks, Tageszeitungen und kostenlosen Transfer zum Flughafen. Ein gutes japanisches Restaurant, eine Bäckerei und ein beliebtes Pub mit Karaokebar und VIP-Räumen ergänzen das Angebot. **www.thumrin.co.th**

### TRANG Anantara Si Kao Resort ⓑⓑⓑⓑⓑ
*Pak Meng Chang Lang Rd, Hat Chang Lang 92150* ☎ *0-7520-5888* FAX *0-7520-5899* **Zimmer** *144* **Straßenkarte** C5

Kalkfelsen, unberührte Sandstrände, tropische Wälder, Wasserfälle und Höhlen – und das alles ohne Menschenmengen. Für viele ist das der Hauptgrund hierherzukommen. Das luxuriöse Hotel passt perfekt in die spektakuläre Umgebung und bietet Zimmer mit Meerblick sowie ein Open-Air-Restaurant. **www.sikao.anantara.com**

### TRANG Koh Mook Sivalai Beach Resort ⓑⓑⓑⓑⓑ
*211/1 Moo 2, Ko Muk, Trang, 92110* ☎ *0-7521-4685* **Zimmer** *21*   **Straßenkarte** C5

Die schönen strohgedeckten Bungalows unter Kokospalmen liegen ganz nah am Strand. Die Glastüren öffnen sich zum Meer, das nur ein paar Schritte entfernt ist. Die Anlage umfasst ein gutes Restaurant, einen großen Pool und viele Wassersportmöglichkeiten. **www.komooksivalai.com**

## Süden

### HAT YAI Louise Guesthouse ⓑ
*21–23 Thamnoonvitti Rd 90110* ☎ *0-7422-0966* **Zimmer** *22*   **Straßenkarte** C5

Rucksackreisende lieben das einfache, saubere, wenn auch spartanisch eingerichtete Gästehaus. Das Personal ist herzlich und hilfsbereit und hält viele gute Reisetipps bereit, was in dieser Gegend sehr wichtig ist. Nicht weit entfernt gibt es öffentliche Verkehrsmittel. In der Nähe liegt auch das lebhafte Einkaufs- und Restaurantviertel.

### HAT YAI Regency Hotel ⓑⓑ
*23 Prachatipat Rd 90220* ☎ *0-7435-3333-47* FAX *0-7423-4102* **Zimmer** *436*   **Straßenkarte** C5

Es gibt zwei Flügel, das Regent und das schickere Royal mit 28 Stockwerken und über 400 Zimmern. Die großartige Lage und vernünftige Preise machen die etwas zu lässige Haltung des Personals wett. Meiden Sie jedoch die überteuerten Restaurants. **www.theregencyhatyai.com**

### HAT YAI Novotel Centara ⓑⓑⓑ
*3 Sanehanusorn Rd 90110* ☎ *0-7435-2222* FAX *0-7435-2223* **Zimmer** *245*   **Straßenkarte** C5

Das sehr komfortable, elegante Novotel Centara im Zentrum von Hat Yai zielt auf Geschäftsreisende ab. Es bietet gut ausgestattete Zimmer mit Internet-Zugang. Die Gäste können sich DVDs aus der hoteleigenen Sammlung ausleihen. Gute Restaurants, Bars und ein fantastischer Pool auf dem Dach. **www.centralhotelsresorts.com**

### NARATHIWAT Ao Manao Resort ⓑ
*171/2 Tambon Kalong Nuea, Ao Manao 96000* ☎ *0 7351 3640* **Zimmer** *28*   **Straßenkarte** D6

Zur Ao Manao gehört ein netter Strand, wenige Kilometer außerhalb von Narathiwat. Früher war in der ummauerten Anlage mit einfachen Bungalows sehr viel los, heute kommen nur noch wenige Gäste. Spaziergänge am einsamen Strand und Kontakte zu Anglern sind aber immer noch ein großes Vergnügen.

### NARATHIWAT Imperial Narathiwat ⓑⓑ
*228 Pichitbumrung Rd 96000* ☎ *0-7351 5041-50* FAX *0-7351 5040* **Zimmer** *117*   **Straßenkarte** D6

Das zur Hotelgruppe Thai Imperial gehörende Hotel, das dem internationalen Standard entspricht, beherbergt vor allem Geschäftsleute und Politiker. Es liegt im Stadtzentrum, ist aber dennoch ziemlich günstig, da die angespannte politische Lage in der Region die Touristen fernhält. **www.imperialhotels.com**

### PATTANI My Gardens Hotel ⓑ
*8/28 Charoenpradit Rd 94000* ☎ *0-7333-1055-8* **Zimmer** *135*   **Straßenkarte** D6

Das preiswerte Hotel in der Nähe des Uhrturms, in dessen Umgebung viele gute Restaurants zu finden sind, verfügt über saubere, sichere Zimmer. Zum Busbahnhof ist es nicht weit. Im Restaurant wird gutes Essen angeboten, allerdings fehlt der Garten, der dem Haus seinen Namen gab.

### PATTANI CS Pattani ⓑⓑ
*299 Moo 4, Nong Jik Rd 94000* ☎ *0-7333-5093* FAX *0-7333-1620* **Zimmer** *125*   **Straßenkarte** D6

Eine gute Adresse für Würdenträger, etwas außerhalb der Stadt. Die acht Stockwerke bieten moderne, komfortable Ausstattung sowie zwei Pools und gute Restaurants – mit Spezialität Schwalbennestersuppe. Das freundliche effektive Personal, das begeistert Englisch spricht, macht den Aufenthalt hier zu einem Vergnügen.

### SONGKHLA Rajamangala Pavilion Beach Resort ⓑⓑ
*1 Ratchadamnoen Nok Rd 90000* ☎ *0-7448-7222* FAX *0-7448-7353* **Zimmer** *34*   **Straßenkarte** D5

Das zweistöckige Hotel in der Ao Samila liegt nur eine kurze Fahrt vom Stadtzentrum entfernt. Sie sollten es allerdings nicht mit dem weniger schönen Pavilion Hotel verwechseln. Die geschmackvoll eingerichteten Zimmer haben alle einen Balkon mit Blick auf den Golf von Thailand. **www.pavilionhotels.com/rajaman**

**Straßenkarte** *siehe hintere Umschlaginnenseiten*

# Restaurants

Schild füt ein gutes Restaurant

Thailand ist ein glückliches, weil fruchtbares Land. Die Einwohnerzahl war im Vergleich zur Fläche stets gering – Hunger ist ein unbekanntes Phänomen. Aus dem 13. Jahrhundert ist ein Zitat von König Ramkhamhaeng, Herrscher von Sukhothai, überliefert: »Dies ist ein blühendes Land … im Wasser schwimmen Fische, auf den Feldern wächst Reis.« Er hätte die vielen tropischen Früchte, Gemüse und Gewürze erwähnen können, deren Zahl seither noch beträchtlich zugenommen hat, denn eine Fülle an Pflanzen aus Südamerika gedeiht hier ebenfalls bestens. Die Thai-Küche ist dank der abwechslungsreichen Gerichte und Zutaten exzellent. In Thailand isst man für sein Leben gern, oft sechs- oder siebenmal am Tag. Nicht nur auf Geschmack und Frische, sondern auch auf die stilvolle Präsentation legt man hier Wert. Selbst einfache Speisen werden mit Blumen und Rosetten aus beschnittem Obst und Gemüse verziert.

Personal an einem üppigen Büfett in einem gehobenen Hotel in Bangkok

## Restaurants

Bangkoks kulinarische Szene ist eine der kosmopolitischsten in Südostasien. Italienische und französische Küche kann man hier schon lange genießen, inzwischen gibt es aber auch japanische Restaurants sowie mexikanische Grilllokale und Tex-Mex-Bars. Traditionelle Thai-Küche und Sonntagsbrunch bieten gehobene Hotels. Lokale in Städten, vor allem jene mit westlicher Küche, öffnen meist gegen 11 Uhr und schließen zwischen 22 Uhr und Mitternacht. Ein europäisches Frühstück ist bisweilen schwer zu finden – als Ersatz dient dann ein Thai-Omelett.

In größeren Städten und Urlaubsorten gibt es fast immer ein kostenloses Touristenmagazin. Die Magazine liegen in Hotellobbys, Banken, Wechselstuben und Lokalen aus. Darin sind die Restaurants nach Küche und Spezialitäten aufgelistet, meist mit einer Anfahrtsbeschreibung und Telefonnummer. Jenseits der großen Urlaubsorte findet man in jeder Stadt klimatisierte Hotelrestaurants, die eine Mischung aus Thai- und chinesischer Küche servieren.

Thailänder lieben italienische und japanische Küche, Pasta und Sushi gibt es in größeren Orten. Auch Pizzas sind sehr beliebt. Dagegen findet man nur wenige Filialen von Fast-food-Ketten wie McDonalds's oder Burger King. Um Thai-Kunden anzulocken, müssen diese lokale Gerichte für den einheimischen Geschmack anbieten.

## Coffeeshops

In den letzten zehn Jahren hat sich in Thailand eine neue Kaffeekultur entwickelt. Exzellente, preiswerte Coffeeshops in einheimischer Hand eröffnen an jeder Straßenecke und sind bei Thai und Ausländern gleichermaßen beliebt. Filialen von teuren westlichen Coffeeshop-Ketten findet man nur in einigen größeren Städten. Ältere Thai bevorzugen ihre Lokalitäten, wo der starke Kaffee durch Baumwollfilter läuft und süß mit Kondensmilch getrunken wird. Köstlich: *paton go*, frittierte chinesische Krapfen, die man in den Kaffee eintunkt.

## Straßen- und Marktstände

Das Speisenangebot der unzähligen Straßenstände gehört zum besten und preiswertesten in Thailand. Die Buden sind meist bescheiden, aber sauber. Oft sind es fahrbare Garküchen, die abends nach Hause geschoben und gereinigt werden. Die Zutaten sind für alle sichtbar in Glasbehältern verwahrt. Kurz gebraten, über Holzkohle gegrillt oder gekocht bedeutet, dass die frischen Speisen aus-

Strandbar und Restaurant am Hat Tha Nam, Ko Chang

# RESTAURANTS

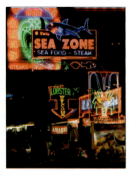

Bunte Neonschilder locken Gäste in Lokale in Pattaya

reichend erhitzt werden und ohne Bedenken genossen werden können.

Die Kundschaft gibt wie überall auf der Welt über die Qualität eines jeden Stands Aufschluss. Lassen sich auf den schlichten Bänken um die Stände viele Einheimische nieder, dann ist das Essen mit großer Wahrscheinlichkeit gut. Einen Geschäftsmann neben einem Tuk-tuk-Fahrer sitzen zu sehen, ist keine Seltenheit. In Thailand schätzt man gutes, preiswertes Essen in allen Schichten.

In den seltensten Fällen findet man an den Ständen eine Speisekarte auf Englisch. Am besten merken Sie sich die thailändischen Namen Ihrer Lieblingsgerichte *(siehe S. 316f)*. Oder Sie deuten auf ein Gericht und bitten um eine Kostprobe.

## Preise

Essen ist einer der preiswertesten Posten einer Thailandreise. Ein alkoholisches Getränk kommt hingegen oft teurer als die ganze Mahlzeit. Die Preise sind auf der Speisekarte neben dem jeweiligen Gericht aufgelistet. Der Preis für Meeresfrüchte ist meist nach Gewicht angegeben. In größeren Restaurants und internationalen Hotels werden Service und Mehrwertsteuer aufgeschlagen und auf der Rechnung ausgewiesen. Selbst in kleinen Lokalen sind die Preise auf einer Tafel (in arabischen Ziffern) angeschrieben. Gehandelt wird beim Essen nur bei Großeinkäufen auf dem Markt.

## Seafood

Thailand ist mit fantastischem Seafood gesegnet, das man an der Küste fangfrisch bekommt. Die Auswahl ist breit und in der Regel vorab zu besichtigen. Vom Schwertfisch bis zum Hummer ist alles erhältlich, aus Umweltschutzgründen stehen Meeresschildkröten und ihre Eier nicht mehr auf den Karten. Aus diesem Grund sollte man auch auf Haifischflossensuppe verzichten.

## Trinkgeld

Trinkgeld war früher unbekannt, wird aber aufgrund des Verhaltens von Touristen immer üblicher. Man sollte es nicht nach Prozent berechnen: So sind zehn Prozent bei 50 Baht angemessen, aber bei einer teuren Mahlzeit weit überzogen.

## Essgewohnheiten in Thailand

Die Thai-Philosophie zum Essen ist einfach: Wer Hunger hat, soll essen und sich nicht davon abhalten lassen. Die meisten Thai essen kleine Mahlzeiten, dafür aber sechs- oder siebenmal am Tag. Unsere drei Hauptmahlzeiten gibt es in Thailand nicht. Zwar nimmt man Frühstück, Mittag- und Abendessen ein, dazwischen aber auch gern eine Schale Nudeln, einen gebratenen Snack oder eine Süßspeise.

Essen ist ein Genuss ohne komplizierte Rituale und Vorschriften, dennoch sollten Be-

Obst ist bei Thailändern beliebt und eine köstlicher Zwischenmahlzeit

sucher einige Regeln beachten. Thailänder essen mit einer Gabel in der linken Hand und einem Löffel in der rechten. Die Gabel dient dazu, das Essen auf den Löffel zu schieben. Sie direkt zum Mund zu führen, wäre unfein. Da die Speisen, vor allem Fleisch, vor dem Garen in Stücke geschnitten werden, benötigt man kein Messer.

Nudelgerichte verraten oft starke Einflüsse der chinesischen Küche und werden mit Stäbchen und einem Löffel gegessen. Eine weitere Ausnahme bildet *khao niaw* (Klebreis), den man mit den Fingern isst.

Das Essen in Thailand wird in großen, gemeinschaftlichen Schüsseln serviert. Für den individuellen Gebrauch sind nur die kleinen Reisschalen bestimmt. Der Reis wird zuerst gereicht, darüber gibt man dann zwei oder drei Löffel aus den Gemeinschaftsschüsseln. Nachschlag ist jederzeit erlaubt. Sich den Teller vollzuladen, gilt als unhöflich, denn Eile ist überflüssig – es wartet noch genügend Essen in der Küche.

Besucher lassen es sich an einem der vielen Straßenstände schmecken

# Thailändische Küche

Die thailändische Küche ist in der ganzen Welt für ihre scharfen bzw. pikanten Aromen bekannt. Europäische Kaufleute führten im 16. Jahrhundert Chilischoten aus der Neuen Welt ein, die sofort großen Anklang fanden. Es gibt aber auch zahlreiche mild gewürzte Speisen. Obwohl – etwa in Pfannengerichten und Currys – chinesische und indische Einflüsse nicht zu leugnen sind, ist die thailändische Küche selbst sehr vielfältig und erfindungsreich. Die Gerichte sind zudem sehr ausgewogen und werden vor allem immer hübsch präsentiert.

*Phrik nam pla*

Frische Meeresfrüchte an einem Stand in Bangkoks Chinatown

## Reis und Nudeln

Wie alle Küchen Südostasiens basiert auch die thailändische auf Reis und Nudeln. Die beliebteste Reissorte ist der langkörnige *khao hom mali* (Jasminreis), der meist gedämpft wird. Im Norden und Nordosten zieht man jedoch *khao niaw* (Klebreis) vor, der mit den Fingern gegessen wird: Man rollt ihn zu kleinen Kugeln, die man in Saucen dippt. *Jok* (Reisbrei) wird gern mit Ei, Chili und Reisessig zum Frühstück gegessen.

Nudeln, ob aus Reis (*kuaytiaw*), Weizen und Ei (*bami*) oder Mungbohnen (*wun sen*) werden in der Regel gebraten oder in einer Suppe serviert. Das bei Ausländern bekannteste Nudelgericht ist *phad thai* (wörtlich «Thai-Pfanne»). Die köstliche Mischung aus gebratenen Nudeln mit frischen oder getrockneten Garnelen, Ei, Tofu und Bohnensprossen konkurriert mit *tom yam kung* um den Titel des thailändischen Nationalgerichts.

### Die vier Geschmacksrichtungen

Thailändische Gerichte streben die Ausgewogenheit der vier Geschmacksrichtungen süß, sauer, salzig

Eine Auswahl typischer Kräuter und Gewürze: Zitronengras, Kaffir-Limettenblätter, Ingwer, Gelbwurz, Schalotten, Thai-Basilikum, Galgant, Chilis

## Regionale Spezialitäten

Die Küche Zentralthailands ist stark von China beeinflusst. Hier wurden viele thailändische Klassiker erfunden, darunter auch *tom yam kung*. Nordthailands Köche ließen und lassen sich von Myanmar und der chinesischen Provinz Yunnan inspirieren. So entstanden Gerichte wie *khao soi*, eine Köstlichkeit aus krossen Nudeln in einer milden Currybrühe, und *kaeng hang le*. Im Nordosten isst man besonders gern würzig und raffiniert. Aus Laos übernahm man dort den bekannten knackigen Gemüsesalat *som tam*. Die Küche des Südens ist die schärfste. Sie trug unter Verwendung von Kokosmilch, Kurkuma und scharfer Tamarinde zu Klassikern wie dem würzig-sauren *kaeng leung pla* bei.

Erbsen-Auberginen

**Tom Yam Kung** *ist eine scharf-saure Garnelensuppe mit Zitronengras, Galgant, Kaffir-Limette und Chili.*

# THAILÄNDISCHE KÜCHE

**Händler auf einem »schwimmenden Markt« in Bangkok**

und scharf an, die jedoch beim einzelnen Gericht variiert. Chili wird zwar großzügig verwendet, viele Speisen bestechen jedoch durch ihre milden Aromen, die sie durch Kräuter und Gewürze wie Galgant, Zitronengras, Kaffir-Limettenblätter, Basilikum und Koriander erhalten. Pasten aus diesen Zutaten werden im Mörser frisch hergestellt. Die wohl wichtigste Grundzutat ist *nam pla* (Fischsauce), die fast allen Gerichten ihre typische Würze verleiht. Mit Chilis, Knoblauch und Zitrone vermischt, ergibt sie das beliebte Gewürz *phrik nam pla*.

## Mahlzeiten

Eine typische Thai-Mahlzeit besteht aus einer Suppe, einem Curry, einem Wok-Gericht und einem würzigen Salat. Dazu gibt es rohes oder gedünstetes Gemüse und immer eine große Schüssel Reis. Selten wird das Essen in formelle Gänge unterteilt. Gäste, die das nicht wissen, bestellen eine Suppe oder einen Salat als Vorspeise – doch die Aromen

**Kunstvoll geschnitzte Melone zur Tischdekoration**

der einzelnen Gerichte sollen sich eigentlich – zusammen mit dem Reis – ergänzen. Die Bedienung serviert die Gerichte deshalb sowieso häufig auf einmal. Der einzige Gang, der gesondert kommt, ist das Dessert: meist ein Teller gemischter Früchte, die den Gaumen nach all den würzigen Genüssen beruhigen sollen. Viele ausländische Besucher bestellen auch den Thai-Klassiker *khao niaw mamuang* (Mango mit Kokosreis).

### Getränke

**Fruchtsäfte:** Thailand ist reich an Früchten, etwa Wassermelonen, Mangos, Litschis und Papayas, aus denen Säfte, Smoothies und Shakes hergestellt werden. Kokoswasser, mit dem Strohhalm direkt aus der Nuss getrunken, ist die ideale Stranderfrischung.

**Biere:** Die Bierauswahl ist recht gut. Beliebt sind z.B. die kräftigen lokalen Sorten Singha und Chang.

**Weine und Spirituosen:** Neben thailändischem Reiswein bekommt man europäische und amerikanische Weine. Auch einheimische Kellereien produzieren inzwischen akzeptable Tropfen. Die Schnäpse Mekong und Sang Som schmecken am besten mit Eis und Soda.

**Kaffee und Tee:** Sie sind nicht traditionell thailändisch, aber in den Bergen im Norden werden gute Sorten angebaut.

**Kaeng Hang Le** ist ein mildes curryartiges Schweinegulasch mit Ingwer, Erdnüssen und Knoblauch.

**Som Tam** sind unreife Papayas und Gemüse mit Zitronensaft, Chili, Fischsauce und getrockneten Garnelen.

**Kaeng Leung Pla** ist scharfe Fischsuppe mit Bambussprossen, Tamarinde, Chili, Knoblauch und Palmzucker.

# Typische Thai-Gerichte

*Khanom krok* (Kokosküchlein)

Thailand ist berühmt für seine innovative und vielfältige Küche. Speisen werden in Bananenblätter gehüllt. Sogar Straßenverkäufer dekorieren kreativ. Die kunstvolle Präsentation und Speisenvielfalt ist oft verwirrend: Bisweilen weiß man nicht genau, ob es sich um ein süßes oder pikantes Gericht handelt. Im Folgenden werden typische Gerichte vorgestellt. Phonetische Erläuterungen finden Sie im Sprachführer *(siehe S. 382).*

## Auswahl der Speisen

In Touristenorten stehen die Speisen in Lokalen manchmal auf Englisch, bisweilen auch in anderen Sprachen auf der Karte. Die Namen der Gerichte sind oft von den Hauptzutaten abgeleitet. So lässt sich die Bezeichnung *khao mu daeng* mit ›Reis, Schweinefleisch, rot‹ übersetzen. Mit geringen Kenntnissen des Thailändischen kann man oft die Zusammensetzung einer Speise herausfinden. Ist keine Karte vorhanden, stehen die Tagesgerichte in der Auslage. Wenn Sie das Gericht nicht kennen, werden Sie auf die Frage »*Nee arai na?*« (»Was ist das?«) eine Reihe von Zutaten als Antwort erhalten.

Für Vegetarier ist es kein Problem, fleischlose Speisen *(mai ao nua)* zu bekommen, allerdings ist an vielen Gerichten Fischsauce. Die Thai-Küche verwendet kaum Milchprodukte, kommt also Veganern entgegen. Ausländer fragen oft: »*Phed mai?*« (»Ist das Gericht scharf?«) oder verlangen milde Gerichte (»*Mai ao phet na*«). Würzzutaten wie Chilis in Essig, Zucker oder Fischsauce stehen immer auf dem Tisch bereit.

Bei der Speisenauswahl in einem Strandlokal, Ko Chang

## Snacks

Thai essen gern. Überall bieten Stände rohe oder gekochte Snacks an.

**Bami mu daeng**
บะหมี่หมูแดง
Eiernudeln mit Schweinefleisch.

**Kai yang**
ไก่ย่าง
Huhn, über Holzkohle gegrillt.

**Khai ping**
ไข่ปิ้ง
Über Holzkohle gebratene Eier.

**Khanom beuang**
ขนมเบื้อง
Gefüllte Pfannkuchen.

Hühner-*satay*

**Khanom krok**
ขนมครก
Kokosküchlein.

**Khao tom mat**
ข้าวต้มมัด
Klebreis, im Bananenblatt serviert.

**Kluay ping**
กล้วยปิ้ง
Gegrillte Bananen.

**Look chin ping**
ลูกชิ้นปิ้ง
Fleischbällchen mit Chilisauce.

**Po pia tod**
ปอเปี๊ยะ
Frittierte Frühlingsrollen.

**Sai krok**
ไส้กรอก
Würste (Rind oder Schwein).

**Satay**
สะเต๊ะ
Fleischspieß (Rind, Schwein oder Huhn), gegrillt, serviert mit Erdnusssauce und Gurke.

**Tua thod**
ถั่วทอด
Geröstete Cashews/Erdnüsse.

## Nudeln

Reisnudeln gibt es als *sen yai* (breit), *sen lek* (mittel) und *sen mi* (dünn). *Bami* sind Eiernudeln, *wun (woon) sen* Glasnudeln aus Soja.

**Bami nam**
บะหมี่น้ำ
Eiernudeln in Brühe mit Gemüse und Fleisch oder Fisch.

**Kuaytiaw haeng**
ก๋วยเตี๋ยวแห้ง
»Trockene« Reisnudeln mit Gemüse, Fleisch oder Fisch.

**Kuaytiaw look chin pla**
ลูกชิ้นปลา
Fischbällchen mit Nudeln.

**Kuaytiaw nam**
ก๋วยเตี๋ยวน้ำ
Reisnudeln in Brühe mit Gemüse, Fleisch oder Fisch.

**Phad thai**
ผัดไทย
Gebratene Reisnudeln mit Ei, Tofu, Bohnensprossen, getrockneten Garnelen und Chili.

Leckere Snacks von einem Restaurant-Boot in Krabi

# TYPISCHE THAI-GERICHTE

## Reisgerichte

Reis ist das wichtigste Grundnahrungsmittel. Ein häufiger Gruß lautet: »*Kin khao mai?*« (»Hast du Reis gegessen?« – unser »Wie geht es?«)

**Khao man kai**
ข้าวมันไก่
Huhn auf chinesische Art mit Reis, in Hühnerbrühe gekocht.

**Khao mok kai**
ข้าวหมกไก่
Huhn Biryani auf Thai-Art.

**Khao mu daeng**
ข้าวหมูแดง
Schweinefleisch nach chinesischer Art auf Duftreis.

**Khao na ped**
ข้าวหน้าเป็ด
Gebratene Ente auf Duftreis.

**Khao phad mu/kung**
ข้าวผัดหมูหรือกุ้ง
Gebratener Reis mit Schweinefleisch oder Garnelen.

## Suppen

Es gibt viele Suppen. Einige, etwa *jok*, werden zum Frühstück gegessen. Das englische »soup« wird oft verstanden.

**Jok**
โจ๊ก
Reisbrei mit Schweinehackfleisch und Ingwer.

**Khao tom**
ข้าวต้ม
Reissuppe mit verschiedenen Fleisch- und Gemüsebeilagen.

**Tom jeud tao hu**
ต้มจืดเต้าหู้
Tofu-Brühe mit Schweinehackfleisch.

**Tom kha kai**
ต้มข่าไก่
Hühnersuppe mit Galgant, Kokosmilch und Zitronengras.

**Tom yam kung**
ต้มยำกุ้ง
Garnelen, Pilze, Zitronengras, Galgant und Koriander.

## Currys

Currys werden entweder *rat khao* (auf einem Reisbett) oder in einer Schale als Beilage serviert.

**Kaeng kari kai**
แกงกะหรี่ไก่
Hühnchen und Kartoffeln auf indische Art.

**Kaeng khiaw wan**
แกงเขียวหวาน
Leicht süßes, grünes Curry.

Große Weinauswahl im Restaurant Shades, Ko Samui

**Kaeng matsaman**
แกงมัสมั่น
Mildes Curry aus dem Süden mit Hühnchen, Erdnüssen, Kartoffeln und Kokosmilch.

**Kaeng phanaeng**
แกงพแนง
Cremiges Curry mit Kokosmilch und Basilikum.

**Kaeng phed**
แกงเผ็ด
Scharfes Curry mit rotem Chili, Zitronengras, Koriander.

**Kaeng som**
แกงส้ม
Scharf-saures Curry, in der Regel mit Fisch.

## Seafood

Vor allem im Süden gibt es eine große Auswahl an preiswertem Seafood.

**Hoi malaeng pu op**
หอยแมลงภู่อบ
Gedünstete Muscheln.

**Hoi thod**
หอยทอด
In Eierteig ausgebackene Austern auf einem Bett aus Bohnensprossen.

**Kung mangkon phao**
กุ้งมังกรเผา
Gegrillter Hummer.

Südthailändische Meeresfrüchte

**Pla meuk yang**
ปลาหมึกย่าง
Gebratene Tintenfischstreifen.

**Pla nung khing**
ปลานึ่งขิง
Gedünsteter Fisch mit Ingwer, Chili und Pilzen.

**Pla thod**
ปลาทอด
Knusprig frittierter Fisch, serviert mit verschiedenen Saucen.

**Pu neung**
ปูนึ่ง
Gedünstete Krebse mit scharf-beißender Sauce.

## Regionale Gerichte

**Kaeng hang le**
แกงฮังเล
Schweinecurry, Erdnüsse, Ingwer (Gericht des Nordens).

**Khao soi**
ข้าวซอย
Hühner- oder Rindfleischcurry mit Weizennudeln, frischer Limette und eingelegtem Kohl (Spezialität aus dem Norden).

**Larb ped**
ลาบเป็ด
Würziges Entenhackfleisch.

**Som tam**
ส้มตำ
Grüner Papayasalat mit Erdnüssen (aus dem Nordosten).

**Yam thalay**
ยำทะเล
Scharfer Seafood-Salat.

## Desserts

Grundzutat der *khong wan*, der »süßen Sachen«, sind meist Kokosnüsse oder Früchte.

**Foy thong**
ฝอยทอง
Süßer Eigelbschmarrn.

**Khao niaw mamuang**
ข้าวเหนียวมะม่วง
Frische Mango mit Klebreis und Kokosmilch.

**Kluay buat chi**
กล้วยบวดชี
Bananen in Kokosmilch.

**Mo kaeng**
หม้อแกง
Eiercreme nach Thai-Art.

## Getränke

**Bia**
เบียร์
Bier (meist in Flaschen).

**Cha ron**
ชาร้อน
Tee mit Kondensmilch.

**Kafae**
กาแฟ
Kaffee, oft aus Instantpulver.

**Nam cha**
น้ำชา
Chinesischer Tee ohne Milch.

**Nam kuad**
น้ำขวด
Wasser (in Flaschen).

Kokosnüsse auf dem »schwimmenden Markt«

# Restaurantauswahl

Die folgenden Restaurants wurden aufgrund ihrer guten Küche, ihres Ambientes oder ihrer Lage ausgewählt, Lokale an entfernten Stränden und auf Inseln wegen ihres Preis-Leistungs-Verhältnisses. Die Einträge sind nach Regionen unterteilt und jeweils alphabetisch und nach Preis aufgelistet.

**PREISKATEGORIEN**
Die Preise beziehen sich auf ein mehrgängiges Abendessen für eine Person inkl. Service, aber ohne alkoholische Getränke.
- ⓑ unter 150 Baht
- ⓑⓑ 150–300 Baht
- ⓑⓑⓑ 300–600 Baht
- ⓑⓑⓑⓑ 600–1000 Baht
- ⓑⓑⓑⓑⓑ über 1000 Baht

## Bangkok

### CHINATOWN Punjab Sweets ⓑ
*436/5 Chak Phet Rd, Phahurat 10200* ☎ *08-1869-3815*  Stadtplan 6 D1

Es gibt nicht viele vegetarische Restaurants in Bangkok, doch im indischen Viertel Phahurat am Rand von Chinatown findet man ein paar. Dieses kleine, einfache Lokal, eines von zwei Punjab Sweets in der Gegend um die Chak Phet Road, serviert original indische Speisen, etwa *dosa*, *puri*, *samosa* und Süßspeisen.

### CHINATOWN Roti Mataba ⓑ
*136 Pha Athit Rd, Chansasongkram 10220* ☎ *0-2282-2119*  Stadtplan 1 C3

Das kleine thailändisch-muslimische Roti Mataba ist bei Urlaubern sehr beliebt. Hier kann man günstig das klassische indisch-malaiische *roti* (frittiertes Fladenbrot) mit einer kleinen Schüssel *dal* (Linsencurry) oder einem Currysaucen-Dip genießen. Die Kombination wird meist zum Frühstück serviert. Durchgehend geöffnet.

### CHINATOWN Chote Chitr ⓑⓑ
*146 Prang Pu Thorn, Tanao Rd 10200* ☎ *0-2221-4082*  Stadtplan 2 D5

An den fünf Tischen des kleinen Chote Chitr werden thailändische Gerichte nach alten Rezepten und mit seltenen Zutaten serviert. Hier sind vor allem die gebratenen Nudeln ein Hit, aber auch das *Gaeng som*-Curry ist hervorragend. Wer es exotischer mag, der sollte sich nach den Empfehlungen des Chefkochs erkundigen.

### CHINATOWN Hemlock ⓑⓑ
*56 Phra Athit Rd 10200* ☎ *0-2282-7507*  Stadtplan 2 D3

Das moderne, kleine Hemlock ist bei der thailändischen Oberschicht und bei Künstlern beliebt, die hier oft Kunst- oder Fotoausstellungen zeigen. Die umfangreiche Speisekarte enthält einige exotische Köstlichkeiten. Probieren Sie *miang kham* – frische Pfefferblätter mit Limonen-, Ingwer- und Schalottenstückchen.

### CHINATOWN Oh My Cod! ⓑⓑ
*Rambuttri Village Inn, Soi Ram Buttri 10200* ☎ *0-2282-6553*  Stadtplan 2 D3

Kaum irgendwo östlich von London findet man so gute Fish and Chips und andere britische Spezialitäten wie Würstchen, Bohnen und gebratenes Brot wie hier. Das Lokal liegt nur ein paar Schritte von der Khao San Road entfernt. Gäste können drinnen oder im netten ruhigen Innenhof speisen.

### CHINATOWN Raan Jay Fai ⓑⓑ
*327 Maha Chai Rd 10200* ☎ *0-2223-9384*  Stadtplan 2 E5

Das Restaurant nahe dem Wat Saket beim Demokratie-Denkmal ist für seine gebratenen Nudeln, vor allem für *phad khii mao* (»Säufernudeln«, pikante Nudeln mit Hühnchen und Basilikum) bekannt. Die Einrichtung lässt zu wünschen übrig, doch die Einheimischen kommen von weit her, um hier zu essen.

### CHINATOWN Deck by the River ⓑⓑⓑ
*Arun Residence, 36–38 Soi Pratu Nok Yoong, Maharaj Rd 10200* ☎ *0-2221-9158*  Stadtplan 6 B1

Von dem netten kleinen Boutique-Hotel aus hat man einen großartigen Blick auf den berühmten Wat Arun am anderen Flussufer. Vor allem bei Sonnenuntergang sitzt man hier schön. Es gibt überwiegend Thai-Gerichte, die sehr sorgfältig und mit besten Zutaten zubereitet werden, sowie ein paar europäische Speisen.

### CHINATOWN Fisherman's Seafood Restaurant ⓑⓑⓑ
*1/12 Soi Mahathat, Maharaj Rd 10200* ☎ *08-4457-8800*  Stadtplan 1 C5

Das bekannte Restaurant am Ufer des Chao Phraya mit schönem Blick auf den Königspalast wurde modernisiert und ist eine der besten Optionen, um thailändische und europäische Fischgerichte zu genießen. Probieren Sie gegrillten Seafood-*satay* und die gedämpfte Blaue Schwimmkrabbe mit Ingwer.

### CHINATOWN Hua Seng Hong ⓑⓑⓑ
*371–373 Yaowarat Rd 10200* ☎ *0-2222-0635*  Stadtplan 6 F2

Hier wird traditionelle Kanton-Küche geboten. Die Qualität der Speisen unterscheidet das Restaurant von vielen ähnlichen Lokalen im belebten Zentrum von Chinatown. Besonders zu empfehlen sind Entengerichte und Dim Sum. Der Service ist effizient, allerdings nicht sehr zuvorkommend.

**Zeichenerklärung** *siehe hintere Umschlagklappe*

## CHINATOWN Kai Yang Boran
*474–476 Tanao Rd, Banglamphu 10200* ☎ *0-2622-2349*  
**Stadtplan 2 D3**

Hier ist es zwar etwas teurer, doch die Köstlichkeiten aus dem Nordosten Thailands sollte man unbedingt probieren. Der Name des Restaurants leitet sich vom typischen Gericht der Region Issan ab: *kai yang* (mariniertes Brathuhn mit vielen Beilagen). Küche und Lokal sind penibel sauber.

## DUSIT Kaloang Home Kitchen
*2 Soi Wat Tevarakuchorn 10300* ☎ *0-2281-9228*  
**Stadtplan 2 E2**

Das Kaloang Home Kitchen hinter der Nationalbibliothek ist nicht ganz einfach zu finden, aber einen Besuch wert. In dem Open-Air-Lokal am Flussufer kann man exzellent und günstig thailändisch essen. Besonders gut: gebratener Fisch mit Salat von grünen Mangos, Seafood-*tom yam* (Suppe) oder frittierte Krebse mit Chilipulver.

## DUSIT May Kaidee's Vegetarian Restaurant II
*33 Soi 1, Sam Sen Rd 10300* ☎ *08-9137-3173*  
**Stadtplan 2 D3**

Das Lokal, dessen Stammsitz in der Tanao Road liegt, hat bei Vegetariern einen sehr guten Ruf. Die umfangreiche Speisekarte bietet u. a. Frühlingsrollen, grünes Curry mit Tofu und *phad thai*. Der Küchenchef hält Kochkurse ab und betreibt ein Gästehaus.

## DUSIT Tara Tara Thai
*131/4 Kao Rd, Sam Sen Dusit 10300* ☎ *0-2241-7900*  
**Stadtplan 2 E1**

Auf der großen Terrasse des Restaurants am Flussufer kann man zusehen, wie das Essen auf dem offenen Grill zubereitet wird. Es gibt viele Currys, Salate und Wok-Gerichte. Probieren Sie *goong ob wuen sen* (gebratene Nudeln mit Flusskrebsen). Jeden Abend um 19.30 Uhr findet eine zweistündige Bootsfahrt mit Abendessen statt.

## INNENSTADT Mrs Balbir's
*155/18 Sukhumvit Soi 11/1 10110* ☎ *0-2651-0498*

In einer dunklen Ecke beim Hotel Swiss Park stößt man auf dieses einfache Restaurant, in dem man gute nordindische Gerichte erhält. Die Besitzerin, Mrs Balbir, ist aus einer Kochsendung im Lokalfernsehen bekannt und hat für Thai Airways die Bordverpflegung geliefert.

## INNENSTADT Hai Somtam
*2/4–5 Convent Rd, Silom 10500* ☎ *0-2631-0216*  
**Stadtplan 7 C4**

Hier sollte man das authentische *aharn issan* aus Nordost-Thailand probieren. Das schlichte Restaurant wird mittags und am frühen Abend vor allem von Einheimischen aufgesucht, die *som tam* (Salat von grünen Papayas), gegrilltes Huhn, getrocknetes Schweinefleisch, Klebreis und andere Spezialitäten aus Issan genießen.

## INNENSTADT Suda
*6–6/1 Sukhumvit Soi 14 10110* ☎ *0-2229-4664*

Dies ist ein populärer Ort bei den hier lebenden Ausländern. Im Suda kann man günstig hervorragende Thai-Gerichte essen. Das Restaurant liegt nicht weit von der Asoke-Skytrain-Station entfernt. Besonders beliebt sind Thunfisch mit Chili und Cashewnüssen und das grüne Curry.

## INNENSTADT Taling Pling
*60 Pun Rd, Silom, Bangrak 10500* ☎ *0-2234-4872*  
**Stadtplan 7 B4**

In einem ehemaligen Wohnhaus zwischen Silom und Sathorn Road residiert das helle, modern eingerichtete Restaurant, in dem hervorragende thailändische Küche geboten wird. Viele Gerichte sind eher unbekannt, die bebilderte Speisekarte leistet daher gute Dienste. Viele Nachspeisen und gute Weinauswahl.

## INNENSTADT Biscotti
*Four Seasons Hotel, Ratchadamri Rd 10100* ☎ *0-2251-6127*  
**Stadtplan 8 E1**

Das Restaurant im Four Seasons (siehe S. 293) ist ein modernes, aber gemütliches italienisches Bistro mit offener Küche sowie polierten Holztischen und -böden. Hier werden die gängigen italienischen Gerichte und viele Pizzas mit erstklassigen Zutaten angeboten. Guter, freundlicher Service.

## INNENSTADT Bua
*1/4 Convent Rd, Silom 10500* ☎ *0-2237-6640*  
**Stadtplan 7 C4**

Einheimische und Reisende schätzen das Restaurant wegen des guten Angebots an köstlichen Thai-Gerichten zu vernünftigen Preisen. Es gibt Vorspeisen, Salate, Suppen und Seafood aus den vier Hauptregionen Thailands. Bekannt ist das Lokal vor allem für sein *pla neung mannao* (gedämpfter Wolfsbarsch in Limonensauce).

## INNENSTADT Cabbages & Condoms
*6 Sukhumvit Soi 12 10110* ☎ *0-2229-4610*

Das von der thailändischen Population & Community Development Association (PDA) betriebene Restaurant bietet Thai-Klassiker, Seafood und regionale Gerichte. Mit dem Gewinn werden Familienplanungs- und Aids-Projekte in Thailand unterstützt.

## INNENSTADT Coyote Bar & Grill
*575–579 Sukhumvit Rd, Klong Toey Nua, Wattana 10110* ☎ *0-2662-3838*  
**Stadtplan 7 C4**

Das helle, fröhliche Restaurant mit Bar gilt als eines der besten mexikanischen Lokale in Bangkok. Es hat eine Filiale in der Convent Road. Hier gibt es Quesadillas, Burritos, Enchiladas und Spareribs. Die angebotenen 75 verschiedenen Varianten von Margaritas machen die Wahl schwer.

**Stadtplan Bangkok** *siehe Seiten 84–95*

### INNENSTADT Eat Me
*1/6 Soi Phiphat 2, nahe Convent Rd, Silom 10500* ❰ *0-2238-0931*
Stadtplan 8 F1

In dem loftartigen Restaurant, das ebenso gut eine Kunstgalerie sein könnte, gibt es ganz hervorragende Gerichte. Probieren Sie die Spezialitäten des Hauses: Tatar vom Gelbflossenthunfisch mit Soba-Nudeln oder Spargellasagne mit neuseeländischem Ziegencamembert und Champagner-Bechamelsauce.

### INNENSTADT Indus
*71 Soi 26, Sukhumvit Rd 10110* ❰ *0-2258-4900*

Das Flaggschiff von Sonya Sapru, Köchin und Autorin aus Kaschmir, bringt die moderne indische Küche nach Bangkok. Die leichten einfachen Gerichte werden gesund zubereitet, ohne dass darunter der Geschmack leidet. Die traditionell indische Einrichtung ist sehenswert. Es gibt auch eine Bar und ein Café.

### INNENSTADT Le Dalat Indochine
*14 Soi 23, Sukhumvit Rd 10110* ❰ *0-2661-7967*

Hier führt Madame Doan-Hoa-Ly, die Grande Dame einer angesehenen französisch-vietnamesischen Familie, Regie. Angeboten werden hervorragende Kombinationen aus beiden Küchenkulturen, etwa *cua raeng mee* (gebratene Krebse mit Tamarindensauce, Frühlingszwiebeln und Knoblauch).

### INNENSTADT Pandanus Bar and Bistro
*50 Soi Nantha, Sathorn Soi 1 10120* ❰ *0-2287-4021*
Stadtplan 8 E4

Die stilvolle Einrichtung, die genauso gut in ein Lokal in Manhattan passen würde, ist ebenso attraktiv wie das Essen. Der Schwerpunkt liegt auf thailändisch-italienischer Fusionsküche. Dazu gibt es gehaltvolle Süßspeisen wie Banoffee-Schokoladeneis und Schokokuchen mit Erdnussbutter. Moderne Cocktailbar im Obergeschoss.

### INNENSTADT Silver Palace
*5 Soi Phiphat, (Soi 3) Silom Rd 10500* ❰ *0-2235 5118-9*
Stadtplan 7 C4

Seit 20 Jahren steht das Lokal im Schatten des Wolkenkratzers der Bangkok Bank und bietet mit das beste chinesische Essen der Stadt. Berühmt ist vor allem die Peking-Ente, die am Tisch tranchiert wird. Hervorragende Mittagsgerichte, vor allem Dim Sum, zu günstigen Preisen. Hübsche, traditionelle Inneneinrichtung.

### INNENSTADT Somboon Seafood
*169 Suriwong Rd, Bangrak 10500* ❰ *0-2233-3104*
Stadtplan 7 B4

Wer außergewöhnliche Zubereitungen von Tintenfisch, Muscheln, Shrimps, Krabben oder Hummer sucht, ist hier richtig. Das Lokal serviert aber auch Klassiker wie Krabben mit Currypulver und frittierte Muscheln mit Chilipaste. Hier herrscht meist viel Betrieb, es empfiehlt sich daher zu reservieren.

### INNENSTADT Tamarind Café
*27/1 Sukhumvit Soi 20, Klong Toey 10110* ❰ *0-2663-7421*
Stadtplan 3 A5

Das vegetarische Restaurant mit Kunstgalerie in einem umgebauten schicken Stadthaus mit Dachgarten suchen auch Nichtvegetarier gern auf. Die köstlichen kreativen Variationen von Sushi, Burritos und Cocktails muss man probiert haben. Regelmäßige Fotoausstellungen in der Galerie.

### INNENSTADT Basil
*Sheraton Grande Sukhumvit Hotel, 250 Sukhumvit Rd 10110* ❰ *0-2649-8888*

Im Restaurant des Sheraton Grande Sukhumvit (siehe S. 293) finden sich über 100 Gerichte auf der Karte. Das Basil ist für die erstklassige Zubereitung des Essens und das angenehme Ambiente bekannt und beliebt. Man kann à la carte speisen oder sich für ein Menü entscheiden.

### INNENSTADT Bed Supper Club
*26 Sukhumvit Rd, Soi 11 10110* ❰ *0-2651-3537*

Das gehobene Restaurant ist auch Musikclub und Kunstgalerie. Die Inneneinrichtung erinnert an ein Raumschiff, entsprechend sind die Kellner gekleidet. Beim Essen lümmelt man auf von den Wänden hängenden Sofas. Die Gerichte der thailändischen Fusionsküche werden von mitreißender Musik eines DJ begleitet.

### INNENSTADT China House
*48 Oriental Avenue 10050* ❰ *0-2659-9000*
Stadtplan 6 F5

Das China House im Mandarin Oriental (siehe S. 293) ist inspiriert vom Jugendstil der 1930er Jahre in Shanghai. Das Avantgarde-Restaurant interpretiert klassische Gerichte modern. Es gibt u. a. eine exzellente Peking-Ente mit traditionellen Zutaten und selbst gemachten Nudeln mit Abalone.

### INNENSTADT Cy'an
*Metropolitan Bangkok Hotel, 27 South Sathorn Rd 10120* ❰ *0-2625-3388*
Stadtplan 8 D4

Im schicken, minimalistischen Ambiente mit Blick auf den Pool des Metropolitan Hotels genießt man hier kreativ zubereitete mediterrane Gerichte. Probieren Sie die scharf angebratenen Thunfischstreifen mit zarten Sellerieherzen und gerösteten Schalotten in Rotweinsauce oder die hervorragenden Nachspeisen.

### INNENSTADT Koi
*26 Sukhumvit Soi 20 10110* ❰ *0-2258-1590*

Das gehobene japanische Restaurant, das Filialen in Los Angeles und New York hat, ist eine fantastische Ergänzung der sich ständig verändernden Restaurantszene in Bangkok. Hier verkehrt vor allem die Bangkoker Prominenz und genießt schön angerichtetes Sushi und Sashimi.

**Preiskategorien** *siehe Seite 318* **Zeichenerklärung** *siehe hintere Umschlagklappe*

### INNENSTADT Le Normandie
*48 Oriental Avenue 10500* 0-2237-0041 **Stadtplan** 6 F4

Das angeblich beste französische Restaurant in Asien ist im Gartenflügel des Mandarin Oriental untergebracht. Die Seafood- und Fleischgerichte à la carte sind köstlich, etwa Bresse-Taube mit *foie gras*. Erstklassige Weine und fantastischer Service. Promis, Politiker und Mitglieder des Königshauses speisen oft hier.

### INNENSTADT Oam Thong
*7/4–5 Soi 33, Sukhumvit Rd 10110* 0-2279-5958

Hervorragendes Essen und modernes Interieur, dazu traditionelle Musik – ein idealer Ort für ein romantisches Dinner oder einen besonderen Abend mit Freunden. Probieren Sie die Kokossuppe mit Huhn und Galgant, Flügelbohnensalat mit Schweinehackfleisch und Shrimps sowie die Seafood-Platte.

### INNENSTADT Reflexions
*Le Méridien Plaza Athénée, 10 Wireless Rd 10030* 0-2650-8800 **Stadtplan** 8 E2

Das Restaurant im dritten Stock des Le Méridien *(siehe S. 293)* bietet exzellente französische Küche. Küchenchef Thibault Chiumenti gewann 2007 den Preis für das beste französische Restaurant. Die Gerichte werden mit den frischesten Zutaten der Saison und kreativ zubereitet und elegant serviert.

### INNENSTADT Sala Rim Naam
*48 Oriental Avenue 10500* 0-2659-9000 **Stadtplan** 6 F5

Das Thai-Restaurant des Mandarin Oriental bietet mittags ein reichhaltiges Büfett und abends ein Feinschmeckermenü. Dazu gibt es traditionelle thailändische Tanzdarbietungen. Gute Auswahl thailändischer Weine. Vom Open-Air-Pavillon im Garten hat man einen fantastischen Blick auf den Chao Phraya.

### INNENSTADT Vertigo Grill & Moon Bar
*Banyan Tree Hotel, 21/100 South Sathorn Rd 10120* 0-2679-1200 **Stadtplan** 8 D4

Vertigo Grill & Moon Bar wurde zu einer der weltbesten Bars gewählt. Das Open-Air-Restaurant im 60. Stock des Hotels Banyan Tree *(siehe S. 292)* bietet einen atemberaubenden Ausblick. Probieren Sie Thymian-Rotbarbe *en papillote* oder die gegrillten Jakobsmuscheln mit Korianderbutter.

### THON BURI The Rice Mill
*Marriott Resort & Spa, 257 Charoen Nakhon Rd 10600* 0-2476-0022

Das original kantonesische Restaurant serviert unzählige köstliche Varianten von Dim Sum. Das Restaurant im luxuriösen Bangkok Marriott Resort & Spa *(siehe S. 293)* verbindet traditionelles Dekor mit moderner Perfektion und chinesischer Musik. Ein Ort, um in aller Ruhe die kleinen chinesischen Köstlichkeiten zu genießen.

### THON BURI Prime
*123 Charoen Nakhon Rd 10600* 0-2442-2000 **Stadtplan** 6 F5

Das Prime gilt als eines der besten Steakhäuser in Bangkok. Es gibt importiertes Rindfleisch, frischen Hummer und Austern. Salate werden direkt am Tisch sorgfältig zubereitet. Edle Weine begleiten die Seafood-Platte. Die stilvolle Einrichtung und der schöne Ausblick auf den Chao Phraya runden den Genuss ab.

### THON BURI Supatra River House
*266 Soi Wat Rakhang, Arun Amarin Rd 10700* 0-2411-0305 **Stadtplan** 5 D1

Von dem thailändischen Seafood-Restaurant am Chao Phraya hat man abends einen faszinierenden Blick auf den beleuchteten Wat Arun. Ein schöner Ort für ein unvergessliches Essen. Probieren Sie die Butterkrebse *(soft-shell crabs)* in Knoblauch-Pfeffer-Sauce oder die gemischte Seafood-Platte vom Holzkohlengrill. Es gibt auch Menüs.

### THON BURI Trader Vic's
*Marriott Resort & Spa, 257 Charoen Nakhon Rd 10600* 0-2476-0022

Polinesisches Ambiente, gutes Essen und Cocktails auf der Terrasse am Fluss – der Besuch des Trader Vic's ist ein Muss. Highlight der Woche ist der großartige Mai Tai Jazzbrunch am Sonntag. Das fabelhafte Angebot an internationaler Gourmetküche zählt zu den besten der Stadt und ist das Geld wert.

### ABSTECHER Hsien Jong Vegetarian Restaurant
*1146/4–5 Thanon Chan 10120* **Straßenkarte** C1

Das preiswerte, fröhliche Restaurant mit offenem Speiseraum bietet eine große Auswahl chinesischer vegetarischer Gerichte. Die angebotenen Gerichte sind auf Tabletts ausgestellt. Man kann beim Bestellen einfach auf das gewünschte Gericht zeigen. Das Lokal ist von der Skytrain-Station Surasak aus leicht zu erreichen.

### ABSTECHER Thip Samai
*313 Mahachai Rd, Samranrat, Phra Nakhon 10200* 0-2221-6280 **Straßenkarte** C1

Die Einheimischen schätzen das seit 40 Jahren bestehende Restaurant wegen des *phad thai*, das hier in sieben Varianten angeboten wird. Probieren Sie das Original mit Eiern und getrockneten Garnelen. Auch *phad thai song-krueng* mit Glasnudeln, Krabbenrogen, Gambas, Eiern, Sepia und Mango ist zu empfehlen.

### ABSTECHER La Villa
*131 Soi Sukhumvit 53 (Paidee-Madee), Sukhumvit Rd, Wattana 10110* 0-2712-9991 **Straßenkarte** C1

Anspruchsvolle Gäste schätzen die gute Zubereitung und schöne Präsentation typisch italienischer Gerichte. Das Restaurant bietet zudem eine Bar, einen Familienraum sowie zwei kleinere Extrazimmer. Die Weinkarte ist besonders gut und umfassend.

**Stadtplan Bangkok** *siehe Seiten 84–95*

## ABSTECHER L'Opera
*53 Soi 39, Sukhumvit Rd, Wattana 10110* **0-2258-5606**

Straßenkarte C1

L'Opera gilt als eines der besten italienischen Lokale in Bangkok. Dank seiner gemütlich-rustikalen Atmosphäre und der köstlichen Küche ist es bei der hiesigen italienischen Gemeinde beliebt. Das dünn geschnittene Chianina-Kalbfleisch aus der Toscana mit gegegrilltem Gemüse und das Tiramisù sind empfehlenswert. Gute Weinauswahl.

## ABSTECHER Pola Pola
*150/7 Soi 55, Sukhumvit Rd 10110* **0-2381-3237**

Straßenkarte C1

Das populäre Pola Pola serviert in seinen vier Filialen authentische thailändische und italienische Gerichte. Gut sind die dünnen knusprigen Pizzas aus dem Holzkohlenofen. Es gibt auch Salate, Pastagerichte und Menüs. Übrigens: Kinder dürfen die weißen Papiertischdecken mit Farbstiften verschönern.

## ABSTECHER Spring & Summer
*199 Soi Promsi 2, Soi 39, Sukhumvit Rd 10110* **0-2392-2757**

Straßenkarte C1

Das glamouröse Spring & Summer in zwei Gebäuden aus den 1950er Jahren ist im Besitz eines thailändischen Schauspielers und bietet ein spezielles kulinarisches Konzept: Klassische thailändische Gerichte gibt es im modernen Spring, hausgemachte Kuchen und Nachspeisen im Summer.

# Östliche Golfküste

## CHANTHABURI Chanthorn Pochana
*Srijan Rd 22000* **0-3931-2339**

Straßenkarte E2

In dem zentral gelegenen Restaurant werden viele verlockende Currys, pikant gewürzte Thai-Salate und köstliche Wok-Gerichte angeboten. Probieren Sie die Spezialität der Region: *sen mi phad pu* (Eiernudeln mit köstlichem Krabbenfleisch) – Sie werden begeistert sein.

## CHANTHABURI Muen Baan
*Saritdet Rd 22000*

Straßenkarte E2

Sehr gutes Restaurant, das viele köstliche, hausgemachte Gerichte anbietet. Auch Vegetarier finden hier eine gute Auswahl. Das Muen Baan (der Name bedeutet etwa »wie daheim«) liegt günstig nahe an einer Bushaltestelle, die Besitzer sind sehr herzlich und freundlich.

## KO CHANG Invito
*Hat Sai Khao 23170* **0-3955-1326**

Straßenkarte E2

Das Invito ist der ideale Ort für ein romantisches Candle-Light-Dinner. Das alte nordthailändische Haus wurde aus Chiang Mai hierher verbracht und wiederaufgebaut. Die Speisen – von Pizzas über alle erdenklichen italienischen Gereichte – sind exzellent. Es gibt auch eine sehr schöne Außenterrasse.

## KO CHANG Oodie's Place
*Hat Sai Khao 23170* **08-1853-1271**

Straßenkarte E2

Das lebhafte Restaurant am Hat Sai Khao wird von einem einheimischen Musiker betrieben, der abends nach 22 Uhr gern alte Rock-Klassiker covert. Die Speisekarte enthält gute thailändische Gerichte, aber auch einige französische Spezialitäten.

## KO CHANG Paddy's Palms
*Hat Sai Khao 23170* **0-3955-1095**

Straßenkarte E2

Das irische Pub mit seiner leuchtend grünen Einrichtung passt so gar nicht nach Hat Sai Khao. Die angebotenen Gerichte sind jedoch typisch irisch: Shepherd's Pie und in Bier mariniertes Rindfleisch. Probieren Sie den Sonntagsbraten. Im angeschlossenen Gästehaus kann man übernachten.

## KO CHANG Sabay Bar
*Hat Sai Khao 23170*

Straßenkarte E2

In den letzten Jahren hat sich das Lokal zu einem beliebten Treffpunkt entwickelt. Zum Erfolgsrezept trug die Auswahl zwischen dem modern eingerichteten Innenraum mit Klimaanlage bei, wo abends Live-Musik geboten wird, und einem Open-Air-Bereich, wo man auf Matten und Kissen im Sand essen kann.

## KO CHANG The Bay
*Ban Bang Bao Pier 23170*

Straßenkarte E2

Am Pier des malerischen Fischerdorfs Bang Bao am Südende von Ko Chang gibt es viele Seafood-Restaurants. The Bay punktet mit seiner eleganten Atmosphäre und der guten Cocktail-Auswahl. Das Lokal ist vor allem bei den vielen Tauchern in der Gegend beliebt.

## KO CHANG Tonsai
*Hat Sai Khao 23170* **08-9895-7229**

Straßenkarte E2

Das Tonsai ist ein Baumhaus-Restaurant in und um einen riesigen Banyonbaum (Bengalische Feige) und ein idealer Platz für einen Drink am späten Nachmittag oder ein Abendessen am Hat Sai Khao. Es gibt thailändische und internationale Gerichte sowie viele Angebote für Vegetarier.

**Preiskategorien** *siehe Seite 318* **Zeichenerklärung** *siehe hintere Umschlagklappe*

## KO SAMET Naga ⓑ
*Ao Hin Khok 21160* **Straßenkarte** *D2*

Das Naga *(siehe S. 295)*, Gästehaus und Restaurant in einem, wurde von einer klugen Engländerin gegründet, deren hohe Standards von den Köchen auch heute noch beachtet werden. Serviert werden einfache Speisen aus frischen Zutaten sowie feine Dinge aus der berühmten Bäckerei. Spazieren Sie nach dem Essen zur Strandbar.

## KO SAMET Jeb's ⓑⓑⓑ
*Ao Hin Khok 21160  0-3864-4112* **Straßenkarte** *D2*

Großes Angebot an thailändischen, westlichen, indischen und mexikanischen Gerichten in einer einladenden Atmosphäre. Wie in den meisten Restaurants auf Ko Samet gibt es vor allem Seafood. Hier kommt noch eine große Auswahl an Cocktails hinzu.

## KO SAMET Ploy Talay ⓑⓑⓑ
*Hat Sai Kaew 21160* **Straßenkarte** *D2*

Jeden Abend werden Matten und Kissen im Sand ausgelegt, damit die Gäste des äußerst beliebten Restaurants im Freien essen können. Die Gerichte sind gut, aber ein bisschen übertreuert. Nach dem Essen kann man sich an den Feuershows erfreuen oder die ebenfalls sehr populäre Disco aufsuchen.

## KO SAMET Tub Tim Resort ⓑⓑⓑ
*Ao Tub Tim 21160  0-3864-4025* **Straßenkarte** *D2*

Von diesem schönen Restaurant *(siehe S. 296)* bieten sich wunderbare Ausblicke auf die Bucht. Tische und Stühle stehen direkt am Wasser. Die umfangreiche Speisekarte verzeichnet exzellente Gerichte. Probieren Sie *hor mok talae* (pikanter Seafood-Auflauf im Bananenblatt).

## KO SAMET Sea Breeze Restaurant ⓑⓑⓑⓑ
*Ao Prao Resort, Ao Phrao 21160  0-3864-4100* **Straßenkarte** *D2*

Das stilvolle Sea Breeze Restaurant in der Ao Phrao an der Westküste der Insel bietet luftige Plätze unter dem Blätterdach von Bäumen. Gäste können zwischen delikat zubereiteten thailändischen oder internationalen Spezialitäten wählen. Gute Weinkarte.

## KO SICHANG Pan and David ⓑⓑⓑ
*Moo 3, Makham Thaew Rd 20210  0-3821-6629* **Straßenkarte** *D1*

Auf der noch nicht so touristischen Insel Ko Sichang betreiben die amerikanisch-thailändischen Besitzer ein überraschend hübsches Restaurant. Geboten wird eine beeindruckende Vielfalt Thai-Spezialitäten, Steaks und vegetarischen Gerichten. Erfreulich gute Auswahl an Nachspeisen und Weinen.

## PATTAYA Food Wave ⓑ
*Oberster Stock, Royal Garden Plaza, Beach Rd 20260* **Straßenkarte** *D1*

Das stets gut besuchte Food Wave der Lebensmittelabteilung serviert zahlreiche Gerichte aus Thailand, Vietnam, Japan und Europa zu vernünftigen Preisen. Beim Essen kann man den schönen Blick auf die Bucht genießen. Probieren Sie die Salate und die chinesische Ente mit Nudeln.

## PATTAYA Lobster Pot ⓑⓑ
*228 Beach Rd 20260  0-3842-6083* **Straßenkarte** *D1*

In dem Restaurant am Pier von Süd-Pattaya gibt es hervorragendes Seafood und authentische Thai-Küche. Man kann sich seinen Hummer oder Fisch im Aquarium selbst aussuchen und nach Wunsch zubereiten lassen. Probieren Sie Hummer Thermidor oder die gegrillten Gambas. Gute Weinauswahl.

## PATTAYA Ali Baba ⓑⓑⓑ
*1/13–14 Central Pattaya Rd 20260  0-3842-9262* **Straßenkarte** *D1*

Das Ali Baba ist der ideale Platz, um indisches Essen zu genießen. Die typisch nordindischen *Tandoori*-Gerichte und *Nan*-Brote werden im Speisesaal serviert. Draußen gibt es südindische Gerichte mit Schwerpunkt auf pikanten Gemüse-Currys und *dal*.

## PATTAYA Art Café ⓑⓑⓑ
*285/3 Moo, 5 Soi 16, Pattaya-Naklua Rd 20260  0-3836-7652* **Straßenkarte** *D1*

Das hübsche Restaurant liegt in einem Haus im Kolonialstil, wo auch Kunstwerke ausgestellt und verkauft werden. Serviert wird schwerpunktmäßig mediterrane Küche. Auch die Thai-Gerichte sind köstlich. Probieren Sie die Spezialitäten des Hauses: ausgelöste Froschschenkel in Kräuter-Weißwein-Sauce oder Lachsspieße.

## PATTAYA Mantra ⓑⓑⓑⓑ
*Amari Orchid Resort, 240 Moo 5, Beach Rd 20260  0-3842-9591* **Straßenkarte** *D1*

Die hervorstechende Architektur und das rot-schwarze Dekor sowie die asiatischen und mediterranen Gerichte, die einem das Wasser im Mund zusammenlaufen lassen, machen das Restaurant zu einer guten Wahl. Probieren Sie die extrem scharfe Seafood-Suppe oder das *Tandoori*-Lamm. Die Weinkarte listet 140 Weine auf.

## PATTAYA PIC Kitchen ⓑⓑⓑⓑ
*10 Soi 5, Second Rd 20260  0-3842-8387* **Straßenkarte** *D1*

In dem Komplex aus Teakholzhäusern wird authentische Thai-Küche an traditionellen niedrigen Teakholztischen mit Kissen am Boden serviert. Es gibt auch ein paar separate Speiseräume sowie eine Jazzbar. Gelegentlich werden klassische thailändische Tänze aufgeführt.

**Straßenkarte** *siehe hintere Umschlaginnenseiten*

### PATTAYA The Grill House

*Rabbit Resort, Hat Dongtan, Jomtien 20260* 0-3825-1730 **Straßenkarte** D1

Eines der romantischsten Restaurants in Jomtien. Hier lockt eine Vielzahl thailändischer und europäischer Gerichte – ein hervorragendes Frühstücksbüfett, Steaks und abends Seafood am Spieß vom Holzkohlengrill. Am besten ist es, hier noch vor Sonnenuntergang einzutreffen.

### SI RACHA Grand Seaside

*Soi 18 Cherm Chop Hon 21500* **Straßenkarte** D1

In dem Restaurant nahe dem Pier für die Fähren nach Ko Sichang erhält man ausgezeichnetes Seafood. Das elegante Interieur und die atemberaubende Aussicht tragen zum Genuss bei, etwa bei Gerichten wie Seafood im Römertopf oder Krebs mit Chili. Nach dem Essen gibt es erfrischenden Eiskaffee.

### SI RACHA Chua Li

*46/22 Sukhumvit Rd 21500* 0-3831-1244 **Straßenkarte** D1

Si Racha ist bekannt für seine Version von *nam prik si racha*, einer scharfen Chilisauce. Wer von Bangkok nach Pattaya fährt, sollte hier unbedingt eine Pause einlegen und entweder Hummer oder gegrillte Gambas mit der köstlichen Sauce genießen.

### TRAT Cool Corner

*21–23 Thoncharoen Rd 24000* **Straßenkarte** E2

Das Cool Corner im Zentrum von Trat ist ein einfaches, aber geschmackvoll eingerichtetes Lokal. Hier gibt es selbst gebackenes Brot und Pfannkuchen, aber auch köstliche Thai-Currys. Nach dem Essen kann man in Kladden mit Reisetipps anderer Urlauber, etwa für das nahe gelegene Ko Chang, stöbern.

## Obere westliche Golfküste

### CHA-AM Beachside Seafood Stands

*Ruamchit Rd 76120* **Straßenkarte** C1

An den einfachen, am Strand gelegenen Ständen des Cha-am kann man in Seafood schwelgen. Man wählt einen frisch gefangenen Fisch, der dann nach Wunsch zubereitet wird. Anders als auf dem Nachtmarkt schwimmen die Meeresbewohner hier meist in Behältern mit Salzwasser. Der Wok steht gleich nebenan.

### CHA-AM Da Vinci's

*274/5 Ruamchit Rd 76000* 0-3247-1871 **Straßenkarte** C1

Hier bekommt man europäische Gerichte, obwohl der Schwerpunkt des Lokals auf Seafood liegt. Es gibt zudem viele andere Angebote. Der Koch ist Schwede, daher kommen auch häufig schwedische Gäste hierher. Probieren Sie vor allem die hervorragenden italienischen Gerichte.

### CHA-AM Poom Restaurant

*274/1 Ruamchit Rd 76120* 0-3247-1036 **Straßenkarte** C1

In dem Bereich, in dem sich die Seafood-Stände befinden, bietet das Poom eine etwas feinere Alternative, nämlich bequeme Stühle und Tische, sogar eine Klimaanlage. Die Speisekarte ist reichhaltiger als an den Ständen, darunter viele Krustentiere. Die Einheimischen kommen gern hierher.

### CHA-AM Rabiang-lay

*Verandah Resort & Spa, 737/12 Mung Talay Rd 76120* 0-3270-9000 **Straßenkarte** C1

Das Restaurant residiert in einer modernen, weißen, offenen *sala* (Pavillon) direkt am Strand und serviert Thai-Küche. Die Speisekarte enthält vor allem Seafood. Probieren Sie je nach Jahreszeit die köstlichen Austern, das delikate *tom yam kung* (scharf-saure Shrimpssuppe) und die Butterkrebse.

### CHUMPHON Khrua Pagsod

*10/32 Paradorn Rd 86000* 0-7757-1731 **Straßenkarte** C3

Khrua Pagsod bedeutet »Gerichte aus frischem Gemüse« – Vegetarier sind hier also bestens aufgehoben. Die frisch geernteten Zutaten werden abwechslungsreich auf europäische oder asiatische Art zubereitet. Das Essen in dem schicken, modernen Ambiente ist ein Genuss.

### CHUMPHON Papa Seafood

*188/181 Krom Luang Chumporn Rd 86000* 0-7751-1972 **Straßenkarte** C3

Ein durchschnittliches Fischlokal, wo man drinnen und draußen essen und seinen Fisch aus dem Wasserbecken auswählen kann. Außergewöhnlich sind der gute Service, die penible Sauberkeit und die pulsierende Atmosphäre inklusive Live-Musik. Nur abends geöffnet. Die angeschlossene Disco muss man nicht unbedingt gesehen haben.

### HUA HIN Chatchai-Markt

*Soi 72, zwischen Phet Kasem und Sa Song Rd 77100* **Straßenkarte** C2

Lebhafter, gut besuchter Markt mit Dutzenden von Ständen, perfekt, um günstiges und köstliches thailändisches Straßenessen zu probieren. Hier wird großer Wert auf Sauberkeit gelegt. Testen Sie das klassische *phad thai* mit frischen Shrimps, *hoi thot* (Austern-Omelett), die Nudelsuppen oder die generösen Fischportionen.

**Preiskategorien** *siehe Seite 318* **Zeichenerklärung** *siehe hintere Umschlagklappe*

### HUA HIN Chao Lay Seafood
*15 Naresdamri Rd 77100* ☏ *0-3251-3436*
*Straßenkarte C2*

In dem großen Restaurant an einem Holzpier essen Einheimische und Besucher gern. Die Nähe zum Meer bestimmt den Schwerpunkt der Speisekarte. Der Service kann manchmal ein wenig enttäuschen, doch die Fischgerichte und die thailändischen Spezialitäten sind einen Besuch wert.

### HUA HIN Baan Itsara
*7 Napkehad Rd 77100* ☏ *0-3251-4517*
*Straßenkarte C2*

Der Bungalow am Meer, Baan Itsara (»Haus der Freiheit«), war einst das Haus eines thailändischen Künstlers. Etwas von der entspannten, offenen Atmosphäre hat sich erhalten. Die klassischen thailändischen Seafood-Gerichte werden hier mit großer Sorgfalt zubereitet.

### HUA HIN Monsoon
*62 Naresdamri Rd 77100* ☏ *0-3253-1062*
*Straßenkarte C2*

Das stilvolle chinesisch-vietnamesische Ambiente und sanfte Lounge-Musik locken die Gäste zum Monsoon. In der offenen Küche werden überwiegend asiatische Gerichte auf raffinierte Art und Weise zubereitet. Empfehlenswert: die köstliche Vorspeisenplatte und die Entenbrust mit Ingwersauce.

### HUA HIN Som Moo Joom
*51/6 Dechanuchit Rd 77100*
*Straßenkarte C2*

Auch wenn Sie nirgendwo einen englischen Wegweiser zu diesem einfachen Lokal sehen – Sie sollten sich dahin durchschlagen. Die Seafood-Suppe mit Nudeln ist der Hit, aber auch die anderen Gerichte aus Meeresfrüchten sind sehr gut. Alle Gerichte sind frisch und preisgünstig.

### HUA HIN Take 5
*121/20 Khao Takiab Rd 77110* ☏ *0-3253-7249*
*Straßenkarte C2*

Das Take 5 ist das Restaurant in Hua Hin mit authentischer indischer Küche. An den Tischen in einem festlich beleuchteten Garten kann man in entspannter Atmosphäre indische Klassiker wie *Tandoori*-Platten, *rogan josh* (Lamm-Curry) und das scharfe *tarka dal* genießen.

### HUA HIN Coustiero
*AKA Resort, 152 Moo 7, Ban Nong Hiang 77100* ☏ *0-3261-8900*
*Straßenkarte C2*

Charmantes Restaurant mit einem von der französischen Küche inspirierten aromatischen Speiseangebot in hübscher Umgebung. Die Angebot ist saisonal ausgerichtet, aber *foie gras* (Gänsestopfleber), Jakobsmuscheln und Seafood sind stets ganz hervorragend.

### HUA HIN Hagi
*Sofitel Centara Grand Resort and Villas, 1 Damnoen Kasem Rd 77100* ☏ *0-3251-2021*
*Straßenkarte C2*

Das stilvolle Restaurant im Sofitel Centara Grand Resort and Villas *(siehe S. 299)* bietet abwechslungsreich und köstlich zubereitete zeitgemäße und traditionelle japanische Gerichte an. Das Essen an den Teppanyaki-Grills wird man nicht so schnell vergessen.

### HUA HIN La Villa
*12/2 Poonsuk Rd 77110* ☏ *0-3251-3435*
*Straßenkarte C2*

Die Einheimischen betrachten das La Villa als das beste italienische Restaurant in Hua Hin. Chefkoch Marco arbeitet hier seit 20 Jahren. Die Pasta ist natürlich hausgemacht. Marcos Spezialität ist die grüne Lasagne. Große Weinauswahl und gute Desserts.

### HUA HIN Let's Sea
*83/155 Soi Talay 12, Khao Takiab 77100* ☏ *0-3253-6888*
*Straßenkarte C2*

Das Open-Air-Restaurant legt den Schwerpunkt auf feine Meeresfrüchte und bietet einen wunderschönen Meerblick. Die thailändischen Gerichte mit westlichem Einschlag schmecken in dieser Umgebung besonders gut. Probieren Sie das Hummer-Carpaccio und die Fischküchlein.

### HUA HIN McFarland House
*Hyatt Regency Hua Hin, 91 Hua Hin Takiab Rd 77100* ☏ *0-3252-1234*
*Straßenkarte C2*

Das McFarland House im Hyatt Regency ist eines der besten Restaurants in Hua Hin. Empfehlenswert: Blaue Schwimmkrabben mit Maistörtchen in Chili-Koriander-Salsa, die Enten-Gurken-Rouladen, das saftige Steak vom Angus-Rind oder die Pilz-Zucchini-Spieße. Hervorragende Mittagsmenüs am Sonntag.

### HUA HIN Museum Tea Corner
*Sofitel Centara Grand Resort and Villas, 1 Damnoen Kasem Rd 77100* ☏ *0-3251-2036*
*Straßenkarte C2*

In dem klassischen Lokal im Kolonialstil im Sofitel Centara Grand Resort and Villas fühlt man sich in alte Zeiten zurückversetzt. Vor allem die Kaffee- und Teeauswahl ist bemerkenswert. Dazu gibt es verführerischen Schokoladenkuchen. Zum Nachmittagstee wird ein Medley an Köstlichkeiten serviert.

### HUA HIN Supatra By The Sea
*122/63 Soi Muu Baan Takiab, Nong Gae 77100* ☏ *0-3253-6561*
*Straßenkarte C2*

Das Restaurant liegt an einem der schönsten Plätze in Hua Hin, nämlich bei einem terrassierten tropischen Park mit großartigem Meerblick. Hier werden in den Pavillons moderne und traditionelle thailändische Gerichte, hauptsächlich Seafood, zubereitet. Lecker: Krebse mit Schweinehackfleisch und der gegrillte Fisch.

**Straßenkarte** *siehe hintere Umschlaginnenseiten*

### HUA HIN White Lotus ⓑⓑⓑⓑ
*Hilton Hua Hin Resort & Spa, 33 Naresdamri Rd 77100* 0-3253-8999 **Straßenkarte** C2

Vom stilvollen Restaurant im obersten Stock des Hilton kann man die atemberaubende Aussicht auf Stadt und Küste genießen. Die angebotenen Gerichte sind zeitgemäße Interpretationen der Sichuan- und der Guangdong-Küche. Angeboten werden auch Probiermenüs. Hervorragender Service und gute Weinauswahl.

### PHETCHABURI Rabiang Rim Nam ⓑ
*1 Shesrain Rd 76100* **Straßenkarte** C1

Das in einem Gästehaus eingerichtete Rabiang Rim Nam serviert hervorragende Speisen in einem malerischen Garten am Fluss. Auf den ersten Blick ein sehr durchschnittliches Restaurant, doch lassen Sie sich nicht abschrecken, die thailändischen Speisen und das europäische Frühstück lohnen den Besuch.

### PHETCHABURI Ban Khanom Thai ⓑⓑ
*130 Phet Kasem Rd 76100* 0-3242-8911 **Straßenkarte** C1

Die Ortschaft ist bekannt für ihre köstlichen thailändischen Süßspeisen, und das Ban Khanom Thai (Haus der Thai-Süßigkeiten) ist ein Muss für Naschkatzen. Probieren Sie *khanom mo kaeng* (Pudding aus Mungobohnen, Ei, Kokosnuss und Zucker). Dazu mundet der heimische Kaffee.

### PRACHUAP KHIRI KHAN Pan Pochana ⓑⓑⓑ
*84/2–3 Salachep Rd 77000* **Straßenkarte** C2

Das Pan Pochana südlich des Piers ist eine netter Neuzugang im verschlafenen Prachuap. Von der schattigen Terrasse hat man einen schönen Blick. Das Essen ist einfach, aber köstlich. Probieren Sie unbedingt die Krustentiere, die hier billiger und frischer als anderswo sind.

### PRACHUAP KHIRI KHAN Phloen Samut ⓑⓑⓑⓑ
*44 Beach Rd 77000* 0-3260-1866 **Straßenkarte** C2

Das Restaurant ist bei Einheimischen und Besuchern gleichermaßen populär. Besonders beliebt ist die lokale Spezialität *pla samli daet diaw* (kurz gebratener, sonnengetrockneter Fisch mit Salat aus grünen Mangos). Auch die übrigen thailändischen Seafood-Gerichte sind empfehlenswert.

## Untere westliche Golfküste

### KO PHANGAN Om Ganesh ⓑ
*Hat Rin 84280* 0-7737-5123 **Straßenkarte** C4

Das Lokal ist ein Gegenpol zum Partywesen am Hat Rin. Die indischen Gerichte sind hervorragend, allerdings scharf. Trinken Sie dazu *lassi* (Getränk aus Joghurt, Wasser, Salz, Pfeffer und Eis). Die vegetarischen Gerichte und das Hühnchen-*tandoori* sind sehr empfehlenswert. Hier serviert man auch ein gutes Frühstück.

### KO PHANGAN Cucina Italiana ⓑⓑ
*Chalok Lam 84280* **Straßenkarte** C4

Idealer Platz für ein Bier und eine Pizza. Das Restaurant an der Nordküste bietet zwar, anders als der Name vermuten lässt, keine riesige Auswahl an italienischen Gerichte, doch die Pizzas und die hausgemachte Pasta des italienischen Kochs sind exzellent. Die gegrillten frischen Meeresfrüchte lohnen einen Besuch.

### KO PHANGAN Beach Club Bar & Grill ⓑⓑⓑ
*Ban Pranburi, Hat Thong Nai Pan Noi 84280* 0-7723-8599 **Straßenkarte** C4

Der Beach Club Bar & Grill, eines der beliebtesten Restaurants, ist eine gute Wahl, wenn man frisch gegrilltes Seafood essen möchte. Die Bambustische und -stühle stehen im Sand direkt am Meer. Man kann den Köchen bei der Arbeit zusehen. Ein schöner Platz für ein romantisches Abendessen.

### KO PHANGAN Me'n'u ⓑⓑⓑ
*Hin Kong 84280* 08-9289-7133 **Straßenkarte** C4

Wenn nicht immer Pasta oder gebratenes Hühnchen mag, kann hier seine Esskultur pflegen. Im Me'n'u gibt es exzellent zubereitetes europäisches Essen in einer üppig-tropischen Szenerie an der Westküste von Ko Phangan. Das Restaurant ist nur abends geöffnet.

### KO SAMUI Black Diamond ⓑ
*Hat Lamai 84310* 0-7742-4392 **Straßenkarte** C4

Auch die Einheimischen kommen wegen der unverfälscht-köstlichen thailändischen Gerichte gern hierher. Abgesehen von einem Billardtisch ist das Black Diamond ein schlichtes, unprätentiöses Lokal, wo der aus Bangkok stammende Koch beispielsweise *kaeng khiaw wan gai* (grünes Curry mit Hühnchen) serviert.

### KO SAMUI The Islander Restaurant ⓑ
*Chawang Beach Road, Hat Chaweng 84320* 0-7723-0836 **Straßenkarte** C4

In dem günstigen Lokal gibt es gute thailändische und europäische Gerichte. Legendär sind das reichhaltige Frühstück und die Fisch-Burger. Zudem vorhanden: eine Speisekarte für Kinder, einige Billardtische und ein Fernseher, auf dem man die neuesten Filme sehen kann. Die Thai-Gerichte orientieren sich am europäischen Gaumen.

**Preiskategorien** *siehe Seite 318* **Zeichenerklärung** *siehe hintere Umschlagklappe*

## KO SAMUI Billabong Surf Club

*Fisherman's Village, Bophut 84320* 0-7743-0144

*Straßenkarte C4*

Ein freundlicher, einladender Ort, wo es viel Bier und große Portionen zu essen gibt. Gern gegessen werden die verschiedensten Arten von Sandwiches, *chimichangas* und Nachos. Unter den Hauptgerichten sind Spareribs, australische Burger, Lammkoteletts, 600-Gramm-Steaks und indische Currys sehr beliebt.

## KO SAMUI Elephant & Castle

*Big Buddha Beach 84320*

*Straßenkarte C4*

Hier fühlt man sich wie in einem Londoner Pub, kein Wunder, dass die britischen Expats das Elephant & Castle lieben. Die Gerichte, etwa Würstchen mit Kartoffelbrei, Fish and Chips oder Steak mit Bohnen, sind ebenfalls typisch britisch. Legendär ist der Sonntagsbraten, aber es gibt auch verschiedene vegetarische Speisen.

## KO SAMUI Shabash

*Chalee Bungalows, Big Buddha Beach 84320* 0-7724-5035

*Straßenkarte C4*

Ein Pärchen aus Singapur mit indischen, jüdischen und chinesischen Wurzeln, das lange in Indonesien gelebt hat, bereitet hier die unterschiedlichsten Gerichte zu – sogar koschere. Gute Auswahl an vegetarischen Gerichten. Die Kräuter und Gewürze aus dem eigenen Garten geben den Speisen ihr Aroma.

## KO SAMUI Will Wait

*Hat Lamai 84310* 0-7742-4263

*Straßenkarte C4*

Eines der echten »Wir kochen alles«-Lokale auf Ko Samui, das einige Filialen auf der Insel hat. Es gibt hier thailändische, chinesische, europäische und japanische Gerichte sowie gute hausgemachte Brote und Gebäck. Sauber, preiswert, aber weder das Essen noch das Ambiente ist hervorragend.

## KO SAMUI La Brasserie

*Beachcomber Hotel, 3/5 Moo 2, Hat Chaweng 84320* 0-7742-2041

*Straßenkarte C4*

Direkt an der Küste kann man, begleitet vom Meeresrauschen, hervorragend essen. La Brasserie bietet eine italienische und eine thailändische Speisekarte mit einer großen Auswahl an Seafood, darunter Gambas und Hummer. Ein schöner Platz für ein romantisches Abendessen. Reservierung wird empfohlen.

## KO SAMUI Rimbang Seafood

*Baan Bang Makham, Naton 84140* 0-7723-6047

*Straßenkarte C4*

Von dem Restaurant, das etwas abseits der Hauptrouten auf der Nordseite der Insel liegt, hat man einen großartigen Blick auf den Meeres-Nationalpark Ang Thong *(siehe S. 180f)*. Der Koch des Rimbang Seafood behauptet, dass er alle Gerichte nach traditionellen Rezepten aus Ko Samui zubereitet.

## KO SAMUI Rocky's

*Rocky's Resort, Hat Lamai 84310* 0-7723-3020

*Straßenkarte C4*

Das Rocky's auf dem Gelände eines Boutique-Hotels am Hat Lamai sollten Sie wegen des preiswerten und exzellenten Speiseangebots unbedingt besuchen. Es gibt exzellente Pizzas, Seafood und typische Thai-Gerichte. Das Rocky's bietet auch spezielle Events wie Cocktailabende, Grillabende am Strand oder Thai-Abende.

## KO SAMUI Tamarind

*91/2–3 Moo 3, Hat Chaweng Noi 84320* 0-7742-2011

*Straßenkarte C4*

Das elegante Restaurant spiegelt östliche und westliche Einflüsse wider. Besonders beliebt ist hier der »Seafood-Korb« für zwei Personen, der von Hummer bis zum Snapper-*satay* Unterschiedliches bietet. Auch das knusprige Snapper-Filet mit Kochbananen und Kokos-Curry-Sauce ist ein Gedicht.

## KO SAMUI The Three Monkeys

*Chawang Beach Road, Hat Chaweng 84320* 0-7742-2584

*Straßenkarte C4*

In dem Bar-Restaurant herrscht eine Atmosphäre wie in einem typischen Thai-Pub – ein idealer Platz, um mit der ganzen Familie essen zu gehen. Kinder sollten Mrs Crab (einen Burger mit Krebsen) oder gebratenen Panda-Reis probieren. Den Eltern dürften die Mango Monkeys (marinierte Gambas in Mangosauce) gefallen.

## KO SAMUI The Cliff Bar & Grill

*Auf der Klippe zwischen Hat Chaweng und Hat Lamai 84320* 0-7741-4266

*Straßenkarte C4*

Das stilvolle, gleichwohl relaxte Lokal wäre schon ohne den großartigen Blick aufs Meer ein besonderer Ort. Die Gerichte im mediterranen Stil werden aus frischen Zutaten einfach, aber köstlich zubereitet. Seafood und Steaks sind fantastisch. Grandios für einen Sundowner. Reservierung empfohlen.

## KO SAMUI The Five Islands Restaurant

*Ban Taling Ngam 84120* 0-7741-5359

*Straßenkarte C4*

An der schönen Südwestküste der Insel lohnt sich vor dem Essen noch ein kleiner Bootsausflug zu den vorgelagerten Inseln, ehe man hier einen Cocktail zu sich nimmt. Die thailändische Fusionsküche ist exzellent. Wer mittags kommt, kann nach dem Essen die Aufführung von klassischem thailändischem Tanz genießen.

## KO SAMUI Budsaba

*Muang Kulaypan Hotel, 100 Moo 2, Hat Chaweng 84320* 0-7723-0850

*Straßenkarte C4*

Angenehm dezentes Lokal am belebten Hat Chaweng. Das Budsaba besitzt einen modernen Speisesaal und 14 separaten *salas*, wo man in aller Ruhe essen kann. Hier wird königliche Thai-Küche serviert. Fast jeden Abend gibt es Aufführungen mit traditioneller Musik und Tanz, was die bezaubernde Atmosphäre unterstreicht.

**Straßenkarte** *siehe hintere Umschlaginnenseiten*

### KO SAMUI Chef Chom's

*84 Moo 5, Hat Bophut 84320* ( 0-7724-5480

**Straßenkarte** C4

Großes, luftiges Restaurant mit atemberaubendem Meerblick – der ideale Platz, um die delikaten Gerichte der königlichen Thai-Küche zu probieren. Grandios sind auch die zentralthailändischen Speisen und die Currys. Probieren Sie den Salat *tong sai thai* (mit Meeresfrüchten). Freitags gibt es Thai-Musik und Thai-Tanz.

### KO TAO La Matta

*Pier Road, Mae Had 84280* ( 0-7745-6517

**Straßenkarte** C3

Das La Matta war das erste und ist nach wie vor der beste Italiener auf einer Insel, die ein beeindruckendes Angebot an italienischen Lokalen hat. Der italienische Koch bereitet die Pasta selbst zu. Auch Gnocchi und Pizza sollte man unbedingt probieren. In der neuen Filiale am Hat Sai Ri gibt es ein exzellentes Büfett.

### KO TAO Ko Tao Cottage

*19/1 Chalok, Ao Khao 84280* ( 0-7745-6133

**Straßenkarte** C3

Das Lokal ist angenehm weit weg von Ban Hat Sai Ri, dem lauten Zentrum auf Ko Tao. Das Ko Tao Cottage serviert fangfrischen Fisch als auch Thai-Klassiker und verschiedene europäische Speisen. Die Gäste kommen immer wieder gern in diese ruhige Umgebung.

### NAKHON SI THAMMARAT Khrua Nakhon

*Bovorn Bazaar, Ratchadamnoen Rd 80200* ( 0-7531-7197

**Straßenkarte** C4

Das Restaurant in der Mitte eines Innenhofs bietet wunderbare südthailändische Currys. Sie werden dampfend heiß serviert und sind genauso köstlich wie die Wok-Gerichte, die nach Wunsch zubereitet werden. Wem die Auswahl schwerfällt, sollte die gemischte Platte (mit etwas von allem) bestellen.

### SURAT THANI Ban Don Hotel Restaurant

*Thanon Namuang 84000* ( 0-7727-2167

**Straßenkarte** C4

Das Hotelrestaurant ist ideal für einen Zwischenstopp auf dem Weg zu den Stränden von Ko Samui oder Ko Tao. Es ist sauber und um Klassen besser als die Lokale an den Bahnhöfen und Busbahnhöfen. Wer zwischen den Anschlüssen also etwas Zeit hat, kann hier preiswert leckere Speisen genießen.

### SURAT THANI Suan Issan

*Abseits Donnok Road, 1 Damnern Kasem Rd 84000*

**Straßenkarte** C4

Das Suan Issan in einem hübschen traditionellen Thai-Haus gehört zu den besten Restaurants in Surat Thani. Hier stehen Spezialitäten aus dem Nordosten auf der Karte. Besonders beliebt ist *kai yang* (pikantes Brathähnchen), zu dem *som tam* (Salat von grünen Papayas mit Erdnüssen) ganz hervorragend passt.

## Obere Andamanen-Küste

### PHANG-NGA-BUCHT Cha-Leang

*Phetkasem Rd 82140* ( 0-7641-3831

**Straßenkarte** B5

Einheimische und Geschäftsleute in der Mittagspause kommen gern in das einfache, freundliche Restaurant. Das Seafood ist oft scharf gewürzt. Probieren Sie *hor mok thalay* (verschiedene gedämpfte Fischstücke in herzhafter Sauce). Es gibt hier auch hübsche Plätze auf einem Balkon.

### PHANG-NGA-BUCHT Duang

*122 Phetkasem Rd 82140* ( 0-7641-2216

**Straßenkarte** B5

Duang bietet chinesische und südthailändische Gerichte, vor allem die Seafood-Gerichte sind sehr gut. Empfehlenswert: die köstlichen scharfen Suppen, etwa *tom yam talay* (mit Meeresfrüchten), *kung phao* (gegrillte Shrimps), der hervorragende Salat aus getrockneten Garnelen und Papayas und der Glasnudelsalat.

### PHANG-NGA-KÜSTE Stempfer Café

*Phetkasem Rd, Baan La On, Khao Lak 82190*

**Straßenkarte** B5

Hier gibt es ein ausgezeichnetes deutsches Frühstück. Auch für die verführerischen Kuchen und anderes Gebäck ist das Lokal seit Langem bekannt. Mittags kann man zu guten Sandwiches ein gutes Bier trinken. Die thailändischen Gerichte schmecken allerdings in anderen Lokalen besser.

### PHANG-NGA-KÜSTE Viking Steak House

*Phetkasem Rd, Baan La On, Khao Lak 82190* ( 0-7642-0815

**Straßenkarte** B5

Einfaches, unprätentiöses Restaurant, das gute europäische und thailändische Gerichte, u. a. Pizza, zu vernünftigen Preisen anbietet. Im Viking Steak House blitzt alles vor Sauberkeit, der Service ist sehr flott, aber nicht aufdringlich. Auch gut: die Salatbar und die Tagesgerichte. Spätabends wird es hier oft unangenehm voll.

### PHUKET Pan Yaah Thai Restaurant

*249 Prabaramee Rd, Patong 83150* ( 0-7634-4473

**Straßenkarte** B5

Das Pan Yaah Thai Restaurant, zwei Kilometer nördlich von Patong, verbindet exzellentes Essen mit atemberaubenden Ausblicken aufs Meer. Die einfachen, nahrhaften Seafood- und Nudelgerichte werden nach klassischer Thai-Art frisch und sorgfältig zubereitet.

**Preiskategorien** *siehe Seite 318* **Zeichenerklärung** *siehe hintere Umschlagklappe*

## PHUKET Somjit Noodles

*214/6 Phuket Rd, Phuket-Stadt 83000* ⓒ *0-7625-6701*

**Straßenkarte** B5

Kleine, saubere, einfache Nudelbar, die seit fast 50 Jahren besteht. Hier gibt es eine beeindruckende Auswahl an Thai- und Hokkien-Nudelgerichten. Unbedingt probieren sollte man die auf der ganzen Insel berühmten *khanom chin nam ya Phuket* (chinesische Nudeln mit Fisch-Curry-Sauce).

## PHUKET Angus O'Tool's

*516/20 Patak Rd, Soi Islandia, Karon 83100* ⓒ *0-7639-8262*

**Straßenkarte** B5

Die lebhafte Atmosphäre, vernünftige Preise und verschiedene Spezialitäten machen das Angus O'Tool's zum Anziehungspunkt für Reisende auf dem Weg nach Phuket. In der Hauptsaison empfiehlt es sich, rechtzeitig einen Tisch zum Abendessen zu reservieren. Köstliche Sonntagsbraten und sehr reichhaltiges Frühstück.

## PHUKET China Inn Café

*20 Thalang Rd, Phuket-Stadt 83000* ⓒ *0-7635-8239*

**Straßenkarte** B5

Das Lokal in einem restaurierten sino-portugiesischen Haus erinnert an einen geschmackvoll eingerichteten Antiquitätenladen. Hier kann man im Freien ganz entspannt die thailändischen oder westlichen Gerichte oder ein schönes Frühstück genießen. Lecker: die Frühlingsrollen und das Enten-Curry. Gute Frühstücksangebote.

## PHUKET Ka Jok See

*26 Takua Pa Rd, Phuket-Stadt 83000* ⓒ *0-7621-7903*

**Straßenkarte** B5

Das lebhafte Lokal liegt etwas versteckt im Zentrum Phukets, ist aber in ganz Thailand bekannt. Die typischen Thai-Gerichte erhalten hier noch eine spezielle Note. Dazu gibt es Live-Musik und Tanz, ideale Voraussetzungen für einen vergnüglichen Abend. Reservierung wird empfohlen.

## PHUKET Kampong Kata Hill Restaurant

*West Patak Rd, Kata 83100* ⓒ *0-7633-0103*

**Straßenkarte** B5

Das Restaurant in einem traditionellen Thai-Haus auf einem Hügel oberhalb des Hat Kata ist einen Besuch wert. Serviert werden gute, typisch thailändische Gerichte. In der angeschlossenen Galerie bieten heimische Künstler ihre Werke an. Auch die Reproduktionen antiker Stücke sollte man sich ansehen.

## PHUKET Lair Lay Tong

*Soi Dr Wattana, Patong 83100* ⓒ *0-7634-1140*

**Straßenkarte** B5

Das lebhafte Restaurant am Ende einer kleinen *soi* nahe der Beach Road in Patong bietet thailändische und internationale Gerichte zu vernünftigen Preisen. Der Schwerpunkt liegt auf Seafood. Probieren Sie *pae sa* – ein ganzer Fisch, in würziger Kohl-Gemüse-Brühe gedämpft und in der Pfanne serviert.

## PHUKET Lotus Restaurant

*31/13 Banyan Tree Beachfront, Bang Tao, Cherng Talay 83110* ⓒ *0-7636-2625-6*

**Straßenkarte** B5

Das Lotus Restaurant bot schon frisches Seafood an, als die gehobenen Fischlokale rund um Phuket noch gar nicht existierten. Neben den fantastischen Seafood-Gerichten ist das Penang-Hühnchen zu empfehlen. Da hier oft auch Reisegruppen einkehren, wird eine Reservierung dringend empfohlen.

## PHUKET Natural Restaurant

*66/5 Soi Phuthon, Bangkok Rd, Phuket-Stadt 83000* ⓒ *0-7622-4287*

**Straßenkarte** B5

Das Garten-/Baumhaus-Restaurant im Zentrum von Phuket hat viele versteckte Winkel und sogar kleine Wasserfälle, ein wunderbarer Platz zum Entspannen. Das Essen ist allerdings eher durchschnittlich und international. Die gemäßigten Preise und der freundliche Service trösten darüber hinweg.

## PHUKET Red Onion

*Patak East Rd, Karon 83100*

**Straßenkarte** B5

Das Äußere und die Inneneinrichtung wären verbesserungswürdig, doch die europäischen Klassiker – Hähnchenbrust mit Pommes frites, Wiener Schnitzel – sind sorgfältig und gut zubereitet. Die angebotenen Thai-Gerichte sind einfach, aber ebenfalls gut. Achtung: Zu Hauptessenszeiten kommen viele Expats hierher, seien Sie also früh da.

## PHUKET Savoey

*Patong 83100* ⓒ *0-7634-1171-4*

**Straßenkarte** B5

Das Savoey in der Soi Bangla in Patong bietet eine große Auswahl an frischem Seafood. Das Restaurant hat 400 Plätze und drei Küchen, dennoch ist der Service flott. Die Preise sind angemessen. Man sitzt in gemütlichen überdachten Pavillons im Freien. Gegen Abend wird es hier häufig recht voll.

## PHUKET Sawasdee Thai Cuisine

*38 Katekwan Rd, Karon 83100* ⓒ *0-7633-0979*

**Straßenkarte** B5

Eines der wenigen Lokale an Phukets Stränden, wo man gutes Thai-Essen zu einem vernünftigen Preis bekommt. Auch die Atmosphäre im Restaurant gegenüber dem gleichnamigen Gästehaus ist angenehm. Die Fischgerichte sind etwas teurer, doch die *tom kha gai* (Hühnersuppe) ist ein guter Tipp.

## PHUKET Baluchi

*Horizon Beach Resort, Soi Kepsap, Patong 83100* ⓒ *0-7629-2526*

**Straßenkarte** B5

Angeblich das beste indische Restaurant in Phuket, auf dem Gelände eines hübschen Boutique-Hotels. Die Speisen sind exzellent, die Köche (und auch viele Gäste) stammen aus Indien. Empfehlenswert sind hier vor allem die verschiedenen *Dal*-Gerichte und die Menüs.

**Straßenkarte** *siehe hintere Umschlaginnenseiten*

### PHUKET Hung Fat's
*Pravaramee Rd, Ao Kalim 83100* 📞 *0-7629-0288*　　Straßenkarte B5

Chinarestaurant im Retrostil in einem ovalen, zweistöckigen Gebäude am Strand, nördlich von Patong. Hier wird nach Szechuan-Art gekocht. Hervorragend schmeckt *mapo dofu* (pikanter, gebratener Tofu). Zudem tritt eine Band auf, die am liebsten Jazz und Salsa spielt.

### PHUKET Kan Eang II
*9/3 Chofa Road, Ao Chalong 83130* 📞 *0-7638-1323*　　Straßenkarte B5

Das Kan Eang II, Mitglied einer seit etwa 30 Jahren bestehenden Kette, liegt in einem schönen Garten am Sandstrand und ist ideal für Kinder. Das Essen ist besser als das bei seinem Namensvetter am Pier von Chalong. Auch das nebenan liegende vietnamesische Restaurant, das zur selben Kette gehört, ist empfehlenswert.

### PHUKET L'Orfeo
*Ban Sai Yuan Rd, Rawai 83110* 📞 *0-7628-8935*　　Straßenkarte B5

Das gemütliche Restaurant mit Bar erinnert einen ein bisschen an arabische Länder. Sowohl die Speisekarte mit internationalen Gerichten als auch die Hintergrundmusik umfasst viele Regionen. Zu erwähnen sind die hausgemachten Gnocchi mit Pinienkernen und Petersilienbutter und das Tatar vom Angus-Rind. Reservierung empfohlen.

### PHUKET Salvatore's
*15 Rasada Rd, Phuket-Stadt 83000* 📞 *0-7622-5958*　　Straßenkarte B5

Salvatore, der Koch und Inhaber, stammt aus Sardinien und hat sein beliebtes Restaurant kürzlich in eine ruhigere Gegend im Zentrum verlegt. In dieser Trattoria passt alles zusammen, Einrichtung und Speisen. Ein Haus weiter gibt es eine extra Pizzeria.

### PHUKET Taste
*Surin Beach Road 83110* 📞 *0-7627-0090*　　Straßenkarte B5

Das neue, schicke Lokal am Strand wird gern von den Gästen der nahe gelegenen Luxushotels und Resorts besucht. Die Karte dominieren mediterrane Speisen, die Atmosphäre ist angenehm. Probieren Sie den Snapper mit fünf Gewürzen und viel Gemüse. Große Auswahl an thailändischen Desserts.

### PHUKET Tatonka
*Sri Sunthorn Rd, Bang Thao 83110* 📞 *0-7632-4349*　　Straßenkarte B5

Gleich außerhalb des Laguna Beach Resorts *(siehe S. 307)* serviert das Tatonka »Globetrotter«-Gerichte, die von vielen Ländern der Welt inspiriert worden sind. Dazu gehören Kreationen wie die köstlichen Sashimi-Frühlingsrollen. Vor allem draußen sitzt man hier sehr schön.

### PHUKET The Whispering Cock
*Außerhalb des Laguna Resort, Bang Thao 83110* 📞 *0-7625-6560*　　Straßenkarte B5

Eines der besten englischen Pubs auf der Insel. Man fühlt sich sofort beim Eintreten nach England versetzt. Hier gibt es Steak und Kidney Pie, eine große Bierauswahl und einen gemütlichen Biergarten, in dem man entspannt den Nachmittag verbringen kann. Auch für Dartspieler und Sportfans (TV) ist gesorgt.

### PHUKET Baba Dining Lounge
*Sri Panwa Resort, Laem Panwa 83130* 📞 *0-7637-1006*　　Straßenkarte B5

Auf dem Gelände des Sri Panwa Resorts an der Südspitze der Insel findet sich dieses Restaurant, zu dem auch ein schicker Nachtclub gehört. Name und Einrichtung stammen von der chinesisch-malaiischen Kultur der Region, die Speisen sind aber überwiegend europäisch.

### PHUKET Floyd's Brasserie
*Burasari Resort, Ruamjai Rd, Patong 83100* 📞 *0-7629-2929*　　Straßenkarte B5

Der Fernsehkoch und Kochbuchautor Keith Floyd ist Mitbesitzer der Brasserie, die klassische französische Gerichte im mediterranen Stil serviert. Köstlich: Tournedos Tossini und Wolfsbarsch in Butter-Zitronen-Sauce. Angeblich gibt es hier auch den besten Sonntagsbrunch auf der Insel. Elegante Einrichtung und gute Weinauswahl.

### PHUKET La Gaetana
*352 Phuket Rd, Phuket-Stadt 83000* 📞 *0-7625-0523*　　Straßenkarte B5

Dezentes italienisches Restaurant im Zentrum, das vor allem für seine italienische Version der Haute Cuisine bekannt ist. Das Carpaccio von Lachs, Thunfisch, Rindfleisch und köstlicher geräucherter Entenbrust als Vorspeise und die gebackenen Champignons in Gorgonzolasauce als Hauptgang müssen Sie probieren. Gute Weinauswahl.

### PHUKET Ratri Jazztaurant
*Patak Rd, Kata 83100* 📞 *0-7633-3638*　　Straßenkarte B5

Schickes, zweistöckiges Lokal, das vor allem wegen der Sonnenuntergänge beliebt ist. Hier gibt es eine Austernbar, thailändische und andere asiatische Köstlichkeiten sowie musikalische Untermalung von einer Jazzband. Exzellent: Salat mit Rindfleischstreifen oder Lachs-Sashimi (als Vorspeise) und *gaeng masaman nuah* oder *gai* (Muslim-Curry).

### PHUKET Sala Bua
*Impiana Phuket Cabana Resort & Spa, 41 Taweewong Rd, Hat Patong 83110* 📞 *0-7634-0138*　　Straßenkarte B5

Der philippinische Koch Ronnie Macuja ist auf der ganzen Insel bekannt, sein romantisches Restaurant hat schon verschiedene Preise gewonnen. Die Ost-trifft-West-Kreationen sind höchst einfallsreich. Probieren Sie das ausgezeichnete Tenderloin-Steak vom Neuseeland-Rind, das mit einem köstlichen Kiwi-Relish serviert wird.

---

**Preiskategorien** *siehe Seite 318* **Zeichenerklärung** *siehe hintere Umschlagklappe*

### PHUKET Watermark ⒷⒷⒷⒷ

*Phuket Boat Lagoon, Ao Sapam 83500* ℂ *0-7623-9730*  
**Straßenkarte** B5

Das moderne, schicke Restaurant auf dem Gelände der noblen Phuket Boat Lagoon an der ruhigen Ostküste der Insel wurde bereits preisgekrönt. Die Speisekarte bietet internationale Klassiker, viele thailändische Gerichte, aber auch Pasta und Pizza.

### PHUKET Baan Yin Dee ⒷⒷⒷⒷⒷ

*7 Muean Ngen Rd, Patong 83110* ℂ *0-7629-4104-6*  
**Straßenkarte** B5

Südlich von Patong liegt das Baan Yin Dee auf dem Gelände eines Boutique-Hotels. Die Atmosphäre ist ebenso elegant und opulent wie das Essen, überwiegend Gourmet-Köstlichkeiten wie Hummer und Jakobsmuscheln, die von einem französischen Koch zubereitet werden. Für einen Tisch mit Aussicht sollten Sie frühzeitig reservieren.

### PHUKET Black Ginger ⒷⒷⒷⒷⒷ

*Indigo Pearl, Hat Nai Yang 83110* ℂ *0 7623-6550*  
**Straßenkarte** B5

Für dieses Restaurant lohnt sich der Besuch des einzigartigen Indigo Pearl Resorts *(siehe S. 307)*, dessen Dekor von Phukets Zinnminen-Vergangenheit inspiriert ist. Das Black Ginger hat einen schwarzen Thai-Pavillon, der auf Pfählen im See steht. Die Thai-Klassiker sind hier extrem köstlich.

### PHUKET La Trattoria ⒷⒷⒷⒷⒷ

*Dusit Thani Laguna Resort, Bang Tao 83110* ℂ *0-7632-4320*  
**Straßenkarte** B5

Hier präsentieren italienische Köche ihr Können in einer eleganten Umgebung. Unbedingt probieren: Seezungenfilet und Jakobsmuscheln in Safransauce mit grünen Pepperoni. Ein Gedicht ist der Gennaro mit Sambuca zum Nachtisch – weißer Rum, Kaffee und Sahne.

### PHUKET Siam Indigo ⒷⒷⒷⒷⒷ

*8 Phang Nga Rd, Phuket-Stadt 83000* ℂ *0-7625-6697*  
**Straßenkarte** B5

Das Siam Indigo residiert in einem historischen Gebäude mit Kunstwerken. In diesem eleganten Ambiente wird thailändisch-chinesische Fusionsküche serviert. Probieren Sie das Neuseeland-Lamm, die Miesmuscheln, die Spieße mit mariniertem Schweinefleisch oder das Massaman-Curry. Schöner Innenhof.

### PHUKET Siam Supper Club ⒷⒷⒷⒷ

*Tinlay Place, Bang Tao 83110* ℂ *0-7627-0936*  
**Straßenkarte** B5

Gleich außerhalb des Laguna Beach Resorts bietet der Siam Supper Club hauptsächlich europäische Speisen, vor allem Steaks und Pastagerichte, aber auch thailändische Spezialitäten. Die Atmosphäre ist leger-elegant, die Bar ist vor allem bei jungen Leuten sehr beliebt. Auch ein schöner Ort für Familien: Kinder lieben den Käsekuchen.

### PHUKET The Boathouse Wine & Grill ⒷⒷⒷⒷⒷ

*West Patak Rd, Kata 83100* ℂ *0-7633-0015*  
**Straßenkarte** B5

Dies war das erste von mehreren Restaurantprojekten des adligen thailändischen Hoteliers und Gastwirts Mom Tri in Phuket. Auf dem Gelände seines Boutique-Resorts werden mediterrane und thailändische Gerichte angeboten. Der Service ist ebenso hervorragend wie die Weinauswahl. Ab und zu gibt es auch Kochkurse.

### RANONG Thanon Ruangrat Market Ⓑ

*Ruangrat Rd, Ranong 85000*  
**Straßenkarte** B3

Auf den ersten Blick meint man, in einer Markthalle gelandet zu sein, doch hier kann man sehr gute Gerichte finden. Es gibt Essensstände mit ein paar Tischen, aber auch richtige Restaurants. Das Seafood ist frisch und köstlich. Am Abend findet auf der Kamlangsap Road ein weiterer Markt statt.

### RANONG Chaong Thong ⒷⒷ

*8–10 Ruangrat Rd, Ranong 85000*  
**Straßenkarte** B3

Hier lockt eine gute Auswahl an thailändischen und chinesischen Gerichten, die schnell serviert werden. Das saubere Lokal versorgt Reisende mit einer großen Palette an vegetarischen Speisen und Kräutertees, außerdem kann man hier gut frühstücken. Das Englisch sprechende Personal gibt gern Reisetipps.

### RANONG Sophon's Hideaway ⒷⒷ

*Ruangrat Rd, Ranong 85000* ℂ *0-7783-2730*  
**Straßenkarte** B3

Der beliebteste *Farang*-Treffpunkt (Europäer-Treffpunkt) in Ranong. Hier bekommt man gute Reisetipps, auch für Visa nach Myanmar. Das Essen ist gut und umfasst vor allem viele europäische, aber auch thailändische Gerichte. Überdies gefallen hier ein schöner Garten und der Billardtisch.

## Untere Andamanen-Küste

### KO LANTA Funky Fish ⒷⒷ

*Ao Phra-Ae 81150* ℂ *08-1275-9501*  
**Straßenkarte** B5

Der Funky Fish, eines der mehreren ersten Bungalow-Restaurants in der Ao Phra-Ae, ist für seine hervorragenden Pizzas und die gute Musik bekannt. Die thailändischen Gerichte sind von milder Schärfe, sodass auch europäische Gäste sie gut vertragen. Vor allem abends kann es hier sehr voll und laut werden.

**Straßenkarte** *siehe hintere Umschlaginnenseiten*

### KO LANTA Red Snapper
*Ao Phra-Ae 81150* 0-7585-6965  
**Straßenkarte** B5

Eines der besseren Restaurants in der Ao Phra-Ae mit einzigartiger Atmosphäre. Garten und Einrichtung wurden von den holländischen Besitzern ebenso liebevoll gestaltet wie die Speisekarte. Es gibt hier gute Tapas und Gerichte mit dem Fang des Tages. Auch die Weinauswahl ist sehr gut.

### KO LANTA Time for Lime Cooking School
*Hat Khlong Dao 81150* 0-7568-4590  
**Straßenkarte** B5

Was früher eine Kochschule war, ist heute ein Restaurant. Das Time for Lime Cooking School bietet zudem Bungalows zum Übernachten. Der norwegische Besitzer bringt den Thailändern auch heute noch die gute europäische Küche nahe, das thailändische Personal gibt Kochkurse für Urlauber. Gute Speisenauswahl.

### KO LANTA Mango Bistro
*Ko Lanta, Altstadt 81150* 0-7569-7181  
**Straßenkarte** B5

Das im chinesischen Stil erbaute Haus auf Pfählen war einst eine Opiumhöhle, ehe es zum Bistro umgebaut wurde. In dem exzellenten Restaurant mit seiner kleinen Bibliothek gibt es eine gute Auswahl an thailändischen und europäischen Gerichten. Die hübschen Fischerhäuser in der Nachbarschaft kann man mieten.

### KO LANTA Sayang Beach Resort
*Ao Phra-Ae 81150* 0-7568-4156  
**Straßenkarte** B5

Hierher kommen auch Gäste, die nicht im Sayang Beach Resort wohnen. Das Restaurant am Nordende von der Ao Phra-Ae ist wegen seiner eleganten Einrichtung und der großen Auswahl an thailändischen und indischen Gerichten bekannt und beliebt.

### KO PHI PHI Ciao Bella
*Ao Lo Dalam 81000* 08-1894-1246  
**Straßenkarte** B5

Das Ciao Bella ist ein romantisches italienisches Restaurant am Strand, das vor allem bei italienischen Reisenden sehr populär ist. Pizza und Pasta sind ganz hervorragend, ebenso das gegrillte Seafood. Es gibt auch gute thailändische Gerichte. Hervorragende Auswahl an Cocktails und angenehme Musik.

### KO PHI PHI Madame Restaurant
*Ton Sai 81000*  
**Straßenkarte** B5

Beliebter Treffpunkt mitten in Ton Sai, der größten Ortschaft auf Ko Phi Phi. Hier gibt es großartige Thai-Currys und gute Pizzas – serviert mit einem Lächeln und zu einem vernünftigen Preis. Probieren Sie das exzellente *tom yam*. Auch Vegetarier haben hier eine große Auswahl. Die Filmvorführung am Abend lockt immer viele Gäste an.

### KO PHI PHI HC Anderson
*Ao Ton Sai 81000* 08-6267-6628  
**Straßenkarte** B5

Steakhaus, dessen dänische Besitzer sich auf teures, aber köstliches Rind- und Lammfleisch spezialisiert haben, das sie aus Neuseeland importieren. Es gibt auch weniger kostspielige europäische Gerichte. Das Restaurant hat eine gute Weinauswahl und ist abends sehr gut besucht.

### KO PHI PHI Tacada
*Zeavola Resort 81000* 0-7562-7000  
**Straßenkarte** B5

Auf dem Gelände des sehr luxuriösen Zeavola Resorts *(siehe S. 309)* am Nordende der Insel findet man nach einem langen Tag mit vielen Unternehmungen die ersehnte Ruhe. Sicher einer der besten Orte auf Ko Phi Phi für ein schönes Abendessen. An den Tischen am Strand werden thailändische und europäische Gerichte serviert.

### KRABI Ruan Pae
*Uttarakit Rd 81000* 0-7561-1956  
**Straßenkarte** B5

Das »schwimmende Restaurant« auf dem Krabi-Fluss ist der ideale Ort, um bei einem kühlen Bier und köstlichem thailändischen Essen den Sonnenuntergang zu genießen. Allerdings gibt es hier sehr viele Mücken. Spezialität des Hauses: *tom yam thalay* (scharfe Seafood-Suppe).

### KRABI Baie Toey
*Khong Kha Rd 81000*  
**Straßenkarte** B5

Das vor allem bei Einheimischen beliebte Restaurant liegt in der Nähe eines hübschen Parks am Fluss im Stadtzentrum. Sie essen hier nach der Arbeit. Die reichhaltige Speisekarte erlaubt viele Kombinationen. Versuchen Sie, einen Tisch am Fluss zu ergattern. Achtung: Das Lokal schließt relativ früh.

### KRABI Lavinia
*Beach Rd, Ao Nang 81000*  
**Straßenkarte** B5

Wer in der Ao Nang italienisches Essen, aber keine Pizza sucht, der ist hier richtig. Lavinia bereitet gute Sandwiches aus dunklem Brot zu, die ein guter Snack zur Mittagszeit sind. Hier wird auch selbst gemachtes Eis sowie eine große Auswahl an Importbier und Wein angeboten. Malerische Lage am Strand.

### KRABI May and Mark
*Maharat Rd, Soi 2 81000*  
**Straßenkarte** B5

Dies ist Krabis bestes Lokal, wenn es einen nach europäischer Küche gelüstet. Vor allem Rucksackreisende kehren hier gern ein, denn es gibt gutes Essen, eine große Auswahl an vegetarischen Gerichten, Burgern und mexikanischen Spezialitäten zu vernünftigen Preisen. Sehr früh geöffnet, reichhaltiges Frühstück und köstliche Frucht-Shakes.

**Preiskategorien** *siehe Seite 318* **Zeichenerklärung** *siehe hintere Umschlagklappe*

### KRABI Rock Restaurant  ⓑⓑ
*Hat Rai Leh East, Rai Leh 81000*  **Straßenkarte** B5

Das Rock Restaurant hat seinen Namen nicht von ungefähr: Es liegt an einem steilen Hügel, aber der Anstieg lohnt sich, denn der Ausblick ist fantastisch. Es gibt gute thailändische und europäische Gerichte zu vernünftigen Preisen. Kommen Sie tagsüber hierher, um die schöne dschungelartige Umgebung würdigen zu können.

### KRABI Tanta  ⓑⓑ
*Ao Nang Rd, Ao Nang 81000*  0-7563-7118  **Straßenkarte** B5

An der Hauptstraße der Ao Nang, nicht weit vom Strand serviert Tanta bekannt gutes Essen, und das in großer Auswahl. Die Speisekarte reicht von Thai-Currys über gegrilltes Seafood und europäische Gerichte bis zu leckeren Pizzas. Das Ambiente ist erfrischend modern.

### KRABI Ruen Mai  ⓑⓑⓑ
*Maharat Rd 81000*  0-7563-1797  **Straßenkarte** B5

Das Ruen Mai gilt als Krabis bestes Restaurant. Es liegt in einem wunderschönen Garten. Besonders beliebt sind die vielen authentisch und sorgfältig zubereiteten Thai-Currys. Wie immer gibt es auch hier viele Seafood-Speisen. Das Essen ist zwar etwas teurer als an den Marktständen, aber immer noch sehr günstig.

### SATUN On's – The Living Room  ⓑ
*48 Burivanich Rd 91000*  **Straßenkarte** C6

Besucher von Satun essen hier gern. Es gibt europäische Gerichte wie Fish and Chips, Pizzas und Sandwiches. Ideal, um einfach nur entspannt abzuhängen, zu lesen oder sich viele gute Reisetipps zu holen. Das thailändische Essen ist hier zwar auch nicht schlecht, aber dafür sollten Sie lieber zwei Blocks weiter zum Nachtmarkt gehen.

### SATUN Time  ⓑⓑ
*43 Satun Thani Rd 91000*  0-7471-2286  **Straßenkarte** C6

Komfortables Lokal, die Klimaanlage und das aufmerksame Personal machen hier den Unterschied. Vor allem thailändische Familien schätzen die Sauberkeit. Die bebilderte Speisekarte ist sehr umfangreich und reicht von Entenbraten über Bananenblütensalat bis zu köstlichen Desserts.

### TRANG German Beer Bar  ⓑⓑ
*Thanon Huay Yod 92000*  08-7283-0454  **Straßenkarte** C5

Der Name täuscht. Die Beer Bar hat viel mehr als Bier zu bieten. Deutsche Würstchen mit Sauerkraut werden zwar nicht so perfekt wie in Deutschland serviert, schmecken aber sehr gut. Gleiches gilt für die Steaks und Burger. Die Bierauswahl ist groß. Überdies bekommt man viele nützliche Reisetipps.

### TRANG Namui  ⓑⓑ
*Rama VI Rd 92000*  **Straßenkarte** C5

Eine reichhaltige Speisekarte und günstige Preise tragen dazu bei, dass im Namui immer was los ist. Der Schwerpunkt liegt auf thailändischen und chinesischen Seafood-Gerichten, es gibt auch viele vegetarische Angebote. Lecker: *pla krapong nueng manao* (gedämpfter Wolfsbarsch in Zitronensauce). Schöne Veranda.

## Süden

### HAT YAI Hua Lee  ⓑⓑ
*Nipat Uthit 3 Rd 90110*  **Straßenkarte** C5

Vor allem die chinesische Gemeinde isst gern hier, weil es so exotische Spezialitäten wie Schwalbennestersuppe und *hu chalam* (Haifischflossensuppe) gibt, die den Europäern eher fremd sind. Es stehen aber auch viele andere Gerichte zur Auswahl, darunter günstige und sehr leckere vegetarische Speisen. Bis spät in die Nacht geöffnet.

### HAT YAI Sumatra  ⓑⓑ
*55/1 Ratthakan Rd 90110*  0-7424-6459  **Straßenkarte** C5

In dem einfachen Lokal wird vor allem malaiisch-indonesisch gekocht. Probieren Sie typische Gerichte wie *mee goreng* (gebratene gelbe Nudeln mit Eiern und Shrimps), *nasi goreng* (gebratener Reis mit Eiern und Shrimps) oder *rojak* (würziger Salat mit Erdnusssauce).

### NARATHIWAT Rim Nam  ⓑⓑ
*Narathiwat Tak Bai Rd 96000*  0-7351-1559  **Straßenkarte** D6

In dem Gartenrestaurant ein paar Kilometer südlich der Stadt gibt es zentral- und südthailändische Speisen mit Schwerpunkt auf Seafood. Der Service ist sehr aufmerksam, das Essen hervorragend. Ein guter Platz, um mit der ganzen Familie einen schönen Abend zu verbringen. Kostenloser Transfer zwischen Hotel und Restaurant.

### SONGKHLA Khao Noi Thai  ⓑ
*14/22 Vichianchom Rd 90000*  0-7431-1805  **Straßenkarte** D5

Das sehr saubere, schlichte Khao Noi Thai schließt am späten Nachmittag, ist aber bei den Einheimischen vor allem wegen der Currys sehr beliebt. Ansonsten gibt es gute thailändische Wok-Gerichte. Sehr aufmerksamer Service, doch die Englisch-Kenntnisse des Personals sind begrenzt.

**Straßenkarte** *siehe hintere Umschlaginnenseiten*

# Shopping

Thailand gilt wegen der guten Qualität, der großen Auswahl und den niedrigen Preisen vieler Waren als Einkaufsparadies. Begehrt sind kunsthandwerkliche Erzeugnisse, von preiswerten Weidenkörbchen, in denen Reis gedämpft werden kann, bis zu wertvollen Antiquitäten. Typische Landesprodukte sind etwa dreieckige Kissen, farbenfrohe Erzeugnisse der Bergvölker und feiner Silberschmuck. Viele der Waren werden von Kunsthandwerkszentren angeboten. Thai-Seide ist weltberühmt, in einer Fülle von traditionellen und modernen Designs erhältlich und wird preiswert zu Maßkleidung geschneidert. Berühmt ist auch das Angebot an Edelsteinen. Wichtige Handelszentren sind hierfür Städte wie Chanthaburi. Die Mischung aus Moderne und Tradition – die Konsumtempel Bangkoks neben quirligen Märkten und Straßenständen – macht dieses Land für einen Shopping-Bummel so attraktiv.

Buddha-Kopf aus Bronze

## Öffnungszeiten

Die meisten kleineren Läden haben montags bis samstags von 8 bis 20 oder 21 Uhr geöffnet, Kaufhäuser, Einkaufszentren und Souvenirläden von 10.30 bis 21 oder 22 Uhr. In Bangkok und in den Ferienorten sind viele Geschäfte auch sonn- und feiertags offen. Während des thailändischen (siehe S. 34) und des chinesischen (siehe S. 37) Neujahrsfests sind viele Läden tagelang geschlossen. Lebensmittelmärkte sind meist von Sonnenaufgang bis nachmittags geöffnet. Märkte für Urlauber haben Einkaufszeiten von spätnachmittags bis Mitternacht und später.

## Bezahlung

Der thailändische Baht ist an den US-Dollar gekoppelt und relativ stabil. Er wird überall im Land genommen. Kreditkarten – Visa und MasterCard vor American Express – werden in vielen Läden Bangkoks, in Ferienorten und zunehmend auch in Provinzstädten akzeptiert. Gehobene Läden nehmen alle bekannten Karten. Oft wird bei Zahlung mit Kreditkarte ein Aufschlag von bis zu fünf Prozent berechnet.

## Mehrwertsteuer und Reklamationen

Beim Kauf teurer Waren sollten Sie sich eine Rechnung (bai set) mit Adresse und Steuernummer des Ladens ausstellen lassen. Um die Mehrwertsteuer (derzeit 7%) zurückzuerhalten, braucht man beim Zoll am Flughafen ein vom Laden ausgefülltes Formular (VAT Refund). Wer sich Waren nach Hause schicken lässt, sollte vorab alle anfallenden Kosten abklären.

Reklamationen sind selten nötig, doch sollte der Umtausch fehlerhafter oder nicht passender Ware in guten Läden jederzeit möglich sein.

## Handeln

In Städten, vor allem in Bangkok, geht der Trend zu Ladenketten mit festen Preisen, aber ständigen »Sales«. Das allseits beliebte Handeln ist in kleinen Läden, Fachgeschäften und auf Märkten möglich. Dabei sollten Sie den Verkehrswert der Ware kennen, um sich nicht mit lächerlich niedrigen Preisvorschlägen zu blamieren. Das Nennen der Thai-Zahlen kann dem Verkäufer ein niedrigeres Angebot abringen. Bekunden Sie Desinteresse, wenn er auf seinem hohen Preis beharrt. Dies ist besser, als erst den Preis herunterzuhandeln und dann doch nicht zu kaufen.

## Kaufhäuser und Shopping-Center

Kaufhäuser internationalen Stils gehören zum Einkaufsalltag in Bangkok und großen Urlaubsorten wie Pattaya und Phuket. In vielen Läden findet man zudem Sonderangebote. Die größten thailändischen Ketten sind **Robinson's** mit der Filiale **Robinson's Ocean** in Phuket und – für gehobene An-

Chic und kühl – das Siam Paragon in Bangkok

Bunte Warenauswahl an einem geschäftigen Straßenmarkt in Bangkok

# SHOPPING

**Asia Books, eine der größten Buchhandelsketten in Thailand**

sprüche – **Central**. In Bangkoks Innenstadt finden sich zahllose Shopping Malls, etwa **Peninsula Plaza**, sowie Luxus-Shoppingtempel wie **Emporium**, **CentralWorld Plaza** und **Siam Paragon**. Der neueste Trend sind große Malls außerhalb des Zentrums, z. B. **Fashion Island**.

Zwei der fünf weltweit größten Einkaufskomplexe liegen im Großraum Bangkok. Im Südosten dehnt sich **Seacon Square** an der Srinakharin Road zwei Kilometer lang aus. Auch in anderen größeren Städten und Urlaubsorten gibt es mittlerweile Shopping Malls, z. B. **Jungceylon Shopping Complex** in Phuket und **Mike Shopping Mall** in Pattaya.

## Englischsprachige Buchhandlungen

In Thailand gibt es drei englischsprachige Buchladenketten: **Asia Books** mit mehreren Filialen in Bangkok, Filialen von **Kinokuniya** und **Bookazine** sind über das Land verteilt. **DK Book House** am Seacon Square ist der größte Buchladen Südostasiens. Antiquarische Bücher findet man in Pattaya, auf Ko Samui und Phuket.

## Märkte und Straßenhändler

Im Zentrum jeder thailändischen Stadt findet man einen Markt, selbst auf den kleinsten Märkten ist das Lebensmittelangebot gut. Auf großen Märkten wird von Kunsthandwerk über Obst und Gemüse bis zu Haushaltswaren alles verkauft.

Mobile Straßenstände sieht man im ganzen Land. Einige verkaufen Devotionalien wie Jasmingirlanden, andere hübsche Souvenirs. Viele solcher Stände gibt es etwa in Pattaya und Patong auf Phuket sowie in der Silom und der Sukhumvit Road in Bangkok.

## Seide

Die alte Kunst der Seidenweberei wurde nach dem Zweiten Weltkrieg von Jim Thompson *(siehe S. 77)* wiederbelebt. Heute boomt der Export. Seide gibt es gemustert, uni oder im feinen *Mutmee*-Stil mit vorgefärbten Fäden. Aus den schweren, bunten und etwas rauen Stoffen werden Krawatten, Kleider, Hemden und Röcke gefertigt, aber auch schöne Kissenbezüge, Wandbehänge und andere Dekorteile.

Die meiste Seide kommt aus dem Norden und Nordosten, aber auch um und in Bangkok wird gewebt. Qualitätsware findet man in der Surawong Road in Bangkok. Zu den besten Läden gehören **Jim Thompsons** und **Shinawatra** in der Sukhumvit Road. Filialen von Jim Thompson gibt es auch in Hua Hin, Ko Samui, Pattaya und Phuket.

## Kleidung

Thailändische Schneider fertigen günstig Anzüge und Kleider nach Maß. Sprechen Sie vorab Design, Verarbeitung und Schnitt ab, und bestehen Sie auf mehreren Anproben. In Bangkok werben chinesische und indische Schneider in Touristenzeitun-

**Holzschnitzereien und Bronzefiguren in einem Laden**

**Glänzende Seide in allen Farben des Regenbogens**

gen und vor ihren Läden in der Sukhumvit, Charoen Krung und Khao San Road. Schnitte und Design von berühmten Marken werden oft mit großem Geschick kopiert. Die Qualität der Meister ist allerdings unterschiedlich – richten Sie sich am besten nach Empfehlungen.

Beliebte Thai-Kleidung sind weite Fischerhosen, Batiksarongs (vor allem im Süden) sowie Westen und Hosen aus der Seide der Bergvölker und anderen Stoffen aus dem Nordosten.

## Kunsthandwerk

Die meisten Produkte kommen aus dem Norden und Nordosten, sind jedoch etwas teurer auch in Bangkok und an den Küsten erhältlich.

Qualitatives Kunsthandwerk zu Festpreisen verkaufen Boutiquen in gehobenen Hotels: **Silom Village**, **River City Complex** und das günstigere **Narayana Phand** in Bangkok. Im Süden ist **Phuket Orchid Garden and Thai Village** in Phuket-Stadt zu empfehlen.

## Kunsthandwerk der Bergvölker

Trachten und Kunsthandwerk der Bergvölker sind faszinierende Souvenirs: Akha-Kopfschmuck, gemusterte Decken und Kissenbezüge der Lahu, rot-gerüschte Hmong-Jacken und bunte Lisu-Tuniken. Eine breite Auswahl gibt es auf Märkten und in Läden im Süden, vor allem auf den Märkten in Bangkok und Phuket.

## Keramik

Früher wurde zartes Bencharong-Porzellan in China angefertigt und in Thailand mit Blütenmustern in fünf Farben verziert. Heute findet die gesamte Fertigung in Thailand statt. In Bencharong kann man ein komplettes Service kaufen, einschließlich der typischen runden Schüsseln. In Bangkok ist das Angebot des Chantuak-Markts besser und preiswerter als das der Läden im Zentrum.

Die schwerere Seladon-Keramik erkennt man an den Ritzmusterns unter der dicken, durchsichtigen grünen, braunen oder blauen Glasur mit gesprungener Patina. Man erhält sie in Bangkok im **Thai Celadon House** sowie in vielen anderen Kunsthandwerksläden etwa in der Silom oder Charoen Krung Road.

## Lackwaren

Lackwaren zeigen in der Regel Blumen- und Flammenmuster oder schwarz-goldene Porträts auf Bambus- oder Holzuntergrund. Der birmanische Stil ist weitverbreitet: roter Ocker auf Bambus sowie Rattan mit Bildmotiven oder Blumenmustern. Traditionelle Lackwaren wie Schachteln für Lebensmittel oder Schmuck erhält man in Bangkok und Phuket.

## Niello- und Zinnarbeiten

Bei der Niello-Technik werden Muster in Silberobjekte geritzt und schwarz gefärbt, z. B. Manschettenknöpfe, Pillendöschen und Schmuck. Mit die schönsten Arbeiten kommen aus Nakhon. In Südthailand mit seinen großen Zinnvorkommen ist die Zinnverarbeitung zu Hause. Typische Erzeugnisse sind Kannen, Tabletts, Vasen, Dosen.

## Masken, Puppen, Musikinstrumente

Musikinstrumente, z. B. *khaen* (Mundorgeln aus dem

Bunte Puppen, inspiriert von Figuren aus dem Ramakien, Bangkok

Nordosten), *Piphat*-Ensemble-Gongs oder Trommeln erhält man in Bangkok im Silom Village, Narayana Phand, auf dem Chatuchak- und Nakorn-Kasem-Markt sowie auf Märkten auf Ko Samui und Phuket. Gleiches gilt für klassische *Khon*-Masken, *Hun-krabok*-Puppen sowie Schattenspielfiguren des *nang talung* und *nang yai*. Im Süden kauft man sie beim **Schattentheater**. Dort lernt man bei Führungen auch das Puppenmacherhandwerk kennen.

## Antiquitäten

Thailändische Antiquitäten waren bei Reisenden seit jeher heiß begehrt. Deshalb sind die wenigen verbliebenen Stücke sehr teuer, illegaler Herkunft oder Fälschungen. Thailand ist ein wichtiger Markt für Antiquitäten aus ganz Südostasien. Manche Läden gleichen Museen, vollgestopft mit Statuen, Glocken, Keramik und Tempelkunst.

Die wichtigsten Areale in Bangkok sind die Charoen Krung Road, der River City Complex, der Chatuchak- und Nakorn-Kasem-Markt. Auktionen finden jeden ersten Samstag im Monat im River City Complex statt

Empfehlenswerte Läden sind etwa **The Fine Arts** und **NeOld** in Bangkok. Einen ausgezeichneten Ruf hat **Chan's Antique House** in Phuket.

Für Antiquitäten und alle Buddha-Bildnisse sind Ausfuhrgenehmigungen vom Fine Arts Department erforderlich. Man erhält sie über das **Nationalmuseum**, was mindestens eine Woche dauert.

## Schmuck

Thai-Schmuck ist oft groß, ausdrucksvoll und fein verziert. Halsketten, Armreife, Ohrringe und Gürtel im laotischen Stil zeigen häufig Silberfäden und filigrane Details, unter Einbeziehung von Silberperlen und großen, flachen Anhängern. Preisgünstiger moderner Modeschmuck wird auf dem Siam Square und Chatuchak-Markt verkauft. Mit den schönsten Schmuck findet man im Peninsula Plaza sowie in Hotels wie dem Dusit Thani. Einige Läden, insbesondere **Uthai's Gems**, arbeiten auch nach Kundenvorgaben. **Astral Gemstone Talisman** fertigt Preziosen, die das Sternzeichen des Kunden berücksichtigen.

## Edelsteine

Bangkok ist wohl der weltweit größte Handelsplatz für Edelsteine. Aus Thailand kommen Rubine, rote und blaue Spinelle, orangefarbene und weiße Zirkone sowie gelbe und blaue Saphire. Auf den Märkten in der Umgebung von Chanthaburi sind Edelsteine günstiger als in Bangkok, Thailands einzige Quelle für hochwertige Perlen ist Phuket. Sehr schöne Exemplare verkauft **Mook Phuket**. Am **Asian Institute of Gemological Sciences** in Bangkok kann man Edelsteine prüfen und klassifizieren lassen sowie in Kursen Edelsteine erkennen lernen. Sie können helfen, dass man nicht auf Fälschungen hereinfällt.

Auslage mit schöner Keramik

# SHOPPING

## AUF EINEN BLICK

### Kaufhäuser und Shopping-Center

**Central**
Silom Complex,
191 Silom Road, Bangkok.
Stadtplan 7 A4.
0-2231-3333.
www.central.co.th

**CentralWorld Plaza**
Ratchadamri Road,
Bangkok.
Stadtplan 8 D1.
0-2635-1111.
www.centralworld.co.th

**Emporium**
Sukhumvit Road,
Prompong, Bangkok.
Stadtplan 8 F1.
0-2664-8000. www.emporium-thailand.com

**Fashion Island**
5/5 Ramindra Road,
Bangkok.
0-2947-5000.
www.fashionisland.co.th

**Jungceylon Shopping Complex**
181 Rat-U-Thit 200 Pee Road, Patong, Phuket.
0-7660-0111.

**Mike Shopping Mall**
262 Moo 10, Pattaya Beach Road, Pattaya.
0-3841-2000.

**Peninsula Plaza**
Ratchadamri Road, Bangkok. Stadtplan 8 D1.
0-2253-9762.

**Robinson's**
259 Sukhumvit Road,
zwischen Soi 17 und 19,
Bangkok.
Stadtplan 8 D3.
0-2252-5121.

**Robinson's Ocean Department Store**
36 Tilok Uthit 1 Road,
Talat Yai, Phuket-Stadt,
Phuket.
0-7625-6500.

**Seacon Square**
904 Srinakharin Road,
Bangkok.
0-2721-8888.
www.seaconsquare.com

**Siam Paragon**
Rama I Road, Bangkok.
Stadtplan 7 C1.
0-2658-1000.
www.siamparagon.co.th

### Englischsprachige Buchhandlungen

**Asia Books**
221 Sukhumvit Road,
Bangkok.
0-2651-0428.
www.asiabooks.com

**Bookazine**
1. Stock, CP Tower,
313 Silom Road, Bangkok.
Stadtplan 7 C4.
0-2231-0016.
Hat Chaweng,
gegenüber McDonald's,
Ko Samui.
0-7741-3616.
Royal Garden Plaza,
218/2-4 Moo
10 Beach Road, Pattaya.
0-3871-0472.
18 Bangla Road, Hat
Patong, Kathu, Phuket.
0-7634-5883.

**DK Book House**
3. Stock, Seacon Square,
904 Srinakharin Road,
Nongbon, Praves,
Bangkok.
0-2721-9190.

**Kinokuniya**
3. Stock, Zimmer 301–303
Emporium Shopping Complex, 622 Sukhumvit 24 Road, Klong Toey,
Bangkok.
0-2664-8554.

### Seide

**Jim Thompsons**
9 Surawong Road,
Bangkok.
Stadtplan 3 C5.
0-2632-8100.
www.jimthompson
house.org
Hilton Hua Hin Resort and Spa, 33 Naresdamri Road,
Hua Hin.
0-3253-3486.

Centara Grand Samui
Beach Resort,
38/2 Moo 3 Borpud,
Hat Chaweng, Ko Samui.
0-7723-0521.
Royal Cliff Beach Resort,
353 Moo 12, Phra Tamnuk Road, Pattaya.
0-3825-2292.
Kata Thani Beach Resort and Spa,
14 Kata Noi Road,
Hat Kata Noi, Phuket.
0-7633-0010.

**Shinawatra**
94 Sukhumvit Road,
Soi 23, Bangkok.
0-2258-0295.

### Kunsthandwerk

**Narayana Phand**
Ratchadamri Road,
Bangkok.
Stadtplan 8 D1.
0-2252-4670.

**Phuket Orchid Garden and Thai Village**
52/11 Thepkasattri Road,
Muang Phuket.
0-7621-4860.

**River City Complex**
23 Trok Rongnamkaeng,
Yotha Road, Bangkok.
Stadtplan 6 F3.
0-2237-0077.

**Silom Village**
Silom Road, Bangkok.
Stadtplan 7 A4.
0-2234-4448.
www.silomvillage.co.th

### Keramik

**Thai Celadon House**
8/3–8/5 Ratchadapisek Road, Sukhumvit,
Bangkok.
0-2229-4383.

### Masken, Puppen, Musikinstrumente

**Schattentheater**
110/18 Si Thammasok Soi 3, Nakhon Si Thammarat.
0-7534-6394.

### Antiquitäten

**Chan's Antique House**
99/42 Moo 5, Chalermkiat R9 Road, Tambon Rasada,
Phuket.
0-7626-1416.
www.chans-antique.com

**Nationalmuseum**
Fine Arts Department,
1 Na Phra That Road,
Bangkok.
Stadtplan 1 C4.
0-2224-1370.

**NeOld**
149/2–3 Surawong Road,
Bangkok.
Stadtplan 7 B4.
0-2235-8352.

**The Fine Arts**
3. Stock, Zimmer 354,
River City, Bangkok.
Stadtplan 6 F3.
0-2237-0077/-354.

### Schmuck

**Astral Gemstone Talisman**
1. Stock, 123-C All Season Place, 87/208 Wireless Road, Bangkok.
0-2252-1230.
www.astralgemstone-talismans.com

**Uthai's Gems**
28/7 Soi Ruam Rudi,
Phloen Chit Road,
Bangkok.
Stadtplan 8 F2.
0-2253-8582.

### Edelsteine

**Asian Institute of Gemological Sciences**
33. Stock, Jewellery Trade Center, 919/1 Silom Road,
Bangkok.
Stadtplan 7 A4.
0-2267-4315.
www.aigsthailand.com

**Mook Phuket**
65/1 Moo1, Chao Fa Road,
Phuket-Stadt.
0-7621-3766.
www.mookphuket.com

**Stadtplan Bangkok** siehe Seiten 84–95

# Unterhaltung

Das moderne Thailand hat von Hollywoodfilmen bis zu Karaoke viele Vergnügungen importiert, doch noch immer sind auch traditionelle Formen der Unterhaltung gefragt. Das klassische Tanzdrama *khon* hat zwar nur als Besucherattraktion überlebt, doch wie eh und je werden Veranstaltungen wie das Thai-Boxen *(muay thai)* mit leidenschaftlicher Anteilnahme verfolgt. *Sanuk* (Frohsinn) ist eine Grundeinstellung der Thailänder. Sie durchdringt die meisten Strandaktivitäten und ist selbst bei ernsten Anlässen zu spüren, etwa bei religiösen Feierlichkeiten. Das Alltagsleben versteht man nur, wenn man die nationalen Vorlieben kennenlernt, etwa Live-Musik in einer Bar, ein buntes Tempelfest, das akrobatische *Takraw*-Spiel oder im Kino den neuesten Thai-Blockbuster.

Buntes Barschild

## Information

Informationen zu wichtigen Veranstaltungen bieten die Broschüren, die in allen TAT-Büros ausliegen. *BigChilli*, Thailands führendes englischsprachiges Magazin, ist die beste Informationsquelle für Bangkok und den Rest des Landes. Nützliche Führer und Veranstaltungskalender für die Hauptstadt sind auch das *BK Magazine* und *Bangkok Recorder* aus Bangkok. In den großen Urlaubsgebieten Hua Hin, Ko Samui, Krabi, Pattaya und Phuket erscheinen monatlich kostenlose Veranstaltungsbroschüren. Kostenlose Karten mit Veranstaltungsorten erhält man auf Flughäfen und in großen Urlaubsorten. Selbst weniger erschlossene Inseln wie Ko Phangan und Ko Tao geben nützliche Karten heraus.

## Tickets

Karten für Kultur- und Sportveranstaltungen können Sie in großen Hotels und Reisebüros buchen – oder Sie kaufen sie direkt an der Kasse. Tickets für Konzerte können auch über Websites reserviert werden.

*BigChilli*, Thailands führendes Veranstaltungsmagazin

## Traditionelles Theater und Tanz

Eine Aufführung des stilisierten Tanzdramas *khon*, bei dem nur männliche maskierte Darsteller mitwirken, mutet an, als erwachten die Wandbilder des Wat Phra Kaeo *(siehe S. 56–61)* zum Leben. Leider schwindet das Interesse an Tanzdramen, die auf dem Ramakien *(siehe S. 59)* basieren. Aufführungen des *khon* und des komplexen, weniger stilisierten *lakhon* werden seltener. Im Aussterben begriffen sind die Puppenspiele des *hun krabok* *(siehe S. 26f)*. Eine besondere Atmosphäre herrscht bei den traditionellen Tanzvorführungen auf der »Königswiese« Sanam Luang, etwa beim Geburtstag des Königs oder bei Trauerfeiern. Auf Dutzenden Bühnen wird die ganze Nacht Unterhaltung geboten. Aufführungen können sich über Tage ziehen. Gekürzte Versionen zeigen das **Nationaltheater** (an jedem letzten Freitag und Samstag im Monat) und das **Sala-Chalermkrung-Theater** in Bangkok.

In größeren Städten und Urlaubsorten treten bei unzähligen Dinner-Shows Tanzgruppen aus ganz Thailand auf. Empfehlenswert sind z. B. **Rose Garden** und **Silom Village**. Authentisches *Khon*-Theater bietet das Restaurant Sala Rim Naam *(siehe S. 321)* im Mandarin Oriental. In Hua Hin zeigt das **Sasi Restaurant** gute traditionelle Tanz- und Kampfkunst. *Lakhon* sieht man in Bangkok am Lak-Muang-Schrein beim Sanam Luang und am Erawan-Schrein, traditionelles Puppenspiel im Bangkoker **Joe-Louis-Theater**.

*Likay* ist häufig auf Tempel- und anderen Festen sowie im Fernsehen zu sehen. Das Tanztheater ist aufgrund seiner frivolen, satirischen und Slapstick-Elemente populär. Das alte südthailändische

Traditionelle *Khon*-Aufführung im Nationaltheater, Bangkok

# UNTERHALTUNG

Äquivalent heißt *manora*. Das Schattentheater *nang talung* ist in Malaysia und Indonesien noch weitverbreitet, in Thailand lebt dieses Puppenspiel nur noch in den Provinzen Phatthalung und Nakhon Si Thammarat weiter. Seine Aufführungen auf lokalen Festen können die ganze Nacht dauern, für Touristen spielt man Kurzversionen. Noch seltener sind Aufführungen des *nang yai*, bei dem riesige, flache Lederpuppen zum Einsatz kommen.

Szene aus dem Musical *Phra Lor*, Patravadi-Theater, Bangkok

## Konzerte, Ausstellungen und modernes Theater

Thailands größte Konzert- und Ausstellungssäle befinden sich in Bangkok. Das hochmoderne **Thailand Cultural Center** zieht mit seiner exzellenten Ausstattung große internationale Namen an. Gute Ausstellungen und Konzerte veranstalten das **Goethe-Institut** und die **Alliance Française**. Top-Stars treten auch in gehobenen Hotels auf.

Das **Patravadi-Theater** inszeniert häufig dramatische Musicals, die auf klassischen Erzählungen basieren und auch von Ausländern verstanden werden können.

Im **Phuket FantaSea** entführt abends die faszinierende audiovisuelle Show »Fantasy of a Kingdom« Besucher auf eine aufwendige Zeitreise durch die Epochen der thailändischen Geschichte.

## Kino

Thailänder sind begeisterte Kinogänger. In Bangkok locken mehrere Multiplexe. Neben den modernen Kinos gibt es auf dem Land rund 2000 mobile Kinos, die improvisierte Open-Air-Vorführungen veranstalten. Die thailändische Filmindustrie blickt auf eine lange, wechselvolle Geschichte zurück. Neben wenigen Kunstfilmen, ctwa *Luk Isan* (1978), werden überwiegend klischeehafte Melodramen, brutale Actionfilme und Komödien produziert. Neben den seit jeher beliebten Actionfilmen aus Hongkong werden seit Anfang der 1990er Jahre auch Hollywoodfilme gezeigt. Seit wenigen Jahren erlebt das thailändische Kino jedoch eine Renaissance und gilt inzwischen als das kreativste in Südostasien. Zunehmend an Renommee gewinnt das jährliche Bangkok International Film Festival.

Viele Kinos, so **The Century Movie Plaza** und **EGV Siam Square** in Bangkok, **Major Cineplex** und **Royal Garden Plaza** in Pattaya sowie **SF Cinema City Jungceylon** in Phuket zeigen Filme in der Originalfassung.

## Discos, Bars, Live-Musik und Folk-Clubs

Trotz der Konkurrenz des internationalen Rock sind Thai-Pop und Volksmusik nach wie vor beliebt und im ganzen Land zu hören.

Wichtige Stile sind *ram wong*, ein rhythmischer Volkstanz mit Trommelbegleitung, *look thung*, eine Mischung aus Volksmusik, Big-Band-Sound, kostümierten Tanzgruppen und Gesang, sowie *look krung*, schnulzige Balladen. Aus dem Nordosten stammt der schnelle *Molam*-Stil mit *Khaen*-Begleitung und Rap-ähnlichem Gesang. Die Protestsongs *phleng phua chiwit* (»Lieder für das Leben«, die bei den Studentenunruhen entstanden) vermischen traditionelle Volksmusik mit westlichem Rock.

Das **Raintree** in Bangkok präsentiert Volksmusik, junge Rockbands spielen oft im

Tänzerin im Calypso Cabaret

**O'Reilly's Irish Pub**. Schickere Musikbars findet man in den Hotels: im Grand Hyatt Erawan das **Spasso**, im Shangri-la **Angelini** und im Mandarin Oriental **Lord Jim's** und die **Bamboo Bar**. Daneben bieten Karaoke- und Themenbars sowie Discos Unterhaltung in Bangkoks angesagten Vierteln. Einer der großen Nachtclubs in Bangkok ist das **Narcissus**. In der Sarasin Road reihen sich Restaurants und Bars, die Schwulenszene trifft sich in der Silom Soi 2.

Clubs gibt es in allen größeren Urlaubsorten. In Pattaya ist **Tony's** am bekanntesten, in Phuket tobt die Szene rund um die Soi Bangla am Hat Patong. Das turbulente Nachtleben von Ko Samui verteilt sich auf Hat Chaweng und Hat Lamai.

Rotlichtviertel wie Patpong, Nana Plaza (Sukhumvit Soi 3) und Soi Cowboy in Bangkok sowie Pattaya und Patong auf Phuket sind für ihre bizarren Shows berüchtigt – und für ihren Nepp. Etwas weniger Gefahr besteht in den Bars der King's Group. In den Rotlichtvierteln wirken auch die berühmten *kathoey* – die schillernden Transvestiten treten in farbenprächtigen Shows auf. Populär sind Cabarets, zu den besten gehören die Shows im **Calypso Cabaret** in Bangkok, im **Simon Cabaret**, Phuket, und im **Alcazar** in Pattaya.

Besucher bei einem Drink in einer Themenbar in Bangkok

Beim Vorbereiten eines *krathong* für das Loy-Krathong-Fest

## Tempelfeste und Festivals

Der thailändische Kalender ist voller Feiertage und lokaler Feste *(siehe S. 34–37).* Gefeiert werden religiöse Feste, örtliche Helden, der Wechsel der Jahreszeiten, die Ernte oder traditionelle Aktivitäten wie Bootsrennen und Drachensteigenlassen.

Neben anderen Veranstaltungen finden in den meisten *wat* auch Tempelfeste statt. Dies können große Feierlichkeiten sein, etwa das Tempelfest am Goldenen Berg in Bangkok und Loy Krathong *(siehe S. 37),* oder kleine regionale Feste und Feierlichkeiten. Das Drumherum ist oft so unterhaltsam wie das Hauptereignis – mit Händlern, die Speisen und Getränke verkaufen, extravagant gekleideten *kathoey* (Transvestiten), *likay* und *ram wong* (Volksmusik), Schönheitswettbewerben, Hahnenkämpfen und solchen mit siamesischen Kampffischen.

## Muay thai und Krabi-Krabong

Das Kickboxen *muay thai (siehe S. 283)* ist eine nationale Leidenschaft. In den meisten Provinzen gibt es Boxarenen, die Top-Kampfstätten liegen jedoch in Bangkok. Im **Lumphini-Stadion** werden dienstags, freitags und samstags Wettkämpfe ausgetragen, im **Ratchadamnoen-Boxstadion** montags, mittwochs, donnerstags und sonntags. In der größten Arena im Süden, in Krabis **Ao-Nang-Krabi-Stadion**, treten die Kämpfer immer freitags an. Wer *muay thai* erlernen möchte, kann sich an die **International Amateur Muay Thai Federation** wenden. Sie kann geeignete Studios und Lehrer empfehlen.

Eine weitere alte Thai-Kampfkunst ist *krabi-krabong*, die nach einigen der dabei verwendeten Waffen auch »Schwertkampf« heißt. Die Techniken werden nach alten Regeln erlernt, wobei heute ein guter Kämpfer an seiner Geschicklichkeit und Ausdauer und nicht an den ausgeteilten Verletzungen gemessen wird. *Krabi-krabong* sieht man oft bei Kulturveranstaltungen für Besucher.

Muay-thai-Boxer im Wettkampf

## Takraw

Der akrobatische, dem Volleyball ähnliche Sport wird in Südostasien von jungen Männern auf jedem freien Fleckchen gespielt. Sinn des Spiels ist es, einen geflochtenen Rattanball unter Einsatz aller Körperteile außer den Händen in der Luft zu halten. Westliche Besucher sind meist begeistert von der Gewandtheit und den blitzschnellen Reaktionen der Spieler. *Takraw* gibt es auch in komplizierteren Varianten, bei der klassischen versuchen die Mannschaften, den Ball innerhalb einer bestimmten Zeit häufiger als ihre Gegner in eine Art Basketballkorb zu befördern. Obwohl die Wettkampfversion *sepak takraw* in die Asien- und Olympischen Spiele aufgenommen werden soll, sind Profi-Wettkämpfe erstaunlich selten.

## Fußball, Rugby und Billard

Die Thailänder sind seit langem Fußballfans. Bereits 1897 wurde der Sport in Thailand eingeführt, nur wenig später kam er unter die Schirmherrschaft des Königs. Seit 1996 gibt es die professionelle Thai Premier League mit 18 Mannschaften. Auch Rugby mit Clubs in der thailändischen Rugby-Liga und bei den Hong Kong Sevens hat ein großes Publikum. Spiele finden in Bangkok im **Nationalstadion**, in den **Hua-Mark-Stadien**, im **Army-Stadion** und im **Royal Bangkok Sports Club** statt.

Beim Billard gehört Thailand zu den erfolgreichsten nichtenglischsprachigen Ländern. Der Sport wurde durch den Engländer Maurice Kerr, Direktor des Royal Bangkok Sports Club, wiederbelebt und in der Folge durch den Weltklasse-Champion James Wattana im ganzen Land populär. Heute finden in Bangkok Profi-Wettbewerbe auf Landesebene sowie internationale Wettbewerbe statt.

Das akrobatische Ballspiel *takraw*

# UNTERHALTUNG

## AUF EINEN BLICK

### Traditionelles Theater und Tanz

**Joe-Louis-Theater**
1875 Rama IV Road,
Bangkok.
**Stadtplan** 8 D4.
☎ 0-2252-9683.
www.thaipuppet.com

**Nationaltheater**
Rachinee Road,
Bangkok.
**Stadtplan** 1 C4.
☎ 0-2224-1342.

**Rose Garden**
Nahe Hwy 4, 32 km westl.
von Bangkok.
☎ 0-2295-3261.
www.rosegarden
riverside.com

**Sala-Chalerm-krung-Theater**
66 Charoen Krung Road,
Bangkok.
**Stadtplan** 6 D1.
☎ 0-2222-0434.
www.salachalerm
krung.com

**Sasi Restaurant**
83/159 Nhongkae,
Hua Hin.
☎ 0-3251-2488.
www.sasi-restaurant.com

**Silom Village**
286 Silom Road,
Bangkok.
**Karte** 7 A4.
☎ 0-2234-4448.

### Konzerte, Ausstellungen und modernes Theater

**Alliance Française**
29 Sathorn Tai Road,
Yannawa, Bangkok.
**Stadtplan** 8 D4.
☎ 0-2670-4200.
www.alliance-
francaise.or.th

**Goethe-Institut**
18/1 Soi Atthakan Prasit,
Sathorn Tai Road,
Bangkok.
**Stadtplan** 8 E4.
☎ 0-2287-0942.
www.goethe.de/bangkok

**Patravadi-Theater**
69/1 Soi Wat Rakhang,
Arun Amarin Road,
Thon Buri, Bangkok.
**Stadtplan** 1 B5.
☎ 0-2412-7287.
www.patravaditheatre.
com

**Phuket FantaSea**
99 Moo 3, Hat Kamala,
Kathu, Phuket.
☎ 0-7638-5000.
www.phuket-fantasea.
com

**Thailand Cultural Center**
Ratchadaphisek Road,
Bangkok.
☎ 0-2247-0028.

### Kino

**EGV Siam Square**
6. Stock, Siam Discovery
Center, Rama I Road,
Bangkok.
**Stadtplan** 8 C1.
☎ 0-2812-9999.
www.egv.com

**Major Cineplex**
The Avenue, Soi 13,
2nd Road, Pattaya.
☎ 0-3805-2227.
www.majorcineplex.com

**Royal Garden Plaza**
Royal Garden Center,
Süd-Pattaya, Pattaya.
☎ 0-3842-8057.
www.royalgardenplaza.
co.th

**SF Cinema City Jungceylon**
3. Stock, Jungceylon Patong, Hat Patong, Phuket-Stadt. ☎ 0-7660-0555
www.sfcinemacity.co.th

**The Century Movie Plaza**
15 Phaya Thai Road,
Ratchathewi, Bangkok.
**Stadtplan** 4 E3.
☎ 0-2247-1111. www.
centurythemovieplaza.com

### Discos, Bars, Live-Musik und Folk-Clubs

**Alcazar**
Pattaya 2nd Road, Pattaya.
☎ 0-3841-0224–5.
www.alcazarpattaya.com

**Angelini**
Shangri-la Hotel,
89 Soi Wat Suan Phu,
Bangkok.
**Stadtplan** 6 F5.
☎ 0-2236-7777.
www.shangri-la.com

**Bamboo Bar**
Mandarin Oriental,
48 Oriental Ave, Bangkok.
**Stadtplan** 6 F4.
☎ 0-2659-9000.
www.mandarinoriental.
com

**Calypso Cabaret**
Asia Hotel, 296 Phaya Thai
Road, Bangkok.
☎ 0-2216-8973
www.calypsocabaret.com

**Lord Jim's**
Mandarin Oriental,
48 Oriental Ave, Bangkok.
**Stadtplan** 6 F4.
☎ 0-2659-9000.
www.mandarinoriental.
com

**Narcissus**
112 Sukhumvit Soi 23,
Bangkok.
☎ 0-2258-4805.
www.narzbangkok.com

**O'Reilly's Irish Pub**
62 Silom Road, Bangkok.
**Stadtplan** 8 C4.
☎ 0-2632-7515.

**Raintree**
116/64 Soi Rang Nam,
nahe Phaya Thai Road,
Bangkok.
**Stadtplan** 4 E4.
☎ 0-2245-7230.

**Simon Cabaret**
100/6–8 Moo 4, Karon
Road, Patong, Phuket.
☎ 0-7634-2011.
www.phuket-
simoncabaret.com

**Spasso**
Grand Hyatt Erawan Hotel,
494 Ratchadamri Road,
Bangkok.
**Stadtplan** 8 D1.
☎ 0-2254-1234. www.
bangkok.grand.hyatt.com

**Tony's**
200/3 Soi 16, Walking
Street, Süd-Pattaya.
☎ 08-1862-0083.
www.tonydisco.com

### Muay thai und Krabi-Krabong

**Ao-Nang-Krabi-Stadion**
Hat Noppharat
Thara, Krabi.
☎ 0-7562-1042.

**International Amateur Muay Thai Federation**
Pathumwan Stadium,
154 Rama I Road,
Bangkok.
**Stadtplan** 7 B1.
☎ 0-2215-6212–4.

**Lumphini-Stadion**
Rama IV Road,
Bangkok.
**Stadtplan** 8 E4.
☎ 0-2251-4303.

**Ratchadamnoen-Boxstadion**
1 Ratchadamnoen Nok
Road, Bangkok.
**Stadtplan** 2 F4.
☎ 0-2281-4205.

### Fußball, Rugby und Billard

**Army-Stadion**
Wiphawadirangsit Road,
Bangkok.
☎ 0-2278-5095.

**Hua-Mark-Stadien**
2088 Ramkhamhaeng
Road, Bangkok.
☎ 0-2318-0946.

**Nationalstadion**
154 Rama I Road,
Bangkok.
**Stadtplan** 7 B1.
☎ 0-2214-0120.

**Royal Bangkok Sports Club**
1 Henri Dunant Road,
Pathumwan,
Bangkok.
**Stadtplan** 8 D2.
☎ 0-2652-5000.
www.rbsc.org

**Stadtplan Bangkok** *siehe Seiten 84–95*

# Sport und Aktivurlaub

Möglichkeiten zur Freizeitgestaltung gibt es in Thailand in Hülle und Fülle. Die Küstenregionen sind ideal für alle Wassersportarten – von Windsurfen und Segeln über Wasserskifahren und Hochseefischen bis zum Tauchen. In den beeindruckenden Landschaften der Regionen, insbesondere in den bewaldeten Hügeln und Bergen der südlichen thailändischen Halbinsel, kann man herrlich wandern, zudem locken zahlreiche Nationalparks. Wer es aufregender mag, kann Thailands Wildnis u. a. beim Wildwasser-Rafting, im Kajak, Kanu oder Segelboot, bei Elefantenritten, Kletter- und Tierbeobachtungstouren erkunden. Besuchern steht zudem ein kontinuierlich wachsendes Angebot an exzellenten Golfplätzen in Urlaubsorten wie Phuket und Hua Hin zur Verfügung. Auch die Kultur kommt nicht zu kurz: Vor Ort kann man z. B. buddhistische Meditation, traditionelle Thai-Massage und die wunderbare Kochkunst des Landes erlernen.

Beim Windsurfen

## Tauchen und Schnorcheln

Dank zahlreicher herrlicher Korallenriffe voller buntem Leben, die von zahllosen Tauchanbietern angefahren werden, rangiert Thailand weltweit unter den schönsten, zugänglichsten Tauch- und Schnorchelzielen. Vor allem an der Andamanen-Küste und ihren Inseln liegen fantastische Riffe, Meeresgräben und Felsspitzen. Hinzu kommt eine Sichtweite von oft über 30 Meter. In der artenreichen Meereswelt kann man sogar riesige Walhaie, etwa vor den exotischen Burma Banks (*siehe S. 205*), erspähen.

Die besten Tauchgründe liegen in Meeres-Nationalparks, etwa in den Surin-, Similan- und Ko-Tarutao-Archipelen sowie vor Ko Chang. Das einst so schöne Ko Phi Phi steht nicht unter Naturschutz und wurde bereits durch rücksichtsloses Ankern und durch Schnorchler, die die Korallen beschädigten, in Mitleidenschaft gezogen. Auch das Fischen mit Harpunen, Schleppnetzen und Sprengstoff hat einige Riffe zerstört. Weitere Bedrohung bilden Versandung und Umweltverschmutzung. Der Tsunami von 2004, der so viele Menschenleben kostete, hinterließ an den Korallenriffen der Andamanensee kaum Beschädigungen.

Aufgrund der Monsunstürme sind die Andamanen-Tauchregionen nur zwischen November und April zugänglich. Die Gewässer des westlichen Golfs sind am schönsten zwischen Januar und Oktober. An der östlichen Golfküste ist ganzjährig Saison.

Tauchausflüge können einen bis mehrere Tage dauern, häufig sind sie auch für Schnorchler geeignet. Im *Asian Diver Scuba Guide: Thailand* (Asian Diver) und in *Diving in Thailand* (Asia Books) werden Tauchgründe umfassend aufgelistet und vorgestellt. Infos erhalten Sie auch auf der Website von **Dive Info**. PADI-Tauchkurse werden vielerorts angeboten. Die größten Tauchschulen sind **Dive Asia**, **Santana Diving and Canoeing** und **Sunrise Divers** in Phuket; **Sea Dragon Dive Center** in Khao Lak, **Blue Diamond Dive Resort** und **Phoenix Divers** auf Ko Tao, **Samui International Diving School** auf Ko Samui, **Haad Yao Divers** auf Ko Phangan, **Phi Phi Scuba** und **Viking Divers** auf Ko Phi Phi, Krabi und Pattaya.

Tauch-Shop am Strand, Hat Khlong Phrao, Ko Chang

Grundregeln beim Tauchen sind: Ausrüstung genau prüfen, nur nach einem geeigneten Kurs, nie allein und nur in nicht zu großen Gruppen sowie mit einem vertrauenswürdigen Lehrer tauchen – und nie Korallen berühren.

Im Gegensatz zum Tauchen muss man beim Schnorcheln nur schwimmen können. **Medsye** bietet schöne Ausflüge zu den Similan-Inseln. Die meisten Hotels und Gästehäu-

Taucher bewundern einen Leopardenhai vor der Andamanen-Küste

ser in der Nähe der Riffe verleihen Schnorchelausrüstungen. Am besten aber kaufen Sie sich Schnorchel und Schwimmflossen selbst. Wichtig: Sie müssen stets wissen, wo Sie sich befinden, und dürfen nicht zu weit ins offene Meer hinausschwimmen.

## Segeln

Thailands schöne Küste ist bei Seglern enorm beliebt. Jedes Jahr kommen sie nach Phuket zur King's Cup Regatta *(siehe S. 228)*. Yachten können mit und ohne Skipper gemietet werden, doch muss man für dieses exklusive Vergnügen tief in die Tasche greifen. An der östlichen Golfküste, wo der Wind oft ideal weht, verleiht u. a. **Gulf Charters Thailand** Boote. Die breiteste Auswahl hat man in Phuket. Bekannt sind **Phuket Sailing**, **Yachtpro** und **South East Asia Liveaboards**.

## Wassersport

Wassersportarten sind in vielen Badeorten beliebt, doch in Krabi und andernorts wurden sie als Störfaktoren untersagt. In den meisten Küstenorten kann man aber Windsurfbretter und Jetskis ausleihen. Selbst auf Ko Samet sind mittlerweile »Bananenboote« verbreitet.

Die größte Auswahl gibt es am Hat Jomtien (Pattaya), in Badeorten wie Hua Hin und Cha-am sowie am Hat Patong und Hat Karon (Phuket).

Angler können mit **Pattaya Fishing** in Chonburi und **Dorado Game Fishing** oder **Aloha Tours** auf Phuket zum Hochseefischen ausrücken. Vorab müssen sie jedoch 10 000 Baht für die Bootsmiete berappen. **Barracuda Bar** in Pattaya bietet Angeltouren auf Süßwasserseen.

## Kanufahren

Kanufahrten auf dem Meer sind die ruhigste Art und Weise, die bizarren Karstinseln der Phang-Nga-Bucht und des Ang-Thong-Archipels zu erkunden und der einzige Weg, in eingefallene Meereshöhlen vorzudringen. Viele

**Abenteuerliche Kajakfahrt durch die Mangroven und zu Höhlen**

der spektakulären, von Wäldern und häufig winzigen Stränden umgebenen *hong* (Unterwasserhöhlen) wurden von **John Gray's Sea Canoe** entdeckt. Zusammen mit **Sea Canoe Thailand** bietet das Unternehmen ökologisch verträgliche Touren zu den empfindlichen »verlorenen Welten« an. Das ebenfalls zuverlässige Unternehmen **Paddle Asia** organisiert Touren in der Phang-Nga-Bucht, im Meeres-Nationalpark Ko Tarutao und auf dem Stausee im Khao-Sok-Nationalpark.

## Wildwasser-Rafting und Kajakfahren

Idyllische Fahrten auf Bambusflößen sind sehr beliebt, vor allem im Phang-Nga-Gebiet. Dort ist **Adventure Camp** der führende Anbieter. Mehr Adrenalinschübe gibt es beim

**Golfspieler auf einem der vielen Golfplätze in Hua Hin**

Wildwasser-Rafting in Schlauchbooten. Voraussetzung ist, dass man schwimmen kann. Vor Fahrtantritt wird man eingewiesen. Es fährt immer eine Profi-Crew mit, die bei Gefahren reagiert. Gute Informationen über die besten Zeiten und Orte findet man bei **The Wild Planet**. Die Saison für Wildwasser-Rafting und Kajakfahren dauert von Juli bis Dezember.

## Golf

Niedrige Green- und Caddie-Gebühren locken zahlreiche Urlauber auf Thailands Golfplätze.

Viele Clubs stehen auch Nicht-Mitgliedern offen, Pauschalurlaube für Golfer sind besonders beliebt. Es gibt sie im **Laem Chabang International Country Club** (Pattaya), **Blue Canyon Country Club**, **Mission Hills Golf Resort** und **Phuket Country Club** (Phuket), **Palm Hills Golf Club** in Cha-am und **Black Mountain Golf Club** in Hua Hin. Auf Ko Samui wurde das Angebot mit dem **Santiburi Samui Country Club** erweitert (weitere Angebote auf **www.golfthailand. net**).

Die besten Golf-Führer sind *Thailand Golf Map* und *Thailand Golf Guide*. Auch TAT veröffentlicht ein kostenloses Verzeichnis der 75 Spitzenplätze in Thailand. Bei der David Leadbetter Academy of Golf im **Thana City Golf and Country Club** kann man sein Handicap verbessern.

## Elefantenritte

Nachdem das Holzfällen zuerst mechanisiert und schließlich 1989 verboten wurde, waren Thailands Elefanten arbeitslos. Ihre *mahout* mussten auf den Straßen betteln. Elefantenritte sind ein Weg, um das Überleben der Nationaltiere zu gewährleisten, deren Lebensraum mit der Zerstörung der Wälder in den Tiefebenen weitgehend verschwunden ist.

Die beste Gelegenheit, auf Elefanten zu reiten, findet man im Süden und Osten, vor allem im **Nong Nooch Village** südlich von Pattaya und im **Pattaya Elephant Village**. Dort finden täglich Elefantenshows und Ausritte ins Umland statt. Elefantenritte bieten zudem das **Elefantencamp Ban Kwan** auf Ko Chang, der **Namuang Safari Park** auf Ko Samui sowie der Dusit-Zoo und Safari World in Bangkok.

**Elefantenritte sind ein exotischer Weg, Thailand zu erkunden**

Die beste Wanderzeit ist von November bis Februar und Anfang der Regenzeit (Juni/Juli). Umweltbewusste Touren bieten **Evolution Tour**, **Khao Sok Trekking Club**, **Siam Safari**, **Phuket Trekking Club** sowie **Friends of Nature**.

## Wandern

In Thailand gibt es ideale Wandergebiete, allen voran die steilen Karstwälder von Krabi und Khao Sok mit ihren exzellenten Wanderwegen.

Wichtig: Legen Sie den Rucksack mit Plastiktüten aus, um Feuchtigkeit abzuhalten. Schlafen Sie in trockener Kleidung, selbst wenn Sie am Tag dann feuchte tragen müssen. Schützen Sie sich mit Hut und Creme gegen Sonnenbrand und mit langen Hosen gegen Blutegel. Nehmen Sie Insektenspray mit und gut eingelaufene Wanderschuhe (oder robuste Turnschuhe).

## Tierbeobachtung

Thailands Wildtierbestand wurde fast bis zur Ausrottung gejagt. Es ist deshalb kaum sinnvoll, sich tagelang auf die Lauer zu legen, um vielleicht einen Tiger oder Bären zu erspähen. In den zahlreichen Nationalparks versucht man jedoch intensiv, natürliche Habitate zu erhalten. Hier sieht man seltene, farbenfrohe Vögel, riesige Schmetterlinge und meterlange Hundertfüßer. Die Eintrittsgebühr für die Parks wurde für Ausländer auf 400 Baht verdoppelt. In einigen gibt es Campingplätze, in den meisten Blockhütten, die man über das **National Park, Wildlife, and Plant Conservation Department** buchen kann. In populären Parks wie Khao Sok, Khao Sam Roi Yot *(siehe S. 144f)* und Khao Phanom Bencha *(siehe S. 245)* verlaufen gut markierte Wege. In weniger besuchten Parks kann man die Ranger bitten, einem die interessantesten Plätze zu zeigen.

## Bootsausflüge

Vor dem Siegeszug des Autos waren Boote die einzigen Verkehrsmittel in Thailand. Die tief liegenden Gebiete des Landes sind von Kanälen durchzogen, auf denen die Menschen mit Booten zu Besuchen oder zum Einkaufen fuhren. Heute sind die »schwimmenden Märkte« reine Touristenattraktionen.

Daneben gibt es noch andere Orte, die man per Boot erreichen kann. In Bangkok bieten die **Chao Phraya Express Boats** Kurztouren mit Erläuterungen zu den Hauptsehenswürdigkeiten am Fluss. Im Süden organisieren **Sayan Tour** und andere Unternehmen halb- und Tagesausflüge auf »langschwänzigen« Booten um die Kalksteinfelsen in der Phang-Nga-Bucht oder einstündige Kanufahrten.

## Radfahren

Radfahren wird überall immer beliebter, auch Radtouren durch Thailand sind zunehmend eine Option für Besucher. Radfahren ist gesund, umweltfreundlich – und es ermöglicht unterwegs garantiert auch den Kontakt mit Einheimischen. Nehmen Sie das Rad einfach mit in den Bus oder Zug, wenn Sie eine Tour durch ruhige, ländliche Gebiete unternehmen. Das Gelände ist meist radfreundlich. Mehrere Unternehmen organisieren auch Radtouren auf Landstraßen.

Gute Informationen bieten die Websites von **Thai Cycling Club** und **Biking Southeast Asia**. Die beste Jahreszeit zum Radfahren ist von November bis Februar, die schlechteste die heiße Jahreszeit von März bis Mai. Überlegenswert ist auch die Regenzeit. Empfeh-

**Auf einer Wanderung durch Thailands schöne, artenreiche Regenwälder**

Thailands bestes Kletterrevier am Hat Rai Leh bei Krabi

lenswerte Anbieter für Radtouren sind **Bike and Travel** und **Spice Roads** mit Büros in in Bangkok und Pathum Thani bei Bangkok.

## Klettern

Wer einen hohen Adrenalinspiegel liebt, bekommt ihn ganz sicher beim Felsenklettern – Thailand ist nämlich eines der beliebtesten Kletterziele der Welt.

Das Zentrum des Klettersports ist Krabi, besonders populär ist das Hat Rai Leh. Unternehmen bieten hier halb- bis dreitägige Kurse für Anfänger an und verleihen Ausrüstung an erfahrene Kletterer. Verlässlich sind etwa **Tex Rock Climbing**, **King Climbers** und **Hot Rock**. Die Schwierigkeitsgrade der über 700 Routen in der Region sind nach dem französischen System eingeteilt. Ko Phi Phi bietet ein ähnliches Kalksteinterrain.

Einige Unternehmen vor Ort, etwa **Spidermonkey Climbing**, organisieren Anfängerkurse am Ton Sai Tower und Hin Taek.

## Bungee-Jumping

Wer lustvoll in die Tiefe springen möchte, sollte sich an **Jungle Bungy Jump** wenden. Das erfolgreiche Unternehmen ist an beliebten Urlaubszielen wie Phuket und Pattaya vertreten. Nach dem Sprung erhalten Sie eine Urkunde.

## Pferderennen und Reiten

Pferdewetten gehören zu den wenigen erlaubten Glücksspielen in Thailand. Pferderennen ziehen ein begeistertes Publikum an, die Atmosphäre ist immer aufregend. Rennen finden an den Wochenenden in Bangkok im **Royal Bangkok Sports Club** und im **Royal Turf Club** statt. Wer selbst reiten will, kann die Angebote der **International Riding School** bei Pattaya und des **Phuket Riding Club** nutzen.

*Sportliche Radfahrerin*

## Themenferien

Meditationskurse geben einen Einblick in die thailändische Kultur und helfen zugleich, mit Stress klarzukommen. Die Teilnehmer sollen sich weiß kleiden und an die grundlegenden Gelübde des Buddhismus halten: nicht töten, nicht stehlen, nicht lügen, nach Mittag nichts mehr essen. Sie stehen vor Tagesanbruch auf und planen ihren Tag rund um Meditationsübungen. Sie schwören jedweder Unterhaltung (TV, Musik) und unnützem Gerede (Handy) ab. Da das Dharma (»Weg der höheren Wahrheit«, die buddhistische Lehre) kostenlos vermittelt wird, erwartet man für Kost und Logis Spenden. Über Angebote auf Englisch und die Möglichkeiten von längeren Klausuren informiert die **World Fellowship of Buddhists**. Herzlich aufgenommen werden Besucher bei den zehntägigen Kursen der **International Dharma Hermitage** bei Chaiya. Sie beginnen an jedem Monatsanfang im Wat Suan Mokkh *(siehe S. 160f)*. Weitere Optionen sind u. a. der berühmte **Wat Mahathat** *(siehe S. 62)* in Bangkok, **Wat Khao Tham** *(siehe S. 177)* auf Ko Phangan und die Klausuren und Sonntagsmeditationen der **Dhammakaya Foundation**. Bei manchen Kursen sind Frauen willkommen, andere richten sich nur an Männer.

Erlernen kann man auch die Thai-Massage, eine Kombination aus Yoga, Reflexzonenmassage und Akupressur. Die in der Regel ein- bis zweiwöchigen Kurse beinhalten Theorie, Demonstration und Praxis, zum Schluss erhält man ein Zeugnis. Beliebte Kurse auf Englisch finden im Wat Pho *(siehe S. 64f)* statt.

Thailändisch kochen sowie Obst schnitzen lernt man in Kochschulen in Hotels, etwa im Dusit Thani *(siehe S. 293)* und im Mandarin Oriental *(siehe S. 74)* in Bangkok, im **Blue Elephant** (Restaurant mit Kochschule) und in der **Baipai Thai Cooking School** in Bangkok, im **Happy Home Thai Cooking School** in Pattaya, in **Pat's Home Thai Cooking School** in Phuket und im **Samui Institute of Thai Culinary Arts** auf Ko Samui.

Annäherung an die Thai-Küche, Baipai Thai Cooking School

# AUF EINEN BLICK

## Tauchen und Schnorcheln

**Blue Diamond Dive Resort**
24/21 Moo 2,
Mae Hat, Ko Tao.
0-7745-6880.
www.bluediamond
diving.com

**Dive Asia**
24 Karon Road,
Hat Kata, Phuket.
0-7633-0598.
www.diveasia.com

**Dive Info**
Ban Chuancheun,
Pattanakarn 57,
Bangkok.
08-1825-9607.
www.diveinfo.net

**Haad Yao Divers**
Sandy Bay Bungalows,
Hat Yao, Ko Phangan.
08-6279-3085.
www.haadyaodivers.com

**Medsye**
78/46 Moo 5, Thap Lamu,
Thai Muang, Ko Similan.
0-7648-6796.
www.similanthailand.com

**Phi Phi Scuba**
Ao Ton Sai, Ko Phi Phi.
0-7561-2665.
www.ppscuba.com

**Phoenix Divers**
1 Moo 1, Hat Sai Ri,
Ko Tao.
0-7745-6033.
www.phoenix-divers.com

**Samui International Diving School**
30/1 Moo 4, Bophut,
Ban Bangrak, Ko Samui.
0-7724-2386.
www.samui-diving.com

**Santana Diving and Canoeing**
49 Thaweewong Road,
Hat Patong, Phuket.
0-7629-4220.
www.santanaphuket.com

**Sea Dragon Dive Center**
5/51 Moo 7, T Khuk Khak,
Khao Lak.
0-7648-5418.
www.seadragon
divecenter.com

**Sunrise Divers**
269/24 Patak Road,
Karon Plaza, Hat Karon,
Phuket.
0-7639-8040.
www.sunrise-divers.com

**Viking Divers**
Moo 7, Ko Phi Phi.
08-1719-3375.
www.vikingdivers
thailand.com

## Segeln

**Gulf Charters Thailand**
Ocean Marina,
167/5 Sukhumvit Road,
Sattahip.
0-3823-7752.
www.gulfcharters
thailand.com

**Phuket Sailing**
20/28 Soi Suksan,
Moo 4, Tambon Rawai,
Phuket.
0-7628-9656.
www.phuket-sailing.com

**South East Asia Liveaboards**
PO Box 381, Phuket-Stadt,
Phuket.
0-7652-2807.
www.seal-asia.com

**Yachtpro**
Neben der Marina des
Yachthafens, Phuket.
0-7634-8117.
www.sailing-thailand.com

## Wassersport

**Aloha Tours**
44/1 Viset Road,
Ao Chalong, Phuket.
0-7638-1215.
www.phuket.com/aloha

**Barracuda Bar**
157/132-133 Moo 5,
Pattaya-Naklua Road,
Provinz Chonburi.
08-4778-8125.
www.barracudabar-pattaya.com

**Dorado Game Fishing**
101/172 Moo 5,
Chalermprakiet Ror 9
Road, Rasada, Phuket.
0-7629-3167.
www.phuket-fishing.com

**Pattaya Fishing**
SEAduction Dive Centre,
Bali Hai Pier,
551/2 Moo 10,
Tambon Nongprue,
Banglamung, Chonburi.
0-3871-0029.
www.pattayafishing.com

## Kanufahren

**John Gray's Sea Canoe**
124 Soi 1 Yaowarat Road,
Phuket-Stadt.
0-7625-4505.
www.johngray-seacanoe.com

**Paddle Asia**
9/71 Rasdanusorn Road,
Phuket.
0-7624-0952.
www.paddleasia.com

**Sea Canoe Thailand**
125/461 Moo 5,
Baan Tung Ka – Baan
Sapam Road, Phuket.
0-7652-8839.
www.seacanoe.net

## Wildwasser-Rafting und Kajakfahren

**Adventure Camp**
125/1 Phang Nga Road,
Phuket-Stadt.
0-7622-2900.
www.sealandcamp.com

**The Wild Planet**
666 Sukhumvit 24,
Bangkok.
0-2261-4412.
www.thewildplanet.com

## Golf

**Black Mountain Golf Club**
12/16 Phet Kasem Road,
Hua Hin.
0-3261-8666.
www.bmghuahin.com

**Blue Canyon Country Club**
165 Moo 1,
Thepkasattri Road,
Thalang, Phuket.
0-7632-8088.
www.bluecanyon
club.com

**GolfThailand.Net**
www.golfthailand.net

**Laem Chabang International Country Club**
106/8 Moo 4, Beung,
Sri Racha, bei Pattaya.
0-3837-2273.
www.laemchabang
golf.com

**Mission Hills Golf Resort**
195 Moo 4 Pla Khlok,
Thalang, Phuket.
0-7631-0888.
www.missionhills
phuket.com

**Palm Hills Golf Club**
1444 Phet Kasem Road,
Cha-am.
0-3252-0801.
www.palmhills-golf.com

**Phuket Country Club**
80/1 Vichitsongkram Road,
Moo 7, Kathu, Phuket.
0-7631-9200.
www.phuketcountry
club.com

**Santiburi Samui Country Club**
12/15 Moo 4, Baan Don
Sai, Ko Samui.
0-7742-1700.
www.santiburi.com

**Thana City Golf and Country Club**
100-100/1 Moo 4, Bang
Na Trat Road, nahe
Hwy 34, nahe Bangkok.
0-2336-1968.

## Elefantenritte

**Elefantencamp Ban Kwan**
Jungle Way, 14 Moo 3,
Khlong Son, Ko Chang.
08-9223-4795.
www.jungleway.com

**Namuang Safari Park**
25/11 Moo 2, Namuang,
Ko Samui.
0-7742-4663.
www.samuinamuang
safari.net

## AUF EINEN BLICK

**Nong Nooch Village**
163 Sukhumvit Road, Pattaya.
0-3870-9358.

**Pattaya Elephant Village**
48/120 Moo 7, Nong Pue, Pattaya.
0-3824-9818.
www.elephant-village-pattaya.com

### Wandern

**Evolution Tour**
30/1/7 Moo 4, Baan Khlong Phrao, Ko Chang.
0-3955-7078.
www.evolutiontour.com

**Friends of Nature**
133/21 Ratchaprarop Road, Bangkok.
Stadtplan 4 E5.
0-2642-4426.
www.friendsofnature93.com

**Khao Sok Trekking Club**
58 Moo 6, Klong Sok, Phanom, Surat Thani.
08-9287-3217.
www.khaosoktrekking.com

**Phuket Trekking Club**
55/779–780 Villa Daowroong Village, East Chao Fa Road, Tambon Vichit, Phuket.
0-7637-7344.
www.phukettrekkingclub.com

**Siam Safari**
45 Chao Fa Road, Chalong, Phuket.
0-7628-0116.
www.siamsafari.com

### Tierbeobachtung

**National Park, Wildlife, and Plant Conservation Department**
61 Phaholyothin Road, Chatuchak, Bangkok.
0-2561-0777.
www.dnp.go.th

### Bootsausflüge

**Chao Phraya Express Boats**
78/24–29 Maharaj Road, Phra Nakhorn, Bangkok.
Stadtplan 2 C4.
0-2623-6001.
www.chaophrayaboat.co.th

**Sayan Tour**
209 Phang Nga Busbahnhof, Phang Nga.
0-7643-0348.
www.sayantour.com

### Radfahren

**Bike and Travel**
802/756 River Park, Moo 12, Prathum Thani, nahe Bangkok.
0-2990-0274.
www.cyclingthailand.com

**Biking Southeast Asia**
www.mrpumpy.net

**Spice Roads**
14/1-B Soi Promsri 2, Sukhumvit Soi 39, Bangkok.
0-2712-5305.
www.spiceroads.com

**Thai Cycling Club**
www.thaicycling.com

### Klettern

**Hot Rock**
Hat Rai Leh, nahe Krabi.
0-7562-1771.
www.railayadventure.com

**King Climbers**
Hat Rai Leh, nahe Krabi.
0-7563-7125.
www.railay.com

**Spidermonkey Climbing**
Ton Sai Village, Ko Phi Phi.
0-7581-9384.
www.spidermonkeyclimbing.com

**Tex Rock Climbing**
Hat Rai Leh, bei Krabi.
0-7563-1509.

### Bungee-Jumping

**Jungle Bungy Jump**
Pattaya.
08-6378-3880.
www.junglebungy.com
Phuket
0-7632-1351.
www.junglebungy.com

### Pferderennen und Reiten

**International Riding School**
100 Moo 9, Tambon Pong, Amphur Banglamung, Chonburi.
0-3824-8026.
www.ridingschoolasia.com

**Phuket Riding Club**
95 Viset Road, Rawai, Phuket.
0-7628-8213.
www.phuketridingclub.com

**Royal Bangkok Sports Club**
1 Henri Dunant Road, Bangkok.
Stadtplan 7 C3.
0-2652-5000.
www.rbsc.org

**Royal Turf Club**
Phitsanulok Road, Dusit, Bangkok.
0-2628-1810.
www.royalturfclub.com

### Themenferien

**Baipai Thai Cooking School**
150/12 Soi Naksuwan, Nonsi Road, Chong Nonsi, Yannawa, Bangkok.
Stadtplan 6 F3.
0-2294-9029.
www.baipai.com

**Blue Elephant**
233 South Sathorn Road, Bangkok.
0-2673-9353.
www.blueelephant.com/school

**Dhammakaya Foundation**
40 Moo 8, Khlong Song, Khlong Luang, Prathum Thani.
0-2831-1000.
www.dhammakaya.org

**Happy Home Thai Cooking School**
81/65 Central Pattaya, Soi 14 (Soi Thidawan), Pattaya.
08-4417-5258.
www.happyhome-thaicookingschool.com

**International Dharma Hermitage**
Wat Suan Mokkh, Chaiya, Surat Thani.
0-7743-1552.
www.suanmokkh.org

**Pat's Home Thai Cooking School**
26/4 Moo 3, Chao Fa Road, Phuket-Stadt.
08-1538-8272.
www.phuketindex.com/pathomethaicookingschool

**Samui Institute of Thai Culinary Arts**
46/6 Moo 3, Hat Chaweng, Ko Samui.
0-7741-3172.
www.sitca.net

**Wat Khao Tham**
Bei Ban Tai, Ko Phangan.
www.watkowtahm.org

**Wat Mahathat (Sektion fünf)**
Maharat Road, Bangkok.
Stadtplan 1 C5.
0-2222-6011.

**World Fellowship of Buddhists**
616 Benjasiri Park, Soi Medhinivet, nahe Sukhumvit 24, Bangkok.
0-2661-1284.
www.wfb-hq.org

**Stadtplan Bangkok** siehe Seiten 84–95

# Wellness-Urlaub

**Duftlampen für ätherische Öle**

An Thailands Küsten bieten zahlreiche Wellness-Einrichtungen alle erdenklichen Anwendungen. Das warme Klima, die malerische Landschaft und die Ruhe der abgelegenen Orte machen das Land ideal für einen Wellness-Urlaub. Traditionelle Architektur, schlichtes Zen-Dekor, schöne Gärten und die Freundlichkeit der Thai garantieren ein unvergessliches Spa-Erlebnis. Seit etwa 2500 Jahren wird in Thailand Massage praktiziert. Zwar kann man auch in einem Laden um die Ecke eine einfache Massage erhalten, doch die luxuriösen Varianten sind unschlagbar.

Zum Reiz dieser Resorts kommt hinzu, dass sie oft einsam gelegen und nur per Speedboot erreichbar sind, so etwa das **Rayavadee Spa** bei Krabi. Das **Pimalai Resort and Spa** auf Ko Lanta bietet Behandlungsräume, die nach einheimischen Blumen benannt sind, und Massagen mit aromatischen Kräutern. Diese Resorts bieten täglich Anwendungen für Gäste, die sich ganz und gar entspannen möchten.

**Entspannung im beschaulichen Garten des Anantara Resort and Spa**

## Wellness-Hotels

Besucher verbinden ihren Aufenthalt in einem Wellness-Hotel meist mit einem Strandurlaub oder einer Kulturreise. Doch Thailands luxuriöse gehobene Hotels und Resorts besitzen einige der weltweit besten Spas, die vielfältige professionelle und wunderbar entspannende Anwendungen bieten.

Die größte Konzentration an Wellness-Hotels findet man auf den Inseln Phuket und Ko Samui und in den Seebädern Hua Hin und Cha-am. Zu den führenden Wellness-Resorts des Landes gehören das exotische **Four Seasons Resort, Ko Samui**, das beliebte **Banyan Tree Spa, Phuket**, das **Evason Phuket Resort and Six Senses Spa** sowie das **Anantara Resort and Spa** sowohl in Hua Hin als auch auf Ko Samui.

Zumeist kosten die Spa-Anwendungen extra, doch inzwischen bieten viele Hotels All-inclusive-Pakete. Die Drei- und Sieben-Tage-Programme der Anantara-Resorts etwa umfassen zwischen vier und zehn Anwendungen.

## Kur-Oasen

In Thailand sind einige Luxusresorts atemberaubend gelegen. Wer einen Rückzugsort an einem einsamen weißen Palmenstrand sucht, ist im **Six Senses Hideaway, Hua Hin** südlich von Hua Hin oder im **Aleenta Resort and Spa, Phang Nga** richtig. Wer Geist und Körper in tropischer Waldumgebung verjüngen möchte, sollte das **Tamarind Retreat** auf Ko Samui ins Auge fassen. Es bietet verschiedene Anwendungen – klassische und Wald-Wellness – mit exotischen Behandlungen wie einer Kräuter-Dampfhöhle mit Tauchbecken. Hier kann man zudem die lokale Kultur und die üppig-grüne Umgebung kennenlernen.

## Wellness-Ferienanlagen

Geist, Körper und Seele werden in »Destination Spas« wiederbelebt, deren Gäste selten das Haus verlassen. Thailands erste und beste dieser Anlagen, das **Chiva-Som International Health Resort**, bietet über 150 Anwendungen, der Schwerpunkt liegt auf Entspannung und Verjüngung, Stressabbau, Entgiftung und Gewichtsabnahme. Bei der Ankunft wird man eingehend untersucht und bekommt ein individuell zugeschnittenes Programm. Der Mindestaufenthalt beträgt drei Nächte, die meisten Gäste bleiben eine Woche oder länger. Gesunde Mahlzeiten, Aktivitäten und Behandlungen sind im Preis inbegriffen. Eine weitere Anlage ist das **Kamalaya Wellness Sanctuary and Holistic Spa** auf Ko Samui.

Zum Angebot der Resorts zählen auch andere Aktivitäten, von Elefanten- und Wasserbüffelritten bis zu Bergsteigen. Anschließend kann man

**Eine verjüngende Massage im Banyan Tree Spa, Phuket**

# WELLNESS-URLAUB

sich gegen mögliche Nachwirkungen – etwa Muskelkater – behandeln lassen.

## Tages-Spas

In ganz Thailand finden sich Tages-Spas, unabhängige Salons, die nicht zu einem Hotel gehören. In vielen Hotels kann man zudem auch als Nicht-Gast Awendungen buchen. Die meisten Tages-Spas gibt es in Bangkok, elegant sind etwa das **Being Spa**, **Pirom Spa**, **Harnn Heritage Spa** und **Spa of Qinera**.

## Anwendungen

Trotz Thailands uralter Tradition in therapeutischer Massage und Naturheilverfahren – darunter *nuad paen boran* (Thai-Massage), Heilkräuter und natürliche Quellen –, findet man vor Ort topmoderne Einrichtungen und neueste Behandlungen. Thai-Spas möchten entspannen und verjüngen und bieten ganzheitliche Behandlungen an, die nicht nur den Körper, sondern auch die Seele betreffen. Erwarten Sie also ein Rundumangebot, im Banyan Tree Spa in Phuket beispielsweise von »Tropical Sprinkles« über »Tranquility Mists« bis zur berühmten vierhändigen Anwendung des Hauses, »Harmony Banyan Treatment«, die zwei Therapeuten pro Gast erfordert. Auch andere beliebte Spas, z. B. das Six Senses Spa und die Anantara Spas bieten solche Anwendungen. Einige Behandlungsformen sind typisch für Thailand, etwa die traditionelle Thai-Massage, andere, wie Hydro-, Thalasso- und Aromatherapie oder ayurvedische Behandlungen, findet man auf der ganzen Welt. Übrigens: Thai-Masseure verwenden keine Öle oder Lotionen für ihre Massagen, bei denen der Gast auf einer Matte oder Matratze liegt.

Viele Spas haben auch spezielle Anwendungen entwickelt. Die Four Seasons Spas haben mehrere Angebote, die mit dem Mondzyklus in Verbindung stehen, da bestimmte Therapien je nach Mondphase anders wirken.

Stressabbau durch Yoga im Chiva-Som International Health Resort

## AUF EINEN BLICK

### Wellness-Hotels

**Anantara Resort and Spa**
Phet Kasem Beach Road, Hua Hin.
0-3252-0250.
www.anantara.com

99/9 Moo 1,
Bophut Bay, Ko Samui.
0-7742-8300.

**Banyan Tree Spa, Phuket**
33 Moo 4, Sri Sunthorn Road, Cherng Talay, Phuket.
0-7632-4374.
www.banyantreespa.com

**Evason Phuket Resort and Six Senses Spa**
100 Viset Road, Moo 2 Tambol Rawai, Phuket.
0-7638-1010.
www.sixsenses.com

**Four Seasons Resort, Ko Samui**
219 Moo 5, Ang Thong, Ko Samui. 0-7724-3000, 0-7724-3002.
www.fourseasons.com

### Kur-Oasen

**Aleenta Resort and Spa, Phang Nga**
33 Moo 5, T Khok Kloy, Phang Nga.
0-7658-0333.
www.aleenta.com

**Pimalai Resort and Spa**
99 Moo 5, Ba Kantiang Beach, Ko Lanta.
0-7560-7999.
www.pimalai.com

**Rayavadee Spa**
214 Moo 2, Tambol Ao Nang, Amphur Muang, Krabi.
0-7562-0740-3.
www.rayavadee.com

**Six Senses Hideaway, Hua Hin**
9/22 Moo 5, Hat Naresuan, Pranburi, Prachuap Khiri Khan.
0-3261-8200, 0-3263-2111.
www.sixsenses.com

**Tamarind Retreat**
205/3 Thong Takian, Ko Samui.
0-7742-4221, 0-7742-4311.
www.tamarindretreat.com

### Wellness-Ferienanlagen

**Chiva-Som International Health Resort**
Phet Kasem Road, Hua Hin. 0-3253-6536, 0-2711-6900.
www.chivasom.com

**Kamalaya Wellness Sanctuary and Holistic Spa**
102/9 Moo 3, Laem Set Road, Na Muang, Ko Samui. 0-7742-9800.
www.kamalaya.com

### Tages-Spas

**Being Spa**
88 Soi Sukhumvit, 53 Klongton Nua, Bangkok.
0-2662-6171.

**Harnn Heritage Spa**
Siam Paragon, 4. Stock, Bangkok. **Stadtplan** 7 C1. 0-2610-9715.

**Pirom Spa**
87 Nai Lert Building, Sukhumvit Road, Bangkok.
0-2655-4177.
www.piromspa.com

**Spa of Qinera**
172/1 Soi Phiphat 2, Chong Nonsi, Bangkok.
0-2638-8306.

Stadtplan Bangkok *siehe Seiten 84–95*

# Grund-
# informationen

Praktische Hinweise **352–361**

Reiseinformationen **362–369**

# Praktische Hinweise

Thailand ist auf die wachsende Zahl seiner Besucher gut vorbereitet: Hier kümmert sich eine der bestorganisierten Tourismusindustrien ganz Asiens um Millionen Gäste. Das Hauptbüro des hilfreichen Fremdenverkehrsverbands »Tourism Authority of Thailand« (TAT) befindet sich in Bangkok. Hinzu kommen landesweit Filialen und mehrere Büros in Übersee. In diesem Reiseführer sind für jeden Ort und jede Sehenswürdigkeit die TAT-Adressen und Telefonnummern aufgelistet. Der Tourismus in Thailand hat sich enorm entwickelt. Das Land steht auch Individualreisenden offen, die sich nicht auf organisierte Ausflüge oder touristische Zentren wie Bangkok oder Phuket beschränken wollen. In ganz Thailand erteilen gute Reisebüros Informationen, buchen Flüge und Zimmer und organisieren Touren. Vor der Reise sollte man ein wenig planen, um der schlimmsten Regenzeit und großen Festen wie dem chinesischen Neujahr *(siehe S. 34–37)* zu entgehen.

*Wachablösung der Königlichen Garde, Bangkok*

## Reisezeit

Thailands Wetter neigt zu Extremen, mit ganzjährigen Trockenperioden, Schwüle und sintflutartigen Regenfällen. Die beste Reisezeit ist in den kühleren Monaten November bis Februar. Natürlich ist dies auch die Hauptsaison, in der es zu Gedränge kommen kann. Die heiße Jahreszeit von März bis Juli ist bisweilen unerträglich, die Regenzeit von Juni bis Oktober am wenigsten vorhersagbar (Temperaturen und Niederschläge *siehe S. 36f*).

## Kleidung

In Thailands feuchtheißem Klima trägt man am besten leichte Kleidung aus Naturfasern. Im ganzen Land kommt es in der Regenzeit zu plötzlichen Wolkenbrüchen, praktisch ist daher ein leichter Regenmantel. In Tempeln wird eine angemessene Kleidung erwartet *(siehe S. 355)*, tragen Sie dort zudem leicht ausziehbare Schuhe. Empfehlenswert ist ein Erste-Hilfe-Set.

## Einreise

Besucher aus Deutschland, Österreich und der Schweiz benötigen für die Einreise einen noch mindestens sechs Monate gültigen Reisepass. Kinder dürfen nur mit eigenem Reisepass einreisen. Für einen Aufenthalt von bis zu 30 Tagen ist bei Einreise per Flugzeug kein Visum erforderlich. Bei Einreise auf dem Landweg ist nur für 15 Tage kein Visum nötig. Bei der Ankunft muss (meist) ein Beleg des Rückflugs oder der Weiterreise erbracht werden. Wer länger als 30 Tage bleiben möchte, muss sich vorab um ein Visum bemühen.

Visa werden von allen thailändischen Botschaften und Konsulaten ausgestellt. Ein Touristenvisum gilt für bis zu 60 Tage, ein *Non-immigrant*-Visum für 90 Tage. Beide werden in der Regel um 30 Tage verlängert.

Für Verlängerungen im Land gilt: Ein Visum kann und darf nur beim thailändischen **Bureau of Immigration** bzw. an den Grenzübergängen erneuert werden. Der Aufenthalt über die Visumfrist hinaus wird mit 500 Baht pro Tag bestraft und kann schwerwiegende Konsequenzen (Einreisesperren, Abschiebehaft) haben.

## Impfungen

Es besteht keine Impfpflicht, außer man reist aus einem Land mit Gelbfieber ein. Empfohlen werden Impfungen gegen Polio, Tetanus, Typhus und Hepatitis A, bei längerem Aufenthalt und Reisen in abgelegene Gebiete auch gegen TBC, Hepatitis B, Tollwut, Diphtherie und Japanische Enzephalitis. Aktuelle Informationen erhalten Sie bei Tropenmedizinern, die Sie auch über eine Malariaprophylaxe beraten.

## Zoll

Bei der Einreise nach Thailand muss im Flugzeug ein Zollformular ausgefüllt werden, das bei Abholung des Gepäcks am Zollschalter

*Entspannung unter Sonnenschirmen am Hat Kata Noi, Phuket*

◁ *Langboote reihen sich an einem malerischen Strand, Ko Phi Phi Don (siehe S. 252–255)*

abgegeben wird. Eingeführt werden dürfen pro Person: 200 Zigaretten, 1 Liter Wein oder Spirituosen. Weitere Informationen zu Ausfuhrbestimmungen und zur Mehrwertsteuerrückerstattung erhalten Sie im Internet auf der Website der **Zollbehörde**. Die Einfuhr von Drogen, Feuerwaffen und Pornografie ist verboten. Goldschmuck sollten Sie eventuell deklarieren. Die Ausfuhr thailändischer Währung ist bis 50 000 Baht erlaubt. Eingeführte Währung ab 20 000 US-Dollar muss deklariert werden.

Die Ausfuhr von Antiquitäten und Buddha-Bildnissen ist ohne Genehmigung nicht gestattet. Dafür müssen Sie im **Fine Arts Department** des Nationalmuseums in Bangkok mindestens fünf Tage vor der Verschiffung ein Formular ausfüllen und zwei Frontalfotografien des gekauften Objekts mitbringen. Gleiches gilt für bestimmte Lederwaren (Krokodil, Schlange) und für Elfenbein.

**TAT-Broschüren zu beliebten Reisezielen zum Download**

## Information

In den vielen Büros der **Tourism Authority of Thailand (TAT)** erhält man zahllose hilfreiche Informationen zu Sehenswürdigkeiten und Festen sowie Karten, Broschüren und Plakate – und eine nützliche Liste zuverlässiger Reisebüros und Hotels.

## Eintrittspreise

Die Eintrittspreise für Sehenswürdigkeiten bewegen sich in der Regel zwischen zehn und 50 Baht.

**Zum Verkauf in Plastik gehüllte Buddha-Figuren in Bangkok**

Nationalparks verlangen allerdings 200 oder 400 Baht Gebühr. Einige Museen sind kostenlos, andere verlangen bis zu 200 Baht. Bisweilen müssen Ausländer mehr bezahlen als Einheimische.

## Öffnungszeiten

Fast alle Attraktionen haben ganzjährig geöffnet. Während der Regenzeit können die Fährverbindungen zu und die Unterkünfte auf einigen Inseln im Süden begrenzt sein. In der Regel öffnen Attraktionen zwischen 8 und 9 Uhr und schließen zwischen 15.30 und 18 Uhr. Manche machen von 12 bis 13 Uhr Mittagspause. Die meisten bedeutenden Sehenswürdigkeiten sind täglich geöffnet. Manche Museen haben an Feiertagen sowie montags und dienstags geschlossen.

Große Kaufhäuser öffnen täglich von 10 bis 21 Uhr, kleine Läden von 8 bis 21 Uhr. In kleineren Städten ist täglich Markt. Büros arbeiten montags bis freitags von 8 bis 12 und 13 bis 17 Uhr, Behörden von 8.30 bis 12 und von 13 bis 16.30 Uhr. Zum chinesischen Neujahr haben viele Läden geschlossen. Die Öffnungszeiten der Banken stehen auf S. 358.

## Behinderte Reisende

Für Behinderte gibt es nur wenige Einrichtungen. Gehwege sind oft holprig, zu Fußgängerbrücken führen häufig nur steile Treppen. Rollstuhlrampen findet man nur in Luxushotels in größeren Städten. Öffentliche Verkehrsmittel, auch die Busse und Skytrains, sind für Rollstuhlfahrer ungeeignet. Selbst auf dem Internationalen Flughafen Suvarnabhumi gibt es nur wenige Aufzüge und behindertengerechte Toiletten. Am einfachsten ist es, eine organisierte Tour zu buchen (siehe S. 365). Auskünfte erteilt die **Association of Physically Handicapped People**.

## Mit Kindern reisen

Größere Hotels bieten Babysitter, die TAT-Büros Infos über Attraktionen, die Kindern gefallen – etwa Zoos und Freizeitparks. Hut und Sonnenblocker sind in der Tropensonne ein Muss für Kinder (und Erwachsene).

## Sprache

Es lohnt sich, einige Thai-Standardsätze zu lernen (siehe S. 382–384) – die Thailänder freuen sich über die Mühe. Viele Hotelangestellte und auch Einheimische in Feriengebieten sprechen Englisch, teils Deutsch. Dort findet man Namen von Sehenswürdigkeiten und Straßen oft transkribiert sowie Speisekarten auf Englisch. Preise und Straßennummern stehen in arabischen Ziffern.

**Besucherzentrum, Than Bok Koranee**

## Zeitzone, Zeitrechnung und Kalender

Bangkok ist der mitteleuropäischen Zeit (MEZ) um sechs, der Sommerzeit um fünf Stunden voraus. Obwohl das Zeitsystem überwiegend auf der 24-Stunden-Einteilung des Tages (beginnend bei 0 Uhr) basiert, hat Thailand auch ein eigenes System, was für Besucher verwirrend sein kann. Thailänder gliedern den Tag in vier Abschnitte zu je sechs Stunden. Dabei ist 7 Uhr unserer Zeit mit 1 Uhr morgens nach thailändischer Rechnung gleichzusetzen, 19 Uhr mit 1 Uhr nachts.

Zudem sind zwei Kalender gültig: der gregorianische (westliche) und der buddhistische. Die buddhistische Zeitrechnung setzt 543 Jahre vor der gregorianischen ein. Das Jahr 1957 entspricht so dem buddhistischen Jahr 2500, das Jahr 2012 dem buddhistischen Jahr 2555.

## Elektrizität

Die Netzspannung beträgt in Thailand 220 Volt/ 50 Hertz. Die Steckdosen sind sowohl auf europäische als auch auf amerikanische Stecker mit zwei Stiften abgestimmt. AC/DC-Adapter für Notebooks, die mögliche Stromschwankungen ausgleichen, erhält man in thailändischen Kaufhäusern und Elektronikläden.

Stromausfälle kommen inzwischen seltener vor, sind aber vor allem während der Regenzeit in kleineren Städten nichts Ungewöhnliches. Dort sowie in ländlichen Gebieten empfiehlt es sich zudem, immer eine Taschenlampe dabeizuhaben.

## Fotografieren

Digitales Fotografieren ist in Thailand populär. Fotogeschäfte sind weitverbreitet und erstellen sehr preiswert Abzüge oder brennen CDs und DVDs. Schwieriger ist es, Filme entwickeln zu lassen, am einfachsten wendet man sich an eines der vielen professionellen Fotogeschäfte in Bangkok.

## Etikette

Nicht ohne Grund heißt Thailand auch »Land des Lächelns«. Thailänder sind ausgesprochen freundlich und hilfsbereit. Als Buddhisten sind sie sehr tolerant. Dennoch gibt es einige Tabus, die hauptsächlich die Monarchie und den Buddhismus betreffen. Besucher sollten vor allem in *wat* und vor Buddha-Bildnissen respektvolles Verhalten zeigen. Auseinandersetzungen gelten als sehr schlechtes Benehmen. Wer die Beherrschung verliert, verliert auch sein Gesicht.

Handeln ist im ganzen Land weitverbreitet, doch sollte man dabei nie laut oder aggressiv werden. Trinkgelder sind in Thailand weniger üblich als in westlichen Ländern.

## Begrüßung

Beim thailändischen Gruß, dem *wai*, werden die Handflächen aneinandergelegt und auf Kinnhöhe gehoben. Traditionell beginnt der rangniedrigere Partner mit dem *wai* und hält die Hände höher und länger zusammen. Der ranghöhere erwidert den Gruß seinem sozialen Status entsprechend. Auch in förmlichen Situationen spricht man

Zwei Thailänder beim traditionellen Gruß, dem *wai*

sich mit Vornamen an. Die höfliche Form der Anrede ist das geschlechtsneutrale *khun*, gefolgt vom Vor- oder Spitznamen. Jeder Thai hat einen – meist ein- oder zweisilbigen – Spitznamen mit einfacher Bedeutung, z. B. *koong* (Garnele) oder *moo* (Schwein).

## Körpersprache

Der Kopf gilt als heiliger Körperteil. Berühren Sie also niemals den Kopf eines anderen, auch nicht den eines Kindes. Die Füße sind der »niedrigste« Körperteil. Es ist sehr unhöflich, jemandem die Füße entgegenzustrecken oder sie auf den Tisch zu legen. Wenn man auf dem Boden sitzt, insbesondere in Tempeln, platziert man die Füße am besten neben sich. Auch sollte man nie über Sitzende hinwegsteigen.

## Rauchen

Rauchen ist in allen öffentlichen Bereichen und öffentlichen Verkehrsmitteln in Bangkok untersagt, ebenso in Restaurants und Kneipen.

## Königshaus

Die königliche Familie genießt höchstes Ansehen, jede Form der Kritik wird schnell als Majestätsbeleidigung angesehen. Dies bedeutet für Thailänder eine tiefe Kränkung und für Ausländer möglicherweise eine Gefängnisstrafe. Behandeln Sie Münzen, Geldscheine und Briefmarken mit den Porträts der Könige respektvoll.

In Thailand verwendbare Stecker und Adapter

## Nationalhymne

Die Nationalhymne wird täglich um 8 und 18 Uhr im Radio und über Lautsprecher in kleinen Städten und einigen öffentlichen Plätzen übertragen. Es ist höflich, zu diesem Anlass seine Tätigkeit zu unterbrechen und stehen zu bleiben. In Theatern oder Kinos wird die Hymne vor jeder Vorstellung zu einem Porträt des Königs gespielt. Das Publikum erhebt sich dann.

## Mönche

Das Mönchtum *(sangha)* rangiert im Status und Ansehen gleich hinter dem Königshaus. Die meisten Tabus im Umgang mit Mönchen betreffen Frauen. Mönche dürfen Frauen nicht berühren oder direkt von ihnen etwas entgegennehmen. In öffentlichen Verkehrsmitteln sollten sich Frauen nicht neben Mönche setzen.

## Benehmen im Wat

Auch in den *wat* gelten Regeln. Man sollte leise sprechen und angemessene, d. h. saubere, »sittsame« Kleidung (Oberarme und Beine bedeckt) tragen. Vor Betreten des *wat* zieht man die Schuhe aus. Alle, auch kleine und kaputte Buddha-Bildnisse sind heilig. Die Füße von Sitzenden oder Knienden dürfen nie in ihre Richtung zeigen.

Regeln im Nationalpark Surin-Inseln

## Angemessene Kleidung

In Thailand ist man zurückhaltend – Frauen sollten in der Öffentlichkeit nicht zu offenherzige Kleidung tragen. Sonnenbaden »oben ohne« ist überall verpönt.

## Umweltbewusst reisen

Die thailändischen Behörden unterstützen Ökotourismus und fördern auf verschiedene Arten das Umweltbewusstsein. So ist es den Einheimischen mittlerweile verboten, mit Dynamit zu fischen oder mit Schleppnetzen Korallenriffe zu durchpflügen. Besucher werden gebeten, nur ihre »Fußspuren« zu hinterlassen.

Schuhe verboten!

Umweltbewusste Tauchschulen verbieten ihren Kunden, in Meeres-Nationalparks wie Similan und Surin irgendetwas mitzunehmen – keine einzige Muschel. Wer diese Grundregel missachtet, wird zur Rede gestellt. Um den Müll einzudämmen, sind Taschen und Wasserflaschen aus Plastik in Nationalparks geächtet. Inzwischen ist Thailand weitaus umweltbewusster und engagierter als seine Nachbarn in Südostasien.

Trotz aller Anstrengungen gibt es aber immer noch umweltschädliche Aquakulturen *(shrimp farms)* und Wasser verschwendende Golfplätze, werden Wälder für Palmölplantagen gerodet und Tiger nur gezüchtet, um sie zu »Medizin« zu verarbeiten.

Umweltbewusste Reisende sollten ihren Müll sorgfältig entsorgen, laute und umweltschädliche Wassersportarten

Gläubige knien vor einem Schrein, die Füße sind dabei abgewandt

# AUF EINEN BLICK

## Einreise

**Bureau of Immigration**
Soi Suanphlu, Sathorn Tai Rd, Bangkok. **Stadtplan** 8 D5.
0-2287-3101.
www.immigration.go.th

## Zoll

**Fine Arts Department**
Nationalmuseum, 1 Na Phra That Rd, Phra Nakhon, Bangkok.
**Stadtplan** 1 C4.
0-2224-1370.
www.immigration.go.th

**Zollbehörde**
1 Sunthornkhosa Rd, Khlong Toey, Bangkok. 0-2667-7100.
www.customs.go.th

## Information

**Tourism Authority of Thailand**
1600 New Phetchaburi Rd, Bangkok. **Stadtplan** 7 A3.
1672.
www.tourismthailand.org

## Behinderte Reisende

**Association of Physically Handicapped People**
73/7–8 Tivanond Rd, Talad Kwan, Nonthaburi. 0-2951-0567.

## Botschaften

**Deutschland**
9 South Sathorn Rd, Bangkok 10120. 0-2287-9000.
FAX 0-2287-1776.
www.bangkok.diplo.de

**Österreich**
14 Soi Nandha, nahe Soi 1, Sathorn Thai Rd, Bangkok 10120.
0-2303-6046.
FAX 0-2303-6058.
www.aussenministerium.at/bangkok

**Schweiz**
35 North Wireless Rd, Bangkok 10330.
0-2674-6900.
FAX 0-2674-6901.

wie Jetscooter meiden und keine Speisen von gefährdeten Tierarten essen, etwa Haifischflossensuppe, Eier oder Fleisch von Meeresschildkröten. So können Besucher Thailands wachsenden Ökotourismus unterstützen.

**Stadtplan Bangkok** *siehe Seiten 84–95*

# Sicherheit und Notfälle

Thailand ist ein ziemlich sicheres Land. Mit simplen Vorsichtsmaßnahmen hält man sich in den meisten Fällen Ärger vom Hals. In Bangkok und anderen großen Städten gibt es ein gut funktionierendes Netz an Gesundheits- und polizeilichen Notdiensten. Als Faustregel gilt: je entlegener ein Gebiet, desto größer die gesundheitlichen Risiken und desto geringer die Chance auf Hilfe in Notlagen. Die Zentralkrankenhäuser in Bangkok, anderen Städten und auf den Hauptinseln sind modern ausgestattet und haben gut ausgebildete Ärzte, die häufig Englisch sprechen. Selbst kleinere Strände und Inseln sind mittlerweile gut versorgt.

Touristenpolizist mit Barett, daneben gewöhnlicher Polizist

Gut bestückte Apotheke in Ban Bophut, Ko Samui

## Notfälle

Bei Notfällen informiert das **Tourist Assistance Center** (englischsprachig) den richtigen Notdienst. Es ist von 8 bis 24 Uhr besetzt, danach muss man sich an das Hotelpersonal wenden. Während der Bürostunden kann auch die TAT (siehe S. 355) helfen. In Bangkok ist die **Metropolitan Mobile Police** für Notfälle zuständig. Alle Krankenhäuser in Bangkok haben 24-Stunden-Notfallambulanzen.

## Persönliche Sicherheit

Bangkok und die Küstenregionen sind relativ sicher. Mit Zurückhaltung und Besonnenheit kann man Probleme am besten vermeiden. Bei Sehenswürdigkeiten und (Bus-)Bahnhöfen sollte man vorsichtig sein. Wedeln Sie nicht mit Bündeln von Geldscheinen, lassen Sie Gepäck nie unbewacht. Verlangen Sie eine Quittung, wenn Sie Wertsachen im Hotelsafe hinterlegen. Lassen Sie im Laden beim Bezahlen Ihre Kreditkarte nie aus den Augen. Da auf Überlandstrecken Reisende schon betäubt und ausgeraubt wurden, lehnen Sie Speisen und Getränke von Fremden besser höflich ab.

## Drogen

Per Gesetz ist der Erwerb und Verkauf von Opium, Heroin und Marihuana verboten. Drogenbesitz, -schmuggel oder -handel kann zwei bis 15 Jahre Gefängnis oder sogar die Todesstrafe nach sich ziehen.

## Gefahrenzonen

In Gebieten ganz im Süden operiert die militante malaiisch-muslimische PULO (Pattani United Liberation Organization). Die Südprovinzen Narathiwat, Yala, Pattani und Songkhla stehen unter Notstandsrecht. Das auswärtige Amt rät dringend von Reisen in diese Gebiete ab. Generell sollte man sich von Grenzgebieten eher fernhalten.

## Alleinreisende Frauen

Alleinreisende Frauen werden selten belästigt. Die Küstenregionen und Hotels sind für Frauen ziemlich sicher. Taxis stehen überall bereit.

## Touristenpolizei

Touristenpolizisten in Bangkok, Ko Samui, Pattaya und Phuket sprechen Englisch und stehen mit den TAT-Büros in Kontakt. Sie helfen u.a. bei Kreditkartenbetrug, Wuchergebühren, in Notfällen und als englischsprachige Kontaktpersonen. In Bangkok ist die Touristenpolizei nahe dem Lumphini-Park stationiert (siehe S. 74).

## Medizinische Versorgung

Eine Auslandsreise-Krankenversicherung ist für Thailand dringend zu empfehlen. Staatliche und private Krankenhäuser, wie das **Phuket International Hospital** in Phuket, **Bangkok General Hospital** und **Bumrungrad Hospital** in Bangkok sind modern, sauber und effizient. In staatlichen Krankenhäusern sind die Wartezeiten länger. Viele Ärzte sind im Ausland ausgebildet. Neben Bangkok sind die großen Städte am besten versorgt. Zahn- und Augenbehandlungen sollte man in Bangkok vornehmen lassen.

## Apotheken

In Bangkok und den Küstenregionen gibt es viele gut sortierte

Streifenwagen der Touristenpolizei, wie man ihn meist in Städten sieht

Apotheken, die sogar Antibiotika rezeptfrei verkaufen. In kleinen Orten sind sie weniger gut ausgestattet. Die meisten Apotheken haben von 8 bis 21 Uhr geöffnet.

### Schutz vor Hitze

Schonen Sie sich in den ersten Tagen. Trinken Sie viel, ruhen Sie sich häufig im Schatten aus, und meiden Sie die Mittagssonne. Auch wenn Sie sich akklimatisiert haben, sollten Sie weiter viel trinken, insbesondere Wasser aus Flaschen oder Elektrolytgetränke.

Die Tropensonne ist sehr stark – eine gute Sonnencreme und ein breitrandiger Hut sind unabdingbar.

### Erste-Hilfe-Set

Zur Erste-Hilfe-Grundausstattung gehören persönliche Medikamente, Aspirin und Schmerztabletten bei Fieber und kleinen Verletzungen, ein Antiseptikum für Schnitte und Stiche, ein Mittel gegen Magenverstimmung und Durchfall, Bandagen, Schere, Pinzette, Thermometer und ein Insektenschutzmittel.

### Reisedurchfall

Bei Reisedurchfall sollten Sie einige Tage lang nur wenig essen und viel trinken – jedoch kein Leitungswasser. Abgefülltes Mineralwasser ist überall erhältlich. Eiswürfel sind in großen Hotels und Restaurants meist unbedenklich, Eis von Straßenverkäufern sollte man jedoch meiden.

Medikamente können den Durchfall stoppen, am besten sind oft Elektrolytlösungen aus der Apotheke.

### Insekten als Krankheitsüberträger

Sieben der 410 Moskitoarten in Thailand übertragen Malaria. Bei Symptomen wie Kopfschmerzen, Fieber und Schüttelfrost sollte man sofort einen Arzt aufsuchen. Die großen Städte und Inseln sind

Würziges Essen an Straßenständen ist nichts für empfindliche Mägen

weitgehend frei von Malariamoskitos. Aktuelle Infos zur Prophylaxe erhalten Sie bei Tropeninstituten.

Malariamücken sind von Sonnenuntergang bis -aufgang aktiv. Tragen Sie lange Hosen und langärmelige Oberteile, verwenden Sie Mückenschutzmittel, Moskitonetze und -spiralen. Von Moskitos wird auch das Denguefieber übertragen (obwohl nur wenige das Virus in sich tragen). Die Symptome (Fieber, Kopf-, Gelenk- und Muskelschmerzen, Ausschlag) sind heftig und unangenehm, wenn auch selten tödlich. Gegen Denguefieber gibt es keinerlei Prävention.

### Krankheitsüberträger Mensch und Tier

Mückenschutzmittel

Aids wird bekanntlich durch Körperflüssigkeiten übertragen – auf dem thailändischen Sex-Markt ist ungeschützter Verkehr hochriskant.

Bluttransfusionen sind nicht immer verlässlich, am besten lässt man sich nur in großen Krankenhäusern behandeln. Bringen Sie zudem für Impfungen selbst Nadeln mit, oder achten Sie darauf, dass sie ungebraucht sind.

Auch Hepatitis B wird durch Körperflüssigkeiten übertragen. Symptome sind Fieber, Übelkeit und Gelbsucht. Als Spätfolgen treten schwere Leberschäden auf. Gegen Hepatitis B gibt es jedoch eine Impfung, ebenso gegen Tollwut und Tetanus.

---

## AUF EINEN BLICK

### Notrufnummern

**Ambulanz**
📞 1554 (ganz Thailand).

**Metropolitan Mobile Police**
📞 191 (Bangkok).

**Tourist Assistance Center**
📞 1155 (Bangkok).

**Touristenpolizei**
📞 0-2308-0936 oder 1155 (Bangkok).
📞 0-7742-1281 oder 1155 (Ko Samui).
📞 0-3841-0044 oder 1155 (Pattaya).
📞 0-7635 4360 oder 1155 (Phuket).
📞 0-3953-8091 oder 1155 (Trat).

### Krankenhäuser

**Bangkok Gen. Hospital**
Soi Soonvijai, New Phetchaburi Rd. **Stadtplan** 6 E1.
📞 0-2310-3000.
www.bangkokhospital.com

**Bumrungrad Hospital**
Sukhumvit, Soi 3. **Stadtplan** 8 F1.
📞 0-2667-1000.
www.bumrungrad.com

**Phuket International Hospital**
44 Chalermprakiat Ror 9 Rd.
📞 0-7624-9400. www.phuketinternationalhospital.com

---

### Wasser und Speisen als Krankheitsüberträger

An der Ruhr steckt man sich durch infizierte Lebensmittel oder Wasser an. Symptome der Bakterienruhr sind Magenschmerzen, Erbrechen und Fieber. Sie ist hoch ansteckend, dauert aber meist nur eine Woche. Amöbenruhr hat ähnliche Symptome, dauert aber länger. Sie erfordert sofortige medizinische Hilfe.

Hepatitis A entsteht durch mangelnde Hygiene, verschmutztes Wasser und Essen. Gegen sie kann man sich impfen lassen. Gleiches gilt für Typhus, der auf jeden Fall ärztlich behandelt werden muss, da Komplikationen wie Lungenentzündungen auftreten können. Die Impfung schützt jedoch nicht immer.

**Stadtplan Bangkok** siehe Seiten 84–95

# Banken und Währung

Kreditkartenlogo der Siam Commercial Bank

HSBC – eine auch in Bangkok operierende internationale Bank

Bangkok und größere Provinzstädte wie Krabi oder Surat Thani bieten viele gut geführte Banken und Wechselstuben. In größeren Orten sprechen die Angestellten oft Englisch. Wechselstuben befinden sich meist im Stadtzentrum. Mobile Umtauscheinrichtungen sind in der Nähe typischer Ferienzentren stationiert. Kleinere Orte haben oft keine Wechselstuben, aber in der Regel eine Bank oder Geldautomaten, Letztere stehen in praktisch jeder Stadt zur Verfügung. In ländlichen Gebieten findet man allerdings weder das eine noch das andere, sofern es sich nicht um bekannte Urlaubsziele handelt.

## Banken

Die drei größten Banken in Thailand sind **Bangkok Bank**, Kasikorn Bank und **Siam Commercial Bank**. Bank of Ayudhya und **Bankthai** sowie einige kleinere, aber zuverlässige Banken betreiben Filialen im ganzen Land. Zu den wichtigen ausländischen Banken, die mit Filialen in Bangkok vertreten sind, gehören **Bank of America**, **Citibank**, **Deutsche Bank** und **HSBC**. Sie bieten den kompletten Service.

Die Öffnungszeiten von Banken sind montags bis freitags von 8.30 bis 15.30 Uhr. Einige Banken haben in Kaufhäusern Filialen eingerichtet, die von 10 bis 20 Uhr geöffnet haben. Viele Wechselstuben haben täglich und länger geöffnet. Die großen Banken können auch internationale Transaktionen abwickeln. Die meisten haben zudem Geldautomaten.

Geldautomaten stehen in vielen Städten zur Verfügung

## Geldautomaten

An den meisten Geldautomaten kann man zwischen Thai und Englisch wählen. An Geldautomaten mit Visa- oder MasterCard-Zeichen kann man mit diesen Kreditkarten und der PIN Bargeld in Baht abheben. Auch mit **Maestro-/EC-Karten** lässt sich an Automaten mit dem entsprechenden Logo problemlos Geld ziehen (erkundigen Sie sich bei Ihrer Bank nach den Gebühren). Wer länger in Thailand bleiben möchte, sollte ein Konto bei einer thailändischen Bank eröffnen. Dann kann man kostenlos Geld abheben.

## Geldwechsel

Die Wechselkurse der Banken sind in der Regel am besten, die der Hotels am schlechtesten. Die Kurse der Banken variieren kaum, die der zahlreichen Wechselstuben jedoch stark. Fremdwährungen wie der beliebte US-Dollar oder der Euro kann man in Baht wechseln.

In Bangkok gibt es in größeren Kaufhäusern und in Hauptstraßen Wechselstuben. Mobile Wechselbuden, die in der Regel täglich von 7 bis 21 Uhr geöffnet haben, findet man oft bei Sehenswürdigkeiten und Märkten. Die aktuellen Wechselkurse stehen in der *Bangkok Post* und der *Nation*.

---

## AUF EINEN BLICK

### Banken

**Bangkok Bank**
333 Silom Rd, Bangkok.
Stadtplan 7 C4.
☎ 0-2231-4333.

**Bank of America**
CRC Tower, 33. Stock,
Wireless Rd, Bangkok.
Stadtplan 7 A1.
☎ 0-2305-2800.

**Bank of Ayudhya**
1222 Rama III Rd, Bangkok. ☎ 0-2296-2000.

**Bankthai**
44 Sathorn Nua, Bangkok.
Stadtplan 7 B5.
☎ 0-2633-9000.
www.bankthai.co.th

**Citibank**
82 Sathorn Nua, Bangkok.
Stadtplan 7 A4.
☎ 0-2232-2000.

**Deutsche Bank**
208 Wireless Rd, Bangkok.
Stadtplan 7 A1.
☎ 0-2651-5000.

**HSBC**
Rama IV Rd, Bangkok.
Stadtplan 7 A1.
☎ 0-2614-4000.

**Siam Commercial Bank**
9 Ratchadaphisak Rd,
Bangkok. Stadtplan 4 E3.
☎ 0-2544-1111.

### Kartenverlust

**Allg. Notrufnummer**
☎ 001-49-116-116.
www.116116.eu

**American Express**
☎ 001-49-69 9797-2000 oder 0-2273-0022.

**Diners Club**
☎ 02-238-3660.

**MasterCard**
☎ 001-800-11-887-0663.

**Visa**
☎ 001-800-441-3485.

**Maestro-/EC-Karte**
☎ 001-49-69-740-987.

Stadtplan Bangkok *siehe Seiten 84–95*

# BANKEN UND WÄHRUNG

## Kreditkarten

Kreditkarten werden in großen Hotels, Kaufhäusern, gehobenen Läden und Restaurants akzeptiert. In Filialen großer Banken und manchen Wechselstuben kann man damit gegen Gebühr Bargeld abheben. Am gängisten sind **Visa** und **MasterCard**. Dagegen werden **Diners Club** und **American Express** nicht überall angenommen.

Alle thailändischen Handelsbanken akzeptieren Bargeldabhebungen mit MasterCard- und Visa-Kreditkarten (Pass erforderlich). Kreditkarten werden auch an lokalen Geldautomaten gegen Gebühr akzeptiert.

Mit der wachsenden Beliebtheit von Plastikgeld häufen sich auch die Fälle von Kreditkartenbetrug. Prüfen Sie die Belege, bevor Sie sie unterschreiben.

## Währung

Die thailändische Währung ist der Baht, meist mit »B« abgekürzt. Ein Baht sind 100 Satang, die jedoch heute kaum noch verwendet werden. 25 Satang werden auch als *saleung* bezeichnet. Die Inflation macht diese Münze langsam überflüssig.

Geldscheine in verschiedenen Farben und Größen gibt es in den Werten von 20 Baht (grün), 50 Baht (blau), 100 Baht (rot), 500 Baht (lila) und 1000 Baht (braun). In ländlichen Gebieten kann es bisweilen problematisch sein, große Geldscheine zu wechseln.

Münzen gibt es in den Werten 25 Satang *(1 saleung)*, 50 Satang, 1 Baht, 2 Baht, 5 Baht und 10 Baht. Die goldene 2-Baht-Münze ist etwas größer als die silberne 1-Baht-Münze. Die silberfarbene 5-Baht-Münze besitzt eine Randfassung aus Kupfer. Die 10-Baht-Münze besteht aus Kupfer mit einem silbernen Außenring. Die alten Münzen tragen nur Thai-Ziffern, die neueren dagegen auch arabische Ziffern.

**Logo der alteingesessenen Bangkok Bank in Thailand**

## Reiseschecks

Schecks sind sehr sicher und werden zu besseren Kursen als Bargeld umgetauscht. Man kann sie in Banken (niedrigste Gebühr), Hotels und Wechselstuben einwechseln. Schecks in Euro lösen Filialen der Thai Farmers Bank ein.

## Mehrwertsteuer

Thailand erhebt derzeit sieben Prozent Mehrwertsteuer. Bei Einkäufen über 5000 Baht kann man sie sich bei der Ausreise rückerstatten lassen.

20 Baht

50 Baht

100 Baht

500 Baht

1000 Baht

**Münzen gibt es in den folgenden Werten:**

25 Satang

50 Satang

1 Baht

2 Baht

5 Baht

10 Baht

# Kommunikation

**WLAN-Zeichen**

Thailands Kommunikationsnetz wird zügig modernisiert. Telefondienste unterliegen der Telephone Organization of Thailand (TOT), einer Tochtergesellschaft der Communications Authority of Thailand (CAT). Internationale Telefon- und Faxverbindungen sind von Geschäftszentren und Hotels aus möglich. Telefonzellen stehen in den meisten Straßen. Das Postwesen ist etwas unzuverlässiger, für Wertsendungen empfehlen sich daher Kurierdienste. Bekannte internationale sowie thailändische Zeitungen und Zeitschriften in englischer Sprache sind in Hotels, Buchläden und an Straßenkiosken erhältlich. Internet- und WLAN-Verbindungen sind sogar in kleineren Städten verfügbar.

**Kartentelefon für Orts- und Ferngespräche in Thailand**

## Internationale Telefonate

In allen großen Hotels und vielen Gästehäusern kann man – zu erhöhten Preisen – ins Ausland telefonieren. Geschäftszentren und Internet-Cafés in kleinen Orten bieten E-Mail- und Telefondienste. In Bangkoks Hauptpostamt in der Charoen Krung New Road und in großen Postämtern im Rest des Landes arrangieren CAT-Zentren R-Gespräche und Telefonate auf Kreditkarte. Sie sind in Bangkok von 7 bis 24 Uhr geöffnet, andernorts kürzer. Um vom Hotelzimmer aus zu telefonieren, rufen Sie entweder die Rezeption an oder wählen 001 (internationale Verbindung), die Landesvorwahl und dann die Nummer des Anschlusses – oder Sie wählen 007, 008 oder 009 vor, was die Gespräche preiswerter macht. Sie können auch die internationale Vermittlung unter 100 anwählen.

**Telefonkarte für Auslandsgespräche**

Gelbe und blaue internationale Telefone stehen an Straßen, Shopping-Centern und auf Flughäfen. Die blauen akzeptieren Kreditkarten, die gelben nehmen Prepaid-Telefonkarten, die es u. a. in Postämtern zu kaufen gibt.

## Ortsgespräche

Ortsgespräche kann man von jedem öffentlichen Telefon aus führen, mit Ausnahme der blauen und gelben internationalen Telefone. Orts- und Inlandsgespräche sind an blau-silbernen Münztelefonen oder den grünen Kartentelefonen möglich. Münztelefone akzeptieren 1-, 5- und 10-Baht-Münzen. Karten zu 25, 50, 100 oder 250 Baht erhält man in Postämtern, Buchhandlungen und Hotels. Nationale Ferngespräche erstrecken sich auch auf Malaysia und Laos.

## Mobiltelefone

Deutsche, Schweizer und österreichische GSM-Handys funktionieren in Thailand problemlos. Fast überall in Thailand hat man auch Empfang. In größeren Nationalparks kann die Verbindung schlecht sein. Stellen Sie rechtzeitig vor der Reise einen Roamingantrag bei Ihrem Provider.

Handys sind in Thailand extrem billig. Es gibt verschiedene Anbieter (AIS hat die beste Abdeckung an der Küste). SIM-Karten erwirbt man in Handy-Shops. Kunden bezahlen monatlich oder kaufen die populären Scratch Cards, um Einheiten zu sparen. Karten gibt es in allen 7-Eleven-Läden zu Werten von 50 bis 500 Baht.

Achtung: Beim Daten-Roaming können enorme Kosten auflaufen. Stellen Sie diese Funktion am besten ab.

## Fernsehen und Radio

Thailands zahlreiche Fernsehprogramme sind meist auf Thai. Satelliten- und Kabelfernsehen ist in Asien auf dem Vormarsch, englischsprachige Sender wie BBC, CNN, Al Jazeera und CNBC sind weithin zu empfangen. Viele Hotels bieten Satelliten- und Kabel-TV sowie hauseigene Videokanäle. Infos gibt es in der *Bangkok Post* und der *Nation*.

Über 400 Radiosender sind landesweit zu empfangen.

**Mobiltelefone funktionieren auch auf den Inseln**

Englischsprachige Sender mit lokalen Moderatoren sind im *Outlook* der *Bangkok Post* aufgelistet. Radio Thailand sendet auf den MW-Frequenzen 107 und 105 rund um die Uhr auf Englisch. Die Kurzwellenfrequenzen für BBC, VOA, Radio Australia, Radio Canada, RFI (Französisch) und Deutsche Welle findet man im *Focus* von *The Nation*.

*The Nation*, eine führende Wirtschaftszeitung in Bangkok

## Zeitungen und Zeitschriften

Thailands beste englischsprachige Zeitungen sind *Bangkok Post* und *The Nation*. Beide bieten zuverlässige lokale, regionale und internationale Nachrichten. Die täglichen Beilagen *Outlook (Bangkok Post)* und *Focus (The Nation)* konzentrieren sich auf Lifestyle, Reise, Klatsch sowie Restaurants, Filme, Konzerte und Ausstellungen in Bangkok. Beide Zeitungen sind an Kiosken und in Zeitungsläden in ganz Bangkok erhältlich. Die *International Herald Tribune* und das *Asian Wall Street Journal* werden in Hotels und englischen Buchhandlungen wie Asia Books und Bookazine verkauft, beide Läden führen auch eine breite Auswahl an internationalen Zeitschriften.

Deutschsprachige Zeitungen in Thailand sind *Der Farang* (14-täglich), *Pattaya Blatt* (wöchentlich) oder *Tip – Zeitung für Thailand* (14-täglich).

Ein lokaler englischsprachiger Veranstaltungskalender ist *BigChilli*. Zudem gibt es kostenlose Führer in Restaurants, Bars und Buchläden, etwa *BK Magazine*, *Absolute Lifestyle* und *Thaiways*.

## Post

Briefe und Postkarten nach Europa sind in der Regel eine Woche unterwegs. Briefmarken erhält man in Postämtern und in zahlreichen Hotels. Päckchen und Wertsachen schickt man besser per Einschreiben oder mit internationaler Eilpost (EMS).

In allen Hauptpostämtern kann man postlagernd Sendungen erhalten, die bis zu drei Monate aufbewahrt werden. Bei der Abholung ist der Reisepass vorzuzeigen sowie bisweilen eine geringe Gebühr zu entrichten.

Die an Sie gerichteten Briefe sollten folgendermaßen adressiert sein: Nachname des

**Thailändischer Briefkästen**

Empfängers in Großbuchstaben und unterstrichen, poste restante, GPO, Adresse, Stadt, Thailand. Sendungen an Bangkoks Hauptpostamt (General Post Office – GPO) sollten lauten: »mail care of GPO, Charoen Krung Road, Bangkok«.

Größere Postämter haben montags bis freitags von 8 bis 20 Uhr geöffnet, an Wochenenden von 8 bis 13 Uhr. In Provinzstädten öffnen sie montags bis freitags von 8.30 bis 14.30 Uhr und samstags von 9 bis 12 Uhr.

## Internet und E-Mail

Internet-Zugang besteht in ganz Thailand. Die Gebühren rangieren zwischen 20 Baht pro Stunde in einem Internet-Café und 250 Baht pro Stunde in einem gehobenen Hotel. WLAN-Hotspots werden selbst in den Provinzen immer gängiger. Internet-Dienste sind inzwischen nicht mehr monopolisiert und werden von mehreren Unternehmen angeboten.

## Kurierdienste

Große internationale Kurierdienste wie **DHL**, **FedEx** und **UPS** operieren auch in Thailand. Es ist also einfach, Sendungen per Luftfracht zu verschicken. Sehr große Sendungen, etwa Möbel, verschickt man preiswerter per Land-/Seefracht. Viele Läden und Kurierdienste arrangieren dies für Sie und stellen die notwendigen Formulare zur Verfügung.

---

### AUF EINEN BLICK

**Kurierdienste**

**DHL**
209 K Tower A, 12. Stock,
Sukhumvit 21 Rd, Bangkok.
📞 *0-2345-5000.*
www.dhl.co.th

**FedEx**
Green Tower, 3656/22 Rama IV,
Bangkok. **Stadtplan** 8 E4.
📞 *1782.* www.fedex.com.th

**UPS**
16/1 Soi 44/1 Sukhumvit Rd,
Bangkok. 📞 *0-2762-3300.*
www.ups.com

---

### Nützliche Nummern

- Für Inlandsgespräche wählen Sie (immer mit Vorwahl) eine neunstellige Nummer für Bangkok (beginnt mit **02**) und zehnstellige Nummern für die Provinzen. Die Vorwahl für Handys ist **08**.
- Für internationale Gespräche wählen Sie **001** (oder die günstigeren 007, 008, 009), gefolgt von der Landesvorwahl (funktioniert auch bei Handys).
- Ländervorwahlen: Deutschland **49**, Österreich **43**, Schweiz **41**.
- Für die internationale Vermittlung, ein R-Gespräch oder die Störungsstelle wählen Sie die **101**.
- Kostenlose R-Gespräche (nur nach Deutschland) werden über »Deutschland Direkt« vermittelt: **1800 0049 99** oder **1800 0049 10**.

**Stadtplan Bangkok** *siehe Seiten 84–95*

# Reiseinformationen

Fast alle Reisende zu Thailands Stränden und Inseln kommen mit dem Flugzeug an. Andere Möglichkeiten sind Fähre, Straße und Eisenbahn von Malaysia oder Kambodscha aus. Innerhalb Thailands verkürzen Flüge die Reise erheblich, denn das Land hat ein dichtes Netz von Regionalflughäfen. Flüge in Nachbarländer sind günstiger, wenn man direkt in Thailand bucht. Zwischen Bangkok und Singapur gibt es regelmäßige Bahnverbindungen über Kuala Lumpur, Butterworth und einige südthailändische Städte. Die Züge sind sauber, komfortabel und pünktlich. Zwischen allen Städten und den meisten Dörfern verkehren Überland- und Lokalbusse. Für die Kurzstrecken eignen sich Taxis, *songthaew* und *tuk-tuk*.

Logo von Thai Airways

## Anreise mit dem Flugzeug

Thailand wird von vielen Fluglinien aus der ganzen Welt angeflogen. Direktflüge werden von allen fünf Kontinenten aus angeboten. **Thai Airways International**, **Lufthansa**, **Austrian Airlines** und **Swiss** bieten Direktflüge aus Deutschland, Österreich und der Schweiz nach Bangkok an (Flugzeit Frankfurt am Main – Bangkok: 10:20 Std.). Einige asiatische Airlines (etwa Singapore Airlines) fliegen von europäischen Städten direkt nach Phuket, Ko Samui, Pattaya oder Hat Yai. Gleiches gilt für Billigflieger, vor allem in der Hochsaison.

Preiswerte Flüge innerhalb Thailand und zu asiatischen Destinationen bieten z. B. **Bangkok Airways**, **Air Asia**, und **Nok Air**.

## Flugpreise

Die Flugpreise nach und von Thailand sind von Zielort, Fluglinie und Jahreszeit abhängig. In der Hochsaison zwischen November und März sind die Flugpreise meist teurer. In der Nebensaison (heiße Zeit, Monsunzeit) werden sie billiger.

## Internationaler Flughafen Suvarnabhumi

Nach jahrelangen Planungen und vielen Verzögerungen konnte Bangkoks Internationaler Flughafen Suvarnabhumi im September 2006 eröffnen. Er liegt rund 30 Kilometer östlich der Hauptstadt und ist einer der verkehrsreichsten Flughäfen Asiens. Auf ihm werden alle internationalen und zahlreiche Inlandsflüge abgewickelt.

Bei der Ankunft betreten Passagiere das Terminal im zweiten Stock des Schaltergebäudes. Nach der Pass- und Zollkontrolle gelangen sie in die Ankunftshalle, wo sie Schalter für Transportmittel und Unterkünfte sowie ein Informationszentrum vorfinden. Beim Meeting Point im dritten Stock können sie die Weiterreise antreten und sich informieren.

## Transfer vom und zum Flughafen Suvarnabhumi

Taxis mit Taxameter stehen direkt vor dem Terminal. Zum Fahrpreis kommt eine Gebühr von 50 Baht hinzu. Die Fahrt in die Stadt kostet rund 400 Baht inklusive Maut und dauert je nach Verkehr

Kennzeichen eines Taxis mit schwarzer Registrierungsnummer

Hellgrünes Kennzeichen mit Registrierung einer Flughafenlimousine

etwa 45 Minuten. Man kann auch den preiswerteren Shuttle-Bus nehmen.

Für die Fahrt zum Flughafen wird dringend empfohlen, mindestens eine Stunde Fahrzeit einzuplanen und den Expressway zu nehmen. Die Check-ins sind häufig verspätet, insbesondere am Schalter von Thai Airways. Hinzu kommt, dass der Weg von der Passkontrolle bis zur Wartehalle ziemlich lang ist.

Eine Schnellbahnverbindung (Suvarnabhumi Airport Link) vom City Airport Terminal (U-Bahn-Station Makkasan) zum Flughafen ist seit Mitte 2010 in Betrieb (Non-Stop-Fahrt 15 Min., mit Zwischenstopps 27 Min.).

## Inlandsflüge

Inlandsflüge starten auch von Bangkoks Don Muang Airport, der von allen preiswerten lokalen Fluglinien bedient wird.

Thai Airways International und Bangkok Airways fliegen alle großen Inlandsflughäfen an, u. a. Hat Yai, Ko Samui,

Flugzeug aus der Flotte von Thai Airways International

**Die schöne, aus Naturmaterialien gestaltete Halle des Ko Samui Airport**

Krabi und Phuket. Tickets kauft man in Reisebüros, Hotels oder bucht sie direkt bei den Airlines. An Feiertagen *(siehe S. 37)* und Wochenenden sind mehr Reisende unterwegs. Es kann dann schwierig sein, einen Flug zu bekommen. Am besten reserviert man seine Flüge vorab oder reist an Werktagen.

## Umweltbewusst reisen

Reisen in Thailand ist leicht, angenehm, preiswert – doch nicht wirklich ökologisch. Viele Besucher nutzen umweltfreundlichere Züge und Langstreckenbusse. Viele mieten aber auch ein Auto, mit dem sie keinesfalls energiebewusst unterwegs sind. Thailands Straßen sind gut gepflegt, dennoch kann das Fahren – vor allem in abgelegenen Gebieten – bisweilen gefährlich sein. Steigende Energiepreise und die Luftverschmutzung in den großen Städten haben zur Einführung von Flüssiggas (LPG) geführt, dass die Umwelt weniger belastet. Die Umstellung befindet sich jedoch noch in der Anfangsphase. Es gibt erst wenige Fahrzeuge, die mit LPG fahren und wenige Tankstellen mit LPG außerhalb der großen Städte. Eine Alternative ist Gasohol, ein Gemisch aus Benzin und Alkohol aus Zuckerrohr. Sowohl LPG als auch Gasohol werden vom Staat subventioniert. Verbleites Benzin gehört fast ganz der Vergangenheit an.

Persönlich kann man einen Beitrag leisten, indem man Sammeltaxis, Busse und Fähren benutzt, anstatt zu fliegen oder Langboote zu chartern. Motorräder sind zwar das häufigste Verkehrsmittel auf den kleineren Inseln, doch sollte man die umweltschädlichen, lauten »Zwei-Takt-Stinker« meiden. Am umweltfreundlichsten kommt man zu lokalen Sehenswürdigkeiten zu Fuß oder mit dem Fahrrad.

## AUF EINEN BLICK

### Airlines

**Air Asia**
0-2515-9999.
www.airasia.com

**Austrian Airlines**
0-2267-0873.
www.aua.com

**Bangkok Airways**
0-2270-6699.
www.bangkokair.com

**Lufthansa**
0-2264-2400.
www.lufthansa.com

**Nok Air**
0-2900-9955.
www.nokair.com

**Singapore Airlines**
0-2353-6000.
www.singaporeair.com

**Swiss**
0-2204-7744.
www.swiss.com

**Thai Airways International**
0-2356-1111.
www.thaiair.com

**Fähren bringen Besucher zu den Inseln**

| Flughafen | Information | Entfernung | Taxipreis | Fahrzeit |
|---|---|---|---|---|
| Bangkok: Don Muang | 0-2535-1111 0-2535-1253 | Stadtzentrum 25 km | 300 Baht | Zug: 50 Min. Straße: 1–2 Std. |
| Bangkok: Suvarnabhumi | 0-2132-1888 | Stadtzentrum 30 km | 400 Baht | Straße: 45 Min. |
| Hat Yai | 0-7422-7231 | Stadtzentrum 12 km | 200 Baht | Straße: 25 Min. |
| Phuket | 0-7632-7230-7 | Stadtzentrum 29 km | 550 Baht | Straße: 45 Min. |
| Ko Samui | 0-7742-8500 | Stadtzentrum 22 km | 150 Baht | Straße: 30 Min. |

# Lokale Transportmittel

*Taxi- und Tuk-tuk*-Schild

Bangkok, das jahrelang von Staus geplagt war, eröffnete 1999 endlich den BTS (Bangkok Mass Transit System)-Skytrain und 2004 ein Metronetz. Diese effizienten Transportmittel haben zusammen mit dem Chao-Praya-Express-Pier das Verkehrssystem in der Stadt revolutioniert. Der Verkehr in den Provinzen ist geringer. Dort fährt man mit Fahrradrikschas *(samlor)*, *tuk-tuk* (Auto-Rikscha) und *songthaew* (umgebaute Pick-ups als Sammeltaxis). Den Fahrpreis auszuhandeln, gehört zum Thailand-Feeling.

*Samlor* sind gängige Transportmittel für kurze Strecken

## In Bangkok unterwegs

In Bangkok fahren zwei Linien des effizienten Skytrain: die Sukhumvit-Linie von der Station Morchit im Norden zur Station On Nut im Osten sowie die Silom-Linie vom Nationalstadion zur Taksin-Brücke im Zentrum. Umsteigen kann man am Siam Center. Mittlerweile ist die Sukhumvit-Linie bis Sukhumvit 105 und die Silom-Linie bis nach Thon Buri erweitert worden. Daneben besteht der direkte Suvarnabhumi Airport Link zum Flughafen Suvarnabhumi.

Die U-Bahn MRT (Mass Rapid Transit) verläuft vom Bahnhof Hua Lampong 20 Kilometer weit nach Bang Sue. Weitere Transportmittel sind Flussboote, Busse, Limousinen und Tourbusse sowie Taxis und *tuk-tuk*.

Express-Flussboote pendeln zwischen frequentierten Anlegestellen am Chao Phraya, Fähren zwischen dem Ost- und Westufer des Flusses. An einigen Piers kann man Langboote mieten.

Busspuren beschleunigen das Vorankommen. Die Routen findet man in der *Tourist Map Bangkok City* und der *Tour 'n' Guide Map to Bangkok*. Blaue klimatisierte Busse (»AC«) und weiße Metrobusse (»M«) sind komfortabel und fahren auf wichtigen Strecken. Preiswerte Busse ohne Klimaanlage verkehren in der ganzen Stadt (auch nachts). Außerhalb ist Busfahren ohne Thai-Kenntnisse schwierig, doch gibt es überall *tuk-tuk*, *songthaew* und Taxis.

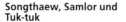

Farbenfrohes *tuk-tuk*

## Taxis

Taxis mit Taxameter fahren in Bangkok und Hat Yai. Man erkennt sie am »Taxi-Meter«-Schild auf dem Dach. Viele Fahrer kennen nur die Namen und Orte der größten Hotels und Sehenswürdigkeiten. In den mittlerweile in Bangkok seltenen, nicht empfehlenswerten Taxis ohne Taxameter muss man vor dem Einsteigen den Fahrpreis aushandeln.

In einigen Städten fahren Motorradtaxis. Sie stehen meist bei Märkten und in langen *soi* und sind an den bunten, nummerierten Jacken der Fahrer erkennbar. Die Preise sind in der Regel verhandelbar.

## Songthaew, Samlor und Tuk-tuk

Ein *songthaew* (wörtlich: »zwei Reihen«) ist ein umgebauter Lieferwagen oder Pick-up mit zwei Sitzreihen auf der Ladefläche. Außerhalb Bangkoks sind sie häufiger als Busse. Sie fahren auf festen Routen zu Fixpreisen meist zwischen 20 und 40 Baht. Fahrpläne gibt es nicht, die Fahrer warten mit der Abfahrt, bis ihr Gefährt mindestens zur Hälfte besetzt ist. Manchmal stehen die Routen auf Englisch an den Seiten. *Songthaew* können wie Taxis gemietet werden, sind aber unbequemer.

*Samlor* sind dreirädrige Gefährte oder Rikschas ohne Motor. Sie befördern ein bis zwei Passagiere wenige Kilometer weit. Motorisierte *samlor* heißen *tuk-tuk*. Ihre lauten Zwei-Takt-Motoren wurden von den Japanern im Zweiten Weltkrieg eingeführt. Bei starkem Verkehr und in der Regenzeit können sie unbequem und wacklig sein, bei Touristen sind sie beliebt (Kurzstrecken: 30 bis 60 Baht). Informieren Sie sich vorab über Preise, und steigen Sie erst in ein Gefährt, wenn Sie den Preis ausgehandelt haben.

Ein Skytrain fährt an einer Station in Bangkok ein

# Organisierte Touren

Hunderte von Reisebüros offerieren in Bangkok, in Urlaubsgebieten wie Phuket und Pattaya sowie in den meisten Hotels des Landes Touren aller Art. Die Angebote reichen von eintägigen Stadtrundfahrten mit den Hauptsehenswürdigkeiten bis zu mehrtägigen Ausflügen zu verschiedenen Städten und Attraktionen. Solche Touren kosten mehr als Fahrten mit öffentlichen Verkehrsmitteln, doch sie ersparen einem – etwa im notorisch verkehrsüberlasteten Großraum Bangkok – viel Zeit und Aufwand. Der Nachteil ist, dass man nicht unabhängig ist und selten an einem Ort länger verweilt.

Fahrkartenschalter für lokale Transportmittel an der östlichen Golfküste

## Buchung

Eine Thailand-Tour, inklusive Fahrtkosten und Übernachtung, kann man von zu Hause aus buchen. Solche Pauschaltouren dauern in der Regel ein bis zwei Wochen. Typischerweise übernachtet man ein paar Nächte in Bangkok und unternimmt dann Ausflüge nach Hua Hin, Ko Samui, Krabi oder Phuket. Spezialisierte Touren, etwa Fahrten nach Khao Lak oder Phuket und Wandern im Khao-Sok-Nationalpark (siehe S. 206f), können von wenigen Tagen bis zu mehreren Wochen dauern. Große Anbieter in Bangkok, die Pauschaltouren organisieren, sind **Diethelm Travel, Thai Overlander Travel & Tour, Arlymear Travel, NS Travel & Tours, Regale International Travel, STA Travel** und **World Travel Service Ltd**.

Auch die meisten Hotels und Gästehäuser in den Regionen bieten Ausflüge an oder arbeiten mit lokalen Reisebüros zusammen. Die TAT-Büros vor Ort können Anbieter empfehlen. Tagesausflüge zu beliebten Sehenswürdigkeiten kann man meist am Vortag buchen. Touren zu entfernteren Attraktionen beinhalten die Übernachtung und starten oft an einem festen Wochentag. Meist wird man am Hotel oder Gästehaus abgeholt.

## Bus- und Bootstouren

Viele Veranstalter benutzen »VIP«- oder Luxusbusse mit Klimaanlage, Liegesitzen, Toilette und bieten Erfrischungen. Weitverbreitet sind auch klimatisierte Minibusse sowie in abgelegenen Gebieten Jeeps. Die meisten Fahrzeuge sind gepflegt und sicher.

Sehr beliebt sind Bootstouren. Tagesausflüge zu Inseln

Ein Speedboot wartet auf Passagiere zu den Similan-Inseln

bieten oft die Möglichkeit zu Wassersport (Transfer vom und zum Hotel inklusive). Ausflüge zu entfernten Inseln umfassen in der Regel Übernachtung an Bord sowie Tauchausrüstung.

## Geführte Touren

Touren zu historischen Städten wie Nakhon Si Thammarat oder Phetchaburi werden meist von zweisprachigen Führern begleitet. Bei Tauch- und Schnorcheltrips ist ein professioneller Führer für die Sicherheit unverzichtbar. Die Qualität der Führer und Touren variiert. Eine Liste guter geführter Touren sowie brauchbare Karten veröffentlichen die lokalen TAT-Büros.

---

### AUF EINEN BLICK

**Tourenanbieter**

**Arlymear Travel**
6. Stock, CCT Building, 109 Surawong Rd, Bangkok.
Stadtplan 7 C3. 0-2236-9317. www.arlymear.com

**Diethelm Travel**
12. Stock, Kian Gwan Building II, 140/1 Witthayu Rd, Bangkok.
Stadtplan 7 B1. 0-2660-7000. www.diethelmtravel.com

**NS Travel & Tours**
133/19–20 Ratchaprarop Rd, Bangkok. Stadtplan 4 E4.
0-2642-6627.
www.nstravel.com

**Regale International Travel**
191/1–2 Soi Suksaviddhaya, Sathorn Nua Rd, Bangkok.
Stadtplan 7 B5. 0-2635-2450. www.regaleintl.com

**STA Travel**
14. Stock, Wall Street Tower Building, Suriwong Rd, Bangkok.
Stadtplan 2 E5. 0-2236-0262. www.statravel.co.th

**Thai Overlander Travel & Tour**
407 Sukhumvit Rd (zwischen Sukhumvit Soi 21 und 23), Bangkok.
0-2258-4779.
www.thaioverlander.com

**World Travel Service Ltd**
1053 Charoen Krung Rd, Bangkok. Stadtplan 7 A4.
0-2233-5900.
www.wts-thailand.com

*Stadtplan Bangkok siehe Seiten 84–95*

# Mit Bahn, Bus oder Boot unterwegs

Thailands SRT (State Railway of Thailand) verbindet auf vier Hauptstrecken Bangkok mit den anderen Landesteilen. Zugfahren ist bequem und sicher, aber langsam. Das Streckennetz deckt auch nicht alle Städte ab. Phuket, Krabi und Trang beispielsweise haben keinen Bahnhof. Die Überlandbusse pendeln dagegen zwischen allen größeren Städten und Bangkok, die Regionalbusse zwischen kleineren Städten und Dörfern. Zu den großen Inseln fahren Fähren.

*Achtung, Bahnübergang*

Brunnen am Eingang zum Bahnhof Hua Lampong, Bangkok

## Schienennetz

Bangkoks Hauptbahnhof ist der fast 90 Jahre alte **Hua Lampong**. Von hier aus verkehren über 130 Züge in die verschiedenen Landesteile. Die erste Hauptstrecke führt über das Menam-Becken nach Chiang Mai, die zweite, die sich teilt, nach Nong Khai und Ubon Ratchathani im Nordosten, die dritte an die östliche Golfküste und weiter nach Kambodscha und die vierte nach Süden über die Halbinsel bis nach Malaysia. Der Bahnhof ist der wichtigste Abfahrtspunkt für Züge in die Küstenregionen.

## Züge

Unterschieden wird zwischen Special Express (am schnellsten), Express, Rapid und Ordinary. Selbst in Expresszügen dauert die Fahrt länger als mit dem Auto: von Bangkok zum **Bahnhof Surat Thani** ca. elf, zwölf Stunden.

Erste-Klasse-Wagen (nur im Express und Special Express) haben klimatisierte Abteile,

*Fenster eines Erste-Klasse-Waggons*

Zweite-Klasse-Wagen verstellbare Sitze sowie Ventilator oder Klimaanlage. Schlafwagen der zweiten Klasse haben spezielle Sitze, die nachts durch Vorhänge abgetrennt und zu Betten umfunktioniert werden. Toiletten (zumindest eine westliche sollte vorhanden sein) und Waschräume liegen in der Regel am Wagenende.

Viele Reisende finden die zweite Klasse auch auf langen Fahrten bequem und entspannender als eine Busfahrt.

In der dritten Klasse sitzen jeweils zwei oder drei Passagiere auf Holzbänken. Sie ist preiswert, aber für lange Fahrten nicht empfehlenswert. Die meisten Züge sind sauber und gut gewartet. Uniformierte Verkäufer bieten in den Gängen Erfrischungen an, auf Langstrecken wird ein Speisewagen angehängt.

## Bahntickets

Am Bahnhof Hua Lampong in Bangkok erhält man Fahrpläne in englischer Sprache. Denken Sie daran, dass zu Hauptreisezeiten (Wochenenden und Feiertage) Fahrkarten schon Tage vorher ausverkauft sein können. Im Bahnhof befindet sich ein Reservierungsbüro mit englischsprachigem Personal. Auch einige Reisebüros verkaufen Zugfahrkarten.

Die Fahrpreise hängen vom Zugtyp und der Wagenklasse ab. Ein Zweite-Klasse-Ticket von Bangkok nach Surat Thani kostet etwa 438 Baht mit allen Zuschlägen. Schlafwagen zweiter Klasse schlagen mit etwa 848 Baht zu Buche. Kürzere Strecken, etwa von Bangkok nach Pattaya, kosten zwischen 15 und 120 Baht.

Infos zu 20-Tage-Pässen (1000 bis 2000 Baht) erhalten Sie im Bahnhof Hua Lampong.

## Überlandbusse

Überlandbusse fahren am östlichen (**Ekamai**), nördlichen (**Morchit**) und südlichen (**Pin Klao**) Busbahnhof in Bangkok ab. Provinzhauptstädte sind von Bangkok aus direkt erreichbar. In Südthailand ist der **Bahnhof Surat Thani** Drehscheibe für Überland- und lokale Buslinien. Busse sind oft schneller als Züge und mit Klimaanlage, Toilette, Liegesitzen und reichlich Beinfreiheit durchaus komfortabel. »VIP«-Busse sind am besten ausgestattet, dort werden sogar Erfrischungen serviert. Besonders beliebt sind Nachtbusse. In den klimatisierten Fahrzeugen ist es bisweilen richtig kalt, zie-

*Luxuriöser Doppeldeckerbus für Langstrecken*

## Eastern & Oriental Express

Der weltberühmte Eastern & Oriental Express verkehrt zwischen Bangkok und Singapur. Die stilvolle Reise dauert drei Tage und zwei Nächte, mit Station in Butterworth (Penang) und Kuala Lumpur, Malaysia. Das Dekor der 22 Wagen ist vom Design der 1930er Jahre inspiriert. Zur Auswahl stehen Doppel- und Einzelabteile in Normal- oder Luxusausstattung. Hinzu kommen Speisewagen, Salonwagen, Bar und Aussichtsdeck. Dieser Luxus spiegelt sich natürlich im Preis wider.

**Speisewagen im Eastern & Oriental Express**

### AUF EINEN BLICK

#### Züge

**Bahnhof Hua Lampong**
Krung Kasem Rd, Bangkok.
0-2223-3786 (Reservierungsbüro: tägl. 7–16 Uhr).

**Bahnhof Surat Thani**
14 km westl. von Surat Thani, Tha-Kham-Stadt.
0-7731-1213.

**Eastern & Oriental Express**
0800 7070 787 (in Deutschland und über Reisebüros).
0-2255-9150 (Bangkok).
(65) 392 3500 (Singapur).
www.orient-express.com

#### Überlandbusse

**Bahnhof Surat Thani**
Busbahnhof Talat Kaset, Tha Thong Rd, Surat Thani.
0-7720-0032.

**Ekamai (östlicher Busbahnhof)**
Sukhumvit Rd, Bangkok.
0-2391-8097.

**Morchit (nördlicher Busbahnhof)**
Kampheng Phet Rd, Morchit, Bangkok.
0-2576-5599.

**Pin Klao (südlicher Busbahnhof)**
Nakhon Chai Si Rd, Phra Pin Klao, Bangkok.
0-2435-5605.

hen Sie also entsprechende Kleidung an. Decken sind in der Regel vorhanden.

## Bustickets

Die Tarife der Überlandbusse entsprechen etwa den Zugfahrten zweiter Klasse. VIP-Busse kosten 20 bis 50 Prozent mehr. Buchen Sie Fahrten am Wochenende oder an Feiertagen unbedingt weit im Voraus, oder kommen Sie mindestens eine halbe Stunde vor der Abfahrt an den Busbahnhof. Es gibt nur einfache Tickets, keine Rückfahrkarten.

**Kontrollabschnitt einer Busfahrkarte**

## Regionalbusse

Die Busse der staatlichen *Bor Kor Sor* (BKS) fahren häufig, sind zuverlässig und das preiswerteste Transportmittel in Thailand. Eine Reservierung ist kaum nötig. In vielen Bussen zahlt man beim Fahrer oder Kontrolleur. In fast jeder Stadt gibt es einen BKS-Busbahnhof. Busse ohne Klimaanlage *(rot thamadaa)* sind am günstigsten – und am langsamsten, da sie jedes Dorf anfahren. Klimatisierte Lokalbusse *(rot aer)* stellen oft keine Decken bereit. Nehmen Sie bei Nachtfahrten Jacke oder Pullover mit.
In den Regionalbussen kann man Einheimische kennenlernen und bekommt viel vom Land zu sehen. Denken Sie aber daran, dass kaum Pausen eingelegt werden, die Busse oft überfüllt und teils in schlechtem Zustand sind. Hinzu kommt, dass die Fahrer bisweilen recht risikofreudig sind.
Die hinterste Sitzreihe ist für Mönche bestimmt. Rechnen Sie damit, dass Sie den Platz wechseln oder stehen müssen. Frauen sollten nicht neben einem Mönch sitzen.

## Boote zu den Inseln

Der Fahrplan der Fähren ist unzuverlässig, da wetterabhängig. Regelmäßige Verbindungen gibt es nach Ko Samui, Ko Phangan und von Surat Thani nach Ko Tao. Kleinere Inseln werden unregelmäßig angefahren, da die Boote erst bei einer bestimmten Passagierzahl ablegen. Die improvisierten Fähren oder Langboote werden von einheimischen Fischern betrieben, die ihre Dienste in der Regenzeit oft einstellen.

**Ticketschalter in Krabi für Boote zu den nahen Inseln**

# Mit Auto, Moped oder Fahrrad unterwegs

Kilometerstein

Wer in Thailand Auto fährt, braucht starke Nerven, um nicht vor Schlaglöchern, verwirrenden Kreuzungen, klapprigen Vehikeln und tollkühnen Fahrern zu kapitulieren. Für Reisen abseits der Touristenpfade sollten Sie sich ein Auto mit erprobtem Fahrer mieten. Internationale und lokale Autovermietungen mit unterschiedlichen Standards gibt es im ganzen Land. In Ferienorten werden gern Mopeds oder Jeeps gemietet.

## Mietwagen

Für einen Mietwagen benötigen Sie den internationalen Führerschein. International tätige Firmen vermieten sichere Wagen und bieten darüber hinaus vollen Versicherungsschutz und entsprechenden Kundenservice. **Avis** und **Budget** unterhalten Filialen in einigen Flughäfen und Großstädten Thailands. Die Preise liegen zwischen 1800 Baht pro Tag und bis zu 35 000 Baht pro Monat. Eine weitere bekannte Mietwagenfirma ist **Siam Express**.

Bei unbekannten Firmen sollten Sie aufmerksam das Kleingedruckte in Bezug auf Ihre Haftung lesen – teils ist keine Versicherung dabei. Lassen Sie sich eine Kopie des Fahrzeugbriefs geben, und tragen Sie diese bei sich.

## Mietwagen mit Fahrer

Mietautos mit erfahrenem Chauffeur werden immer populärer. Die Mehrkosten im Vergleich zum normalen Mietwagen liegen oft unter 50 Prozent. Manche Fahrer kennen lokale Sehenswürdigkeiten und schlagen interessante Ziele vor. Die meisten Mietwagenfirmen vermitteln Chauffeure. Die Pauschalangebote von Siam Express umfassen Fahrer, Wagen und Unterkunft in Hotels.

**Typischer Stau in Bangkok – die Stadt ist dafür berüchtigt**

## Mopedverleih

Mopeds und Motorräder kann man in vielen Ferienorten, Städten und an Stränden mieten. In Gegenden mit vielen Gästehäusern wird alles Erdenkliche vom Moped bis zum Geländemotorrad vermietet. Nur wenige Anbieter kümmern sich um Führerschein und Versicherungen. Mit 200 bis 300 Baht pro Tag sind die Preise sehr niedrig. Prüfen Sie zur eigenen Sicherheit unbedingt vor der Abfahrt Bremsen, Reifen und Öl. Tragen Sie einen Helm (Vorschrift) und feste Schuhe, ebenso lange Ärmel und Hosen, die Sie bei kleineren Unfällen vor Kratzern und Schnitten schützen. Fahren Sie auf unbefestigten Wegen sehr vorsichtig, fahren Sie auch nicht allein über Land. Denken Sie daran, dass nicht überall medizinische Hilfe zur Verfügung steht.

## Tankstellen

Tankstellen liegen an den Hauptstraßen von Städten und an Schnellstraßen. Sie sind modern, führen meist bleifreies Benzin und haben Angestellte, die für Sie tanken, Fenster putzen und den Luftdruck der Reifen prüfen. Manche beschäftigen für Reparaturen einen Mechaniker oder können zumindest einen empfehlen. Es gibt meist einen kleinen Laden und immer ein asiatisches WC. Viele Tankstellen haben rund um die Uhr geöffnet, einige schließen um 20 Uhr. Allgemein ist Benzin in Thailand preiswerter als im Westen.

## Parken

In Bangkok gehören mehrstöckige Parkhäuser meist zu großen Hotels oder Kaufhäusern. Gäste parken oft kostenlos, Besucher für ein paar Stunden. Bei der Einfahrt wird ein Parkschein ausgegeben, bezahlt wird beim Hinausfahren. Davon abgesehen, ist Parken problematisch.

Rot-weiß gestreifte Straßenmarkierungen bedeuten immer Parkverbot. In größeren Städten stellen viele Hotels und Gästehäuser kostenlose Parkplätze zur Verfügung. In kleineren Orten kann man überall parken, sofern man den Verkehr nicht behindert.

**Mopedverleih am Hat Sai Khao, Ko Chang**

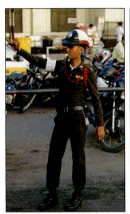

**Verkehrspolizist in Aktion an einer Kreuzung in Bangkok**

## Straßen und Verkehrszeichen

Mehrspurige Nationalstraßen (Highways) befinden sich hauptsächlich in und um Bangkok. Expressways, auch der zum Bangkoker Flughafen, sind mautpflichtig. Die Gebühr ist oberhalb der Mautstelle angeschrieben. An manuell betriebenen Stellen ist meist der genaue Betrag erforderlich. Expressways sind weniger verstopft als andere Straßen Bangkoks, doch auch hier gibt es Staus. Die vielen Einbahnstraßen der Hauptstadt haben teilweise eine Busspur in die Gegenrichtung.

Die nationalen Highways (oder *routes*), z.B. der Highway 1, sind trotz Staus schnelle, effiziente Verbindungen. Provinz-Highways sind geteert und in unterschiedlichem Zustand. Kleine Straßen zwischen Dörfern sind manchmal eher Pisten. Die Hauptstraßen in den Städten heißen *thanon*, deren nummerierte Seitenstraßen *soi* oder *trok*. Viele Straßen sind in der Regenzeit überflutet.

Schilder sind oft auch lateinisch beschriftet. Entfernungen werden in arabischen Ziffern angegeben. Entlang den Hauptstraßen stehen Kilometersteine. Straßenmarkierungen und Verkehrszeichen sind klar und leicht verständlich.

**Hübsch verziertes Straßenschild**

## Verkehrsregeln

In Thailand herrscht Linksverkehr. Die Höchstgeschwindigkeit in Ortschaften beträgt, wenn nicht anders angegeben, 60 Stundenkilometer, außerhalb 80 Stundenkilometer. Es gelten zwar die internationalen Verkehrsregeln, diese kümmern die Thailänder aber oft wenig. Die De-facto-Regel ist, dass das größere Auto Vorfahrt hat.

Der großzügige Gebrauch von Blinkern und Scheinwerfern ist für Europäer ungewohnt: Blinken links kann bedeuten, dass man überholen darf, Blinken rechts, dass ein Fahrzeug entgegenkommt. Aufblenden der Scheinwerfer heißt: »Ich überhole jetzt.«

Gehupt wird selten, da dies außer in Notfällen als unhöflich gilt. Gefahren wird tollkühn, an unbeschilderten Kreuzungen sollte man größeren Fahrzeugen die Vorfahrt lassen. An roten Ampeln mit blauem Schild und weißem Pfeil nach links ist Linksabbiegen erlaubt. Bisweilen darf man das ohne Schild, wenn man sich schon auf der linken Spur befindet. Auf kleineren Straßen ist Vorsicht vor Tieren geboten.

Strafzettel gibt es häufig für illegales Abbiegen. Wenn Sie einen Strafzettel bekommen und Ihr Führerschein einbehalten wird, zahlen Sie die Strafe bei dem auf der Rückseite verzeichneten Polizeirevier. Militärkontrollen passiert man langsam, bei Aufforderung hält man an.

## Straßenkarten

Die meisten Thailänder halten Karten für überflüssig. Die vielerorts erhältlichen Touristenkarten zeigen nur die wichtigsten Straßen. In den hervorragenden Faltkarten des Prannok Witthaya Map Center sind alle Straßen und Reliefs eingezeichnet, doch sie werden nur in wenigen Läden verkauft. Die besten Autoatlanten in lateinischer und thailändischer Schrift sind *Thailand Highways Map* (Auto Guide Company) und *Thailand Highway Map* (Roads Association).

## Fahrradverleih

In der kühlen Jahreszeit und in ruhigeren Gegenden ist Radfahren angenehm. Gästehäuser und kleine Firmen vermieten – teils klapprige – Fahrräder für 20 bis 100 Baht pro Tag. Die Miete für neue Mountainbikes, die bisweilen erhältlich sind, kann höher sein als für Mopeds. Für unterwegs gilt: reichlich Wasservorräte mitnehmen und Vorsicht auf belebten Straßen!

**Mountainbiker auf der Fahrt durch unwegsames Terrain**

---

## AUF EINEN BLICK

### Mietwagen

**Avis**
2/12 Witthayu (Wireless) Rd, Bangkok.
0-2251-1131.
www.avisthailand.com

**Phuket Airport.**
0-7635-1243.

**Budget**
19/23 Royal City Avenue, Bangkok.
1-800-283-438.
www.budget.co.th

**Siam Express**
90/34-35 Sathorn Nua Road, Bangrak, Bangkok.
0-662-236 5970.
www.siamexpressonline.com

### Verkehrsregeln

**Highway-Polizei**
1193.

# Textregister

Seitenzahlen in **Fettdruck** verweisen auf Haupteinträge.

## A

Abhisek Dusit, Thronhalle (Bangkok) 71
*Absolute Lifestyle Magazine* 361
Abstecher (Bangkok) **78f**
  Hotels 294
  Restaurants 321f
Affen (Kokosnussernte) **171**
Air Asia 362f
Alleinreisende Frauen 356
Alliance Française (Bangkok) 339, 341
Alte Stadtmauer und Nordtor (Nakhon Si Thammarat) 192, 193
Altes Kleider- und Seidenmuseum (Bangkok) 70
Amarin-Winichai-Halle, Großer Palast (Bangkok) 60
American Express 358f
Amulette **55**, 283
Ang Thong (Meeres-Nationalpark) 11, 48, 158, **180f**
Angkor Thom 39
Antiquitäten 81, 336f
Ao Bai Lan (Ko Chang) 123
Ao Bang Nang Rom 132, **149**
Ao Bang Pho (Ko Samui) 164
Ao Bang Thao (Phuket) 231
Ao Chalok Ban Kao (Ko Tao) 185
Ao Chalok Lam (Ko Phangan) 174
Ao Chalong (Phuket) 236
Ao Chaophao (Ko Phangan) 173
Ao Cho (Ko Samet) 113
Ao Hin Khok (Ko Samet) 113
Ao Hin Kong (Ko Phangan) 172
Ao Hinwong (Ko Tao) 183
Ao Jak und Ao Molae (Meeres-Nationalpark Ko Tarutao) 273
Ao Kantiang (Ko Lanta) 32, 262
Ao Khan Kradai 148f
Ao Khlong Jaak (Ko Lanta) 262f
Ao Leuk (Ko Tao) 184
Ao Lo Bakao (Ko Phi Phi) 255
Ao Lo Dalum (Ko Phi Phi) 252, 254
Ao Mae Hat (Ko Phangan) 174
Ao Mae Yai (Ko Surin Nua) 204
Ao Mai Pai (Ko Lanta) 263
Ao Mamuang (Ko Tao) 183
Ao Manao 132, **149**
Ao Maya (Ko Phi Phi) 253, 255
Ao Naklua (Pattaya) 104f
Ao Nang (Krabi-Küste) 250
Ao Nuan (Ko Samet) 113
Ao Ok (Ko Samui) 169
Ao Pansea (Phuket) 231
Ao Pante Malaka (Meeres-Nationalpark Ko Tarutao) 272
Ao Phai (Ko Samet) 111, 113
Ao Phangkha (Ko Samui) 169
Ao-Phang-Nga-Nationalpark (Phang-Nga-Bucht) 11, 212, 217
Ao Phra-Ae (Ko Lanta) 260
Ao Phrao (Ko Samet) 110, 112
Ao Phutsa (Ko Samet) 113
Ao Sai Nuan (Ko Tao) 185
Ao Si Thanu (Ko Phangan) 172
Ao Son (Meeres-Nationalpark Ko Tarutao) 271, 273
Ao Taling Ngam (Ko Samui) 170
Ao Taloh Udang (Meeres-Nationalpark Ko Tarutao) 273
Ao Tanot (Ko Tao) 184

Ao Thian Ok (Ko Tao) 185
Ao Thong Nai Pan (Ko Phangan) 33, 175
Ao Thong Yang (Ko Samui) 170
Ao Thung Makham 132, **155**
Ao Ton Sai (Krabi-Küste) 250
Ao Wai (Ko Samet) 110, 113
Ao Wok Tum (Ko Phangan) 172
Ao Wong Deuan (Ko Samet) 110, 113
Ao Yai (Ko Chang) 32, 200
Aquarien
  Phuket-Aquarium (Phuket) 236
  Samui-Aquarium und Tigerzoo (Ko Samui) 168
  Underwater World (Pattaya) 106f
Apotheken 356f
Aruna, Gott der Morgenröte 66
Asanha Bucha 35, 37
ASEAN-Turteltauben-Wettbewerb 34
*Asian Diver Scuba Guide: Thailand* (Asian Diver) 342
Asian Institute of Gemological Sciences (Bangkok) 336f
*Asian Wall Street Journal* 361
Ausstellungen 339
Austrian Airlines 362f
Autos
  Mietwagen 368
  Parken 368f
  Tankstellen 368
  Verkehrsregeln 369
Avis (Bangkok) 368f
Ayutthaya, Königreich 40f, 66, 186

## B

Ban Bat (Bangkok) 52, 69
Ban Chalok Lam (Ko Phangan) 174
Ban Hat Lek 98, **129**
Ban Khlong Son 118
Ban Mae Hat (Ko Tao) 182
Ban Phe (Ko Samet) 110
Ban Rong Jai (Khao-Sam-Roi-Yot-Nationalpark) 144
Ban Sala Dan (Ko Lanta) 260
Ban Salak Phet (Ko Chang) 125
Ban Si Raya (Ko Lanta) 263
Ban Ton Sai (Ko Phi Phi) 252, 254
Bang Bao (Ko Chang) 118, 124
Bang Saen 98, **100**
Bang Saphan 132, **152**
Bangkok 10, 15, **50–95**
  Abstecher 78f
  Chinesen in Bangkok **73**
  Detailkarte: Sanam Luang **54f**
  Dusit-Park 52, 68, **70f**
  Flughafen 362
  Großer Palast und Wat Phra Kaeo **56–61**
  Hotels 290–294
  Jim-Thompson-Haus 52, 75, **76f**
  Lokale Transportmittel 364
  Restaurants 318–322
  Shopping 80f
  Stadtplan 84–95
  Überblickskarte 52f
  Unterhaltung 82f
  Unterwegs 53
  Wat Pho 52, 62, **64f**
*Bangkok 101* 361
Bangkok Airways 362f
Bangkok Bank 358
Bangkok General Hospital 356f
Bangkok International Film Festival 339
Bangkok Planetarium 79

*Bangkok Post* 82, 358, 361
*Bangkok Recorder* 338
Bank of America (Bangkok) 358
Bank of Ayudhya (Bangkok) 358
Banken und Währung **358f**
  Geldautomaten 358
  Geldwechsel 358
  Kreditkarten 359
  Mehrwertsteuer 359
  Öffnungszeiten 358
  Reiseschecks 359
  Währung 359
Bankthai (Bangkok) 358
Bars 83, 339
Batiken 31
*Beach, The* (Film) **253**, 255
Begrüßung 354
Behinderte Reisende 353, 355
  Hotels 289
Bencharong-Porzellan 30
Biere 315
Big Buddha Beach (Ko Samui) 165
*BigChilli* 338
Billard 340f
Birmanische Schnitzereien, Jim-Thompson-Haus (Bangkok) 76
*BK Magazine* 338, 361
BKK 82
Blick auf die 300 Gipfel (Khao-Sam-Roi-Yot-Nationalpark) 145
Bo Nam Ron (Ranong) 200
Bo Rai (Trat) 117
Bond, James 213
  James Bond und das Inselversteck **213**
  ›James-Bond-Insel‹ 212
Boote 367
Bootsausflüge 344, 365
Bor Kor Sor (BKS) 367
Boromphiman-Villa (Bangkok) 61
Botschaften 355
Bowring, Sir John 61
Boyle, Danny **253**, 255
B2S (Bangkok) 81
BTS (Bangkok Mass Transit System)
  Skytrain 364
Bücher 81
Buchung
  Ausflüge 365
  Hotels 289
Buddha
  Buddha im Srivijaya-Stil 39
  Dvaravati-Torso eines Buddhas 77
  Goldener Buddha 67
  Großer Buddha (Ko Samui) 17
  Großer Buddha (Pattaya) 107
  Ho Phra Buddha Sihing (Nakhon Si Thammarat) 192f
  Khao-Kong-Buddha (Narathiwat) 285
  Liegender Buddha (Wat Pho) 64
  Liegender Buddha (Wat Chai Mongkhon, Songkhla) 281
  Nak-Buddha 59
  Stehender Buddha auf dem Khao Takiab (Hua Hin) 141
  Sukhothai-Buddha (Nationalmuseum) 62
  *siehe auch* Smaragd-Buddha
Buddhadhasa Bhikku 161
Buddhaisawan-Kapelle (Bangkok) 62
Buddhismus **24f**
  Chakri-Dynastie 42
  Familienleben 24

Geschichte des Buddha 24
Jasmingirlanden 25
Meditatives Gehen 25
Thai-Buddhismus 24f
Budget (Bangkok) 368f
Bumrungrad Hospital (Bangkok) 356f
Bungee-Jumping 345, 347
Burma Banks (Meeres-Nationalpark Surin-Inseln) 205
Bus- und Bootstouren 365
Busse
  Tickets und Preise 367
  Überlandbusse 366f

## C

Cha-am 10, 132, 139
  Hotels 298
  Restaurants 324
Chaiya 158, **160**
Chaiya-Nationalmuseum 160
Chaiyas Rolle im Srivijaya-Reich **161**
Chak-Phra-Fest 36
Chakraphat-Phiman-Halle (Bangkok) 61
Chakri, General 41, 42
Chakri-Dynastie **42f**, 59, 60, 151
Chakri-Tag 34, 37
Chanthaburi 10, 98, **114f**
  Hotels 294
  Restaurants 322
  Zentrumskarte 115
Chao-Le-Bootsfest (Laem Tukkae) 226
Chao Phraya (Fluss) 52
Chao-Phraya-Expressboote (Bangkok) 344, 347
Chatuchak-Markt (Bangkok) **78**, 80f
Chen-La-Kultur 39
Chiaw-Lan-See 207
Chinatown (Bangkok) 10, 52, **72**
  Hotels 290
  Restaurants 318
Chinesische Oper 73
Chinesische Tempel
  Heiligtum der Wahrheit (Pattaya) 104
  San Chao Bang Niew (Phuket) 224
  San Chao Chui Tui (Phuket) 222
  San Chao Paw Khao Yai (Ko Sichang) 102
  San Chao Put Jaw (Phuket) 222
  San Chao Sang Tham (Phuket) 224
Chinesische Villen (Phuket-Stadt) **222f**
Chinesisches Neujahr 37
Chinitz, John 60
Chonburi 98, **100**
  Wasserbüffelrennen **101**
Chulachakrabongse, Prinz 140
Chulalongkorn-Tag 37
Chulalongkorn-Universität (Bangkok) 43
Chulanont, Surayud (General) 45
Chumbhot, Prinz und Prinzessin 75
Chumphon 132, **154**
  Hotels 298
  Restaurants 324
Chumphon, Prinz 154
Chumphon Sea World Fair 155
Citibank 358
Coffeeshops 312
Communications Authority of Thailand (CAT) 360
Crawfurd, John 61
Currys 317

## D

Dam, Pu 112
Damnoen Saduak, ‹schwimmender Markt› 78, **79**
Dan Singkhon 132, 150
Desserts 317
Deutsche Bank 358
Deutschland Direkt 361
*Devas* 25
Dharma Sala Wihan (Wat Phra Mahathat Woramahawihan) 194
*Dharmasastra* 40
Dim Sum 73
Diners Club 358f
Discos 339
*Diving in Thailand* (Asia Books) 342
Drachensteigen lassen 55
Drogen 356
Dschataka 58
Dschataka-Gemälde (Jim-Thompson-Haus) 76
Dugongs *siehe* Seekühe
Dusit-Park (Bangkok) 52, 68, **70f**
Dusit-Zoo (Bangkok) 52, **68**
Dvaravati-Ära 39
Dvaravati-Torso eines Buddhas, Jim-Thompson-Haus 77

## E

East Asiatic Company (Bangkok) 72
Eastern & Oriental Express 367
EC-Karte *siehe* Maestro-/EC-Karte
*Economist, The* 361
Edelsteine 31
  Edelsteinmarkt (Chanthaburi) 37, 114
  Shopping 81, 336
Edelsteinmarkt (Chanthaburi) 37, 114
Einreise 352
Eintrittspreise 353
Einwohnerzahl 12
Einwohnerzahl Bangkok 51
Elefanten 109, 344
  Camp Chang Elephant Trekking 170
  Elefantencamp Ban Kwan 119
  Elefanten-Treks (Ko Samui) 162
  Königliche weiße Elefanten **69**
  Pattaya Elephant Village 105
Elektrizität 354
Elektronikartikel 81
Englischsprachige Buchhandlungen 335
Erawan-Schrein (Bangkok) **75**
Erste-Hilfe-Set 357
Essgewohnheiten 313
Etikette 354
  Begrüßung 354
  Essgewohnheiten 313
  *wat* 355

## F

Fahnenparade 37
Fähren 367
Fahrradverleih 369
*Farang, Der* (Zeitung) 361
*Farang*-Wächter (Wat Pho) 65
Feiertage 37
Felsentempel (Phang-Nga-Bucht) 212
Ferdinand de Lesseps 154
Ferienanlagen 288
Ferienwohnungen 289
Fernsehen 360f

Fest der ausgesetzten Schildkröten 216
Feste und Festivals **34–37**
  Asanha Bucha 35
  ASEAN-Turteltauben-Wettbewerb 34
  Chak-Phra-Fest 36
  Chakri-Tag 34
  Chinesisches Neujahr 37
  Drachenwettbewerbe 54
  Edelsteinmarkt in Chanthaburi 37
  Fahnenparade 37
  Fest des 10. Mondmonats 36
  Geburtstag der Königin 35
  Geburtstag des Königs 37
  Gedenktag für König Taksin den Großen 37
  Hua Hin Jazz Festival 35
  Khao Pansa 35
  King's Cup und Princess' Cup 35
  King's Cup Regatta 37
  Königliche Pflugzeremonie 54, 58
  Krönungstag 35, 60
  Loy Krathong 37
  Narathiwat-Fest 36
  Ok Phansa 36
  Pak-Lat-Fest 34
  Pattaya Wan Lai 34
  Phra-Nakhon-Khiri-Fest 37
  Rambutan- und Thai-Obst-Fest 35
  Songkran 34
  Sunthorn-Phu-Tag 35
  Tempelfest am Goldenen Hügel 37
  Thao-Si-Sunthorn-Fest 34
  Thao-Thep-Kasatri-Fest 34
  Thot Pah Pa Klang Nam 37
  Traditionelle Bootsprozession mit Rennen 36
  Trang-Kulinaria-Messe 34
  Trang-Mondfest 34
  Trang-Schweinefest 36
  Vegetarisches Fest 36
  Visakha Bucha 35
  Wan-Lai-Fest 34
  World Durian Festival 35
Filme *siehe* Kinos
Fine Arts Department (Bangkok) 27, 353, 355
Flora und Fauna **18f**
Flughäfen 363
  Don Muang (Bangkok) 362f
  Hat Yai 363
  Ko Samui 363
  Phuket 363
  Suvarnabhumi (Bangkok) 362f
Flugpreise 362
Flugreisen 362f
Flüsse
  Chao Phraya 51, 52
  Khlong Hat Sompen 200
  Khlong Nung 125
  Phanang 190
  Phum Duang 161
  Pranburi 142
*Focus* 361
Folk-Clubs 339
Folklore Museum (Ko Yo) 284
Forestry Department (Bangkok) 289
Fotografieren 354
Frankreichkonflikt (1893–1907) 43
Freedom Beach (Hat Patong) 229
Fruchtsäfte 315
Fußball 340

# G

Ganesha, Elefantengott 281
Garland, Alex 253
Gärten *siehe* Parks und Gärten
Gästehäuser 288
Geburtstag der Königin 35
Geburtstag des Königs 37
Gefahrenzonen 356
Gefangenenlager (Ko Tarutao) 271
Geführte Touren 365
Geisterhäuschen **29**
Geldautomaten 358
Geldwechsel 358
Geschichte **38–45**
Geschichte des Smaragd-Buddha **59**
Geschichtspark Phra Nakhon Khiri (Phetchaburi) 135, 136
Gesundheit 356f
Getränke **315**, 317
　Biere 315
　Fruchtsäfte 315
　Kaffee und Tee 315
　Weine und Spirituosen 315
Gibbon Rehabilitation Center, Khao-Phra-Taew-Nationalpark (Phuket) 221, 235
Giu Ong 224
Goldener Hügel (Bangkok) 52, **69**
　Tempelfest am Goldenen Hügel 37
Golf 343
Große Schaukel (Bangkok) 52, **67**
Großer Palast (Bangkok) 10, 52, **56f, 60f**
　Aphonphimok-Pavillon 60
　Audienzsaal 61
　Chakri-Thronhalle 61
　Dusit-Thronhalle 60
　Hallen und Gärten **60f**
　Innerer Palast 61
　Phra-Maha-Monthien-Gebäude 60f
　Siwalai-Garten 61
　Wat Phra Kaeo **56–59**
Guan Yin, Göttin der Barmherzigkeit 141, 244

# H

Halb vergrabener Buddha, Wat Phra Thong (Phuket) 220
Handeln
　Hotels 289
　Läden 80, 334
Handys *siehe* Mobiltelefone
Hat Ao Mae (Ko Tao) 182
Hat Ao Noi 132, **149**
Hat Arunothai 132, **155**
Hat Ban Chuen 98, **129**
Hat Ban Krut 132, **152**
Hat Bang Ben 198, 201
Hat Bangrak (Ko Samui) 163, 165
Hat Bophut (Ko Samui) 165
Hat Chang Lang 242, **264f**
Hat-Chao-Mai-Nationalpark 242, **265f**
Hat Chaweng (Ko Samui) 163, 166
Hat Hin Ngam 158, **188f**
Hat Hua Hin (Hua Hin) 140
Hat Jomtien (Pattaya) 106
Hat Kai Bae (Ko Chang) 118, 123
Hat Kamala (Phuket) 230
Hat Karon (Phuket) 229
Hat Kata Noi (Phuket) 228
Hat Kata Yai (Phuket) 32, 228
Hat Khanom 158, **186f**
Hat Khao Lak 198, **208**
Hat Khlong Dao (Ko Lanta) 260
Hat Khlong Khong (Ko Lanta) 260f
Hat Khlong Muang (Krabi-Küste) 251
Hat Khlong Nin (Ko Lanta) 261
Hat Khlong Phrao 33, 118, 122
Hat Khuat (Ko Phangan) 174
Hat Laem Sala 132, **143**
Hat Laem Set (Ko Samui) 168
Hat Laem Singh (Phuket) 230
Hat Laem Thong (Ko Phi Phi) 255
Hat Lamai (Ko Samui) 163, 166
Hat Maenam (Ko Samui) 164f
Hat Mai Khao (Phuket) 233
Hat Na Dan 158, **186f**
Hat Nai Harn (Phuket) 228
Hat Nai Phlao 158, **187**
Hat Nai Phraet 158, **187**
Hat Nai Thon (Phuket) 233
Hat Nai Yang (Phuket) 232f
Hat Naresuan 132, **142**
Hat Nopparat Thara (Krabi) 251
Hat Nui (Ko Lanta) 262
Hat Pak Meng 242, **264**
Hat Patong (Phuket) 229
Hat Pattaya (Pattaya) 104
Hat Phra Nang (Krabi-Küste) 249
Hat Piti 158, **189**
Hat Praphat 198, **202f**
Hat Rai Leh East (Krabi-Küste) 248
Hat Rai Leh West (Krabi-Küste) 248
Hat Ranti (Ko Phi Phi) 254
Hat Rawai (Phuket) 237
Hat Rin (Ko Phangan) 176f
Hat Sa Bua 158, **190**
Hat Sadet (Ko Phangan) 175
Hat Sai Daeng (Ko Tao) 184f
Hat Sai Kaew 33, 98, 103, 111, 112f, **128**
Hat Sai Khao 118, **122**
Hat Sai Ngam 98, **128**
Hat Sai Ri 33, 132, **154f**, 182
Hat Sai Yao (Ko Chang) 119, 125
Hat Salad (Ko Phangan) 173
Hat Sam Phraya 132, **145**
Hat Sam Roi Yot (Khao-Sam-Roi-Yot-Nationalpark) **145**
Hat Samila (Songkhla) 280
Hat Samran 98, **128f**
Hat Saophao 158, **190**
Hat Sichon 158, **188**
Hat Surin (Phuket) 231
Hat Tha Nam (Ko Chang) 123
Hat Tham Pang (Ko Sichang) 102
Hat Tham Phra Nang (Krabi-Küste) 32, **249**
Hat Thap Thim 98, **128**
Hat Thian (Ko Phangan) 176
Hat Thung Wua Laen 132, **152f**
Hat Tong Yi 158, **188**
Hat Wa Kaw 132, **150**
Hat Wai Chek (Ko Chang) 119, 125
Hat Yai 278, **280**
　Flughafen 363
　Hotels 311
　Restaurants 333
Hat Yao (Ko Phangan) 173
Hat Yao (Ko Phi Phi) 254
Hat Yao 242, **265**
Hat Yong Ling 242, **265**
Hat Yuan 176
Haupt-Bot, Wat Pho (Bangkok) 65
Hauptstadt der süßen Sünden (Phetchaburi) **138**
Heiligtum der Wahrheit (Pattaya) 104
Heldinnen-Monument (Phuket) 234
Hemchata, Königin 194
Highway-Polizei 369
Hin Bai (Ko Phangan) 23, 174
Hin Daeng (Meeres-Nationalpark Ko Lanta) 23, 263
Hin Lak Ngam 132, **153**
Hin Muang (Meeres-Nationalpark Ko Lanta) 23, 263
Hin Pusa (Meeres-Nationalpark Similan-Inseln) 210f
Hin Ta und Hin Yai **167**
Hitze 357
Ho Phra Buddha Sihing (Nakhon Si Thammarat) 192f
Ho Phra I-suan (Nakhon Si Thammarat) 192
Ho Phra Narai (Nakhon Si Thammarat) 192
Hochseefischen (Phuket) 220
Höhlen
　Khao Luang (Phetchaburi) 136
　Khao Wang Thong 186
　Ko Hong 215
　Tham Bua Bok (Meeres-Nationalpark Ang Thong) 180f
　Tham Chao Mai 265
　Tham Hua Kalok 245
　Tham Khao Mai Kaew (Ko Lanta) 262
　Tham Lot 245
　Tham Luk Seua (Suan-Somdet-Phra-Sinakharin-Park) 217
　Tham Morakot (Ko Muk) 266
　Tham Nam Thalu (Khao-Sok-Nationalpark) 207
　Tham Phet 245
　Tham Phra Nang (Krabi) 249, 251
　Tham Phraya Nakhon (Khao-Sam-Roi-Yot-Nationalpark) 144f
　Tham Reusi Sawan (Suan-Somdet-Phra-Sinakharin-Park) 217
　Tham Seua (Ko Lanta) 262
　Tham Si Ru (Khao-Sok-Nationalpark) 207
　Wikingerhöhle (Ko Phi Phi) 253
Hok, Gott des Glücks 226
»Höllengeld« 73
Hölzerne Ladenhäuser (Phetchaburi) 134
Hotels **288–311**
　Bangkok 290–294
　Behinderte Reisende 289
　Ferienanlagen 288
　Ferienwohnungen 289
　Gästehäuser 288
　Handeln 289
　Hotelauswahl 290–311
　Hotelkategorien 288f
　Kinder 289
　Luxushotels 288
　Nationalparks 289
　Obere Andamanen-Küste 304–308
　Obere westliche Golfküste 298–300
　Östliche Golfküste 294–298
　Preise 289
　Reservierung 289
　Steuern 289
　Süden 311
　Thai-Hotels 288
　Trinkgeld 289
　Übernachten in Klöstern 289
　Untere Andamanen-Küste 308–311
　Untere westliche Golfküste 300–304
　Wellness-Hotels 348
HSBC 358
Hua Hin 10, 132, **140f**
　Hotels 299
　Restaurants 324–326
　Zentrumskarte 141
Hua Hin Jazz Festival 35
Hua Lampong (Bahnhof) 52, **72**, 366f
*Hun krabok* 27, 338

# I

I Ching, chinesischer Mönch 161
Immigration aus China 73
Impfungen 352
Indische Königreiche 39
Information 82, 338, 353, 355
Inlandsflüge 362f
Insekten als Krankheitsüberträger 357
Institute for Southern Thai Studies 284
International Dharma Hermitage (Chaiya) 160, 345, 347
*International Herald Tribune* 361
Internationale Telefonate 360
Internet 361
Islam 25

# J

»James-Bond-Insel« (Phang-Nga-Bucht) 212f
Jayavarman I., König 39
Jayavarman VII., König 39
Jim-Thompson-Haus 52, 75, **76f**
Joe-Louis-Theater (Bangkok) 82f, 338, 341
Joffe, Roland 226
*Journal of the Siam Society* 79

# K

*Kabang* 204
*Kaeng Hang Le* 315, 317
Kaeng-Krachan-Nationalpark (Phetchaburi) 11, 132, **139**
*Kaeng Leung Pla* 314f
Kajakfahren 343
 Hat Kaibae 118
 Meeres-Nationalpark Ang Thong 180
*Kalamae* 138
Kambodschanischer Grenzverkehr **117**
Kantang (Trang) 264
Kanufahren 343
Kapelle des Gandhara Buddha 58
Karten
 Bangkok 52f
 Bangkok: Abstecher 78
 Bangkok: Stadtplan 84–95
 Chanthaburi (Zentrumskarte) 115
 Hua Hin (Zentrumskarte) 141
 Khao-Sam-Roi-Yot-Nationalpark 144f
 Khao-Sok-Nationalpark 207
 Ko Chang 118f
 Ko Lanta 261
 Ko Phangan 173
 Ko Phi Phi 252f
 Ko Samet 110f
 Ko Samui 162f
 Ko Sichang 103
 Krabi-Küste 249
 Meeres-Nationalpark Ang Thong 180f
 Meeres-Nationalpark Ko Tarutao 270f
 Meeres-Nationalpark Similan-Inseln 211
 Meeres-Nationalpark Surin-Inseln 205
 Nakhon Si Thammarat (Zentrumskarte) 193
 Obere Andamanen-Küste 199
 Obere westliche Golfküste 133
 Östliche Golfküste 98f
 Pattaya 104f, 108
 Phang-Nga-Bucht 212f
 Phuket 220f
 Phuket-Stadt (Zentrumskarte) 223
 Songkhla (Zentrumskarte) 281
 Strände, Die schönsten 32f
 Süden 278f
 Thailands Strände und Inseln im Überblick 48f
 Untere Andamanen-Küste 242f
 Untere westliche Golfküste 158f
Kathedrale (Chanthaburi) 114
Kaufhäuser 334f
Kawthaung (Ranong) 200
Keramik 336
Keramikdekor (Wat Pho) 65
Kerr, Maurice 340
Khao-Chamao-Khao-Wong-Nationalpark (Pattaya) 108
Khao Chong Krajok 148
Khao Hin Lek Fai (Hua Hin) 141
Khao Kha, archäologische Stätte 158, **189**
Khao-Kitchakut-Nationalpark 98, **116**
Khao Krachom (Khao-Sam-Roi-Yot-Nationalpark) 144
Khao-Lak-Lam-Ru-Nationalpark 198, **208f**
Khao-Lampi-Hat-Thai-Muang-Nationalpark (Thai Muang) 216
*Khao larm* 100
Khao-Luang-Höhle (Phetchaburi) 136
Khao-Luang-Nationalpark 158, **190**
Khao Noi (Songkhla) 280
Khao Nor Chuchi (Wildschutzgebiet) 242, **258**
Khao Pansa 35, 37
Khao-Phanom-Bencha-Nationalpark 242, **245**
Khao Phanturat (Hat Kamala) 230
Khao-Phra-Taew-Nationalpark (Phuket) 221, 235
Khao Rang (Phuket-Stadt) 222
Khao-Sam-Roi-Yot-Nationalpark 11, 49, 132, 142, **144f**
Khao Seng (Songkhla) 281
Khao Soi Dao (Wildschutzgebiet) 116
Khao-Sok-Nationalpark 198, **206f**
Khao Takiab (Hua Hin) 141
*Khao tom mat sai kluay* 138
Khao Wang (Phetchaburi) 136
Khao-Wang-Thong-Höhle 186
Khao-Yai-Nationalpark 18
*Khlong* 53, 74, 77
Khlong-Chao-Wasserfall 126
Khlong Hat Sompen (Ranong) 200
Khlong Hat Sompen, Fluss 200
Khlong Hin Lad (Khlong Thap Liang) 209
Khlong Khao Daeng 143
Khlong Nakha (Wildschutzgebiet) 198, **201**
Khlong-Phlu-Wasserfall (Ko Chang) 126
Khlong Saen Sap (Jim-Thompson-Haus) 76
Khlong Thap Liang 198, **209**
Khmer-Reich 39, 137
*Khon* (Phuket) 17, 26f, 74, 82
Khrua In Khong (Malermönch) 67
Khu-Khut-Wasservogelpark (Songkhla-Seen) 282
Khun Phitak (Bangkok) 79
Khuraburi 198, **203**
*Killing Fields, The* (Film) 140, 226
King Mongkut Memorial Park of Science & Technology 132, **150**
Kinos 82f, 339
Kirchen und Kathedralen
 Kathedrale von Chanthaburi (Chanthaburi) 114
Kittikachorn, Thanom 44
Kiu Wong In, Vegetariergott 222
Kleidung 81, 352
 angemessene 355
Klettern 345
Ko Adang (Meeres-Nationalpark Ko Tarutao) 270, 274
Ko Bangu (Meeres-Nationalpark Similan-Inseln) 210
Ko Bubu 242, **259**
Ko Bulon Leh 242, **268**
Ko Chang 10, 22, 98, **118–126**
 Hotels 294f
 Ko Chang **122–125**
 Ko Changs Inselwelt 126
 Restaurants 322
Ko Faan 165
Ko Hai 236
Ko Hin Ngam (Meeres-Nationalpark Ko Tarutao) 275
Ko Hong 215
Ko Huyong (Meeres-Nationalpark Similan-Inseln) 211
Ko Jum 242, **259**
Ko Kaeo Pisadan (Phuket) 236f
Ko Kam Noi 198, **202**
Ko Kam Yai 198, **202**
Ko Kham 126
Ko Khang Khao 198, **202**
Ko Klang 242, **246**
Ko Kradan 242, 265, **266f**
 Unterwasserhochzeiten **267**
Ko Kut **126**
 Hotels 295
Ko Lanta 241, 242, **260–263**
 Hotels 308f
 Restaurants 331f
Ko Lanta (Meeres-Nationalpark) 242, **263**
Ko Larn (Pattaya) 108
Ko Libong 242, **267**
Ko Lipe 270, **275**
Ko Mak 126
 Hotels 295
Ko Miang (Meeres-Nationalpark Similan-Inseln) 211
Ko Muk 242, 265, **266**
Ko Nang Yuan (Ko Tao) 182f
Ko Ngam Noi 132, **153**
Ko Ngam Yai 132, **153**
Ko Payang (Meeres-Nationalpark Similan-Inseln) 211
Ko Payu (Meeres-Nationalpark Similan-Inseln) 211
Ko Phaluai 180
Ko Phanak (Phang-Nga-Bucht) 212
Ko Phangan 11, 158, **172–177**
 Hotels 300f
 Restaurants 326
 Vollmondpartys **177**
Ko Phayam 198, **200**
Ko Phetra (Meeres-Nationalpark) 242, **268**
Ko Phi Phi 11, 242, **252–255**
 Danny Boyles *The Beach* 253
 Hotels 309
 Ko Phi Phi Leh 255
 Piraten an der Andamanen-Küste **255**
 Restaurants 332
 Überblick: Ko Phi Phi 254f
Ko Racha Noi 238
Ko Racha Yai 238
Ko Rawi 270, 274

Ko Sam Sao 181
Ko Samet 10, 98, **110–113**
   Hotels 295f
   Restaurants 323
   Sunthorn Phu **111**
   Überblick: Ko Samet 112f
Ko Samui 11, 154, 158, **162–171**
   Affen (Kokosnussernte) **171**
   Flughafen 363
   Hotels 301–303
   Restaurants 326–328
   Überblick: Ko Samui 164–170
Ko Si Boya 242, **258f**
Ko Sichang 98, **102f**
   Hotels 296
   Restaurants 323
Ko Similan (Meeres-Nationalpark Similan-Inseln) 210
Ko Sukorn 242, **267**
Ko Surin Nua (Meeres-Nationalpark Surin-Inseln) 204
Ko Surin Tai (Meeres-Nationalpark Surin-Inseln) 205
Ko Taen (Ko Samui) 162, 169
Ko Tam Tok (Ko Kam Yai) 202
Ko Tao 11, 154, 158, **182–185**
   Hotels 303f
   Restaurants 328
Ko Tarutao (Meeres-Nationalpark) 242, **270–275**
Ko Wai 126
Ko Wua Talab 181
Ko Yang (Meeres-Nationalpark Ko Tarutao) 275
Ko Yao Noi (Phuket) 238
Ko Yao Yai (Phuket) 238
Ko Yo 278, **284**
Kommunikation **360f**
   Fernsehen und Radio 360f
   Internationale Telefonate 360
   Internet 361
   Kurierdienste 361
   Mobiltelefone 360
   Ortsgespräche 360
   Post 361
   Vorwahlen 361
   Zeitungen und Zeitschriften 361
Konfuzianismus, Leng-Noi-Yee-Tempel 73
König Bhumibols Fotomuseum (Bangkok) 70
König-Taksin-Park (Chanthaburi) 115
König-Taksin-Schrein (Chanthaburi) 115
Königliche Pflügzeremonie 37
Königliche Thailändische Marine 117
Königliche weiße Elefanten **69**
Königlicher Wihan (Wat Phra Mahathat Woramahawihan) 194
Königliches Barkenmuseum (Bangkok) 52, **63**
Königliches Chalermkrung-Theater (Bangkok) 338, 341
Königliches Elefantenmuseum (Bangkok) 70
Königliches Kutschenmuseum (Dusit-Park) 71
Königshaus 354
Konstitutionelle Monarchie 43
Konzerte, Ausstellungen und modernes Theater 339
Korallenriffe **20f**
Korb- und Rattanarbeiten 31
*Korlae*-Fischerboote **285**
Körpersprache 354
Kra-Kanal **154**

Krabi 242, **244**
   Hotels 309f
   Restaurants 332f
*Krabi-krabong* 340
Krabi-Küste 11, 242, **248–251**
Krankenhäuser 356f
Krankheitsüberträger (Mensch und Tier sowie Wasser und Speisen) 357
Kraprayoon, Suchinda 44f
Kreditkarten 334, 358f
   Notrufnummern bei Kartenverlust 358
Krokodilfarm (Bangkok) 79
Krokodilfarm (Pattaya) 105
Krönungstag 35, 60
Kru-Se-Moschee (Pattani) 284
Kultur und Kunst 17
Kunsthandwerk **30f**, 81, 337
   Bergvölker 335
Kur-Oasen 348f
Kurierdienste 361

**L**
Ladenhäuser 28, 73, 134
Laem Hin Khom (Ko Samui) 169
Laem Ngop 98, **117**
Laem Promthep (Phuket) 220, 237
Laem Singh (Phuket) 230
Laem-Son-Nationalpark 198, **201**
Laem Talumphuk 158, **191**
Laem Tanyong Hara (Ko Tarutao) 271
Laem Thian (Ko Tao) 184
Laem Tukkae (Phuket) 224
*Lakhon* (Tanzdrama) 26
Landschaft, Flora und Fauna **18f**
   Feuchtgebiete 19
   Küstenwald 19
   Lichter Wald 18
   Tropischer Bergwald 18
Leng-Noi-Yee-Tempel 73
Libong-Archipel 267
*Likay* 27
Liegender Buddha 64
Lim To Khieng 284
Live-Musik 339
Lokale Transportmittel 364
   Bangkok 364
   *Songthaew*, *samlor* und *tuk-tuk* 364
   Taxis 364
Lok, Gott der Macht 226
Lufthansa 362f
*Luk Isan* (Film) 339
Lumphini-Park 52, **74**
Lumphini-Stadion (Bangkok) 82f, 340f
Luxushotels 288

**M**
Mae Thorani, Erdgöttin 280
Maestro-/EC-Karte 358f
Maha Thammaracha, König 41
Makha Bucha 37
Mandarin Oriental Hotel (Bangkok) 52, **72**
Manfredi, Hercules 61, 68
Mangroven 242, **246**
Mara, Todesgott 58
Marine Research Center (Phuket) 221
Märkte
   Bangkoks Märkte 80
   Chatuchak-Markt (Bangkok) 78, 80
   Damnoen Saduak, »schwimmender Markt« (Bangkok) **79**
   Edelsteinmarkt (Chanthaburi) 114
   Märkte und Straßenverkäufer 335
   Nachtmarkt (Hua Hin) 140f

   Pak-Khlong-Markt (Bangkok) 49, 52, **72**
   Phahurat-Markt (Bangkok) 52, **72**
   Süßspeisen **138**
Marukhathaiyawan-Palast 132, **139**
Masayit Mambang (Satun) 269
Masken 336
Massage 65
   Massage-Institut (Bangkok) 64
   Thai-Fußmassagen 127
MasterCard 358f
Matsayit-Klang-Moschee (Pattani) 284
Matsayit Mukaram (Hat Surin) 231
Maugham, William Somerset 74
Maya, Königin 69
Medizinische Versorgung 356f
Meeres-Nationalpark Ang Thong 11, 48, 158, **180f**
Meeres-Nationalpark Ko Lanta 242, 263
Meeres-Nationalpark Ko Phetra 242, 268
Meeres-Nationalpark Similan-Inseln 11, 198, **210f**
Meeres-Nationalpark Surin-Inseln 11, 198, **204f**
Meeresschildkröten (Ko Tarutao) 271
Mehrwertsteuer 289, 359
   Läden 80
   Reklamation 334
Metropolitan Mobile Police 356f
Million Years' Stone Park und Krokodilfarm (Pattaya) 105
Mini Siam (Pattaya) 105
Miniaturberge, Wat Pho (Bangkok) 65
Mobiltelefone 360
Modernes Theater 339
Modernisierung 43
Mongkut, König *siehe* Rama IV.
Monk's Bowl Village (Bangkok) 52, **69**
Mopeds 368
*Muay thai* 82, **283**, 340
Mu-Ko-Ra-Ko-Phra-Thong-Nationalpark 198, **203**
Museen und Sammlungen
   Altes Kleider- und Seidenmuseum (Bangkok) 70
   Chaiya-Nationalmuseum 160
   Folklore Museum (Ko Yo) 284
   Ho Phra Monthien Tham (Bangkok) 59
   Jim-Thompson-Haus 52, **76f**
   König Bhumibols Fotomuseum (Bangkok) 70
   Königliches Barkenmuseum (Bangkok) 52, **63**
   Königliches Elefantenmuseum (Bangkok) 70
   Königliches Kutschenmuseum (Bangkok) 71
   Nationalmuseum (Bangkok) 52, 55, **62f**
   Nationalmuseum (Chumphon) 154
   Nationalmuseum (Nakhon Si Thammarat) 193
   Patrsee-Museum (Songkhla) 281
   Phra Mondop (Bangkok) 58f
   Phuket-Muschelmuseum (Hat Rawai) 237
   Phukets Philatelie-Museum (Phuket-Stadt) 226
   Ramakien-Wandelgang (Bangkok) 56
   Satun-Nationalmuseum (Satun) 269
   Songkhla-Nationalmuseum 280

SUPPORT-Museum (Bangkok) 70f
Thalang-Nationalmuseum (Phuket) **234**
Wat-Khlong-Thom-Nua-Museum 242, **258**
Wat-Lamai-Kulturhalle (Hat Lamai) 166
Wihan-Kien-Museum (Wat Phra Mahathat Woramahawihan) 194
Musik 26f
Klassische Thai-Instrumente 26f, 336

# N

Na Dan (Ko Samet) 111, 112
Na Issaro 281
Nachtclubs 83
Nachtmarkt (Hua Hin) 140f
*Nagas* 225
Nak-Buddha 59
Nakhon Si Thammarat 11, 48, 158, **192–195**
Hotels 304
Restaurants 328
Zentrumskarte 193
*Nam prik si racha* 101
Nam-Tok-Phliw-Nationalpark 98, **116**
Nam Tok Sip-Et Chan (Khao-Sok-Nationalpark) 206f
Nam Tok Than Sawan (Khao-Sok-Nationalpark) 206
Na-Muang-Wasserfälle 162, 167
*Nang talung* 191
Narai der Große, König 154
Na-Ranong, Khaw Sim Bee 222
Narathiwat 11, 278, **285**
Hotels 311
Narathiwat-Fest 36
Restaurants 333
Naresuan der Große, König 41, 142
Naris, Prinz 68
*Nation* (Zeitung) 82, 358, 361
National Park, Wildlife, and Plant Conservation Department (Bangkok) 344, 347
Nationalhymne 355
Nationalmuseum (Bangkok) 52, 55, **62f**, 336f
Nationalmuseum (Chumphon) 154
Nationalmuseum (Nakhon Si Thammarat) 193
Nationalparks
Ao Phang Nga (Phang-Nga-Bucht) 212, 217
Hat Chao Mai 242, 265
Hat Khanom-Mu Ko Thale Tai 186
Hat Noppharat Thara-Mu Ko Phi Phi (Krabi) 251
Kaeng Krachan (Phetchaburi) 132, 139
Khao Kitchakut 98, 116
Khao Lak-Lam Ru 198, 208
Khao Lampi Hat Thai Muang (Thai Muang) 216
Khao Luang 158, 190
Khao Phanom Bencha 242, 245
Khao Phra Taew 235
Khao Sam Roi Yot 132, 142, **144f**
Khao Sok 198, 206
Laem Son 198, 201
Meeres-Nationalpark Ang Thong 11, 48, 158, 180f
Meeres-Nationalpark Ko Lanta 242, 263
Meeres-Nationalpark Ko Phetra 242, **268**
Meeres-Nationalpark Ko Tarutao 242, 270–275

Meeres-Nationalpark Similan-Inseln 198, 210
Meeres-Nationalpark Surin-Inseln 198, 204
Mu Ko Ra-Ko Phra Thong 198, 203
Nam Tok Phliw 98, 116
Sirinath (Phuket) 221, 232f
Thale Ban 242
Than Bok Koranee 242, 245
Than Sadet 175
Wildschutzgebiet Khao Nor Chuchi 242
Nationalstadion (Bangkok) 340, 341
Nationaltheater (Bangkok) 82f, 338, 341
Naton 164
Neoklassizistische Architektur
Boromphiman-Villa, Großer Palast (Bangkok) 61
Chakri-Thronhalle, Großer Palast (Bangkok) 60
Siwalai-Garten, Großer Palast (Bangkok) 61
Neujahr 37
Niello- und Zinnarbeiten 336
Nok Air 362f
Nong Nooch Village (Pattaya) 108
Nördlicher Busbahnhof (Morchit) 366f
Notfälle 356f
*Nuat paen boran* (Thai-Massage) 65

# O

Obere Andamanen-Küste 11, **196–239**
Hotels 304–308
,James-Bond-Insel' **213**
Kalksteinformationen der Phang-Nga-Bucht **214**
Perlen aus der Andamansee **239**
Phuket **220–239**
Phuket-Stadt **222–224**
Phukets Vegetarisches Fest **225**
Regionalkarte 199
Restaurants 328–331
Unterwegs 199
Villen in Phuket 226f
Obere westliche Golfküste 10f, **130–155**
Hauptstadt der süßen Sünden (Phetchaburi) **138**
Hotels 298–300
Hua Hin **140f**
Khao-Sam-Roi-Yot-Nationalpark **144f**
Kra-Kanal **154**
Mongkut – ein Gelehrter auf dem Thron **151**
Phetchaburi **134f**
Regionalkarte 133
Restaurants 324–326
Unterwegs 132
Offener Zoo Khao Khieo 98, **100f**
Ok Phansa 36
Ökosystem Mangrovenwald **247**
Orang Syam, buddhistische Gemeinden 285
Orchideengarten (Phuket) 220f, 224
Organisierte Touren 365
Buchung 365
Bus- und Bootstouren 365
Geführte Touren 365
Ortsgespräche 360
Östliche Golfküste 10, **96–129**
Elefanten in Thailand **109**
Hotels 294–298
Ko Chang **118–125**
Ko Samet **110–113**

Regionalkarte 98f
Restaurants 322–324
Strandvergnügen **127**
Unterwegs 99
Östlicher Busbahnhof (Ekamai) 366f
*Outlook* 361

# P

PADI (Professional Association of Diving Instructors) 22
Pak Bara 242, **268**
Pak-Khlong-Markt (Bangkok) 52, **72**
Pak-Lat-Fest 34
Pak Nam Pran 142
Pak Nam Thung Tako (Hat Arunothai) 155
Paläste
Marukhathaiyawan-Palast (Phetchaburi) 132, 139
Palast von Rama V. (Ko Sichang) 103
Suan-Pakkad-Palast (Bangkok) 52, **75**
Taksin-Palast (Narathiwat) 285
Vimanmek Mansion (Bangkok) 71
Parken 368
Parks und Gärten
Dusit-Park (Bangkok) 52, 68, **70f**
Geschichtspark Phra Nakhon Khiri (Phetchaburi) 134, 136
Khao Phra Taew Park (Phuket) 221
Khao Rang (Phuket-Stadt) 222
Khao Wang (Phetchaburi) 136
Khu-Khut-Wasservogelpark (Songkhla-Seen) 282
King's Royal Park (Bangkok) 79
König-Taksin-Park (Chanthaburi) 115
Lumphini-Park (Bangkok) 52, **74**
Million Years' Stone Park und Krokodilfarm (Pattaya) 105
Orchideengarten, Phuket 224
Samui Butterfly Garden 168f
Secret Buddha Garden (Ko Samui) 162, 166f
Siwalai-Garten (Bangkok) 61
Suan-Somdet-Phra-Sinakharin-Park (Phang-Nga-Bucht) 217
Thale-Noi-Wasservogelpark (Songkhla-Seen) 282
Waldschutzgebiet Pranburi 142
Waldschutzgebiet Sa Nang Manora (Phang-Nga-Bucht) 216
Pässe 352
Patpong (Bangkok) 52, **74**
Patpong Road (Bangkok) 51
Patravadi-Theater (Bangkok) 82f, 339, 341
Patrsee-Museum (Songkhla) 281
Pattani 11, 278, **284**
Hotels 311
Pattaya 10, 98, **104–107**
Hotels 295f
Pattayas Umland 108
Restaurants 323f
Zentrumskarte 104f
*Pattaya Blatt* (Zeitung) 361
Pattaya Elephant Village 105, 344, 347
Pattaya Park Beach Resort 106
Pattaya Park Funny Land 106
Pattaya Wan Lai oder Wasserfest 34
Pavillon der Medizin, Wat Pho (Bangkok) 64
People's Alliance for Democracy (PAD) 45
People's Power Party (PPP) 45
Perlen aus der Andamansee 31, **239**

Persönliche Sicherheit 356
Pferderennen 345
Phahurat-Markt (Bangkok) 52, **72**, 80f
Phaisan-Thaksin-Halle, Großer Palast (Bangkok) 61
Phanang, Fluss 190
Phang Nga **216**
   Hotels 305
   Restaurants 328
Phang-Nga-Bucht 11, 197, 198, **212–217**
   Hotels 304f
   Kalksteinformationen der Phang-Nga-Bucht **214f**
   Restaurants 328
Phanomyong, Pridi 44
Phetchaburi 10, 132, **134–138**
   Detailkarte 134f
   Hauptstadt der süßen Sünden **138**
   Hotels 299
   Restaurants 326
Phra Aphaimani 111
Phra Buddha Ratana Sathan, Großer Palast 61
Phra Chedi Boromathat (Wat Phra Mahathat Woramahawihan) 194
Phra Chutathut Ratchasathan (Ko Sichang) 103
Phra Khru Sammathakittikhun, buddhistischer Mönch 167
Phra Mondop (Bangkok) 57, 58
Phra-Nakhon-Khiri-Fest 37
Phra Nang, indische Prinzessin
   Die Sage von Phra Nang 251
Phra-Pitak-Chinpracha-Villa **227**
Phra Ratchawang Ban Puen (Phetchaburi) 137
Phu, Sunthorn 17, 42
   Der Dichter Sunthorn Phu **111**
   Phra Aphaimani 111
Phuket 11, 198, **220–239**
   Flughafen 363
   Hotels 305–308
   Perlen aus der Andamanensee **239**
   Phukets Ostküste 234–237
   Phuket-Stadt **222–224**
   Phukets vorgelagerte Inseln 238
   Phukets Westküste 228–233
   Restaurants 328–31
   Vegetarisches Fest **225**
   Villen in Phuket **226f**
Phuket-Aquarium 236
Phuket FantaSea (Phuket) 230
Phuket-Muschelmuseum (Hat Rawai) 237
Phukets Orchideengarten und Thai-Dorf 224
Phukets Philatelie-Museum (Phuket Stadt) 226
Phukets Schmetterlingsgarten und Insektenwelt 224
Phukets Vegetarisches Fest **225**
Phum Duang, Fluss 161
Piraten-Wasserfall (Ko Tarutao) 275
Piraten an der Andamanen-Küste **255**
Planetarien
   Bangkok 79
Porträt von Thailands Küsten, Ein **14–33**
Post 361
Prachuap Khiri Khan 132, **148**
   Hotels 299
   Restaurants 326
Praktische Hinweise **352–361**
   Angemessene Kleidung 355
   Banken und Währung **358f**
   Begrüßung 354
   Behinderte Reisende 353, 355
   Benehmen im *wat* 355
   Botschaften 355
   Einreise 352, 355
   Eintrittspreise 353
   Elektrizität 354
   Etikette 354
   Fotografieren 354
   Information 353, 355
   Impfungen 352
   Insekten als Krankheitsüberträger 357
   Kinder 353
   Kleidung 352
   Kommunikation **360f**
   Königshaus 354
   Körpersprache 354
   Mönche 355
   Nationalhymne 355
   Öffnungszeiten 353
   Rauchen 354
   Reisezeit 352
   Sicherheit und Notfälle **356f**
   Sprache 353
   Umweltbewusst reisen 355
   Zeitzone und Kalender 354
   Zoll 352f, 355
Pramoj, Seni 44
Pranburi 132, **142**
   Hotels 299
Pranburi, Fluss 142
Preise
   Hotels 289
   Restaurants 313
Provinz-Halle (Phuket-Stadt) 224
PULO (Pattani United Liberation Organization) 356
Puppen 30, 82, 336 *siehe auch* Schattentheater

# R

Rachabrapha Dam (Khao-Sok-Nationalpark) 206f
Radfahren 344f
Radio 360f
*Rafflesia kerri* 206
Railroad Hotel (Hua Hin) 140f
Rama I., Buddha Yodfa Chulaloke 42
   Großer Palast (Bangkok) 61
   Heldinnen-Monument (Phuket) 234
   Ho Phra Nak (Bangkok) 59
   Königliches Barkenmuseum (Bangkok) 63
   Smaragd-Buddha 59
   Wat Arun (Bangkok) 66
   Wat Pho (Bangkok) 64
   Wat Phra Kaeo (Bangkok) 58
   Wat Rakhang (Bangkok) 63
   Wat Saket (Bangkok) 69
   Wat Suthat (Bangkok) 67
Rama II., Buddha Loetle Nabhalai 56
   Goldener Hügel (Bangkok) 69
   Großer Palast (Bangkok) 61
   Wat Arun (Bangkok) 66
   Wat Bowonniwet (Bangkok) 67
   Wat Kalayanimit (Bangkok) 66
   Wat Phra Kaeo (Bangkok) 56, 59
Rama III., König Nangklao
   Khao-Luang-Höhle 136
   Wat Arun (Bangkok) 66
   Wat Bowonniwet (Bangkok) 67
   Wat Kalayanimit (Bangkok) 66
   Wat Pho (Bangkok) 64
   Wat Phra Kaeo (Bangkok) 58f
Rama IV., König Mongkut 43, **151**
   Chinesische Villen (Phuket-Stadt) 222
   Großer Palast (Bangkok) 60f
   Khao-Luang-Höhle 136
   King Mongkut Memorial Park of Science & Technology 150
   Mönchszeit 67
   Mongkut – ein Gelehrter auf dem Thron 151
   Phetchaburi 134
   Wat Phra Kaeo (Bangkok) 58f
   Wat Ratchapradit (Bangkok) 62
Rama V., König Chulalongkorn 43, 56, 151
   Bahnhof Hua Lampong (Bangkok) 72
   Chinesische Villen (Phuket-Stadt) 222
   Großer Palast (Bangkok) 60f
   Nationalmuseum (Bangkok) 62
   Palast von Rama V. (Ko Sichang) 103
   Phra Nang Reua Lom 116
   Phra Ratchawang Ban Puen (Phetchaburi) 137
   Rama-V.-Fels (Ko Tao) 182
   Tham Phraya Nakhon (Hat Laem Sala) 143
   Wat Atsadang (Ko Sichang) 104
   Wat Benchamabophit (Bangkok) 68
   Wat Chonthara Sing He (Tak Bai) 285
   Wat Phra Kaeo (Bangkok) 56
   Wat Ratchabophit (Bangkok) 67
   Wat Salak Phet 125
   Wat Tham Suwan Khuha 217
Rama VI., König Vajiravudh
   Großer Palast (Bangkok) 61
   Marukhathaiyawan-Palast (Phetchaburi) 139
   Provinz-Halle (Phuket) 224
   Siam Society 78
   Statue 74
Rama VII., König Prajadhipok
   Großer Palast (Bangkok) 61
   Wat Phra Kaeo (Bangkok) 56
   Wat Tham Suwan Khuha 217
Rama IX., König Bhumibol Adulyadej 43–45
   Buddhismus 24
   Fotografie 70
   Großer Palast (Bangkok) 61
   Hat Sadet 175
   King's Royal Park (Bangkok) 70
   Königliches Barkenmuseum 63
   Mönchszeit 67
   Wat Mahathat Worawihan (Phetchaburi) 137
   Wat Tham Suwan Khuha 217
Ramakien 17
Ramakien-Wandelgang (Bangkok) 59
Ramathibodi, König 40
Rambutan- und Thai-Obst-Fest 35
Ramkhamhaeng, König 40, 69
Ranong 198, **200**
   Hotels 308
   Restaurants 331
Ratagasikorn, Sangaroon 78
Ratchadamnoen-Stadion (Bangkok) 340f
Rattanakosin-Stil
   Dusit-Thronhalle, Großer Palast (Bangkok) 67
   Wat Suthat (Bangkok) 67
Rauchen 354
Rayong **108**
   Hotels 298
Regionale Spezialitäten **314f**, 317
Reisedurchfall 357
Reiseinformationen **362–369**
   Anreise mit dem Flugzeug 362
   Flugpreise 362

Inlandsflüge 362f
Lokale Transportmittel **364**
Mit Auto, Moped oder Fahrrad unterwegs **368f**
Mit Bahn, Bus oder Boot unterwegs **366f**
Organisierte Touren 365
Suvarnabhumi 362
Taxis 364
Transfer vom und zum Flughafen
Umweltbewusst reisen 363
Reiseschecks 359
Reisezeit 352
Reisgerichte 317
Reiten 345
Reklamation 334
Religionen
  Islam **25**
  Thai-Buddhismus **24f**
Restaurants **312–333**
  Bangkok 318–322
  Coffeeshops 312
  Essgewohnheiten 313
  Obere Andamanen-Küste 328–331
  Obere westliche Golfküste 324–326
  Östliche Golfküste 322–324
  Preise 313
  Restaurantauswahl 318–333
  Seafood 313
  Straßen- und Marktstände 312f
  Süden 333
  Thailändische Küche **314f**
  Trinkgeld 313
  Typische Thai-Gerichte **316f**
  Untere Andamanen-Küste 331–333
  Untere westliche Golfküste 326–328
Richelieu Rock (Meeres-Nationalpark Surin-Inseln) 205
Ripley's Believe It or Not (Pattaya) 107
Rosa Delfine von Sichon und Khanom, Die **186**
Rose Garden (Bangkok) 338, 341
Rugby 340f

# S

Saan Chao Paw Khao Yai (Ko Sichang) 102
Sadet, Fluss 175
Saekow, Somporn 171
Sage von Phra Nang, Die **251**
Saiburi 278, **285**
*Samlor* 364
Samui-Aquarium und Tigerzoo 168
Samui Butterfly Garden 168f
Samui Monkey Center 171
San Chao Bang Niew (Phuket-Stadt) 222, 224
San Chao Chui Tui (Phuket-Stadt) 222f
San Chao Put Jaw (Phuket-Stadt) 222f, 225
San Chao Sang Tham (Phuket-Stadt) 223, 224
Sanam Luang (Bangkok)
  Detailkarte: Sanam Luang **54f**
Saowapha Phongsi, Königin 62
Sattahip (Pattaya) 108
Satun 242, **268f**
  Hotels 310
  Restaurants 333
Schattentheater 17, 30, **191**
  Vorführungen und Puppen 193, 336
Schienennetz 366
Schlacht von Nong Sarai (1593) 41

Schmuck 81, 336
Schnorcheln 22f, 342f
Seafood 313, 317
Secret Buddha Garden (Ko Samui) 162, 166f
Seekühe (Ko Tarutao) 271
Seenomaden **204**
Seepavillon, Dusit-Park (Bangkok) 71
Segeln 343, 346
Seide
  Altes Kleider- und Seidenmuseum (Dusit-Park) 70
  Jim Thompson 77
  Läden 80
Shinawatra, Thaksin 17, 44f
Shinawatra, Yingluck 45
Shiva, hinduistischer Gott 189, 192
*Shiva linga* 189, 192
Shopping **80f, 334–337**
  Antiquitäten 81, 336
  Baumwolle 80
  Bezahlung 334
  Bücher 81
  Edelsteine 81, 336
  Elektronikartikel 81
  Englischsprachige Buchhandlungen 335
  Handeln 334
  Information 80
  Kaufhäuser, Shopping Malls 80, 334f
  Keramik 336
  Kleidung 81, 335
  Kunsthandwerk 81, 335
  Kunsthandwerk der Bergvölker 335
  Lackware 336
  Märkte 80, 335
  Masken, Puppen, Musikinstrumente 336
  Mehrwertsteuer 334
  Niello- und Zinnarbeiten 336
  Öffnungszeiten 334
  Reklamation 334
  Schmuck 81, 336
  Seide 80, 335
  Shopping-Meilen (Bangkok) 80
  Straßenverkäufer 335
Shows 82
Si Racha 98, **101**
  Restaurants 324
Si Thamma Sokharat, König 194
Sicherheit und Notfälle **356f**
  Alleinreisende Frauen 356
  Apotheken 356
  Drogen 356
  Erste-Hilfe-Set 357
  Gefahrenzonen 356
  Krankheitsüberträger Insekten 357
  Krankheitsüberträger Mensch und Tier 357
  Krankheitsüberträger Wasser und Speisen 357
  Medizinische Versorgung 356f
  Notfälle 356f
  Persönliche Sicherheit 356
  Reisedurchfall 357
  Schutz vor Hitze 357
  Touristenpolizei 356
Siew, Gott der Langlebigkeit 224
Sillapakorn-Kunstakademie (Sanam Luang) 54
Silvertip (Burma Banks) 205
Silvester 37
Similan-Inseln, Meeres-Nationalpark 11, 198, **210f**
Sino-portugiesische Architektur
  Ladenhäuser 28
  Villen 29

Sino-Thai-Architektur
  Trang **264**
  Villen in Phuket 226f
Sirinath-Nationalpark (Phuket) 232
Smaragd-Buddha 59
  Wat Arun 66
  Wat Phra Kaeo 56, 58
Snacks 316
*Som Tam* 315
Songkhla 11, 278, **280f**
  Hotels 311
  Restaurants 333
  Zentrumskarte 281
Songkhla-Nationalmuseum 280
Songkhla-Seen 278, **282**
Songkram, Phibun 44
Songkran 34, 37
South East Asia Treaty Organization (SEATO) 44
Sport und Aktivurlaub **342–349**
  Bootsausflüge 344
  Bungee-Jumping 345
  Elefantenritte 344
  Golf 343
  Kanufahren 343
  Klettern 345
  Pferderennen und Reiten 345
  Radfahren 344f
  Segeln 343
  Tauchen und Schnorcheln 342f
  Themenferien 345
  Tierbeobachtung 344
  Wandern 344
  Wassersport 343
  Wellness-Urlaub 348f
  Wildwasser-Rafting und Kajakfahren 343
Sprache 353
Sra Morakot (Wildschutzgebiet Khao Nor Chuchi) 258
Srivijaya, Reich 39
  Chaiyas Rolle im Srivijaya-Reich **161**
Srivijaya-Hafen Takola 209
State Railway of Thailand (SRT) 366
Stauseen
  Bang-Phra-Stausee 101
  Kaeng-Krachan-Stausee (Phetchaburi) 139
Steuern 289
Strände
  Ao Kantiang (Ko Lanta) 32, 262
  Ao Thong Nai Pan (Ko Phangan) 33, 175
  Ao Yai (Ko Chang) 32
  Hat Hua Hin (Hua Hin) 33, 140
  Hat Kata Yai (Phuket) 32, 228
  Hat Khlong Phrao (Ko Chang) 33, 122
  Hat Sai Kaew (Ko Samet) 33, 112
  Hat Sai Ri (Ko Tao) 33, 182
  Hat Tham Phra Nang (Krabi-Küste) 32, 249
Strände, Die schönsten 32f
Strandvergnügen **127**
Straßen *siehe* Verkehrsregeln
Straßenschilder 369
Straßen- und Marktstände 312f
Suan-Pakkad-Palast (Bangkok) 52, **75**
Suan-Somdet-Phra-Sinakharin-Park (Phang-Nga-Bucht) 217
Süden 11, **276–285**
  Hotels 311
  *Korlae*-Fischerboote 285
  *muay thai* 283
  Regionalkarte 278f
  Restaurants 333
Süd-Pattaya 107

# TEXTREGISTER

Sukhothai, Königreich 40
Sukhothai-Buddha, Nationalmuseum (Bangkok) 62
Sukhumvit Road (Bangkok) **78f**
Sunantha, Königin 116
Suntharanuraksa, Phraya 280
Sunthorn-Phu-Tag 35
Suppen 317
SUPPORT-Museum (Bangkok) 70f
Surat Thani 158, **161**
  Bahnhof 366f
  Hotels 304
  Restaurants 328
Surin-Archipel 15, 203
Surin-Inseln, Meeres-Nationalpark 11, 198, **204f**
Suryavarman II., König 39
Susaan Hoi (Krabi-Küste) 248
Süßspeisen
  Hauptstadt der süßen Sünden (Phetchaburi) **138**
  traditionelle 10
Swiss 362f

## T

Tag der Arbeit (1. Mai) 37
Tages-Spas 349
Taiwand Wall (Krabi) 249
Tak Bai 278, **285**
*Takraw* 17, 340
Taksin, König 37, 41, 66, 114
  König-Taksin-Park 115
  König-Taksin-Schrein 115
  Wat Arun 66
Taksin-Palast (Narathiwat) 285
Takua Pa **208**
  Takua Pa, der alte
  Srivijaya-Hafen Takola **209**
Tankstellen 368
Tanz 338f
  *khon* 26, 74, 82
  *lakhon* 26
  *likay* 27, 338, 340
  *ram wong* 339, 340
TAT-Büros 289
Tauchen **22f**, 342f
  Hat Tha Nam 123
  Ko Mak 126
  PADI-Zertifikat (Professional Association of Diving Instructors) 22
  Tauchtipps 23
  Top Ten-Tauchreviere 23
Taxis 364
Tee 315
Telefonieren 360
Telephone Organization of Thailand (TOT) 360
Tempel *siehe wat*
Tempelfeste 340
Tenasserim-Berge 131
Textilien *siehe auch* Kleidung
  Altes Kleider- und Seidenmuseum (Bangkok) 70
  Thai-Seide 80
Thachatchai-Naturpfad (Phuket) 232
Thai Airways International 362f
Thai-Boxen *siehe muay thai*
Thai-Fußmassagen 127
Thai-Hotels 288
Thai Hotels Association 288f
*Thai khanom* 138
Thai Muang (Phang-Nga-Bucht) 216
Thai-Neujahr *siehe* Songkran
Thai-Seide 335, 337
Thai Silk Company 77
Thai-Theater und Musik **26f**
Thailand Cultural Center (Bangkok) 339, 341

*Thailand Golf Guide* 343
*Thailand Golf Map* 343
*Thailand Highways Map* (Auto Guide Company) 369
*Thailand Highway Map* (Roads Association) 369
Thailändische Küche **314f**
  Getränke 315
  Regionale Spezialitäten 314
  Reis und Nudeln 314
  Thai-Mahlzeiten 315
  Vier Geschmacksrichtungen 314f
  *siehe auch* Typische Thai-Gerichte
»Thailands Detroit« *siehe* Chonburi
Thailands Küsten, Das Jahr an **34–37**
Thailands Strände und Inseln im Überblick **48f**
Thalang **234**
Thalang-Nationalmuseum (Phuket) **234**
Thale-Ban-Nationalpark 242, **269**
Thale Luang (Songkhla-Seen) 282
Thale Noi (Songkhla-Seen) 282
Thale-Noi-Wasservogelpark (Songkhla-Seen) 282
Thale Sap Songkhla 282
Tham-Bua-Bok-Höhle 181
Tham Jara-Khe (Meeres-Nationalpark Ko Tarutao) 272
Tham Khao Mai Kaew (Ko Lanta) 262
Tham Nam Thalu (Khao-Sok-Nationalpark) 207
Tham Seua (Ko Lanta) 262
Tham Si Ru (Khao-Sok-Nationalpark) 207
Thammasat-Universität (Bangkok) 55
Thanakuman, Prinz 194
Than-Bok-Koranee-Nationalpark 242, **245**
Than Mayom, Hafen und Wasserfall 124f
Than-Sadet-Nationalpark 175
Thao-Thep-Kasatri- und Thao-Si-Sunthorn-Fest 34
Tha Pom 242, **246**
Thavaro, Prasit, buddhistischer Mönch 102
Theater (traditionelles) 26f
Themenferien 345
Themenparks
  King Mongkut Memorial Park of Science & Technology 132, **150**
  Mini Siam (Pattaya) 105
  Nong Nooch Village (Pattaya) 108
  Pattaya Park Funny Land 106
  Phuket FantaSea (Phuket) 230
  Pluuketts Orchideengarten und Thai-Dorf (Phuket-Stadt) 225
Theravada-Buddhismus 24
Thompson, Jim 76f
  Jim-Thompson-Haus 52, 75, **76f**
  Jim Thompsons (Laden) 335
Thon Buri (Bangkok)
  Hotels 293
  Restaurants 321
Thongsuk, Nim 166
Thot Pah Pa Klang Nam 37
Tickets, 338
  Busse 367
  Unterhaltung 82
  Züge 366
Tierbeobachtung 344
Tiere als Krankheitsüberträger 357
Tigerzoo Si Racha 98, **101**
Time 361
Tinsulanond, Prem 44
*Tip – Zeitung für Thailand* 361

Trinkgeld
  Hotels 289
  Restaurants 313
To-Bu-Klippe (Meeres-Nationalpark Ko Tarutao) 272
Tom Yam Kung 314
Ton Nga Chang (Hat Yai) 280
Tor der Liebenden (Ko Khai) 270
Tourism Authority of Thailand (TAT) 356f
Tourist Assistance Center 356f
Touristenpolizei 356f
Traditionelle Bootsprozession mit Rennen 36
Traditioneller Hausbau **28f**
  Geisterhäuschen **29**
  Malaiische Häuser 29
  Sino-portugiesische Ladenhäuser 28
  Sino-portugiesische Villen 29
  Traditionelle Thai-Häuser 28
Trang 242, **264**
  Hotels 310f
  Restaurants 333
Trang-Kulinaria-Messe 34
Trang-Mondfest 36
Trang-Schweinefest 36
Trangs Vegetarisches Fest **264**
Trat 38, **117**
  Hotels 298
  Restaurants 324
Tripitaka (Lehrreden des Buddha) 24
Tropischer Bergwald 18
Tsunami von 2004 16
*Tuk-tuk* 364
Tung-Tieo-Waldpfad 258
Typische Thai-Gerichte **316f**
  Auswahl der Speisen 316
  Currys 317
  Desserts 317
  Getränke 317
  Nudeln 316
  Regionale Gerichte 317
  Reisgerichte 317
  Seafood 317
  Snacks 316
  Suppen 31

## U

U Thong *siehe* Ramathibodi, König
Umwelt und Umweltschutz 16f
Umweltbewusst reisen 355, 363
Underwater World (Pattaya) 106f
United Front for Democracy against Dictatorship (UDD) 45
Untere Andamanen-Küste 11, **240–275**
  Danny Boyles *The Beach* 253
  Die Sage von Phra Nang **251**
  Hotels 308–311
  Ko Lanta 260f
  Ko Phi Phi 252f
  Krabi-Küste 248–251
  Meeres-Nationalpark Ko Tarutao **270–275**
  Ökosystem Mangrovenwald **247**
  Piraten an der Andamanen-Küste **255**
  Regionalkarte 242f
  Restaurants 331–333
  Trangs Vegetarisches Fest **264**
  Unterwasserhochzeiten auf Ko Kradan **267**
  Unterwegs 242
Untere westliche Golfküste 11, **156–195**
  Affen (Kokosnussernte) **171**
  Chaiyas Rolle im Srivijaya-Reich **161**

Die rosa Delfine von Sichon und Khanom **186**
Hotels 300–304
Ko Phangan **172–177**
Ko Samui **162–171**
Ko Tao **182–185**
Meeres-Nationalpark Ang Thong **180f**
Nakhon Si Thammarat **192–195**
Regionalkarte 158f
Restaurants 326–328
Schattentheater **191**
Unterwegs 159
Vollmondpartys 177
Wat Phra Mahathat Woramahawihan **194f**
Unterhaltung (Bangkok) **82f, 338–341**
Bars und Clubs 83
Discos, Bars, Live-Musik und Folk-Clubs 339
Fußball, Rugby und Billard 340
Information 82, 338
Kinos 82, 339
Konzerte, Ausstellungen und modernes Theater 339
*Krabi-krabong* 340
*Muay thai* 82, 340
Shows und Theater 82
*Takraw* 340
Tempelfeste und Festivals 340
Tickets 338
Traditionelles Theater und Tanz 338f
Unterwasserhochzeiten (Ko Kradan) **267**

## V
Vegetarisches Fest 36, 225, 264
Vejjajiva, Abhisit 17, 45
Verfassungstag 37
Verkehrsregeln 369
Victoria Point *siehe* Kawthaung (Ranong) 200
Vietnamesen in Thailand 115
Vietnamesisches Viertel (Chanthaburi) 114f
Villen in Phuket **226f**
Phra-Pitak-Chinpracha-Villa **227**
Vimanmek Mansion (Bangkok) 71, 103
Vipassana-Meditation 245
Visa (Kreditkarte) 358f
Visakha Bucha 35, 37
Vishnu, hinduistischer Gott der Trimurti (Drei-Einheit) 193, 209
Visum 352, 355
Vollmondpartys (Ko Phangan) **177**
Vorwahlen 361

## W
Wahrsager, Sanam Luang (Bangkok) 55
Währung 359
Waldschutzgebiet Sa Nang Manora (Phang-Nga-Bucht) 216
Walking Street (Pattaya) 97, 107
Wandern 344
Khao-Sam-Roi-Yot-Nationalpark 145
Meeres-Nationalpark Ang Thong 180

Wang-Na-Palast (Bangkok) 62
Wan-Lai-Fest 34
Washingtoner Artenschutzabkommen (CITES) 150
Wasser, als Krankheitsüberträger 357
Wasserfälle
Bang Pae 235
Hin Lat 170
Ke Rephet 125
Khlong Nung 125
Khlong Phlu 123
Klang 116
Krathing 116
Krung Ching 190
Na Muang 167
Nam Tok Chon Salat (Ko Tarutao) 274
Nam Tok Hin Lat 187
Nam Tok Lam Ru 209
Nam Tok Lo Po (Ko Tarutao) 273
Nam Tok Lu Du (Ko Tarutao) 273
Phliw 116
Piraten-Wasserfall (Ko Tarutao) 275
Than Mayom 124f
Than Sadet 175
Ton Nga Chang (Hat Yai) 280
Trok Nong 116
Wassersport 127, 343
*Wat*
Wat Amphawan (Ko Phangan) 172
Wat Arun (Bangkok) 52, **66**
Wat Atsadang (Ko Sichang) **103**
Wat Benchamabophit (Bangkok) 27, 52, **68**
Wat Bowonniwet (Bangkok) 52, **67**
Wat Bupharam (Trat) 117
Wat Cha-am (Phetchaburi) 139
Wat Chalong (Phuket) 236
Wat Hin Lat (Ko Samui) 170
Wat Kalayanimit (Bangkok) 52, **66**
Wat Kamphaeng Laeng (Phetchaburi) 135, 137
Wat Khao Tham 177
Wat Khao Tham Khan Kradai 132, **148f**
Wat-Khlong-Thom-Nua-Museum 242, **258**
Wat Khunaram (Ko Samui) 167
Wat Mahathat (Bangkok) 52, 54, **62**, 345, 347
Wat Mahathat Worawihan (Phetchaburi) 136f
Wat Mongkol Nimit (Phuket-Stadt) 223
Wat Pho (Bangkok) 52, **64f**, 345
Wat Phra Kaeo (Bangkok) 10, 52f, **56–59**
Wat Phra Mahathat Woramawihan (Nakhon Si Thammarat) 193, **194f**
Wat Phra Nang Sang (Thalang) 234f
Wat Phra Thong (Phuket) 235
Wat Rakhang (Bangkok) 52, **63**
Wat Ratchabophit (Bangkok) 52, **66f**

Wat Ratchapradit (Bangkok) 52, **62**
Wat Saket (Bangkok) 52, **69**
Wat Sao Thong Tong (Nakhon Si Thammarat) 192f
Wat Suan Mokkhaphalaram 158, **160f**
Wat Suthat (Bangkok) 52, **67**
Wat Tapotaram (Ranong) 200
Wat Tham Seua 242, **244f**
Wat Tham Suwan Khuha (Phang-Nga-Bucht) 212, 217
Wat Tham Yai Prik (Ko Sichang) 102
Wat Traimit (Bangkok) 52, **72**
Wat Yai Suwannaram (Phetchaburi) 135, 137
Wattana, James 340
Weiße Elefanten 69, **109**
Wellness-Urlaub **348f**
Anwendungen 349
Kur-Oasen 348f
Tages-Spas 349
Wellness-Ferienanlagen 348
Wellness-Hotels 348
Wetter
heiße Jahreszeit 34f
kühle Jahreszeit 36f
Regenzeit 35f
Wichai Prasit, Festung (Bangkok) 66
Wihan-Kien-Museum (Wat Phra Mahathat Woramawihan) 195
Wihan Phra Song Ma (Wat Phra Mahathat Woramawihan) 194
Wihan Tap Kaset (Wat Phra Mahathat Woramawihan) 194
Wildschutzgebiete
Khao Nor Chuchi 242, **258**
Khao Soi Dao 116
Khlong Nakha 198, **201**
Libong-Archipel (Ko Libong) 267
Wildwasser-Rafting 343
Weine und Spirituosen 315
World Durian Festival 35
World Fellowship of Buddhists (Bangkok) 160, 345, 347

## Y
Yaowarat-Distrikt (Bangkok) 239
Yaowarat Road (Bangkok) 72
Yasovarman I. 39
Yok Ong 224

## Z
Zeitskala
Chakri-Dynastie 42f
Geschichte 38–45
Wat Phra Kaeo (Bangkok) 56
Zeitungen und Zeitschriften 361
Zerstörung der Mangrovenwälder 247
Zinnarbeiten 31, 336
Zoll 352f, 355
Zoos
Dusit-Zoo (Bangkok) 52, **68**
Offener Zoo Khao Khieo 98, **100f**
Safari World (Bangkok) 344
Samui-Aquarium und Tigerzoo (Ko Samui) 168
Tigerzoo Si Racha 98, **101**
Züge 367, 368

# Danksagung und Bildnachweis

Dorling Kindersley bedankt sich bei allen, die an der Herstellung dieses Buchs mitgewirkt haben.

### Autoren
**Andrew Forbes** ist Doktor der zentralasiatischen Geschichte. Er lebt in Chiang Mai , ist Redakteur für CPA Media und hat bereits viele Bücher über Thailand und Ostasien verfasst.

**David Henleys** Fotografien wurden in vielen Medien veröffentlicht, u. a. in *National Geographic*, *The Washington Post* und vielen internationalen Publikationen und Reiseführern.

**Peter Holmshaw** lebt seit über 20 Jahren in Chiang Mai und ist Co-Autor mehrerer Reiseführer über Südostasien.

**Fakten-Check** Peter Holmshaw.

**Textregister** Cyber Media Services Ltd.

**Thai-Übersetzung** Sulaganya Punyayodhin.

### Grafik und Redaktion
*Publisher* Douglas Amrine.
*List Manager* Vivien Antwi.
*Project Editor* Michelle Crane.
*Editorial Consultants* Hugh Thompson, Scarlett O Hara.
*Project Designer* Shahid Mahmood.
*Kartografie* Casper Morris.
*Managing Art Editor (Umschläge)* Karen Constanti.
*Umschlag* Kate Leonard.
*DTP* Jason Little.
*Bildrecherche* Ellen Root.
*Produktionsüberwachung* Vicky Baldwin.

### Ergänzende Fotografien
Rob Ashby, Philip Blenkinsop, Gerard Brown, Jane Burton, Peter Chadwick, Andy Crawford, Philip Gatward, Steve Gorton, Frank Greenaway, Will Heap, Stuart Isett, Hugh Johnson, Dave King, Mathew Kurien, Cyril Laubscher, Alan Newham, David Peart, Roger Phillips, Tim Ridley, Alex Robinson, Rough Guides/Ian Aitken/Simon Racken, Steve Shott, Michael Spencer, Kim Taylor und Jane Burton, Karen Trist, Richard Watson, James Young.

### Besondere Unterstützung
Ruengsiri Sathirakul von Anantara Hua Hin Resort & Spa, Suwan Chakchit von der Baipai Thai Cooking School, Fann Kulchada und Joyce Ong vom Banyan Tree Phuket, Adam Purcell vom Magazin *BigChilli*, Puritad Jongkamonvivat von der *Nation* Multimedia Group, Sirin Yuanyaidee vom Nationalmuseum Bangkok, Toby To vom Patravadi-Theater, Somchai Bussarawit vom Phuket-Aquarium, Nam und Prompeth L von der Tourism Authority of Thailand.

### Genehmigungen für Fotografien
Dorling Kindersley bedankt sich bei den folgenden Institutionen für ihre Unterstützung und freundliche Genehmigung zum Fotografieren: Thronhalle Abhisek Dusit, Jim-Thompson-Haus, Joe-Louis-Theater, King Mongkut Memorial Park of Science & Technology, Marine Research Center, Marukhathaiyawan-Palast, Nationalmuseum Bangkok, Königliches Kutschenmuseum, Thai Ramakien Gallery, Than-Bok-Koranee-Nationalpark, Under Water World Pattaya.
Der Verlag bedankt sich auch bei allen anderen Tempeln, Museen, Hotels, Restaurants, Läden, Sammlungen und anderen Sehenswürdigkeiten, die hier nicht alle einzeln genannt werden können.

### Bildnachweis
o = oben; m = Mitte; u = unten; l = links; r = rechts; d = Detail.

Dorling Kindersley hat sich bemüht, alle Urheber ausfindig zu machen und zu benennen. Sollte dies in einigen Fällen nicht gelungen sein, bitten wir, dies zu entschuldigen. In der nächsten Auflage werden wir versäumte Nennungen selbstverständlich nachholen.
Der Verlag dankt den folgenden Personen, Institutionen und Bildbibliotheken für die freundliche Genehmigung, ihre Fotografien abzudrucken:

**4Corners Images:** SIME/Giovanni Simeone 46–47, /Schmid Reinhard 2–3.
**Matthias Akolck:** 181mr.
**Alamy Images:** AA World Travel Library 259ur; Ace Stock Limited 4ur, 15u; Victor Paul Borg 32ul; Pavlos Christoforou 14, 101or, 204mru; Thomas Cockrem 79or; Ray Evans 35ur; F1online digitale Bildagentur GmbH 21ul; David Fleetham 20ml; Mike Goldwater 34ul; Ingolf Pompe17 163mr; Norma Joseph 80mr; Paul Kingsley 36m; John Lander 55ul; Chris McLennan 177mr; Robert Harding Picture Library Ltd 215or; Leonid Serebrennikov 220ml; Neil Setchfield 17or; Martin Strmiska 204ul; Peter Titmuss 146-147; Peter Treanor 24ur, 97u, 109ul; WaterFrame 21or; Terry Whittaker 206m; Andrew Woodley 23ur.
**Anantara Hotels, Resorts & Spas:** 348ml.
**Ardea.com:** Jean Paul Ferrero 153ur.
**Baipai Thai Cooking School:** 345ur.
**Bangkok Airways Co., Ltd:** 363ol.
**Banyan Tree Spa Phuket:** 348ur.
**BigChilli:** 338m.
**Black Mountain Resort and Country Club Co., Ltd:** 343um.

**The Bridgeman Art Library:** Der König von Siam auf seinem Elefanten, aus einem Bericht der Jesuiten in Siam, 1688 (Wasserfarbe auf Papier), französische Schule (17. Jh.) /Bibliothèque Nationale, Paris, Frankreich/Archives Charmet /109ml.
**Chiva-Som:** 349or.
**Corbis:** Bettmann 42or, 44ol, 44um; Christophe Boisvieux 24mlu; John Van Hasselt 26–27m, 338ul; Ingo Jezierski 256–257; Brooks Kraft 45ur; Franklin McMahon 8–9; Narong Sangnak 35m; Scott Stulberg 48ur; Sunset Boulevard 213ur; Sygma/Jean Leo Dugast 25mr; Staffan Widstrand 145mro.
**CPA Media:** Oliver Hargreave 209ul; David Henley 24or, 41ol, 43mr, 44m, 77ur, 340ur.
**Gerald Cubitt:** 18ml, 18mr, 18mru, 18um, 19om, 19ml, 19mu, 19um, 19ur, 20or, 247mru.
**DK Images:** mit freundlicher Genehmigung des Buddha Padipa Temple, Wimbledon/Andy Crawford 24ol; mit freundlicher Genehmigung des National Birds of Prey Centre, Gloucestershire/Frank Greenaway 247om; David Peart 21ur, mit freundlicher Genehmigung des Whipsnade Zoo, Bedfordshire/Dave King 201.
**FLPA:** Terry Whittaker 18mu.
**Getty Images:** AFP/Saeed Khan 45o, /Pornchai Kittiwongsakul 45mru, /Saeed Khan 45o, /Peter Parks 239mlu; Iconica/Angelo Cavalli 163ol; Photographer's Choice/Georgette Douwma 21ol, / Gavin Hellier 50; Stone/David Hanson 191m; Taxi/Hummer 369um.
**The Granger Collection, New York:** 151mr.
**Istockphoto.com:** Kevin Miller Photography 13or; Rontography 271ol; ShyMan 315m.
**The Kobal Collection:** 20th Century Fox/Mountain Peter 253ol.
**Lonely Planet Images:** Anders Blomqvist 243or; Austin Bush 171mlu, 180ur; Felix Hug 31or; Noboru Komine 37ul; Bernard Napthine 268or; Bill Wassman 171um; Carol Wiley 191ur.
**Mary Evans Picture Library:** 9m, 41um, 42ml, 47m, 154mlu, 287m, 351ml.
**Masterfile:** Brad Wrobleski 360ul.
**National Aeronautics and Space Administration:** 12ul.
**Nationalmuseum Bangkok:** 39mo, 39mu, 41mu, 62m.
**Nation Multimedia Group:** 361om.
**Naturepl.com:** Georgette Douwma 20ul, 21mr.
**Raymond Ong:** 195ol.
**Orient-Express Hotels, Trains & Cruises:** 367mo.
**Patravadi-Theater:** 339ml.

**Photobank (Bangkok):** 25ol, 25mro, 26ol, 26or, 26mlo, 26mlu, 26ul, 26ur, 27ol, 27or, 27mr, 27mru, 27ul, 27um, 27ur, 29mr, 30or, 30ul, 30–31m, 31mr, 37m, 40ol, 40mu, 42m, 42–43m, 43or, 43mlu, 69mu, 73ml, 73ul, 109mo, 109mr, 138ml, 149ur, 151mru, 155u, 161ul, 161ur, 171ml, 187u, 227or, 239mru, 239ur, 263or, 278ml, 283om.
**Photolibrary:** age fotostock/Chua Wee Boo 150m, /Alan Copson 260ur, /Alvaro Leiva 255or, /P. Narayan 33mr, 350–351; All Canada Photos/Kurt Werby 169or; Brand X Pictures 11or; Alexander Blackburn Clayton 51u; CPA Media 183ol; Digital Vision/Nicholas Pitt 178–179; Hemis/Safra Sylvain 34om; Imagebroker.net/Norbert Eisele-Hein 345ol; Imagestate/Art Media 43m, /Mark Henley 49or, /Steve Vidler 16ul, 212ur, /The British Library 24–25m; Index Stock Imagery/Jacob Halaska 1m; Jon Arnold Travel/Alan Copson 119ol; Lonely Planet Images/Claver Carroll 340ol, /James Marshall 171om; LOOK-foto/Ingolf Pompe 11um; Mauritius/Birgit Gierth 32ml; Oxford Scientific (OSF)/Splashdown Direct 186ul; Robert Harding Travel/Gavin Hellier 283ml; Tips Italia/Luca Invernizzi Tettoni 130, 218–219; WaterFrame – Underwater Images/Reinhard Dirscherl 20ur, 22ur, 196.
**Privatsammlung:** 151um, 283mr.
**Reflexstock:** Alamy/sdbphoto.com 59ur.
**Brian Ng Tian Soon:** 195ur.
**Superstock:** Ben Mangor 239ml; Westend61 22–23m.
**Thai Airways International Public Co. Ltd:** 362om, 362ul.
**Tourism Authority of Thailand:** 138ur, 264ul, 267or, 342ul, 344ul, 353ml.

**Vordere Umschlaginnenseiten: Getty:** Photographer's Choice/Gavin Hellier ol; **Photolibrary:** WaterFrame – Underwater Images/Reinhard Dirscherl ml; Tips Italia/Luca Invernizzi Tettoni mr.

**Umschlag**
Vorderseite: **Alamy Images:** Vick Fisher mlu; **Photolibrary:** Age Fotostock/Jose Fuste Raga (Hauptbild).
Rückseite: **DK Images:** David Henley mlo, mlu, ul; **Photolibrary:** Age Fotostock/Georgie Holland ol.
Buchrücken: **DK Images:** Phillip Blenkinsop u; **Photolibrary:** Age Fotostock/Jose Fuste Raga o.

Alle weiteren Bilder © Dorling Kindersley
Weitere Informationen unter
**www.dkimages.com**

# Sprachführer Thai

Thai ist eine tonale Sprache. Die meisten Sprachwissenschaftler betrachten Thai als Hauptidiom einer bestimmten Sprachgruppe. Es enthält aber auch viele Sanskrit-Elemente sowie einige Wörter aus dem modernen Englisch. Es gibt fünf Intonationen (Sprechhöhen): mittel, hoch, tief, steigend und fallend, wobei die Intonation der einzelnen Silben die Bedeutung des Worts festlegt. So bedeutet z. B. »mâi« (fallend) »nicht«, »măi« (steigend) hingegen »Seide«. Das von links nach rechts geschriebene Thai hat sich mit seinen 80 Buchstaben zu einer der komplexesten Schriften der Welt entwickelt. In der rechten Spalte dieses Sprachführers steht eine englische Thai-Transkription. Die Akzentuierung der Buchstaben gibt Auskunft über die Sprechhöhe. Eine anerkannte deutsche Transkription für Thai existiert nicht.

## Hinweise zur Aussprache

| | |
|---|---|
| a | wie in »ich esse« |
| e | wie in »wenn« |
| i | wie in »bin« |
| o | wie in »von« |
| u | wie in »man« [kurzes A] |
| ah | wie in »Vater« [langes A] |
| ai | wie in »Thailand« |
| air | wie in »wer« |
| ao | wie in »Mao« |
| ay | wie in »hey« [englisch] |
| er | wie in »Messer« |
| ew | wie in »Junge« |
| oh | wie in »go« [englisch] |
| oo | wie in »gut« [langes U] |
| OO | wie in »Mutter« [kurzes U] |
| oy | wie in »heute« |
| g | wie in »gern« |
| ng | wie in »singen« |

Folgende Laute haben keine Entsprechung im Deutschen:

| | |
|---|---|
| eu | ein Laut zwischen »Ä« und »Ö« |
| bp | ein Laut zwischen »B« und »P« |
| dt | ein Laut zwischen »D« und »T« |

»P«, »T« und »K« am Ende eines Worts werden »verschluckt«. Viele Thai sprechen »R« wie »L« aus.

## Die fünf Intonationen

Die Akzente verweisen auf die Intonation der Silben.

| | |
|---|---|
| kein Akzent | **Mittlere Intonation**, entsprechend der normalen Tonlage des Sprechers. |
| á é í ó ú | **Hohe Intonation**, liegt etwas höher als die mittlere Intonation. |
| à è ì ò ù | **Tiefe Intonation**, liegt etwas tiefer als die mittlere Intonation. |
| ă ĕ ĭ ŏ ŭ | **Steigende Intonation**, in der Aussprache einer Frage vergleichbar. |
| â ê î ô û | **Fallende Intonation**, in der Aussprache mit der nachdrücklichen Betonung eines einsilbigen Wortes vergleichbar. |

## Männliche und weibliche Höflichkeitsformen

Männer beenden einen Satz mit dem Partikel **»krúp«**. Frauen setzen **»ká«** ans Ende einer Frage und **»kâ«** ans Ende einer Aussage, wenn sie sehr höflich sein wollen. In diesem Sprachführer sind die Höflichkeitspartikel nur bei bestimmten Floskeln angegeben. Sie sollten sie aber möglichst oft verwenden. Die Höflichkeitsformen von »Ich« sind **»pŏm«** für Männer und **»dee-chún«** für Frauen.

## Notfälle

| | | |
|---|---|---|
| Hilfe! | ช่วยด้วย | chôo-ay dôo-ay! |
| Feuer! | ไฟไหม้ | fai mâi! |
| Wo ist das nächste Krankenhaus? | แถวนี้มีโรงพยาบาล อยู่ที่ไหน | tăir-o née mee rohng pa-yah-bahn yòo têe-năi? |
| Rufen Sie einen Krankenwagen! | เรียกรถพยาบาล ให้หน่อย | rêe-uk rót pa-yah-bahn hâi nòy! |
| Rufen Sie die Polizei! | เรียกตำรวจให้หน่อย | rêe-uk dtum rôo-ut hâi nòy! |
| Rufen Sie den Arzt! | เรียกหมอให้หน่อย | rêe-uk mŏr hâi nòy! |

## Grundwortschatz

| | | |
|---|---|---|
| Ja | ใช่ oder ครับ/ค่ะ | châi oder krúp/kâ |
| Nein | ไม่ใช่ oder ไม่ครับ/ไม่ค่ะ | mâi châi oder mâi krúp/ mâi kâ |
| Könnten Sie bitte …? | ช่วย … | chôo-ay … |
| Danke | ขอบคุณ | kòrp-kOOn |
| Nein, danke | ไม่เอา ขอบคุณ | mâi ao kòrp-kOOn |
| Entschuldigung | ขอโทษ (ครับ/ค่ะ) | kŏr-tôht (krúp/kâ) |
| Guten Tag | สวัสดี (ครับ/ค่ะ) | sa-wùt dee (krúp/kâ) |
| Auf Wiedersehen | ลาก่อนนะ | lah gòrn ná |
| Was? | อะไร | a-rai? |
| Warum? | ทำไม | tum-mai? |
| Wo? | ที่ไหน | têe năi? |
| Wie? | ยังไง | yung ngai? |

## Nützliche Sätze

| | | |
|---|---|---|
| Wie geht es Ihnen? | คุณสบายดีหรือ (ครับ/คะ) | kOOn sa-bai dee reu (krúp/kâ)? |
| Sehr gut, danke. Und Ihnen? | สบายดี (ครับ/ค่ะ) แล้วคุณล่ะ | sa-bai dee (krúp/kâ) – láir-o kOOn lâ? |
| Wo geht es nach …? | … ไปยังไง | … bpai yung-ngái? |
| Sprechen Sie Englisch? | คุณพูดภาษาอังกฤษ เป็นไหม | kOOn pôot pah-săh ung-grìt bpen mái? |
| Könnten Sie langsamer sprechen? | ช่วยพูดช้าๆหน่อย ได้ไหม | chôo-ay pôot cháh cháh nòy dâi mái? |
| Ich spreche kein Thai. | พูดภาษาไทย ไม่เป็น | pôot pah-săh tai mâi bpen |

## Nützliche Wörter

| | | |
|---|---|---|
| Frau/Frauen | ผู้หญิง | pôo-yĭng |
| Mann/Männer | ผู้ชาย | pôo-chai |
| Kind/Kinder | เด็ก | dèk |
| warm | ร้อน | rórn |
| kalt | เย็น oder หนาว | yen oder năo |
| gut | ดี | dee |
| schlecht | ไม่ดี | mâi dee |
| offen | เปิด | bpèrt |
| geschlossen | ปิด | bpìt |

| | | |
|---|---|---|
| links | ซ้าย | sái |
| rechts | ขวา | kwǎh |
| geradeaus | อยู่ตรงหน้า | yòo dtrong nâh |
| an der Ecke von | ตรงหัวมุม | dtrong hŏo-a mOOm |
| nahe | ใกล้ | glâi |
| weit | ไกล | glai |
| Eingang | ทางเข้า | tahng kâo |
| Ausgang | ทางออก | tahng òrk |
| Toilette | ห้องน้ำ | bôrng nâhm |

## Telefonieren

| | | |
|---|---|---|
| Wo ist das nächste öffentliche Telefon? | แถวนี้มีโทรศัพท์ อยู่ที่ไหน | tâir-o née mee toh-ra-sùp yòo têe-nǎi? |
| Guten Tag, hier ... spricht. | ฮันโล (ผม/ดิฉัน) ... พูด (ครับ/ค่ะ) | hello (pǒm/dee-chún) ... pôot (krúp/kâ) |
| Ich möchte gern ... sprechen. | ขอพูดกับคุณ ... หน่อย (ครับ/ค่ะ) | kǒr pôot gùp kbun ... nòy (krúp/kâ) |
| Könnten Sie bitte etwas lauter sprechen? | ช่วยพูดดังๆหน่อย ได้ไหม | chôo-ay pôot dung dung nòy dâi mái? |
| Ortsgespräch | โทรศัพท์ภายใน ท้องถิ่น | toh-ra-sùp pai nai tórng tìn |
| Telefonzelle | ตู้โทรศัพท์ | dtôo toh-ra-sùp |
| Telefonkarte | บัตรโทรศัพท์ | but toh-ra-sùp |

## Shopping

| | | |
|---|---|---|
| Wie viel kostet das hier? | นี่ราคาเท่าไร | nêe rah-kah tâo-rài? |
| Ich möchte ... | ต้องการ ... | dtôrng-gahn ... |
| Haben Sie ...? | มี ... ไหม | mee ... mái? |
| Ich schaue nur. | ชมดูเท่านั้น | chom bee dâo-nún |
| Nehmen Sie Kreditkarten/Reiseschecks? | รับบัตรเครดิต/เช็คเดินทางไหม | rub but cray-dìt/chék dern tang mái? |
| Wann öffnen/schließen Sie? | เปิด/ปิดกี่โมง | bpèrt/bpìt gèe mohng? |
| Können Sie das ins Ausland liefern? | ส่งของนี้ไปต่าง ประเทศได้ไหม | sòng kŏrng nee bpai dtàhng bpra-tâyt dâi mái? |
| preiswert | ถูก | tòok |
| teuer | แพง | pairng |
| Gold | ทอง | torng |
| Kunsthandwerk der Bergvölker | หัตถกรรมชาวเขา | hùt-ta-gum chao kǎo |
| Silber | เงิน | ngern |
| Thai-Seide | ผ้าไหมไทย | pâh-mǎi tai |
| Kaufhaus | ห้าง | bâhng |
| Markt | ตลาด | dta-làht |
| Zeitungshändler/Zeitungskiosk | ร้านขายหนังสือพิมพ์ | ráhn kǎi núng-sěu pim |
| Apotheke | ร้านขายยา | ráhn kǎi yab |
| Schneider | ร้านตัดเสื้อ | ráhn dtùt sêu-a |

## Sightseeing

| | | |
|---|---|---|
| Reisebüro | บริษัทนำเที่ยว | bor-ri-sùt num têe-o |
| Fremdenverkehrsbüro | สำนักงานการท่องเที่ยว | sǔm-núk ngahn gahn tôrng têe-o |
| Touristenpolizei | ตำรวจท่องเที่ยว | dtum-ròo-ut tôrng têe-o |
| Strand | หาด oder ชายหาด | bàht oder chai-bàht |
| Koralle | หินปะการัง | bin bpa-gah-rung |
| Fest | งานออกร้าน | ngahn òrk rábn |
| Hügel/Berg | เขา | kǎo |
| Geschichtspark | อุทยานประวัติศาสตร์ | ÒO-ta-yahn bpra wùtt sàbt |
| Insel (ko) | เกาะ | gòr |
| Tempel (wat) | วัด | wút |
| Museum | พิพิธภัณฑ์ | pí-pút-ta-pun |
| Nationalpark | อุทยานแห่งชาติ | ÒO-ta yabn bàirng châbt |
| Park/Garten | สวน | sǒo-un |
| Fluss | แม่น้ำ | mâir nábm |
| Thai-Boxen | มวยไทย | moo-ay tai |
| Thai-Massage | นวด | nôo-ut |
| wandern | การเดินทางเท้า | gahn dern tahng táo |
| Wasserfall | น้ำตก | nábm dtòk |

## Unterwegs/Transportmittel

| | | |
|---|---|---|
| Wann fährt der Zug nach ... ab? | รถไฟไป ... ออกเมื่อไร | rót fai bpai ... òrk meu-rài? |
| Wie lange dauert es nach ...? | ใช้เวลานาน เท่าไรไปถึงที่ ... | chái way-lah nahn tâo-rài bpai těung têe ...? |
| Eine Fahrkarte nach ..., bitte. | ขอตั๋วไป ... หน่อย (ครับ/ค่ะ) | kǒr dtǒo-a bpai ... nòy (krúp/kâ) |
| Ich möchte einen Platz reservieren. | ขอจองที่นั่ง | kǒr jorng têe nûng |
| Welcher Bahnsteig, bitte? | รถไฟไป ... อยู่ ชานชาลาไหน | rót fai bpai ... yòo chahn cha-lah nǎi? |
| Welche Haltestelle ist das? | ที่นี่สถานีอะไร | têe nêe sa-tǎhn-nee a-rai? |
| Wo ist die Bushaltestelle? | ป้ายรถเมล์อยู่ที่ไหน | bpâi rót may yòo têe-nǎi? |
| Wo ist der Busbahnhof? | สถานีรถเมล์อยู่ที่ไหน | sa-tǎhn-nee rót may yòo têe-nǎi? |
| Welche Busse fahren nach ...? | รถเมล์สายไหนไป ... | rót may sǎi nǎi bpai ...? |
| Wann fährt der Bus nach ... ab? | รถเมล์ไป ... ออกกี่โมง | rót may bpai ... òrk gèe mohng? |
| Wann sind wir in ...? | ถึง ... แล้ว ช่วยบอกด้วย | těung ... láir-o chôo-ay bòrk dôo-ay? |
| Ankunft | ถึง | těung |
| Fahrkartenschalter | ที่จองตั๋ว | têe jorng dtǒo-a |
| Busbahnhof | สถานีรถเมล์ | sa-tǎhn-nee rót may |
| Abfahrt | ออก | òrk |
| Gepäckraum | ที่ฝากของ | têe fàbk kǒrng |
| Bus | รถธรรมดา | rót tum-ma-dab |
| Überlandbus | รถทัวร์ | rót too-a |
| Fahrkarte | ตั๋ว | dtǒo-a |
| Fähre | เรือข้ามฟาก | reu-a kâbm fàbk |
| Zug | รถไฟ | rót fai |
| Bahnhof | สถานีรถไฟ | sa-tǎhn-nee rót fai |
| Moped | รถมอเตอร์ไซค์ | rót mor-dter-sai |
| Fahrrad | รถจักรยานต์ | rót jùk-gra-yahn |
| Taxi | แท็กซี่ | táirk-sêe |

## Im Hotel

|  |  |  |
|---|---|---|
| Haben Sie ein Zimmer frei? | มีห้องว่างไหม | mee bôrng wâhng mái? |
| Doppelzimmer | ห้องคู่ | bôrng kôo |
| Einzelzimmer | ห้องเดี่ยว | bôrng dèe-o |
| Ich habe ein Zimmer reserviert. | จองห้องไว้แล้ว | jorng bôrng wái láir-o |
| Könnten Sie bitte Insektenspray versprühen? | ช่วยฉีดยากันยุงให้หน่อยได้ไหม | chôo-ay chèet yab gun yOOng bâi nòy dâi mái? |
| Klimaanlage | เครื่องปรับอากาศ | krêu-ung bprùp ab-gàht |
| Ventilator | พัดลม | pùt lom |
| Schlüssel | กุญแจ | gOOn-jair |
| Toilette/Bad | ห้องน้ำ | bôrng náhm |

## Im Restaurant

|  |  |  |
|---|---|---|
| Einen Tisch für zwei, bitte. | ขอโต๊ะสำหรับสองคน | kŏr dtó sŭm-rùp sŏrng kon |
| Die Speisekarte, bitte. | ขอดูเมนูหน่อย | kŏr doo may-noo nòy |
| Haben Sie …? | มี … ไหม | mee … mái? |
| Ich möchte … | ขอ | kŏr … |
| Nicht zu scharf, ok? | ไม่เอาเผ็ดมากนะ | mâi ao pèt mâhk na |
| Ist es scharf? | เผ็ดไหม | pèt mái? |
| Ich mag Thai-Küche. | ทานอาหารไทยเป็น | tahn ah-bâhn tai bpen |
| Kann ich ein Glas Wasser haben? | ขอน้ำแข็งเปล่าแก้วหนึ่ง | kŏr núm kǎirng bplào gâir-o nèung |
| Ich habe das nicht bestellt. | นี่ไม่ได้สั่ง (ครับ/คะ) | nêe mâi dâi sùng (krúp/kâ) |
| Kellner/Kellnerin! | คุณ (ครับ/คะ) | kOOn (krúp/kâ) |
| Die Rechnung, bitte. | ขอบิลหน่อย (ครับ/ค่ะ) | kŏr bin nòy (krúp/kâ) |
| Flasche | ขวด | kòo-ut |
| Essstäbchen | ตะเกียบ | dta-gèe-up |
| Gabel | ส้อม | sôrm |
| Speisekarte | เมนู | may-noo |
| Löffel | ช้อน | chórn |
| Wasser | น้ำ | náhm |

## Gesundheit

|  |  |  |
|---|---|---|
| Es geht mir schlecht. | รู้สึกไม่สบาย | róo-sèuk mâi sa-bai |
| Es tut hier weh. | เจ็บตรงนี้ | jèp dtrong née |
| Ich habe Fieber. | ตัวร้อนเป็นไข้ | dtoo-a rórn bpen kâi |
| Ich bin allergisch auf … | (ผม/ดิฉัน) แพ้ … | (pŏm/dee-chún) páir … |
| Asthma | โรคหืด | rôhk bèut |
| Zahnarzt | ทันตแพทย์ oder หมอฟัน | tun-dta-pâirt oder mŏr fun |
| Diabetes | โรคเบาหวาน | rôhk bao wăhn |
| Durchfall | ท้องเสีย | tórng sĕe-a |
| schwindlig | เวียนหัว | wee-un bŏo-a |
| Arzt | หมอ | mŏr |
| Ruhr | โรคบิด | rôhk bìt |
| Fieber | ไข้ | kâi |
| Herzinfarkt | หัวใจวาย | bŏo-a jai wai |
| Krankenhaus | โรงพยาบาล | rohng pa-yab-bahn |
| Injektion | ฉีดยา | chèet yab |
| Medizin | ยา | yab |
| Penicillin | ยาเพนนิซิลลิน | yab pen-ní-seen-lin |
| Rezept | ใบสั่งยา | bai sùng yab |
| Hitzeausschlag | ผด | pòt |
| Halsentzündung | เจ็บคอ | jèp kor |
| Magenschmerzen | ปวดท้อง | bpòo-ut tórng |
| Temperatur | ตัวร้อน | dtoo-ab rórn |
| trad. Medizin | ยาแผนโบราณ | yab păirn boh-rahn |
| erbrechen | อาเจียน | ab-jee-un |

## Zahlen

|  |  |  |
|---|---|---|
| 0 | ๐ oder ศูนย์ | sŏon |
| 1 | ๑ oder หนึ่ง | nèung |
| 2 | ๒ oder สอง | sŏrng |
| 3 | ๓ oder สาม | săhm |
| 4 | ๔ oder สี่ | sèe |
| 5 | ๕ oder ห้า | bâh |
| 6 | ๖ oder หก | bòk |
| 7 | ๗ oder เจ็ด | jèt |
| 8 | ๘ oder แปด | bpàirt |
| 9 | ๙ oder เก้า | gâo |
| 10 | ๑๐ oder สิบ | sìp |
| 15 | ๑๕ oder สิบห้า | sìp-bâh |
| 20 | ๒๐ oder ยี่สิบ | yêe-sìp |
| 30 | ๓๐ oder สามสิบ | săhm-sìp |
| 40 | ๔๐ oder สี่สิบ | sèe-sìp |
| 50 | ๕๐ oder ห้าสิบ | bâh-sìp |
| 60 | ๖๐ oder หกสิบ | bòk-sìp |
| 70 | ๗๐ oder เจ็ดสิบ | jèt-sìp |
| 80 | ๘๐ oder แปดสิบ | bpàirt-sìp |
| 90 | ๙๐ oder เก้าสิบ | gâo-sìp |
| 100 | ๑๐๐ oder หนึ่งร้อย | nèung róy |
| 200 | ๒๐๐ oder สองร้อย | sŏrng róy |
| 1000 | ๑๐๐๐ oder หนึ่งพัน | nèung pun |
| 10000 | ๑๐,๐๐๐ oder หนึ่งหมื่น | nèung mèun |
| 100000 | ๑๐๐,๐๐๐ oder หนึ่งแสน | nèung săirn |

## Zeitangaben und Jahreszeiten

|  |  |  |
|---|---|---|
| eine Minute | หนึ่งนาที | nèung nah-tee |
| eine Stunde | หนึ่งชั่วโมง | nèung chôo-a mohng |
| eine halbe Stunde | ครึ่งชั่วโมง | krêung chôo-a mohng |
| eine Viertelstunde | สิบห้านาที | sìp-bâh nah-tee |
| Mitternacht | เที่ยงคืน | têe-ung keun |
| Mittag | เที่ยงวัน | têe-ung wun |
| ein Tag | หนึ่งวัน | neung wun |
| ein Wochenende | สุดสัปดาห์ | sòOt sùp-pab-dah |
| eine Woche | หนึ่งอาทิตย์ | nèung ab-tit |
| ein Monat | หนึ่งเดือน | nèung deu-un |
| ein Jahr | หนึ่งปี | nèung bpee |
| kühle Jahreszeit | หน้าหนาว | nâh năo |
| heiße Jahreszeit | หน้าร้อน | nâh rórn |
| Regenzeit | หน้าฝน | nâh fŏn |
| Ferien | วันหยุด | wun yôOt |

**Dorling Kindersley**     Vis-à-Vis

## Vis-à-Vis-Reiseführer

Ägypten Alaska Amsterdam Apulien Argentinien Australien Bali & Lombok Baltikum Barcelona & Katalonien Beijing & Shanghai Belgien & Luxemburg Berlin Bologna & Emilia-Romagna Brasilien Bretagne Brüssel Budapest Bulgarien Chicago China Costa Rica Dänemark Danzig & Ostpommern Delhi, Agra & Jaipur Deutschland Dresden Dublin Florenz & Toskana Florida Frankreich Genua & Ligurien Griechenland Griechische Inseln Großbritannien Hamburg Hawaii Indien Irland Istanbul Italien Japan Jerusalem Kalifornien Kanada Kanarische Inseln Karibik Kenia Korsika Krakau Kroatien Kuba Las Vegas Lissabon Loire-Tal London Madrid Mailand Malaysia & Singapur Mallorca, Menorca & Ibiza Marokko Mexiko Moskau München & Südbayern Neapel Neuengland Neuseeland New Orleans New York Niederlande Nordspanien Norwegen Österreich Paris Peru Polen Portugal Prag Provence & Côte d'Azur Rom San Francisco St. Petersburg Sardinien Schottland Schweden Schweiz Sevilla & Andalusien Sizilien Spanien Stockholm Südafrika Südtirol & Trentino Südwestfrankreich Thailand Tokyo Tschechien & Slowakei Türkei Ungarn USA USA Nordwesten & Vancouver USA Südwesten & Las Vegas Venedig & Veneto Vietnam & Angkor Washington, DC Wien

DORLING KINDERSLEY
www.traveldk.com

Vis-à-Vis

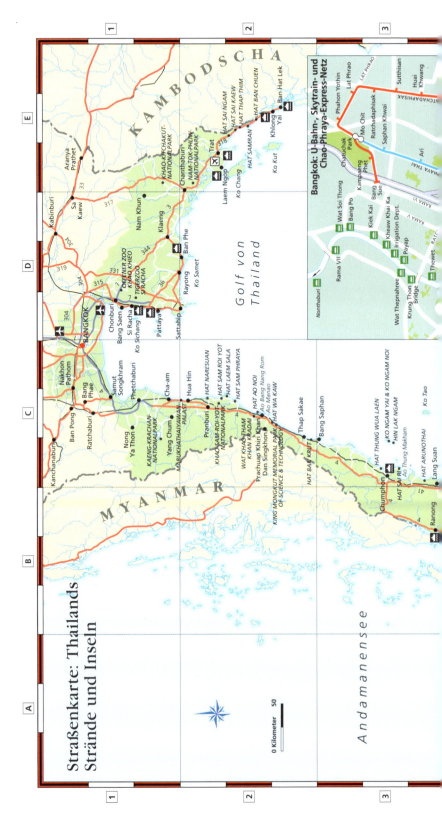